GARTEN

Klaas T. Noordhuis

GARTEN

Das große Handbuch für das ganze Jahr

© Rebo Productions, Lisse
Text: K. T. Noordhuis
Layout: Ton Wiebelt, Den Haag
Zeichnungen: Pro-Mote, Winsum
Gartenentwürfe: Studio Tuinconsult, Leens
Redaktion und Produktion: TextCase, Groningen
Übersetzung: Jan Polman
Fotoredaktion: Marieke Uiterwijk

© der deutschsprachigen Ausgabe: Karl Müller Verlag,
Danziger Straße 6, D-91052 Erlangen, 1996

Alle Rechte vorbehalten.
Kein Teil des Werkes darf in irgendeiner Form (durch Fotokopie,
Mikrofilm oder ein ähnliches Verfahren) ohne die schriftliche
Genehmigung des Verlages reproduziert oder unter Verwendung
elektronischer Systeme verarbeitet, vervielfältigt oder verbreitet
werden.

Titel der Originalausgabe: Tuinieren het hele jaar
Fachredaktion: Arthur Speyerer
Lektorat: Dieter Krumbach

Inhalt

	Einführung	**8**
	Zur Geschichte	8
	Die Bepflanzung	12
	Pflanzen und ihre schwierigen Namen	13
Kapitel 1	**Der Gartenentwurf**	**15**
	Die neuesten Entwicklungen	15
	Form und Inhalt	18
	Praktische Überlegungen in der Entwurfsphase	18
	Ein Entwurf für einen existierenden Garten	19
	Der erste Entwurf	20
	Garten-Formen	29
	Natürliche Gärten	32
Kapitel 2	**Die Anlage des Gartens**	**40**
	Ein- und zweijährige Pflanzen	40
	Ziersträucher	44
	Farne	46
	Wasserbecken	48
	Hecken	60
	Zwiebel- und Knollengewächse	66
	Bäume	74
	Koniferen	75
Kapitel 3	**Die Pflege des Gartens**	**80**
	Das Schneiden	80
	Düngung	87
	Krankheiten und Schädlinge	90
	Unkraut	94
	Gartengeräte	96
	Der Rasen	102
	Säen	105
Kapitel 4	**Verschiedene Pflanzenarten und ihre Verwendungsmöglichkeiten**	**112**
	Kletterpflanzen	112
	Giftige Pflanzen	121
	Kübelpflanzen	129
	Pflanzen aus der Bibel im Garten	132
	Pflanzen für den Steingarten	135
Kapitel 5	**Rosen**	**139**
	Grundbedingungen	139
	Das Beschneiden	143
	Verschiedene Rosen	147
	Verschiedene Spalierrosen	152
	Winterharte Rosen	155
	Farbtöne und Kombinationen	156
	Krankheiten	158
	Wo kaufen Sie Rosen?	158

Kapitel 6	**Der Nutzgarten**	**160**
	Die Anlage des Gemüsegartens	160
	Das Bepflanzungsschema	162
	Die Pflanzen	164
	Düngung	166
	Obstbäume	166
	Gemüse	171
	Obst	184
	Der Kräutergarten	196
Kapitel 7	**Der kleine, pflegeleichte Garten**	**202**
	Die Anlage eines Gartens in der Stadt in der Praxis	202
Kapitel 8	**Bäume von A bis Z**	**211**
Kapitel 9	**Sträucher von A bis Z**	**230**
Kapitel 10	**Koniferen von A bis Z**	**260**
	Die Namen und ihre Bedeutung	260
	Die richtige Stelle für eine Konifere	261
	Eine eigene Klasse	263
	Koniferen von A bis Z	263
Kapitel 11	**Stauden von A bis Z**	**270**
	Vielfalt im Garten	270
	Die Pflanzzeit	271
	Stauden von A bis Z	279
Kapitel 12	**Kletterpflanzen von A bis Z**	**316**
Kapitel 13	**Zwiebel- und Knollengewächse von A bis Z**	**326**
Kapitel 14	**Wasserpflanzen von A bis Z**	**354**
	Pflanzen fürs tiefe Wasser	354
	Schwimmpflanzen, frei schwimmend	355
	Sumpfpflanzen	355
	Uferpflanzen	355
	Pflanzen für feuchten Boden	356
	Wasserpflanzen von A bis Z	357
Kapitel 15	**Ein- und zweijährige Pflanzen von A bis Z**	**366**
	Einjährige Pflanzen an Mauern und Zäunen	366
	Kinderwettbewerb	367
	Einjährige kultivierte Pflanzen, die Sie durch Stecklinge vermehren können	367
	„Spontane" Ein- und Zweijährige	368
	Einjährige für die Vase	368
	Einjährige für Blumenkasten und Balkon	369
	Ein- und Zweijährige als Trockenblumen	369
	Selber säen	370
	Ein- und zweijährige Pflanzen von A bis Z	370

Kapitel 16		**Kübelpflanzen von A bis Z**	**389**
		Zwiebelgewächse für Topfkultur auf der Terrasse	389
		Woher kommen die Kübelpflanzen?	390
		Kübelpflanzen von A bis Z	390
Kapitel 17		**Gräser, Farne und Bambus von A bis Z**	**400**
Kapitel 18		**Pflanzen für sauren Boden von A bis Z**	**407**
		Säuregrad und Pflanzenwahl	407
		Welchen Säuregrad hat Ihr Garten?	408
		Pflanzen für sauren Boden im Heide- und Koniferengarten	408
		Pflanzen für sauren Boden von A bis Z	409
Kapitel 19		**Gartenentwürfe**	**420**
		Der Garten bei einer Villa vom Anfang des 20. Jahrhunderts	421
		Der Garten bei einem alten Bauernhof	422
		Der Garten in der Stadt	423
		Der Garten hinter einem freistehenden Haus	424
		Ein Viereck vom Anfang unseres Jahrhunderts	425
		Ein langer, schmaler Garten bei einem freistehenden Haus	426
Kapitel 20		**Das Gartenornament**	**427**
		Charakteristisch für Perioden und Standorte	428
		Ort, Größe und Farbe	428
		Materialien	430
Kapitel 21		**Praktische Gartentips**	**436**
		Unkraut und Beschlag	436
		Pflanzen in Töpfen und Kästen	437
		Säen, neue Bepflanzung und Kompost	437
		Blumenzwiebeln und Knollen	438
		Ein- und zweijährige Pflanzen	439
		Kletterpflanzen	440
		Der Steingarten	440
		Staude, Farne und Hecken	441
		Rosen	442
		Heide	442
		Wasser im Garten	443
		Rasen	444
		Kräuter, Obst und Gemüse	444
Kapitel 22		**Begriffe**	**447**
		Register	**456**
		Danksagung	**479**

Einführung

Menschen lieben ihre Gärten – schon seit Jahrhunderten. Was sich im Laufe der Zeit oft ändert, ist der Geschmack. Es entstehen verschiedene Stilarten, die wieder verschwinden und später, in einer etwas anderen Form, wieder erscheinen.

Dabei haben selbstverständlich im Laufe der Zeit die Möglichkeiten zugenommen. Wir verfügen zum Beispiel jetzt über mehr Pflanzenarten. Aber nicht nur die Anzahl oder die Art der Pflanzen ist bezeichnend für einen Stil, sondern auch die Art und Weise, wie der Garten insgesamt gestaltet wird.

Zur Geschichte

Schon die Babylonier, Griechen, Ägypter und Römer beschäftigten sich mit der Gartenanlage. Obwohl es sich bei der Bepflanzung des Gartens vornehmlich um Nutzgewächse handelte, hatte die Anlage schon eine bestimmte Form.

Die mittelalterlichen Klöster hatten erstmals Gärten mit einer spezifischen Form. Es waren umschlossene Gärten mit vielen Hecken, deren Grundriß viereckig und deren Bepflanzung auf allen vier Seiten symmetrisch war. In Renaissancegärten um 1600 herum kann man diese Symmetrie auch noch erkennen, aber darin sind die Nutzpflanzen schon durch Ziergewächse ersetzt worden. Eine große Auswahl gab es damals noch nicht, denn das Sortiment an Zierpflanzen war noch nicht so groß. Der Garten setzte sich aus viereckigen Flächen zusammen, die durch gleich große Pfade getrennt waren. Es gab keinen Hauptpfad. Der Garten war nicht mit dem Gebäude verbunden, die Flächen konnten also auch schräg liegen, weil jeder Zusammenhang mit dem Bau fehlte. Im Barock, in der Periode zwischen 1600 und 1750, entstand zum ersten Mal ein deutlicher Zusammenhang zwischen Gebäude und Garten. Beide bildeten eine herrliche Einheit: Eine verbreiterte Hauptachse führte zum Mittelpunkt des an sich schon symmetrischen Gebäudes. Die Flächen wurden rechteckig und symmetrisch. Der Garten betonte die Form des Gebäudes.

Ganz allmählich wechselte das Barock zum Rokoko. Dieser Stil, bei dem die Verzierung die Hauptrolle spielt und alles überbieten soll, war zwischen 1725 und 1775 beliebt. Der Garten verfügte nicht mehr über eine zentrale Hauptachse, sondern über drei bis fünf Achsen, je nach Gartengröße. Die Flächen ähnelten denen im Barock, nur mit dem Unterschied, daß eine geringe Asymmetrie erlaubt war. Die Anzahl der Pflanzenarten war nach wie vor gering. Die Französische Revolution (1789) brachte nicht nur politisch, sondern auch in der Gartenkunst eine

Nur einige Renaissancegärten in Europa sind restauriert worden: Villandry (Frankreich), Herrenhausen in Hannover (Deutschland) und der Prinsentuin in Groningen (Niederlande). Gartenpavillons aus Holz gibt es dort immer. In unseren Gärten können wir mit neuen Materialien die gleiche schöne Wirkung erzielen.

Eine Gartenbank aus dem Rokoko. Die leichte Asymmetrie, die in dieser Periode im Garten erlaubt ist, läßt sich auch im zentralen Element dieser Bank erkennen. Auf der Detailaufnahme können Sie das deutlich sehen.

Landschaftsstil: Der Garten wurde gleichsam zu einer mehr oder weniger natürlichen Landschaft. Auch die umliegende Landschaft wurde in den Garten einbezogen. Sich schlängelnde Pfade, Hügel und kleine Durchblicke wurden zum umliegenden Land hin angelegt. Die geraden Wasserbecken aus dem Barock wurden in sich schlängelnde Teiche umgewandelt. Es ist ein typisches Merkmal dieser Periode, daß man weder an den Pfaden noch an den Teichen ein Ende erkennen kann. In den Teichen wurde oft kurz vor dem Ende eine kleine Insel mit

Wende mit sich. Der strenge Charakter des Gartens verschwand. Alles sollte natürlich aussehen: so natürlich, daß rauchende Vulkane angelegt und tote Bäume gepflanzt wurden und daß sogar Maulwurfshügel nachgeahmt wurden. Künstliche Höhlen und Ruinen wurden gebaut. Botaniker brachten von ihren Reisen neue Pflanzen mit. Große Summen wurden bezahlt, um wirklich ausgefallene Pflanzen zu besitzen. Bekannt ist die „Tulpenmanie": Es wurden sogar nach heutigen Maßstäben ungeheure Beträge für eine einzelne Tulpenzwiebel bezahlt. Das galt auch für viele andere heute bekannte, aber damals noch besondere Gewächse. Besitzer von Landsitzen bauten bereits Orangerien, die im 19. Jahrhundert zu wahren Glaspalästen auswuchsen. In England entstand Ende des 18. Jahrhunderts der

Vom Garten aus betrachtet ist die umliegende Landschaft eigentlich eine Verlängerung des Gartens. Die niedrigen Mauern, die das Gelände der Ziegen, Kühe und Schafe begrenzten, konnte man vom Garten aus nicht sehen.

Baumanpflanzung angelegt, wodurch der Eindruck erweckt wird, daß das Wasser weiterläuft. Um Garten und Landschaft miteinander zu verbinden, wurden Mauern angelegt, die vom Garten aus nicht sichtbar waren, die aber das Vieh auf der umgebenden Weide zusammenhielten. Dieses Trennungssystem wird heute nur noch in Tiergärten angewandt. Immer noch war die Gartenanlage nur den wohlhabenden Leuten vorbehalten. Das änderte sich Mitte des vorigen Jahrhunderts, mehr Menschen konnten sich einen Garten leisten: Villengärten entstanden. Die landschaftlich angelegten Gärten waren immens, aber es fehlte die Abgeschlossenheit, das Intime. Als Reaktion entstand der Cottagestil. Die Gärten in diesem Stil waren klein und symmetrisch und wurden durch Hecken umschlossen. Sie wiesen mit ihren Stauden viel Farbe auf. Eigentlich sind die Cottagegärten vom Bauerngarten abgeleitet. In der Nähe von Landsitzen wurden verschiedene kleinere Gärten angelegt, jeder mit einer eigenständigen Atmosphäre, mit interessanten Durchblicken durch Hecken auf die umschlossenen Teile: die Gartenzimmer. Die Rabatten mit Stauden waren sehr farbenfreudig. Eine Verfeinerung dessen fand in den vergangenen Jahrzehnten statt: Es wurden Rabatten nach Farbe getrennt – oft nach dem großen Vorbild Sissinghurst in Kent, Südengland (von der Schriftstellerin Vita Sackville-West gestaltet).

Bei der Vielfalt von Anlagemöglichkeiten sollte an den Pflegeaufwand gedacht werden. Ein gutes Beispiel für das „Vorausdenken" sind Rasenränder und Rabatten: Sie verlangen viel Pflege mit der Hand, und bei der Gartenanlage sollte berücksichtigt werden, daß der Garten auch mit Maschinen gepflegt werden kann. Versuche wie Bodendeckergärten und Heidegärten scheitern sehr oft am Pflegeaufwand.

Momentan sind die Symmetrie, die „gerade Linie", und geschorene Pflanzen für die erforderliche Ruhe wieder „in": Die Zukunft wird zeigen, ob hier von einem kurzlebigen Trend die Rede ist, oder ob wir im nächsten Jahrhundert von einem bestimmten Stil reden werden.

Zurück ins 19. Jahrhundert mit Salvien, Kanna und Neuseeländischem Flachs.

Schlängelpfade und ein Grasstreifen um das Beet sind typisch für diese Periode.

Dieser Kienapfel aus Beton ist das Symbol des Reichtums und der Fruchtbarkeit. Auf Beton wachsen schon nach einigen Jahren Algen und Moosarten. Streichen Sie diese Ornamente also nicht an und machen Sie sie auch nicht sauber, denn wenn Sie sie in Ruhe lassen, bekommen sie ein prächtig ausgewittertes Aussehen.

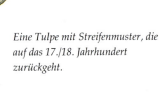

Eine Tulpe mit Streifenmuster, die auf das 17./18. Jahrhundert zurückgeht.

EINFÜHRUNG

Was wir aus der Geschichte lernen können

Das Nachahmen von alten Gartenstilarten hat eigentlich nur Sinn, wenn das Gebäude, zu dem der Garten gehört, einen dazupassenden Garten nach altem Vorbild verlangt. In diesem Fall sollten wir uns in den Stil der Zeit vertiefen, in der das Haus gebaut wurde. Nicht nur die Merkmale, sondern auch die Materialien sollen aus der betreffenden Periode stammen.

Dabei sollten Sie nicht nur an Materialien wie Steine oder Steinplatten denken, sondern auch an die Pflanzen: Setzen Sie keine Pflanzen aus dem 19. Jahrhundert in einen Garten aus dem 18. Jahrhundert, schon gar nicht, wenn Sie konsequent zum alten Stil zurückfinden wollen.

Meistens aber empfiehlt es sich, einige Merkmale der alten Stilarten zu kopieren und trotzdem daraus einen modernen Garten zu gestalten, indem Sie moderne Materialien verwenden. Die wirklich alten Materialien kosten nicht nur viel Geld, sie kosten auch viel Zeit: Manchmal müssen Sie lange suchen, bevor Sie etwas Brauchbares gefunden haben.

Von fast allen Pflanzen ist bekannt, wann sie zum ersten Mal als Kulturpflanzen gezüchtet wurden. Für den Bepflanzungsplan kann diese Gegebenheit genützt werden. Das Gebäude dient als Ausgangspunkt: Viele Monate im Jahr sehen Sie den Garten nur vom Haus her, und das können Sie beim Entwurf bereits berücksichtigen. Eine große Menge verschiedener Pflanzen bringt viel Gartenfreude, aber eine zu große Abwechslung schafft ein unruhiges Bild.

Alte Gebrauchsgegenstände passen auch wieder in moderne Gärten. Diese Rhabarbertöpfe hatten eine deutliche Funktion – die Töpfe haben keinen Boden, um das Gemüse schneller wachsen zu lassen. Das funktionierte, weil der Topf die Wärme festhielt. Außerdem wurden die Stengel weicher, wodurch der Rhabarber auch eine rötere Farbe bekam. Heute können wir diese alten Töpfe wieder hier und da in Gemüsegärten sehen.

Die Bepflanzung

Bei der Bepflanzung sollten Sie nicht nur das berücksichtigen, was Sie schön finden, sondern auch was im Zusammenhang mit den Nachbarn, eventuell auch der Wohnungsbaugenossenschaft oder dem Grundstücksbesitzer und der Behörde zulässig ist. Es ist nicht nur vernünftig, das Gesetz zu respektieren, sondern auch die Normen in der Nachbarschaft. Wechselnde Nachbarn betrachten Ihre Bepflanzung vielleicht mit anderen Augen.

Um Problemen vorzubeugen, pflanzen Sie Bäume am besten mindestens zwei Meter, Sträucher einen Meter und Hecken einen halben Meter von der Grundstückstrennlinie entfernt.

Eine sorgfältige Abstimmung mit den Nachbarn ist immer eine gute Sache. Das ist unbedingt notwendig, wenn Pflanzen zur Trennung auf der Grenze zwischen beiden Grundstücken verwendet werden. Eine gemeinschaftliche Trennung ist ein Vorteil für beide Gartenbesitzer: Sie sparen dadurch Platz und Geld. Selbstverständlich müssen Sie sich wohl über die Wahl der Bepflanzung einig sein. Dazu gehört auch, daß Sie sich auf die Endhöhe der Bepflanzung einigen. Beschränkt sich die Höhe eines Strauches auf etwas mehr als einen Meter, oder wählen Sie Bäume, die leicht und schnell eine Höhe von vier Metern erreichen? Wenn es sich zeigt, daß Sie darüber geteilter Meinung sind, so ist manchmal ein Bretterzaun, der sich knapp auf Ihrem Grundstück befindet, die beste Lösung.

An Straßenecken und an Kreuzungen ist wegen der Verkehrssicherheit eine hohe Bepflanzung nicht möglich. Verwenden Sie für diese Standplätze Sträucher und Hecken, die nicht zu hoch wachsen. In manchen Gebieten ist der Anbau krankheitsgefährdeter Pflanzen verboten. Zum Beispiel können Rosengewächse wie Obstbäume, Weißdorn, Cotoneaster oder Feuerdorn vom Feuerbrand befallen werden. Pflanzen Sie diese Gewächse nur sparsam, denn die Krankheit kann sehr schnell auf andere Gebiete übergreifen. Das gilt auch für eine Krankheit, gegen die die Ulme empfindlich ist. Die Ulmenkrankheit hat sich über ganz Europa ausgebreitet. Die Amerikanische Vogelkirsche darf aus einem anderen Grund nicht angepflanzt werden: Dieser Baum ist eine wahre Plage in unseren Wäldern. Verbreitung erfolgt durch Aussaat aus den Gärten.

Eine geschorene Hecke zum Beispiel aus Buxus erzeugt die notwendige Ruhe in einem Garten – gesetzt den Fall etwa, daß am Pfad entlang viele Blumen wachsen. Die bizarren Formen der Blumen würden dann durch den strengen Charakter der Hecke ausgeglichen. Ohne die Blumen macht Buxus in einer strengen Linie bald einen etwas öden Eindruck.

EINFÜHRUNG

Pflanzen und ihre schwierigen Namen

In jedem Buch über Gärten und Zimmerpflanzen stoßen Sie wieder darauf: komplizierte lateinische Namen. Das ist natürlich nichts Besonderes, denn die meisten Fachgebiete haben so ihre eigene Sprache und ihren eigenen Jargon.

Vor einigen Jahrhunderten hatten die Ärzte ausgedehnte Kenntnisse über Pflanzen, was für das Ausüben ihres Berufes auch notwendig war. Pflanzennamen gab es im Lateinischen nicht unbedingt, es waren eigentlich Umschreibungen – was manchmal viele Worte kostete.

Der Botaniker Carl von Linné (1707-1778) dachte sich eine Nomenklatur (Verzeichnis von Fachausdrücken) für alle Pflanzen aus, wobei man jede Pflanze mit nur zwei Wörtern bezeichnet: eins für die Gattung und eins für die Art. Das nennt man binäre Nomenklatur. Ein Beispiel: *Plantago major* = der große Wegerich. Diese Pflanze ist eine natürliche Art. Eine Zufälligkeit, die wir Menschen in der Natur entdecken oder die in einer Gärtnerei entsteht, nennen wir Kulturvarietät. Abgekürzt heißt das

Dieser Renaissancegarten wurde von A.Vredeman de Vries entworfen. Der Entwurf wurde nach 1587 veröffentlicht. In dieser Periode wurde der Garten in viereckige Flächen aufgeteilt, in deren Mittelpunkt ein Baum stand. Die Hecken sind in der Form von Berceaux (Laubengängen) gestutzt. Einen deutlichen Zusammenhang zwischen der Form des Gartens und der des Gebäudes gibt es nicht.

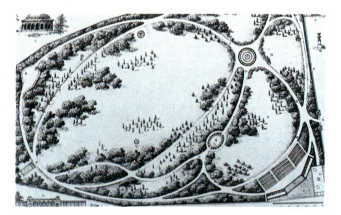

In früheren Landschaftsgärten gab es Pfade ohne Ende. Besucher und Besitzer konnten also so lange herumirren, wie sie selber wollten.

Eine romantische Gartenbank: die gußeisernen Beine sind wie Baumstämme geformt. Brückengeländer und Gartenzäune wurden in der Romantik oft aus Beton hergestellt, als imitierte Baumstämme. Oft konnte man sie nicht von echten Bäumen unterscheiden, wenn sie nach Jahren mit Moos bewachsen waren.

„cultivar" oder Rasse, immer groß geschrieben und zwischen einzelnen Anführungszeichen: *Plantago major* 'Rosularis'. Am Namen kann man also sofort erkennen, daß es sich hier nicht um eine natürliche Pflanze handelt, sondern um eine gezüchtete Varietät.

Manchmal erscheinen in der Natur auch kleine Unterschiede, bedingt zum Beispiel durch Klimaumstände: Das sind Varietäten; dieser dritte Name der wissenschaftlichen Bezeichnung schreibt sich immer klein. Auch hier können wir sofort erkennen, ob es sich um eine Pflanze aus der Natur handelt.

Erst spät wurden Pflanzennamen standardisiert; vorher hatte jede Pflanze in jeder Provinz einen anderen Namen. Der Plantago hieß (abgesehen von den unterschiedlichen regionalen Namen) einfach Wegerich. Nun gibt es, wie im Lateinischen, den Großen Wegerich, den Mittleren Wegerich, den Kleinen Wegerich, und den Wasserwegerich. In Gartenbaukreisen werden ausschließlich die wissenschaftlichen Namen gebraucht.

Namensänderungen

Durch neue Erkenntnisse ist es manchmal notwendig, Änderungen im botanischen System durchzuführen. Grundsätzlich hat jener Name Gültigkeit, der zuerst seit dem neuen Code von Linné (1753) beschrieben wurde. Wenn es sich zeigt, daß ein anderer Name einer späteren Beschreibung gebraucht wird – auch wenn sich dieser Name weit verbreitet hat –, so wird dieser Name nachträglich geändert. Leider halten sich die Züchter oft nicht an die neue Benennung: *Azalea mollis* heißt schon seit mehr als fünfzig Jahren *Rhododendron japonicum*. Auch *Poinsettia* ist kein wissenschaftlicher Name! Der Name lautet: *Euphorbia pulcherrima* (Weihnachtsstern). Es ist selbstverständlich, daß unterschiedliche Bezeichnungen für eine Pflanze für Verwirrung sorgen.

Beim Kaufen von Pflanzen ist es wichtig, den richtigen Namen anzugeben. Nur *Prunus* reicht nicht. Dieser Name bezeichnet sowohl einen kleinen Strauch, als auch einen großen Baum, wie etwa die Pflaume. *Prunus laurocerasus* ist schon etwas deutlicher: Damit ist die Lorbeerkirsche gemeint. Aber es gibt verschiedene Lorbeerkirschen, variierend zwischen einer Höhe von 40 cm und 4 m! Erst *Prunus laurocerasus* 'Rotundifolia' ist wirklich eindeutig: ein immergrüner, keine Blüten tragender Strauch mit großem, glänzendem Blatt, windempfindlich und geeignet als Hecke an windgeschützter Stelle.

Wenn Sie das lesen, so werden Sie verstehen, daß eine solche Umschreibung in unserer eigenen Sprache nicht möglich ist. Achten Sie auch bei Bestellungen auf genaue Bezeichnungen: Wenn Sie eine hohe, schnell wachsende Hecke als Grundstückstrennung beabsichtigt hatten (*Prunus laurocerasus* 'Rotundifolia'), so haben Sie nichts von dem hübschen, aber niedrigen Blütenstrauch *Prunus laurocerasus* 'Otto Luyken'.

1 Der Gartenentwurf

Was für den Urlaub gilt – der Spaß vorher ist genauso wichtig wie der Spaß während des Urlaubs –, gilt auch für das Anlegen eines Gartens. Die Phase des Entwurfs, der Augenblick, wo noch alles möglich ist, ist eine schöne und kreative Zeit.

Diese Periode soll wohl gut genutzt werden, weil die Konsequenzen für längere Zeit das Bild Ihres Gartens bestimmen. Auch für schon existierende Gärten, die Sie ändern wollen, gilt, daß Sie gut überlegen sollten, bevor Sie den ersten Spatenstich vornehmen.

Die neuesten Entwicklungen

Im Gartenbereich gibt es immer wieder neue Erfindungen und Entwicklungen. Ein Trend im Gärtnern braucht nicht einem festgelegten Muster folgen: Aspekte aus allerhand Stilarten und Modeerscheinungen aus verschiedenen Perioden werden manchmal kombiniert. Gegenwärtig erscheinen wieder japanische und chinesische Einflüsse, aber auch der Gebrauch von einfachen Eimern und Gießkannen aus verzinktem Blech ist wieder Mode geworden. Es werden wieder Gartenlauben und Wasserbecken im Barock- und Renaissancestil angelegt, als wären sie eine Novität. Gartengeräte bekommen ein modernes Design und eine moderne Farbe, obwohl im vorigen Jahrhundert die Auswahl größer war als heute.

Die Gartenkultur ist nach fünfzig Jahren wieder im Kommen. Die Verschiedenheit an Materialien nimmt wieder zu, und Kleingärtnereien führen ein Sortiment an Pflanzen, das es noch nie vorher gegeben hat.

Dafür gibt es natürlich eine Ursache: Menschen, die in Städten wohnen, haben sich immer mehr von der Natur entfernt, und wir sind schon lange dabei, die Natur überall immer weiter zurückzudrängen. Autobahnen werden quer durch ländliche Regionen und Naturschutzgebiete gebaut. In unmittelbarer

Ein strenges Muster, wie in der Renaissance, kann mit Blumen oder Gemüse aufgefüllt werden. Ob so ein Entwurf gelingt, hängt vom Grundmuster ab. Man kann alle Pflanzenarten gebrauchen, nach eigenem Geschmack und Entwurf (Villandry, Frankreich).

Nähe der Städte, wo es früher Weiden gab, entstehen jetzt ausgedehnte Industriegelände. Aber offensichtlich setzt sich eine derartige Entwicklung nicht endlos fort: Die Einsicht, daß wir die Natur um uns herum brauchen, setzt sich immer mehr durch. Das zeigt sich zum Beispiel darin, daß auf den Grünstreifen von Autobahnen heute wieder Gräser, Klatschmohn und andere wilde Blumen wachsen dürfen.

Eine andere Erscheinung ist der kommerzielle „Pflückgarten": Der Konsument darf im Garten des Züchters seine eigenen Blumen pflücken und seinen eigenen Blumenstrauß binden. Das ist ein schönes Zeichen dafür, daß wir Spaß an der Natur haben: sich draußen auf angenehme Weise mit etwas beschäftigen, das man selbst oder ein anderer zu Hause genießen wird.

Schaugärten

Den Begriff „Für den Publikumsverkehr geöffnete Gärten" von Privatpersonen gibt es in England schon länger als hier. Schon seit vielen Jahrzehnten ist es üblich – eventuell in Gruppen –, Gartenexkursionen zu veranstalten. Der betreffende Gartenbesitzer kann seinen Hobbyfreunden nützliche Informationen verschaffen. Wir übernehmen diese Gewohnheit, denn auch in den Niederlanden,

Das Rondell in Sissinghurst, dem Garten von Vita Sackville-West. Der Garten ist in Gartenzimmer aufgeteilt. Vom Turm aus ergibt das ein interessantes Bild: Man schaut gleichsam wieder auf den früher gezeichneten Gartenplan. Dieser Stil wird langsam aber sicher wieder Mode.

Belgien und Deutschland werden in den letzten Jahren immer mehr Gärten geöffnet – meistens an einem oder zwei Wochenenden im Jahr, manchmal in den Sommermonaten nach Verabredung. Begeisterte Gartenfreunde zeigen Interessenten gerne ihren Garten. Hier können Sie Erfahrungen austauschen und sich Anregungen holen. Je mehr Gärten Sie sich anschauen, um so besser können Sie beurteilen, welche Ideen Sie für Ihren eigenen Garten übernehmen können und welche nicht.

> **TIP**
>
> Für den Besuch von Gärten wenden Sie sich am besten an Gartenarchitekten, aber probieren Sie es auch bei den Grünflächenämtern der Städte (Hannover!). Oft werden auch bei Gartenschauen Privatgärten in die Besichtigungsmöglichkeiten einbezogen.

DER GARTENENTWURF

Pavillon und Gartenmöbel stammen aus dem Jahr 1920. Nach Feierabend können Sie hier die Sonne noch herrlich genießen. Sogar der letzte Sonnenstrahl fällt noch auf diesen Stuhl.

pflanzen, Rosen, Blumenzwiebeln und Steingartenpflanzen spezialisiert haben, lassen sich heute unschwer finden. Einige Zuchtbetriebe können auch den Versand durch ganz Europa besorgen. Dadurch sind wir nicht mehr nur von der örtlichen Gärtnerei oder dem Gartencenter abhängig, sondern man kann jetzt in jedem Garten ein ganz individuelles Sortiment an Pflanzen zusammenstellen.

Bambus, Ziergräser, Kies und Betonplatten sind die einzigen Gestaltungselemente dieses Gartens. Da braucht der Besitzer nicht viel zu pflegen.

Lernen in botanischen Gärten

Überall in Europa sind in Buchhandlungen Gartenführer von offenen Gärten und Anlagen zu erhalten, worin auch die botanischen Gärten aufgenommen sind. Genauso wie in den Rosarien sind in den botanischen Gärten die Pflanzen mit Namensschildern versehen. Sie können hier nicht nur die herrlichen Pflanzen genießen, Sie lernen viele verschiedene Pflanzen kennen und Sie können deren Namen aufschreiben, so daß Sie sie vielleicht später einmal in Ihrem eigenen Garten anpflanzen.

Neue Gärtnereien

Zum Glück gibt es heute Züchter, die aus Liebe eine Gärtnerei gegründet haben und durch ganz Europa fahren, um eine bestimmte Pflanze zu suchen, die eine bestimmte andere Farbe oder Wuchsart hat. Durch das große Angebot, das so entsteht, lassen sich verfeinerte Kombinationen herstellen. Spezialisierte Kleinbetriebe gedeihen ausgezeichnet. Züchter, die sich auf das Gebiet von Päonien, Hosta, Kletterpflanzen, Kräutern, Obstbäumen, Kübel-

Gartencenter

Eine ganz andere Quelle, woraus wir unsere Pflanzen beziehen können, ist das Gartencenter. Durch die Größe dieser Betriebe und die Verschiedenheit an angebotenen Pflanzen bekommen Sie bald den Eindruck, als wären hier die Pflanzen billiger als bei einem Kleinbetrieb. Denken Sie aber daran, daß beide Unternehmen nur existieren können, wenn wirtschaftlich gearbeitet wird. Wenn Sie also in einem Gartencenter eine große Anzahl von Pflanzen sehen, die im Augenblick des Verkaufs in Vollblüte stehen, so werden Sie bestimmt in Versuchung gebracht. Im Gartencenter sehen die Pflanzen sehr attraktiv aus. Aber lassen Sie sich nicht dazu verführen, nur blühende Pflanzen zu kaufen: Der Garten soll ja das ganze Jahr über schön aussehen!

Im Bereich von Steinplatten, Steinen und Bordschwellen gibt es viele Möglichkeiten. Verwenden Sie für eine Terrasse nicht mehr als zwei Pflasterungsarten. Zu viele Farben auf einer Terrasse sind zu unruhig fürs Auge, wodurch die schöne Harmonie mit der umgebenden Bepflanzung gestört wird.

Eine große Statue oder eine auffallende Blumenvase in der Mitte bildet für den Garten eine größere Bereicherung als viele kleine Vasen oder Ornamente.

Versuchen Sie es doch einmal mit nur einer teuren Anschaffung für den Garten – sie hat eine großartige Wirkung.

Form und Inhalt

In den letzten Jahren läßt sich ein immer größerer Gegensatz zwischen Gestaltern – Leuten, die sich ausschließlich mit der Form beschäftigen, aber keine oder nur wenig Ahnung von der Pflanze selber haben – und den Ökologen – Leuten, die sich mit Pflanzen in ihrer Umgebung befassen –, feststellen. An sich ist das keine günstige Entwicklung.
Gartenkunst besteht aus fachmännischem Können und Kreativität nicht nur im Bereich der Form, sondern auch im Bereich der gärtnerischen Praxis. Pflanzenkenntnisse, zusammen mit Architektur- und Kulturgeschichtskenntnissen, sind ein Fach für sich. Mit seinen Kenntnissen kann der versierte Gartenarchitekt den Garten völlig den Möglichkeiten und den Forderungen anpassen, die der Besitzer, die Form des Gebäudes und die weitere Umgebung stellen. Jeder Garten bekommt so seinen eigenen Charakter.

Gärten bestehen nicht für sich alleine: Es soll immer eine Anpassung zwischen Gebäude und Garten und Umgebung stattfinden. Immer mehr kann man erkennen, daß Gartenarchitekten schon in der Entwurfsphase eines Gebäudes für das Gesamtkonzept herangezogen werden.
Viele Architekten – es gibt zum Glück auch Ausnahmen – entwerfen nur nach der Form, ohne an die Umgebung zu denken. In dem Fall hat der Gartenarchitekt eine sehr schwere Aufgabe: Er soll dann Kontraste zu einer Einheit schmieden.

Praktische Überlegungen in der Entwurfsphase

Die besondere Eigenart Ihres Gartens macht es notwendig, daß Sie, bevor Sie in Ihrem Garten richtig zu arbeiten anfangen, eine Art von Bestandsaufnahme von allen Aspekten machen, woran Sie sich halten wollen oder müssen. Wenn Sie sich ein deutliches Bild von allen Möglichkeiten und Unmöglichkeiten gemacht haben, so wird es leichter, den endgültigen Entwurf festzulegen.
Es ist natürlich auch ein Unterschied, ob Sie einen existierenden Garten anders einteilen und gestalten oder einen völlig neuen Garten anlegen wollen.

DER GARTENENTWURF

Ein neu angelegter Garten mit einer deutlich erkennbaren Form. Ob Sie sich nun für rund, viereckig oder eine sich schlängelnde Form entscheiden: nehmen Sie als Ausgangspunkt immer ein Fenster Ihres Hauses.

Wenn Sie sich für einen „runden Garten" entscheiden, so lassen Sie dann diese Rundungen auch zur Seite des Hauses weiterlaufen. Es ist sehr wichtig, eine vorher festgelegte Form weiter zu führen.

Ein Entwurf für einen existierenden Garten

Wir müssen einen Unterschied zwischen dem Entwurf für einen neu anzulegenden Garten und dem Entwurf für einen existierenden Garten machen. Die Mehrheit der Entwürfe betrifft existierende Gärten, die neu geordnet werden sollen. Wichtig ist, daß Sie sofort aufnehmen, was am selben Standort bleiben soll. Zur Bepflanzung, die Sie von Anfang an behalten sollen, gehören nicht die Stauden und schnell wachsenden Sträucher. Auch die Lage des bestehenden Rasens ist in diesem Augenblick noch nicht wichtig. Was die Bäume anbelangt: Pappeln und Weiden wachsen sehr schnell und eignen sich nicht für Kleingärten. Man kann sie preiswert kaufen, aber das Fällen nach 25 Jahren wird immens teuer und geht meistens nicht ohne Schaden für den Rest des Gartens ab. Denken Sie daran, daß Bäume eine lange Zeit brauchen, um zu wachsen, und daß Sie selber die endgültige Größe meistens nicht mehr erleben werden. Wir könnten uns auch fragen, ob wir wohl das Recht dazu haben, einen Baum zu fällen, der älter ist als wir selbst. Was unsere Vorgänger schon vor vielen Jahren angepflanzt und lange gepflegt haben, dürfen wir nicht in kurzer Zeit entfernen.

Ein Grund, trotz dieser Überlegungen den Baum zu fällen, könnte sein, daß er anderen Bäumen im Wege steht oder daß er eine Gefahr bildet, da er umfallen kann. Auch das Ausholzen könnte bedeuten, daß ein Baum mit einer zu großen Krone gefällt werden soll zugunsten anderer Bäume, die sich dann besser entwickeln können. Das zeigt oft, daß man schon beim Anpflanzen nicht nachgedacht hat. Manchmal können Sie eine etwas weniger einschneidende Lösung wählen: Die Entfernung eines sehr schweren Astes könnte den Bäumen ringsum genügend Licht verschaffen, wodurch wieder für lange Jahre ein Gleichgewicht entsteht. Wenn zu lange mit dem Stutzen gewartet wird, können wertvolle Bäume in Bedrängnis geraten, wodurch ihre schöne Form verlorengeht. Dem Verkehr, vor allem dem Autoverkehr, sind besonders in den letzten Jahren schon zu viele Bäume zum Opfer gefallen: Das wäre also kein Grund mehr, Bäume zu fällen.

Wenn Sie im ersten Jahr keine Zeit haben, einen existierenden Garten zu ändern, so wäre eine vorübergehende Gestaltung mit einjährigen Pflanzen und einigen Kübeln und Schalen mit Blumen eine gute Lösung. Das Ergebnis: ein wilder, aber doch kultivierter Garten, der sich gewiß sehen lassen kann.

DER GARTENENTWURF

Bäume zurechtstutzen kann jeder. Sie können wählen aus einem Würfel oder einer Kugel, einer Tortenschnitte oder einem flachen Wipfel. Sie können sehr viele Arten von Bäumen und Sträuchern stutzen. Haben Sie aber einmal damit angefangen, so müssen Sie damit weitermachen. Der Effekt geht sonst verloren.

Der erste Entwurf

Sie müssen sich klar sein, daß Entwurf und Anlage nur ein Teil der ganzen Arbeit sind. Die Vorbereitung nimmt viel weniger Zeit in Anspruch als die spätere Pflege.

Es ist schwer, in der Entwurfsphase noch nicht an die Pflanzen zu denken. Versuchen Sie trotzdem, so zu tun, als ob keine Pflanze im Garten erscheinen würde!

Auch das Geld, das Sie aufwenden wollen, ist in dieser Phase noch nicht wichtig. Bestimmen Sie jetzt ausschließlich den Verlauf der Linien. Dafür müssen Sie zuerst eine maßstabsgetreue Zeichnung anfertigen. Das ist nicht schwierig, wenn Sie den Maßstab 1:100 gebrauchen. Ein Zentimeter auf der Zeichnung entspricht einem Meter in der Wirklichkeit. Messen Sie alle Seiten Ihres Gartens und die Mauern des Hauses. Vergessen Sie dabei nicht die Fenster und Türen anzugeben. Machen Sie einige Kopien dieser Zeichnung, worauf die ganze Familie zeichnen kann. Nochmals: denken Sie nicht an Pflanzen, denn das kommt später. Jetzt können Sie sich einige Fragen stellen, auf die es meistens mehrere Antworten gibt. Oft enthalten diese Antworten Elemente, die Sie noch nicht bedacht haben. Darum ist es wichtig, daß Sie sich Zeit lassen, über Ihren Entwurf nachzudenken. Ein Beispiel einer auf den ersten Blick leicht zu beantwortenden Frage, bei der allerhand Elemente eine Rolle spielen:

Wo soll die Terrasse hin?

– Bedenken Sie, daß an einem heißen Sommertag eine Terrasse im Schatten auch sehr angenehm ist.
– Sie sind in Ihr Haus eingezogen, weil Sie es schön fanden. Legen Sie also die Terrasse an einer Stelle an, von der Sie auf das Haus blicken, und sitzen Sie nicht mit dem Rücken zum Haus hingewandt.
– Ein Sandkasten für die Kinder soll sich immer in der Nähe einer Terrasse befinden. Kinder finden es unangenehm, wenn sie in einem abgelegenen Sandkasten spielen müssen, und die Eltern wollen das Kind leicht im Auge behalten können.
– Bedenken Sie, daß dieser Sandkasten später in ein kleines Wasserbecken umgewandelt werden

Ein Garten mit einem großen Barometer und einfacher Bepflasterung mit Kies. Weil die Bepflasterung nicht auffällt, treten die Pflanzen und die Gartenmöbel stärker hervor.

kann, was Sie jetzt schon berücksichtigen sollten.
– Eine Schaukel, die in den Farben des Hauses gestrichen ist, sieht nicht schlecht aus und muß also auch nicht möglichst weit hinten im Garten aufgehängt werden. Auch die Schaukel kann auf eine hübsche Weise in das Ganze integriert werden und ein sehr zierliches Element sein. Für die Schaukel gilt das gleiche wie für den Sandkasten: Eltern und Kinder behalten sich gerne im Auge. Bei der Planung der Terrasse soll also auch an einen Platz für die Schaukel gedacht werden.

Jeder Teil des Gartens verlangt eine Analyse dessen, was für Sie wichtig ist – auch der Gemüsegarten. Er braucht überhaupt nicht groß zu sein und läßt sich bestimmt gut einfügen.

Planen Sie verhältnismäßig breite Pfade; ein Meter breit ist wirklich nicht übertrieben, auch nicht für einen sehr kleinen Garten. Auf der Zeichnung können Sie das besser erkennen als in Wirklichkeit; wenn die Verhältnisse auf der Zeichnung nach Ihrer Meinung stimmen, so werden sie es in der Wirklichkeit auch tun. Der Entwurf eines Gartens fängt nicht umsonst mit einer Zeichnung an. Indem Sie sich damit beschäftigen, bekommen Sie ein besseres Gefühl für Verhältnisse.

Eins der Dinge, worüber Sie schon in einem frühen Stadium entscheiden müssen, ist die Wahl der Platten und Klinker: ihre Größe bestimmt zu einem Teil die Breite der Pfade und die Größe der Terrasse. Platten gibt es in den Größen 20 x 20 cm, 30 x 30 cm, 40 x 40 cm, 50 x 50 cm, 40 x 60 cm und 40 x 80 cm. Von letzteren Größen möchte ich abraten, weil sie sich schlecht mit Klinkern kombinieren lassen. Es

Pergolen können aus Wasserrohren in alle Formen geschweißt werden. Die Pergola erzeugt Tiefenwirkung: Der wirkliche Abstand zwischen dem Fotografen und der Veranda beträgt nur 15 Meter!

Terrasse im Schatten. An einem warmen Tag ist es angenehm, nicht in der Sonne zu sitzen. Planen Sie bei der Anlage also auch einen Platz für die Terrasse oder nur eine kleine Bank im Schatten. Das klappt sehr gut mit einer Überdachung mit Kletterpflanzen oder indem Sie einige größere Bäume pflanzen.

bleibt einem dann zu wenig Freiheit im Muster. Stellen Sie auch möglichst bald fest, ob der Boden nach einer Seite hin abfällt. Ein Garten, der nach hinten ansteigt, wirkt kleiner. Es ist also günstiger, wenn der Garten nach hinten abfällt. Ein ebener Garten ist für das Auge am ruhigsten. Geben Sie Höhenunterschiede auch sofort auf der Zeichnung an, wenn ein höher oder niedriger gelegener Teil mindestens ein Drittel des Gartens einnimmt.

In Gärten von hundert Quadratmetern oder weniger sind Höhenunterschiede nicht erwünscht; der Garten wirkt dann kleiner. Ausgangspunkt ist die vorhandene Erde: Gebrauchen Sie die Menge, die da ist, ohne Erde an- oder abzufahren. Sie müssen berücksichtigen, daß Sie Sand für die Pflasterung brauchen. Oft sind das erhebliche Mengen, wodurch sich ein kleiner Garten bald um 5 cm erhöht.

Dränage

Für nasse Gärten empfiehlt sich Dränage. Nur unter sehr nassen Verhältnissen sollten Sie sich fragen, ob

Baumscheiben sollen vorzugsweise imprägniert werden, weil sie bei feuchten Bedingungen schnell zu modern anfangen. Berücksichtigen Sie, daß diese Baumscheiben (vor allem im Schatten) nach einiger Zeit spiegelglatt werden!

es da nicht besser wäre, ein Wasserbecken oder einen Morastgarten anzulegen. Stellen Sie zuerst fest, ob es eine Möglichkeit zur Entwässerung der Dränagerohre gibt, zum Beispiel einen Graben oder ein Kanalisationsrohr. Sehen Sie zu, daß das Dränagerohr möglichst flach im Boden liegt (mit einem geringen Gefälle). Denken Sie daran, daß das Rohr über dem höchsten Winterwasserpegel münden soll, sonst läuft das Wasser in dieser Periode vom Graben in den Garten zurück.

In der Regel gilt, daß die Rohre das Wasser aus einer Entfernung von mehr als sechs Meter anziehen, so daß für einen Kleingarten ein Rohr in Längsrichtung reicht. Für jede Stelle sind die Umstände anders. Lassen Sie sich darum für Ihren Garten von Sachverständigen in Ihrer Umgebung beraten. Landwirte, Erdarbeiter und Gärtner kennen den Boden eines bestimmten Gebietes genau. Sie können Ihnen zu jeder Stelle sagen, ob sich zum Beispiel eine undurchlässige Schicht im Boden befindet, wodurch das Wasser schlecht ablaufen würde, und was Sie mit einer bestimmten Bodenart machen können, um die Wasserdurchlässigkeit zu vergrößern.

Für eine Privatperson ist ein Dränagerohr mit einem Kokosmantel am leichtesten zu handhaben: Es braucht kein Sand oder Kies angefahren zu werden; das Rohr kommt einfach so in den Boden.

Die Pflanzflächen

Bei einem Gartenentwurf geht man im allgemeinen von zwei Perspektiven aus: Man möchte einen Garten, der von außen her schön aussieht oder einen, der von innen her schön ist. Bedenken Sie, ob ihr Garten vor allem von der Straßenseite her schön aussehen soll. Für jemanden, der seine Arbeit zu Hause verrichtet, wie etwa einen Arzt, ist diese Überlegung nicht unwichtig. An Regentagen und den ganzen Winter über sehen Sie den Garten nur vom Haus her, und dann fungiert er gleichsam als Verlängerung des Zimmers. Oft ist das Küchenfenster, vor dem sich die Anrichte befindet, ein wichtiger Bezugspunkt. Auch noch denkbar wäre ein Schlafzimmer mit eventuell einer Tür zur Terrasse als Ausgangspunkt.

Wie steht es um den Sichtschutz gegen die Nachbarn? Sie bestimmen jetzt, wo Hecken oder andere Trennelemente angelegt werden sollen. Ob es sich um einen Bretterzaun oder eine Hecke handeln wird, ist in dieser Phase noch nicht wichtig. Ausschließlich die Höhe und die Breite zählen zunächst – und die Wirkung, die Sie im Endeffekt erreichen wollen. Trennelemente brauchen übrigens nicht immer an den Gartenseiten entlang angebracht zu

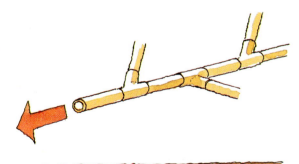

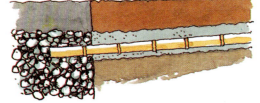

Bei einem Rohr ohne Mantel empfiehlt es sich, das Rohr auf eine Sandschicht zu verlegen und darüber eine Torfmullschicht zu streuen. Der Torfmull sorgt dafür, daß die Löcher im Rohr nicht verschlammen. Danach können Sie den Graben wieder mit der vorher entfernten Erde zuschütten. Gibt es für die Entwässerung keinen Graben oder keine Kanalisation, so kann die Entwässerung in ein selbst gegrabenes Kiesloch erfolgen. Sie können die Leistungsfähigkeit Ihres Dränagerohrs vergrößern, indem Sie Seitenrohre anschließen. Damit vergrößern Sie das Einzugsgebiet.

Kaminholz, auf hergebrachte Weise aufgeschichtet, ist ein attraktives Ornament im Garten. Legen Sie das Holz also nicht an eine Stelle, wo man es nicht sehen kann.

werden: Eine Hecke, die in den Garten hineinwächst, ergibt kleine, verborgene Ecken. In die Gartenmitte quer zum Fenster gepflanzt, bedeutet sie fast keinen Sichtverlust vom Haus her und schafft Spannung.

Die Sitzecke im Zimmer bildet meistens den zentralen Punkt, von woher Sie am meisten auf den Garten blicken. So können Sie mit einem Blick sehen, welcher Gartenteil offen bleiben soll, damit Sie später eine große Tiefenwirkung erhalten.

Wenn Sie die Blickrichtung bestimmt haben, legen Sie andere Fixpunkte fest. Als einen der ersten bestimmen Sie den Platz für ein eventuelles Wasserbecken. Machen Sie eine Liste von Gartenelementen, die Sie sich wünschen: Sandkasten, Trockenspinne, Schuppen, Kleingarten für die Kinder, Pergola, Carport, Terrasse im Schatten, eventuell Skulpturen, eine Gartenbank, Fahrradständer, Beleuchtung, Laube (das geht auch leicht mit Kletterpflanzen), ein großer Baum, ein Kaninchenstall, Fahnenstange, Komposthaufen usw. Auch große Blumenkübel sollten Sie vorher einfügen. Die Tiefenwirkung verstärkt sich noch, wenn Sie etwas Hohes in Vordergrund stellen. Das könnten einige Säulen mit Kletterpflanzen sein, aber auch schmal wachsende Bäume, die zwar Tiefenwirkung erzeugen, aber nur wenig Licht wegnehmen.

Ein leichtes Gefälle vom Haus weg ist richtig, weil

> **TIP**
>
> **Schnittblumen draußen**
> Blumensträuße wurden immer wie selbstverständlich auf den Tisch gestellt. Jetzt, wo der Garten die Verlängerung des Zimmers geworden ist – viele Wohnzimmer haben Flügeltüren zur Terrasse –, ist es auch schön, Sträuße für den Garten zu binden. Diese Sträuße dürfen auch etwas stärker „gartenhaft" aussehen, was Sie erreichen können, wenn Sie von großen Büscheln Dill, Rhabarber, Kohlblättern und Früchten, von Kürbis bis hin zu Gurke, Gebrauch machen. Besonders Schattenlagen eignen sich für so einen Gartenstrauß: Der Schatten verhindert, daß der Strauß zu schnell verwelkt. Teuer braucht der Strauß nicht zu sein: Ein Armvoll Wiesenkerbel, wilde Möhre und Butterblumen in einer großen Vase neben der Haustür bilden eine Kombination, die Ihre Gäste herzlichst begrüßt. Wenn Sie die Vase so hinstellen, daß Sie sie vom Haus her sehen können, belebt das sowohl den Garten wie auch das Haus.

das Oberflächenwasser bei einem Regenguß gerade vom Haus wegläuft.

Pfade

Mit Gras bewachsene Pfade lassen sich zwar preiswert anlegen, aber die Kanten erfordern viel Pflege. Für Kiespfade gilt das gleiche. Kies hat noch einen anderen Nachteil: Kinder können der Versuchung fast nicht widerstehen, damit zu werfen. Billige Pflastersteine lassen sich gut mit Klinkern kombinieren: die Pflasterung ist nicht teuer, aber schön. Wenn Sie nur Klinker verwenden, so ist nicht nur der Kauf teuer, sondern auch das Verlegen.

Wenn die Grundform festgelegt ist, so ist es nicht notwendig, sofort ein Wasserbecken oder eine Pergola anzubringen. Denken Sie aber daran, daß die großen Erdarbeiten und die Anlage der Pfade erfolgen sollen, bevor die Pflanzen eingesetzt werden. Es ist immer der Steinsetzer, der wegen des Wasserabflusses die genaue Höhe der Pflasterung bestimmt. Wenn die Pflasterung etwas höher oder niedriger liegt als der Boden, so stehen eben gesetzte Pflanzen schon wieder im Wege, weil der Boden noch einigermaßen auf- oder abgetragen werden soll. Am besten schieben Sie dann die Bepflanzung bis zur nächsten Saison auf.

Ein langer Streifen mit nur einer Sorte einjähriger Pflanzen wirkt ruhig. Rote und violette Fleißige Lieschen wachsen weniger schnell als die hellrosafarbenen und weißen Arten.

Ein einziger Topf mit einer Pflanze wirkt gut im Garten. Aber zu viele verschiedene Töpfe und Körbe machen einen unordentlichen Eindruck.

> **TIP**
>
> ### Pflanzen, die sich für Ränder eignen
>
> Mit vielen Stauden lassen sich ausgezeichnet Ränder bilden, zum Beispiel neben einem Pfad zur Haustür, um ein Beet oder eine Rabatte herum. Weil diese Pflanzen das ganze Jahr über an einer auffallenden Stelle stehen, sollen sie das ganze Jahr hübsch aussehen – auch in der Zeit, in der sie nicht blühen. Oft werden für Ränder einjährige Pflanzen verwendet; dann müssen Sie jährlich neu pflanzen, und außerdem gibt es dann im Winter nichts. Es gibt viele geeignete Stauden, aber weil für einen Rand eine große Anzahl gebraucht wird, ist die Gestaltung mit Stauden eine kostspielige Angelegenheit.
>
> Folgende Stauden eignen sich für Ränder. Die Abkürzung S heißt Sonne, HS Halbschatten, Sch Schatten.
>
> | | Farbe | Höhe in cm | Blüte (Mon) |
> |---|---|---|---|
> | *Alchemilla mollis* | gelb, grün | 50 | 6-8 HS-S |
> | *Antennaria dioica* | graues Blatt | 10 | 5-6 S |
> | *Armeria maritima* | weiß oder rosa | 20 | 5-7 S |
> | *Asarum europaeum* | dunkelgrün | 10 | 3-4 HS-Sch |
> | *Bergenia* | rosa | 40 | 4-5 S-HS |
> | *Cerastium* | weiß, graublau | 20 | 5-6 S |
> | *Dianthus deltoides* | weiß oder rot | 20 | 6-7 S |
> | *Galium odoratum* | weiß | 20 | 5-6 S |
> | *Hosta* | weiß, blau, viol. | 40-80 | 7-8 HS-S |
> | *Iberis sempervirens* | weiß | 30 | 4-5 S |
> | *Lavandula* | blau | 40 | 7-8 S |
> | *Nepeta* | blau | 30-50 | 6-9 S |
> | *Pachysandra terminalis* | weiß | 20-30 | 4-5 HS-Sch |
> | *Pulmonaria* | blau | 20 | 4-6 HS |
> | *Saxifraga umbrosa* | rosa | 30 | 5-6 HS |
> | *Vinca minor* | blau | 25 | 3-4 HS-S |
> | *Waldsteinia geoides* | gelb | 20 | 4-5 HS-S |

Ein Garten mit vielen Findlingen, Holzrosten, Pflasterung und langsam wachsenden immergrünen Pflanzen und Ziergräsern macht beim Anlegen zwar viel Arbeit, aber die Pflege ist leicht.

Wasserbecken

Auch bei Wasserbecken gibt es große Preisunterschiede: Plastikfolie ist viel billiger als ein Fertigbecken, und für den wahren Heimwerker empfiehlt sich ein Becken aus Beton.

Gras

Ein Teil des Gartens kann vorläufig auch mit Gras eingesät werden. Bedenken Sie, daß Bäume lange brauchen, um schön zu werden: Pflanzen Sie sie also am besten sofort. Bei der Bepflanzung machen wir einen Unterschied zwischen den Stellen, die man sofort sehen kann, und denjenigen, wo die Pflanzen weniger auffallen. Für die Wahl von Grassoden und Grassamen verweisen wir auf das Kapitel Rasen.

Bäume und Sträucher

In unmittelbarer Nähe des Hauses kann ein großer Baum sehr prägend sein. Hinten im Garten hinter dem Haus spielt das Gesamtbild von Haus und Garten keine so große Rolle und es empfiehlt sich ein kleinerer Baum, der billiger zu haben ist. Die Intimsphäre, die Sie sich wünschen, spielt auch bei der Wahl der Pflanzen eine ausschlaggebende Rolle. Wenn Sie völlig unbeobachtet in Ihrem Garten sitzen wollen, so ist eine hohe Bepflanzung wichtig.

Bedenken Sie aber, daß größere Pflanzen beim Umpflanzen einen längeren Wachstumsstillstand aufweisen. Der anfängliche Vorteil der größeren, etwas teureren Sträucher und Bäume ist dadurch nach einigen Jahren völlig zunichte gemacht. Sie können viel Geld sparen, indem Sie mit kleineren Pflanzengrößen anfangen, ohne daß das ein Nachteil wäre. Beratung durch Züchter ist sehr wertvoll, aber sie haben auch ein großes Interesse am Verkauf.

Bei einem gesunden Baum ist eine Verletzung der Rinde nach einigen Jahren wieder genesen. Versuchen Sie trotzdem immer Beschädigungen bei Beförderung mit dem Auto zu vermeiden, indem Sie nach dem Kauf die jungen Bäume nicht ohne einen Jutesack um den Stamm auf den Rand des Kofferraumes legen.

Was die Lichtdurchlässigkeit angeht, gibt es einen großen Unterschied zwischen verschiedenen Baumarten. In dieser natürlichen Situation kann man gut erkennen, daß Gras unter Birken noch gut wachsen kann. Das gilt aber nicht für Buchen und Kastanien, unter denen fast nichts mehr gedeiht.

Keine Pflanzen – trotzdem im Garten

Wir haben es schon gesagt: Es gibt einige prosaische Dinge, die Sie schon in der Entwurfsphase berücksichtigen müssen. Jeder Gartenbesitzer setzt natürlich seine eigenen Prioritäten:

Die Fahnenstange

Wenn sie gut plaziert wird, kann auch eine Fahnenstange ein Teil der Gartenanlage sein: Stellen Sie sie genau vor eine der Seitenmauern des Hauses oder in die Verlängerung einer Hecke. Vielleicht auch in die Mitte des Rasens? Das wirkt manchmal gut.
Das Verhältnis zwischen der Größe des Hauses und der Größe der Stange soll gut sein: Zu einem großen Haus gehört eine Stange von 8 m. Bei einem kleinen Haus reicht eine Stange von 5 m Höhe. Standardstangen gibt es nicht. Streichen Sie die Stange in einer Farbe, die sich am Haus wiederholt, so daß die Harmonie zwischen Haus und Garten sich verstärkt. Berücksichtigen Sie die Bepflanzung: Die kleinen Bäume wachsen schneller, als Sie glauben! Eine Fahne soll immer frei flattern können: Äste könnten die Fahne beschädigen. Drehen Sie die Leine immer einmal um die Stange: eine flatternde Leine verscheucht die Vögel und stört die Nachbarn.

Die Trockenspinne

Vorher soll auch der Platz für eine eventuelle Trockenspinne bestimmt werden. Am besten wählen Sie eine sonnige Stelle im Wind, denn damit sind Sie die Wäsche im Garten am schnellsten wieder los. Erreichbarkeit über einen Pfad ist wichtig: Auch in einer Zeit, in der der Boden naß ist, soll Wäsche aufgehängt werden.
Eine Trockenspinne in der Mitte der Terrasse ist weniger praktisch: Bei schönem Wetter möchten Sie da selber sitzen. Obwohl die Möglichkeiten oft beschränkt sind, sollte es doch möglich sein, einen Platz zu wählen, den Sie vom Wohnzimmer aus nicht sehen können. Gießen Sie den Betonsockel schon vor dem Anlegen des Gartens, so daß später kein Schaden mehr entsteht. Bei kleineren Gärten sollten Sie besser einzelne Trockenständer verwenden.

Der Sandkasten für die Kinder

Der Sandkasten soll an einer Stelle gebaut werden, wo man die Kinder im Auge behalten kann. Noch

Ein Spalier aus Bambus läßt sich einfach befestigen. Die kürzlich gepflanzten Sauerkirschen sind sofort beschnitten und angebunden.

Gartenmöbel aus Holz sollten im Winter überdacht aufbewahrt werden. Eine Veranda oder eine Überdachung schützt sehr gut gegen den Wind und ist besser zur Erhaltung der Möbel.

wichtiger ist es, daß die Kinder die Eltern sehen können, weil sie sonst keinen Spaß am Spielen haben. Planen Sie den Sandkasten in der Nähe der Terrasse an einer warmen Stelle, wo es nicht zieht. Ganz ideal wäre eine Stelle, wo es möglich ist, den Sandkasten später in ein Wasserbecken oder einen groß bemessenen Blumenkasten zu verwandeln. Pflanzen Sie also gleich einen Baum in die Nähe, so daß Halbschatten entsteht.

Auf dem Rand um den Sandkasten kann man ausgezeichnet sitzen. Wenn der Kasten aus Stein ist, so können Sie darauf ein hölzernes Brett zum Sitzen befestigen. Bauen Sie den Kasten so hoch, daß das Regenwasser leicht abfließen kann. Darum soll der Sand auch nicht zu feinkörnig sein. Mauersand wäre am besten. Eine andere praktische Ergänzung ist ein Deckel. Wenn es in Ihrer Nachbarschaft viele Katzen gibt, verhindert er, daß der Sandkasten bald zu einer Katzentoilette wird.

Gartenbeleuchtung

Besonders für kleine Gärten, die ans Wohnzimmer grenzen, ist Gartenbeleuchtung empfehlenswert: Das Zimmer wird dadurch vergrößert. Übrigens ist ein wichtiger zusätzlicher Vorteil, daß etwaige Einbrecher dadurch abgeschreckt werden. Das gleiche gilt für Kies: So wie Licht ein optisches Mittel des Abschreckens ist, so ist Kies das in akustischer Hinsicht. Einbrüche finden vorzugsweise nun mal nicht bei hellem Licht und knirschenden Geräuschen statt.

Beleuchtung an der Haustür ist notwendig. Nicht unbedingt nötig, wohl aber sehr angenehm ist Beleuchtung bei Gartenstufen, beim Wasserbecken, dem Schuppen oder dem Gewächshaus.

Bedenken Sie vorher, wo sich permanent Stromversorgung befinden soll und welche Schaltungen im Haus angelegt werden sollen. Die Pumpe im Wasserbecken sollte weiterlaufen können, auch wenn die Beleuchtung des Beckens ausgeschaltet wird. Erdkabel haben einen Eisenmantel, den man mit einem Spaten nicht leicht durchstechen kann. Nichtsdestotrotz soll das Kabel 60 cm tief in den Boden eingegraben werden. Fertigen Sie trotzdem eine Zeichnung über die Lage der Kabel an, denn nach kurzer Zeit haben Sie den genauen Platz wieder vergessen. Es empfiehlt sich auch, diese Information Ihren Nachfolgern mitzuteilen.

Nur für die Gartenbeleuchtung reicht ein Transformator; mit einem guten Erdleckschalter ist die Sicherheit auch ausreichend gewährleistet. Lassen Sie sich immer vom Fachmann beraten. Es erübrigt sich fast zu erwähnen, daß draußen nur wasserdichte Armatur verwendet werden darf. Das gilt auch für die Beleuchtung im Gewächshaus, wo die

Eine kleine Gartenstatue in einem großen Garten kommt mehr zur Geltung, wenn eine Glasplatte dahinter gestellt wird. Die Statue wird so gleichsam eingerahmt.

Armatur unempfindlich gegen Spritzwasser sein soll. Totale Wasserdichtheit ist noch besser wegen der hohen Luftfeuchtigkeit.

Stufen im Garten

Manchmal müssen in einem Garten Lösungen für Höhenunterschiede gesucht werden. Das ist möglich, indem Sie Stufen anlegen oder einen Pfad abschüssig verlaufen lassen. Beträgt der Höhenunterschied weniger als 15 cm, so ist ein leicht abfallender Hang am schönsten. Denken Sie bei Stufen daran, daß es meistens notwendig ist, Beleuchtung anzubringen, vorzugsweise nahe am Boden.
Wählen Sie die Stufen wie die Pfade verhältnismäßig zu breit. Später, wenn die Bepflanzung gewachsen ist, werden sie keinen zu breiten Eindruck mehr machen. Nehmen Sie anfänglich mit diesem Mißverhältnis vorlieb – ein Garten soll schließlich noch wachsen.
Gemauerte Stufen sollen fundamentiert sein. Ein

Ein alter Gartenzaun kann sehr leicht an einige Holzpfähle aufgehängt werden. Die Wirkung ist überraschend.

Ein farbenfreudiges Element im Garten kann machmal blühende Pflanzen ersetzen. Sie brauchen schon ein wenig Mut eine Pergola oder die Gartenmöbel leuchtend knallrot zu steichen. Die Pflanzen in der Umgebung sollten dann eher zurückhaltende Farben haben.

Fundament bis unter die Frostgrenze im Boden beträgt im Durchschnitt 60 cm. Bei einfachen Stufen ist es möglich, die Steine auf Betonbalken zu mauern. Bei Frostaufbruch werden dann die Stufen insgesamt hochkommen und erleiden keinen Schaden.
Wenn Sie in der prallen Sonne oder bei einem trockenen Frühjahrswind Steine mauern, sollten Sie nicht vergessen, die Stufen für einige Tage mit Plastikfolie oder einem feuchten Jutesack abzudecken, denn die Austrocknung verläuft schneller, als Sie glauben.
Lange Zeit hat man von Bahnschwellen als Abgrenzung für Beete oder Rabatten oder als Treppenstufen Gebrauch gemacht. Stufen von Bahnschwellen, die in den Schatten des Hauses oder unter Bäume gelegt wurden, werden spiegelglatt durch Algen oder Mooswuchs. Auch in der Sonne müssen Bahnschwellen gepflegt werden, um Glätte zu vermeiden. Für die Abgrenzung von ebenen Flächen eignet sich dieses Material besser – vorausgesetzt Sie pflegen es ausschließlich mit umweltfreundlichen Anstrichen. Carbolineum ist billig, aber die in der Nähe wachsenden Pflanzen verbrennen dadurch. Aus Umweltschutzgründen nicht verwenden!
Nur wenige Hobbygärtner denken daran, daß die Stufen auch einfach aus Beton gemacht werden können. Verwenden Sie ein Gemisch mit viel Kalk. Die Stufen werden nach einem Jahr schon schön grün aussehen und „alt" wirken. Wenn Sie die Stufen einige Male mit Buttermilch besprengen, wird der Algenwuchs auf neuem Beton gefördert.

> **TIP**
>
> **Abstellplatz für den Winter**
> Manche Leute wissen nicht, was sie im Winter mit ihren Kübelpflanzen anfangen sollen. An manchen Orten kann man heute quadratmeterweise Gewächshaus-Flächen mieten. Sehen Sie zu, daß Sie Ihre Pflanzen deutlich mit Namen und Adresse versehen. Schreiben Sie immer mit einem weichen Bleistift auf das Etikett, unter feuchten Verhältnissen hält sich das am längsten. Unterbringung in einem Gewächshaus ist eine geschickte Lösung, die Kübelpflanzen durch die schwerste Periode von Mitte Oktober bis Mitte Mai zu bringen!

Garten-Formen

Es gibt verschiedene Arten von Gärten, die nach ihren wichtigsten Komponenten, der Einrichtung, der Stelle oder anderen bezeichnenden Eigenschaften benannt werden. In dem vorliegenden Buch haben wir einen Unterschied zwischen dem Garten in der Stadt und den natürlichen Gärten gemacht. Der Grund für die besondere Erwähnung des Gartens in der Stadt ist die Tatsache, daß man bei so einem Garten mit einigen Aspekten konfrontiert wird, die bei anderen Gartentypen nicht unbedingt eine Rolle spielen müssen: zum Beispiel mit hoher Bebauung ringsherum.

Diese Einteilung in verschiedene Typen ist für Ihren Garten natürlich nicht bestimmend: Wenn Sie einen Garten in der Stadt haben, so können Sie darin sehr gut Heide anpflanzen, und ein Bodendeckergarten wird in den meisten Fällen nur schöner durch Ergänzung mit Elementen aus dem Wassergarten. Sie finden hier eine Beschreibung dieser Gartentypen, aber Sie haben natürlich die Freiheit, selber zu bestimmen, welche Bestandteile Sie für Ihren Garten übernehmen wollen. Zum Schluß gibt es auch noch andere Aspekte, die eine Rolle spielen: zum Beispiel die Kosten oder die Frist, innerhalb derer Ihr Garten voll entwickelt sein soll.

Berücksichtigen Sie beim Pflanzen der Gewächse die Farben und die Blütenperioden. Die Kombination eines purpurroten oder violettfarbenen Rhododendrons mit einer Wasserlilie wäre schöner gewesen. Die Wasserlilie blüht immer in der ersten Juniwoche. Mögen Sie rosafarbene oder rote Rhododendronsträucher, dann wählen Sie ein frühblühendes Exemplar. Das bewirkt auch eine Streuung der Blütezeit, so daß Sie die Farben länger genießen können.

Gärten in der Stadt

An den Entwurf von Gärten in der Stadt stellt man selbstverständlich ganz andere Anforderungen als bei Gärten, die auf dem Lande liegen. Es sieht oft schwer aus, auf einem kleinen Grundstück, das auch noch durch andere Häuser und hohe Gebäude umschlossen wird, etwas Schönes zu gestalten, aber es ist durchaus möglich. Die erste Regel beim Entwurf: Überlegen Sie sorgfältig, welche spezifische Faktoren Sie bei der Gartenanlage berücksichtigen müssen.

TIP

Pflanzen für den vollen Schatten:
Asarum europaeum, Convallaria majalis, Fragaria vesca, Glechoma hederacea, Lamiastrum galeobdolon, Lamium orvala, Geranium phaeum

DER GARTENENTWURF

Der Entwurf eines Gartens in der Stadt
Das Besondere an einem Garten in der Stadt ist, daß ein zusätzliches „Zimmer" entsteht: Umliegende Gebäude sorgen dafür, daß im Vergleich zu einem Garten außerhalb ein milderes Klima herrscht. Wenn Sie aus Ihrem kleinen Grundstück etwas Schönes machen, so macht der Garten in der Stadt mit jedem Quadratmeter oft mehr Spaß als die Arbeit in einem sehr großen Garten. – Unter anderem deshalb, weil man in einem Garten in der Stadt früher und öfter draußen sitzen kann. Nicht nur für Sie ist Ihr Garten eine grüne Oase, er ist auch ein herrlicher Zufluchtsort für Vögel.

Durch den Schutz Ihres Gartens können Sie in einem einigermaßen freundlichen Sommer vom Februar bis zum November angenehm draußen sitzen. In der Regel geben die Mauern der umliegenden Häuser abends noch soviel Wärme ab, daß man viel länger als an einer ungeschützten Stelle draußen sitzen kann. Tagsüber ist der Garten aber bald zu heiß. Dann soll

Denken Sie in Ihrem Garten auch mal an die Fauna. Spinnweben sind bei Gegenlicht und im Herbst, wenn sie betaut sind, wirklich herrlich anzusehen.

Schnecken mit Gehäuse sind weniger schädlich als solche ohne Gehäuse: Oft fressen sie die Algen auf der Baumrinde. Es ist schön, in einem neu angelegten Garten in der Stadt Schnecken mit Gehäuse auszusetzen. Die Gehäuse haben viele unterschiedliche Farben. Wählen Sie also die schönsten.

es auch genügend Schatten geben in Form einer kleinen Überdachung, eines Baumes oder einer Pergola.

Pflanzen im Schatten

Die hohen Mauern und oft auch die Bäume verleihen dem Garten in der Stadt viel Schatten. Viele Pflanzen wachsen gerade im Schatten sehr gerne, auch wenn sie dadurch weniger große Blüten produzieren. Auch wintergrüne Pflanzen haben es da etwas schwerer. Dem steht gegenüber, daß schöne Blattformen und Blattfarben eine besondere Wirkung in den Gärten in der Stadt erzeugen können. Ahorngewächse, viele Kletterpflanzen und Zwiebelgewächse sorgen für die erforderliche Spannung. Viele Gewächse, die sauren Boden lieben, sind auch Schattenpflanzen. Eine gesonderte Ecke mit ein wenig Extra-Torfmull ist ein ausgezeichneter Standort für diese Pflanzengruppe. Da können auch einige einheimische Waldpflanzen wachsen: Salomonssiegel, Maiglöckchen, Buschwindröschen und so weiter. In vielen solchen Gärten befinden sich Schuppen und Überdachungen. Ihr Anblick ist nicht unbedingt schön, aber Sie können sie schnell bewachsen lassen, zum Beispiel mit wilden Waldreben (*Clematis vitalba*).

Die meisten Stauden sind sehr anspruchsvoll, wenn es um Sonne oder Schatten geht. Sie müssen, mit anderen Worten, ihre Wachstumsbedingungen erfüllen können. Das bedeutet, daß es in einem neu angelegten Garten noch keinen Platz für Schattenpflanzen gibt. Warten Sie mit den Pflanzen im Schatten ein Jahr, bis die Bäume und Sträucher ihre Schatten auf den Boden werfen. Besonders für Farne (Ausnahmen sind da Königsfarn und Adlerfarn) ist das wichtig. Im zwischenliegenden Jahr haben Sie Gelegenheit, das Unkraut zu jäten, vor allem die Wurzelunkräuter.

Pflanzen im Halbschatten gedeihen oft auch gut in der Sonne, vorausgesetzt daß Sie für ausreichende Wassergaben sorgen. Pflanzen dem Boden anzupassen geht leichter als umgekehrt. Aber auch ein Boden, der sich für die einzusetzenden Pflanzen bereits eignet, soll vorbereitet werden. Sorgen Sie

immer für einen gut durchlässigen Boden, indem Sie u. a. Stallmist und Mauersand hinzufügen. Pflanzen, die in Schattenlage in kalkreichem Boden stehen, können sehr schnell wachsen. Bedenken Sie aber vor dem Kauf, daß extrem schnelles Wachstum den Nachteil hat, daß diese Pflanzen schon nach zwei Jahren erheblich zurückgeschnitten werden müssen.

Sie können an herausragenden Dachteilen Drähte vertikal befestigen, an denen später augenscheinlich „frei" eine Kletterpflanze hochwachsen kann. Und auch bei der Wahl dieser Pflanzen sollten Sie sich vorher einiges überlegen: zum Beispiel, ob Sie in einem späteren Stadium die Pflanze noch erreichen können, um sie zu beschneiden, zu leiten oder zu pflegen. Sie müssen, besonders wenn Sie durch das Anlegen einer Rabatte die Pflanze nicht mehr so

Sogar mitten in der Großstadt zieht das Wasserbecken verschiedene Insekten wie diese Libelle an. Das ist eine zusätzliche Wirkung, an die Sie beim Anlegen bestimmt nicht gedacht haben.

leicht erreichen können, Kletterpflanzen wählen, die selbsthaftend sind (zum Beispiel Efeu und Jungfernrebe)

T I P

Rosenbogen
Haben Sie ein kahles Mauerstück, so stellen Sie doch mal einen Rosenbogen hin, zum Beispiel mit immergrünem Geißblatt. So entsteht dann eine herrliche Nische, in die Sie eine Skulptur stellen können.

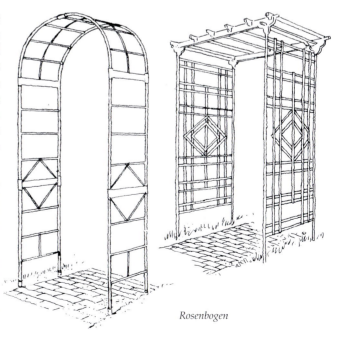

Rosenbogen

Natürliche Gärten

Natürliche Gärten können sehr schön sein, Sie müssen aber bedenken, daß sich die Schönheit der Natur nicht nachahmen läßt. Winzige Unterschiede in den Umweltbedingungen bestimmen, ob eine Pflanze an einer bestimmten Stelle wachsen will oder nicht. Diese kleinen Differenzen, eine Kombination aus Lichtmenge, Grundwasserstand, Bodenart, Wind und der örtlichen Fauna führen zu endlosen Variationen im Pflanzenwuchs. Ein Garten ist reine Kultur, das Schaffen eines Gleichgewichts erfordert viele Jahre manchmal mühseliger Arbeit.

Den natürlichen Garten kann man untergliedern in:
- Bodendeckergarten
- Heidegarten
- Staudengarten
- Garten mit einheimischen Pflanzen
- Morastgarten
- Steingarten.

Wir müssen einen Unterschied zwischen einem natürlich anmutenden Garten und einem Naturgarten machen. In einem Naturgarten entsteht von selbst eine natürliche Ordnung. Das Eingreifen des Menschen erfolgt besonders durch die Gestaltung eines bestimmten Milieus und nachher durch Beschneiden und Mähen. Naturgärten sind für die Nachbarn oft ein ständiges Ärgernis, weil sie sich vor einer großen Menge Unkrautsamen in ihrem Garten fürchten. In den ersten Jahren kann das tatsächlich passieren, vor allem mit Quecke, aber die einjährigen Ackerunkräuter, die großen Übeltäter in einem Kulturgarten, erscheinen nicht.

Es ist nicht so leicht, einen Naturgarten anzulegen. Ziehen Sie aber in ein Haus um, dessen Garten schon seit langer Zeit verwahrlost ist, so haben Sie eine gute Ausgangssituation. Umgraben wäre dann nicht vernünftig, aber durch die Entfernung von stark vorherrschenden Pflanzen wie Brombeere und Holunder und das Mähen von Giersch wird die Artenvielfalt in kurzer Zeit stark zunehmen. Auch die Insekten, Falter und Amphibien werden Sie öfters beobachten können. Es wird sich zeigen, daß Schnecken sehr nützliche Tiere sind: Sie räumen die sterbenden Pflanzen auf.

Abwechslung in der Bodenart ist wichtig. Ausgehend von dem existierenden Garten können Sie diese Abwechslung schaffen, indem Sie Sand oder Torfmull anfahren. Sie können Schutt in der Unterschicht verarbeiten, wodurch ein trockenes Milieu entsteht. Für diese natürlichen Gartentypen wählen Sie die

Hochstämmige Obstbäume eignen sich für fast jeden Garten: Die Aussicht wird nicht gestört, und wie man an den Blumen erkennen kann, gibt es genug Licht auf dem Boden, um darunter noch eine Rabatte anzulegen.

Pflanzen, die in einer bestimmten Bodenart, bei einem bestimmten Grundwasserstand und der richtigen Menge an Sonne/Schatten gut gedeihen. Es ist unbedingt notwendig, daß Sie über einige Grundkenntnisse der Pflanzen in Ihrem Garten verfügen. Viele natürliche Arten haben kleine Blüten; Sie müssen sich also gut überlegen, wo Sie die Pflanze einsetzen können, damit sie sich voll entfalten kann. Für alle Gartentypen gilt, daß eine möglichst große Vielfalt entstehen soll. Dazu müssen Sie den Boden auf eine richtige Weise bearbeiten, um niedrige und höhere Teile zu schaffen, verschiedene Bodenarten einbringen und dann sofort Bäume pflanzen, damit der Schatten entsteht, den viele Gewächse brauchen. So besteht auch im Bereich der Düngung ein Unterschied zwischen Nährstoffreichen und -armen Teilen. Die Nährstoffe der Dünger werden im Boden weitgehend ausgewaschen. Sorgen Sie für ein armes Milieu in den höheren Teilen. Die niedrigeren Gartenteile reichern sich durch diese Versickerung automatisch an.

Gärtner sollen ein bestimmtes Gespür für Kombinationen und Mengen entwickeln. Welche Pflanzen setzen Sie zum Beispiel in große Gruppen zusammen? Welche lassen Sie immer als Einzelpflanze erscheinen? Kenntnisse und fachmännisches Können entstehen nicht durch eine Gartenbauausbildung, sondern durch scharfe Beobachtung. Beobachten Sie nicht nur die Pflanze selber, sondern auch die natürliche Umgebung. Kennen Sie eine bestimmte Pflanze nicht, die in der Nähe eines gut gedeihenden Rhododendrons wächst, so dürfen Sie davon ausgehen, daß die Pflanze gerne in einem sauren Milieu lebt und ziemlich viel Wasser braucht. Durch diese Erfahrungen lernen Sie, wie Sie Kombinationen herstellen und jede Stelle gut nützen können. Bald werden Sie dann herausfinden, daß sich aus einer trockenen Stelle im Schatten schwer etwas Schönes machen läßt.

Die Blumenwiese

Es gibt einen Unterschied zwischen der einjährigen Blumenwiese und der Dauerwiese. Die einjährige Wiese mit Mohn, Kornblume, Kamille und Zittergras soll jedes Jahr neu eingesät werden. Arme Sandböden eignen sich am besten für diesen Typ, besät mit exotischen Gewächsen wie einjährigen Lupinen, *Eschscholzia*, *Rudbeckia* und Stiefmütterchen. Fertigmischungen sind bei Samenhändlern erhältlich. Sie wurden eigens für Lehm- oder Sandboden zusammengestellt.

Interessanter durch das frühe Wachstum ist die Dauerwiese. Zwiebelgewächse wie *Fritillaria*, Schneeglöckchen, Anemone können Sie darin ausgezeichnet pflanzen. Für feuchte Stellen eignen sich Gilbweiderich, Pfennigkraut und Orchideen. Sie dürfen erst mähen, nachdem die Pflanzen Samen produziert haben. Nach dem Mähen sieht die Wiese zuerst trocken und gelb aus, aber auch das hat seinen eigenen Reiz. Lassen Sie nach dem Mähen das Gras noch einige Tage liegen. Das trockene Gras ist leichter und läßt sich dadurch besser abfahren. Wenn es kurze Zeit liegen bleibt, verhindert es auch eine Verbrennung des Rasens durch die Sonne. Der noch nicht ganz reife Samen hat auch noch die Möglichkeit, weiter zu reifen und sich auszusäen.

Jährlich mähen und anschließend das Gras abfahren verarmt den Boden. Auf feuchtem Gelände können, wenn Sie nach der Blüte mähen, spontan Orchideen wachsen. Auch andere Wiesenblumen bekommen eine Chance, weil das Gras keine dichte Narbe bildet.

Der Bodendeckergarten

Bevor ein Bodendeckergarten angelegt wird, soll der Garten ein Jahr brachliegen, so daß in dieser Zeit alle Wurzelunkräuter rigoros entfernt werden können. Besonders Quecke und Giersch darf es nicht mehr geben, weil die Bekämpfung dieser Gewächse später um so schwerer ist. Die Unkrautbekämpfung sollte mit der Hand erfolgen. Dadurch ist die Pflege dieser Bodendeckergärten nicht weniger intensiv als die Pflege anderer Gärten. Der Bodendeckergarten wird oft angelegt um dem Garten ein natürliches Aussehen zu verleihen. Ein zusätzlicher Vorteil ist, daß sich dieser Typ relativ leicht anlegen läßt. Wenn Sie Pflanzen in großen Gruppen zusammensetzen, so bleibt ein gewisses Maß an Ruhe erhalten. Abwechslung können Sie schaffen, indem Sie einzelne Bäume und Sträucher pflanzen, Akzente setzen mit auffallenden Stauden und eine Verlängerung der Blüte erreichen mit Blumenzwiebeln, die im Boden bleiben können. Ein großer Vorteil ist, daß man den Boden nicht zu planieren braucht. Das gilt auch für die Pfade, wenn Sie sie mit Baumrinde oder Holzschnipseln anlegen. Besonders bei der Anlage dieses Gartens haben Sie also große Vorteile. Bedenken Sie aber, daß der Garten nicht weniger gepflegt werden muß als andere Gartentypen.

Es gibt fertige einjährige Blumengemische. Mohn, Kornblume, Kamille und Getreidearten wie Weizen und Hafer sind meistens darin enthalten. Bei einem Gemisch von Einjährigen ist es notwendig, jährlich umzugraben und aufs neue zu säen, um immer wieder neue Blütenpracht zu erreichen.

Die Pflanzen
Bodendecker sind oft immergrüne Stauden. Auch Rosen gibt es als Bodendecker. Niedrige, dichte Stauden können Sie gut verwenden, genauso wie flach wachsende Koniferen. Alle Pflanzen dieses Gartentyps haben eins gemeinsam: Sie wachsen so dicht, daß Unkräuter keine Chance haben.
Viel Abwechslung ist möglich. Einige Stauden wachsen am besten im Schatten, während andere und Rosen lieber in der Sonne stehen. Diese spezifischen Anforderungen sollten Sie schon beim Anlegen berücksichtigen.

Der Heidegarten
Heidegärten können nur auf Sand- und Moorböden angelegt werden. Natürlich kann man auch einen Lehmboden bearbeiten, damit er sich als Heidegarten eignet. Dann müssen Sie den Boden sauer machen. Ein solcher Garten paßt aber meistens nicht in die umliegende Landschaft, und das ist ein Faktor, den Sie auch berücksichtigen sollten. Heidegärten sehen in den ersten Jahren nach der Anlage sehr attraktiv aus. Fachkenntnisse brauchen Sie für das Beschneiden und Verjüngen der Heide. Pflanzen Sie vornehmlich Heidekraut auf trockeneren Boden und Glockenheide besonders in feuchtere Teile. Manche Gräser, wie die Rasenschmiele, gedeihen gut auf trockenem Boden, das Pfeifengras verträgt auch einen nassen Boden. Die Krähenbeere kann auch in schattigen Lagen an den feuchtesten Stellen stehen.
Ausschließlich Heide im Garten, ergänzt mit Koniferen, wird bald langweilig. Bodendecker mit kleiner Blüte und Stauden, zusammen mit laubabwerfenden Sträuchern und Koniferen, vervollständigen den abwechslungsreichen Heidegarten. Prüfen Sie den Säuregrad des Bodens, bevor Sie mit diesem Gartentyp anfangen. Ein Heidegarten eignet sich überhaupt nicht für kalkreiche Böden. Ob sich Kalk im Boden befindet, können Sie einfach feststellen mit einigen Tropfen Salzsäure (HCl). Je stärker es braust, umso mehr Kalk befindet sich im Boden. Genauere Auskunft bringt ein Test mit dem pH-Meter. 4,5 bis 5,5 pH wären ideal.

Streng und natürlich als Kontraste. Mit einer niedrigen Bepflanzung mit Sempervivum *und* Sedum *in verschiedenen Farbtönen treten die Steine schön hervor.*

In einem Bodendeckergarten soll man große Flächen mit einer Art bepflanzen, ergänzt durch Zwiebelgewächse und einzeln wachsende Stauden. Ein Garten, der nur aus Bodendeckern besteht, sieht öde aus.

Der Staudengarten

Wollen Sie keinen Rasen in Ihrem Garten, so können Sie die ganze Oberfläche mit Stauden bepflanzen. Sie brauchen dann mehr Pfade, um alle Gartenecken erreichen zu können. Viele verschiedenartige Stauden dicht an dicht verursachen ein unruhiges Bild. Versuchen Sie eine Gleichgewichtssituation herzustellen, indem Sie die Pfade nicht zu schmal anlegen und an den Pfaden entlang einen Rand mit einer Pflanzenart setzen, vorzugsweise in wintergrünen Arten. Eine schöne Wirkung erzielen Sie auch, wenn Sie in einigen größeren Flächen niedrige Stauden einsetzen, z. B. Bodendecker.

Mohngewächse haben immer grelle Farben. In der Staudenrabatte lassen sie sich nur schlecht mit weichen Farben kombinieren.

Dauerpflanzen bringen viel Arbeit mit sich, aber Sie können Ihre Zeit selber einteilen: Der Rasen soll wöchentlich gemäht werden – und das duldet keinen Aufschub. Ein Garten mit ausschließlich Stauden bietet den Kindern keine Spielmöglichkeiten. Sie könnten die Terrassen etwas ausdehnen, aber auch dann sind viele Spiele nicht möglich.

Eine Variante des Staudengartens ist der Garten mit einheimischen Pflanzen. In diesem dürfen nur einheimische Pflanzen wachsen. Alle exotischen Pflanzen gehören also nicht in einen solchen Garten.

Stauden

Stauden sind jene krautartigen Pflanzen, die im Herbst eingehen und im Frühjahr wieder austreiben. Im Gegensatz zu einjährigen Pflanzen brauchen Sie in Ihrer Rabatte eine Kombination von verschiedenen Arten, damit Sie die ganze Saison Blüten im Garten haben. Stauden blühen in der Regel nicht länger als acht Wochen. Früh- und spätblühende Arten bieten endlose Möglichkeiten, alle Farben zu verwenden oder sogar dieselbe Rabatte je nach Saison mit einer anderen Farbe zu schmücken. In einem kleinen Garten müssen Sie sich auf nur eine Pflanzenart beschränken; in größeren Gärten pflanzen Sie verschiedene Arten. Wenn Sie Gruppen derselben Art an verschiedenen Stellen wiederholen, so erreichen Sie dadurch ein ruhigeres Bild für den ganzen Garten.

Es ist schwer anzugeben, wieviel Pflanzen pro Quadratmeter eingesetzt werden müssen, weil der Garten selber und seine unmittelbare Umgebung darauf einen erheblichen Einfluß ausüben. Im Durchschnitt können Sie von fünf Pflanzen pro Quadratmeter ausgehen. Von den kleinen alpinen Pflanzen setzen Sie pro Quadratmeter etwas mehr ein, aber die *Gunnera* zum Beispiel braucht für sich alleine schon mehrere Quadratmeter.

Sie müssen nicht nur an die Blüte im Sommer denken: Einige Stauden sind wintergrün. Sie blühen meistens nicht am üppigsten, aber eine Streuung übers ganze Jahr ist schon wichtig, damit Sie im Winter nicht auf einen öden Garten blicken müssen. Denken Sie bei der Wahl von Stauden also nicht nur an die Blüten. Auch außerhalb der Blütezeit soll die Pflanze durch ihr Laub einen ansprechenden Eindruck machen. Die Frühjahrssonnenblume und die Pestwurz sehen am Sommerende trübselig aus. Die Lösung liegt auf der Hand: Setzen Sie derartige Pflanzen so ein, daß im Spätsommer andere attraktivere Pflanzen davor wachsen.

Die Rabatte

Eine Rabatte ist ein Bodenteil, der zwischen einer Hecke oder einem Bretterzaun und einem Pfad oder Rasen liegt und mit Stauden, eventuell mit Rosen ergänzt, bepflanzt ist. Die ideale Lage ist auf der Längsachse des Hauses, so daß Sie über die Länge der Rabatte schauen können. Diese Lage ist deshalb optimal, weil die Rabatte immer aus einer Kombination von Stauden besteht, die abwechselnd blühen. Wenn Sie quer auf die Rabatte schauen, so sehen Sie weniger Blüten. Setzen Sie hochwachsende Pflanzen hinten ein und die niedrigen vorne. Vermeiden Sie dabei eine strenge, schräg ansteigende Linie. Der oft gehörte Rat immer nur eine ungleiche Zahl anzuwenden ist Unsinn: Nach ein

Seite 37: Viele Arten von Stauden in vielen Farben. Das Grün des Taxus trägt trotz der Farbenvielfalt zur notwendigen Ruhe bei.

oder zwei Jahren sind die Pflanzen ja so zusammengewachsen, daß die genaue angepflanzte Zahl sich nicht mehr ermitteln läßt. Die Situation ist anders, wenn Sie einen streng symmetrischen Garten anlegen wollen. In diesem Fall brauchen Sie schon eine gerade Zahl an Pflanzen.

Die altertümlichen „Bauernblumen" wachsen auf fast jeder Bodenart. Empfindliche besondere Pflanzen verlangen mehr Aufmerksamkeit: Sie können Sandboden mit Komposterde vermischen, schweren Lehmboden mit Sand und Torfmull oder Komposterde, und in zu feuchten Böden können Sie Dränage anlegen. Frostschaden an Stauden entsteht meistens auf zu nassen Böden. Befindet sich die Pflanze an einer trockeneren Stelle, so kann sie den Frost besser ertragen.

Frostempfindliche Pflanzen können im Windschatten oft doch noch überleben. Es ist nicht nur die Kälte, sondern die Kombination von Kälte und Wind, durch die Pflanzen, die in einer Frostperiode kein Wasser aufnehmen können, austrocknen. Warten Sie mit den empfindlichen Stauden, bis Windschutz und Hecken um den neuen Garten herum sie bereits ein wenig schützen. Das gleiche gilt für Farne und Pflanzen, die viel Schatten verlangen.

Der Steingarten

Große und kleinere Steine in einen Garten einzupassen sieht leichter aus als es ist. Im Gegensatz zu anderen Gartenelementen müssen eine ganze Menge davon eingebracht werden. Sie müssen nach der goldenen Mitte suchen zwischen eindrucksvollen Bergen wie Hünengräbern und einzeln verstreut liegenden Steinen, so ungefähr wie Rosinen in einem Rosinenbrot.

Ein Aspekt gilt immer: Sorgen Sie für große Unregelmäßigkeit, sowohl in der Anzahl der Steine auf einem Haufen, wie auch in den Abständen untereinander. Auch an den großen Findlingen selber

Sogar Schmelzglasbrocken können im Garten eine Funktion haben, besonders wenn sie mit Wasser kombiniert werden.

sollte diese Unregelmäßigkeit zum Ausdruck kommen. Bei großen Steinen ist es wichtig, daß der untere Teil mit Pflanzen bedeckt ist: Es wäre schade, wenn ein mit großer Mühe plazierter Stein völlig mit Pflanzen überwachsen wäre. Felsengärten, die gut angelegt worden sind, sehen natürlich und gleichzeitig auch künstlerisch aus. Oft werden die kleinen übriggebliebenen Ecken hinten im Garten als Steingarten eingerichtet. Das mühselige Heranschleppen der schweren Steine wird damit nur kärglich belohnt.

Bei der Wahl von Steinen in Gärten ist es wichtig, im richtigen Maßstab zu denken: Größere Flächen verlangen auch größere Steine. Darin können auch größere Pflanzen eingesetzt werden.

Wenn Sie eine Steingruppe anlegen wollen, so fangen sie natürlich mit den unteren Steinen an. Alle Steine sollen so tief in den Boden eingegraben werden, daß sie sich später nicht lösen können, wenn Sie sich beim Jäten daran lehnen oder darauf gehen. Bedenken Sie, daß wenige große Steine eine

Die richtige Anordnung von Findlingen ist sehr schwer: machen Sie daraus kein „Hünengrab", aber auch kein „Rosinenbrot". Gruppieren Sie ohne Regelmaß, wodurch ein natürliches Bild entsteht.

größere Wirkung als viele kleine erzielen, wenn die Bepflanzung ausgewachsen ist.
Der Steingarten soll an einer offenen, sonnigen Stelle gelegen sein: nicht in der Nähe einer hohen Mauer oder unter Bäumen, wohl aber windgeschützt. Das ist möglich bei einer Bepflanzung mit vielen wintergrünen Stauden. Sie verwenden für Ihren Steingarten alpine Pflanzen. Wenn Sie an die natürliche Umwelt denken, aus der sie stammen, so ist es klar, daß Ihr Steingarten genausoviel Sonne braucht wie ein richtiger Berghang.

Wasser im Felsgarten

Sie können auf verschiedenen Niveaus ein Wasserbecken anlegen. Für ein Wasserbecken in einem Steingarten, der versucht der Natur möglichst nahezukommen, ist es wichtig, daß der Eindruck erweckt wird, daß auch das Wasser hier rein „zufällig" entstanden ist. Natürliches Wasser könnte sich nur an der am tiefsten gelegenen Stelle des Gartens befinden. Wenn wir Wasser auf einem höheren Niveau fließen lassen wollen, so sollten wir gut darüber nachdenken, wie wir den Eindruck eines

Aus alten Materialien wie Schutt und Dachziegeln läßt sich noch etwas Schönes machen. Vergraben Sie alte Reste nie: Sie fahren sie am besten weg oder verarbeiten sie.

TIP

Steingarten im Pflanzentrog
Haben Sie wenig Platz im Garten oder viel Pflasterung, worauf Tröge stehen können, versuchen Sie einmal einen alpinen Garten in einem Pflanzenkübel, einem alten Futtertrog fürs Vieh oder dergleichen zu gestalten. Sie hätten dann eine Art Minigarten mit verschiedenen Steinpflanzen.

Dafür eignen sich:
Primula   *Aubrieta*
Saxifraga   *Campanula*
Sedum   (niedrige Arten)
Sempervivum   *Arabis*
Cyclamen (wilde) *Alyssum*

---

natürlichen Ursprungs erwecken können. Das wäre zum Beispiel möglich durch Höhenunterschiede, womit Sie Wasserfälle oder einen strömenden Bach schaffen würden.
Bedenken Sie aber vorher, daß bei einer so großzügigen Anwendung von Wasser die Wasseroberfläche stark zunimmt und damit auch die Verdunstung; es muß öfters Wasser nachgefüllt werden.

Der Morastgarten

In einigen Gebieten ist der Grundwasserspiegel sehr hoch. Ein natürliches Wasserbecken entsteht in einem solchen Fall schon, wenn Sie ein großes Loch graben. Wenn Sie mit so einer Situation konfrontiert werden, so könnten Sie sich überlegen, den gesamten Garten zu erhöhen, wodurch später allerhand Gartenpflanzen wachsen können. Sie können auch aus einer großen Fläche einen Morast machen. Mit der abgetragenen Erde erhöhen Sie nur einige Teile für Terrassen. Das ist nur möglich, wenn der Grundwasserstand (der Unterschied zwischen Sommer- und Winterniveau) nicht zu großen Schwankungen unterliegt, wodurch die Oberfläche in der einen Jahreszeit völlig austrocknet und in der anderen Jahreszeit unter Wasser steht. Auch hier ist es wieder notwendig, vorher gut zu überlegen. Gartenpfade können Sie anlegen mit Hilfe von Lattenrosten, die auf kleinen Betonpfählen ruhen, wodurch Sie den Garten weiter leicht pflegen können.
Entscheiden Sie sich in der Grundform für eine strenge Gestaltung. Morastpflanzen weisen eine große Formvielfalt auf und gleichen so die strenge Form teilweise wieder aus. Hierdurch entsteht ein harmonisches Ganzes. Manche Morastpflanzen können sich an trockenere Umstände relativ leicht anpassen. Sie können sowohl im Trockenen wie auch im Nassen stehen, aber Schwankungen im Wasserniveau mögen sie nicht. Morastgärten eignen sich in der Regel nur für Moorböden und in Bachtälern.

2 Die Anlage des Gartens

Natürlich spielen die Möglichkeiten des Grundstücks, das Ihr Garten werden soll, eine wichtige Rolle beim Entwurf des Gartens. Trotzdem wird es bei der tatsächlichen Anlage Überraschungen geben – Elemente, die Sie übersehen haben oder die Sie nicht voraussehen konnten.

An sich braucht das kein Problem zu sein: Gärtnern heißt fast immer, daß Sie die Wahl zwischen verschiedenen Lösungen haben. Halten Sie sich aber gut vor Augen, was Sie wollen und was nicht. Die Pflanzen stellen meistens nur einen relativ kleinen Teil der Kosten dar, trotzdem können Sie etwas Geld sparen, wenn Sie mit geringeren Größen anfangen. Das beeinträchtigt das endgültige Ergebnis bestimmt nicht, Ihre Pflanzen wachsen schnell.

Rostflecken auf einem Prunusblatt. Besonders im Herbst können wir viele Arten von Blattkrankheiten beobachten, die aber die Pflanze selber nicht angreifen.

Die Wiesenschaumzikade verursacht diese schaumartige Substanz. Sie ist nicht schädlich und kann leicht mit einem Wasserstrahl abgespült werden.

Den Garten nach Farbe einteilen: das machte man schon seit 1930, es wurde aber erst Ende der 80er Jahre Mode. Weltberühmt ist der weiße Garten von Sissinghurst (England). Hier sehen Sie weiße Blumen, mit graublättrigen Pflanzen kombiniert. Denken Sie daran, daß graublättrige Pflanzen im allgemeinen einen trockenen Boden verlangen. Die graue Farbe entsteht durch Härchen auf den Blättern der Pflanze.

Ein- und zweijährige Pflanzen

Nicht jeder Gartenbesitzer ist auch Hobbygärtner. Gehören Sie aber dazu, so können Sie viel Freude beim Säen von ein- oder zweijährigen Pflanzen erleben. Anderen, die zum Beispiel weniger Zeit zur Pflege zur Verfügung haben, können wir empfehlen, sich beim Kaufen von Pflanzen an einen Gärtner oder an ein Gartencenter zu wenden. Als Anfänger wählen Sie am besten nur die Samen, die genau an der dazu vorgesehenen Stelle gesät werden können. Passen Sie aber auf, wenn im April und Mai bei der Wettervorhersage die Rede ist von „rauhem" Wetter. Das Hygrometer schnellt dann herunter und Sie müssen öfters (nur wenig) gießen. Die Austrocknung ist dann sehr extrem. Später im Jahr gießen Sie mit mehr Wasser, aber nicht so oft. Kinder können sich bei einiger Unterstützung durch

Mit nur fünf Pflanzenarten, alle wuchsfreudig, macht dieser Gartenabschnitt schon nach zwei Jahren einen fertigen Eindruck. Im Vordergrund: Acaena buchananii und dahinter Alchemilla mollis und Hosta. Eine Buxuskugel und eine Taxushecke vervollständigen diese Komposition.

die Eltern auch zu Gartenfreunden entwickeln, aber stellen Sie nicht zu hohe Ansprüche: Fehlschläge können den Spaß am Gärtnern verderben. Lassen Sie deshalb die Kinder nie ganz selbständig die Samen für ihren Garten im Samengeschäft wählen. Sie wählen wahrscheinlich Samen von Blumen, die schön aussehen, deren Sä-Anleitung und anschließende Pflege aber sehr kompliziert sind. Samen, die die Kinder sozusagen „mit verbundenen Augen" säen können, werden gesondert aufgeführt.

TIP

Die endgültige Höhe von Stauden und Einjährigen kann sich stark von Angaben in diesem Buch oder auf den Verpackungen unterscheiden. Höhe und Breite der Pflanzen hängen eng mit Bodenart und Standort zusammen. Auf ärmerem Boden werden Pflanzen nie sehr hoch.
Es hängt auch erheblich davon ab, ob und welches Düngemittel Sie verwenden. Nebenher spielt auch die Temperatur eine Rolle: Eine Pflanze auf der Südseite des Hauses wächst schneller als ihre Schwester auf der Nordseite.
Berücksichtigen Sie also die Gegebenheiten in Ihrem eigenen Garten.

Wissenswertes

Einjährige Pflanzen kaufen Sie im Mai oder Anfang Juni.
Zweijährige bilden im ersten Jahr eine Rosette aus Blättern und blühen im zweiten Jahr. Der beste Zeitpunkt, Zweijährige zu kaufen, ist die Periode August/September. Leider besuchen gerade dann viele Leute das Gartencenter nicht, so daß Zweijährige fast ausschließlich vom Gartenamt verwendet werden. Wenn Sie das in Ihrem Kalender vermerken, so vergessen Sie es nicht.
Nach den sogenannten Eisheiligen, die in die zweite Maiwoche fallen, können Sie ohne Probleme Einjährige pflanzen. Auch wenn es draußen schon etwas milder wird, so lassen Sie sich nicht dazu verführen, diese schönen Farben zu früh im Garten einzusetzen. Sogar die besseren Gartencenter fangen schon viel zu früh mit dem Verkauf an, obwohl Sie dann oft ein kleines Schild mit der Aufschrift sehen: „Achtung bei Nachtfrost".

Lassen Sie, wenn möglich, Durchblicke zur Landschaft frei.

Bis zum 15. Mai dürfen Sie keine Einjährigen pflanzen! Sehr geschützte Gärten in der Innenstadt bilden hier oft eine Ausnahme. Auch Blumenkästen dürfen früher bepflanzt werden, vorausgesetzt, daß sie bei möglichen kalten Nächten ins Haus geholt werden.

Sie können die Einjährigen ausgezeichnet mit Rosen, Sträuchern und Stauden kombinieren, indem Sie zum Beispiel eine einjährige Kletterpflanze durch eine Konifere wachsen lassen. Blumenkästen und Hängekörbe eignen sich vorzüglich für Einjährige. Das Schöne ist, daß Sie jedes Jahr wieder andere Kombinationen ausprobieren können. Für die Nordseite des Hauses sind stehende Geranien am schönsten: Für den Kontrast wählen wir rote, aber rosafarbene und weiße passen oft besser zum Garten.

Hängende Geranien wachsen am üppigsten. Eigentlich sollten wir von Pelargonien reden, um Verwechslung mit dem richtigen Gartengeranium zu vermeiden. Fast alle Einjährigen mögen viel Sonne, aber manche gedeihen auch im Schatten noch einigermaßen. Für die Nordseite des Hauses und in Gärten in der Stadt eignen sich folgende Pflanzen ausgezeichnet:

Begonia semperflorens
Datura stramonium
Impatiens
Lobelia erinus
Lunaria annua
Mimulus guttatus
Myosotis
Nicotiana
Polygonum capitatum
Tagetes tenuifolia

Für den Garten im Schatten eignen sich Salomonssiegel und Waldmeister ausgezeichnet.

Rhabarberpflanzen lassen sich gut in einem Ziergarten einsetzen. Die roten Blattstengel, die farblich gut zur Tür passen, sind nicht zu erkennen.

DIE ANLAGE DES GARTENS 43

TIP

Containerpflanzen

Viele Pflanzen können Sie auch im Sommer pflanzen, wenn sie in einem Topf gezüchtet wurden. Graben Sie genauso wie bei anderen Pflanzen ein für den Topf etwas zu großes Pflanzloch. Der Wurzelballen soll sich zuerst mit Wasser vollsaugen, bevor Sie die Pflanze einsetzen. Verwenden Sie beim Pflanzen Torfmull für säureliebende Pflanzen und Komposterde oder Topferde für alle anderen.

Sie müssen in den ersten Monaten stark bewässern, bis die Wurzeln in den umgebenden Boden eingewachsen sind. Die stark quellungsfähigen Containerballen schrumpfen bei Trockenheit oft so stark, daß sie den Kontakt zum Boden verlieren und die Pflanzen vertrocknen.

Auch in einem kleinen Garten erzeugen große Flächen einer Pflanzenart ein ruhiges Bild.

Ein breiter gerader Pfad von der Tür aus lädt zum Hineingehen in den Garten ein.

Die richtige Erde für Töpfe und Kästen

Pflanzen in Kästen brauchen eine noch bessere Pflege als Pflanzen im Boden. Nehmen Sie jedes Jahr neue Topferde und vergessen Sie nicht, auch im Sommer zu düngen. Verwenden Sie nie Erde aus dem Garten. Machen Sie es sich zur Regel, daß Sie zugleich mit den Zimmerpflanzen auch die Blumenkästen mit einer Zimmerpflanzen-Lösung düngen.

Topferde besteht meist aus einem Gemisch von Torfmull und Torfstreu. An sich ist dieser Nährboden zu sauer; deshalb wurde Kalk hinzugefügt, um den richtigen pH-Wert zu erhalten, der sich für die meisten Pflanzen eignet. Für Anthurien, Kakteen und Farne sind besondere Nährböden erhältlich. Die richtige Düngung sorgt für ein gutes Wachstum der Pflanzen. Dieses Erdgemisch hält das Wasser ausgezeichnet fest, wodurch es sich für Töpfe und Blumenkästen eignet. Ein zusätzlicher Vorteil wäre noch, daß sich darin kaum Unkrautsamen befinden.

TIP

Englische Hängekörbe
Wer schon einmal in England war, kennt ohne Zweifel die Hängekörbe mit Blumen, die sich an vielen Gebäuden befinden. Die Körbe werden anders als ein hängender Blumentopf bepflanzt. Der Drahtkorb hat offene Maschen, so daß er an allen Seiten bepflanzt werden kann.

Materialien:
Drahtkorb, Durchmesser 30 bis 35 cm
Torfmoos, eine große Handvoll
10 Liter Topferde
20 bis 24 Pflanzen

Vorgehen
Hängen Sie den Korb auf, freihängend in einer Höhe von 1,50 Meter über dem Boden. Legen Sie ein Stück Torfmoos auf den Korbboden und stecken Sie drei Pflanzen durch die Maschen. Legen Sie wieder Torfmoos gegen die Innenseite, füllen Sie Topferde in die Mitte und setzen Sie fünf Pflanzen durch die Maschen ein. Beim nächsten Kreis gebrauchen Sie sieben Pflanzen.
Machen Sie die Oberseite nicht flach, sondern kugelförmig. Setzen Sie oben noch fünf Pflanzen ein und legen Sie auf die Erde noch ein wenig Torfmoos.
Der jetzt sehr schwer gewordene Korb kann an einem Spezialhaken an einer Mauer befestigt werden oder freihängend an einer Pergola. Hängen Sie den Korb nicht an eine zugige Stelle, Sie müssen täglich wässern!

Pflanzen für den Hängekorb:
Farne:
    Davallia
Kletterpflanzen (Hängepflanzen):
    Hedera helix (Efeu)
    Ampelopsis brevipedunculata 'Variegata'
Stauden:
    Campanula garganica
    Campanula poscharskyana
    Lysimachia nummularia
    Alchemilla mollis
Einjährige:
    Impatiens (Fleißiges Lieschen)
    Fuchsia
    Helichrysum petiolare
    Lobelia
    Felicia
    Petunia
    Asparagus densiflorus
    Tolmiea

Im Frühjahr kann der Korb mit Veilchen und Efeu aufgefüllt werden. Variationen für den Gemüsegarten kann man mit Kriechthymian und Erdbeeren füllen.

Forsythia intermedia *'Spectabilis'* ist der wissenschaftliche Name für die Forsythie. Wenn Sie diesen Strauch gut zurechtschneiden, können Sie selber diesen Effekt auch erreichen, wenn auch in kleinerem Maßstab. Dieses Bild wurde in einer Gärtnerei gemacht.

Ziersträucher

Der eine Zierstrauch wächst schnell, der andere langsam. Arrangieren Sie die Pflanzen kurz nach dem Ankauf also nicht nach der derzeitigen Höhe, sondern richten Sie sich nach der zu erwartenden Höhe nach fünf Jahren. Ein gewisses Vorstellungsvermögen ist notwendig für das Gelingen eines Gartens. Bedenken Sie aber, daß der Züchter die Sträucher auf unterschiedliche Weise liefert: Eine Potentilla wird in fast ausgewachsenem Zustand geliefert, während ein Syrischer Hibiskus klein geliefert wird und einige Jahre braucht, um zu wachsen. Es kann also passieren, daß Sie kleine Sträucher trotzdem hinten pflanzen müssen. Nicht nur die endgültige Höhe, sondern auch die Wachstumsgeschwindigkeit ist wichtig. Am Anfang ist es angenehm, wenn eine Pflanze groß ist, aber sie kann später leicht die anderen Pflanzen überwuchern, so daß Sie oft zurückschneiden müssen – und das kostet Zeit und Arbeit. Der

Der Schlehdorn, Prunus spinosa, blüht üppig, wenn er nicht beschnitten wird.

Nachteil von langsam wachsenden kleinen Pflanzen wird später zu einem Vorteil bei der Pflege. Sträucher, die sehr hoch wachsen, sollten Sie nicht an Stellen pflanzen, die dazu letztendlich zu klein sind. Sie stutzen, damit ein Strauch sich gut entwickeln und dadurch zu vollem Wachstum kommen kann – nicht, um einen Strauch zu verkleinern.

Wenn Sie erst in einer späteren Phase entdecken, daß Sie einen Strauch an der falschen Stelle eingesetzt haben, entfernen Sie ihn ganz.

Das Größenverhältnis der neu gepflanzten Sträucher zu den Stauden, die sich im Beet davor befinden, ist schlecht, weil die Stauden schon im ersten Jahr ihr volles Wachstum erreichen, während die Sträucher dafür Jahre brauchen.

Die meisten Sträucher blühen im Frühjahr und verlieren ihre Blätter. Die Kunst besteht darin, eine abwechslungsreiche Rabatte mit Sträuchern zu entwerfen, worin sich immergrüne, buntblättrige oder rotblättrige Sträucher, Blütezeit und unterschiedliche Blattformen abwechseln. Es ist wichtig, systematisch vorzugehen. Sie laufen sonst Gefahr, daß Sie zwar schöne Sträucher, aber nicht die nötige Vielfalt in Ihrem Garten anbringen.

Langsam wachsende Sträucher sind in der Regel teurer beim Kauf als die schnell wachsenden. Es ist wichtig, daß Sie Geduld haben. Versuchen Sie also nicht schon direkt das Endresultat mit großen Sträuchern zu erreichen. Größere Sträucher erleiden beim Umpflanzen auch einen größeren Rückschlag. Nach zwei Jahren ist der Größenunterschied beim Kauf dadurch schon wieder ausgeglichen. Setzen Sie die größeren Sträucher nur an Stellen ein, wo Sie sie für den Sichtschutz brauchen.

TIP

Sträucher, die Schmetterlinge anziehen

	Farbe	Blütezeit
Buddleia	alle	Juli-Sept.
Crataegus, Weißdorn	weiß	Mai
Lavandula, Lavendel	blau	Juni/August
Ligustrum, Liguster	weiß	Juni/Juli
Prunus laurocerasus, Lorbeerkirsche	weiß	Mai
Prunus spinosa, Schlehdorn	weiß	April/Mai
Rubus, Brombeere	weiß, rosa	verschieden
Syringa, Flieder	weiß/blau/viol.	verschieden
Viburnum, Schneeball	weiß	Juni

Stutzen und Beschneiden

Manche Sträucher dürfen nicht gestutzt werden (Skimmia), andere nur sehr wenig (Hibiskus), wieder andere mäßig (Aucuba und Flieder). Jasmin soll immer ordentlich ausgeschnitten werden. Als Ausnahme darf die Buddleia bis auf einen halben Meter über dem Boden abgeschnitten werden. Es könnte notwendig sein, Sträucher, die verwahrlost sind, ganz abzusägen, aber das soll vorzugsweise nicht geschehen.

Welcher Strauch an welcher Stelle?

Bei der Gartenanlage empfiehlt es sich, einiges im Zusammenhang mit Sträuchern zu berücksichtigen:

Folgende Sträucher können Kalk nicht vertragen:
Andromeda, Arctostaphylos, Azalea, Calluna, Clethra, Cornus canadensis, Daboecia, Daphne, Empetrum, Erica (ausgenommen *E. carnea*), *Fothergilla, Gaultheria, Kalmia, Ledum, Vaccinium*, Zwergkoniferen (ausgenommen *Pinus*) *Hortensia, Acer palmatum, Cytisus scoparius*.

Folgende Sträucher brauchen Kalk:
Aralia, Berberis, Buddleia, Daphne, Ligustrum, Rhus, Ribes, Spiraea.

Folgende Sträucher können viel Wind ertragen und eignen sich somit gut für Balkone und Dachgärten: *Eleagnus, Euonymus, Ligustrum*, Haselnuß, Alpenjohannisbeere, verschiedene Pflaumenarten, wilde Rosen, Holunder und Schneeball.

Wenn im Winter alle oberirdischen Teile der Stauden abgestorben sind, dann bleiben die Hecken als wichtigster „Stützpunkt" im Garten übrig. Besonders immergrüne Hecken fallen dann stark auf.

Farne

Besonders Farne passen in einen schattenreichen Garten. Humuserde hält mehr Feuchtigkeit fest. Bevor Sie Farne pflanzen, können Sie Humuserde hinzufügen, indem Sie Holzspäne und alte Blätter auf den Boden auftragen. Blätter schützen im Winter den Boden gegen tief eindringenden Frost. Der Boden bleibt länger warm und die Oberschicht bleibt feucht.

Farn an einer Mauer

TIP

Pflanzen an einer Gartenmauer
An einer Gartenmauer im Halbschatten oder Schatten gedeihen Mauerpflanzen ausgezeichnet: Verwenden Sie beim Mauern wenig Portlandzement und viel Kalk und Mauersand. Lassen Sie bei den niedrigen Mauern, die in Ihrem Garten den Höhenunterschied ausgleichen oder betonen, Löcher, so daß die Pflanzenwurzeln direkten Kontakt zur dahinterliegenden Erde bekommen können.
Geeignete Farne sind: *Asplenium adiantum nigrum* (eine Streifenfarn-Art), Mauerraute, Streifenfarn, Grüner Streifenfarn, Blasenfarn, gerader Dreiecksfarn und Hirschzunge. Ebenso folgende Pflanzen:

Goldlack	*Cheiranthus cheiri*
Gelber Lerchensporn	*Corydalis lutea*
Zimbelkraut	*Cymbalaria muralis*
Schöllkraut	*Chelidonium majus*

DIE ANLAGE DES GARTENS 47

Pflanzen in Mauerritzen

Polystichum setiferum (Schildfarn), 40 cm, wintergrün
Polystichum aculeatum (Nadelfarn), 25 cm, wintergrün
Pteridium aquilinum (Adlerfarn), 150 cm

Die niedrigen Farnarten eignen sich auch für den Steingarten, wenn dieser sich nicht in der prallen Mittagssonne befindet. Machen Sie ein Erdgemisch aus Mauersand, Humus und Torfmull und düngen Sie nicht zu viel.
Schneiden Sie das alte Blatt erst im Frühjahr ab. Das abgestorbene Blatt schützt die Pflanze im Winter. Außerdem ist ein bereiftes Farnblatt im Winter ein herrlicher Anblick.

Farne europäischen Ursprungs, die in Gärten auch gut gedeihen, sind:
Adiantum pedatum (Frauenhaarfarn), 40 cm, wintergrün
Athyrium filix-femina (Frauenfarn), 75 cm
Asplenium trichomanes (Streifenfarn), 15 cm
Blechnum spicant (Gemeiner Rippenfarn), 40 cm, wintergrün
Dryopteris filix-mas (Wurmfarn), 75 cm
Matteucia struthiopteris (Straußfarn), 75 cm
Osmunda regalis (Königsfarn), 75 cm, wintergrün
Phyllitis scolopendrium (Hirschzunge), 40 cm, wintergrün
Polypodium vulgare (Eichenfarn), 50 cm, wintergrün

Manche immergrünen Farne sind ausgezeichnete Bodendecker.

DIE ANLAGE DES GARTENS

Wasserbecken

Wir können es immer wieder feststellen: Wasser fesselt die Menschen. Und es ist auch ein sehr besonderes Erlebnis zu sehen, welche Pflanzen sich herrlich im Wasser widerspiegeln und welche Insekten diese Umgebung anzieht. Außerdem ist ein Wasserbecken erst komplett, wenn sich Frösche und Fische darin tummeln. Auch diese Tiere sind eine Freude an sich. Für die Kinder ist es natürlich sehr schön zu sehen, was mit Froschlaich passiert, wie bestimmte Insekten über das Wasser „laufen" und wie sich die Fische benehmen. Ein Wasserbecken macht nicht nur Spaß, die Kinder können da auch einiges lernen.

Die Anlage

Wasser in einem Garten ist fast unentbehrlich, es absorbiert auch Geräusche aus der Umgebung, wodurch ein Wasserbecken nicht nur schön ist, sondern auch eine wesentliche Funktion hat. – Wenn sich diese Bemerkung vielleicht auch

Eine seichte Stelle im Wasserbecken wird von den Vögeln sofort zum Baden benutzt. Besonders Amseln und Drosseln machen davon gerne Gebrauch.

Diese Wasserschildkröten können draußen überwintern. Die Tiefe soll mindestens 60 cm betragen, und das Wasserbecken soll genügend organischen Stoff im Boden enthalten. In einer Frostperiode soll es immer eine nicht zugefrorene Stelle im Eis geben.

sonderbar anhört: denken Sie auch gut über die Kehrseite der Medaille nach. Legen Sie zum Beispiel kein Wasserbecken genau vor dem Zimmerfenster an, wenn Sie Regen nicht mögen. Ein regnerischer Tag fällt besonders auf, wenn Sie den ganzen Tag sehen können, wie die Tropfen ins Wasser fallen. Auch für Kleinkinder unter drei Jahren ist selbst ein flaches Wasserbecken nicht ohne Gefahr. Ein Kleinkind verschließt im Wasser nicht automatisch den Mund, wodurch auch seichtes Wasser gefährlich sein kann.

Weiter sollten Sie sich vorher überlegen, daß ein Wasserbecken ziemlich viel gepflegt werden muß. Aber das wären dann auch alle negativen Eigenschaften, denn sonst bringt Wasser ausschließlich Freude in den Garten.

Die Materialien

Bei der Anlage sind die Materialien, die Sie wählen, außerordentlich wichtig. Ein guter Plan und äußerste Genauigkeit sind bei der Anlage notwendig.
Sie können aus allerhand verschiedenen Materialien

Der schönste Frosch ist der grüne. Fragen Sie mal einen richtigen Wasserbeckenfreund, ob Sie einige kleine Frösche oder ein bißchen Froschlaich bekommen. Wenn die Sonne scheint, setzen sie sich gemütlich nebeneinander auf den Beckenrand.

DIE ANLAGE DES GARTENS

wählen, die große Qualitäts- und Preisunterschiede aufweisen: Wasserbecken aus Plastikfolie, aus Beton, Kunststoff, Mastix, Lehm und verzinktem Blech. Wenn es keine zu großen Schwankungen im Grundwasserstand gibt, so ist ein natürliches Becken zu bevorzugen. Dabei ist ein mehr oder weniger gleichbleibender Wasserstand wichtig. Ein ausgetrocknetes Wasserbecken sieht schlecht aus, und die Wasserpflanzen verwelken oder sterben sogar.

Die Wahl des Beckens (Folie, Beton und so weiter) hängt unter anderem damit zusammen, wie Sie den Beckenumriß gestalten wollen. Es ist schwer, einen Umriß aus Steinplatten um ein Wasserbecken aus Folie anzulegen, wenn Sie die Seiten nicht zuerst mit Holz oder Beton verstärkt haben. Alle Informationen, wie Sie ein Wasserbecken aus Folie anlegen oder eine vorfabrizierte Wanne einbauen, erhalten Sie in fast jedem Gartencenter: Die Verarbeitung dieser Materialien wird meistens sehr genau vom Hersteller beschrieben. Es gibt auch Videofilme, die Sie leihen können. Befolgen Sie die Anleitung genau. Ein Wasserbecken ist wie eine Wasserwaage: Wenn es schief ist, so werden Sie das immer sehen können.

Vorher müssen Sie die Elektroleitungen und eventuell einen Wasserschlauch verlegen. Die Wasser-

Bringen Sie Lattenroste an sonnigen Stellen an. Im Schatten werden sie bald rutschig durch Algenwuchs.

Bei einem schwankenden Wasserstand könnte es besser sein, ein Wasserbecken aus Folie anzulegen. Bei einem natürlichen Becken soll das Wasserniveau keinen zu großen Schwankungen unterliegen.

DIE ANLAGE DES GARTENS

zufuhr kann vom Dach her erfolgen, der Abfluß geht in die Kanalisation oder in einen Graben.

In die Mitte von Wasserbecken können Sie ausgezeichnet eine Plastik stellen. Sie bildet sogar die ideale Stelle für ein zerbrechliches Kunstwerk, weil die Kinder nicht herankommen. Es ist sehr wichtig, daß die Elemente sturmbeständig angebracht werden. Ein Wasserbecken aus Folie eignet sich meistens nicht für eine Skulptur, weil Sie dazu einen festen Boden brauchen. Auch für Trittsteine quer durch das Wasserbecken ist ein fester Boden notwendig. Denken Sie bei einem Becken aus Folie daran, daß in die Mitte des Beckens (unter der Folie) einige große Steinplatten gelegt werden.

Die Wahl der Materialien beeinflußt nicht nur die Möglichkeiten für Trittsteine und dergleichen, sondern auch die Art der Pflanzen, die Sie in oder neben dem Wasserbecken einsetzen wollen. Schilf und Bambus sind Gewächse, die die Plastikfolie beschädigen können.

Folie

Es gibt verschiedene Arten Kunststoffolie, die meisten werden aber unter dem Einfluß von ultraviolettem Licht langsam brüchig. Drakatechnafolie speziell für Wasserbecken, ist sonnen- und lichtbeständig. In der Landwirtschaft übliche Folie ist nicht nur dünner, sondern wird auch nach einigen Jahren spontan reißen, besonders an Stellen, worauf die Sonne scheint. Andere mögliche Ursachen für

Diese Beckenfolie ist nicht gut abgedeckt. Nachteilig ist, daß die ultraviolette Sonneneinstrahlung die Folie schneller zersetzt. Im Kunststoff befindet sich ein „Weichmacher", der die Härtung, also das Reißen verhütet. Dieser Weichmacher wird durch Sonneneinstrahlung unwirksam.

beschädigte Folie sind spitze Steine, die beim Anlegen liegengeblieben sind, und spielende Kinder, die mit Stöcken im Wasserbecken stochern. Die richtige Beckenfolie gibt es in zwei Stärken: 0,5 mm und 1 mm. Das steife Material läßt sich schlecht falten: Becken mit einer komplizierten Form können deshalb besser mit der dünneren Folie angelegt werden. Auch für größere Becken von mehr als hundert Quadratmetern empfiehlt sich die dünnere Sorte. Das ist nicht nur eine Kostenfrage, sondern hängt auch mit dem Gewicht zusammen. Die Folie für ein so großes Becken wiegt mehr als 150 kg!

Beim Anlegen entstehen in der Folie immer einige Falten. Das ist nicht schlimm, die Falten werden durch den Wasserdruck von selbst platt gedrückt. Auf allen Seiten brauchen Sie noch 20 cm Folie extra für die letzte Verarbeitung. Wenn das Wasser-

Phragmites communis. Pflanzen Sie nie Schilf in ein Wasserbecken aus Folie. Gerade in den Falten der Folie werden die spitzen Wurzelenden quer durch den Kunststoff wachsen.

> **TIP**
>
> **Mörtelbottiche**
> Statt Blumentöpfen und Kästen auf der Terrasse kann man Mörtelbottiche aufstellen, in denen Wasserpflanzen gezüchtet werden können. Weil Wasser über dem Boden die Lufttemperatur annimmt, ist es sogar möglich, tropische und subtropische Wasserpflanzen zu züchten. Stellen Sie die Bottiche an einen sonnigen Platz. Die Blüte des Lotus kommt auf der Terrasse am besten zur Geltung, aber auch der Schwimmfarn, die Muschelblume und die Wasserhyazinthe bieten hier größere Möglichkeiten als in einem Wasserbecken.

DIE ANLAGE DES GARTENS

Die Pistia stratiotes *(Muschelblume) wächst in einem Gewächshaus nur in wärmerem Wasser. Kaufen Sie sie jedes Jahr von neuem; durch das schnelle Wachstum können Sie sie auch im Wasserbecken draußen den ganzen Sommer genießen.*

Wasserbecken aus Beton

Die Anlage eines Betonbeckens kostet viel Arbeit. Ein Betonbecken soll armiert sein. Für den Heimwerker ist eine Armierung mit Maschendraht am leichtesten durchzuführen. Auch runde Becken können damit armiert werden.

Denken Sie daran, daß das Wasser eines Betonbeckens nach einigen Monaten zuerst ausgewechselt werden soll, bevor die Pflanzen und Fische eingesetzt werden können.

Der Platz und die letzten Arbeiten

Bestimmen Sie zuerst die Stelle für das Wasserbecken im Garten. Wenn es sich hier um einen höher gelegenen Abschnitt handelt, so ist eine natürliche Umrißgestaltung nicht angebracht, weil man sowieso sofort sieht, daß es sich nicht um ein natürliches Becken handeln kann. Ein Rand aus Holz, Steinplatten oder Beton wäre hier logischer. Für eine natürlich anmutende Bewachsung soll die Stelle des Wasserbeckens hell sein, aber die Sonne darf nicht den ganzen Tag darauf scheinen.

becken nur bis zu einem Drittel mit Wasser gefüllt ist, dann läßt sich die Folie schon nicht mehr verschieben. Legen Sie also vorher die Folie so genau auf, daß nirgendwo eine Spannung beim Füllen entsteht. Spezialtuch aus Acryl kann die Folie auf der Unterseite gegen spitze Steine schützen.

Aber trösten Sie sich: Die neue Gartenbepflanzung wird schnell wachsen, und dann wäre das Problem gelöst. Warten Sie aber noch ein Jahr, bevor Sie

Eine Randgestaltung mit Steinen versteckt die Folie.

DIE ANLAGE DES GARTENS

Ein Italienischer Garten in Greenwich (England). Eine straffe Beckenrandgestaltung paßt auch wieder zu modernen Gärten.

Waldsteinia ternata und W. geoides
Cardamine trifolia
Cotula squalida und C. pyrethrifolia
Ajuga reptans
Asarum europaeum
Campanula portenschlagiana
Pachysandra terminalis

Achtung! Für die Gestaltung des Beckenrandes werden oft Torfstücke verwendet. Sehen Sie zu, daß die Torfstücke Kontakt zum Wasser haben, denn sonst würden sie austrocknen. Sie dürfen den umliegenden Boden übrigens nicht berühren, weil sie sonst dem Becken Wasser entziehen: das Wasserbecken entleert sich zum Teil, und der umliegende Boden wird zu feucht.

Sie sollten ein Wasserbecken nicht zu voll pflanzen. Nach einigen Jahren sehen Sie nämlich kein Wasser mehr. Die Widerspiegelung des Himmels, der Wolken und Bäume ist einer der attraktiven Aspekte eines Wasserbeckens.

eventuell die Fische einsetzen. Es vergeht doch einige Zeit, bevor ein natürliches Gleichgewicht entstanden ist. Dieses Gleichgewicht können Sie fördern, indem Sie in Ihr fertiges Wasserbecken einen oder zwei Eimer mit Wasser aus einem nicht verschmutzten Graben einfüllen.

Umrißgestaltung bei natürlich anmutenden Wasserbecken

Berücksichtigen Sie beim Anlegen von Wasserbecken immer, daß das Wasserniveau sich durch Verdunstung etwas senken kann. Die Beckenfolie wird dann sichtbar. Um das zu vermeiden, gibt es eine Art von Kunststoffmaschendraht, den man über den Rand legen kann, wodurch die Erde auf den Seiten festgehalten wird. Durch Anbringen dieses Maschendrahtes ist es möglich, Gras über die Folie bis ans Wasser wachsen zu lassen. Auch Bodendecker können darauf wachsen. Nehmen Sie vor allem wintergrüne Bodendecker, damit die Folie auch im Winter nicht sichtbar ist.
Folgende wintergrüne Pflanzen eignen sich für die Randgestaltung:
Hedera helix

Ein Rokokowasserbecken: Symmetrie auf zwei Seiten, eine Vielfalt an Formen, wenig Blumen, aber ein ruhiger Garten. Es eignet sich auch gut für einen kleinen Garten.

DIE ANLAGE DES GARTENS

Die weiße Seerose eignet sich nur für große Wasserbecken. Achten Sie also beim Kauf nicht nur auf die Blütenfarbe, sondern auch auf die Größe der ausgewachsenen Pflanze. Für jede Beckengröße gibt es eine geeignete Seerose.

Das Verhältnis zwischen Oberfläche und Tiefe

Stellen Sie sich ein Wasserbecken in der Form eines Brunnens vor: klein und tief. Das Wasser bleibt kühl. Ein großes, seichtes Becken sieht mehr nach einer Wasserpfütze auf der Straße aus. An einem sonnigen Tag kann sich das Wasser bis zu 40° C erhitzen. Wenn Sie diese beiden Extreme miteinander vergleichen, so ist es klar, daß es ein bestimmtes Verhältnis zwischen der Oberfläche und der durchschnittlichen Tiefe des Wassers zu beachten gilt, so daß das Wasser nicht zu kalt bleibt und auch nicht zu warm wird. Sie können von folgenden Verhältnissen ausgehen: Pro Quadratmeter Oberfläche darf sich der Inhalt zwischen 300 und 600 Liter bewegen. Bei einem geraden Boden entspricht das einer Tiefe von 30 bis 60 cm. Je flacher das Becken ist, um so wichtiger wird es, daß es sich nicht in der prallen Sonne befindet. Wasserbecken, in denen Fische und Seerosen durchwintern müssen, brauchen einen tieferen Abschnitt. Bei kleinen Becken genügen dann 60 cm; bei größeren sind 75 cm empfehlenswert.

Erde für Wasserbecken

Fertige Spezialerde ist in Gartencentern erhältlich und eignet sich für Wasserpflanzen. Sie besteht zu einem großen Teil aus schwerem Lehm, wodurch das Wasser nicht verschmutzt. Verwenden Sie deshalb nie Topferde für das Becken! Zu viel organisches Material erzeugt zu viel Nahrung im Wasser, so daß später Algenwuchs entsteht. Lassen Sie nie Kunstdünger ins Wasser geraten.

Salamander befinden sich nur im Frühjahr im Wasser. Im Sommer leben sie unter Steinen oder an anderen feuchten Stellen auf dem Land. Den Salamander können Sie getrost am Schwanz hochheben; nur bei der Eidechse löst sich der Schwanz. Im Frühjahr ist der getüpfelte Bauch des Männchens hell orangefarben.

Die beste Stelle für ein Wasserbecken ist der Halbschatten. Gibt es in der Nähe keine Bäume, so können Sie eine Pergola anlegen.

Verschiedene Kletterpflanzen erzeugen innerhalb eines Jahres den notwendigen Schatten.

Becken. Posthornschnecken fressen Algen und andere Abfallstoffe, die sich auf den Wasserpflanzen und den Beckenseiten abgelagert haben. Wasserflöhe fressen die schwebenden Algen. Wenn im Sommer also das Wasser trüb wird, fangen Sie eine große Menge Wasserflöhe; einen kleinen Kescher kann man im Tiergeschäft kaufen. Zu viel Fischfutter trübt das Wasser ebenfalls. Füttern Sie lieber regelmäßig eine kleine Menge, die von den Fischen sofort gefressen wird, statt unregelmäßig große Mengen. Wenn sich im Herbst die Temperatur wieder senkt, fressen die Fische weniger, und im Winter brauchen Sie überhaupt nicht zu füttern. Sorgen Sie für ein biologisches Gleichgewicht im Wasserbecken. Das erreichen Sie, wenn Sie nicht zu viele Fische einsetzen. Kaufen Sie nach ungefähr acht Wochen einige Fische und warten Sie dann ruhig ab, wie sich das Gleichgewicht in Ihrem Becken entwickelt. Bei Bedarf können Sie später immer noch mehr Fische einsetzen.

Wasserpflanzen

Wasserpflanzen werden sehr klein geliefert. Viele Leute tendieren bei ihrem ersten Wasserbecken dazu, zu viele Pflanzen zu kaufen. Die Wasseroberfläche soll später teilweise sichtbar sein. Das wirkt ruhiger, und auch schöne Wolkengebilde (oder ein strahlend blauer Himmel) können sich im Wasser widerspiegeln. Wir unterscheiden horizontal (Treibpflanzen) und vertikal wachsende Wasserpflanzen. Streben Sie nach dem richtigen Verhältnis. Im ersten Jahr nach dem Pflanzen läßt sich das Resultat schon gut beurteilen und kann nach Wunsch noch ergänzt werden. Trübes Wasser ist das größte Problem eines Wasserbeckens. Die Ursache sind zu wenig Pflanzen unter Wasser – die Sauerstofflieferanten. Fische, die den Boden aufwühlen, können auch trübes Wasser verursachen. Zu viel Algen bilden das größte Problem in einem

Wasser in einem Japanischen Garten kann auch durch die Pflasterung in eine bestimmte Richtung gelenkt werden (Botanischer Garten Bremen). Manchmal werden Steine wie Dachziegel aufeinander gelegt, wodurch sich Wellen bilden.

Ein Wasserbecken in einem Gewächshaus kann man nur empfehlen, denn die Luftfeuchtigkeit wird dadurch erhöht. Ein vorfabriziertes Becken ist meistens größer als die Türöffnung. Tragen Sie das Becken also vorher an die gewünschte Stelle. Verrichten Sie auch die Ausschachtungsarbeiten vorher. Das Wasser bleibt wärmer, wenn im Boden eine Isolierschicht angebracht wurde. Sie bauen also das Gewächshaus um das Wasserbecken herum.

DIE ANLAGE DES GARTENS

Bauen Sie ein Wasserbecken genau waagerecht: Wenn es nur ein kleines bißchen außer Lot ist, so bedeutet das, daß auf einer Seite die Folie sichtbar bleibt. Arbeiten Sie also äußerst genau.

Bilden Sie vorher Ränder im Wasserbecken für einen Sumpfabschnitt oder für Pflanzen, die nicht so tief im Wasser stehen dürfen. Bei diesem Gartenteich, der in Beton gegossen wurde, ist es auch möglich, bestimmte Pflanzen in Körben im Wasser einzusetzen. Auf diese Weise können Sie, wenn nötig, die Pflanzen leicht entfernen.

Dieses Wasserbecken läßt sich leicht in einen Sand- oder Blumenkasten verwandeln. Bei der Anlage wird sehr genau darauf geachtet, daß das Becken und die Ränder völlig waagerecht angelegt werden.

Sich paarende braune Frösche beim Laich der Kröte: Im Wasserbecken gibt es immer etwas zu sehen.

Die Pflanzzeit für Wasserpflanzen

Wasserpflanzen fangen wieder zu wachsen an, wenn das Wasser sich unter Einfluß der stärkeren Sonneneinstrahlung erwärmt. Ungefähr ab der zweiten Woche im Mai sind die Pflanzen wieder grün, und dann setzt die Lieferung durch die Gartencenter wieder ein. Die Zeit, in der die einjährigen Pflanzen im Frühjahr verkauft werden, ist auch die Zeit für das Einsetzen der Wasserpflanzen. Befördern Sie die Pflanzen in einer Plastiktüte, sie trocknen schnell aus.

Das Ausheben

Oft sieht man neben dem Wasserbecken einen Hügel. Obwohl die Anpflanzung für eine angenehme Atmosphäre sorgt und die Kombination aus Wasserbecken und Hügel hübsch wirken kann, ist es dem Besucher sofort klar, daß die ausgehobene Erde für den Hügel verwendet wurde.
Also besser diese Erde irgendwo anders im Garten unterbringen – zum Beispiel, um damit eine Erhöhung zu gestalten – und zwar am liebsten in einer total anderen Größe und Form als das Wasserbecken!

Wasserbecken und kleine Kinder

Wasser ist für die Kleinen immer sehr attraktiv. Wenn Sie kleine Kinder haben, bedenken Sie, daß es kaum wirksame Mittel gibt, mit denen Sie die Kinder vom Wasser fernhalten können. Ein Lattenzaun sieht meistens nicht schön aus und fordert gleichsam dazu heraus hinüberzuklettern. Eine bessere Schutzmaßnahme wäre das Spannen von Draht, zum Beispiel dickem Maschendraht, genau unter der Wasseroberfläche, etwas mehr als einen Meter auf allen Seiten, durch den die Seerose in der Mitte noch wachsen kann. Noch besser bauen Sie an der Stelle des künftigen Wasserbeckens einen Sandkasten, so kann dieser später in ein Wasserbecken umgewandelt werden. Ein vorfabrizierter Sandkasten braucht Dränage.
Kinder spielen im Sandkasten am liebsten in der Nähe der Eltern. Letztere Lösung kommt also nur in Betracht, wenn sich das Becken in der unmittelbaren Nähe der Terrasse befindet.

Die Wahl der Fische

Es ist schwer, eine Norm für die Anzahl von Fischen in einem Wasserbecken festzulegen. Erste Voraussetzung ist, daß es genug Sauerstoff gibt.

DIE ANLAGE DES GARTENS

Ein Wasserbecken verlangt eine regelmäßige Pflege, so daß ein Teil des Wassers immer sichtbar bleibt.

Wenn das Becken neu ist, so besteht noch kein biologisches Gleichgewicht und der Sauerstoffgehalt ist zu gering. Erst nach ungefähr acht Wochen, wenn die Pflanzen einigermaßen gewachsen sind, können Sie die ersten Fische einsetzen. Bei der Anzahl der Fische, die Sie einsetzen, müssen Sie auch berücksichtigen, wie groß die Fische später werden.

Es gibt pflanzenfressende Fische und Raubfische. Letztere werden die jungen Fische fressen, es kommt zu keiner Vermehrung. Von den bei uns in der freien Natur lebenden Fischen eignen sich Barsch, Rotauge, Rotfeder und andere. Hecht und Aal passen als Raubfische weniger ins Becken – auch weil sie den Boden aufwühlen, wodurch das Wasser trüb bleibt. Weißfisch und Nerfling eignen sich ausgezeichnet fürs Wasserbecken. Beliebt ist auch der weniger anspruchsvolle Goldfisch, den es in verschiedenen schönen Farben gibt (Orange, Rot und Weiß oder in einer Schattierung dieser drei Farben). Auch den Goldfisch mit Schleierschwanz sehen wir des öfteren. Leider sind Goldfische ein leichtes Opfer für Reiher, und Reiher aus Kunststoff, die ihre natürlichen Artgenossen abschrecken sollen, nützen nichts. Die echten Reiher erkennen den Kunststoffvogel nicht als Artgenossen.

Sauerstoff im Wasserbecken

Sauerstoffmangel kann mit einem Sauerstoffgerät behoben werden, wie wir das von Aquarien kennen. Dieses Gerät kann drinnen angeschlossen werden und mit einem kleinen Sauerstoffschlauch unterirdisch durch ein Rohr zum Wasserbecken geführt werden. Wenn Sie dazu einen Graben ausheben, kann auch ein zweites Rohr für Leitungen der Wasserpumpe oder des Springbrunnens verlegt werden. Ein Sauerstoffgerät ist nicht teuer und hat den Vorteil, daß es auch im Winter das Wasserbecken teilweise frei von Eis hält und bei sehr strengem Frost Sauerstoff unters Eis bringt. Wenn sich eine Eisschicht auf dem Wasser befindet, so empfiehlt es sich, immer ein Loch ins Eis zu hauen und einen Eimer Wasser herauszuholen, damit eine Luftschicht unter dem Eis entsteht. Diese Luftschicht dient als Wärmedämmung, wodurch das Becken weniger tief zufrieren wird.

Trübes Wasser

Ursachen sind zu wenig Pflanzen, zu viele Fische, zu viel Düngemittel, zu warmes Wasser, ein Zuviel an Fischfutter. Auch bei der Düngung von Pflanzen sollten Sie vorsichtig sein. Es ist wichtig, ein gewisses biologisches Gleichgewicht herzustellen, indem Sie mehr Pflanzen einsetzen und weniger düngen. Schöpfen Sie schon während der Anlage einen oder mehrere Eimer mit Wasser aus einem nicht verschmutzten Graben, vorzugsweise aus einem Gewässer mit viel Wasserflöhen. Das Wasserbecken ist nach zwei Tagen wieder „sonnenklar".
Auch Schnecken säubern das Wasser. Sie fressen die Algen, die sich auf den Beckenseiten und den Pflanzen abgelagert haben. Die größere Schlammschnecke frißt allerdings auch die Pflanzen selber, was aber kein Problem sein muß, wenn nur genügend Pflanzen im Wasser wachsen.
In neu angelegten Wasserbecken tritt fast immer Algenwuchs auf. Dieses Problem soll sich im Laufe

Ein Beckenrand ist wie ein eingeschalteter Fernseher: Hier erleben Sie die Geburt einer Libelle.

Sogar mitten in der Großstadt werden viele Tiere Ihr Wasserbecken besuchen.

Eine Terrasse über dem Wasser. Die vertikale Palisadenwand paßt gut zu den Baumstämmen. Im Vordergrund Iris germanica.

der Zeit von selber lösen – das Wasser aus dem nicht verschmutzten Graben beschleunigt diesen Prozeß.

Krankheiten und Schädlinge im Wasserbecken

Denken Sie immer daran, daß das biologische Gleichgewicht sehr labil ist und durch chemische und andere Mittel bald gestört wird. Das gilt übrigens auch für die freie Natur: Der Pflanzenwuchs in einem armen Moorsee in einem Hochmoorgebiet kann durch Kunstdünger völlig gestört werden. Der Grundsatz sollte sein: eine gute Pflege im richtigen Augenblick, wodurch die Fische und Pflanzen gesund bleiben und Läuse und Schadpilze im Garten keine Chance haben.

Wenn Sie in der Stadt in der direkten Nähe eines Teiches mit Enten wohnen, so berücksichtigen Sie, daß eine Gruppe Enten ein Wasserbecken innerhalb einer Stunde völlig zerstören kann. Maschendraht um den Garten ist eine einfache Lösung.

Reiher trauen sich immer mehr in die geschlossene Ortschaft, sogar in die Stadt. Mit einem Netz können Sie die Fische schützen, aber es sieht nicht schön aus. Eine andere Lösung wäre eine Pergola um das Becken herum. Diese sorgt für den notwendigen Halbschatten, und die Anflug- und Fluchtstrecke des Reihers ist gestört.

Bepflanzung für den Wasserbeckenrand

Einige Beispiele von Uferpflanzen wären: Brunnera, Gunnera (für sehr große Becken), *Hemerocallis*, *Hosta* und *Rodgersia*. Auch *Ligularia* und *Lythrum salicaria* können, obwohl sie zu den Sumpfpflanzen gehören, im Trockenen stehen.

Bepflanzung des Wasserbeckens

Mindestens zwei Drittel der Wasseroberfläche sollen, wenn die Pflanzen ausgewachsen sind, sichtbar sein. Besonders im vorigen Jahrhundert legte man die Wasserbecken so an, daß sich das Haus darin gut spiegeln konnte.

Auch in kleineren Gärten ist es gut möglich, einen Teil des Hauses durch den Spiegeleffekt des Wassers zu betonen. Hohe vertikale Bepflanzung auf beiden Seiten kann diese Wirkung verstärken. Eine Seerose paßt in diesem Zusammenhang nicht in das Becken.

Einen großen Unterschied sollten wir zwischen geometrischen und landschaftlichen Formen machen. Bei einem Barockwasserbecken mit einem geraden Rand können Sie die Bepflanzung auch

Wenn Sie keinen Platz für ein Wasserbecken haben, können Sie einen Springbrunnen in einem großen Pflanzenkasten anlegen. Sie können den Kasten auf den Boden stellen, aber es ist auch möglich, ihn einzugraben.

sehr symmetrisch einsetzen. Bei der natürlichen Form eines Wasserbeckens kann auch die Bepflanzung einen etwas wilderen Eindruck machen. Setzen Sie nicht zu viele Pflanzen ein, denn (wie bereits erwähnt) zwei Drittel der Wasseroberfläche sollen sichtbar bleiben. Die Pflanzen sind beim Kauf immer sehr klein und wachsen in einem Jahr sehr stark. Nach zwei Jahren müssen Sie bereits ordentlich stutzen.

Bei der Lieferung befinden sich unter den Wasserpflanzen meistens Wasserlinsen. Mit einem feinen Rechen lassen sie sich sehr gut entfernen.

Ein langgestreckter, sich schlängelnder Gartenteich wirkt wie ein Bach. Sie können bei einem Teich dieser Form allerhand hübsche Wasser- und Sumpfpflanzen verwenden.

Hecken

Sehr viele Pflanzenarten eignen sich als Hecke. Darum ist es schade, daß viele Menschen beim Kaufen von Heckenpflanzen nur an *Berberis* (Sauerdorn) und Koniferen denken. Fast alle strauchartigen Pflanzen kann man in einer bestimmten Form stutzen. Sie lassen sich so als Hecke verwenden.

Obwohl die Wahl groß ist, müssen Sie mit frostempfindlichen Gewächsen vorsichtig sein. Gegenwärtig wird *Cupressocyparis leylandii* oft angepflanzt. Die Pflanze ist sehr wuchsfreudig, aber auch frostempfindlich.

Zaunwinde (Calystegia sepium) ist ein schwer zu entfernendes Unkraut, das besonders in Hecken wächst. Versuchen Sie vom Frühling an die überirdischen Teile immer wieder zu entfernen. Nach einer Saison sind Sie dieses Unkraut dann los. Am Maschendraht eines Hühnerstalls zum Beispiel kann dieses wuchernde Unkraut allerdings sehr schön sein.

Wer die Wahl hat...

Soll die Hecke immergrün sein? Wie hoch soll die Hecke werden? Soll sie schnell oder langsam wachsen? Sind Blüten oder Beeren auch wichtig? Darf oder soll die Hecke Dornen tragen?

Aus vielen Sträuchern können Sie eine Hecke schneiden (zum Beispiel *Ribes alpinum* für eine niedrige Hecke und *Ribes sanguineum* für eine höhere). Auch Bäume wie Buche, Ahorn, Erle, Linde, Stechpalme, Weißdorn und Ulme können zu Hecken geschnitten werden. Die Sträucher können Sie auch frei wachsen lassen. Die Bäume müssen, um die richtige Form zu erhalten, mindestens einmal pro Jahr mit einer Heckenschere geschnitten werden.

Um Ihnen die Wahl zu erleichtern, können wir die Heckenpflanzen in Gruppen eingliedern.

Hecken der Weißbuche (Carpinus betulus).

Immergrün, schnell wachsend
Prunus laurocerasus 'Rotundifolia', bis 3 m
Ligustrum ovalifolium, bis 2,50 m
Thuja, bis 4 m
Taxus media 'Hicksii', bis 3,50 m
Lonicera nitida, bis 2 m

Immergrün, in gemäßigtem Tempo wachsend
Prunus laurocerasus 'Caukasica', bis 3 m
Pyracantha, bis 2,50 m
Aucuba japonica, bis 2,50 m
Berberis julianae, bis 2,50 m
Escallonia, bis 2 m
Bambusarten, bis 4 m

DIE ANLAGE DES GARTENS

Taxus baccata *'Fastigiata'*.

Weißbuche (Carpinus betulus). *Im Garten von Herrenhausen bei Hannover hat man damit hohe Hecken gestaltet. Mit dieser Heckenpflanze kann ein Einfahrtstor umrahmt werden.*

Immergrün, langsam wachsend
Taxus baccata, bis 4 m
Ilex aquifolium, bis 3,50 m
Mahonia aquifolium, bis 1,50 m
Eleagnus pungens, bis 2 m
Pieris japonica, bis 1,50 m
Buxus sempervirens, bis 1,50 m, von der Sorte abhängig
Viburnum tinus, bis 2,50 m

Laubabwerfend, sehr schnell wachsend
Acer campestre (Feldahorn), bis 3 m
Salix (Weide), bis 3 m (je nach Art!)
Alnus glutinosa (Erle), bis 3 m
Populus nigra 'Italica' (Italienische Pappel), 6 m und höher
Tilia (Linde), bis 3 m

Diese Hecken sind empfehlenswert, wenn Sie vor der Pflege nicht zurückschrecken.
Die Pappel verlangt die meiste Pflege: jeden Winter sollen alle Äste bis zum Hauptstamm gestutzt werden. Das Ergebnis ist ein Stamm mit Knorren, die an sich recht hübsch sind.

Laubabwerfend, schnell wachsend
Hypericum androsaemum, bis 1 m
Symphoricarpos, bis 1,50 m
Carpinus betulus, bis 4 m
Crataegus, bis 3 m
Ligustrum vulgare, bis 2 m
Eleagnus angustifolia, bis 3,50 m
Sambucus nigra, bis 3,50 m

Laubabwerfend, langsam wachsend
Fagus sylvatica, bis 4 m
Cornus mas, bis 3 m
Euonymus alatus, bis 2,50 m
Spiraea, die größeren Arten, bis 2,50 m (wachsen gemäßigt schnell)

Hohe blühende Hecken
Ribes, bis 2 m (je nach Art!)
Rhododendron, unterschiedlich nach Art
Beetrosen, bis 2,50 m
Fuchsia magellanica, bis 2 m (Winterschutz!)
Berberis darwinii, bis 2 m
Escallonia, bis 2 m
Pieris japonica, bis 1,50 m

Niedrige blühende Hecken
Spiraea japonica, bis 0,75 m
Potentilla fruticosa, bis 1 m
Hypericum androsaemum, bis 1 m
Rosa nitida, bis 0,75 m
Hydrangea, bis 1,50 m
Spiraea bumalda 'Froebelii', bis 1,50 m
Spiraea bumalda 'Anthony Waterer', bis 1 m
Lavandula, bis 0,75 m
Skimmia japonica, bis 1,25 m
Prunus laurocerasus 'Otto Luyken', bis 1 m

Buxus eignet sich für viele Zwecke: geschorene Kugeln akzentuieren hier die Allee, aber auch einige Exemplare in der Rabatte können eine schöne Wirkung erzielen.

Hecken, die jährlich bis auf den Boden gestutzt werden müssen
Rosa rugosa
Hypericum androsaemum
Lavandula

Eine Hecke muß nicht langweilig sein: Formen Sie zurückspringende Teile oder gerade vorspringende. Sie können allerhand Akzente setzen, zum Beispiel in Form einer wellenförmigen Oberseite oder einer Nische für die Gartenbank.

Der Schlehdorn, Prunus spinosa, *ist ein undurchdringlicher Strauch, der in keinem Vogelgebüsch fehlen darf. Schon vor dem Blättertreiben ist dieser Strauch mit weißen Blüten überladen. Aus einiger Entfernung hat er eine große Ähnlichkeit mit dem Weißdorn, aber die Schlehe blüht einen Monat früher. Außerdem gibt es einen Farbunterschied bei den Früchten.*

Das Stutzen von Hecken

Das Stutzen von Hecken ist nicht so schwer wie es scheint. Stutzen Sie nur bis aufs alte Holz. Wenn die Hecke früher nicht schnurgerade gestutzt worden ist, so können Sie Bambusstöcke hineinstellen und dazwischen eine Schnur spannen. Die von Bauarbeitern beim Mauern gebrauchte Schnur eignet sich dazu am besten. Spannen Sie die Schnur fest und völlig waagerecht. Wenn es sich um ein abschüssiges Grundstück handelt, so empfiehlt es sich, die Hecke waagerecht zu stutzen und stufenweise ablaufen zu lassen, statt sie dem Gefälle anzupassen.

Manchmal wurde eine Hecke viele Jahre lang vernachlässigt. Sägen Sie dann die Stämme in der Hecke bis auf die gewünschte Höhe ab: Fast alle Arten werden wieder ihre Blätter und Blüten treiben (Ausnahmen: *Chamaecyparis*, *Thuja* und Birke). Wenn Sie eine Buchenhecke zu sehr stutzen, so besteht das Risiko eines Sonnenbrands.

Die „Englische" Hecke

Um Vieh im Kral zu halten, wurden schon von primitiven Völkern Dornensträucher gesetzt. Für eine für Vieh (und für Menschen) undurchdringliche Hecke pflanzen wir Weißdorn, Schlehdorn, botanische Rosen und eventuell Berberis.

Es wird einige Jahre dauern, bevor die Pflanzen hoch sind. Darum ist es notwendig, die Hecke vorübergehend mit einer Einzäunung zu schützen. Diese Heckenart ist, wenn sie frei wachsen kann, reich an Blüten.

Ein geschorener Carpinus betulus *(Weißbuche) eignet sich für einen kleinen Garten, aber Sie müssen ihn jährlich beschneiden. Von Natur aus wird der Baum zwanzig Meter hoch. Als Hecke ist er nicht wintergrün, aber weil das tote Blattwerk zum Teil hängenbleibt, bleibt diese Hecke ziemlich dicht.*

DIE ANLAGE DES GARTENS

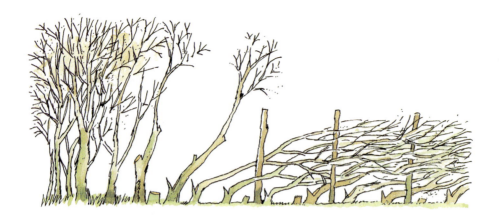

Für diese Heckenart eignen sich Weißdorn und Schlehdorn sehr gut. In Südengland gibt es diese wirklich undurchdringlichen Hecken überall, sie halten das Vieh „in den Schranken". Sie sehen, daß oben in die Bäume gehackt oder gesägt worden ist. Diese Methode hat den Nachteil, daß sich in der so entstandenen Spalte Wasser sammelt, wodurch der Baum oder Strauch zu modern anfangen kann.

Absenken

Die ausgewachsene Hecke können Sie „absenken", das bedeutet, daß Sie die Stämme teilweise einschneiden oder einsägen, so daß anschließend die Sträucher zum Boden hin gebogen werden können. Um gut an die Stämme heranzukommen, müssen Sie die Hecke zuerst einigermaßen beschneiden. Nach dem Biegen rammen Sie Pfähle zwischen die Hecke, so daß die Äste da durchgeflochten werden können. Eine absolut undurchdringliche Hecke ist dann die Folge.

Wenn auf diese Weise in die Stämme gehackt wird, also von unten her, kann sich kein Wasser ansammeln. Diese Methode empfiehlt sich also.

Trauen Sie sich auch in einem kleinen Garten eine Hecke in den Garten hineinwachsen zu lassen statt nur um den Garten herum. Das verstärkt die Tiefenwirkung, und es entstehen traute Winkel, die sich teilweise den Blicken entziehen.

*Bild S. 65:
Das Endergebnis, wenn Sie die Weißbuche (Carpinus betulus) wachsen lassen: unten kahl und völlig durchsichtig. Stutzen Sie die Hecke mindestens zweimal jährlich und lassen Sie die Seiten unten breiter als oben stehen. Eine schon vernachlässigte Hecke wird nie wieder richtig zuwachsen. Sie dürfen eine gute Pflege also nie aufschieben.*

Zwiebel- und Knollengewächse

Blumenzwiebeln

Die meisten Gartenbesitzer können sich einen Garten ohne Blumenzwiebeln nicht mehr vorstellen. Gerade im Frühjahr, wenn die Bäume noch keine Blätter tragen, braucht der Garten ein wenig Farbe. Es ist für die meisten Menschen ein angenehmes Gefühl, wenn – sobald der Schnee geschmolzen ist – der Garten wieder zu leben anfängt.

Über die Begriffe Zwiebel, Knolle und Wurzelstock (Rhizom) gibt es manchmal etwas Verwirrung. Wir alle wissen, daß eine Kartoffel eine Knolle ist. Auch für die Dahlie trifft das zu. Beim Krokus ist es schon schwieriger, aber auch er ist eine Knolle, wie auch die Gladiole.

Der Unterschied zwischen einer Zwiebel und einer Knolle besteht darin, daß eine Zwiebel sich aus verschiedenen Schichten zusammensetzt und eine Knolle (denken Sie an die Kartoffel) eine kompakte Masse ist.

Neben Blumenzwiebeln und Knollen gibt es noch einige „Zwiebelgewächse", die nur einen Wurzelstock haben, zum Beispiel die *Anemone nemorosa* (Buschwindröschen). Bei *Convallaria majalis* (Maiglöckchen) reden wir von „Nasen". Das sind die Triebknospen mit Wurzeln.

Anemone blanda 'White Splendour' ist eine der stärksten Anemonen für die Unterbepflanzung.

TIP

Fleischfressende Pflanzen

In Europa gibt es nur wenige fleischfressende Pflanzen in der freien Natur. Sie eignen sich nicht für den Garten. Sonnentau befindet sich manchmal in Naturlehrgärten. Der Schmetterling im Bild ist in den Klebstofftropfen auf den Blättern gefangen. Die Pflanze profitiert vom Stickstoff, der bei seiner Verwesung frei wird.

DIE ANLAGE DES GARTENS

Obwohl es also nicht ganz richtig ist, gebrauchen wir in diesem Kapitel bequemlichkeitshalber nur das Wort Zwiebeln.

Blumenzwiebeln stecken

Zu Anfang des Frühjahrs sehnt sich jeder nach frischem Grün. Die Blütezeit der Blumenzwiebeln ist vom Februar bis zum Mai. Beim Kauf soll die Blütezeit ihre Wahl bestimmen. Sie werden an Ihren Zwiebeln die meiste Freude erleben, wenn Sie Blüten für jeden Monat wählen. Was die Farbkombinationen betrifft, so können Sie bei den früh blühenden Zwiebeln nur wenig Fehler machen, weil dann noch keine anderen Pflanzen blühen. Die Blumenzwiebeln sollen mit den Stauden gut kombiniert werden, so daß beide Pflanzenarten besser zur Geltung kommen.

Pflanzen Sie die Zwiebeln in Gruppen zusammen. Das heißt für die kleinen Zwiebeln, daß Sie sie in Gruppen von zehn auf einer Oberfläche in Untertassengröße einsetzen. Pflanzen Sie die sehr früh blühenden Zwiebeln in der Nähe des Hauses, so daß sie von dort sichtbar sind.

Die kleineren botanischen Zwiebeln wachsen von Natur aus gerne unter alten Bäumen – einer Umgebung, die im Winter und im Frühjahr feucht ist. Von dem Augenblick an, wo die Blätter an den Bäumen zu wachsen anfangen (wodurch die Verdunstung zunimmt und der Boden trocken wird), gehen die Zwiebeln wieder ein. Vor allem das Schneeglöckchen und der Krokus gedeihen auf sommertrockenem Boden. Das gilt auch für den

Der Krokus 'Pickwick'. Großblütige Krokusarten säen sich nicht aus. Sie können sie vermehren, indem Sie die Wurzelballen teilen.

Der Crocus tommasinianus sät sich am besten aus. Der größere C. tommasinianus 'Ruby Giant' sät sich auch aus. Sammeln Sie im Mai die Samenkapseln und streuen Sie diese auf den ganzen Rasen.

Winterling, der sich vor allem auf Lehmboden in großen Mengen aussät.

Viele Blumenzwiebeln gehören zur Gruppe der Pflanzen, die vom 16. Jahrhundert an aus den Mittelmeerländern eingeführt wurden und die sich an bestimmten Stellen so gut zu behaupten wußten, daß sie jetzt zur einheimischen Flora gerechnet werden. Wir finden diese Pflanzen meistens in der Nähe von Landsitzen, Schlössern, Kirchhöfen und alten Bauernhöfen.

Zu dieser Gruppe gehören:

Galanthus nivalis
Galanthus elwesii
Crocus tommasinianus
Eranthis hyemalis
Scilla hispanica
Scilla sibirica

Es sind Blumenzwiebeln, die sich nicht vegetativ (also durch junge Zwiebeln) vermehren, sondern durch Aussaat. Die meisten Zwiebeln gedeihen auf allen Bodenarten, aber der Winterling hält sich am besten im Lehm.

Die Düngung von Blumenzwiebeln

Im Gegensatz zu anderen Pflanzen können Zwiebeln im Herbst gedüngt werden (allerdings nur mäßig, denn die Pflanzen nehmen bei niedrigen Temperaturen nicht alle Stoffe auf und diese gelangen ins Grundwasser). Am Anfang des Frühjahrs soll dann nachgedüngt werden, so daß die Zwiebeln wieder gesund ihre Sommerruhe ge-

> **TIP**
>
> Nicht nur das Rhabarberblatt kann man gut für Arrangements von Gartenblumen benutzen, auch die Blüte ist sehr dekorativ – besonders mit einigen anderen Blüten, eventuell mit Früchten ergänzt.

nießen können. Meistens reicht die normale Gartendüngung auch für die Blumenzwiebeln.

Die Südseite des Hauses

Auf der Südseite entsteht ein Mikroklima, das es einigen Sorten ermöglicht, besser zu gedeihen als an einer anderen Stelle im Garten. Außerdem wird dieser Seite des Hauses meistens die größte Aufmerksamkeit gewidmet. Eine Bedingung müssen Sie aber wohl erfüllen: Die Stelle darf im Sommer nicht zu feucht sein.

Die Wahl

Wählen Sie vorzugsweise Blumenzwiebeln, die im Boden bleiben können, weil dieselbe Stelle sich auch ausgezeichnet für verschiedene Stauden eignet, zwischen denen sie eingesetzt werden können. Geeignet sind die altertümliche *Fritillaria imperialis* (Kaiserkrone) in Rot, Orangefarben oder Gelb. Auch geeignet wäre *Fritillaria persica*, die mit ihren braunvioletten Blüten ein wenig düster wirkt, aber

Muscari 'Blue Spike', Narcissus poeticus und verblühte Schneeglöckchen können herrlich verwildern. Sie sollten sie vorzugsweise in großen Gruppen zusammenpflanzen.

in Kombination mit früh blühenden Pflanzen doch sehr schön sein kann.

Einige besondere Irisarten sind: *Iris magnifica* und *Iris bucharica*. Für einen leichten Boden und in der prallen Sonne eignet sich *Leucojum autumnale*. An einer richtig warmen Stelle könnte man *Nerine bowdenii* versuchen. Die Blumen werden oft als Schnittblumen verkauft. Eine kleine Herbstzwiebel ist die *Sternbergia lutea*. Andere Sommerblüher sind *Zephyranthus* und *Tigridia*.

Blumenzwiebeln im Steingarten

Für den Steingarten eignen sich die vielen Zwiebelgewächse, die von den Züchtern unter dem Namen Kleinpflanzen geliefert werden. Eigentlich sind das alle Zwiebeln und Knollen, die nicht zu den Tulpen, Hyazinthen und großblütigen

Anemone nemorosa *ist kein Zwiebelgewächs, sondern hat kleine Wurzelstöcke, womit die Pflanze sich unheimlich schnell vermehrt.*

auf der Südseite ein – zum Beispiel *Iris reticulata* und *Iris danfordiae*. Diese zwei sind imstande, durch den Schnee hindurch zu wachsen.

Der Winterling *(Eranthis hyemalis)* kann das auch, verlangt aber schweren Lehmboden.

Auch Aussäen ist sehr gut möglich. Das große Schneeglöckchen, das vierzehn Tage früher blüht als das normale, verlangt einen feuchten und schattigen Standort.

Iriszwiebeln setzt man oft zusammen, Narzissen können auch zerstreut gepflanzt werden. Halten Sie sich immer an die Faustregel, daß die Zwiebeln zweimal so tief gepflanzt werden, wie sie selbst hoch sind. Schneeglöckchen dürfen tiefer eingesetzt werden, da sie im Sommer sonst sehr leicht austrocknen.

Blumenzwiebeln in Töpfen im Zimmer oder im Gewächshaus

Es macht viel Arbeit, Zwiebeln in Töpfen zu ziehen, aber wenn Sie wenig Platz und viel Zeit haben, wird es Ihnen viel Freude bereiten. Außerdem befinden sich die Zwiebeln dann in Ihrer unmittelbaren Nähe, so daß Sie sie fortwährend genießen können. Sie können dann auch bei gutem Licht aus der Nähe Bilder machen, weil Sie selber den Hintergrund wählen.

Für die meisten Gewächse empfiehlt es sich, zur Topfkultur jährlich neue Zwiebeln zu kaufen und diese nach der Blüte in den Garten zu pflanzen. Bedingung dabei ist, daß die Zwiebeln im Haus an einem kühlen Ort vorher schon Wurzeln treiben können. Früher gab es auch spezielle Glasgefäße für Krokusse in der Form von Hyazinthengefäßen, aber

> **TIP**
>
> Hängen Sie Nistkästen so auf, daß die pralle Mittagssonne sie nicht erreichen kann und das Einflugloch sich nicht im Wind befindet.
>
> Welche Vögel im Kasten nisten, hängt nicht nur mit der Form und Größe des Kastens zusammen, sondern auch mit dem Durchmesser des Einfluglochs.

Narzissen gehören. Der Steingarten hat viele verschiedene Mikroklimate. Die Südseite oben ist trocken und warm; die Nordseite unten ist feucht und kühler. Pflanzen sind sehr empfindlich gegen solche Unterschiede.

Wenn Sie schon sehr früh Blüten möchten, dann setzen Sie die Zwiebeln, die am frühesten blühen, kleiner. Die Fertighyazinthengefäße aus Kunststoff sind ungeeignet; sie kippen um, wenn die großen Blüten kommen.

Es empfiehlt sich, Tulpen und Hyazinthen in großen Töpfen (mindestens fünf zusammen) in den Garten einzugraben. Sie können sie da blühen lassen, aber Sie können die Töpfe kurz vor der Blüte auch ausgraben, um damit eine unbewachsene Stelle im Garten zu „bepflanzen". Wenn Sie einige Töpfe auf der Nordseite eingraben und einige auf der Südseite des Hauses, dann erreichen Sie durch die großen Temperaturunterschiede auch noch eine Streuung der Blütezeit.

Blumenzwiebeln vermehren

Blumenzwiebeln kaufen Sie im Herbst. Gibt es im Garten schon Narzissen, Schneeglöckchen und Krokusse in großen Ballen, dann kann man diese im Februar, wenn die Austriebe gerade über der Erde sichtbar werden, ausgraben und teilen. Machen Sie das bitte vorsichtig. Es soll viel Erde an den Wurzeln bleiben, weil die Pflanzen keine neuen Wurzeln mehr treiben werden. Zwiebeln haben keine Seitenwurzeln. Nur das Ende der jeweiligen Wurzel kann Wasser aufnehmen. Die Wurzeln sollen also nicht beschädigt werden.

Pflanzen Sie ein Drittel des Wurzelballens wieder an die alte Stelle und teilen Sie den Rest in etwa zehn kleinere Wurzelballen (mit der Hand auseinanderreißen). Die Wurzelballen können auch ausgegraben und sofort wieder gepflanzt werden, nachdem das Blatt ganz abgestorben ist, denn das Laub verschwindet schnell, und der Wurzelballen läßt sich dann schlecht finden. Stellen Sie deshalb schon während der Blüte einen kleinen Stock zu den Knollen. Pflanzen Sie die Zwiebeln sofort an die von Ihnen gewünschte Stelle. Jetzt können sie alle einzeln eingesetzt werden. Sie werden sich bald vermehren, so daß Sie diese Aktion nach zwei Jahren schon wiederholen können. Jährlich verdoppelt sich auf diese Weise die Zahl Ihrer Zwiebeln.

Wildkaninchen fressen am liebsten Gras und krautartige Gewächse. Den größten Schaden verursachen sie, wenn es friert, wenn nichts anderes zu fressen übrigbleibt als Baumrinde. Füttern ist dann nur eine vorübergehende Lösung, denn die Gefahr besteht, daß sich noch mehr Kaninchen in Ihrem Garten einfinden.

Sofortiges Neupflanzen ist möglich bei allen im Frühjahr blühenden Zwiebeln, ausgenommen Tulpe und Hyazinthe. Diese werden besser an einem kühlen Ort trocken aufbewahrt und im September wieder gepflanzt.

Die Vermehrung der Hyazinthe erfolgt folgendermaßen: Machen Sie, bevor Sie die Zwiebel wieder pflanzen, auf der Unterseite der Zwiebel mit einem scharfen sterilisierten Küchenmesser einige Einschnitte in Form eines Kreuzes oder eines Sternes. Nur so werden sich auf der Außenseite der Einschnitte kleine Zwiebeln bilden. Nach drei Jahren haben Sie dann wieder neue blühende Hyazinthen.

Die Tulpen lassen Sie nach dem Ausgraben im Juni/Juli vierzehn Tage trocknen. Danach entfernen Sie die alte geschrumpfte Zwiebel, Sie lösen die jungen Zwiebeln und entfernen die schmutzige lockere Außenschicht. Danach bewahren Sie die Zwiebeln an einem dunklen, kühlen und trockenen Ort bis zum September auf – in einem vorzugsweise gut belüfteten Raum. In einem abgeschlossenen Raum besteht das Risiko, daß die Zwiebeln mit Schimmel infiziert werden.

Zwiebelgewächse säen

Wenn sich der Boden eignet (meistens Lehmboden), so können manche Blumenzwiebeln auch gesät werden. Sammeln Sie den Samen von Bauernkrokus, Winterling, *Scilla sibirica*, *Cyclamen* und *Corydalis*, wenn er in der Pflanze gereift ist, und säen Sie ihn sofort wieder an derselben Stelle aus. Sie können den Samen einfach auf die Erde streuen.

Auf den Einschnitten in den Boden der Hyazinthenzwiebel bilden sich junge Zwiebeln an der Außenseite. Sie sollten ein sterilisiertes und sehr scharfes Küchenmesser dafür benutzen.

Sie werden staunen, daß der Samen gerade dort aufgeht, wo Sie es überhaupt nicht erwarten. Zwar dauert es einige Jahre, bis die Pflanzen zu blühen anfangen (meistens drei Jahre), aber für sehr große Gärten ist das die beste Vermehrungsmethode, weil Sie sonst unheimlich viele Zwiebeln kaufen müßten. Wenig Arbeit kann so reich entlohnt werden. Diese Methode eignet sich nur für einen wilden Rasen und für Stellen, die extensiv genutzt werden und an denen keinesfalls die Schlaghacke eingesetzt wird.

Im Herbst blühende Zwiebelgewächse

Im Augenblick, wo die Bäume ihre Blätter abwerfen, fangen manche Zwiebelgewächse zu blühen an. Die Lieferung und die Pflanzzeit ist im September. Weil dann nur wenig Leute ein Gartencenter besuchen, werden diese Zwiebeln nur von spezialisierten Zwiebelhändlern und Spezialzüchtern geliefert. Sorten wie *Colchicum* (Herbstzeitlose), *Bulbocodium* (Frühlingslichtblume), Herbstkrokus und winterfeste Cyclamen gehören zu den Herbstblühern. Berücksichtigen Sie, daß das Kraut von *Colchicum* im Frühjahr aufgeht und mehr als 50 cm hoch werden kann. Dieses grüne Blatt ist übrigens sehr dekorativ, kann aber sehr vorherrschend sein. Alle im Herbst blühenden Zwiebelgewächse eignen sich für Verwilderung.

Ornithogalum umbellatum, der Stern von Bethlehem, wächst weniger gut, wenn Sie die Zwiebeln an einer schattenreichen Stelle eingesetzt haben.

Krankheiten und Schädlinge bei Blumenzwiebeln

Die kleinen Zwiebelgewächse haben im allgemeinen nicht unter Krankheiten zu leiden. Nur Wühlmäuse können einen großen Schaden verursachen. Diese Mäuse machen von Maulwurfsgängen Gebrauch. Obwohl der Maulwurf selber nie Wurzeln oder Blumenzwiebeln frißt, stören oft die Maulwurfshügel im Garten.
Tulpen und Hyazinthen können von Viren und Schadpilzen angegriffen werden. Pflanzen mit einem Virus müssen Sie rigoros entfernen, weil man Viren nicht wirksam bekämpfen kann. Gegen Schadpilze gibt es verschiedene Mittel. Am besten erkundigen Sie sich im Fachgeschäft, in dem Sie Ihre Zwiebeln gekauft haben. Gesunde Blumenzwiebeln, die an einer nicht zu feuchten Stelle eingesetzt werden, verursachen kaum Probleme. *Fritillaria*, *Leucojum* und *Camassia* bilden hier die Ausnahme. Sie brauchen nämlich einen feuchten Standort. Am besten pflanzen Sie diese Zwiebeln sofort nach Ankauf, oder Sie bewahren sie vorüber-

gehend in feuchter Topferde auf. Ihre Anwesenheit kann man an den Löchern im Boden erkennen. Wühlmäuse sind Pflanzenfresser, Spitzmäuse sind Insektenfresser und leben überirdisch. Die Mäuse können am besten bekämpft werden, wenn das Gras und das Gestrüpp um den Garten gemäht wird. Hohes Gras ist ein schöner Unterschlupf für die Mäuse. Oft werden die Grabenränder nur einmal pro Jahr gemäht, was für die Bekämpfung von Wühlmäusen unzureichend ist. Kurz: in einem gut gepflegten Garten haben Sie erheblich weniger Schwierigkeiten mit diesen unbequemen Tieren als in einem wilden Garten.

Wann kaufen Sie die Blumenzwiebeln?

Um ein blütenreiches Frühjahr zu bekommen, kaufen Sie die Zwiebeln am besten im Oktober/November. Anfang Dezember geht in Ausnahmefällen auch noch, aber Zwiebeln eignen sich nicht als Weihnachtsgeschenk. Ausnahmen sind hier die Herbstblüher wie der Herbstkrokus und die Herbstzeitlose; diese sollten im August/September gekauft werden.

Weil nur wenig Leute das Gartencenter in dieser Zeit besuchen, werden die im Herbst blühenden Zwiebeln selten gekauft. Schade eigentlich, denn auch der November ist ein Monat, in dem es im Garten nur wenig Blüten gibt. Versuchen Sie im

Läuferverband, in der Längsrichtung gepflastert, verlängert den Pfad visuell. Es entsteht durch die Ausfächerung ein allmählicher Übergang zum Rasen hin.

Unkraut im Rasen hat auch seine schönen Seiten. Für kurze Zeit sind die weißen Gänseblümchen, der gelbe Löwenzahn oder die blaue Veronika eine Bereicherung des Gartens.

Herbst blühende Krokusse zwischen die im Frühjahr blühenden zu pflanzen. An dieser Stelle gibt es dann zweimal Blüten.

Die Sommerblüher, wie Dahlien und Gladiolen, können am 1. Mai gepflanzt werden. Denken Sie daran, daß sie noch nicht überirdisch wachsen dürfen, wenn es noch Nachtfrost geben kann. Wir gehen davon aus, daß Sie nach den Eisheiligen (12., 13. und 14. Mai) keine Angst vor Nachtfrost mehr zu haben brauchen. Das ist schon wichtig, denn im Gegensatz zu den Frühjahrsblühern vertragen die Sommerblüher keinen Frost. Wenn der Boden am 1. Mai noch sehr naß ist, dann warten Sie besser mit dem Pflanzen: Im kalten, nassen Boden können die Knollen zu modern anfangen.

Die richtige Stelle für die richtige Zwiebel

Bevor Sie Blumenzwiebeln kaufen, sollten Sie sich gut überlegen, wo Sie diese einsetzen wollen. Die Verpackung sieht so verführerisch aus, daß viele Menschen geneigt sind, von allem etwas mitzunehmen – aber wenn Sie mit Zwiebeln nach Hause kommen, für die Sie eigentlich keinen geeigneten

DIE ANLAGE DES GARTENS

Standort haben, so wäre das schade. Die Zwiebeln sollen in die Atmosphäre der Umgebung hineinpassen. Ein sumpfiges Gebiet erfordert andere Zwiebeln als ein Waldeckchen im Garten. Hohe Tulpen in einem Blumenbeet sind eigentlich ungeeignet für eine Stelle unter Bäumen, und im Herbst blühende Zwiebeln dürfen nicht zwischen hohen Stauden stehen.

Achten Sie gut auf die Beschreibung auf der Verpackung. So können Sie sich ein Bild machen von der gewünschten Pflanze, ihren Anforderungen und Bedürfnissen im Garten.

Zwiebeln im Rasen

Einige Zwiebelgewächse eignen sich gut für den Rasen. Wenn Sie sich einen prächtigen flachen Rasen wünschen, ist das weniger günstig, weil der Rasen wegen der Zwiebeln erst später gemäht werden kann. Ein gut gepflegter Rasen kann durch zu spätes Mähen großen Schaden davontragen. Zwiebeln, die nicht ausgegraben werden müssen, passen am besten in den Rasen. Bei Lehmboden sät sich eine Anzahl dieser Zwiebeln selbst aus. Das gilt nur für Lehmboden, der im Sommer ausreichend trocken ist! Andere Zwiebeln vermehren sich ziemlich schnell auf vegetative Weise (also nicht durch Samen).

Löwenzahn im Rasen sieht prächtig aus, solange er blüht. Der Samen wird sich aber überall aussäen.

In den Rasen können Krokus, *Eranthis*, *Scilla*, *Leucojum*, *Fritillaria* (feuchter Rasen), *Galanthus* und *Narcissus* gepflanzt werden.

TIP

Einzeln wachsende Pflanzen

Wenn der Rasen relativ groß ist und irgendwo einer einfachen Bepflanzung bedarf, so können im Rasen auch einige einzelne Pflanzen eingesetzt werden:

Acanthus
Aruncus sylvester
Ziergräser
Cortaderia
Filipendula rubra 'Venusta Magnifica'
Gunnera
Hemerocallis
Kniphofia
Ligularia
Bambus
Yucca

Bäume

Daß Bäume den überleben, der sie gepflanzt hat, stimmt nicht. Wäre es nur so! In den meisten Fällen wird der Baum frühzeitig umgesägt, weil er zu groß wird. Bäume werden in drei Größen gegliedert. Es gibt sehr schmale hochstämmige Bäume, die kaum einen nennenswerten Schatten werfen. Es gibt auch wunderschöne kugelförmige Exemplare, mit denen Sie Ihren Garten auf besondere Weise gestalten können. Daneben findet man Bäume mit einem sehr offenen Laubwerk, so daß darunter vieles wachsen kann. Auch die negativen Seiten sollten bei der Kaufentscheidung eine Rolle spielen: Sie müssen mit fallenden Früchten rechnen, mit Wurzeln, die die Bepflasterung anheben. Sie sollten bedenken, daß bestimmte Bäume unbequeme Insekten anziehen. Das Laub werfen alle Bäume ab, aber kleinere Blätter bereiten Ihnen weniger Probleme. Die große Auswahl an Bäumen bedeutet noch nicht, daß alle immer lieferbar sind. Es ist freilich wichtig, rechtzeitig zu bestellen. Im Frühjahr sind die meisten Bäume schnell ausverkauft. Am besten geben Sie im Sommer Ihre Bestellung für den Herbst auf. Die Chancen, daß ein Baum wieder zu wachsen anfängt, sind im Frühjahr wesentlich

Wenn Sie aus einer jungen Birke einen richtigen Baum wachsen lassen wollen, so beschneiden Sie die Seitenäste, wodurch ein deutlicher Hauptstamm entsteht.

Die Lärche wird zu Unrecht nur sehr wenig in Gärten gepflanzt. Die Blüten fallen nicht auf, aber herrliche junge Austriebe im Frühjahr und goldfarbene Nadeln im Herbst sind die Zierde dieser nadelabwerfenden Konifere. In ihrer Wachstumsgeschwindigkeit wird sie nur von Metasequoia glyptostroboides *(Urweltmammutbaum) überboten.*

kleiner als im Herbst. Weil dabei viele Dinge eine Rolle spielen, die die Züchter nicht beeinflussen können, sind diese nicht für Fehlschläge zur Verantwortung zu ziehen. Sie müssen also selber zusehen, daß Pflanzzeit und Lebensumstände völlig stimmen. Einige Baumarten werden mit einem Wurzelballen geliefert, darunter die immergrünen, aber auch Bäume, die nur schwer anwurzeln. Für die meisten Bäume ist so ein Wurzelballen nicht notwendig. Obstbäume zum Beispiel werden nie mit einem Wurzelballen geliefert.

Die Größen: Auswahlkriterien beim Kauf

Bäume erster Größe sind u.a. die Kastanie, die Eiche und die Buche. Sie eignen sich für sehr große Gärten, für Anlagen und weiträumige Landschaften. Bäume zweiter Größe sind die Birke, die Erle und der Ahorn – Bäume für mittelgroße Gärten. Die dritte Größe beinhaltet die Obstbäume, Weißdorn, Stechpalme, Zierbirne und Wildkirsche. Auch verschiedene Japanische Zierkirschen gehören zu dieser Gruppe, die sich für den kleinen Garten eignet.

Berücksichtigen Sie beim Ankauf auch die Breite der Krone und ihre Dichte wegen der Bepflanzung unter dem Baum. Bäume und Sträucher mit großem Blatt haben eine bessere Lärmschutzwirkung als solche mit kleinem Blatt. Verkehrslärm kann also bei der Wahl des Baumes eine Rolle spielen.

Die Blüten der Bäume werden meistens sehr geschätzt, die Früchte dagegen sind manchmal unbequem: Kastanien, die auf die Terrasse herunterfallen, ebenso wie die Früchte der Eberesche. Diese erzeugen Flecken auf dem Bodenbelag, wenn sie unter den Schuhen ins Haus geschleppt werden.

DIE ANLAGE DES GARTENS

Die Zypresse (Chamaecyparis lawsonia) *sieht in der Gärtnerei so hübsch aus. Diese „Spitzkonifere" kann 25 Meter hoch werden. Als Hecke eignet sich diese Zypresse nicht so gut.*

Wurzeln von Pappelarten heben die Bepflasterung hoch, wodurch gefährliche Situationen entstehen können. Pflanzen Sie also nie Pappeln in der unmittelbaren Nähe von Pfaden und Straßen.

Das Pflanzen

Ein großes Pflanzloch ist wichtig. Es soll viel größer als das Wurzelwerk des Baumes sein. Dadurch ist später die Erde um die Wurzeln herum richtig locker. Die Erde, womit das Loch wieder aufgefüllt wird, kann vorher gedüngt werden. An der Farbveränderung des Baumstammes kann man gut erkennen, wie tief der Baum eingegraben war. Pflanzen Sie ihn jetzt genauso tief. Graben Sie vor dem Pflanzen den Stützpfahl ein. Das geht am leichtesten, wenn Sie mit einem Erdbohrer ein Loch machen, wodurch der Pfahl sofort schön fest steht. Pfähle mit einer Länge von 2,50 m sind optimal. Stellen Sie den Stützpfahl auf die Windseite des Baumes und sorgen Sie dafür, daß das Befestigungsband zwischen Baum und Pfahl über Kreuz liegt, so daß der Stamm später den Pfahl nie berühren kann.

Koniferen

Die Koniferen bilden nur eine kleine Pflanzengruppe, die aber relativ oft (manchmal zu oft) gesehen wird. In Kombination mit anderen Pflanzen sind Koniferen sehr schön. Wenn sie alleine stehen, gibt es wenig zu erleben: Sie haben meist unscheinbare Blüten und ändern beim Wechsel der Jahreszeiten auch das Äußere nicht. Wenn Sie eine hübsch geformte Konifere sehen, dürfen Sie nicht vergessen, daß die Pflanze wachsen wird und nicht die gleiche bleibt. Ein weit verbreitetes Mißverständnis ist es, daß Koniferen keine Pflege bräuchten. Sie beginnt schon beim Pflanzen.

Das Pflanzen von Koniferen

Abhängig von der Größe des Wurzelballens soll ein Pflanzloch 40 x 40 x 40 cm oder größer sein. Bedenken Sie, daß das Pflanzloch immer viel größer sein muß als der Wurzelballen. Koniferen verlangen einen sauren, lockeren Boden. Das können Sie erreichen, wenn Sie der Erde Torfmull beimengen. Für sehr kalkreiche Böden muß man von Koniferen abraten. Das Pflanzloch soll deshalb so groß sein, damit die Erde für die neu zu bildenden Wurzeln schön locker ist – und auch für eine bessere Verteilung des Torfmulls um den Wurzelballen herum.

Stutzen und Beschneiden

Das Stutzen von Koniferen ist ab Februar möglich. Zurechtschneiden bis aufs kahle Holz geht nur beim *Taxus*. Andere Koniferen werden kahl bleiben,

Bodendecker unter Bäumen: So entsteht ein Garten, der nur wenig Pflege verlangt.

wenn Sie sie zu stark zurückschneiden. Taxus kann man zweimal pro Jahr stutzen, Thuja und andere Arten maximal viermal pro Jahr.

Koniferen als Hecke

Taxus media 'Hicksii', viel gezüchtet und relativ billig angeboten, eignet sich weniger als Hecke. Durch den vertikalen Stand der Äste fällt der Strauch bei zu großer Schneelast auseinander. Auch ohne Schnee ragt schon mal ein Ast hinaus, den man dann alleine stützen sollte. *Chamaecyparis* (Scheinzypresse) eignet sich überhaupt nicht als Hecke. Diese Konifere läßt sich schlecht stutzen und verträgt den Wind nur schlecht. Durch ihre Form bekommt sie unten zu wenig Licht und wird dadurch bald kahl. Dagegen eignet sie sich ausgezeichnet als freistehender Baum, wenn der Grundwasserstand nicht zu hoch ist. Die Thuja verträgt einen feuchteren Boden. Der *Chamaecyparis* wird viel breiter als die Sorte 'Columnaris'. Übrigens wirkt die blaue Farbe dieser Koniferen oft störend in der Landschaft. Die einfache *Thuja occidentalis* wird immer weniger gezüchtet. Diese Pflanze wird gesät. Dadurch gibt es große Unterschiede zwischen einzelnen Pflanzen und der Art, wie sie wachsen. Ein anderer Nachteil ist, daß diese Sorte im Winter bronzefarben wird. Sie sieht so aus, als würde sie bald sterben. Frisch grün bleibt die *Thuja plicata*. Von der *Thuja occidentalis* gibt es einige Arten, die sich sehr gut als Hecke eignen. Fragen Sie bei einem guten Züchter oder in einem Gartencenter danach.

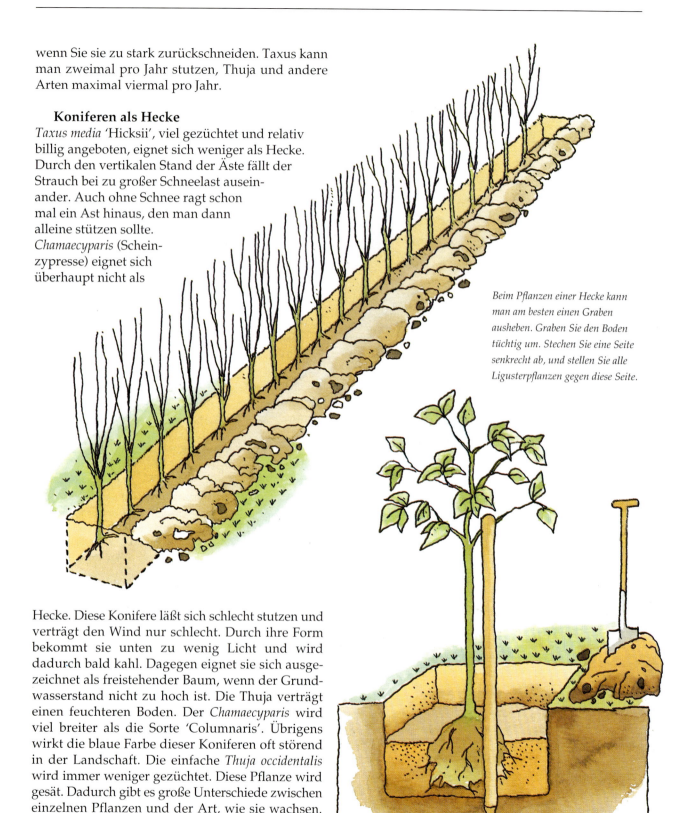

Beim Pflanzen einer Hecke kann man am besten einen Graben ausheben. Graben Sie den Boden tüchtig um. Stechen Sie eine Seite senkrecht ab, und stellen Sie alle Ligusterpflanzen gegen diese Seite.

Graben Sie ein großes Pflanzloch. Die richtige Größe ist 50 x 50 x 50 cm. Stellen Sie die Baumstütze immer auf die Seite, von der der Wind meistens weht. Bewässern Sie erst, wenn Sie fertig sind.

Genauso wie die Thuja wird auch der Taxus baccata gesät. Die Unterschiede im Wuchs erscheinen später in der geschorenen Hecke als „Flammen". Die „marmorierte" Hecke entsteht, weil eine Pflanze schneller und weniger breit als eine andere wächst. Auch ein kleiner Farbunterschied spielt dabei eine Rolle. Die Hecke, obwohl sehr straff geschnitten, sieht dadurch nicht langweilig aus – im Gegensatz zum *Taxus media* 'Hicksii', der aus Stecklingen gezogen wird. Alle Pflanzen sind hier gleichförmig, denn die Stecklinge stammen ursprünglich ja alle von einer Pflanze. Die Äste wachsen ziemlich vertikal, dadurch fällt auch diese Hecke unter einem großen Schneegewicht auseinander. Koniferenhecken werden oft gepflanzt, weil man glaubt, daß sie nur wenig Pflege verlangen. Das stimmt aber nicht. Je öfter sie geschnitten werden, desto dichter werden sie. Eine vernachlässigte Koniferenhecke kann nicht mehr stark zurückgeschnitten werden und sollte durch eine neue ersetzt werden. In kleinen Gärten stehen Koniferenhecken oft auf der Grundstücksgrenze. Wenn die Hecke auf einer Seite nicht gepflegt wird, so wird sie auf die Dauer zerstört. Darum ist es sehr wichtig, sich darüber mit den Nachbarn zu verständigen.

Taxus wächst weniger schnell als die Thuja. Der Nachteil, daß es in den ersten Jahren kaum Sichtschutz gibt, wird später durch die weniger intensive Pflege ausgeglichen. Langsamer wachsen heißt sehr oft, daß man weniger oft stutzen muß. Die *Pinus mugo*, eine Kiefer, bleibt relativ niedrig und braucht überhaupt nicht beschnitten zu werden.
Langsam wächst auch der *Taxus baccata*, der schon im Altertum in Gärten zu finden war und von der Renaissance an als Hecke benutzt wurde. Dieser Taxus eignet sich ausgezeichnet für eine schattige Stelle. Durch das langsame Wachstum ist er eine der teuersten Heckenpflanzen. Wenn Sie aber Geduld haben, so könnten Sie mit sogenanntem „Pflanzgut" anfangen. Das sind Sämlinge, die zwei oder drei Jahre alt sind. Es dauert einige Jahre länger, aber die Kosten sind erheblich geringer.

Einzeln stehende Koniferen

Denken Sie zuerst gut über die Stelle nach, an der Sie eine Konifere pflanzen wollen, und überlegen Sie, wie hoch sie wachsen darf. Dabei ist es nicht so wichtig, wie hoch sie in drei Jahren sein wird, sondern in zwanzig Jahren. Die Auswahl ist überwältigend. Für jede Stelle gibt es wohl eine geeignete Konifere. Die Zeder ist ein gutes Beispiel dafür, wie wichtig eine gezielte Wahl ist. Diese hübsche Konifere (beim Kauf 1 m hoch) wird schätzungs-

Wenn später der Taxus zylinderförmig gewachsen sein wird, bildet er einen Ruhepunkt in diesem Garten voller Formen.

Die Lärche steht am Anfang des Frühjahrs kurz vor dem Treiben.

Rot, die weiblichen Blütenstände, und gelblich, die männlichen.

weise 30 m hoch (und sehr breit). Trotzdem werden neun von zehn Zedern in Gärten gepflanzt, die nicht größer als 100 Quadratmeter sind. Die schnell wachsenden Koniferen werden viel größer als die (teureren) Zwergformen. Berücksichtigen Sie, daß das Ersetzen in Zukunft teurer ist als einmaliges Pflanzen. Beim Pflanzen von Koniferen sollten Sie die Pflanzen nicht zu eng aufeinander einsetzen. Natürlich sieht das in den ersten Jahren nicht schön aus. Sie können den Zwischenraum mit einjährigen Pflanzen auffüllen, aber besser pflanzen Sie den Garten mit bodendeckenden und niedrigen Stauden voll. Es ist nicht schlimm, wenn diese später überwachsen werden. Sie sehen attraktiv aus, und es gibt weniger Unkrautprobleme. Kurz zusammengefaßt: achten Sie beim Kauf auf Höhe und Wachstumsgeschwindigkeit und nicht auf das momentane Äußere der Pflanze. Eine der am meisten verkauften Solitär-Koniferen ist *Chamaecyparis lawsoniana*. Sie sieht schon beim Kauf sehr hübsch aus. Wenn ein ausgewachsenes Exemplar danebengestanden hätte, so würde diese Konifere fast nie mehr verkauft werden. Gefällt Ihnen in Ihrer Umgebung eine schon ausgewachsene Konifere, so bitten Sie den Besitzer um einen kleinen Zweig, den Sie mit ins Gartencenter nehmen können, wo man genau bestimmen kann, von welcher Pflanzenart er stammt. Dadurch wird eine künftige Enttäuschung ausgeschlossen. Wenn Sie viele Koniferen in Ihren Garten pflanzen wollen, besuchen Sie zuerst ein Pinetum, einen botanischen Garten oder einen spezialisierten Garten, der von professionellen Gärtnern gepflegt wird. Dort können Sie alle Namen genau aufschreiben, weil bei allen Pflanzenarten Namensschilder mit den wissenschaftlichen Namen angebracht sind. Ein anderer Vorteil ist, daß Sie die Koniferen hier meistens als ausgewachsene Exemplare sehen, so daß Sie sich ein gutes Bild davon machen können, wieviel Platz sie in Ihrem eigenen Garten in Zukunft einnehmen.

Bonsai-Koniferen

Zwergkoniferen in einem Topf werden manchmal als Bonsai verkauft. Dabei ist fast nichts von Menschenhand gemacht worden, um die Konifere so zu gestalten. Mit Bonsai hat das also nichts zu tun. Besonders *Chamaecyparis obtusa* 'Nana Gracilis' wird so in Töpfen angeboten – zu Preisen, die den üblichen Preis für eine normale Gartenpflanze weit übersteigen. Viele Koniferen eignen sich aber ausgezeichnet für Blumenkästen und Schalen. Wählen Sie eine Kombination aus schmalen und hoch wachsenden Koniferen und Exemplaren, die über den Rand hängen. Im Sommer können sie mit einjährigen Pflanzen oder niedrigen Stauden aufgefüllt werden. Alle Zwergformen kommen in Betracht. Auch höher wachsende Koniferen können eingesetzt werden, vorausgesetzt, daß sie pro Wachstumssaison mehrmals beschnitten werden, so daß sie eine gedrungene

Alte Orangerien eignen sich heute sehr gut für Kunstausstellungen: Orangerie in Herrenhausen.

Japanischer Garten (Floriade 1992, Amsterdam). Traditionsgemäß wurden Roste aus Naturstein oder Holz konstruiert. Betonplatten bilden heutzutage einen guten Ersatz. Es entsteht ein Kontrast zwischen straffen und natürlichen Elementen.

Form annehmen. Füllen Sie die Blumenkästen nicht mit normaler Topferde, sondern mit dem saureren Torfkultursubstrat 1 (schwach gedüngt).

Koniferen in einem existierenden Garten

Manchmal sind Koniferen in einem Garten zu stark ausgewachsen und Sie möchten sie fällen. Untersuchen Sie aber vorher, ob es nicht möglich wäre, die Konifere in einer bestimmten Form zurechtzuschneiden. Wenn Sie die unteren Äste absägen und die Spitze entfernen, kann manchmal eine hübsche Kugel auf einem Stamm entstehen. Nach der Behandlung wird es noch zwei Jahre dauern, bis die Konifere die gewünschte Form annimmt. Um den Stamm herum können Stauden eingesetzt werden – in Form eines Kreises, der so groß ist wie die Kugel.

„Einschlagen"

Bestellte Pflanzen werden nicht immer dann geliefert, wenn man sie pflanzen kann. Manchmal ist die ausgewählte Stelle noch zu naß. In solchen Fällen wäre es am besten, die Pflanzen „einzuschlagen". Graben Sie dazu eine flache Grube, in die Sie die Pflanzen schräg hinlegen. Bedecken Sie die Wurzeln mit Erde. Sie dürfen nicht zu dicht zusammengepflanzt werden, um Schimmel zu vermeiden. Packungen mit mehreren Sträuchern sollten zuerst aufgeschnitten werden, vor allem wenn sich dazwischen noch alte Blätter befinden.

Wenn die Pflanzen in einer Frostperiode geliefert werden, dann müssen Sie sie sofort auspacken und in Plastiktüten mit ein wenig Topferde an einem kühlen Ort, zum Beispiel in der Garage, aufbewahren. Draußen haben die eingemieteten Pflanzen nicht unter dem Frost zu leiden, aber drinnen müssen die Sträucher mit ihren fast nackten Wurzeln auf jeden Fall frostfrei aufbewahrt werden.

Graben Sie die „Einschlagfurche" an einer schattigen, geschützten Stelle. Am Anfang des Winters läßt sich noch nicht voraussagen, wie lange die Pflanzen da stehen sollen. In Baumschulen werden im Herbst fast alle zu verkaufenden Pflanzen eingeschlagen oder in besonderen Kühlhäusern überwintert. Abgesehen von klaren Vorteilen, wie der schnelleren Lieferbarkeit der Pflanzen, werden die Pflanzen im Frühjahr leichter anwurzeln und später im Frühjahr treiben, so daß sie auch später gepflanzt werden können.

3 Die Pflege des Gartens

Gartenpflege ist eine der vielseitigsten Aktivitäten, die zum Gärtnern gehören. Sie umfaßt Schneiden – auf die richtige Weise und zum richtigen Zeitpunkt –, aber auch Düngen, wobei Sie wissen sollten, mit welcher Bodenart Sie es zu tun haben.

Die Pflege beinhaltet auch das Säen und Vermehren der Pflanzen und das rechtzeitige Erkennen von Krankheiten und Schädlingen und deren richtige Bekämpfung. Das können Sie nicht alles mit Ihren eigenen Händen machen. Dazu brauchen Sie Geräte. Die Wahl der richtigen Hilfsmittel ist äußerst wichtig.

Das Schneiden

In den vergangenen Jahrzehnten haben sich die Theorien zur Behandlung von Bäumen und namentlich zum Schneiden ziemlich geändert. Der Gebrauch von Beton in hohlen Bäumen ist nicht mehr unbedingt üblich. Wundbedeckende Mittel sind heute auch nicht mehr vorgeschrieben. Die Anwendung von grünem Balsam empfiehlt sich jedoch für Sägewunden, die stark auffallen, zum Beispiel neben einem Pfad oder bei einer Terrasse. Sehr wichtig ist es, die Äste auf die richtige Weise abzusägen, und zwar mit Geräten, die nicht nur sauber, sondern auch scharf sind.

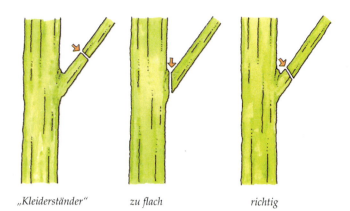

"Kleiderständer" *zu flach* *richtig*

Benutzen Sie nur Geräte, die auch wirklich fürs Schneiden bestimmt sind. Eine Zimmermannssäge sollten Sie also nicht verwenden: Das ist schlecht für die Säge und für den Baum. Schwere Äste sägen Sie am besten einen halben Meter vom Stamm von unten ein und dann von oben durch. Erst dann entfernen Sie das Reststück am Stamm. Wie Sie auf der Zeichnung erkennen können, darf der Ast nicht genau am Stamm abgesägt werden; Sie könnten sonst den Stamm beschädigen. Der Rindenrand auf der Oberseite zwischen Ast und Stamm soll vollständig erhalten bleiben. Von dort aus müssen Sie zwischen einer möglichst kleinen Wunde und einer Stelle, die sich möglichst nahe am Stamm befindet, wählen.

Wann können Sie schneiden?

Wir machen einen Unterschied zwischen Stutzen im Winter und im Sommer. Außer im späten Frühjahr, wenn kräftige Saftströme durch die Pflanze fließen,

An den ersten vier Zweigen auf dieser Zeichnung sehen Sie, wie man nicht schneiden soll: Es wurde zu nah am Knoten gestutzt oder in der falschen Richtung. Der letzte Zweig wurde richtig geschnitten: Sowohl die Richtung als auch die Entfernung zum Knoten stimmen. Was Sie genau schneiden, sehen Sie an der Position der Baumschere.

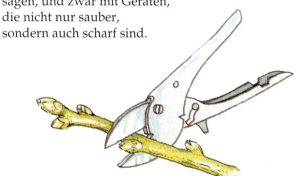

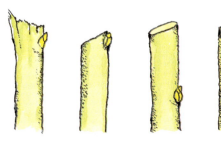

DIE PFLEGE DES GARTENS

Entfernen Sie den Wurzelwildwuchs bei Rosen an der Basis.

Dazu muß zuerst ein wenig Erde entfernt werden.

nerem Maßstab. Der kleine Stamm wird immer dicker, so daß die Blütenzweige herrlich zur Geltung kommen.

Reben

Reben sollen vor Mitte Februar beschnitten werden. Schon sehr früh setzen sich die Saftströme in der Pflanze in Gang, so daß sie bei zu spätem Stutzen zu bluten anfängt. Dieser Saftstrom läßt sich nicht stoppen, obwohl die Pflanze nicht schnell „verbluten" wird. Aus demselben Grund darf der Ahorn zwischen dem 1. März und dem 1. Juni nicht beschnitten werden.

Beerensträucher

Ein Beerenstrauch, der gut wächst, wird mehr Früchte tragen. Er soll jährlich geschnitten werden.

dürfen Sie immer schneiden. Im Sommer kann man allerdings nur schwer erkennen, was gestutzt werden soll. Deshalb soll das Ausschneiden im Winter erfolgen, wenn die Bäume und Sträucher keine Blätter tragen. Es gibt Sträucher, die auf einjährigem Holz blühen (Potentilla), andere blühen auf zweijährigem Holz (Forsythie).

Wenn Sie jährlich stutzen, schneiden Sie nicht zuviel (maximal drei Äste aus jedem Strauch), so daß die Blüte kaum beeinflußt wird. Stutzen Sie die früh- und spätblühenden Sträucher zur gleichen Zeit. Ein Gärtner kann ja auch nicht immer wieder anfangen, nur weil ein Strauch zu einer anderen Zeit gestutzt werden soll. Bei einer jährlichen Pflege muß das auch nicht sein. Es wird dann so wenig ausgeschnitten, daß immer eine ausreichende Blüte übrigbleibt. Bei längerer Vernachlässigung soll eingreifender geschnitten werden, was auf Kosten der Blüte geschieht.

Frostempfindliche Gewächse werden am besten im Frühjahr geschnitten. Einige Sträucher bilden in bezug auf die üblichen Zeiten eine Ausnahme: *Prunus triloba* wird sofort nach der Blüte ganz zurückgeschnitten – bis kurz über die Pfropfstelle. Dadurch entsteht eine Art „Krüppelweide" in klei-

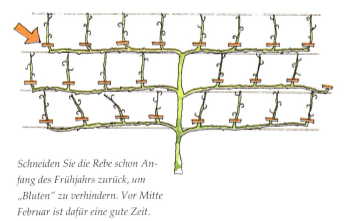

Schneiden Sie die Rebe schon Anfang des Frühjahrs zurück, um „Bluten" zu verhindern. Vor Mitte Februar ist dafür eine gute Zeit.

„Blenden" ist das Entfernen der Seitenknospen. Dadurch wird sich die Endknospe besser entwickeln und eine größere Blüte tragen.

Ein eleganter Kräutergarten mit Hecken muß nicht unbedingt blütenreich sein. Unterschiedliche Blattfarben haben auch eine hübsche Wirkung.

DIE PFLEGE DES GARTENS

Die Form des vertieften Abschnitts wiederholt sich in der Form der Taxushecke. Gärten mit einem „Senkgarten" wurden Anfang dieses Jahrhunderts oft angelegt.

Das Stutzen kommt auch der Form des Strauches zugute. Behalten Sie an einem Strauch vier bis sechs Hauptäste übrig und sehen Sie zu, daß ausreichend Licht in den Strauch fällt. Bald werden neue Seitenzweige wachsen, wodurch der Strauch wieder voller aussieht. Sie dürfen sofort nach dem Beerenpflücken beschneiden. Der Nachteil dieses Zeitpunkts ist, daß noch schlecht zu erkennen ist, welche Äste entfernt werden müssen. Sie beschränken sich besser auf das Stutzen im Winter. Fangen Sie immer mit den Ästen an, die sich berühren oder die quer durch den Strauch hindurchwachsen. Damit Sie einen schönen Strauch bekommen, dürfen Sie auch flach wachsende Zweige an der Außenseite abschneiden. Lassen Sie die kleinen Seitenzweige, an denen später die Früchte wachsen werden, unberührt.

Diese Methode eignet sich für weiße, rote und schwarze Johannisbeeren, und auch den Stachelbeerstrauch können Sie so behandeln. Das Beschneiden beeinflußt die Höhe des Strauches kaum. Die schwarze Johannisbeere wird am höchsten, die Stachelbeere bleibt am niedrigsten.

Taxus baccata 'Fastigiata aurea' ist eine langsam wachsende Konifere.

Sommerflieder

Schneiden Sie bis auf einen halben Meter über der Erde jährlich alle Zweige ab. Am besten im März/April, denn die Pflanze friert leicht ein. Diese Stutzmethode gibt die schönste Blüte. In der Wachstumsperiode müssen die noch krauthaften Zweige bis auf drei Augen (Knospen) zurückgeschnitten werden.

Rosen

Frostempfindliche Rosen, darunter alle normalen Tee- und Polyantharosen, werden nach der letzten Frostperiode (Anfang April) beschnitten. Früheres Beschneiden birgt die Gefahr, daß die beschnittenen Zweige erfrieren. Genauere Informationen über das Beschneiden von Rosen finden Sie im Kapitel über Rosen.

Sträucher, die auf einjährigem Holz blühen

Sträucher, die auf einjährigem Holz blühen, wie *Potentilla*, *Spiraea bumalda* und *Hypericum*, dürfen ganz bis auf den Boden abgeschnitten werden. Besser ist allerdings, nur die Hälfte auszuschneiden. Schneiden Sie aber nicht eine Seite kahl, sondern quer durch den Strauch jeden zweiten Trieb. Jedes Jahr die Hälfte beschneiden heißt, daß der Strauch sich nach zwei Jahren ganz verjüngt hat, während immer etwas von dem Gewächs stehengeblieben ist. Die Absicht ist ja nicht ein kahler Garten. Natürlich kann auch jeweils ein Drittel der Zweige abgeschnitten werden, so daß der Strauch sich nach drei Jahren wieder total verjüngt hat. Wenn Sie diese Sträucher zu wenig beschneiden, so wird die Blüte stark abnehmen. Es ist notwendig, im Frühjahr zu düngen. Fachleute bevorzugen es, den ganzen Strauch bis auf den Boden abzuschneiden, weil das schneller geht, als wenn man Zweig um Zweig aus der Mitte des Strauches entfernt.

Die meisten Heckenarten können in allen Höhen geschnitten werden. Beachten Sie die erhöhten Säulen auf beiden Seiten des Garteneingangs.

Fachleute machen nicht immer das Beste für einen schönen Garten, aber sie müssen auch ökonomisch denken. Für öffentliche Grünanlagen gelten deshalb andere Regeln als für den Privatgarten.

Gibt es im Garten einen alten Schuppen oder Hühnerstall, der abgerissen werden soll, schauen Sie zuerst, ob sich nicht einige Mauerreste für die neue Gartenanlage verwenden lassen. Die straff geschnittenen Hecken sorgen hier für eine Betonung der rechteckigen Formen.

DIE PFLEGE DES GARTENS

Eine Kombination von Buxushecken mit Taxus setzen hübsche Farbnuancen in diesem Park in Oxford.

Sorgen Sie dafür, daß die Krone mindestens zwei Drittel des ganzen Baumes ausmacht. Sie können jedes Jahr wieder einen Ast höher absägen, so daß das Verhältnis zwischen Stamm und Krone nicht gestört wird.

Bäume braucht man nicht immer im Winter zu schneiden. Für den Laien ist das aber einfacher. Besonders, wenn der Hauptstamm sich in nicht zu großer Höhe spaltet, ist die Position der Äste im Winter gut zu erkennen.

Entfernen Sie die Spitze, die am schiefsten wächst, so daß der Baum später eine gleichmäßige Krone hat. Natürlich sollen tote Äste immer aus dem Baum entfernt werden.

Wenn Sie mit einem scharfen Messer ein kleines Stück Baumrinde herausschneiden, können Sie sehen, ob ein bestimmter Ast lebt oder tot ist. Wenn knapp unter der Rinde das Gewebe grün ist, lebt der Ast. Braunes und zähes Gewebe zeigt tote Äste an.

Das Schneiden von Bäumen

Schneiden fördert einen höheren Ertrag und eine schönere Baumform.

Ein guter Schnitt bewirkt tatsächlich besseres Wachstum und eine bessere Blüte. Sie dürfen nie mehr als ein Drittel der Äste aus der Krone heraussägen. Sonst wäre das Verhältnis zwischen der Menge an Wurzeln und an Ästen gestört. Eine zu große Wurzelmasse würde einen zu großen Wachstumsimpuls auslösen. In dem Fall entstehen oft „Wasserschosse". Das sind senkrecht in die Höhe wachsende Zweige, die quer durch die Krone auftreten. Entfernen Sie diese an der Basis. Auch wenn zwei Äste sich berühren, soll einer der beiden abgesägt werden.

Das „Aufkronen", das Entfernen der unteren Zweige, so daß ein Stamm entstehen kann, ist keine zu schwere Aufgabe.

Der altholländische Garten eignet sich sehr gut für die Nachbildung in kleinerem Maßstab. Hecken aus Kleinblättrigem Buxus kann man sehr niedrig beschneiden.

Bäume werden nicht gestutzt, um sie weniger breit oder hoch zu machen, sondern um der Krone mehr Licht zu verschaffen. Wenn die Lichtmenge sich gleichmäßig verteilen kann, wächst und blüht der Baum besser.

Manchmal ist ein ganzer Baum im Sterben begriffen. Denken Sie an die romantische Periode: Tote Bäume ließ man einfach stehen. In manchen Fällen ist es schön, einen toten Baum nicht zu fällen. Bald leben in der toten Rinde viele Insekten. Das wiederum zieht Vögel an. Vor allem Spechte hacken gerne in totes Holz. Nach einigen Jahren wachsen darauf außerdem wunderschöne Pilze.

Droht der Baum nach einigen Jahren umzustürzen, so können Sie ihn umsägen und auf dem Boden liegen lassen. Darauf wird sich dann, weil das Holz feucht bleibt, eine Moosvegetation entwickeln.

Taxus und Buxus lassen sich in allen Formen zurechtschneiden.

Diese Phantasiegebilde sind aus Taxus.

Das Schneiden von Spalierbäumen

Spalierbäume bilden oft senkrecht wachsende Zweige. Die flach beschnittenen Kronen müssen alle 30 bis 40 cm einen weiterwachsenden Zweig haben. Diese Seitenzweige werden an Eisendrähten befestigt. Zu Beginn des Frühjahrs können alle Seitenzweige, die hauptsächlich senkrecht in die Höhe wachsen, bis auf zwei Knospen zurückgeschnitten werden. Jährliches Schneiden fördert die Dichte der Krone. Wenn Sie das Stutzen unterlassen, so werden die horizontal wachsenden Seitenzweige zu schwer.

Spalierbäume kosten viel Arbeit. Wenn die Seitenzweige gewachsen sind, müssen sie aufs neue angebunden werden. Die Zweige wachsen schnell, und der Eisendraht verschwindet dann in der Rinde. Deshalb jährlich die Drähte ein wenig lösen! Nach ungefähr acht Jahren sind die Äste stark genug, so daß die Drähte oder Bambusstöcke entfernt werden können. Auch Stützpfähle sollen rechtzeitig entfernt werden: Nur zu oft wird der Stamm durch das Band eingeschnürt.

Formschnitt

Einige Sträucher eignen sich ausgezeichnet dazu, in einer bestimmten Form geschnitten zu werden. Fast jeder Garten hat als Abtrennung eine Hecke. Auch diese Hecken kann man in verschiedenen Formen schneiden: höher, niedriger, breiter, mit Zinnen, Toren oder hinter einer Gartenbank geschwungen. Es können auch verschiedene Phantasieformen geschnitten werden, wie z. B. Stühle, Pfauen, Bären, Vasen, Schiffe und Tauben. Die Kenntnisse des Formschnitts sind bei uns fast verlorengegangen, aber dank des zunehmenden Interesses für formale Gärten gibt es heute wieder mehr in Form geschnittene Sträucher.

In England ist die große Formenvielfalt des „topiary" berühmt. Züge, Jagdszenen, Pyramiden und Kugeln in verschiedenen Größen schmücken die englischen Gärten und erscheinen auch wieder im übrigen Europa.

Folgende Pflanzen eignen sich gut für den Formschnitt:

Thuja plicata
Taxus baccata
Buxus sempervirens
Ilex crenata
Ilex aquifolium
Taxus cuspidata 'Aurea'

Beim Schneiden einer Hecke müssen Sie daran denken, daß die Büsche auch unten genug Licht bekommen. Darum muß die Basis breiter sein.

Das Verfahren

Für gebogene Linien fertigen Sie vorher eine Form aus Maschendraht, verstärkt mit starkem Draht, an. Lassen Sie die Pflanze hier durchwachsen und schneiden Sie das, was durch den Maschendraht hindurchwächst, ab. Pyramiden und Würfel sind leichter zu formen. Stellen Sie Bambusstöcke in der von Ihnen gewünschten Form auf. Alle aufgeführten Pflanzen wachsen sehr langsam. Das ist auch gut, denn sonst würde die Form zu schnell verschwinden. Sie brauchen viel Geduld. Es dauert einige Jahre (abhängig von der gewünschten Größe), bis das „Kaninchen" oder der „Pfau" ausgewachsen ist.

Schnittkalender

Wer eine optimale Blüte eines jeden Strauches wünscht, kann diesen Schnittkalender zu Rate ziehen.
Sie können Ihre Sträucher zu verschiedenen Zeitpunkten beschneiden, aber es empfiehlt sich, alle gleichzeitig zu behandeln. Sie vergessen dann weniger schnell einen Strauch – der jährliche Schnitt ist aber unbedingt notwendig.

Januar	Obstbäume bei frostfreiem Wetter
Februar	Fast alle Sträucher, die nicht am Anfang des Frühjahrs blühen, Trauben
März	Alle Rosen, außer Stamm-Trauerrosen
April	Frostempfindliche Gewächse wie *Caryopteris* und *Ceanothus*, im Winter blühendes Heidekraut, Fuchsie, Sträucher, die das Laub nicht abwerfen
Mai	Im Frühjahr wachsendes Viburnum
Juni	Die wilden Ausläufer von Rosen und Flieder
Juli	Über Pfade wachsende Äste dürfen immer abgeschnitten werden
August	Stamm-Trauerrosen (ausschneiden), *Clematis montana*, Lavendel
September	Lange Triebe von Obstbäumen, wenn die Endknospe schon gebildet ist
Oktober	Totes Holz, weil man das jetzt noch leicht sehen kann
November	Obstbäume und Sträucher
Dezember	Bei frostfreiem Wetter wieder fast alle Sträucher (aber beachten Sie die Ausnahmen!)

Wenn der Garten von einem Gärtner gepflegt wird, so ist es unwirtschaftlich, ihn nur für einige wenige Sträucher zu bestellen. Im Bepflanzungsschema kann schon berücksichtigt werden, daß ein Gärtner die Pflege übernehmen wird.

Stutzen Sie Prunus laurocerasus *am besten mit einer Baumschere. Große Blätter, die halb abgeschnitten sind, sehen nicht schön aus.*

Buxus kann am schönsten mit einer kleinen Heckenschere beschnitten werden.

DIE PFLEGE DES GARTENS 87

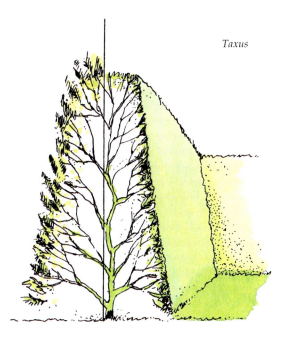

Taxus

TIP

Spätblühende Sträucher
Um den Garten im Herbst blühen zu lassen, bieten sich Stauden an. Es ist weniger bekannt, daß auch einige Sträucher noch spät im Jahr blühen können.

Einige Beispiele:
- *Hibiscus*
- *Perovskia*
- *Ceanothus*
- *Celastrus* (Fruchtschmuck)
- *Teerosen*
- *Hypericum*
- *Magnolia grandiflora* (frostempfindlich)
- *Fuchsia magellanica*
- *Abelia*
- *Lespedeza thunbergii*
- *Aralia*

Auch viele Beeren tragende Sträucher können dem Garten Farbe geben (und Vögel anziehen).

Düngung

Über Düngung – wieviel, wie oft, womit, wann – gehen die Meinungen auseinander. So haben die Landwirte viel Ahnung von Düngung. In der Landwirtschaft müssen große Erträge erzielt werden, wobei stickstoffreiche Düngemittel vorherrschen. Im Ziergarten braucht man diese Erträge nicht. In einem Garten wünschen wir starke und gut wachsende Pflanzen mit einer schönen grünen Farbe. Samenproduktion ist nicht so wichtig. Für einen Garten eignen sich deshalb langsam wirkende Düngemittel am besten.

Kompost

Sie müssen eine Stelle im Garten für den Komposthaufen reservieren. In der freien Natur fällt das Laub auf den Boden, vermodert und kommt so der Pflanze wieder zugute. So entsteht ein gesundes Bodenmilieu, das sich aus vielen Mikroorganismen wie Pilzarten, aber auch Würmern zusammensetzt. Der Garten ist keine freie Natur; wir räumen alles auf. Doch können wir wie die Natur vorgehen: Aus allen Gartenabfällen, zusammen mit organischem Küchenabfall, schlichten Sie an einer unsichtbaren Stelle einen Haufen auf. Wenn Sie den Komposthaufen sehr sauber und ordentlich behandeln, ist es überhaupt kein Problem, daß man ihn vom Garten oder Haus her sehen kann. Es empfiehlt sich eine Stelle zu wählen, die nicht zu weit vom Haus

Um das Kompostierungsverfahren zu beschleunigen, können die Gartenabfälle in einer Kompostmühle zerhäckselt werden. Diese hat zwei Einfüllöffnungen: eine für die Gartenabfälle und eine für Zweige bis 2,5 cm Dicke. Mit gehäckselten Gartenabfällen kann man einen schönen Komposthaufen mit geraden Seiten schaffen.

entfernt ist. Sie müssen ja einige Male in der Woche hingehen, auch wenn die Wetterverhältnisse weniger günstig sind. Im Herbst streuen Sie den entstandenen Kompost wieder in den Garten. Damit schaffen Sie einen natürlichen Zyklus, wodurch sich der Boden mit dem organischen Stoff in der Oberschicht gut bearbeiten läßt. Kompost gilt auch als eine natürliche Isolationsschicht. Würmer mögen Komposterde besonders gern. Sie sorgen für die notwendigen Luftgänge im Boden, wodurch die Pflanzenwurzeln besser wachsen. Außerdem schaffen diese Würmer Gänge, durch die das Regenwasser schneller eindringen kann. Bei ausreichender Kompostanwendung ist eine andere Düngung überflüssig. Für große Gärten reichen große lockere Komposthaufen; für kleinere Gärten genügt eine niedrige Abtrennung aus starkem Maschendraht oder Steinen. Im Garten in der Stadt sind Kompostbehälter aus Kunststoff ideal. Es ist richtig, den Komposthaufen öfters umzustechen, um das Kompostierungsverfahren zu beschleunigen. Außerdem ist es möglich, den Komposthaufen ein Jahr ruhen zu lassen. Das Verfahren dauert dann etwas länger, aber es macht weniger Arbeit. Sie lassen sich etwas entgehen und belasten die Umwelt unnötig, wenn Sie das „schwarze Gold", wie der Kompost manchmal genannt wird, ihrem Garten nicht zugute kommen lassen.

Komposterde erzeugen

Es ist am einfachsten, wenn Sie Ihren eigenen Kompost verwenden: Sie brauchen dann nicht irgendwo anders ein Düngemittel zu kaufen. Für einen Garten in der Stadt reicht Düngung ausschließlich mit Komposterde, wenn auch Küchenabfälle zu Kompost verarbeitet werden. Fast alle organischen Küchenreste, wie auch die Holzasche aus dem Kamin, kommen für den Komposthaufen in Betracht. Der Komposthaufen kann irgendwo im Halbschatten angelegt werden, wo es ein wenig feucht ist, aber setzen Sie ihn nicht auf einen zu nassen Boden, denn es soll genug Sauerstoff für Mikroorganismen wie Bakterien und Pilzarten eindringen können. Durch ein gutes Verhältnis zwischen Feuchtigkeit und Sauerstoff wird die Temperatur im Haufen so stark steigen, daß Unkrautsamen ihre Keimkraft verlieren. Für kleine Gärten sind verschiedene Kompostbehälter erhältlich. In größeren Gärten können Sie auch einen lockeren Haufen anlegen. Verläuft die Kompostierung gut, so haben Sie keine Probleme mit Gestank oder Ungeziefer.

Flüssige Düngung

Ziehen Sie in ein Haus mit einem Garten, der viele Jahre nicht gedüngt worden ist, so können Sie diesen Mangel schnell beheben, indem Sie von einem flüssigen Dünger Gebrauch machen, der besonders als Laubdüngung gedacht ist. Eine Pflanze kann auch Mineralstoffe über die Blätter aufnehmen. Um Verbrennung des Laubes zu vermeiden, müssen Sie sich an die vorgeschriebene Dosierung halten und dürfen nicht in der prallen Sonne spritzen. Die Fertigdüngemittel beheben auch bald einen Eisen- und Manganmangel und eventuelle andere Mängel an Spurenelementen. Diese Düngemittel werden am besten sehr fein versprüht, so daß alle Blätter der Pflanze etwas abbekommen.

Anorganische Düngemittel

Düngemittel mit nur einem Nährstoff kann man aufgrund einer Beratung, die nach der Bodenuntersuchung erfolgt, gut einsetzen. Mängel an bestimmten Stoffen werden so behoben.

Hühnerdung

Hühnerdung ist reich an Nährstoffen, kann aber die Pflanzen verbrennen. Verwenden Sie nur geringe Mengen, und lagern Sie den Mist vor Verwendung zwei Jahre ab.

Mist

Stalldünger ist nicht immer ideal. Er soll schon längere Zeit gelegen haben. Von strohreichem

Eine gute Düngung ist Voraussetzung für eine gute Ernte.

Dünger ist abzuraten, weil Stroh Stickstoff bindet, wodurch ein vorübergehender Stickstoffmangel entstehen könnte. Stalldünger beinhaltet viele Unkrautsamen; viel Jäten ist die unvermeidliche Folge. Nur für Rosen kann man ihn empfehlen, obwohl der Nährwert viel niedriger ist, als man glaubt. Eine gute Stallmistabdeckung ersetzt das Anhäufeln der Rosen als Winterschutz. Verwenden Sie alten Pferdedung, sollten Sie sich vom Hausarzt gegen Tetanus impfen lassen. Pferdedung wird unter dem Einfluß von Mikroorganismen schnell umgewandelt, wodurch viel Wärme frei wird. Gurken und anderes Gemüse gedeihen sehr gut auf einem erhöhten Beet mit Pferdemist.

Torfmull

Torfstreu und Torfmull dürfen Sie nicht als Düngemittel betrachten, aber indirekt wirken sie ähnlich. Auf armen Sandböden werden Wasser und Nährstoffe besser festgehalten, wenn eine Humusschicht da ist. Schwerer Lehmboden läßt sich dadurch besser bearbeiten. Diese Produkte erhöhen den Säuregrad und senken den pH-Wert (niedriger pH = hoher Säuregrad). Geben Sie darum auf Sandböden für die Pflanzen, die keine Säure vertragen, weniger Torfstreu oder Torfmull, auf Lehmboden mehr. Sicherheit bringt eine pH-Wert-Bestimmung.

Jeder Gemüsegärtner weiß, daß die Düngung ein wichtiger Faktor für eine gute Ernte an Gemüse und Obst ist. In einem Blumengarten ist Düngung aber genauso wichtig, damit man schöne und gesunde Pflanzen erhält.

DIE PFLEGE DES GARTENS

Lassen Sie kein hohes Gras neben dem Gemüsegarten wachsen: Viele Schnecken kriechen abends aus dem Gras in den Gemüsegarten.

Krankheiten und Schädlinge

Wir brauchen nicht ausführlich auf Krankheiten von Pflanzen einzugehen. Bevor wir versuchen, Krankheiten zu bekämpfen, ist es besser, die kranken Pflanzen zu beseitigen und über die Ursachen nachzudenken. Betrachten Sie die Krankheit als Warnung: Die Ursache befindet sich in der Umwelt der Pflanze.
– Wie steht es um die Entwässerung: Gibt es undichte Rohre?
– Ist die Bodenbeschaffenheit in Ordnung?
– Steht die Schattenpflanze nicht zu sonnig?
Denken Sie vor dem Kauf einer Pflanze über die Anforderungen nach, die sie an die Umgebung stellt. Ein guter Standort ist eine gute Grundlage für ein gutes Wachstum.

Elemente, die augenscheinlich nichts mit Krankheiten der Pflanze zu tun haben, verlangen mehr Aufmerksamkeit als die Krankheit der Pflanze selber. Zum Beispiel sind Regenwürmer nützlich: Sie graben den Boden um, wodurch eine bessere Struktur entsteht und die Pflanzenwurzeln mehr Platz bekommen. Bekämpfen Sie auch keine Ameisen: Sie erledigen die Blattläuse und kleine Raupen. Der Nutzen des Marienkäfers dürfte hinreichend bekannt sein. Nehmen Sie auch die Kröte, trotz ihres weniger attraktiven Äußeren, in Schutz! Sie ernährt sich von Schnecken, Mauerasseln und Insekten, ohne Schaden anzurichten.

Lassen Sie am Fuß eines Baumes, besonders bei Obstbäumen, kein Unkraut und Gras wachsen. Das ist oft die Ursache für Ungeziefer in Bäumen. Hohes Gras ist ein Paradies für Mäuse, die großen Schaden verursachen können, besonders an Blumenzwiebeln und Obstbaumwurzeln. Abgesehen von der Hilfe durch verschiedene Insekten ist es wichtig, gut zu düngen und zu schneiden. Die Anwendung dieser Maßnahmen erzeugt gesunde Pflanzen, so daß der Einsatz von Bekämpfungsmitteln auf ein Mindestmaß beschränkt werden kann.

> **TIP**
>
> **Biologische Bekämpfung von Kohlraupen**
> Die Kohlraupe, aus der der Kohlweißling entsteht, muß keine große Plage werden, wenn Sie die Unterseite der Kohlblätter regelmäßig auf Eier kontrollieren: Zerdrücken Sie diese einfach.
> Eine andere Möglichkeit: Pflanzen Sie neben die Kohlpflanzen Gewächse, die die Schmetterlinge nicht mögen: Tomaten und Salbei. Stellen Sie in der Saison der Schmetterlinge Töpfe mit Pfefferminze neben den Kohl – und die Schmetterlinge bleiben aus.

Verschiedene Krankheiten und Schädlinge

Bei manchen Krankheiten kann man wenig machen; sie werden nicht durch den Standort verursacht. Die Ulmenkrankheit wird durch eine Pilzart ausgelöst, die am Baum klebt. Dieser Pilz wird durch den Ulmensplintkäfer vom einen Baum auf den anderen übertragen. Dieser Käfer läßt sich nicht gut bekämpfen. Pflanzen Sie also keine Ulmen, auch nicht die oft angebotene Goldulme oder die seltene

Knospengalle an einer amerikanischen Eiche. Gallen gibt es auf allen Teilen des Baumes; man unterscheidet Wurzelgallen, Stammgallen, Astgallen, Fruchtgallen, Staubblattgallen, Blattgallen und, wie das Bild zeigt, Knospengallen.

Seite 91:
Die rote Eichengalle an der Unterseite eines Eichenblatts. Die Galle ist in ihrer Jugend glänzend hellrot, später braun. Hier sind deutlich die verschiedenen Entwicklungsstadien der Galle zu sehen.

Diese eiförmigen Galläpfel befinden sich auf den Blattnerven um Buchenblättern. Drinnen lebt eine weiße Gallmückenlarve mit der wissenschaftlichen Bezeichnung Mikiolia fagi.

Hängeulme. Wenn in einigen Jahren alle Feldulmen verschwunden sind, wird die Krankheit wahrscheinlich abnehmen, und dann können wir neue setzen.

Feuerbrand ist eine Krankheit, die besonders Pflanzen aus der Familie der Rosengewächse angreift. Birnen, *Cotoneaster*, Feuerdorn und Weißdorn haben darunter zu leiden. Ältere Weiden werden oft von Blattkrankheiten befallen. Viele tote Zweige sehen nicht sehr attraktiv aus. Pflanzen Sie also Weiden nur mit Maßen.

Der Taxuskäfer erscheint besonders auf der Eibe. In Baumschulen mit Taxus läuft immer eine Zwerghühnerschar herum, die die Larven dieses Käfers besonders gern frißt. Vielleicht wäre das auch etwas für Ihren eigenen Garten, obwohl Sie bedenken müssen, daß Hühner durch das Scharren im Boden großen Schaden verursachen können.

Krankheiten bei Rosen werden einzeln besprochen.

Der Umgang mit Schädlingsbekämpfungsmitteln

Wenn wir unsere Zuflucht zu chemischen Mitteln nehmen, so wenden wir hauptsächlich kurative (heilende) und nicht präventive (vorbeugende) Mittel an. Kurative Mittel wählen wir, wenn das Unkraut schon gewachsen ist oder wenn sich schon Läuse auf der Pflanze befinden; wir wissen dann, daß der Einsatz des Mittels notwendig war. Bei präventiven Mitteln, die wir anwenden, um Befall zu vermeiden, wissen wir das nicht. Im Handel spricht man von „Pflanzenschutzmitteln", aber damit ist das gleiche gemeint: Bekämpfungsmittel. Bei Unkrautbekämpfung kann die Dosierung oft kleiner sein, als auf der Verpackung angezeigt, vorausgesetzt, die Temperatur ist zur Zeit der Bekämpfung optimal. Natürlich darf es kurz nach einer Bekämpfung nicht regnen. Manche Mittel brauchen eine trockene Periode von sechs Stunden, andere 24 Stunden.

Morgens, wenn der Tau auf den Pflanzen liegt, soll eine höhere Konzentration eingehalten werden, denn die Feuchtigkeit auf der Pflanze senkt die Dosierung. Am besten spritzen Sie konsequent am Abend, denn dadurch werden Verbrennungserscheinungen fast ausgeschlossen. Außerdem gibt es abends oft weniger Wind. Dadurch kann der Druck auf die Spritze erhöht werden; so daß sie feiner sprüht. Dadurch verteilt sich das Mittel besser, und die Konzentration kann wieder etwas niedriger sein. Mit äußerster Sorgfalt braucht die Umwelt nicht zu sehr unter der chemischen Bekämpfung zu leiden. Selbstverständlich ist es sehr wichtig, daß alle Ratschläge auf der Verpackung

Der Maikäfer ist manchmal ein gefürchteter Gast im Garten.

äußerst genau befolgt werden. Lesen Sie diese Vorschriften deshalb vorher genau! Nach Gebrauch sollen die Mittel in einem abgeschlossenen Schrank, unerreichbar für Kinder und frostfrei, aufbewahrt werden.

Sollte trotz der Vorsichtsmaßnahmen ein Unfall passieren, melden Sie sich sofort bei einem Arzt. Vergessen Sie nicht, die Verpackung oder das Etikett mitzunehmen, worauf immer die toxikologische Gruppe steht. Gießen Sie aus diesem Grund die Mittel auch niemals in andere Behälter um, das ist auch verboten.

DIE PFLEGE DES GARTENS 93

Das Lilienhähnchen kann einen großen Schaden verursachen.

Lebt diese Pflanze noch?

Im Sommer kann man gut sehen, daß die Pflanze stirbt, wenn ihre Blätter welken. Bei Grauschimmel (zum Beispiel bei der Clematis) kann die Pflanze vom Boden aus wieder wachsen. Im Frühjahr ist man gespannt, ob ein Strauch wieder treiben wird. Manche Sträucher beginnen erst spät im Frühjahr damit, zum Beispiel *Campsis radicans* (Trompetenblume). Frisch umgepflanzte Sträucher treiben immer viel später, manchmal werden Sie sogar bis zum August Geduld haben müssen. Da gibt es nur eins: abwarten.

Wenn Sie mit ihrem Nagel über die Rinde eines jungen Zweiges kratzen, können Sie sehen, ob sich darunter eine grüne Schicht befindet. Wenn das Gewebe braun ist, dann ist der Zweig tot. Versuchen Sie jetzt das gleiche noch mal unten am Strauch. Auch nach einem strengen Winter läßt sich auf diese Art schnell kontrollieren, ob die Pflanze einen Frostschaden erlitten hat. Aber auch dann müssen Sie noch abwarten: die meisten Pflanzen werden am Boden wieder austreiben.

Ameisen nutzen Läuse als „Milchkühe". Sie haben eine deutliche Funktion. Man soll also sehr vorsichtig mit der Bekämpfung von Ameisen sein.

Heideringelraupe. Viele Tiere haben eine bestimmte Wirtspflanze, auf der sie sich am wohlsten fühlen. Obwohl die Wahrscheinlichkeit nur gering ist, kann man diese Raupe gelegentlich im Heidegarten vorfinden. Meistens lebt sie nur in größeren Heidevegetationen.

Die Raupe des Nachtpfauenauges.

Unkraut

Alle Pflanzen, die in unserem Garten nicht wachsen sollen, können wir als Unkraut betrachten. Was der eine schöne findet, kann der andere Unkraut nennen. Die sogenannten Ackerunkräuter wird fast jeder für unerwünscht halten. Unkräuter kann man gliedern in einjährige, zweijährige und ausdauernde. Letztere können ein normales Wurzelwerk oder einen Wurzelstock haben.

Sie das Frühjahr „sauber" anfangen können. Zwischen Sträuchern können Sie mit der Stoßhacke arbeiten, wobei Sie die Zwiebelgewächse schonen. Wenn Sie bei sehr trockenem Wetter mit der Stoßhacke arbeiten, so bedeutet das, daß die entfernten Pflanzen sofort austrocknen: Sie brauchen dann nicht zu harken. Unter feuchten Verhältnissen soll jedes Unkraut sorgfältig entfernt werden, weil die Pflanzen sofort wieder anwurzeln. Haben Sie irgendwann keine Zeit, sorgen Sie dafür, daß bestimmte Gewächse sich nicht aussäen können. Das machen Sie, indem Sie die Blüten und Samenanlagen pflücken: zum Beispiel bei der Riesenbalsamine, beim Wiesenkerbel, Bärenklau und der Brennessel. Von den Wurzelunkräutern sind Giersch und Quecke große Quälgeister, aber auch eine Kulturpflanze wie die Lampionpflanze kann sehr störend sein. Trotzdem brauchen Sie sich keine großen Sorgen zu machen: Mit Disziplin und vor allem Ausdauer kann man diese Pflanzen ohne chemische Mittel bald loswerden. Jäten Sie wöchentlich die oberirdischen Teile. In kleinen Gärten und zwischen Stauden können die Blätter jede Woche ausgerissen werden. Nach einem Sommer wäre das Unkrautproblem gelöst, vorausgesetzt Sie haben zu Beginn des Frühjahrs angefangen und keine Woche ausgelassen. In

Mohn wächst bei uns in der freien Natur. Wir kennen ihn als Kulturpflanze, aber er sät sich dermaßen schnell aus, daß wir ihn auch oft als Unkraut betrachten.

Bekämpfung

Zwischen Stauden, besonders in den ersten Jahren nach dem Einsetzen, soll mit der Hand gejätet werden. Machen Sie das extra spät im Jahr, so daß

Disteln werden zum Unkraut gerechnet, haben aber oft eine prächtige Blüte.

DIE PFLEGE DES GARTENS

größeren Gärten werden oft Kartoffeln angepflanzt, bevor der Garten neu angelegt wird. Weil das Kartoffelgewächs hoch und dicht ist, ersticken alle Wurzelunkräuter darunter. Einjährige Unkräuter müssen in einem Saatbeet mit der Hand entfernt werden.

Springkraut (Impatiens glandulifera) sät sich überall aus und wird von vielen Gartenbesitzern als Plage betrachtet. Wenn es irgendwo in einem benachbarten Garten Springkraut gibt, so wächst es in kurzer Zeit überall. Die Pflanze hat den Vorteil, daß ein Überschuß an Sämlingen einfach zu jäten ist. Besonders für Kinder ist es eine schöne Pflanze: Wenn sie die reifen Früchte nur kurz berühren, springt der Samen explosionsartig heraus.

Urlaub ist in dieser Hinsicht ein Problem für sich, denn einmal im Jahr Urlaub machen heißt zehn Jahre Unkraut. Sie können das Problem reduzieren, indem Sie kurz vor dem Urlaub alles Unkraut jäten und diese Handlung gleich nach dem Urlaub wiederholen.

Ökologisches Vorgehen

Die Natur frei gewähren lassen führt in einem Garten zum Chaos. Ein wenig eingreifen soll der Mensch immer: Die Vielfalt verschwindet, wenn man zu stark wachsende Pflanzen, vor allem Wurzelunkräuter, wirklich gewähren ließe. Regelmäßig sollen zu stark wachsende Pflanzen gestutzt werden; Unkräuter sind in kleinen Mengen hübsch, aber oft müssen die Samenanlagen entfernt werden, um zu verhindern, daß eine bestimmte Pflanze den ganzen Garten überwuchert.

Die gelben Gänsedisteln mit hohlen Stengeln sind einjährige Unkräuter; im Gegensatz zu den violetten Ackerdisteln und den Speerdisteln, die zweijährige Pflanzen sind.

Equisetum (Schachtelhalm) bricht beim Ausziehen leicht. Entfernen Sie auch die unterirdischen Teile. Diese Wucherpflanze wächst bevorzugt in feuchtem Boden.

Gartengeräte

Gute Geräte sind die unabdingliche Voraussetzung – nicht nur bei der Anlage, sondern auch bei der Pflege des Gartens. Manche Geräte sind gar nicht so teuer, andere kosten viel Geld. Vor der endgültigen Wahl der Geräte lohnt es sich, die typischen Anforderungen Ihres Gartens zu betrachten. Sonst besteht die Gefahr, daß Sie sich einen Mäher zulegen, der sich für Ihren Garten überhaupt nicht eignet.

Rasenmäher

Man kann drei Haupttypen unterscheiden: den Messerwalzenmäher, den Kreiselmäher (u.a. Luftkissenmäher) und den Balkenmäher. Letzterer Typ eignet sich für langes Gras auf Grünstreifen und wird in ökologisch bewirtschafteten Gärten eingesetzt. Die beiden anderen Typen gibt es als Elektromäher und als Mäher, der mit Benzin läuft (Zweitakter oder Viertakter).

Rasenmäher kann man bei verschiedenen Firmen kaufen. Das Gartenspezialgeschäft, bei dem Sie Ihren Mäher erwerben, geht von Ihrem Rasen aus. Das Rasenmäherspezialgeschäft achtet mehr auf Gediegenheit und Qualität des Motors und darauf, daß der Mäher leicht zu reparieren ist. Unbekannte Marken, zum Beispiel als Sonderangebot, verursachen später beim Service manchmal Probleme, was die Ersatzteile betrifft. Gehen Sie bei der

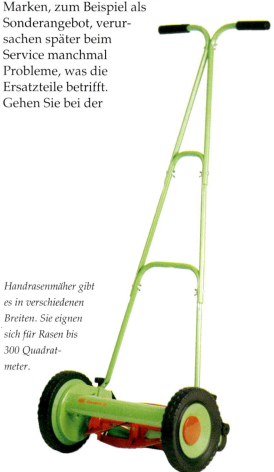

Handrasenmäher gibt es in verschiedenen Breiten. Sie eignen sich für Rasen bis 300 Quadratmeter.

Ein Graskehrwagen kann das abgemähte Gras zusammenkehren. Nach dem Mähen soll das Gras erst einige Stunden trocknen, so daß weniger Gewicht abgefahren werden muß.

Anschaffung vom Rasen und von der Häufigkeit aus, in der Sie mähen. Entscheiden Sie erst dann, ob Sie einen Benzinmotor oder einen Elektromotor wollen, einen Kreiselmäher oder einen Walzenmäher, und ob Sie laufen und den Mäher schieben wollen, oder ob Sie einen selbstfahrenden Mäher bevorzugen.

Elektromäher

Elektromäher eignen sich für Rasen mit wenig Bäumen. Rasen, die um das ganze Haus herumliegen, sind problematisch, weil man ein sehr langes Kabel braucht. Ein Erdleckschalter, der ans Stromnetz angeschlossen ist, ist notwendig als Sicherheitsmaßnahme. Es gibt außerdem im Fachgeschäft Sicherheitsschalter eigens für Rasenmäher. Die Motoren selbst sind gesichert gegen Überhitzung. Wenn die Maschine zu oft aussetzt, ist das Gras vielleicht zu lang und sie muß höher eingestellt werden. Abgesehen vom Schleifen des Messers brauchen Sie die Maschine kaum zu pflegen.

Benzinmotoren

Hier unterscheiden wir zwischen Zweitaktern, die auf Gemischschmierung laufen, und Viertaktern mit Kurbelgehäuse. Letzteres hat der Zweitakter nicht; der Brennstoff schmiert auch den Motor. Ein Ölwechsel braucht also nicht vorgenommen zu werden. Diese Maschinen können auch sehr schräge

Böschungen mähen und dürfen beim Reinigen auf die Seite gestellt werden. Nachteil besonders bei älteren Maschinen ist, daß es oft Anlaßprobleme gibt. Dadurch eignen sie sich eigentlich nur für kräftige Leute. Kaufen Sie nur einen Zweitakter, wenn Sie viele Böschungen oder Graben- und Gartenteichränder mähen müssen.

Viertakter laufen nur mit Benzin. Im Kurbelgehäuse befindet sich Öl für die Schmierung. Das hat zur Folge, daß die Maschine sich beim Reinigen nicht in einer zu schrägen Position befinden darf. Auch für schräge Böschungen eignet sich dieser Mäher also nicht. Vorteile: Das Anlassen ist einfach, und die Zündkerze verschmutzt selten. Kontrollieren Sie vor dem Mähen immer den Ölstand und füllen Sie eventuell nach. Bei einer richtigen Einstellung verursachen diese Mäher nur wenig Lärm. Folgende Typen kann man sowohl elektrisch (auch mit Batterie) wie auch als Zweitakter oder Viertakter kaufen.

Balkenmäher

Dieser Mäher eignet sich für Böschungen, Obstgärten und Rasen im Stil des 19. Jahrhunderts. Er schneidet auch längeres Gras sehr gut. Die flachschneidenden Messer mähen nur und zerschnippeln nicht. Das Gras kann zu Heu gemacht oder direkt den Tieren gefüttert werden.
Dieser Mäher eignet sich absolut nicht für die Pflege von schönem Rasen.
Man kann ihn nur mit Benzinmotor kaufen.

Luftkissenmäher

Diese Art ist besonders geeignet für Grabenränder oder Böschungen oder Rasen mit vielen Sträuchern, unter denen gemäht werden soll. Das Problem beim Anlassen von Zweitaktmotoren sollten Sie in Kauf nehmen gegenüber dem oben erwähnten Vorteil. Das Mähergebnis ist auch weniger schön. Höheneinstellung erfolgt durch das Messer mit gesonderten Ringen und ist nicht mit einer einfachen Handbewegung zu bewerkstelligen. Kinder sollten nicht damit mähen. Befestigen Sie ein Seil an der Maschine, wenn die Gefahr des Rutschens auf der Böschung besteht. Tragen Sie feste Schuhe, wenn Sie mit diesem Mäher arbeiten.

Messerwalzenmäher

Möchten Sie einen schönen Rasen, wobei während des Mähens das Gras gesammelt wird, so ist ein Messerwalzenmäher ideal. Der Mäher muß nach der Arbeit sorgfältig gereinigt werden und eignet sich nur für sehr flachen Rasen. Auch im Urlaub sollte gemäht werden: Hohes Gras kann nur schlecht gemäht werden, der Mäher fährt sich leicht fest. Mit diesem Mäher kann man herrliche Streifen

Elektro-Messerwalzenmäher für kleine Rasen bis 300 Quadratmeter. Dieser Mäher eignet sich nur für sehr flache Rasen, erzielt dort aber auch ein sehr schönes Mähresultat. Der Grasauffangkasten ist praktisch, muß aber nicht sein.

Dieser Elektro-Luftkissenmäher hat einen Mähbereich von 30 cm und eignet sich dadurch für kleine Rasen, die abschüssig oder an einer Böschung liegen. Das Mähresultat ist nicht so schön wie das mit einem Messerwalzenmäher.

im Rasen mähen, indem man hin und her fährt und keine Kreise dreht (die bekannten Streifen auf Fußballplätzen).

Kreiselmäher mit Auffangkasten auf der Rückseite, selbstfahrend. Auffangkästen auf der Seite haben den Nachteil, daß der Mäher schief zu laufen anfängt, wenn sich der Kasten füllt. Andererseits läßt sich ein Auffangkasten auf der Rückseite schwerer entfernen.

Kreiselmäher

Ein Kreiselmäher ergibt kein so schönes Resultat wie der Messerwalzenmäher. Er eignet sich für einfache Rasen, wobei das Gras grundsätzlich nicht gesammelt wird. Wenn Sie das Gras sammeln wollen, kaufen Sie einen Mäher mit einem festen Auffangkasten auf der Rückseite: Mit Seitenkästen mäht die Maschine auf weichem Boden schräg. Lose Säcke lassen sich nicht bequem leeren.
Der Kreiselmäher ist trotzdem die üblichste Maschine.

*Ein Elektro-Kreiselmäher für den kleinen Rasen. Achten Sie beim Kaufen eines Mähers immer darauf, ob sich die Höheneinstellung bequem regeln läßt.
Bei diesem Mäher werden dazu die kleinen Räder aufgedreht.*

Allgemeines

Alle Maschinen sind in verschiedenen Breiten erhältlich. Kaufen Sie die Breite, die zu Ihrem Rasen paßt. Bei der Wahl gehen Sie am besten vom Zeitaufwand für das Mähen aus. Bedenken Sie, daß eine Stunde Mähen in der Woche eine angenehme Beschäftigung sein kann. Drei Stunden werden schon zum Alltagstrott. Stimmen Sie die Größe der Maschine darauf ab. Handmäher sind, je nach Breite, geeignet für Rasen bis 250 Quadratmeter. Darüber empfehlen sich Motorgeräte. Ab 2500 Quadratmeter empfehlen sich Mäher, auf denen man sitzen kann, oder ein kleiner Gartentraktor. Mäher sind gefährliche Maschinen. Kinder sollten damit nicht umgehen, weil sie die Gefahren nicht richtig einschätzen können. Kontrollieren Sie selber auch immer, ob die Messer sich nicht mehr bewegen, bevor Sie diese mit den Händen reinigen. Zu den Messerwalzenmähern gehören auch die Handrasenmäher. Oft glaubt man, daß die Maschine „stumpf" ist, das liegt aber meistens an der falschen Einstellung. Auch alte Maschinen sollten ein singendes Geräusch produzieren. Das Standmesser und das Walzenmesser sollten sich gerade berühren. Drehen Sie den Mäher um und kontrollieren Sie mit einem festen Stück Papier, ob es mit einem glatten Rand abgeschnitten wird. Die Messer sind wahrscheinlich stumpf, wenn das Papier abgerissen statt abgeschnitten wird. Rutscht das Papier zwischen die Messer, so ist die Maschine zu leicht eingestellt. Experimentieren Sie mit den Stellschrauben, bis der Mäher wieder richtig eingestellt ist.
Die Beschaffenheit Ihres Rasens sollte bestimmen, welche Maschine Sie brauchen, nicht nur der Preis oder der jeweilige Vorrat im Geschäft.
Im Dschungel der verschiedenen Mäher nützt Ihnen diese Einführung vielleicht etwas, damit Sie die richtige Entscheidung treffen können.
Wenn Sie den Mäher gekauft haben, lassen Sie ihn immer vom Fachmann schleifen. Wenn die Messer nach dem Schleifen nicht ausgewuchtet sind, fängt der Mäher zu schwingen an, wodurch er früher Verschleißerscheinungen aufweisen wird.

Handgeräte

Um die Arbeit zu erleichtern, gibt es eine große Auswahl in verschiedenen Größen und Arten von Geräten unterschiedlicher Preisklassen. Nicht jeder Hobbygärtner braucht die gleichen Geräte. Einige Basisgeräte sind aber für jeden Garten notwendig. Kaufen Sie vor allem nicht zuviel, dafür aber gute Qualität: Die Anschaffung macht sich dann bezahlt. Auch für das Gärtnern gilt die alte Regel: Gute Geräte sind die halbe Arbeit.

DIE PFLEGE DES GARTENS

Harke (Rechen)

Der Besitz von zwei Harken ist vorteilhaft: eine schmale für die Arbeit zwischen den Stauden und eine breite für Pfade und Sträucher. Befestigen Sie nie einen beliebigen neuen Stiel an eine Harke, denn Harkenstiele sollen immer schmal und leicht federnd sein, so daß man bequem damit arbeiten kann. Wenn Sie die Harke kurz weglegen, legen Sie sie immer mit den Zacken nach unten.

Laubharke (Laubrechen)

Die leichte Bambusharke hat sich in der Praxis am besten bewährt, um gemähtes Gras zusammenzuharken. Eine breite Metallharke mit langen Zacken eignet sich für Laub und auf feinem Kies. Mit dieser Harke lassen sich auch gut Gräben bearbeiten.

Diese lose Laubharke kann an jedem Stiel befestigt werden. Harke und Stiel sind ziemlich schwer. Die Laubharke aus Bambus ist sehr beliebt. Sie nutzt sich zwar schneller ab, ist aber wesentlich billiger als eine aus Metall.

Es gibt verschiedene Kupplungssysteme für Geräte, so daß Sie Platz im Schuppen sparen. Die Einzelteile kann man leicht aufhängen. Bedenken Sie aber, daß Sie mehrere Stiele brauchen, weil bei den meisten Arbeiten mehrere Geräte beinahe gleichzeitig gebraucht werden.

Spaten

Für das Umgraben und für Ausschachtungsarbeiten sowie das Ausgraben von Sträuchern und Stauden ist der sogenannte Damenspaten gut geeignet. Achten Sie darauf, daß der Spaten scharf ist, und stechen Sie die Pflanzen immer aus. Benutzen Sie den Spaten beim Ausgraben nie als Hebel; das hält der Stiel nicht aus. Reinigen Sie den Spaten nach der Arbeit immer. Wenn das Blatt rostet, erfordert die Arbeit mehr Anstrengung als das Reinigen gekostet hätte. Wenn Ihnen das Reinigen zu mühsam ist, sollten Sie sich einen Spaten aus Edelstahl kaufen: Dieser kann draußen stehen bleiben.

Der erste Kauf für jeden Garten: ein starker Spaten.

Schaufel

Viel billiger als der Spaten ist die Schaufel; sie ist für das Schaufeln von Sand und Gartenabfällen gedacht. Für die Arbeit im Boden eignet sie sich nicht. Die Stiele haben eine unterschiedliche Länge: Testen Sie, bevor Sie kaufen, welcher Stiel Ihnen am besten gefällt.

Hacke

Die Stoßhacke oder Schuffel wird in Holland gerne gekauft. In Deutschland sind Schlag- und Ziehhacken bekannter. Geschmiedete Hacken sind schwer, aber lange haltbar. Allerdings müssen sie immer wieder geschärft werden. Moderne Edelstahlhacken sind meist selbstschärfend und erleichtern somit die Arbeit.

Kultivator

Den Kultivator gibt es in einer dreizackigen und vierzackigen Ausführung an einem kurzen Stiel. Die erste ist für schweren Boden gedacht. Mit dem geraden Rücken können Sie schnell die Erde lockern, so daß keimendes Unkraut austrocknet. Es ist ein ideales Gerät, um den Garten frei von Unkraut zu halten. Benutzen Sie den Kultivator also, wenn es noch kein Unkraut gibt und diese Arbeit noch sinnlos erscheint. So können Sie sich mit wenig Aufwand viel Arbeit sparen.

Rasenkantenschneider

Eine Schere mit langem Stiel, die sogenannte englische Rasenschere, eignet sich am besten. Mit geradem Rücken können Sie damit die Kanten schneiden. Die Rasenkante soll gerade verlaufen. Falsche Anwendung hat dazu beigetragen, daß diese Schere nur noch selten eingesetzt wird. Voraussetzung für den Gebrauch ist, daß die Rasenkanten zweimal im Jahr abgestochen werden.

Diese Handschere hat eine aufladbare Batterie und eignet sich für Rasenkanten an einer Mauer. Graskanten neben einer Rabatte lassen sich leichter mit einer Handschere mit langen Griffen schneiden, so daß Sie die Arbeit im Stehen machen können.

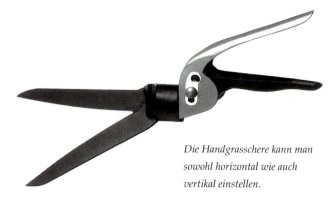

Die Handgrasschere kann man sowohl horizontal wie auch vertikal einstellen.

Die linke Hand sollte sich nicht bewegen, nur mit der rechten sollen Sie schneiden. Wenn Sie vorher ein wenig üben, wird Ihnen die Schere gute Dienste leisten. Eine kleinere Handschere wirkt ermüdend und eignet sich eher für kleinere Rasen.

Heckenscheren gibt es in verschiedenen Größen.

Heckenschere

Eine gute Handschere arbeitet schneller als eine elektrische Heckenschere. Bedenken Sie, daß das Auf- und Abspulen viel Zeit in Anspruch nimmt. Auch das Reinigen einer Handschere geht relativ schnell. Gerades Schneiden ist eine Kunst, die man nicht aus einem Buch lernen kann. Schauen Sie, während Sie schneiden, nicht auf die Stelle, wo Sie schneiden, sondern sehen Sie die Hecke entlang, um die lange, gerade Linie einzuhalten. Wenn die Hecke schon hundertprozentig gerade ist, so können Sie am alten Holz erkennen, wie weit Sie schneiden dürfen.

Denken Sie beim Beschneiden einer Hecke nicht sofort an eine elektrische Heckenschere. Bei einer kleinen Hecke kostet das Auf- und Abspulen der Schnur mehr Zeit als das ganze Schneiden. Auch das Reinigen der elektrischen Schere ist wesentlich aufwendiger.

Kleine Geräte

Gartenkellen gibt es in verschiedenen Breiten; die schmale ist besser, wenn viele Blumenzwiebeln im Boden sind. Jeder Gärtner hat so seine eigenen Methoden: Der eine benutzt beim Jäten lieber eine Schuffel (Stoßhacke), der andere eine kleine Gabel, einen Dreizack, einen Kultivator oder eine Schlaghacke. Handgeräte lassen sich im Garten nur schlecht wiederfinden, vor allem, wenn sie einen grünen Griff haben. Orange oder Rot kann man besser sehen: Sie verlieren Ihre Gartenkelle nicht mehr, und der Rasenmäher erleidet keinen Schaden durch ein unsichtbares, im Gras liegendes Werkzeug.

Hochdruckspritze

Eine Hochdruckspritze kann man zur Bekämpfung von Unkraut und zum Schutz von Gewächsen verwenden. Sie eignet sich aber auch gegen Algenwuchs am Haus und auf der Terrasse und für Laubdüngung mit flüssigem Dünger. Reinigen Sie die Hochdruckspritze immer sofort nach Gebrauch! Bei Wind dürfen Sie nicht spritzen. Bei niedrigerem Druck entsteht ein größerer Tropfen, der weniger weit verweht. Bei höherem Druck ist die Versprühung besser, so daß die ganze Pflanze bespritzt wird. Nach Anwendung von chemischen Mitteln müssen Sie sich immer die Hände waschen.

Schubkarren

Schubkarren, die von Bauarbeitern benutzt werden, sind die besten. Versuchen Sie, ob Sie den Schubkarren aufrecht hinstellen können. Dadurch nimmt er weniger Platz in Anspruch.

Baumschere

Auch für Anfänger: kaufen Sie eine professionelle Baumschere, die es auch in einer Sonderausführung für Linkshänder gibt. Damit ist das Stutzen ein reines Vergnügen. Die sogenannte Amboßschere mit nur einem schneidenden Messer eignet sich für dickere Äste nicht so gut.

Stutzsäge

Eine kleine Stutzsäge eignet sich ausgezeichnet für Sträucher oder dünne Äste. Kaufen Sie keine Säge mit einem Kunststoffgriff: Man schneidet oft in der kalten Jahreszeit – gerade dann bricht Kunststoff leicht.

Astschere

Das ist eine Schere mit langem Stiel, manchmal in einer Ausführung mit doppelter Hebelwirkung, mit einem Stiel aus Holz oder Aluminium. Zusammen mit einer Baumschere und einer Stutzsäge ist die Astschere auch in einem kleinen Garten beim Schneiden unentbehrlich.

Astschere mit Amboß.

Gartenschlauch/Gießkanne

Messen Sie zuerst, bevor Sie einen Gartenschlauch kaufen. Das Aufspulen von Schläuchen ist eine unangenehme Arbeit, also je kürzer er ist, desto handlicher ist er. Gute Kupplungsteile erleichtern das An- und Abkuppeln des Schlauches. Eine Schlauchrolle verlängert die Lebensdauer. Gießkannen gibt es in unterschiedlichen Größen aus Metall oder Kunststoff. Für die Bewässerung von neu eingesäten Beeten sind besondere Zubehörteile zu kaufen, so daß die Samen nicht durch den harten Strahl aus dem Boden gespült werden.

Eine Spule verlängert die Lebensdauer Ihres Gartenschlauches. Kaufen Sie den Gartenschlauch in einer Länge, die Sie auch wirklich brauchen. Es hat keinen Zweck einen längeren Schlauch zu wählen. Damit bereiten Sie sich nur mehr Arbeit.

Bindematerial

Bei den Geräten soll auch immer etwas Bindematerial liegen. Bast und einige Sorten Draht gehören zur Standardausstattung.

Heckenscheren gibt es in verschiedenen Ausführungen. Erkundigen Sie sich bei Freunden und Bekannten nach der Sorte, die ihnen gefällt und enscheiden Sie dann, welchen Typ Sie kaufen.

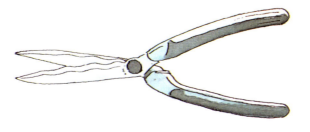

DIE PFLEGE DES GARTENS

Verlegen Sie die Rasensoden so hoch, daß Sie über den Rand mähen können.

Der Rasen

Die Vorbereitung

Die Anlage eines Rasens erfordert viel Vorbereitung, vor allem vorherige Bodenbearbeitung. Wird ein Rasen auch als Durchgang benutzt, so ist oft eine Dränage notwendig. Nach den intensiven Erdarbeiten folgt die Wahl der Grassamensorte.

Soden legen oder Säen

Wann säen Sie und wann verwenden Sie Soden? Wichtig ist u. a., in welcher Zeit Sie säen wollen. Die ideale Saatzeit ist im Juli/August, aber zwischen Mitte April und Mitte Oktober kann immer gut gesät werden. In der idealen Saatzeit sollten Sie keine Soden verwenden. In kurzer Zeit erzielen Sie mit Säen das gleiche Resultat.

Beim Säen im Frühjahr und im Herbst spielen auch andere Faktoren eine Rolle. In kleinen Gärten verwenden Sie in dieser Periode besser Soden. Bei etwas größeren Gärten hängt es davon ab, ob Kinder und Hunde gleich darauf spielen werden. In diesem Fall sollten Sie Soden bevorzugen. Auch wenn es viele Katzen in der Nachbarschaft gibt, die gerne Ihren Garten besuchen und so die Saat zerstören könnten, empfehlen sich Soden.

Den Kostenfaktor können Sie bei der Entscheidung ebenfalls als wichtig betrachten: Bedenken Sie, daß Sie bei den Soden für einen geringen Zeitgewinn viel mehr bezahlen müssen. Nach einigen Monaten können Sie den Unterschied zwischen gesätem Gras und Soden (Rollrasen) überhaupt nicht mehr erkennen.

Ein Messerwalzenmäher garantiert das schönste Mähresultat. An den Streifen kann man erkennen, daß auf diesem Rasen dieser Mähertyp verwendet wurde.

Rasensoden (Rollrasen) werden auf Paletten angefahren. Bei warmem Wetter kann in den aufgeschichteten Soden innerhalb weniger Stunden Gärung entstehen. Wenn Sie die Soden nicht sofort verarbeiten können, legen Sie am besten die Rollen auseinander. Wenn Sie die Rollen zwei oder mehr Tage liegen lassen, müssen Sie sie aufrollen.

Die Vorbereitungen für das Einsäen

Die Vorbereitungen für das Einsäen und das Einsetzen von Soden sind gleich. Zuerst müssen Sie den Boden gut umgraben und einige Tage ruhen lassen. Dann harken Sie ihn flach und walzen ihn. Beim Ankauf von Samen oder Soden kann man meistens im Gartencenter eine Gartenwalze leihen oder mieten. Zu Hause füllen Sie die Walze mit Wasser auf. Mit einer ganz gefüllten Walze arbeitet es sich leichter. An der Bewegung der Walze spüren Sie sofort, ob die einzusäende Oberfläche schon eben genug ist. Ein ebener Rasen ist für das Mähen sehr wichtig. Die Anstrengung beim Anlegen macht sich so später wieder bezahlt.

Eine Rabatte im Schatten mit Graspfaden. Schaffen Sie immer einige Durchblicke.

Wenn Sie sich hinknien, können Sie gut erkennen, wo noch Erde aufgetragen oder abgenommen werden muß. Auch Fachleute müssen mindestens dreimal harken und walzen. Nachdem Sie zum letzten Mal gewalzt haben, können Sie einsäen. Machen Sie das abends, wenn sich der Wind gelegt hat.

Bei Wind säen Sie am besten mit einem Säkarren (einer kleinen Sämaschine): Je nach Rasenmischung benötigen Sie 15 bis 45 g pro Quadratmeter. Sorgen Sie dafür, daß Sie noch ein wenig Saatgut übrigbehalten, damit Sie später eventuell noch nachsäen können. Nach dem Einsäen müssen Sie vorsichtig einharken. Wenn Sie dann noch einmal walzen, wird der Boden weniger schnell austrocknen.

Unkrautsamen treibt schneller als Grassamen. Im Fachgeschäft gibt es verschiedene Mittel, mit denen man diese (einjährigen) Unkräuter bekämpfen kann. Bedenken Sie aber, daß diese Unkräuter nach zweimaligem Mähen sowieso ganz verschwinden. Mehrjährige Unkräuter treten am Anfang noch nicht auf. Bekämpfen kann man sie mit einem kleinen Küchenmesser.

TIP

Natursteinplatten
Das Pflastern sollten Sie dem Steinsetzer überlassen. Er weiß, wo er anfangen muß und in welcher Richtung das Wasser ablaufen soll. Natursteinplatten als Trittsteine in einem Beet oder Rasen können Sie selbst verlegen. Nur Pfade, die man nicht unter allen Witterungsverhältnissen betritt, sollten Sie mit Natursteinplatten verlegen, denn besonders im Schatten werden sie durch Algenwuchs spiegelglatt.

Das Verlegen von Natursteinplatten
Spannen Sie auf beiden Seiten des zu gestaltenden Pfades eine Schnur, womit die Höhe der Oberseite des Pfades angezeigt wird. Die Platten sollen entweder waagerecht liegen oder abschüssig in einer Linie. Wenn das Gelände zu steil abfällt, konstruieren Sie eine Treppe. Ein Problem von Naturstein ist, daß die Platten nicht gleich dick sind. Legen Sie unter jede Platte eine Sandschicht von 10 cm. Wenn Sie unter der Mitte der Platte ein wenig Sand entfernen, kann sie nicht wackeln. Verlegen Sie Natursteinplatten im Rasen immer niedriger als den Rasen. Der Rasenmäher mäht einfach darüber hinweg, und man muß keine Kanten schneiden.

DIE PFLEGE DES GARTENS

Im Schatten und an feuchten Stellen bildet sich oft Moos im Rasen. Manchmal ist es möglich, das Gras zu entfernen und einen Moosteppich übrigzubehalten.

Je ärmer der Boden ist, um so mehr Blütenreichtum wird entstehen. Weil die ganze Vegetation nach dem Mähen zusammengeharkt werden soll, macht eine Blumenwiese genausoviel Arbeit wie ein traditioneller Rasen. Es gibt Perioden, in denen der Teppich herrlich bunt ist, und andere, in denen er ziemlich langweilig aussieht.

Der blütenreiche Rasen

Einen blütenreichen Rasen erhalten Sie, wenn Sie ihn nur einige Male im Jahr mähen. Wenn man durch einen solchen Rasen läuft, hinterläßt man häßliche Spuren. Vorzugsweise sollten also Pfade angelegt werden. Mähen Sie zum ersten Mal Mitte Juni, wenn die Hauptblüte der Pflanzen vorbei ist. Das Heu sollte mit der Harke ganz entfernt werden. Mitte September sollte dann zum zweiten Mal gemäht werden. Düngemittel dürfen Sie im Blumenrasen nicht anwenden. Bei der Anlage können Sie Gräser, die keine Horste bilden, und ein Blumengemisch einsäen.

Ein Pfad soll nie die Grenze zwischen einer Rabatte und dem Rasen bilden. Der Rasen auf der einen Seite oder einige Stauden auf der anderen Seite sollten sich wiederholen. Ein Pfad wirkt einladender, wenn er sich irgendwo zwischendurchschlängelt.

Narzissenwiese in den Wisley Gardens in London. Dieser blütenreiche Rasen darf nicht zu früh gemäht werden: Das Laub der Narzissen sollte erst ganz eingegangen sein.

TIP

Sträucher mit goldenem und gelbem Blatt

Alnus incana 'Aurea'
Cornus alba 'Aurea'
Corylus avellana 'Aurea'
Euonymus japonica 'Ovatus aurens'
Gleditsia triacanthos 'Sunburst'
Ilex aquifolium 'Flavescens'
Laburnum anagyroides 'Aureum'
Robinia pseudoacacia 'Frisia'
Ligustrum ovalifolium 'Vicaryi'
Philadelphus coronarius 'Aurens'
Ribes alpinum 'Aureum'
Sambucus canadensis 'Aurea'
Viburnum opulus 'Aureum'
Weigela 'Looymansii Aurea'

Die gelben Blätter kommen noch besser zur Geltung, wenn diese Sträucher in der prallen Sonne stehen. Je schattenreicher der Standort, um so grüner das Laub. Darum ist es nicht sinnvoll, einen dieser Sträucher ganz in den Schatten zu stellen. Wenn die Sträucher keine gelben Blätter tragen, sind sie kaum von ihren grünblättrigen Artgenossen zu unterscheiden.

DIE PFLEGE DES GARTENS

Der Garten „Great Dixter" des Gartenbuchautors Christopher Lloyd. Der Rasen ist auf mehreren Niveaus angelegt.

Säen

Der Samen von Pflanzen kann sich sehr unterschiedlich verhalten. Eine Pflanzenart geht schnell auf, bei der anderen dauert es manchmal drei bis vier Wochen. Wichtig sind Keimkraft und Sortenreinheit. Eine gute Keimkraft hängt vom Alter und der richtigen Aufbewahrung des Saatguts ab. Kaufen Sie immer frisches Saatgut, und lagern Sie es kühl und trocken. Manche Stauden keimen auch bei kaltem Wetter (zum Beispiel Anemonen). Einjährige Pflanzen keimen am besten bei einer Temperatur über +10 °C. Anfang des Frühjahrs, wenn die Luftfeuchtigkeit sehr niedrig ist, sollte man ein altes Bettuch, einen Jutesack oder Kulturvlies über das Samenbeet legen. Der Boden wird dann weniger schnell austrocknen. Natürlich soll diese Abdeckung gleich nach dem Keimen wieder entfernt werden.

Saattiefe

Samen des Wunderbaums (*Ricinus communis*) wiegen etwa ein Gramm pro Stück, während ein Gramm Begoniensamen mehr als 50 000 Samenkörner sind. Die Aussaat dieser Gewächse verläuft sehr unterschiedlich. Faustregel ist, daß das Saatgut so tief gesät werden soll, wie es groß ist. Sehr feines Saatgut streuen Sie auf den Boden und bedecken es mit ein wenig feinem Sand. Dann drücken Sie alles fest. Größere Samen werden am besten in Topferde gesät, die auf den Boden aufgebracht wurde. Drücken Sie die Erde fest, damit sie feucht bleibt! Wenn die Pflanzen aufgehen, sollte schon bald

Viele Samen brauchen eine kalte Periode, um gut keimen zu können. Man nennt das „Stratifizieren". Unter natürlichen Umständen sorgt das Wetter für diesen Prozeß.

Auch für die Kinder ist es schön, einmal eine Kastanienfrucht keimen zu lassen. Legen Sie die Kastanien erst einige Wochen in den Kühlschrank; sie werden dann schneller keimen.

blühen dadurch früher. Wenn die Pflanzen aufgegangen sind, werden sie bei Sonnenschein tagsüber an der Luft abgehärtet. Die Temperaturen können stark schwanken. Wenn Nachtfrost zu erwarten ist, wird der Kasten mit Rohrmatten überdeckt. Mischen Sie die Erde mit Torfmull und feinem Sand, bevor Sie aussäen. Nach einigen Wochen können die Pflanzen pikiert werden, wenn Sie nicht sofort in Torf-Töpfe säen und später die Töpfe nur etwas weiter auseinander stellen. Säen Sie mehrere Samen in einen Topf. Sie müssen den kalten Kasten täglich kontrollieren: morgens vor Sonne schützen und lüften und abends schließen und vor Nachtfrost schützen.

Säen im Gewächshaus

Wer ein Gewächshaus besitzt, kann schon ab Februar aussäen. Auf dem Fensterbrett können Sie das gleiche erreichen. Bedenken Sie aber, daß die Pflanzen im April tagsüber draußen stehen sollen. Gießen Sie vorzugsweise nur morgens und tagsüber: Durch die niedrige Temperatur nachts nimmt die Luftfeuchtigkeit stark zu und Kondenswasser kann bald Schimmelkrankheiten verursachen. Die Luftfeuchtigkeit ist im Frühjahr niedrig; im Sommer ist sie viel höher. Wenn die Bodenplatten im Gewächshaus morgens trocken sind, müssen Sie gießen.

ausgedünnt werden. Anfänger säen immer zu viel, aber auch Fortgeschrittene müssen ausdünnen. Machen Sie das rechtzeitig, sonst „strecken" die Pflanzen sich zu stark, und die Gefahr von Bothrytis, einer Schimmelkrankheit ist größer. Säen im Freien ist ab Mitte April möglich.

Säen unter Glas

In einem kalten Kasten im Freien kann ab Ende März ausgesät werden. Die einjährigen Pflanzen

Krankheiten bei einjährigen Pflanzen

Weil immer mehr resistente Arten gezüchtet werden, gibt es bei einjährigen Pflanzen kaum Krankheiten. Schimmelkrankheiten findet man eher auf

Wenn die Bucheckern gefallen sind, bleiben die Samenkapseln noch einige Zeit am Baum. Die lange spitze Knospe, woran man den Buchenast erkennen kann, hat sich schon wieder gebildet.

DIE PFLEGE DES GARTENS

jungen Pflanzen, die neu ausgesät wurden. Gibt es trotzdem Probleme, so ist die Ursache meistens zu feuchte Erde oder ein falscher Standort. Greifen Sie nie zur Sprühdose, sondern versuchen Sie im folgenden Jahr die Bodenzusammensetzung und den Standort zu ändern.

Aussaat durch Kinder

Kindern bereitet es meist großes Vergnügen, Pflanzen auszusäen. Ein Mißerfolg beim ersten Mal kann die Begeisterung allerdings schlagartig dämpfen. Betreuung durch die Eltern und auch die Wahl des Saatguts ist wichtig. Einige Tips für Samen, die fast immer aufgehen und nicht giftig sind, finden Sie unten. All diese Samen können im Freien ausgesät werden, je nach Art zwischen Mitte April und Mitte Mai:

Borago officinalis (Boretsch)
Calendula officinalis (Ringelblume)
Centaurea cyanus (Kornblume)
Clarkia unguiculata (Mandelröschen)
Cosmos bipinnatus (Schmuckkörbchen)
Eschscholzia californica (Goldmohn)
Helipterum roseum (Sonnenflügel)
Impatiens balsamina (Balsamine)
Lathyrus odoratus (Edelwicke)
Nigella damascena (Jungfer im Grünen, Schwarzkümmel)
Papaver rhoeas (Klatschmohn)
Phacaelia tanacetifolia (Phacelie)
Portulaca grandiflora (Portulak)
Tropaeolum (Kapuzinerkresse)
Zea mays (Mais)

Mit dieser Pflanzenliste lassen sich alle Farbschattierungen erzeugen, und das Einsäen ist nicht

Tropaeolum (Kapuzinerkresse) wird meistens als gemischtes Saatgut geliefert. Kapuzinerkresse ist eine dankbare Pflanze für Kinder.

Nigella damascena nennt man die Jungfer im Grünen. Diese Pflanze gibt es auch in rosafarbenen und weißen Tönen. Die Samenkapseln können Sie für Trockenblumensträuße verwenden.

Eschscholzia stammt aus den trockenen Ebenen und aus Mittel-Chile. Sie ist eine der Pflanzen, die von Kindern ausgezeichnet gesät werden können. Denken Sie dabei an den natürlichen Standort: trocken und sonnig.

schwer. Es ist am leichtesten in Reihen zu säen: Unkraut ist dann gut zu erkennen und zu jäten. Die meisten Pflanzen kann man schlecht auspflanzen; nur ausdünnen reicht aber.

Andere Methoden der Vermehrung

Nicht nur durch Samen, sondern auch durch Teilung, Stecklinge und Ableger kann man Ziergewächse einfach vermehren. Pfropfen und Okulieren sind andere Methoden, die schon seit dem Mittelalter angewandt werden, die aber Erfahrung erfordern. Im Gegensatz zum Einsäen nennt man das vegetative Vermehrung. Beim Säen bekommen wir neue Generationen, die sich von den Eltern unterscheiden. Bei den anderen Methoden vermehren wir das Elternteil selber und erhalten erbgleiche Pflanzen. Alle Stecklinge stammen zum Beispiel ursprünglich von einer Pflanze: Die jungen Pflanzen sind also eigentlich noch immer die gleiche Pflanze, und unter denselben Bedingungen sehen sie sich auch ähnlich.

Selber vermehren

Viele Pflanzen können Sie selbst durch Teilung, Stecklinge, Ableger usw. vermehren. Vorher müssen Sie nur untersuchen, ob die betreffende Pflanze nicht auf die Unterlage gepfropft wurde. Bei einem Flieder zum Beispiel ist es sehr gut möglich,

Pflanzen mit Ausläufern lassen sich am leichtesten vermehren. Die Pflanzen, die schon Wurzeln geschlagen haben, können gleich wieder eingesetzt werden.

Narbe und Fruchtknoten der Tulpe. Im Juni reifen die Samen heran, wenn die Bestäubung gelungen ist.

Ausläufer aus dem Boden abzustechen und umzupflanzen. Das ist allerdings mit einem Nachteil verbunden, denn aus dem Boden erscheinen nur die Ausläufer der Unterlage. Diese blüht mit fahlblauen einzelnen Blüten. Sie werden daran wenig Spaß haben. Einen Flieder zu pfropfen ist eine typische Arbeit für einen Gärtner. Das ist auch der Grund dafür, daß ein Flieder fast fünfmal so teuer wie ein Ribesstrauch ist. Letzterer kann einfach mit Stecklingen und Ablegern vermehrt werden. Geht es um eine große Gruppe, so lohnt sich das bestimmt, vor allem, wenn Sie eine lange Hecke damit anlegen wollen. Der Unterschied beträgt etwa zwei Jahre in der Entwicklung zwischen einer Pflanze, die Sie beim Züchter gekauft haben, und einem Exemplar, das Sie selber aus einem Steckling gezogen haben. Kleine Mengen kaufen Sie also am besten beim Gärtner. Im all-

Zwei Methoden der Vermehrung durch Ableger: Sie können einen Zweig hinunterbiegen und ihn, zum Beispiel mit einer Krampe, an der Erde befestigen, oder Sie können einen Stein darauflegen. Der fortwährende Kontakt zur Erde ist wichtig.

gemeinen lassen sich gerade die billigsten Pflanzen am leichtesten vermehren. Eine große Kosteneinsparung erreichen Sie dadurch also nicht, aber Sie haben bestimmt mehr Spaß am Garten.

Vermehrung durch Stecklinge: allgemeine Richtlinien

Am besten schneiden Sie Stecklinge von etwa 15 cm. Entfernen Sie die unteren Blätter, und halbieren Sie die restlichen Blätter. Dadurch nimmt die Verdunstung ab. Wurzeln für die Wasseraufnahme gibt es ja noch nicht. Stecken Sie sie in Sandboden, zum Beispiel Topferde mit scharfem Sand gemischt. Im Fachgeschäft gibt es verschiedene Arten von Pulver eigens für verholzte und krautartige Stecklinge. Sie können auch Baby-Talkumpuder verwenden, es hat eine desinfizierende Wirkung (aber es fördert nicht die Wurzelbildung wie die Stecklingspulver). Tauchen Sie den Steckling 2 cm tief ein und klopfen Sie ihn auf dem Rand ab. Stecken Sie ihn gleich in die Erde, und drücken Sie ihn kurz fest. Wenn Sie nicht sicher sind, was für einen Steckling Sie nehmen müssen, versuchen Sie es mit den ausgereifteren, oder mit den krautartigen Teilen derselben Pflanze. Stecklinge von Zimmerpflanzen müssen nicht immer Stecklinge vom Stengel sein. Der Streptocarpus, das Usambaraveilchen und die Begonie lassen sich zum Beispiel ausgezeichnet durch Blattstecklinge vermehren.

Die Vermehrung des Buxus durch Stecklinge

Für Hecken brauchen Sie sehr viele Buxuspflanzen. Wenn Sie selber vermehren, sparen Sie viel Geld. Sie sollten aber berücksichtigen, daß der Buxussteckling lange Zeit braucht: Alles in allem dauert es zwei Jahre, bis der Steckling an der gewünschten Stelle eingesetzt werden kann.
Beim Schneiden der Buxusstecklinge ist es wichtig, daß Sie sich merken, von welcher Pflanze Sie sie geschnitten haben, weil es sehr große Unterschiede zwischen den Pflanzen geben kann. Wenn Sie die Pflanzen für eine straffe Hecke benutzen wollen, ist Gleichförmigkeit eine wichtige Voraussetzung. In diesem Fall sollten die Stecklinge aus nur einer Mutterpflanze geschnitten werden. Pflanzen Sie einige Stecklinge zusammen in ein Erdgemisch aus Humus und scharfem Sand. Eine schattige Stelle ist zu bevorzugen, weil die Stecklinge dort weniger schnell austrocknen. Man kann die Stecklinge im Frühjahr schneiden, aber auch im August/September. Es dauert ein Jahr, bis die Stecklinge Wurzeln geschlagen haben. Nach diesem Jahr können die Pflanzen in ein Frühbeet gepflanzt werden. Nach einem weiteren Jahr bekommen sie ihren endgültigen Platz in der Hecke. Nur wenige Leute wissen, daß diese kleinen Pflanzen in luftfeuchten Klimagebieten zu sehr großen Sträuchern mit dicken Stämmen auswachsen können. Eine Höhe von etwa 4 m ist dort keine Seltenheit.

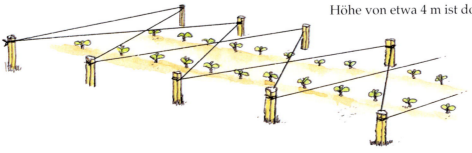

Um Vögel fernzuhalten, können Sie Maschendraht über das Saatbeet spannen.

DIE PFLEGE DES GARTENS

Um Verdunstung zu verhindern, können Sie Stecklingen, die nur schwer Wurzeln schlagen, helfen, indem Sie eine Plastiktüte um den Topf binden.

Teilung

Teilung ist meistens bei Stauden und bei manchen Sträuchern (botanischen Rosen, Sorbaria u. a.) möglich, aber auch bei botanischen Zwiebeln wie Schneeglöckchen und Krokussen. Stechen Sie einen Wurzelballen mit Stauden aus der Erde, und teilen Sie diesen. Wenn die Wurzeln nicht beschädigt werden, kann die halbierte Pflanze vielleicht nochmals geteilt werden. Staudenbeete sollen alle drei Jahre ausgeglichtet werden, wobei zu groß gewachsene Pflanzen wieder auf die von Ihnen gewünschte Größe reduziert werden. Auch der Boden kann wieder mit Komposterde, Stalldünger oder anderem organischen Dünger verbessert werden.

Vermehrung durch „Abmoosen"

Meistens wird diese Methode bei Zimmerpflanzen, die unten zum Verkahlen neigen (zum Beispiel beim Gummibaum), angewandt. An der Stelle, an der die Pflanze neue Wurzeln treiben soll, machen Sie mit einem Messer einen kleinen Einschnitt. Die Stelle bestäuben Sie mit ein wenig Wurzelhormonpulver und stopfen sie mit einer Handvoll Moos aus, das Sie gut zubinden. Dafür benutzen Sie dünnen Bindfaden. Sorgen Sie dafür, daß das Moos schön feucht ist. Dann umwickeln Sie die Stelle mit einer Klarsichtfolie, die Sie ober- und unterhalb des Schlitzes zubinden. Nach etwa einem Monat haben sich über dem Einschnitt genügend Wurzeln entwickelt. Jetzt können Sie den „Steckling" eintopfen.

Vermehrung durch Ableger

Vermehrung durch Ableger ist eine einfache Methode, die bei den meisten Sträuchern gut funktioniert. Auch bei Baumheide und Rhododendron ist dies für den Hobbygärtner die beste Möglichkeit.

Nehmen wir als Beispiel den Hartriegel. Dieser

Ein Avocadokern eignet sich für ein hübsches Experiment, das auch Kindern gefallen wird. Bohren Sie mit einem Schraubenzieher oder einer Scherenspitze drei Löcher in den Kern und stecken Sie Streichhölzer oder Zahnstocher hinein. Hängen Sie dann den Kern mit der stumpfen Seite unten in ein Glas Wasser. Der Kern wird Wurzeln schlagen und kann dann gepflanzt werden.

Strauch hat von sich aus schon Zweige, die zum Boden hinunterhängen. Dabei reicht es, ein wenig Erde auf einen solchen Zweig zu legen. An der Stelle, wo ein Teil des Zweiges einen bleibenden Kontakt zum Boden hat, entstehen neue Wurzeln.

Bei anderen Sträuchern müssen die Zweige hintergebogen werden. Dabei können Sie einen Haken aus Eisendraht oder aus einem Stock machen, so daß der Zweig nicht wieder hochfedert (siehe Abbildung auf Seite 109). Nach einem Jahr, wenn sich genug Wurzeln entwickelt haben,

Bei einer Pflanze wie Schnittlauch kann die ganze Pflanze ausgestochen und dann geteilt werden. Teilen Sie die Pflanze in so viele Teile, wie Sie neue Pflanzen brauchen.

Die Phacaelia ist eine der besten Bienenpflanzen. Dieses Gewächs kann man gleich an der gewünschten Stelle aussäen. Es ist nicht nur eine schöne Pflanze zum Aussäen durch Kinder, auch die vielen angelockten Bienen sind attraktiv.

schneiden Sie die junge Pflanze von der Mutterpflanze ab und können umpflanzen.

Andere Methoden

Züchter machen oft noch von anderen Methoden Gebrauch. Veredeln nennt man diese Art von vegetativer Vermehrung. Flieder und Hibiskus werden gepfropft. Rosen und Obstbäume werden meist okuliert. Pfropfen ist für manche Hobbygärtner die schwerste Methode der Vermehrung. Wer sie ausprobieren will, sollte sich ein Buch kaufen, das sich nur mit diesem Thema beschäftigt. Diese Methode verlangt so viele Kenntnisse, daß man sie nicht in Kurzform darstellen kann. Gepfropfte Pflanzen sind beim Ankauf viel teurer als gesäte oder aus Stecklingen gezogene, weil das Pfropfen ein arbeitsintensives Verfahren ist, bei dem viele Versuche scheitern – auch bei Fachleuten.

Das Prinzip des Pfropfens ist, daß eine Pflanze auf den Stamm einer anderen übertragen wird. Als Unterlage dient meistens die wilde Form der Kulturpflanze, die darauf gepfropft wird. Ziel des Pfropfens ist es, größere Blüten und bessere Früchte zu entwickeln.

Achten Sie bei Gartensträuchern darauf, daß die Unterlagen ab und zu doch noch treiben: Bei Rosen sprechen wir dann von Wildwuchs. Wenn Sie kultivierten Flieder auf die wilden, hellblau blühenden Formen gepfropft haben, sollten Sie den Wildwuchs entfernen. Eine Pflanze mit viel Wildwuchs ist die immergrüne Ölweide (*Eleagnus ebbingei*). Diese Pflanze ist auf den laubabwerfenden *Eleagnus angustifolia* gepfropft worden. Den Unterschied kann man im Winter gut erkennen.

TIP

Sträucher mit hängenden Zweigen

Trauerbäume haben eine bestimmte Höhe, je nach der Stelle, wo sie gepfropft wurden. Die Höhe ändert sich nie, die Zweige wachsen nur herunter. Die Pflanzen bleiben etwa so hoch, wie sie gekauft werden, meistens werden sie nur etwas breiter.

Einige Beispiele:
Caragana arborescens 'Pendula'
Corylus avellana 'Pendula'
Cotoneaster hybr. 'Pendulus'
Laburnum alpinum 'Pendulum'
Morus alba 'Pendula'
Salix capraea 'Pendula'
Salix purpurea 'Pendula'

Diese Pflanzen eignen sich vorzüglich für Töpfe. Nehmen Sie einen Topf mit einer breiten Basis, sonst fallen die Pflanzen bald um. Wählen Sie zwei von derselben Sorte, weil symmetrisch aufgestellte Pflanzen Ruhe ausstrahlen. Sie können zum Beispiel zwei Pflanzen auf beide Seiten eines Zaunes oder einer Gartenbank stellen. Es sieht auch hübsch aus, wenn Sie ein Viereck oder ein Rechteck gestalten, indem Sie vier Töpfe auf die Ecken stellen.

4 Verschiedene Pflanzenarten und ihre Verwendungsmöglichkeiten

Wer hat noch nie mit Bewunderung vor einem Haus gestanden, das wunderschön mit Kletterpflanzen bewachsen war? Kletterpflanzen, die in vielen Fällen auch als Hängepflanze benutzt werden können, sorgen in jedem Garten für Abwechslung.

Eine ganz besondere Gruppe bilden die giftigen Pflanzen. Nur wenn Sie über ausreichende Kenntnisse verfügen, in welchem Maße und auf welche Weise diese Pflanzen giftig sind, können Sie sie ruhig in Ihrem Garten einsetzen. Abgesehen von Kübelpflanzen widmen wir in diesem Kapitel dem Steingarten Aufmerksamkeit, der sich zum Beispiel ausgezeichnet für die Anwendung von Kletterpflanzen eignet.

Baumrinde als Wegbefestigung ist eine preiswerte und schöne Lösung in einem natürlich anmutenden Garten. Einige Baumstämme können dabei als Sitzelemente dienen.

Kletterpflanzen

Kletterpflanzen gibt es in verschiedenen Sorten und Größen. Zu Unrecht wird diese Gruppe als „Efeu" bezeichnet. Der Name Efeu gilt nur für *Hedera helix*, den es nicht nur in Gärten gibt, sondern der auch als Zimmerpflanze sehr beliebt ist. Kletterpflanzen bilden eine Gruppe, die sich aus verschiedensten Pflanzen zusammensetzt, die alle ihre spezifischen Eigenschaften besitzen. Erst wenn Sie diese Eigenschaften einigermaßen kennen, können Sie

Wer an Mauern denkt, denkt an Kletterpflanzen. Wenn wir gleich einen Baum neben die Mauer pflanzen (hier Carpinus betulus *'Fastigiata') der in einer bestimmten Form zurechtgeschnitten wird, so hat die Pflanze nach zwei Jahren einen ausgewachsenen Zustand erreicht.*

bestimmen, welche Kletterpflanze sich für Ihren Garten eignet.

Sträucher für Mauern

Alles, was an einer Mauer wachsen kann, heißt bei uns Kletterpflanze, nur für Rosen machen wir da eine Ausnahme. Wir sprechen von „Spalierrosen". Der Feuerdorn, die großblütige Magnolie und der amerikanische Flieder sind Beispiele für „Spaliersträucher" – Sträucher, die auch prima ohne Stütze als normaler Strauch im Garten wachsen können.

Magnolia grandiflora

Im Zusammenhang mit Kletterpflanzen gibt es leider große Mißverständnisse. So hört man regelmäßig unter anderem folgende Behauptungen: Kletterpflanzen greifen Mauern an, kriechen sogar hindurch, es gibt darin viele Spinnen, die Mauern bleiben feucht, Mäuse können daran hochklettern, sie kriechen unter dem Dach und so weiter. Dies gilt aber eigentlich nur für den Efeu (*Hedera helix*). Diese Kletterpflanze greift tatsächlich Mauern an, wenn sie mit weichem (oft kalkreichem) Mörtel gemauert sind. Nur ältere Häuser (gebaut vor dem 2. Weltkrieg) können durch den Efeu angegriffen werden – und auch dann nur bei großer Vernachlässigung. Alle diese negativen Äußerungen über Kletterpflanzen stimmen also nicht immer. Im Gegenteil: früher pflanzte man Efeu gerade vor alte Mauern, und zwar wegen der isolierenden (auch wenn es dieses Wort damals in dieser Bedeutung noch nicht gab) Wirkung.

Es kommt noch hinzu, daß das Regenwasser vom schräg ablaufenden Blatt herabtröpfelt und daß die Mauer dadurch trocken bleibt. Letzteres gilt nicht nur für den Efeu, sondern auch für viele andere Kletterpflanzen. Kletterpflanzen können wir gliedern in selbsthaftende Kletterpflanzen, Schlingpflanzen, die an einem Draht selbst „hochklettern", und Spalierpflanzen, die mit Hilfe des Gärtners ihren Weg nach oben suchen, zum Beispiel Rosen.

> **TIP**
>
> Vogeltränken gibt es in vielen Ausführungen, sowohl auf einem Fuß wie auch als flache Schale, die auf den Boden gestellt wird. Vögel sehen den Unterschied zwischen einer speziellen Vogeltrinkschale und einer Blumenschale nicht.

VERSCHIEDENE PFLANZENARTEN UND IHRE VERWENDUNGSMÖGLICHKEITEN

Eine offene Überdachung, die der Gartenbank Schatten spendet: geeignet für Glyzinie oder Kletterrosen. Aus dünneren oder dickeren Rohren kann man Pergolen und andere Konstruktionen schweißen.

Nebenbei gibt es auch noch einige Sträucher, die auch frei wachsen können, aber oft vor Mauern eingesetzt werden. Diese Pflanzen brauchen nur an einigen Stellen an der Mauer befestigt zu werden.

Das Einpflanzen

Rechnen Sie ruhig einige Stunden für das Einpflanzen einer Kletterpflanze: Sie werden dafür später belohnt mit einem besseren und schnelleren Wachstum (der Klettermaxe oder Knöterich, der den Ruf hat, am schnellsten zu wachsen, ist wirklich nicht immer notwendig), einer besseren Blüte und mit weniger Krankheiten und Schädlingen. Wenn Sie eine richtig dichte Kletterpflanze wünschen, achten Sie darauf, daß Sie die richtige Sorte auf der richtigen Seite des Hauses einsetzen. Dabei gibt nicht die Nordseite, sondern gerade die Südseite die meisten Probleme. Dort ist die Gefahr nämlich am größten, daß die Blätter durch die zu starke Sonne verbrennen.

Methoden der Befestigung
Bambus
Bambus eignet sich besonders für Spalierobst wie Morelle, Aprikose und Pfirsich.
Kaufen Sie Bambusstöcke in einer Länge von 2,70 m. Stellen Sie auf beiden Seiten des Baumes (Abstand insgesamt 2 m) einen Bambusstock senkrecht hin. Befestigen Sie daran horizontal fünf oder sechs Bambusstöcke. Nur die stehenden Bambusstöcke sollen oben an der Mauer befestigt werden. Jetzt kann man den Baum einfach leiten. Schneiden Sie alle nach vorne und nach hinten wachsenden Zweige ab und biegen Sie die zur Seite hin wachsenden Zweige horizontal. Entstehen hier kleine Seitenzweige, schneiden Sie diese bis auf zwei Augen zurück. Dieses Beschneiden ist zu jeder Zeit in der Wuchssaison möglich.

Draht
Drähte können sowohl horizontal wie auch vertikal an der Mauer entlang gespannt werden. Die Ösen

Die Wisteria sinensis *blüht schon bevor das Blatt erscheint. Schneiden Sie jedes Jahr die langen Triebe ab, denn das fördert die Blüte.*

TIP

Befestigung von Kletterpflanzen
Kletterpflanzen sollen die Gelegenheit bekommen an irgendeinem Gegenstand zu wachsen und weiterzuranken. Bringen Sie die Befestigungen schon an, bevor Sie die Pflanze im Boden einsetzen. Kletterpflanzen wachsen schneller, als Sie glauben, und die Befestigung erfolgt sehr oft zu spät. Außerdem kann die im Wachstum begriffene Pflanze beschädigt werden, wenn an der betreffenden Stelle später wieder gearbeitet wird.

sollen aus Kupfer sein. Wenn sie aus Eisen sind, so werden Sie mit häßlichem Rostwasser konfrontiert, das an der Mauer herabläuft, was besonders bei verputzten Wänden sehr störend ist. Die Ösen sollen gedübelt werden. Benutzen Sie während des Bohrens auch einen Staubsauger, vor allem, wenn Sie in einer weißen Mauer bohren. Der Schleifstaub läßt sich nur schwer entfernen. Die Drähte können aus grünem kunststoffbeschichteten Eisendraht sein. Der teuerste, aber beste Draht ist aus Edelstahl. Sie spannen die Drähte horizontal für Spaliersträucher und Spalierobst. Vertikal gespannte Drähte eignen sich für das Anbinden von Rosen, Clematis und so weiter, und selbstverständlich auch für Schlingpflanzen wie Geißblatt und Pfeifenblume. So lassen sich die Pflanzen, wenn die Mauer getüncht werden soll, lösen.

Spaliere

Fertigspaliere sind meistens zu klein für die Kletterpflanze, sobald sie einmal tüchtig zu wachsen angefangen hat. Befestigen Sie also lieber selber einige horizontale Holzlatten an der Mauer – und zwar so hoch, wie Sie Ihre Pflanze wachsen lassen wollen. Die Rückseite fängt bald zu modern an; streichen Sie diese also mit Holzschutzfarbe an, bevor Sie die Latten anbringen. Darauf befestigen

Bis die Amseln ihn entdecken, kann Feuerdorn voll roter, orangefarbener oder gelber Beeren sein.

Sie vertikal kleinere Latten, die Sie vorher grundiert haben – mit einem Zwischenraum von 10 bis 12 cm untereinander. Der Vorteil ist, daß Sie die Größe an Ihr Haus anpassen können. Natürlich paßt die Farbe, in der Sie die Latten anstreichen, zu der Farbe der Holzrahmen oder der übrigen Holzteile Ihres Hauses. Auf Bauernhöfen gab es diesen

Die Blüte des Efeus erscheint erst an der Altersform der Pflanze.

VERSCHIEDENE PFLANZENARTEN UND IHRE VERWENDUNGSMÖGLICHKEITEN

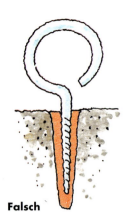
Falsch

Richtig

Wählen Sie keine Schrauben mit zu großen Ösen. Der Draht soll hindurchpassen, nicht aber die Kletterpflanze selber. Bevor Sie es ahnen, hat ein neuer Trieb seinen

Weg durch die Öse gefunden. Wenn dieser Zweig größer und dicker wird, wird die Öse der Schraube ihn einschnüren.

Spaliertyp oft auf der Südseite an der Kuhstallmauer. Die Kühe wärmten diese Mauer, wodurch Pfirsiche und Aprikosen noch ziemlich weit im Norden wachsen konnten. Diese Latten eignen sich besonders für Spalierobst und Trauben, aber auch für alle anderen Kletter- und Schlingpflanzen, weil es einen kleinen Raum zwischen den vertikalen Latten und der Mauer gibt, so daß die Kletterpflanze sich um die Latten winden kann.

Andere Befestigungsmethoden
Oft werden Kletterpflanzen mit sogenannten „Clematishaken" befestigt: Nägel mit einer Lasche aus Blei. Bei diesem System soll immer ein neuer Nagel eingeschlagen werden, wenn die Pflanze wieder soweit gewachsen ist, daß sie befestigt werden muß. Oft zeigt sich, daß die Kletterpflanze nach Rückkehr aus den Ferien so stark gewachsen ist, daß man die

> **TIP**
>
> Nicht alle Kletterpflanzen sind selbsthaftend oder winden sich selbst. Für die nicht-selbsthaftende Gruppe müssen Sie in der Mauer Pflanzenstützen anbringen. Verwenden Sie dafür Bolzen oder Ösen aus Kupfer oder Edelstahl. Galvanisierter Stahl wird später bestimmt rosten, und herabtröpfelndes Rostwasser macht auf einer weißen Mauer einen ungepflegten Eindruck. Einfache Nägel kommen also auch nicht in Betracht.

Kahle Hecken eignen sich in vielen Fällen ausgezeichnet für Begrünung. Dieses einfache Tor wird total anders aussehen, wenn es weiß angestrichen und später mit niedrigen Kletterrosen bewachsen ist.

Ein Spalier aus Holz kann man leicht selbst anfertigen. Hier sehen Sie ein Exemplar mit einem Spalierpfirsich, den man sehr leicht in einem kleinen Garten ziehen kann.

VERSCHIEDENE PFLANZENARTEN UND IHRE VERWENDUNGSMÖGLICHKEITEN

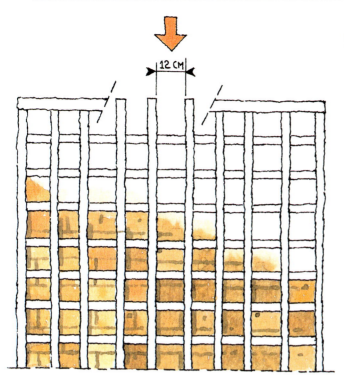

> **TIP**
>
> Denken Sie daran, daß Kletterpflanzen stark wachsen. Die kleine Pflanze ist, wenn sie richtig gepflegt wird, bald ein eindrucksvolles Ganzes. Eine Glyzinie zum Beispiel erreicht nach dem ersten Jahr leicht eine Höhe von satten 3 m, und nach zwei bis drei Jahren bequem 6 bis 8 m. Die Befestigungsmaterialien sind dafür oft nicht geeignet. Auch *Celastrus* wird im Laufe der Jahre eine schwere Pflanze, die ein ziemlich dickes Stahlkabel braucht. Sorgen Sie also gleich für starke Befestigung, am liebsten schon vor dem Einpflanzen. Am Anfang sieht das nicht schön aus, aber diesen Nachteil wiegt der Vorteil bestimmt auf, den Sie später davon haben.

Spaliere aus schmalen Latten können Sie leicht selbst konstruieren. Sorgen Sie für einen Zwischenraum zwischen Mauer und Spalier, denn sonst kann die Pflanze sich nicht hindurchwinden.

Zweige kaum noch entwirren kann. Dann wird nicht mehr angebunden. Folge: oben bildet sich ein Knäuel in der Kletterpflanze, die dann zu kopflastig wird und, weil es sich zeigt, daß die Nägel zu klein waren, herunterfällt.

Es ist klar, was gemacht werden soll: Sie müssen zuerst für eine gute Unterstützung sorgen, bevor sie die Kletterpflanze einsetzen.

Regenrohre

Die Regenrohre am Haus sind oft nicht schön. Kletterpflanzen, in diesem Fall die Schlingpflanzen, können sich nicht um das dicke Rohr winden. Darum empfiehlt es sich, dahinter einen Draht zu spannen.

Geißblatt (Lonicera caprifolium) wächst von Natur aus an Waldrändern. Wir denken bei Kletterpflanzen immer an Mauern und Pergolen, aber versuchen Sie einmal eine Kletterpflanze an einem Baum wachsen zu lassen. Nach dem natürlichen Standort zu urteilen kann die Pflanze den Schatten gut ertragen.

Hedera helix können Sie durch Stecklinge vermehren, indem Sie die Ausläufer der jungen Zweige abschneiden und gleich in den Boden pflanzen. 80 Prozent dieser Ausläufer werden anwurzeln. Wünschen Sie ein 100prozentiges Ergebnis, so stellen Sie die Triebe zuerst einige Wochen in ein Glas mit Wasser.

Das geht sehr einfach mit Hilfe der Rohrstützen, die ja sowieso schon vorhanden sind. Die Höhe des Rohres und die Seite des Hauses bestimmen jetzt, welche Kletterpflanze hier wachsen soll. Bevor die Kletterpflanze zu wachsen anfängt, sollte zuerst noch das Regenrohr angestrichen werden. Der Kunststoff wird im Winter, wenn das Laub abgeworfen ist, wieder sichtbar. In diesem Fall wird nur angestrichen wegen der Farbe und nicht zum Schutz des Rohres: Kunststoffrohre werden von keiner einzigen Kletterpflanze angegriffen.

VERSCHIEDENE PFLANZENARTEN UND IHRE VERWENDUNGSMÖGLICHKEITEN

Pergolen werden normalerweise braun natur geliefert. Wenn Sie Ihre Pergola mit laubabwerfenden Pflanzen wie Hopfen bewachsen lassen, so bleibt das Holz den ganzen Winter über sichtbar. In diesem Fall sieht es oft schöner aus, die Pergola in Farben anzustreichen, die Sie auch für das Haus verwendet haben.

Halbrunde Latten eignen sich gut für eine Pergola. Sie können die Latten auf mehrere Arten befestigen.

Pergolen

Pergolen sind oft ein Mißerfolg, was die Bepflanzung angeht: Das Zurückschneiden und Anbinden erfolgt nicht regelmäßig genug. Die Kletterpflanzen sollen in der Wuchssaison, vor allem vom Juni bis zum August/September, regelmäßig neu angebunden und geschnitten werden – noch junge Pflanzen sogar wöchentlich. Alle Zweige, die horizontal herausragen, müssen abgeschnitten werden. Die oberen Zweige oder Ausläufer müssen Sie zunächst immer wieder anbinden. Später brauchen Sie sich kaum noch darum zu kümmern. Unterlassen Sie diese Arbeit, dann bildet sich in einer Höhe von etwa 1,80 m ein Knäuel an Zweigen, die sich später nicht mehr entwirren lassen. Die Oberseite der Pergola, die gerade für einen schönen „Durchblick" hätte sorgen sollen, ist nicht mit Pflanzen bewachsen. Die Pflege der jungen Kletterpflanzen erfolgt regelmäßig. Wenn die Pflanzen einmal älter sind, so brauchen Sie sich kaum noch darum zu kümmern.

Selbsthaftende Kletterpflanzen

An verputzten Mauern sollte man keine selbsthaftenden Pflanzen wachsen lassen. Bei starkem Wind kann es sogar passieren, daß die Pflanzen mit dem ganzen Putz herunterfallen. Auch das Neutünchen der Mauer würde zu Problemen führen. Bei verputzten Mauern können Sie besser Drähte spannen, woran Rosen oder Schlingpflanzen wachsen. Wenn neu getüncht werden soll, können die Drähte entfernt werden.

Der Standort der Kletterpflanzen

Einige Beispiele von Pflanzen für die verschiedenen Seiten des Hauses:

Selbsthaftende Pflanzen mit Haftwurzeln
N *Hedera helix*
O *Parthenocissus*
W *Parthenocissus*
S *Campsis*

Sträucher, die gestützt werden müssen
N *Prunus* (Spalier-Morelle), *Hydrangea*
O *Forsythia suspensa*

Clematis montana

Clematis *'Nelly Moser'*

W *Magnolia grandiflora*
S *Ceanothus* 'Gloire de Versailles'
   Nicht-selbsthaftende Pflanzen
(Pflanzen, die gestützt werden müssen)
N Manche botanische Spalierrosen
O *Pyracantha*
S *Vitis*
   Schlingpflanzen
(gestützt durch Drähte und Latten)
N *Aristolochia*
O *Lonicera*
W *Fallopia* (Syn. *Polygonum*)
S *Actinidia, Wisteria*
   Immergrüne Kletterpflanzen
N *Hedera helix*
O *Pyracantha, Akebia*
W *Magnolia grandiflora, Jasminum beesianum*
S *Lonicera japonica*

Aus dem bisher Gesagten haben Sie mittlerweile schließen können, daß Kletterpflanzen in den ersten zwei Jahren nach dem Anpflanzen viel Aufmerksamkeit brauchen. In der Wuchssaison müssen sie wöchentlich kontrolliert und gegebenenfalls neu angebunden werden. Wenn sie diese Aufmerksamkeit bekommen, werden Sie bestimmt nicht von ihnen enttäuscht.

Clematis

Clematis gehört zu den beliebtesten Gartenpflanzen, so daß sie unter den Kletterpflanzen die am meisten verkaufte ist. Zu dieser Pflanze gibt es verschiedene Einzelbeschreibungen.
Gehen Sie beim Ankauf der Clematis nicht nur von der Farbe aus, sondern überlegen Sie sich, an welchem Ort die Pflanze stehen soll. Je nach Standort werden verschiedene Clematissorten auf verschiedene Weise beschnitten. In groben Zügen kann man die Clematis in drei Gruppen gliedern.

Gruppe 1

Die Clematissorten aus Gruppe 1 brauchen nicht beschnitten zu werden und dürfen sehr hoch wachsen – zum Beispiel: *Clematis montana* (bis 15 m), *Clematis alpina* und *C. macropetala*.

Gruppe 2

Die Clematissorten aus Gruppe 2 sollen beschnitten werden, blühen aber auf zweijährigem Holz. Wenn ganz zurückgeschnitten wird, werden sie also im

Clematis vitalba

ersten Jahr nicht blühen. Zu dieser Gruppe gehören u.a. C. 'Nelly Moser' und C. 'The President'.

Gruppe 3

Die Clematissorten aus Gruppe 3 sollen ganz zurückgeschnitten werden bis auf einen halben Meter über dem Boden. Zu dieser Gruppe gehören zum Beispiel C. 'Jackmanii' und C. 'Ville de Lyon'. Diese spätblühenden Pflanzen blühen auf einjährigem Holz. Wenn jährlich geschnitten wird, werden sie weniger hoch.

Vita Sackville-West ließ auf Sissinghurst Castle zum ersten Mal Rosen durch Obstbäume wachsen. Auch Clematis eignet sich ausgezeichnet dazu, durch Bäume geleitet zu werden. Die Bäume sollen nicht zu hoch sein. Die Eiche und die Buche eignen sich also nicht, weil sie zu viele Blätter haben und dadurch den Kletterpflanzen zu viel Licht nehmen. Besser sind da Birken, Zierkirschen, manchmal Ahorn und besonders Obstbäume geeignet. Verschiedene Clematissorten der Viticellagruppe, wie C. 'Abundance', C. 'Minuet', C. 'Royal Velours' und C. 'Etoile Violette' können gut an großen Koniferen wachsen. Die Anwurzelung im trockenen Boden neben den Koniferen ist schwer; wechseln Sie darum die Erde im großen Pflanzloch und bewässern Sie regelmäßig. Dann kann es noch eine Saison oder vielleicht zwei dauern, bis die Pflanze richtig zu wachsen anfängt, aber das Resultat ist verblüffend. *Clematis alpina* und *C. macropetala* sind Pflanzen, die ausgezeichnet durch Rosen wachsen können. Berücksichtigen Sie aber die Farbe der Rosen; obwohl die erste Blüte der Clematis früher stattfindet als die der Rose, wird bei gleichzeitiger Blüte eine gleichfarbige Clematis nicht auffallen.

Es gibt auch Clematissorten mit einem festen Standort, die nicht klettern und 60 cm bis 1,50 m hoch werden. Die bekanntesten sind *Clematis heracleifolia*, *C. jouiana* 'Mrs Robert Brydon', *C. recta* und *C. integrifolia*. Diese sind nicht leicht zu finden, denn man kann sie nur bei sehr spezialisierten Adressen bekommen. Sie eignen sich für niedrige Hecken, aber auch in Staudenbeeten. Sie können sie auch wie einen Wasserfall über eine Mauer herunterhängen lassen.

Clematis wächst am besten an einer Ost- oder Westmauer. Schützen Sie aber immer den Fuß vor direktem Sonnenlicht, indem Sie einen kleinen Strauch davor pflanzen. Am Anfang reicht schon ein Dachziegel aus. An einer Südmauer kann das Laub verbrennen.

Die sehr wild wachsende *Clematis vitalba* fühlt sich auch auf der Nordseite wohl, aber da läßt die Blüte zwei Jahre auf sich warten. Bringen Sie schon vor dem Anpflanzen ein Spalier oder Drähte an.

Krankheiten

Die Clematis kann von verschiedenen Krankheiten befallen werden. Davon ist die Welkekrankheit am schlimmsten und fast nicht zu vermeiden. Früher oder später bekommen Sie damit zu tun. Plötzlich sehen Sie ein verwelktes Blatt, und innerhalb einer Woche ist die ganze Pflanze verwelkt. Nur die natürlichen Clematissorten werden weniger schnell davon befallen. Vorbeugen ist kaum möglich; setzen Sie aber keine neue Pflanze an derselben Stelle ein. Werfen Sie die angegriffenen Pflanzen nicht weg; im nächsten Jahr treiben sie u. U. wieder aus.

Seien Sie nicht zu schnell traurig, wenn etwas schiefgeht: Auch bei Gewächsen wie Rosen, Dahlien und sogar Kartoffeln können alle möglichen Krankheiten auftreten. Das gehört nun einmal zum Umgang mit lebendigem Material.

Düngung

Um die Clematis bei guter Gesundheit zu erhalten, empfiehlt es sich, Anfang des Frühjahrs mit einer Schicht Stalldünger oder Komposterde zu düngen. Die Pflanze liebt eine dicke Schicht auf den Wurzeln. Die Düngung kann die gleiche sein wie für Rosen.

Clematis wächst sowohl auf kalkreichem wie auch auf saurem Boden. Es ist nicht notwendig, Kalk oder Torfmull hinzuzufügen, aber eine ausreichende Menge an Humus weiß die Pflanze wohl zu schätzen. Wenn Sie jährlich neuen organischen Stoff in einer Schicht von etwa 5 cm hinzufügen, wird das die Pflanzen stark fördern.

Datura stramonium, *Stechapfel*

Giftige Pflanzen

Die Angst im Zusammenhang mit giftigen Pflanzen besteht in vielerlei Hinsicht zu Unrecht. Bei richtigem Umgang ist die Gefahr nicht so groß. Aber ganz verharmlosen dürfen wir sie dennoch nicht. Besonders Eltern von Kleinkindern sollen ganz genau wissen, was sich im Garten befindet, denn Kleinkinder stecken alles in den Mund, vor allem, wenn die Farbe interessant ist. Der Fingerhut verursacht in dem Sinne wenig Gefahr, aber die Beeren der Eibe, deren Kern giftig ist, gehören nicht in einen Garten, in dem auch Kinder spielen.

Einige Pflanzen sind nur in Teilen sehr giftig, während andere Teile sogar gegessen werden können. Das Blatt des Rhabarbers zum Beispiel ist sehr giftig, der Stengel aber nicht. Dieses Buch beschreibt die Pflanze in ihrer Anwendung in Gärten; genauere Beschreibungen finden Sie in Bestimmungsbüchern. Für denjenigen, der sich für dieses Thema besonders interessiert, gibt es spezielle Führer. Nur jene Pflanzen sind hier aufgeführt, die eine große Gefahr darstellen können, namentlich für Kinder. Sollte ein Kind irgendwie trotzdem mit einer der folgenden Pflanzen in Berührung gekommen sein, rufen Sie unbedingt den Arzt. Aber Kinder sind nicht die einzige gefährdete Gruppe, auch Tiere sind empfindlich gegen bestimmte giftige Pflanzen. Darum müssen wir vom Füttern der Tiere mit Abfällen, die beim Beschneiden entstanden sind, abraten. Die Pflanzen, die schon an ihrem Standort eine Gefahr für Tiere bilden, sind hier aufgeführt worden.

Zimmerpflanzen sind – im Gegensatz zu Kübelpflanzen – nicht in die Liste aufgenommen (Das

Essen Sie nie zuviel noch unreife Tomaten. Sie enthalten giftige Stoffe!

VERSCHIEDENE PFLANZENARTEN UND IHRE VERWENDUNGSMÖGLICHKEITEN

Die Pflaume ist nicht giftig, ihre Kerne dagegen wohl, wenn einige hintereinander gegessen werden.

Sortiment an Kübelpflanzen wechselt schnell, so daß möglicherweise einige neue fehlen).

Aconitum napellus, Eisenhut
Alle Teile sind giftig, sogar der Honig der Blüte. Das Gift kann durch die Haut aufgenommen werden: Kinder dürfen das Blatt also nicht pflücken.

Arum italicum. Die orangen/roten Samenkolben im Spätsommer sind das schönste Element dieser Pflanze.

Aristolochia macrophylla, Pfeifenblume
Diese Kletterpflanze ist sehr giftig. Es gibt keine Teile, die der Mensch essen könnte.

Arum maculatum und *A. italicum*, gemusterter und italienischer Aronstab
Die Beeren dieser Pflanzen sind giftig. Die anderen Teile verursachen Reizungen der Haut.

Atropa bella-donna, Tollkirsche
Alle Teile dieser Pflanze sind giftig. Die größte Gefahr stellen die Beeren dar, die Kirschen ähneln. Das Essen weniger Beeren ist tödlich.

Datura stramònium, Stechapfel
Diese Pflanze wächst auch wild, alle Teile sind giftig, besonders die unreifen Früchte und die Samen.

Cicuta virosa, Wasserschierling
Diese Pflanze wird in Gärten, ausgenommen wenige Anlagen mit einheimischen Pflanzen, nicht angepflanzt. Der Saft aller Teile ist außerordentlich giftig, besonders im Wurzelstock. Es droht also Gefahr beim Reinigen des Gartenteichs, wenn

Colchicum autumnale blüht im September. Berücksichtigen Sie, daß die Blätter im nächsten Frühjahr eine Höhe von 50 cm erreichen.

Pflanzenteile auf den Rand gelegt werden.
Rufen Sie den Arzt an, sobald auch nur die geringsten Anzeichen für eine mögliche Vergiftung auftreten. Der Giftbecher des Sokrates enthielt Saft dieser Pflanze.

VERSCHIEDENE PFLANZENARTEN UND IHRE VERWENDUNGSMÖGLICHKEITEN

Digitalis purpurea

Colchicum autumnale, **Herbstzeitlose**
Alle Teile dieser Pflanze sind sehr giftig. Die Blüte sieht dem Krokus sehr ähnlich, aber das im Frühjahr gebildete Blatt ähnelt dem Krokus nicht.

Covallaria majalis, **Maiglöckchen**
Ein tödlicher Unfall durch diese Pflanze ist bekannt: ein Kind, das Wasser aus einer Vase mit Maiglöckchen trank, war das Opfer.

Daphne mezereum, **Gemeiner Seidelbast**
Der Gemeine Seidelbast hat sehr giftige Beeren. Schon einige wenige sind für ein Kind tödlich. Die Farbe ist sehr attraktiv, der Geschmack dagegen sehr scharf. Ein Kind ißt bestimmt keine zweite Beere. In diesem Sinne signalisiert die Pflanze ihre eigene Gefahr.

Digitalis purpurea, **Fingerhut**
Fingerhut ist eine zweijährige Pflanze, die bei uns in der Natur besonders an offenen Stellen erscheint, zum Beispiel wenn ein Waldstück abgeholzt wurde. Besonders das Blatt und die Samen sind sehr giftig. Unfälle mit dieser Pflanze gibt es nur selten, weil sie einen bitteren Geschmack hat.

Euphorbia, **Wolfsmilch**
Dazu zählen auch die verschiedenen Unkräuter, wie die Sonnenwolfsmilch und die Zimmerpflanzen Weihnachtsstern und Christusdorn. Der Milchsaft reizt die Haut und ist besonders in den Augen gefährlich. Rufen Sie den Arzt, wenn Saft in die Augen geraten ist!

Ginkgo biloba, **Ginkgobaum**
Die Samenkapsel dieser Pflanze verursacht Hautreizungen; übrigens kann man die Frucht essen.

Hedera helix, **Efeu**
Tiere fressen diese Pflanze, haben aber keine Probleme mit dem Gift. Die Beeren sind für Menschen gefährlich, aber nur das Verzehren einer größeren Menge hat Folgen. Wenn die Hedera als Kletterpflanze eingesetzt wurde, sind die Blütenzweige meistens hoch. Der Efeu als Strauch – *Hedera helix* 'Arborescens' – hat nur Blütenzweige, die nicht klettern, die nah am Boden wachsen. Die Beeren dieser Pflanze sind für Kinder also erreichbar.

Helleborus niger, **Christrose**
Alle Teile dieser Pflanze sind giftig, also auch die Samen – außerdem andere *Helleborus* Arten.

Heracleum mantegazzianum, **Bärenklau (Herkulesstaude)**
Setzen Sie diese Pflanze nie an Stellen ein, wo

Hedera helix

VERSCHIEDENE PFLANZENARTEN UND IHRE VERWENDUNGSMÖGLICHKEITEN

Die Blüte des Bärenklaus (Herkulesstaude). Diese Pflanze hat die Eigenschaften eines Unkrauts: Steht sie einmal in Ihrem Garten, so taucht sie wirklich überall auf. Die getrockneten Schirme des Bärenklaus sind aber sehr schön.

Kinder spielen. Der Saft des Stengels und des Blattes verursacht rote Flecken auf der Haut und bei sehr intensiver Berührung sogar offene Wunden. Warnung: Ziehen Sie beim Ausreißen des Bärenklaus Handschuhe an und krempeln Sie die Hemdsärmel herunter. Hautentzündungen entstehen vor allem, wenn Sie nach Berührung der Pflanze in der prallen Sonne bleiben. Wenn die Hautreizung anfängt, ist es schon zu spät: Im Augenblick, wo der Saft auf Ihre Haut gelangt, spüren Sie nichts. Die Schmerzen und die Flecken oder Wunden erscheinen erst später. *Dictamnus* und *Ruta* (Weinraute), haben die gleiche Wirkung.

Hyacinthus, Hyazinthe
Schlimmer Juckreiz kann auftreten nach Berührung der Zwiebeln. Nur mit Handschuhen pflanzen!

Hyocyamus niger, Bilsenkraut
Dies ist ein ein- oder zweijähriges Kraut, das wild wächst und nur selten eingesetzt wird. Die Wurzeln bilden die größte Gefahr, weil sie denen des Meerrettichs und der Pastinake ähneln. Das Bilsenkraut gehört der Familie der *Solanaceae* (Nachtschattengewächse) an.

Laburnum anagyroides, Goldregen
Die tödliche Dosis liegt zwischen zehn und zwanzig Samen. Obwohl die grünen Hülsen nicht gerade attraktiv aussehen, sollten Sie bei dieser Pflanze auf Ihre Kinder achten. Die Pflanze ist keine direkte Gefahr für Hunde und Katzen. Pflanzen Sie sie nicht genau neben einen Gartenteich. Die Gesundheit der Fische kann durch hinuntergefallene Samenhülsen beeinträchtigt werden.

Lantana camara, Wandelröschen
Lantana ist eine Kübelpflanze, die in wärmeren Gegenden überall in Gärten wächst. Die noch nicht ausgereiften Früchte sind sehr giftig. Sie sind grün und sehen attraktiv aus. Für Lantana gilt das gleiche wie für den Bärenklau: Bleiben Sie nicht in der Sonne, nachdem Sie die Pflanze berührt haben.

Lycopersicon esculentum, Tomate
Sie gehört zu der Familie der Nachtschattengewächse und enthält „Solanine", aber in sehr geringen Mengen. Vom Essen vieler grüner (unreifer) Tomaten soll abgeraten werden.

Nerium oleander, Oleander
Fast alle Teile des Oleanders sind für Menschen und Tiere giftig. Auch in getrockneter Form bleibt das Gift erhalten. Das Essen eines Blattes kann tödlich sein. Halten Sie Kinder fern von dieser Pflanze.

Ornithogalum, Milchstern
Nur die Zwiebeln sind giftig. Berührung des Saftes der ganzen Pflanze verursacht Hautreize.

Polygonatum odoratum

VERSCHIEDENE PFLANZENARTEN UND IHRE VERWENDUNGSMÖGLICHKEITEN

Paris quadrifolia, **Einbeere**
Alle Teile dieser Pflanze sind giftig, vor allem der Wurzelstock und die Beeren, die den blauen Heidelbeeren sehr ähneln.

Phytolacca americana, **Kermesbeere**
Alle Teile dieser Pflanze sind giftig, besonders die Früchte – besonders in unreifem Zustand! Der Saft der reifen Früchte kann ein brennendes Gefühl auf der Haut verursachen.

Polygonatum, **Salomonssiegel**
Diese Pflanze enthält das gleiche Gift wie die *Convallaria* (Maiglöckchen).

Prunus dulcis var. amara, **Bittere Mandel**
Diese Pflanze wird nur wenig angepflanzt, aber durch die Giftigkeit des Samens darf sie in dieser Liste nicht fehlen.
Auch die Kerne des Pfirsichs, der Pflaume, Aprikose und Kirsche enthalten Amygdaline. Ein Kern ist harmlos, aber mehrere können Vergiftungserscheinungen verursachen.

Rheum palmatum, **Zierrhabarber**
Die Stengel unseres Gemüses, des Rhabarbers, schmecken herrlich, aber die Blätter sind giftig.

Setzen Sie Rhododendren und Azaleen an solchen Stellen ein, die das Vieh aus einer benachbarten Weide nicht erreichen kann.

Rhododendron
Rhododendron ist eine der giftigsten Pflanzen für Tiere. Passen Sie also auf bei Abfällen, die nach dem Beschneiden entstanden sind!

Wer hätte gedacht, daß der beliebte Rhabarber auch giftige Teile hat?

Ricinus communis, **Wunderbaum, Palma Christi**
Diese einjährige Pflanze hat sehr giftige Samen. Sie

Der Zierrhabarber, Rheum palmatum *hat ein großes spitzes Blatt. Die Blüte ist dem einfachen Rhabarber gleich, und die Pflanze ist auf dieselbe Weise giftig.*

sehen aus wie attraktiv getüpfelte Bohnen. Halten Sie Kinder konsequent fern. Entfernen Sie die Blüten, so daß unmöglich Samen gebildet werden können. Es ist eine der giftigsten Pflanzen überhaupt.

Solanum dulcamara, Bittersüß

In der Natur wächst diese Pflanze vor allem an Ufern und an anderen feuchten Stellen. *Solanum dulcamara* 'Variegata' wird als Kletterpflanze verkauft. Die unreifen Beeren sind äußerst giftig.

Solanum nigrum, Schwarzer Nachtschatten

Dies ist ein bekanntes Unkraut aus dem Gemüsegarten. Besonders die unreifen grünen Beeren sind giftig.
In Neuseeland essen die Maori Blätter als Gemüse und machen Marmelade aus den Beeren. Dieses Beispiel sollte man absolut nicht nachahmen.

Solanum tuberosum, Kartoffel

Alle Teile sind giftig. Nur die reife Knolle, die im Dunklen aufbewahrt wird, enthält kaum „Solanin". Grüne Knollen (die lange im Licht gelegen haben) und die Beeren sind sehr giftig.

Taxus baccata, Eibe

Alle Teile, ausgenommen das Fruchtfleisch der Beere, sind giftig. Auch der Kern innerhalb dieses Fruchtfleisches ist sehr gefährlich. Pflanzen Sie nie Eiben an Stellen, an denen Tiere davon fressen können. Weniger als 100 Nadeln sind für den Menschen schon tödlich. Die attraktiven Früchte sind für Kinder am gefährlichsten. Das gilt vor allem für den *Taxus media* 'Hicksii', der viele kleine Früchte produziert, die für Kinder wirklich lebensgefährlich sind. Am besten setzen Sie Eiben nicht in Ihrem Garten ein. Auf dem Lande soll man auch mit Tieren vorsichtig sein, sogar beim Ausbrechen des Viehs oder anderer Haustiere müssen Sie darauf achten.

Viburnum opulus, Schneeball

Große Mengen an reifen Beeren sind für Kinder gefährlich. Es ist übrigens einer der besten Sträucher für die Vogelhecke.

Vincetoxicum, Schwalbenwurz

Diese Pflanze wird heute immer mehr im Sortiment der einheimischen Pflanzen angeboten. Alle Teile sind giftig.

Viscum album, Mistel

Giftige Teile an dieser Pflanze sind die Beeren und die Blätter. Die Beeren sind weiß und dadurch nicht sehr attraktiv. Die Mistel wächst als Halbschmarotzer in Bäumen und auf Baumstämmen. Die Stellen, an denen die Pflanze wächst, liegen in der Regel für Kinder zu hoch.

Wisteria sinensis und *W. floribunda*, Glyzinie

Obwohl die Glyzinie sehr giftig ist, ist die Vergiftungsgefahr bei dieser Pflanze nicht so groß. Sie soll aber nicht über einem Gartenteich wachsen, weil das gefallene Laub eine Gefahr für die Fische darstellen kann.

S. 127:
Solanum dulcamara, *Bittersüß. Diese Pflanze gibt es sowohl in der Natur an feuchten Stellen wie auch als Kulturpflanze – dann meistens als buntblättrige* S. dulcamara *'Variegata'.*

VERSCHIEDENE PFLANZENARTEN UND IHRE VERWENDUNGSMÖGLICHKEITEN

Füttern Sie Tieren nie die Abfälle des Rhododendrons. Oft befinden sich die giftigen Stoffe auch noch in der getrockneten Pflanze!

TIP

Pflanzen für die Voliere

Es ist sehr schwer, geeignete Pflanzen für eine Voliere zu finden. Besonders in Volieren mit vielen Vögeln haben die Pflanzen stark zu leiden. Faustregel ist, daß die Pflanzen schon beim Ankauf ausgewachsen sein sollen, meistens immergrün, nicht giftig sein dürfen und schnell wachsen. Pflanzen Sie neben die Voliere einige Pflanzen als Ersatz, so daß wenn nötig die Pflanzen ausgewechselt werden können. In der Regel wird die Qualität der Pflanzen in einer Voliere schnell nachlassen.

Wuchsfreudig und immergrün sind:
* Prunus laurocerasus 'Rotundifolia'
* Thuja occidentalis und T. plicata

Wuchsfreudig und laubabwerfend sind:
* Eleagnus angustifolia
* Cornus stolonifera
* Sambucus nigra

Mäßig wuchsfreudig sind:
* Eleagnus pungens 'Maculata'
* Cotoneaster salicifolius
* Juniperus virginiana
* Amelanchier lamarckii

Wenn in der Voliere nichts wachsen will, pflanzen Sie eine nicht-giftige, schnell wachsende Pflanze außerhalb der Voliere.

Unkräuter aus der freien Natur, die die meisten Volierenvögel besonders gerne fressen, sind:

Brassica	Kohl	Blatt, Samen
Convolvulus	Winde	Pflanze
Capsella bursa-pastoris	Hirtentäschel	Samen
Centaurea	Kornblume	Samen
Chenopodium	Gänsefuß	Blatt, Samen
Cichorium intybus	Zichorie/Endivien	Samen
Circium	Distel	Samen
Helianthus annuus	Sonnenblume	Samen
Heracleum	Bärenklau	Pflanze+Samen
Lathyrus pratensis	Wiesenplatterbse	Samen
Plantago major	gr. Wegerich	Samenanlagen
Poaceae	Gräserfamilie	Samen
Polygonum aviculare	Vogelknöterich	Pflanze
Senecio	Kreuzkraut	Samen
Stellaria media	Vogelmiere	Pflanze
Taraxacum	Löwenzahn	Pflanze
Trifolium	Klee	Samen
Urtica dioica	Brennessel	Pflanze
Viola	Veilchen	Samen

Kübelpflanzen

Aus den Barockgärten kennen wir große Kübel mit Orangenbäumen. Von den eindrucksvollen englischen Landsitzen kennen wir Töpfe mit Agapanthus, und in Landschaftsgärten kann man oft Agaventröge aus Holz mit grünen oder weißbunten Agaven beobachten. Auch die altertümliche Fuchsie, Clivia und Agapanthus „Puderquaste" wurden früher schon im Freien aufgestellt. Heute, wo fast jedes Haus eine gepflasterte Terrasse hat, gibt es immer mehr Kübelpflanzen – obwohl sich unsere modernen Häuser weniger für diese Pflanzengruppe eignen. Die Zentralheizung macht die Luft in den Häusern trockener. Unbeheizte Zimmer eigneten sich früher ausgezeichnet zum Überwintern von Kübelpflanzen. Jetzt können Sie dafür das Gästezimmer benutzen, vorausgesetzt daß es zur Sonnenseite liegt.
Kübelpflanzen können nicht das ganze Jahr über drinnen stehen, können aber auch nicht im Winter draußen bleiben. Manche Sorten vertragen leichten Frost. Sie gehören also nicht zu den „Zimmerpflanzen" und nicht zu den „Gartenpflanzen".

Eine Canna verlangt die gleiche Behandlung wie eine Dahlie. Die Überwinterungstemperatur darf keinesfalls unter 10° C liegen.

Canna eignet sich für große Blumenbeete und Pflanzenkästen oder für große Blumentöpfe.

Auswahl der Kübelpflanzen

Betrachten Sie dabei zuerst die Überwinterungsmöglichkeiten bei Ihnen zu Hause. Wer träumt nicht manchmal von einem Gewächshaus, einem Wintergarten oder einer Orangerie?
Zum Glück kann man auch ohne Gewächshaus, Wintergarten oder Orangerie Kübelpflanzen haben. Wichtig ist, daß Sie einen kühlen, aber frostfreien

Eine Agave wird in einem Kübel nicht leicht blühen. In einem großen Gefäß ist das nach vielen Jahren schon möglich. Der Blumenstengel wird dann fast drei Meter hoch.

VERSCHIEDENE PFLANZENARTEN UND IHRE VERWENDUNGSMÖGLICHKEITEN

Cycas revoluta, eine palmenartige Pflanze, kann in höherem Alter einen leichten Frost ertragen.

Diese Pflanze hat gerade einen neuen Blätterkranz gebildet.

Töpfe und Kübel

Alle möglichen Töpfe sind erhältlich, die meistens aus südlichen Ländern stammen. Darum sind irdene Töpfe fast nie frostbeständig. Das ist nicht schlimm, weil die Pflanzen im Winter sowieso ins Haus geholt werden müssen. Kaufen Sie nie Töpfe mit einer schmalen Öffnung oben: die Pflanzen lassen sich nur schwer umtopfen. Kaufen Sie immer Töpfe mit einem großen Loch im Boden. Bohren Sie, falls nötig, selbst mit einem Steinbohrer ein Loch hinein.

Verwenden Sie an einer windigen Stelle nur Töpfe mit einer breiten Basis, die nicht umfallen. Wenn die Töpfe im Winter draußen bleiben sollen, wählen Sie Holzkübel oder dickwandigen Ton. Stellen Sie diese immer so hin, daß das Leckwasser frei ablaufen kann. Wenn die Töpfe im Beet stehen, verschlammt das Entwässerungsloch. Das Problem können Sie verhüten, indem Sie unter den Löchern alte Konservenbüchsen ohne Deckel und Boden eingraben.

Raum besitzen: ein kühles helles Zimmer, einen Keller oder eine frostfreie Garage. Wenn Sie keinen geeigneten Raum haben, so können Sie immer noch Pflanzen in frostbeständigen Töpfen wählen, die vollkommen winterhart sind.

Überwintern

Stellen Sie etwa Mitte Oktober die Pflanzen ins Haus. Beschneiden Sie die Pflanzen und reinigen Sie die Töpfe. Bringen Sie die Pflanzen ins Haus, wenn das Laub trocken ist. Stellen Sie die Pflanzen, die das Laub nicht abwerfen, am nächsten zum Fenster.

Fuchsien gibt es in Tausenden von Kulturvarietäten: rot, rosa, weiß und violett – und alle Kombinationen.

Die Clivia kann im Sommer ausgezeichnet draußen stehen. Sie müssen sie aber in den Schatten stellen.

Die laubabwerfenden Pflanzen brauchen in den Wintermonaten kein Licht. Schimmel und Ungeziefer entstehen, wenn die Fenster immer geschlossen sind; besonders in frostfreien Perioden ist Lüften sehr wichtig. Die ideale Temperatur der meisten Gewächse liegt zwischen 5° und 10° C. Ab Mitte April können die Pflanzen wieder in den Garten gestellt werden. Bedenken Sie, daß sie zuerst einige Tage im Schatten stehen müssen.

Jacobinia

Manchmal gibt es noch spät im Jahr Nachtfrost. Nah am Haus geben die Mauern nachts soviel Wärme ab, daß die Gefahr des Frostschadens weniger groß ist.

Der Überwinterungsstandort

Die Überwinterungsmöglichkeiten bestimmen zu einem großen Teil, welche Pflanzen Sie in Ihrem Garten einsetzen können. Haben Sie nur einen Überwinterungsraum ohne Licht, denken Sie an Zwiebel- und Knollengewächse, die sich für Töpfe eignen: *Agapanthus, Ismene, Zephyranthus,* *Vallota, Canna, Amaryllis (die echte) Crinum, Eucomis, Galtonia.*

Wenn Sie nicht über einen Überwinterungsraum verfügen, so kommen nur jene Pflanzen in Betracht, die im Topf draußen bleiben können und die auch strengen Frost überleben.

Bedenken Sie, daß immergrüne Pflanzen besonders im Frühjahr nach Nachtfrost keine Morgensonne ertragen können. Einige Sorten sind: *Buxus sempervirens, Arum italicum* und *A. maculatum, Campanula portenschlagiana, Hosta, Yucca flaccida, Allium karataviense, Aucuba japonica.*

Pflanzen, die einen geringen Frost ertragen können, sind: *Passiflora, Lavandula,* Rosmarin und Lorbeer, *Phormium tenax, Buddleja* (die besonderen Sorten) *Hebe*-Sorten, *Cupressus*-Sorten, *Camellia, Poncirus trifoliata.*

Alle anderen Pflanzen aus der Kübelpflanzengruppe verlangen einen kühlen, absolut frostfreien Raum mit genügend Licht und normaler Luftfeuchtigkeit. Bedenken Sie, daß diese Feuchtigkeit an Frosttagen stark abnimmt, so daß Sie bei Frost extra bewässern müssen. Eine wöchentliche Kontrolle ist empfehlenswert.

Verschiedene Sorten: auf einem Stamm und kletternd

Wenn Sie die Haustür mit einigen kleinen Stammbäumen flankieren wollen, so brauchen Sie diese nicht fertig im Geschäft zu kaufen. Diese Bäume sind teuer, und außerdem erleben Sie beim Selberziehen mehr Freude. Wählen Sie einen viel zu großen Topf. Die Pflanzen wachsen dann schneller, und ein großer Topf fällt nicht so leicht um.

Geeignete Pflanzen dazu sind: *Abutilon, Bougainvillea, Cestrum, Erythrina,* Fuchsie, Gardenie, *Heliotropium, Hibiskus, Lantana, Laurus, Pelargonium, Pittosporum, Plumbago, Punica.*

Kletternde Kübelpflanzen und einjährige Pflanzen in Töpfen können an Maschendraht oder an Draht geleitet werden. In länglichen Blumenkästen machen Sie eine Konstruktion aus Bambusstöcken, eventuell mit Draht.

TIP

Setzen Sie frostempfindliche Pflanzen nie an nassen Stellen ein, sondern an Stellen, die gegen Ostwinde geschützt sind. Vermischen Sie scharfen Sand mit der Erde, wodurch eine bessere Entwässerung entsteht. Achten Sie beim Abdecken der Pflanzen darauf, daß sie nicht modern können. Tannenzweige sind ideal, weil sie genug Luft durchlassen. Frostempfindliche immergrüne Pflanzen vertragen keine Morgensonne.

TIP

Stauden, die getrocknet werden können
Abgesehen von den einjährigen Strohblumen (Immortellen) können auch einige Stauden getrocknet werden. Hängen Sie sie in einen trockenen, luftigen Raum. Je schneller die Pflanze trocknet, um so schöner bleibt die Farbe erhalten.

Es eignen sich:
Achillea
Anaphalis
Dipsacus
Eryngium
Echinops
Alchemilla
Gypsophila
Astrantia
Solidago

Pflanzen aus der Bibel im Garten

Das Klima im Heiligen Land unterscheidet sich erheblich von unserem Klima. Trotzdem können Pflanzen, die in der Bibel erwähnt werden, in unseren Gärten gezogen werden. Abgesehen von wenigen Ausnahmen (Blutweiderich) verlangen alle Pflanzen einen nicht zu feuchten Boden an einer sonnigen Stelle. In vielen Büchern der Bibel werden Pflanzen genannt. So finden Sie *Allium* zum Beispiel im Deuteronomium, auch wenn wir nicht genau wissen, welche *Allium*-Sorte gemeint ist. Vom Manna ist bekannt, daß es dem Koriandersamen ähnlich sah, und Koriander wird in Numeri (11:5) genannt. Auch Myrte wird explizit erwähnt, u.a. in Jesaja (55:13). Im Hohenlied ist die Rede von Prunus und auch von der Narzisse, die auch in Jesaja (35:1) genannt wird.

Wenn Sie die Bibel mit einem „Auge" für Pflanzen lesen, können Sie mit Bibelpflanzen einen ordentlichen Garten bepflanzen!

Ausdauernde Pflanzen:
Onosis repens, Hauhechel
Galium verum, Labkraut
Papaver somniferum, großblütiger Mohn

Einjährige Pflanzen:
Linum, Flachs
Triticum, Weizen
Hordeum, Gerste
Panicum, Hirse
Vicia sativa, Ackerwicke
Ricinus communis, Wunderbaum, Palma Christi
Delphinium ajacis, Rittersporn

Samenkapsel des Papaver somniferum.

Die Wüste wird wie die Rose blühen. Mit dieser „Rose" ist in der Bibel aber der Narcissus tazetta *gemeint.*

Anemone des Caen-Typ. Diese Anemone paßt auch ausgezeichnet in den altertümlichen Bauerngarten.

Zwiebeln und Knollen:
Crocus sativus, Krokus
Colchicum autumnale, Herbstzeitlose
Anemone coronaria, Anemone
Narcissus jonquilla, Narzisse
Ornithogalum umbellatum, Milchstern

Gemüsegewächse:
Cucumis melo, Melone
Allium, Schalotte, Zwiebel, Knoblauch
Lens, Linse

Kräuter:
Anethum graveolens, Dill
Mentha piperita, Pfefferminz
Brassica nigra, schwarzer Senf
Cuminum cyminum, Kreuzkümmel
Coriandrum sativum, Koriander
Lavandula, Lavendel
Ruta graveolens, Weinraute
Origanum, Dost

Sträucher:
Vitis, Traube
Ficus carica, Feige
Tamarix, Tamariske
Buxus, Buchsbaum

Bäume:
Juglans regia, Walnuß
Prunus, Mandel (wilde)
Morus nigra, Maulbeerbaum
Cedrus libani, Libanonzeder

Rosen:
Rosa canina
Rosa phoenicea
Rosa foetida
Rosa damascena

Kübelpflanzen:
Myrthus communis, Myrte
Punica granatum, Granatapfelbaum
Laurus nobilis, Lorbeerbaum (echter)
Cistus, Zistrose

Nur für das warme Gewächshaus:
Cinnamonum, Zimtblume
Phoenix dactilifera, Dattelpalme
Olea europaea, Olive
Cyclamen persicum, Alpenveilchen

Apfelblüte

Weil in biblischen Zeiten noch keine wissenschaftlichen Bezeichnungen gebraucht wurden, ist nicht immer klar, welche Sorte genau gemeint ist. Vom Buxus ist zum Beispiel nicht bekannt, ob der *B. longifolius* oder der *B. sempervirens* gemeint ist. Selbstverständlich sind alle Pflanzen wilde Sorten. Von einigen Sorten, wie der Cyklame, gibt es hier im Geschäft nur die Kultur-Version. Nachdem es in der Gruppe der Bibelpflanzen nur wenige blühende gibt, ist es schwer, einen „Bibelgarten" anzulegen, der während des ganzen Sommers attraktiv aussieht. Es wäre besser, nur einen Teilabschnitt des Gartens mit diesen Pflanzen zu besetzen.

Cichorium intibus

> **TIP**
>
> **Fleischfressende Pflanzen**
> In Europa wachsen von Natur aus nur wenige Sorten fleischfressender Pflanzen der Geschlechter *Drosera* und *Pinguicula*. Nehmen Sie keine Pflanzen aus der Natur mit, auch wenn es noch so schön wäre, eine fleischfressende Pflanze im Garten zu besitzen. Sie stehen unter Naturschutz. Diese Pflanzen wachsen nur an feuchten Stellen, die arm an Nährstoffen sind. Dadurch eignen sie sich nicht für normale Gärten. In Gärten mit einheimischen Pflanzen wird manchmal ein Standort für diese Pflanzen eingeräumt. Mit Kunststoffolie wird dann ein feuchtes Klima gestaltet, aber sehr leicht ist das nicht. Die Folie dient nicht nur dazu, das Regenwasser festzuhalten, sondern auch dazu, das mit Nährstoffen bereicherte Grundwasser fernzuhalten.
> Viele der 450 Sorten wachsen in Australien und im Süden Afrikas. Diese Pflanzen können dort in einem kalten Gewächshaus gezogen werden. Sie verlangen eine feuchte Umgebung und frische Luft. Lassen Sie die Sonne nicht direkt darauf scheinen. Als Hintergrund können weiche Torfstücke und Torfmoos verwendet werden.

Eine einzelne säulenförmige Konifere erzeugt die notwendige Tiefenwirkung in diesem Garten.

Pflanzen für den Steingarten

Steingartenpflanzen werden oft „alpine" Pflanzen genannt, nach ihrer Herkunft: Sie stammen vornehmlich aus dem Hochgebirge. Viele kommen aus den Alpen, aber auch aus den Pyrenäen und den Karpaten oder aus Berggegenden in anderen Kontinenten. Ein allgemeines Merkmal dieser Pflanzengruppe ist, daß sie einen nährstoffarmen, gut wasserdurchlässigen Boden wünschen. Wählen Sie immer einen trockenen Standort, besonders im Winter. Frost zusammen mit Feuchtigkeit verursacht den größten Schaden. Im Herbst können Feuchtigkeit und Kälte abgehalten werden, wenn sie alte Glasscheiben über die Pflanzen legen.

Viele alpine Pflanzen eignen sich kaum für unser Klima, so daß oft spezielle niedrige Gewächshäuser mit halbhohen Tischen für diese Pflanzengruppe gebaut werden: Der Mittelgang ist vertieft, so daß man im Gewächshaus aufrecht stehen kann. Diese Erdhäuser werden fast immer in Ost-West-Richtung gebaut, um einen größtmöglichen Lichteinfall zu gewährleisten.

Alpine Pflanzen im Schatten

Alpine Pflanzen sind fast alle Sonnenanbeter. In den Bergen wachsen sie ja vornehmlich über der Baum-

Abies procera 'Glauca' und andere Koniferen können über Mauern wachsen. Sie sollten ein wenig Torfmull zufügen. Die meisten Steingartenpflanzen verlangen kalkreichen oder neutralen Boden; Koniferen bevorzugen sauren Boden.

Diese Steingartenpflanzen wurden mit niedrigen Koniferen und Sträuchern kombiniert.

Ein fließender Übergang vom Steingarten zum Gartenteich, in dem auch wieder Naturstein eingesetzt wurde.

grenze, wo es fast immer nur Sonne gibt. Unter diesen Umständen bekommen sie relativ viel ultraviolettes Licht. Es bewirkt gedrungene Pflanzen – im Gegensatz zum Licht, bei dem die ultravioletten Strahlen herausgefiltert worden sind.

Solche Pflanzen entwickeln sich langgestreckt, weil nur die infraroten Strahlen übrigbleiben. Ein Beispiel dafür wären die Zimmerpflanzen, die nur gefiltertes Licht ohne ultraviolette Strahlen bekommen.

Trotzdem gibt es einige Sorten, die den Halbschatten gut ertragen können:

Adonis vernalis
Aquilegia caerulea
Aster alpinus
Campanula cochleariifolia
Ceratostigma plumbaginoides
Cyclamen hederifolium
Dryas octopetala
Mertensia virginica
Ourisia-Sorten
Polygala-Sorten
Saxifraga-Sorten
Viola odorata

Auf porösen Lavasteinen oder Sandsteinen und anderen weichen Steinsorten wachsen schon nach wenigen Jahren spontan einige Moosarten, besonders an der Seite, die von der Sonne nicht direkt beschienen wird.

Sträucher im Steingarten

Ob der Steingarten nun groß oder klein ist, einige Sträucher sollten doch einen Platz bekommen.
Eine große Vielfalt wird entstehen durch die Schönheit der Blüten, die Unterschiede in Blattform, Farbe und Größe und hellen oder dunklen Beeren. Viele dieser Pflanzen wachsen kriechend über den Boden, was notwendig ist, damit sie über kleine Mauern und große Steine ranken. Sie brauchen keinen besonderen Boden für die Pflanzen der folgenden Liste. Sorgen Sie für einen gut wasserdurchlässigen Boden. Pflanzen mit einem Sternchen (*) verlangen einen sauren Boden. Die angegebene Höhe ist die Höhe in ausgewachsenem Zustand; gehen Sie von einem langsamen Wachstum aus.

Abelia chinensis	1,50 m
Acer palmatum 'Dissectum'	1,20 m
Andromeda*	1,20 m
Arctostaphylos uva-ursi	0,30 m
Berberis versch. Sorten	
Caryopteris clandonensis	0,90 m
Cornus canadensis*	0,30 m
Corokia cotoneaster	1,50 m
Daphne rupestris	0,10 m
Gaultheria procumbens*	0,20 m
Genista tinctoria	0,60 m
Hedera helix	0,20 m
Helianthemum	0,30 m
Olearia haastii	1,20 m
Rubus arcticus	
Sambucus nigra 'Pygmea'	0,30 m
Viburnum opulus 'Nanum'	0,40 m

In einem niedrigen und feuchteren Abschnitt des Steingartens können Hosta, Primula, Trollius und Caltha eingesetzt werden.

Fettpflanzen für einen sonnigen Standort

Pflanzenschalen oder neben einer Terrasse, wo zum Beispiel ein kleiner Steingarten in dem ehemaligen Sandkasten angelegt wurde, sind gute Plätze für kleine alpine Pflanzen, die Sommer und Winter attraktiv aussehen. Dafür kommen Saxifraga und Sedumsorten und Sempervivum in Betracht. All diese Fettpflanzen sind zu klein für einen großen Garten. Sie haben ein flaches Wurzelwerk, wodurch die Pflanze leicht mit dem Unkraut ausgerissen werden könnte. Wenn das Unkraut genau neben einer kleinen Pflanze steht, drücken Sie die Linke an die Wurzeln der Pflanze, während Sie mit der Rechten das Unkraut entfernen. Streuen Sie nie Mineraldünger auf diese Pflanzen. So kann keine Laubverbrennung auftreten. Lösen Sie den Dünger in Wasser auf und gießen Sie dieses Gemisch vorsichtig zwischen die Pflanzen.

Geeignete Fettpflanzen für den Garten finden Sie in folgender Liste:

	Blütenfarbe	Größe in cm	Blütezeit
Sedum acre	gelb	10	Juni/Juli
Sedum album	weiß	15	Juni/Juli
Sedum cauticola	rosarot	10	Aug./Sept.
Sedum cyaneum	rosarot	20	Juli-Sept.
Sedum ewersii	dunkelrot	20	Juli-Sept.
Sedum kamtschaticum	gelb	15	Juli/Aug.
Sedum lydium	weiß-rot	15	Juni/Juli
Sedum reflexum	gelb	15	Juni/Juli
Sedum spathulifolium	gelb	15	Juni/Juli
Sedum spectabile	hellrot	30	Aug.-Okt.
Sedum spurium		10	Juli-Sept.
Sempervivum arachnoideum	rot	15	Juli/Aug.
Sempervivum fauconetti		15	Juni/Juli
Sempervivum funckii	rosarot	15	Juli/Aug.
Sempervivum tectorum	rosarot	15	Juni/Juli

Sedum- und Sempervivumsorten wachsen ausgezeichnet auf Dachziegeln. So können Sie auch das Dach eines alten Gartenschuppens bewachsen lassen.

Ein Garten mit Niveauunterschieden eignet sich natürlich am besten für das Anlegen eines Steingartens, der einen natürlichen Eindruck machen soll.

Bambus

Bambusarten wurden im letzten Jahrzehnt des vorigen Jahrhunderts Mode. Besonders das milde Klima in England machte diese Pflanzen dort beliebt. Es gibt hohe Bambusarten, die bei mehr Frost noch gut gedeihen. Bambus wirkt sehr exotisch. Passen Sie darum den ganzen Garten an den Bambus an, oder setzen Sie ihn einzeln im Rasen ein. Im Winter schrumpft das Blatt oder bekommt braune Ränder. Frühestens im Juni ist es mit einem frischen neuen Blatt überwachsen. Wenn das Sträucherbeet am schönsten ist, hat der Bambus seine häßlichste Periode.

Bambus läßt sich schwer teilen und umpflanzen (im Mai!). Bewässern Sie den ganzen Sommer über in trockenen Perioden. Die Wurzeln kann man nicht mit einem Spaten durchstechen. Entfernen Sie die Erde zwischen den Wurzeln und sägen Sie die Wurzelmasse mit einer Astsäge durch. Nur große Teile werden anwurzeln. Kleine Teile werden eingetopft und dann an einer feuchten Stelle, am besten im Gewächshaus, eingesetzt, um anzuwurzeln. *Arundinaria* und *Phyllostachys* können über fünf Meter hoch werden.

Die letztgenannte Art umfaßt auch Sorten mit Blattrosetten in verschiedenen Farben: rötlich und graublau; die Blüte ist immer rosarot.
Beim Sedum und Sempervivum hat das Blatt großen Schmuckwert.

Pernettya mucronata ist ein säureliebender Strauch, geeignet für einen Steingarten. Dieses ist ein weibliches Exemplar, das ohne eine männliche Pflanze in der Nähe keine Beeren trägt. Es gibt Sorten mit roten, rosaroten oder weißen Beeren.

Rhododendron obtusum blüht im April. Die Pflanze wächst gleichsam über die Steine hin.

5 Rosen

Die Rose ist ohne Zweifel die am meisten wiedergegebene Blume in allen Kunstformen, sowohl in der Literatur wie in den bildenden Künsten. Warum sind die Menschen von Rosen so fasziniert? Ist es die auffallende Kombination zwischen dem stacheligen Stengel und den samtweichen Blütenblättern? Oder sind es all diese verschiedenen Farben und Düfte?

Tatsache ist auf jeden Fall, daß die Rose so viele Erscheinungsformen hat, daß sie allein schon deshalb immer fesseln wird – nicht nur in der Literatur und der bildenden Kunst, sondern an erster Stelle auch in der Natur und in Ihrem Garten. Die Auswahl ist riesig. Sie können bescheidene Pflanzen mit großen Sträuchern abwechseln. Die Farbenvielfalt ist dabei fast unbegrenzt. Es gibt bestimmt nur wenige Gärten ganz ohne Rosen.

Wilde Rosen blühen auch, ohne daß sie beschnitten werden. Manchmal bilden sie eine undurchdringliche Hecke, die vielen Vögeln einen Unterschlupf bietet. Sie haben eine kurze Blüte, die mit einem starken Duft einhergeht.

Eine Wand mit Rosa 'Seagull', einer Kletterrose, die unwahrscheinlich groß wird. Ein Gartenschuppen kann total damit bewachsen sein. Die Blüte ist kurz, aber auch das Laub ist attraktiv.

Grundbedingungen

Beim Schloß Malmaison in Frankreich wuchsen schon um 1800 herum Hunderte von verschiedenen Rosen. Das Sortiment hat seitdem enorm zugenommen (ca. 25 000 Sorten!). Jährlich kommen Dutzende hinzu. Achtete man bis 1970 vornehmlich auf die Blumengröße, ist heute der Duft und die Krankheits-Resistenz das wichtigste Auswahlkriterium.
Eine Rose verlangt einen sonnigen und luftigen Standort. Wenn der Wind durch die Pflanze hindurchwehen kann, bekommen Sie weniger Schwierigkeiten mit Läusen. Kleine Gärten in der Innenstadt eignen sich weniger für Rosen. Am besten beschränken Sie sich dort auf nur wenige Exemplare. Eine Rose an einer Südmauer kann von Mehltau befallen werden. Die weiß angeschimmelten Blätter sind nicht gerade eine Zierde für einen Garten. Setzen Sie Spalierrosen vorzugsweise

spüren Sie sofort daran, ob Sie den Boden leicht bearbeiten können oder nicht –, können Sie Sand und Komposterde zufügen.

Das Anpflanzen von Rosen

Lassen Sie sich vor allem Zeit für das Pflanzen der Rose. Eine richtige Pflanzmethode ist eine gute Grundlage für eine schöne Blüte in einem späteren

Rosa 'Sally Holmes'. Die einfach blühenden Rosen eignen sich ausgezeichnet für einen Platz zwischen Stauden im Beet. Andere einzelblütige Rosen, die den gleichen Zweck erfüllen, sind 'White Wings' (weiß), 'Dainty Bess' (rosarot) und 'Golden Wings' (gelb).

Dieser Garten wird durch eine runde Form beherrscht. Der Rand mit Rosen hätte in diesem Fall ein wenig weiter durchgezogen werden können. Dieser Rand zeigt deutlich, daß eine einzelne Pflanzensorte eine tolle Wirkung erzielen kann.

an einer Südost- oder Südwestmauer ein, wo die Sonne weniger stark darauf brennt. Selbst an Nordmauern gibt es noch einige Rosen. Eine Rose in zu feuchtem Boden ist im Winter frostgefährdet. Sorgen Sie für eine gute Dränage.

Was viele Anfänger nicht wissen ist die Tatsache, daß Rosen viele Bedingungen an den Boden stellen, in dem sie stehen. Prüfen Sie, ob an der Stelle, wo Sie Rosen einsetzen wollen, in den vergangenen fünf Jahren nicht schon Rosen gestanden haben. In diesem Fall könnte im Boden Rosen-„Ermüdung" auftreten. Wenn Sie gleich pflanzen möchten, so können Sie in diesem Fall die alte Erde durch neue ersetzen. Die ausgehobene Erde kann anderswo aufgetragen werden, aber natürlich nur für andere Pflanzen. Nehmen Sie sich ein Jahr Zeit, dann können Sie an der zu bepflanzenden Stelle zur Bodengesundung ein Jahr lang Tagetes ziehen und diese im Herbst untergraben.

Rosen wachsen in jeder Bodenart, aber bevorzugt in Lehmboden. Wenn der Lehmboden schwer ist – das

Stadium. Das Graben des Pflanzlochs nimmt die meiste Zeit in Anspruch. Ein Loch von 40 x 40 x 40 cm scheint sehr groß zu sein, aber wenn Sie die Pflanze ins Loch halten, sollen die Wurzeln frei darin hängen können. Sie dürfen nicht auseinandergedrückt und auch nicht zusammengebunden sein. Die Okulationsstelle, wo die hybride Rose auf die

Falsch: im Gegensatz zur häufigen Annahme darf nie vor dem Setzen Wasser ins Pflanzloch gegossen werden.

Der freie Raum beim Pflanzen von Teehybriden und Polyantharosen.

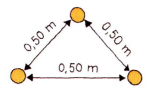
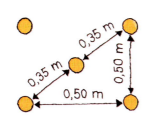
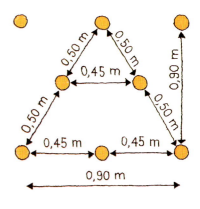

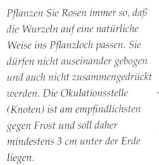

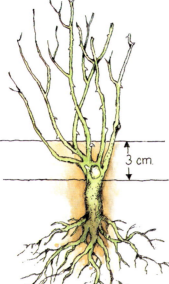

Pflanzen Sie Rosen immer so, daß die Wurzeln auf eine natürliche Weise ins Pflanzloch passen. Sie dürfen nicht auseinander gebogen und auch nicht zusammengedrückt werden. Die Okulationsstelle (Knoten) ist am empfindlichsten gegen Frost und soll daher mindestens 3 cm unter der Erde liegen.

Unterlage gepfropft wurde, soll sich 3 cm unter der Erdoberfläche befinden. Wird die Stelle zu hoch eingesetzt, so steht die Rose später zu locker im Boden und die Gefahr des Frostschadens ist sehr groß. Wenn die Okulationsstelle nicht tief genug im Boden ist, dann bekommen Sie Schwierigkeiten beim Beschneiden.

Für Hochstammrosen stellen Sie zuerst einen Stock ins Pflanzloch, damit Sie später die Wurzeln nicht beschädigen. Schippen Sie einen Teil der Erde aus dem Pflanzloch in einen Schubkarren und mischen Sie diese mit Stalldünger (nur altem!) oder Kuhdüngerkörnern und Komposterde. Hat die Pflanze trockene Wurzeln, so tauchen Sie sie zuerst in einen Wassereimer, so daß die Wurzeln feucht in den Boden kommen und die zuerst wachsenden Wurzelhaare sofort Erde um sich haben. Die zerkrümelte Erde streuen Sie auf und um die Wurzeln, während Sie die Pflanze an der Pfropfstelle festhalten, 3 cm unter der Oberfläche. Pflanzen kann man am leichtesten zu zweit. Wenn das Pflanzloch zur Hälfte aufgefüllt ist, drücken Sie die Erde mit der Faust fest, anschließend füllen Sie das Loch bis oben hin auf. Drücken Sie die Erde kurz fest und bewässern Sie erst nach dem Pflanzen. Auch wenn Sie das von klein auf gelernt haben: Gießen Sie nie Wasser ins leere Pflanzloch! Dadurch verschlammt und verhärtet sich der Boden; wenn er trocknet, entsteht eine harte Schicht, die die jungen Wurzeln nur schwer durchdringen können. In der Fachsprache heißt das: „Strukturverfall".

Die Pflanzzeit

Wenn Sie sich gesunde Rosen für Ihren Garten wünschen, so brauchen Sie Geduld. Falls gerade nicht die richtige Zeit zum Pflanzen ist, lassen Sie es lieber. Die beste Pflanzzeit ist November. Im Frühjahr sind viele Sorten schon vergriffen. Dann können Sie bestimmt noch irgendeine „rote", „gelbe" oder „rosa" Rose kaufen, aber nicht genau jene rosarota Rose, die Sie vorher mit großer Sorgfalt aus dem Katalog ausgewählt hatten. Bis Mitte April (im Norden eine Woche später, im Süden eine Woche früher) können Sie noch gut pflanzen. Allerdings ist dann wichtig, daß Sie die Rosen nicht mehr zurückschneiden. Nachtfrost kann der Rose nicht schaden, aber die Wurzeln sollten nie erfrieren. Bewahren Sie die Rose über

Rosa 'Pink Meidiland'

Nacht in einem Plastiksack drinnen auf oder mieten Sie sie vorübergehend ein.
Auch Schnee im Pflanzloch ist schlecht. Es dauert sehr lange, bis Bodenfrost auftaut, wodurch der Boden kühl bleibt, so daß die Rose erst später zu wachsen anfängt. Wenn Schnee auf der Erde liegt, ist es immer noch sehr gut möglich zu pflanzen, vorausgesetzt, daß der Boden nicht gefroren ist. Tragen Sie nach dem Pflanzen den Schnee wieder auf das zugeschüttete Pflanzloch auf.

Rosa 'Bingo Meidiland' var. © Meipotal

TIP

Rosen im Schatten
Bei Rosen denkt man an einen sonnigen Standort. Manche meistens kurzblühende Rosen stehen aber gern im Schatten und frischen eine dunkle Ecke auf.

Einige Beispiele:

Rosa alba 'Celestial'	rosa	2 m
Rosa alba 'Maiden's Blush'	rosa	1,50 m
Rosa alba 'Maxima'	weiß	2,50 m
Rosa filipes 'Kliftsgate'	weiß	2 m
Rosa 'Alberic Barbier'	gelblich	5 m
Rosa 'Felicité et Perpetué'	kleinblütig weiß	5 m

Außer der R. filipes sind das alles altertümliche Rosen aus der ersten Hälfte des vorigen Jahrhunderts. Die Blüte ist kurz, der Duft unübertroffen.

Verschiedene Aspekte des Anpflanzens

Gute Erdarbeiten lohnen sich bei allen Pflanzen. Eine gute Ernährung ist für eine Rose sehr wichtig. Wenn Sie nicht über die Selbstdisziplin oder Zeit verfügen, die Rosen regelmäßig zu betreuen, fangen Sie erst gar nicht damit an! Moderne Gruppen- und Strauchrosen (wurzelecht) ausgenommen, brauchen alle Rosen viel Pflege.
Im Herbst sollen die Rosen Stalldünger bekommen. Passen Sie aber auf! Frischer Mist enthält oft viel Ammoniak, was Laubverbrennung verursachen kann. Verwenden Sie darum nur alten Stalldünger. Manche Hobbygärtner verwenden zuviel Stroh. Stroh bindet Stickstoff ein Jahr, wodurch Ihre Rosen zu kurz kommen. Im nächsten Jahr wird der Stickstoff wieder freigesetzt und kann mit erneuten Stickstoffgaben zur Überdüngung führen. Bedenken Sie außerdem, daß frischer Mist viele Unkrautsamen enthält. Verwenden Sie also sicherheitshalber getrockneten Stalldünger, vorzugsweise im Herbst.

Rosa 'Alba Meidiland'

Stalldünger enthält jedoch wenig Nährstoffe. Es sind also zusätzlich Düngemittel nötig.
Nehmen Sie zum Beispiel anderen organischen Dünger. Er wirkt langsam, aber verschwindet nicht im Boden; Sie brauchen dann nicht so oft zu streuen. Die letzte Düngung soll Ende Juni erfolgen. Bei späterer Düngung besteht die Gefahr von Frostschaden an Zweigen, die zu lang geworden sind und dadurch zu weich (nicht abgehärtet) in den Winter gehen.
Nicht nur die Pflege vom Augenblick an, wo Sie die Rose gepflanzt haben, ist wichtig, auch der Säuregehalt des Bodens macht viel aus. Der ideale pH-Wert liegt bei 6,5. Das gleiche gilt für den Rasen, so daß Sie beim Anlegen den pH-Wert sogleich auf das richtige Niveau bringen können – mit Kalk oder Torfmull und durch Düngung.

Das Beschneiden

Sobald die letzte Frostperiode vorüber ist, können Sie beschneiden, also Anfang April. Auf Nachtfrost brauchen Sie keine Rücksicht zu nehmen.

Mit Beschneiden meint man nicht das übliche Ausschneiden von verblühten Blüten und das Abschneiden von überhängenden Zweigen.

Diese Arbeit gehört zur normalen Gartenpflege, während das Beschneiden zur Pflege der Pflanze gehört. Auch im Herbst schneiden Sie die Rosen ein wenig zurück, aber nicht zu kurz, denn dann besteht die Gefahr des Frostschadens: Rosenzweige erfrieren immer ein wenig. Wenn die Knospen im Frühjahr dicker werden und deutlich zu erkennen sind, fangen Sie zu schneiden an. Die Pflanzen haben sich wieder belebt, und die Schnittwunden werden bald zuwachsen, so daß kaum Infektionen auftreten. Verwenden Sie eine saubere und scharfe Schere, auch wenn Sie sich das etwas mehr kosten lassen. Eine gute Schere kommt Ihren Pflanzen und Ihnen selber zugute, und wenn Sie sie gut pflegen, hält sie ein Leben lang.

Die unterschiedlichen Rosengruppen verlangen unterschiedliche Methoden des Beschneidens. Je genauer Sie arbeiten, um so dankbarer wird sich die Pflanze zeigen.

Rosa *'Duftwolke'* (Syn. R. *'Fragrant Cloud'*) ist eine Teehybride mit einer Höhe von 75 cm. Die roten Blüten stehen herrlich zwischen dunklem Laub. Sie hat einen angenehmen Duft.

Vor dem Beschneiden der Rosen ist zuerst das tote Holz zu entfernen. Dann sollte man alle dünnen Zweige, bis auf drei bis fünf nach außen ragende Zweige, abschneiden. Diese drei bis fünf Zweige sind auf drei bis fünf Augen zurückzuschneiden. Das oberste Auge soll nach außen zeigen.

Rosa *'Allotria'* ist eine Polyantharose, die bis zum Herbst weiterblüht. Sie wurde hier mit Lysimachia clethroides kombiniert.

Beschneiden – je nach der Sorte

Es gibt verschiedene Rosengruppen. Sie unterscheiden sich natürlich an erster Stelle durch die Blütenfarbe und -dauer, Widerstandsfähigkeit gegen Regen, Empfindlichkeit gegen Krankheiten und Schädlinge, Früchte, Duft und Höhe. Manche Rosen machen viel Arbeit beim Beschneiden oder Entfernen von abgeblühten Blüten. Bedenken Sie das bei der Wahl der Sorten.

Die Auswahl ist praktisch unbeschränkt, so daß jeder eine Rose finden kann – sogar Leute, die überhaupt nicht beschneiden wollen. Untenstehend folgen einige allgemeine Richtlinien für das Beschneiden der verschiedenen Rosen.

Teehybriden, Polyantha- und Floribundarosen

Das ist die weitaus größte Gruppe von Beetrosen. Fangen Sie damit an, das tote Holz zu entfernen. Dann schneiden Sie die kleinen und dünnen Zweige bis zum Boden ab. Sorgen Sie dafür, daß drei bis fünf große Zweige erhalten bleiben. Suchen Sie an jedem Zweig die Augen. Schlafende Augen lassen sich schwer erkennen. An der Stelle befindet sich ein kleiner Ring am Stengel. Zählen Sie von unten her drei bis fünf Knospen. Die Anzahl kann man nicht genau feststellen, aber sie bewegt sich zwischen drei und fünf, weil die oberste Knospe hervorschießen soll. Schneiden Sie den Zweig einen halben Zentimeter über einer hervorgeschossenen Knospe ab. Die oberste Knospe wird zuerst treiben, und dadurch bekommen Sie im Sommer einen schönen offenen Strauch, der Platz für mehrere Blüten hat.

Durch diese Arbeitsweise haben die Zweige alle eine unterschiedliche Höhe. Allein schon daran kann man oft gleich erkennen, ob das Rosenbeet von einem Fachmann geschnitten wurde.

Wildwuchs bei Rosen

Teehybriden, Polyantharosen, Zwergrosen und Hochstammrosen sind immer okuliert. Eine moderne Kulturvarietät wird immer auf die Wurzeln einer wilden Rose gepfropft. Dadurch wachsen die Rosen besser und bilden nicht selbst unterirdische Ausläufer. Trotzdem kann es manchmal passieren, daß genau unter der Stelle, wo die Rosen miteinander verwachsen sind, die Unterlage doch zu treiben anfängt.

Durch den anderen Wuchs und kleinere Blätter kann man diesen Wildwuchs leicht erkennen. Lassen Sie wilde Triebe nicht zu lange weiterwachsen – das schwächt die veredelte Rose.

Entfernen Sie an der Basis der Rose soviel Erde, daß genau zu erkennen ist, wo der Unterlagentrieb angefangen hat. Schneiden Sie dann den Zweig an der Basis ab. Dadurch ist die Gefahr geringer, daß dieser wieder treiben wird.

Rosa *'Ferdy Keitoli'*

Das Beschneiden von botanischen (Strauch)-Rosen

Botanische Rosen lassen sich leicht beschneiden: Schneiden Sie in Bodennähe die dreijährigen Zweige ab. Wenn Sie das jedes Jahr wiederholen, haben Sie nach drei Jahren einen neuen Strauch. Das gilt auch für die Rugosarosen. Botanische Rosen und auch die altertümlichen, nicht-weiterblühenden Strauchrosen blühen am schönsten auf zweijährigem Holz. Sie können die Rosen gleich nach der Blüte beschneiden. Schneiden Sie die verblühten Zweige in Bodennähe ab. Die jungen Zweige, die jetzt vollauf wachsen, sollten erhalten bleiben. Das Resultat ist ein immer junger Strauch, der schön aussieht und gut wächst. Denken Sie daran, daß Sie jene Rosen, die Hagebutten produzieren, wegen des Schmuckwertes erst im Winter oder Frühjahr beschneiden dürfen. Wenn diese Rosen zu lange vernachlässigt worden sind, dann sollten sie anschließend direkt über dem Boden abgesägt werden. Ein Jahr ohne Blüten werden Sie dann hinnehmen müssen.

Kletterrosen können auch gut an Pergolen und Gartenzäunen wachsen. Ein solcher weiß angestrichener Zaun verlangt eine Kletterrose, zum Beispiel die Rosa 'New Dawn', eine gut weiterblühende rosa Rose mit großen Blüten.

Rosa 'Zepherine Drouhin' kann als Strauchrose verwendet werden. Als Kletterrose wird der Strauch maximal 3,50 m hoch. Diese Rose, die schon 1868 Kulturpflanze war, hat keine Stacheln.

Das Beschneiden von Spalierrosen

Das Wort besagt es schon: Die Rosen sollen am Spalier entlang geleitet werden. Zu Unrecht sprechen wir oft von Kletterrosen, denn klettern können sie nicht: Sie müssen sie leiten. Spalierrosen, die weiterblühen, produzieren die schönsten Blüten auf zweijährigem Holz. Es ist also wichtig, die jungen Triebe, wenn sie in Bodennähe treiben, anzubinden. Die alten Zweige blühen dann. Schneiden Sie im nächsten Jahr die alten Zweige ab und binden Sie die jungen wieder gut an. Schneiden Sie jedoch die Rosen bis auf den Boden zurück, dann werden sie ein Jahr lang nicht oder kaum blühen.

Das Beschneiden von bodendeckenden Rosen

Für diese Gruppe gelten die gleichen Vorschriften wie für die botanischen Rosen. Zu weit emporragende Zweige schneiden Sie schon im Sommer ab. Anfang des Frühjahres können diese Rosen ausgedünnt werden.

Das Beschneiden von Beetrosen

Beetrosen sind weiterblühende Strauchrosen. Beschneiden Sie diese im Frühjahr und erhalten Sie etwa drei bis fünf schöne Zweige. Alle anderen entfernen Sie in Bodennähe. Wenn Sie einen „ordentlichen" Strauch bekommen wollen, können Sie die verbliebenen Zweige ziemlich einkürzen.

Das Beschneiden von Rosa rugosa (Apfelrose)

Das Gartenamt mäht die Rugosarosen direkt über dem Boden ab. Dadurch werden Pflegekosten gespart. In Ihrem Garten dagegen empfiehlt es sich, jährlich die dreijährigen Zweige abzuschneiden, das ist besser für den Strauch. Sie haben dann immer einen Strauch, der nicht älter als drei Jahre ist. Die zartere *Rosa nitida* verträgt eine größere Vernachlässigung und sieht auch ohne Beschneiden attraktiv aus.

Das Beschneiden von modernen Rosen auf eigener Wurzel

Verschiedene moderne Sorten französischer Herkunft (Meilland) sind nicht gepfropft oder okuliert. Wildwuchs, wobei die Unterlage zu treiben anfängt, gibt es bei diesen Sorten also nicht mehr. Die Blüten brauchen nicht ausgeputzt und auch nicht jedes Jahr beschnitten zu werden. Man kann diese Rosen ganz einfach zurückschneiden oder sogar maschinell beschneiden. Diese modernen Rosen werden oft in öffentlichen Anlagen gesetzt und eignen sich auch sehr gut für Gärten, die nicht immer konsequent gepflegt werden können.

Die Rosa rugosa *ist der beste Lieferant von Hagebutten für Marmelade.*

Rosa 'Blairi Nr.2' ist eine altertümliche Kletterrose, die 1845 entstanden ist. Die Rose klettert bis maximal 5 m; sie ist kein Dauerblüher.

Das Beschneiden von alten Rosen
Viele Rosen aus den Gruppen Damascenen, Centifolia, Pimpinellifolia, Remontant, Bourbon, Alba, Gallica usw. gehören zu den altertümlichen Rosen. Oft haben sie große Blüten, dicht an dicht. Sie werden zu großen, ziemlich wild anmutenden Sträuchern mit überhängenden Zweigen und einem starken Duft. Die Blüte ist meistens kurz; nur drei Wochen. Nur einige dieser Rosen sind frostempfindlich. Manche blühen ein zweites Mal.
In den letzten Jahren ist das Interesse für altertümliche Rosen wieder gestiegen. Viele verschiedene Rassen sind aber endgültig verlorengegangen. Alte (also nicht-gepfropfte) Rosen wissen sich auch nach einer langen Periode der Vernachlässigung – manchmal bis zu fünfzig Jahren – oft noch zu behaupten. Vielleicht gibt es einige verlorengegangene Arten noch in der Nähe von alten Bauernhöfen, einem Friedhof oder Landsitz.
Heute werden alte Rosen sowohl okuliert wie auch als Ableger geliefert. Bei der okulierten Pflanze kann die Unterlage zu treiben anfangen, was sofort unterbunden werden sollte. Diese Pflanzen haben allerdings keinen so starken Trieb wie aus Ablegern gezogene Rosen. Sie nehmen durch die vielen Ausläufer bald eine Menge Platz in Anspruch und eignen sich dadurch weniger für kleine Gärten. Wünschen Sie eine Rose als kompakten Strauch, nehmen Sie eine okulierte! Sie passen auch in kleinere Gärten. In einem weniger kultivierten Garten eignen sich Rosen „auf eigener Wurzel" besser. Manche Rosenzüchter bieten für eine bestimmte Rosensorte beide Möglichkeiten.

Verschiedene Rosen

Austinrosen
Der englische Züchter David Austin hat sich in den vergangenen Jahrzehnten mit dem Kreuzen von alten Sorten mit neuen beschäftigt – um die alte Blumenform und den altertümlichen Duft zu erhalten und gleichzeitig die Resistenz und eine lange Blüte einzukreuzen. Die lockere, natürlich anmutende wilde Form sollte erhalten bleiben.
Die altertümlichen Rosen waren wegen ihrer kurzen Blütezeit weniger beliebt (die letzte Woche im Juni und die ersten zwei Wochen im Juli). Austin hat dieses Problem erkannt und versucht, es zu lösen.

Einige Beispiele:
Rosa 'Chaucer'	1970	rosa	1 m
Rosa 'ShropshireLass'	1968	cremefarben weiß-rosa	2,50 m
Rosa 'Graham Stuart Thomas'	1983	buttergelb	1 m
Rosa 'Pretty Jessica'	1983	warm-rosa	60 cm
Rosa 'Constance Spry' (blüht nicht weiter)	1961	tiefrosa	2 m

Neue Austinrosen, die sich gut mit Stauden kombinieren lassen
Rosa 'Moon beam'	1983	cremefarben bis rosarot	1,30 m
Rosa 'Wild flower'	1986	creme-weiß gelbes Zentrum	0,50 m
Rosa 'Dapple Dawn'	1983	rosa mit Creme-weiß	1,60 m
Rosa 'Windrush'	1984	wie 'Wild Fl.', aber voller	1,30 m
Rosa 'Scintallation'	1968	hell-rosa	1,30 m

Wie bei fast allen Austinrosen fließen die Farben ineinander über, von Gelb zu Rosa oder Rosa zu Creme. Die sanften Farbtöne dieser Blüten harmonieren wunderschön in einem Beet in der Sonne. Sie brauchen keine große Anzahl: Schon eine einzige Rose hat große Wirkung. Ein Sortiment von verschiedenen dieser Rosen erzeugt im Beet kein unruhiges Bild. Man kann sie nur in Spezialbetrieben kaufen.

ROSEN

Eine gelbe Teehybride. Von dieser Gruppe der Strauchrosen gibt es die meisten Sorten.

Remontant-Rosen

Diese Gruppe stammt von den Chinesischen Rosen ab. Es ist unklar, warum diese Rosen nicht in andere Gruppen, wie die Bourbons, eingeteilt wurden. Remontant-Rosen haben dicke, volle, duftende Blüten. „Remontieren" heißt zum zweiten Mal blühen. Die Engländer nennen diese Gruppe die „Hybrid Perpetuals". Diese Bezeichnung ist unrichtig, weil damit suggeriert wird, daß die Rosen ununterbrochen blühen würden. Sie bringen aber ganz eindeutig eine erste und eine zweite Blüte.
Auch von dieser Gruppe sind nur noch einige Dutzend von früher 661 Sorten erhalten, die von William Paul in seinem Buch „The Rose Garden" genannt wurden.

Moschusrosen

Diese Rosengruppe hat als Vorahn die *Rosa moschata*. Anfang unseres Jahrhunderts haben sich besonders zwei Züchter mit dem Kreuzen dieser Gruppe beschäftigt: Lambert in Trier und P. Pemberton in England, der dermaßen von Rosen besessen war, daß er 1914 der Kirche den Rücken zuwandte, um sich ganz dem Kreuzen von Rosen zu widmen.

Teehybriden

Dies sind Kreuzungen, entstanden aus wilden Teerosen, die mit in jener Zeit (Anfang des 19. Jahrhunderts) bekannten Rosen gekreuzt wurden. Die älteste heute noch erhältliche Kreuzung ist 'La France' von 1867, eine gut weiterblühende Rose. Mittlerweile sind viele Tausende Sorten von Teehybriden in allen möglichen Farben gezogen worden. Man verlegte sich beim Kreuzen auch auf die Regenbeständigkeit. Lange Zeit wurde beim Kreuzen zuviel auf Blumenform und Blumengröße geachtet, der Duft dagegen vernachlässigt. In den letzten Jahren spielen Duft und Pflege als Zuchtziel eine wichtige Rolle.
Auch Rosen unterliegen der Mode: Farben im Garten ändern sich genauso wie der Durchschnittsgeschmack bezüglich Blütengröße und „Natürlichkeit" einer Rose. Im Augenblick sind Rosen mit einer Blüte in Pastellfarben sehr beliebt.

Alte Sorten bieten z.B. an:
J. Jensen, Flensburg, und W. Schultheis, Bad Nauheim-Steinfurth

Rosa 'Baronne Prevost' ist eine Remontant-Rose, die bei der zweiten Blüte maximal 1,50 m hoch wird.

Seite 149: Rosa 'Mozart'. Diese Moschusrose wird maximal 1,20 m hoch. Sie ist immer noch beliebt, obwohl sie schon 1937 in den Handel kam.

Heute stammen viele Kreuzungen vom Zuchtbetrieb Louis Lens in Belgien. Sie führen alle Namen von Komponisten. Das Gemeinsame zwischen den Rosen dieser Gruppe ist die üppige Blüte von Ende Juni bis Anfang Juli mit einer guten Nachblüte im September, mit mittelgroßen, bis zur Hälfte oder ganz gefüllten Blüten in Büscheln.

Einige Beispiele:
Rosa 'Cornelia'	rosa, aprikose	1,50 m
Rosa 'Felicia'	aprikose	1,75 m
Rosa 'Katleen'	creme-weiß, hell-rosarot	2 m
Rosa 'Penelope'	aprikose	1,80 m
Rosa 'Prosperity'	creme-weiß, rosa	1,80 m
Rosa 'Vanity'	rosa bis rot	2 m

Moosrosen

Viele hybride Moosrosen stammen von der *Rosa centifolia* var. *muscosa*, einer Abart der *R. centifolia*. Diese Hybriden wurden besonders Mitte des vorigen Jahrhunderts gezüchtet. Damals gab es über achtzig Sorten, von denen mehr als die Hälfte verschwunden ist. Diese Rosengruppe hat Zweige mit sehr vielen Stacheln. Typisch ist die „bemooste" Blumenknospe. Die Knospe fühlt sich klebrig an.

Einige Beispiele:
Rosa 'Général Kleber' (1856)	gemasert	1,50 m
Rosa 'Mousseline' (1855)	creme-rosarot	1,20 m
Rosa 'Nuits de Young' (1845)	samtig violet	1,20 m
Rosa 'René d'Anjou' (1853)	rosa-lila-	1,50 m
Rosa 'centifolia' var. *muscosa* (1824)	altrosa	1,80 m
Rosa 'William Lobb' (1855)	violettrot	2 m

Rosa *'Souvenir de la Malmaison'*

Bourbonrosen

Durch zufällige Kreuzung zwischen Chinesischen und Damascener-Rosen entstand eine Gruppe Rosen mit den weiterblühenden Eigenschaften der Chinesischen Rose und der Wuchsfreudigkeit und Blütengröße der Damascener-Rosen. Von mehr als 400 Kulturvarietäten sind nur noch einige Dutzend in Kultur. Wie die meisten älteren Sorten kann man sie nur bei sehr spezialisierten Züchtern bekommen.

Einige Beispiele:
Rosa 'Boule de Neige' (1867)	rote Knospe weiße Blume	1,50 m
Rosa 'Gruß an Aachen' (1909)	warm rosarot	60 cm
Rosa 'La Reine Victoria' (1872)	dunkelrosa	1,80 m
Rosa 'Louise Odier' (1851)	altrosa mit Lila	1,80 m
Rosa 'Souvenir de la Malmaison' (1843)	sanftrosa	70 cm

Zwergrosen

Das sind niedrige, meistens okulierte Polyantharosen, die in der Höhe von 10 bis 50 cm variieren können. Diese Rosen kann man gut als niedrige Bepflanzung unter Bäumen und als Flächenbepflanzung verwenden. Für diese Anwendungsmöglichkeit brauchen Sie etwa fünfzehn pro Quadratmeter. Diese Rose ist eine teuere Bepflanzung. Aus diesem Grund wird sie meistens als Randbepflanzung und in Blumenkästen eingesetzt. Aus Ablegern gezogene Zwergrosen werden oft als Zimmerpflanzen angeboten. Passen Sie aber auf: Fürs Zimmer eignen sie sich auf Dauer überhaupt nicht.

Einige Sorten:
Rosa 'Baby Gold Star'	gelb und aprikose	30 cm
Rosa 'Baby Carnaval' (Syn.'Baby Maskerade')	zitronengelb mit Rot-Rosa	30-40 cm

Rosa *'La Reine Victoria'*

Rosa 'Colibri'	aprikose mit Orange	20-30 cm
Rosa 'Cinderella'	weiß und rosa	30 cm
Rosa 'Frosty'	rosa, später weiß	20-30 cm
Roas 'Little Buckaroo'	hellrot	40 cm
Rosa 'Peon' (Syn. 'Tom Thumb')	karmesinrot mit Weiß	10 cm
Rosa 'Phoenix'	karmesin, orange	30 cm
Rosa 'Pink heather'	lila	20-30 cm
Rosa 'Rouletii'	tiefrosa	25 cm
Rosa 'Royal Salute'	rosa-rot	30 cm
Rosa 'Scarlet Gem'	orangerot	20-30 cm
Rosa 'Yellow Doll'	creme-gelb	30 cm

TIP

Rosen mit dekorativem Blatt

Diese eignen sich ausgezeichnet fürs Blumenbinden:

Rosa moyesii
Rosa multibracteata
Rosa nitida
Rosa rubrifolia
Rosa willmottiae
Rosa farreri var. *persetosa*
Rosa omeiensis var. *pteracantha*

Die Hagebutten der
Rosa willmottiae

Bei Rosen denken wir an erster Stelle an die Blumen. Unterschätzen Sie aber die herrlichen Hagebutten nicht! Rosen, die im Herbst schöne Hagebutten tragen, sind:

Rosa rugosa
Rosa pomifera
Rosa pendulina
Rosa moschata
Rosa setipoda
Roas fargesii
Rosa virginiana
Rosa multibracteata
Rosa rubrifolia

Diese Rosen wachsen alle ziemlich üppig und brauchen viel Platz.

Patiorosen

Wir versuchen Rosen in Gruppen zu gliedern, woraus man sofort die Art des Wuchses herleiten kann. Die Gruppe der Patiorosen bildet hier eine Ausnahme: Der Name hat mehr mit dem Standort und dem Gebrauchswert zu tun. Diese Gruppe moderner Rosen hat eine Laubdichte, die jener der Zwergrosen entspricht, und eine Höhe, die sich mit der der Polyantharosen vergleichen läßt, aber die Blüten sind viel kleiner.

Die Pflanzen dehnen sich nicht so aus wie die kriechenden Rosen. Die Gruppe setzt sich ausschließlich aus modernen Sorten mit Duft zusammen. Alle folgenden Sorten sind nach 1980 gezüchtet worden:

Rosa 'Anna Ford'	orangerot	45 cm
Rosa 'Apricot Sunblaze'	orangerot	40 cm
Rosa 'Arctic Sunrise'	rosarot/weiß	45 cm
Rosa 'Cider Cup'	aprikosenfarben	45 cm
Rosa 'Clarissa'	orange-gelb	60 cm
Rosa 'Dainty Dinah'	lachsrosa	45 cm
Rosa 'Hotline'	hellrot	30 cm
Rosa 'Little Prince'	orangerot mit gelbem Zentrum	45 cm
Rosa 'Meillandina'	rot	40 cm
Rosa 'Perestroika'	hellgelb	30 cm
Rosa 'Striped Meillandia'	rot-weiß gestreift	30 cm
Rosa 'Yellow Sunblaze'	gelb, rosa Rand	40 cm

Eine von Redouté gemalte York-and-Lancaster-Rose, Rosa damascena *'Versicolor'. Diese Rose wird oft mit der* Rosa gallica *'Versicolor' (Rosa mundi) gleichgesetzt. Beide haben gestreifte Blüten und waren schon im 16. Jahrhundert in Kultur.*

Hochstammrosen

Bei Rosen sprechen wir nie von Stockrosen. Damit wird eine Staude aus der Malvenfamilie bezeichnet. Statt dessen sagen wir Hochstammrosen. Es gibt Hochstammrosen in verschiedenen Höhen. Für Töpfe eignen sich die niedrigen von 50 cm am besten. Für den Garten kommen die Rosen mit einer Höhe von 1,20 m in Betracht, während die Trauerrosen (meistens sind das kleinblütige Spalierrosen, die auf eine Unterlage gepfropft wurden) meistens 1,50 m hoch sind.

Die meisten Hochstammrosen sind frostempfindlich. Nur einige sind so winterfest, daß sie im Winter nicht eingewickelt werden müssen. Entscheiden Sie sich, ob Sie den ganzen Winter Stroh oder Tannenreisig sehen wollen, oder ob Sie lieber eine Rose wählen, die vielleicht nicht Ihre bevorzugte Farbe hat, die sich dafür aber das ganze Jahr ohne Schutz sehen lassen kann. Kleinblütige Rosen sind immer am schönsten. Die großen Rosenblüten stehen in einem schlechten Verhältnis zu den dünnen Stämmen.

Gestreifte Rosen

Altertümliche Rosen mit viel Duft und einer kurzen Blüte, aber mit herrlichen gestreiften Blüten sind selten. Doch es lohnt sich, einen spezialisierten Gärtner ausfindig zu machen, der sie liefern kann.

Einige Beispiele:
Rosa 'Variegata di Bologna', weiß, purpurne Streifen
Rosa 'Tricolore de Flandre', hellrot, violette Streifen
Rosa 'Pompon Panachée', creme, rosarot gestreift
Rosa 'Gros Provins Panachée', rosarot, weiß gestreift
Rosa 'Chateau de Namur', sanftrosa, weiß gestreift
Rosa 'Mécéne', weiß, lila/rosa gestreift
Rosa 'Frankfurt', rot, scharlachrot gestreift
Rosa 'Sophie de Marsilly', rosarot, weiß gestreift
Rosa 'Commandant Beaurepaire', tiefrosa, purpurfarben und weiß gestreift
Rosa 'Ferdinand Pichard', rosarot, karmesinrot gestreift

Die bekannteste gestreifte Rose ist die *Rosa gallica* 'Versicolor', die schon im 16. Jahrhundert eine Kulturpflanze war. Diese Rose wächst noch oft in der Nähe von alten Bauernhöfen und Landsitzen. Sie blüht rosa/rot, mit unregelmäßigen sanftrosa und hellen Streifen.

Verschiedene Spalierrosen

Pflanzen Sie Spalierrosen mindestens 10 cm von der Mauer entfernt. Die Fundamente des Hauses ragen unterirdisch immer nach außen hin hervor. Wenn Sie die Rose auf die Fundamente pflanzen, so ist die Austrocknungsgefahr ziemlich groß. Der meiste Regen kommt aus dem Westen, deshalb muß auf der Ostseite öfter gegossen werden. Setzen Sie die Rosen vorzugsweise auf der Südostseite oder der Südwestseite ein. Eine Spalierrose auf der Südseite wird schneller von Mehltau befallen, einem Pilz, der besonders in einem trockenen Sommer die Rosen stark angreift.

Ein sogenanntes „Trompe d' Oeil" ist ein Spalier für Kletterpflanzen, mit dem eine Tiefenwirkung vorgetäuscht wird, die es in Wirklichkeit nicht gibt. So ein Spalier eignet sich für Rosen, weil die offene Struktur der Spalierrosen auch noch etwas vom Spalier offen läßt, was die Wirkung nur verstärkt.

Sie haben eine reiche Auswahl an Blütenfarben:
rot: Rosa 'Dortmund'
      Rosa 'Flammentanz'
      Rosa 'Parkdirektor Riggers'
      Rosa 'Paul's Scarlet Climber'
rosa: Rosa 'Albertine'
      Rosa 'American Pillar'
      Rosa 'New Dawn'
gelb: Rosa 'Elegance'
      Rosa 'Golden Showers'
      Rosa 'Leverkusen'
weiß: Rosa 'Snowflake'
      Rosa 'Direktos Benshop'

Manche Rosen wachsen bis zu 10 m hoch! Bauen Sie dann einen größeren Bogen. Das wohlbekannte Rosentor ist viel zu klein für die Gruppe von Kletterrosen.

Rugosarosen

Rosa rugosa, die Apfelrose, bildet eine schöne Hecke mit einer Höhe von 1,20 m. Leider wird diese Rose oft in gemischten Farben geliefert. Bestellen Sie die Rosen mit ihren Namen, dann können Sie sie nach Ihren eigenen Farbwünschen mischen oder nur eine Farbe wählen. Folgende Liste kann Ihnen dabei helfen:

Rosa 'Blanc Double
  de Coubert'   rein weiß   doppelt
Rosa 'Cibles'   rot mit gelbem Herzen

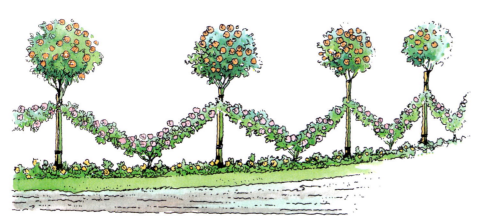

Die Rosen eines Biedermeier-Rosenkranzes können an Ketten geleitet werden. Die Pfähle, an denen die Ketten befestigt wurden, bilden auch eine Stütze für die Hochstammrosen.

Rosa 'F.J. Grootendorst'	rot	kleinblumig, doppelt
Rosa 'Hansa'	dunkelviolett	doppelt
Rosa 'Mrs. A. Waterer'	rot	doppelt
Rosa rugosa Var. rubra	rot	einzeln
(diese Rose hat die größten Hagebutten)		
Rosa 'Sarah van Fleet'	pastellrosa	halbgefüllt
Rosa 'Roseraie de l'Hay'	karmesin	doppelt
Rosa 'Pink Robusta'	rosa	halbvoll
Rosa 'Scabrosa'	violett	einzeln
Rosa 'Schneezwerg'	rein weiß	halbgefüllt

Handelsüblich sind mehr als 2000 verschiedene Rosensorten. Nirgendwo gibt es alle auf Lager; wer sich etwas Besonderes wünscht, muß oft länger warten.

Rosen in der Farbe Ihres Wunsches müssen Sie meist bestellen. Lassen Sie sich durch die Wartezeit nicht abschrecken! Bedenken Sie, daß Sie die Rose dann viele Jahre lang genießen können. Eine ungewünschte Farbe würde doch sehr stören.

Trauerrosen auf Unterlage

Einige Sorten von Spalierrosen werden auf eine Unterlage von meistens 1,50 m okuliert, von der sie sich herabhängen lassen. Sie heißen dann Trauerrosen. Beim Schnitt sollen die Äste ausgedünnt, aber nicht völlig zurückgeschnitten werden.

Handelsübliche Sorten:
Rosa 'Alberic Barbier'	creme/weiß
Rosa 'Albertine'	lachsrosa
Rosa 'Aloha'	cyklamenrosa
Rosa 'Dorothy Perkins'	hellrosa
Rosa 'Excelsa'	karmesinrot
Rosa 'Green Snake'	weiß
Rosa 'New Dawn'	sanft-rosa
Rosa 'Swany'	weiß
Rosa 'Zepherine Drouhin'	dunkelrosa

Die vier letzten Rassen sind weiterblühend.

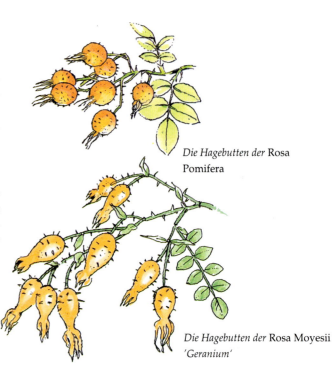

Die Hagebutten der Rosa Pomifera

Die Hagebutten der Rosa Moyesii 'Geranium'

Rosen, die an Bäumen klettern können

Rosen, die an Bäumen klettern können, sind besonders während der Blüte ein spektakulärer Anblick. Folgende Sorten eignen sich dafür:
Rosa 'Bobby James'
Rosa 'Kiftsgate'
Rosa 'Kew Rambler'
Rosa 'Alberic Barbier'
Rosa 'Frances E. Lester'
Rosa 'René André'
Rosa 'Seagull'
Rosa longicuspis
Rosa gentiliana
Rosa helenae
Rosa multiflora

Alte Obstbäume, die nicht mehr produktiv sind oder die keine gute Form mehr haben, können

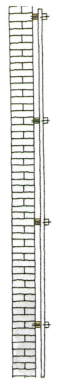

Befestigen Sie die Latten einige Zentimeter von der Mauer entfernt! Dadurch können Sie den Bindfaden leichter an die Latten binden. Außerdem fängt das Spalier weniger schnell zu modern an, wenn es die Mauer nicht berührt.

Rosa *'Mme Pierre Oger'*

verschönt werden, wenn man Kletterpflanzen daran wachsen läßt. Die Kletterrosen aus der Liste eignen sich alle dazu. Kletterrosen sehen weniger kultiviert aus und können einen Obstbaum total überwuchern. Die Blüte ist kurz und beschränkt sich meistens auf die letzte Woche des Juni und die ersten zwei Wochen des Juli. Aber wenn sie blühen, haben sie eine überwältigende Blütenfülle und einen starken Duft.

Winterharte Rosen

Rosen stammen ursprünglich aus China, Japan, Nordamerika und Europa. Ihre Frostbeständigkeit ist sehr unterschiedlich. Namhafte Rosenzüchter gibt es in Deutschland (Kordes, Tantau), Frankreich (Meilland), England (Austin, Harkness), Belgien (Lens), Dänemark (Poulsen) und den Niederlanden (Buisman, De Wilde, Moerheim).

Manche altertümlichen Sorten sind sehr frostempfindlich. Auch Rosen auf einer Unterlage sind in der Regel nicht immer winterfest. Für Strauchrosen ist das kein großes Problem, weil wir die Erde, die zwischen den Rosen liegt, im November an den Sträuchern hochschippen können. Dann kann auch neuer Stalldünger zugefügt werden. Eigentlich erfrieren Rosen nicht, sondern vertrocknen durch die Wintersonne, deshalb schützt die aufgetragene Erde genug Knospen für den Austrieb im Frühjahr.

Bei Hochstammrosen soll die Krone eingewickelt werden, am besten mit Stroh oder Tannenreisig. Oft sieht man, daß Plastiksäcke um den „Kopf" gebunden wurden. Wir können uns fragen, ob die Schönheit im Sommer die Häßlichkeit dieser Frostschutzmethoden wohl aufwegt. Wenn Sie nicht mit allerhand eingewickelten Pflanzen konfrontiert werden wollen, dann gibt es die Möglichkeit, Hochstammrosen in Töpfen zu ziehen – vergessen Sie nicht, daß Sie große Töpfe nehmen, so daß sie nicht das Gleichgewicht verlieren – und diese Rosen in einem kühlen Schuppen überwintern zu lassen. Hochstammrosen können auch vorsichtig zum Boden umgebogen werden. Die Krone kann dann mit einigen ausgestochenen Rasenstücken oder mit Erde überdeckt werden. Den Stamm sollte man verkeilen, so daß er nicht mehr hochkommt.

Es hat sich gezeigt, daß einige Hochstammrosen auch strenge Winter gut überstehen können, u.a. *Rosa* 'Excelsa', *Rosa* 'De Meaux' und *Rosa* 'White Dorothy Perkins'.

Bei altertümlichen Rosen wie dieser Gallicarose fallen die Blätter nicht ab. Alte Blüten sind abzuschneiden. Diese Rosengruppe hat nur eine kurze Blütenperiode: die letzte Woche des Juni und die ersten zwei Wochen des Juli. Der unübertroffene Duft bleibt aber bestimmt ein Jahr lang in Erinnerung.

Farbtöne und Kombinationen

Bei den Rosen gibt es Tausende von Sorten. In den meisten Gartencentern erhält man nur einige wenige; beim spezialisierten Rosenzüchter einige Hunderte. Grelle Farben sollte man nicht zusammenpflanzen.

Durch das große Angebot besteht die Gefahr, daß man den Überblick verliert. Besuchen Sie im Sommer einmal einen Rosengarten, dessen Rosen mit einem Namensschild versehen sind, so bekommen Sie einen guten Eindruck von den Möglichkeiten. Es gibt auch viele Privatgärten, die man ab und zu besichtigen kann und natürlich viele Parks und Züchter, bei denen man ausreichend Rosen sieht.

Frostempfindliche Rosen kann man nicht mit Stauden kombinieren; jene müssen ja beerdet werden. Auch mit Blumenzwiebeln lassen sich diese Rosen nicht kombinieren. Rosen mit offenen Einzelblüten eignen sich ausgezeichnet dazu, zwischen Stauden zu stehen: *Rosa* 'Dainty Bess', *Rosa* 'White Wings' und *Rosa* 'Sally Holmes' zum Beispiel.

In einer wilden Hecke und im Vogelwäldchen können Sie botanische Rosen ruhig gewähren lassen.

Für ein Sträucherbeet eignen sich Parkrosen ausgezeichnet. Ein Staudenbeet, in dem Rosen vorherrschen, ist ebenfalls gut möglich.

Gute Kombinationen wären zum Beispiel: *Rosa* 'Schneewittchen' mit Akelei, *Stachys* und *Allium azureum* und am Rande mit wolligem Thymian. Trauerrosen auf Unterlage eignen sich ausgezeichnet für einen Platz an einer Ecke des Beetes, vorzugsweise in Kombination mit einer niedrigen Staude darunter. Sie können auch in einer langen Reihe, zum Beispiel an einem Weg oder einem Rasen eingesetzt werden. Eine einzige Hochstammrose in einem Beet hat im allgemeinen nicht die erwünschte Wirkung.

Eine einzelne Rose könnten Sie dann besser in einen großen Topf oder Kübel stellen. Unter der Rose kann im Topf ein immergrüner Bodendecker eingesetzt werden, zum Beispiel *Campanula portenschlagiana* oder *Vinca minor* oder *V. major* oder eine kriechende Rose, die wie ein Wasserfall über den Topfrand hängt.

Ein Rosenbeet mit hellroten 'Allotria'-Rosen. Die grelle Farbe wird gemildert durch einen Schleier von Fenchel (Foeniculum vulgare 'Giant Bronze'). Setzen Sie Fenchel nur neben den größeren Teehybriden ein.

Höhere Stauden, die sich gut mit Rosen kombinieren lassen, sind:

Alchemilla mollis	grüngelb
Aster dumosus	verschiedene Farben
Campanula carpatica 'Alba'	weiß
Campanula lactiflora 'Loddon Anne'	rosarot
Leucanthemum maximum 'Little Silver Princess'	weiß
Geranium endressii 'Walgrave Pink'	rosarot
Lavandula, verschiedene Rassen	blau-violett
Nepeta faassenii	hellblau
Potentilla nepalensis 'Miss Wilmott'	rosarot
Salvia nemorosa	blau
Veronica spicata	blau

Rosen und Stauden bilden oft eine gute Kombination. Links die Rose 'Maiden's Blush', rechts: 'Aloha'.

Rosen mit Clematis kombiniert

Kombinieren Sie Rosen mit Clematis, das schöne Ergebnis wird Sie bestimmt überraschen! Großblütige Clematissorten blühen gleichzeitig mit den Rosen, fangen aber meistens früher an, Blüten zu treiben. Viele Clematissorten blühen auf zweijährigem Holz und dürfen deshalb nicht zu stark zurückgeschnitten werden. Darum eignen sich diese Sorten dazu, durch Kletterrosen zu wachsen. Wählen Sie dafür großblütige Spalierrosen, so daß die Blüten im richtigen Verhältnis zueinander stehen. Geeignete Clematissorten zum Kombinieren mit Rosen sind beispielsweise:

Clematis 'Henryi'	weiß
Clematis 'Kathleen Dunford'	rosa-violett
Clematis 'Mme. le Coultre'	weiß
Clematis 'Mrs. Cholmondeley'	lavendelblau
Clematis 'Nelly Moser'	rosa gestreift
Clematis 'Rouge Cardinal'	weinrot
Clematis 'The President'	violettblau
Clematis 'Vina'	rosa

Sie können sich für einen deutlichen Kontrast entscheiden oder für eine geringe Farbnuance. Persönlicher Geschmack im Garten äußert sich nicht nur durch die Anlage großer Flächen, sondern auch gerade durch die Details.

Ein Rosengarten: pralle Sonne auf eine offene Stelle. Krankheiten und Schädlinge werden bei dieser Plazierung auf ein Mindestmaß reduziert. In diesem Garten hat man sich für ausschließlich altertümliche Rosen entschieden, die schon in der Bauzeit des Hauses (1868) in Kultur waren (Rosarium Oosterhouw, Leens).

Charakteristisch für den Bauerngarten ist eine niedrige geschorene Hecke, so daß Vorübergehende die fröhlichen Blumen auch genießen können. Die Spalierrose 'Dorothy Perkins' gedeiht prima an der dunklen Mauer, zusammen mit der ganz links alleinstehenden rosa Stockrose (Althaea rosea).

Krankheiten

Wie alle anderen Pflanzen sind auch Rosen empfindlich gegen Krankheiten und Schädlinge. Die wichtigsten nennen wir hier zusammen mit den eventuellen Maßnahmen, die Sie treffen können.
Erstens ist vorbeugen besser als heilen! Pflanzen Sie darum Rosen nur an eine Stelle, an der der Wind freies Spiel hat. Da werden die Rosen nach Regen und Tau schneller trocknen, wodurch Pilzbefall weniger auftritt. Die Rosen sind in die Sonne zu pflanzen; nur wenige vertragen den Schatten.
Kleine Gärten in der Stadt zwischen hohen Gebäuden eignen sich für Rosen also nicht. Oft treten hier viele Blattläuse auf.
Wenn Sie einen optimal blühenden Rosengarten wünschen, so ist Pilzbekämpfung mit chemischen Mitteln nicht zu vermeiden. Im Fachgeschäft redet man von „Pflanzenschutz" statt von „Krankheitsbekämpfung". Dieser Euphemismus führt zu Nachlässigkeit im Umgang mit solchen Mitteln, während gerade Umsicht gefragt ist, damit die Rosen nicht durch eine zu hohe Konzentration geschädigt werden. Dadurch könnte nämlich leicht Laubverbrennung entstehen. Auch würde dann die Umwelt stärker belastet als notwendig.
Kontrollieren Sie die Rosen wöchentlich auf Befall durch Mehltau und Sternrußtau und fangen Sie gleich nach den ersten Anzeichen zu spritzen an. Geht es nur um wenige Rosen, entfernen Sie auch das schon abgefallene Blatt, um den Befall für die nächste Saison zu beschränken.

Wo kaufen Sie Rosen?

Unter Rosenfreunden ist es üblich, die Rosen direkt vom Züchter zu kaufen. Fast alle Rosenzuchtbetriebe versenden per Post oder Paketservice. Sie haben die Wahl aus einem großen Sortiment. Gartencenter bieten nur ein kleines Sortiment, das sich jährlich ändert. Wenn in Ihrem Rosenbeet eine Rose abstirbt, dann ist es oft schwer, die gleiche Sorte ein Jahr später wieder zu bekommen.
Man soll unbedingt den Namen der Sorte kennen. Nur „hohe doppelte rote" oder „gelbe Kletterrose" können nicht garantieren, daß Sie die gleiche Rose bekommen, die Sie schon einmal hatten.

Rosa *'Souvenir du Dr. Jamain'*

Rosa gallica *'Officinalis'*

Rosa *'Tour de Malakoff'*

Die Rosengallwespe verursacht diese Verwachsung.

Buxushecken, aber auch Halbsträucher wie Lavendel und Santolina können einen Rand für Rosenbeete bilden. Besonders Teehybriden und Polyantharosen verlangen so einen Rand.

Rosen in Containern sind am besten in Gartencentern zu kaufen, sonst ist der Versand zu teuer.
In Supermärkten und Kaufhäusern kann man oft verpackte Rosen kaufen, vor allem im Frühjahr. Öffnen Sie vor dem Kauf die Verpackung und achten Sie auf die Qualität: Sind die Wurzeln feucht? Ist der Austrieb nicht schon zu weit fortgeschritten? Besonders dieser letzte Aspekt ist wichtig. Das Geschäft ist oft zu warm, um Rosen aufbewahren zu können.
Ein anderes Merkmal, auf das Sie achten sollten: Gibt es drei dicke Zweige? Eine A-Qualität-Rose läßt sich schwer verpacken. Darum werden die „Ein- und Zweizweiger" (= B-Qualität) meist verpackt verkauft.
Alle guten Zuchtbetriebe und Gartencenter garantieren die Sortenreinheit: Sie wissen, was Sie kaufen. Anwuchsgarantie kann keiner gewährleisten. Es gibt zu viele mögliche Ursachen, warum eine Pflanze nicht anwurzelt. Bedenken Sie dabei aber, daß das fast immer an der Pflege während und nach dem Pflanzen liegt, nicht an der Pflanze selber.

Rosenvereine

In aller Welt gibt es Rosenvereine, die Kenntnisse austauschen. Viele dieser Vereine geben ihre eigene Zeitschrift heraus.

Hier eine hilfreiche Adresse:
Verein deutscher Rosenfreunde e.V.
Waldseestraße 14
D-76530 Baden-Baden

TIP

Rosen im Staudenbeet
Manche Rosen haben Einzelblüten und sind in der Form nicht sehr wild. Sie gehören zu den Teehybriden und Polyanthas und werden nicht größer als 1 m. Sie passen ausgezeichnet zu Stauden. Die Blüte dauert den ganzen Sommer über:

Rosa 'Mrs. Oakley Fisher'	gelb
Rosa 'White Wings'	weiß, dunkle Staubblätter
Rosa 'Sally Holmes'	rosarot
Rosa 'Dainty Bess'	hellrosarot

Vielleicht werden die zur Zeit „verschwundenen" Rosen 'Irish Elegans' und 'Irish Fireflame' auch einmal wieder im Handel erhältlich sein.

6 Der Nutzgarten

Wer einen Garten hat, erlebt bewußt den Wechsel der Jahreszeiten! Das erste Laub, die Baumblüte, reife Kirschen, frisches Gemüse, leuchtende Herbstfarben: alles zeigt, wie weit das Jahr fortgeschritten ist!

Eines der schönsten Erlebnisse eines Nutzgartens ist der Wachstumsprozeß der Gemüsearten und das Warten auf den Augenblick, wenn das selbst gezüchtete Gemüse gegessen werden kann. Wer einen Gemüsegarten hat, hat immer etwas auf Lager für unerwartete Gäste, die zum Essen bleiben – wenn nicht direkt aus dem Garten, dann doch aus der Gefriertruhe oder dem Weckglas.

Der Zierkürbis gleicht, was den Wuchs angeht, stark der Gurke und dem Kürbis. Geben Sie ihm darum ausreichend Platz.

Die Farben in diesem Renaissancegarten werden von den verschiedenen Gemüsearten gebildet.

Die Anlage des Gemüsegartens

Ein Gemüsegarten verlangt eine sonnige Stelle. Früher legte man den Gemüsegarten immer an der geschütztesten Seite des Hauses an. Ein an einer warmen Stelle angelegter Gemüsegarten bringt nach dem Einsäen ein schnelleres Resultat und einen höheren Ertrag. Gemüsegewächse sehen schön aus, besonders wenn sie nach einem bestimmten Muster gepflanzt werden. Es ist also nicht notwendig, den Gemüseteil hinten im Garten anzulegen. Geben Sie ihm einen Platz in der Nähe der Küchentür und bepflastern Sie die Wege gut, so daß Sie auch bei schlechtem Wetter ohne Probleme in den Gemüsegarten gehen können.

Wenn man auf den Gemüsegarten ausblickt – vielleicht befindet er sich sogar im Vorgarten –, soll die Pflege natürlich perfekt sein. Gleiches gilt, wenn die Terrasse in der Nähe ist, so daß Sie den Gemüsegarten oft sehen.

Glasglocken für den Garten und Gartentöpfe aus Terrakotta beleben den Gemüsegarten. Am vielleicht vorhandenen Bretterzaun auf der Südseite des Gemüsegartens können Trauben, Kiwis, die Japani-

sche Weinbeere (*Rubus phoeniculasius*) und sogar Feigen wachsen. Größere Fachkenntnisse verlangen die Spalierpfirsiche und Spalieraprikosen. Machen Sie den Gemüseabschnitt nicht zu groß: Wenn Sie regelmäßig neue Pflanzen an den Stellen einsetzen, wo gerade geerntet wurde, so genügt ein Grundstück von 5 x 8 m, um damit zwei Personen vom April bis zum November täglich mit frischem Gemüse zu versorgen. Zu klein anfangen und später ausdehnen ist günstiger, als daß die Pflege außer Kontrolle gerät. Bei der oben erwähnten Größe kann man nicht alle Gemüsegewächse züchten.

Salat gibt es in verschiedensten Sorten. Den „Lollo Rosso" kann man auch mal ins Kraut schießen lassen. Nach einigen Jahren ist das Bepflanzen eines kleineren Gemüsegartens ein wahres Vergnügen, wobei Sie Verfeinerungen in Form und Blattfarbe probieren können. Sie werden dabei bald herausfinden, daß viele Gemüsegewächse sich auch zwischen anderen Pflanzen gut ausmachen. Wie klein der Garten auch ist, ein Gemüsebeet paßt immer hinein. Ziehen Sie in einem kleinen Garten nur zierliche Gemüsearten. Erdbeerpflanzen sind da ein gutes Beispiel; man kann sie auch außerhalb des Gemüsegartens einsetzen: als Ränder an Pfaden entlang oder vor einem Blumenbeet.

Ein Gemüsegarten verlangt doch ziemlich viel Pflege. Bevor Sie damit anfangen, müssen Sie sich darüber klar sein, daß er Sie ziemlich viel Zeit kosten wird. Das gilt nicht nur für den Garten selber, sondern auch für andere anfallende Arbeiten wie das Einfrieren von Gemüse und das Putzen von Obst.

Jedes Frühjahr ist es wieder eine große Freude zu sehen, wie die großen Blätter des Rhabarbers sich entwickeln.

DER NUTZGARTEN

Kräuter, aber auch Gemüsearten, können auf verschiedene Weisen zubereitet werden. Eine Kombination von Kräutern und Gemüsearten ist dekorativ und als frische Beilage immer beliebt.

Mespilus gemanica

Das Bepflanzungsschema

Machen Sie zunächst einen Plan: Eine Aufteilung im Gemüsegarten ist sehr wichtig, wenn Sie mehrere Arten abwechselnd ziehen wollen. Zeichnen Sie im Frühjahr einen Plan, auf dem deutlich angezeigt ist, wo und was gesät und gepflanzt wird. Teilen Sie darum den Gemüsegarten in drei Abschnitte ein: einen für Erbsen und Bohnen, einen für Kohlsorten und einen für die übrigen Arten. Sie können jetzt die Sorten jährlich wechseln – das nennt man in Fachsprache Fruchtwechsel. Dieses System ist notwendig, um Krankheiten vorzubeugen, aber auch für ein gutes Düngeschema. Im Gartenbau ist Wechselwirtschaft etwas komplizierter, aber der Hobbygärtner kann mit dieser einfachen Methode gut zurechtkommen.

Die Vorbereitung des Einsäens und Pflanzens

Der Gemüsegarten ist vorzugsweise im Spätherbst (Dezember) umzugraben, so daß die Erde im Winter durchfrieren kann.

Wenn sich der Boden in einem regenreichen Winter verdichtet hat, so kann im Frühjahr noch einmal leicht umgegraben werden. Sobald die Erde im Frühjahr trocknet und dadurch eine hellere Farbe bekommt, kann die Arbeit mit der Harke anfangen. Machen Sie gerade Beete und harken Sie sie flach. Bei guten Wetterbedingungen wird die Erde leicht zerkrümeln.

Das Einsäen

Der Samen soll kühl und trocken gelagert sein. Wenn Sie alten Samen nicht richtig gelagert haben, so nimmt die Keimkraft ab und Sie sollten besser neues Saatgut bei einer guten Adresse kaufen. Nichts ist so störend, wie wenn Sie sich bemühen, den Gemüsegarten in Ordnung zu bringen, und der Samen nicht aufgeht.

Es gibt zwei Möglichkeiten zu säen: Bei einer Methode wird das Saatgut gleichmäßig verteilt. Dies ist vorzuziehen bei Gewächsen wie Portulak und Stielmus. Wenn breitwürfig gesät wird, ist es schwer, Unkrautkeimpflanzen von den Keimpflanzen des Kulturgewächses zu unterscheiden. Wenn Sie keine ausreichende Erfahrung auf diesem Gebiet haben, empfiehlt es sich in Reihen zu säen, um das genannte Problem zu vermeiden. In Reihen säen hat Vorteile: Das Gemüse geht gleichmäßiger auf, das

Unkräuter sind im Keimstadium kaum von Kulturpflanzen zu unterscheiden. Erst anhand der Blätter, die nach den Keimblättern folgen, kann man den Unterschied sehen.

Das Trocknen von Pflanzen an einem Gartenschuppen verleiht dem Kräutergarten einen zusätzlichen Charme.

Unkraut läßt sich leichter jäten (mit der Stoßharke kann zwischen den Reihen gearbeitet werden), und es kann während des Wachtums regelmäßiger ausgedünnt werden. Auch für Gemüsearten, die beschnitten werden müssen, sind Reihen praktischer. Wer zum ersten Mal einsät, sät bestimmt zu dicht. Natürlich soll Spinat schon dichter gesät werden als Karotten, aber bedenken Sie vorher, wie groß die Pflanzen werden! Ausdünnen während der Wachstumsphase wird sowieso notwendig sein. Nach dem Einsäen muß das Saatgut in den Boden geharkt werden. Am besten können Sie mit der Hand ein wenig zerkrümelte Erde über die Reihen streuen und nur leicht festdrücken.

Bewässern Sie Samen und keimende Pflänzchen täglich. Nehmen Sie diesen Gartenabschnitt regelmäßig, am besten täglich, in Augenschein. Ein Gemüsegarten, der hinter einer Beerenhecke hinten im Garten liegt, wird nie jene Aufmerksamkeit bekommen, die er braucht: Legen Sie den Gemüsegarten also an einer Stelle an, die Sie regelmäßig sehen.

Vorkultur

Gemüsearten, die mehr Wärme brauchen, können in einem Gewächshaus oder Kasten vorgezogen werden. Pflanzen Sie vorzugsweise bei regnerischem Wetter aus, bei sonnigem Wetter abends. Schneiden Sie lange Pfahlwurzeln ein wenig zurück; das ist besser, als daß sie krumm oder schräg in die Erde gepflanzt werden. Wenn Pflanzen im

An Stellen, an denen die Luftfeuchtigkeit dauernd hoch ist, bilden sich Dutzende von Moosarten. Wenn sich an Ihren Obstbäumen Moos entwickelt, brauchen Sie es nicht zu entfernen, es fügt dem Baum keinen Schaden zu.

Tunnel aus Kunststoff verfrühen die Ernte. Einen ähnliche Wirkung hat das Abdecken mit Gartenbauvlies.

Frühbeet zu dicht aufeinander stehen, können sie leicht von Pilzen befallen werden. Kontrollieren Sie regelmäßig, ob ausgedünnt werden muß. Pflanzen, die mehr Platz haben, wachsen weniger langgestreckt, dafür aber kräftiger.

Jäten

Die meiste Arbeit im Gemüsegarten macht das Jäten. Vernachlässigen Sie ihn in dieser Hinsicht nicht. Die einjährigen Unkräuter, die es am meisten im Gemüsegarten gibt, bilden bald Samen. Diese Samen keimen manchmal erst nach einigen Jahren. Jäten Sie vorzugsweise bei trockenem, sonnigem Wetter – zurückgebliebene Unkrautpflanzen werden an der Sonne austrocknen.

Wenn das Unkraut nach dem Urlaub zu stark aufgegangen ist, so kann es besser an feuchten Tagen entfernt werden. Mehrjährige Wurzelunkräuter wie Quecke und Giersch gibt es in einem gut gepflegten Gemüsegarten nicht. Sollten sie am Anfang doch vorhanden sein, sorgen Sie dafür, daß diese Unkräuter nicht überirdisch wachsen können: jede Woche pflücken und mit der Stoßhacke entfernen genügt einen ganzen Sommer lang.

Nach jedem größeren Regenschauer sollte die Erde, wenn sie sich verdichtet hat, aufgelockert werden. Das verhindert Unkrautwuchs, weil der Boden dann schneller trocknet und mehr Sauerstoff für die Wurzeln der Kulturgewächse durchläßt. Der trockenere Boden erwärmt sich schneller.

Wer oft die Hacke anwendet, braucht nicht zu jäten. In der trockenen Oberschicht der Erde können Unkrautsamen nicht keimen. Hacken ohne Unkraut scheint überflüssig zu sein, bedenken Sie aber, daß Jäten viel mehr Arbeit bedeuten würde.

Gießen

Regenwasser ist besser für Ihre Pflanzen als Leitungswasser. Nehmen Sie das Wasser vorzugsweise aus einem Brunnen oder Graben. Füllen Sie die Gießkanne gleich nach dem Gießen wieder auf. Das Wasser in der Gießkanne hat dann einen Tag Zeit, die richtige Temperatur zu bekommen. Kaltes Wasser schockt die Wurzeln. Bewässern Sie am besten abends. Die Verdunstung ist dann weniger stark als tagsüber.

Die Theorie, daß es für die Pflanzen schlecht wäre, tagsüber bewässert zu werden, kann man ins Reich der Fabeln verweisen. Sie können dadurch nicht verbrennen. Wassertropfen wirken zwar als Vergrößerungsglas, aber durch die Verdunstung bleibt das Blatt kühl.

Die Pflanzen

Es ist auffallend, daß die weitaus meisten Pflanzen, deren Früchte wir essen, zu nur wenigen Familien der Pflanzenwelt gehören. Einige Beispiele dazu wären:

Saxifragaceae (Steinbrechfamilie): Stachelbeere und Johannisbeere.
Rosaceae (Rosenfamilie): Apfel, Birne, Pflaume, Pfirsich, Brombeere, Himbeere und Erdbeere.
Urticaceae (Brennesselfamilie): Hopfen, Hanf und Brennessel.

Nicht nur die Frucht des Birnbaums ist beliebt, der Baum selber ist ein Schmuckstück in einem großen Garten.

Obst

Obst können wir in Bäume und Sträucher gliedern. Auf Bäumen wachsen Apfel, Birne, Kirsche, Pflaume und so weiter. Die Bäume können als Hochstammbaum gepfropft sein, aber es gibt auch den Halbstamm.

Auf Sträuchern wachsen Johannisbeere, Stachelbeere, Himbeere und so weiter. Die Erdbeeren gehören zu den Staudengewächsen.

Vermehren der Obstgehölze

Den Apfel und die Birne kaufen Sie immer als gepfropfte Bäume. Das heißt, daß der veredelte Apfel auf einen „wilden" Apfel gepfropft wurde. Dabei unterscheiden wir zwischen schwachwachsenden und starkwachsenden Unterlagen.

Bäume, die auf eine schwachwachsende Unterlage gepfropft wurden, bleiben klein und tragen schnell große Früchte. Die Bäume, die auf eine schwach wurzelnde Unterlage gepfropft wurden, müssen immer durch einen Pfahl gestützt werden.

Obstbäume kann man selber legen, aber man bekommt nie die gleiche Sorte aus dem Kern. Himbeeren können Sie durch die unterirdischen Ausläufer vermehren. Stachel- und Johannisbeeren durch Steckhölzer.

Bei Brombeeren, die gut beschnitten und gut geleitet werden, kann man die Blüten mehr genießen, und das Pflücken wird erheblich erleichtert.

Markenzeichen

Der Bund deutscher Baumschulen prüft alle Obstgewächse. Achten Sie beim Kauf auf das Markenzeichen. Sie haben dadurch die Garantie eines gesunden Baumes, der sortenrein und beim Ankauf ohne Krankheiten ist. Die Etiketten sind Anhänger aus Papier; sie zerfallen innerhalb eines Jahres. Zeichnen Sie also immer einen Plan mit den Standorten der verschiedenen Obstbäume und

Die Banane ist eine Frucht fürs beheizte Gewächshaus. Trotzdem kann die Pflanze im Sommer gut als Kübelpflanze im Garten stehen, auch wenn Sie in diesem Fall keine üppige Ernte erwarten dürfen.

DER NUTZGARTEN

Der Obstkorso nimmt in der Reihe von Korsos in den Niederlanden einen ganz eigenen Platz für sich in Anspruch. Obst hat viele Anwendungsmöglichkeiten, unter anderem auch die Verarbeitung in Sträußen oder Weihnachtsgestecken. Man kann das auch einmal selber versuchen.

Kleinobstgewächse im Garten. Auch für Ihre eventuellen Nachfolger ist dieses Sortenverzeichnis hilfreich.

Düngung

Für die verschiedenen Bodenarten, wie Sand, Lehm, Moorboden und so weiter gibt es unterschiedliche Düngeempfehlungen. Wenn Sie genau arbeiten wollen, nehmen Sie Kontakt mit örtlichen Gartenbauvereinen auf, die Ihnen auch die nächstgelegenen Untersuchungsanstalten für Bodenproben nennen können.

Bedenken Sie bei der Düngung, daß es sinnlos ist, nah am Stamm zu streuen. Die Wurzelhaare, die für die Aufnahme sorgen, befinden sich nämlich viele Meter vom Stamm entfernt. Faustregel ist, daß die Wurzeln so weit wachsen wie der Baum hoch ist.

Schnell wirkende Düngemittel sollten im März/April ausgebracht werden. Die letzte Düngung soll im August erfolgen. Wenn die Pflanzen durch zu späte Düngung zu lange weiterwachsen, werden sie nicht genügend für den Winter abgehärtet und es wird unweigerlich Frostschaden entstehen. Langsam wirkende Düngemittel können Sie ab Februar anwenden. Im Frühjahr blühende Zwiebelgewächse, die ja einen umgekehrten Wachstumszyklus haben, sollen im späten Herbst gedüngt werden. Die Gefahr der Nitrateinwaschung ins Grundwasser ist dabei allerdings sehr groß.

Obstbäume

Beobachten Sie in einem bestehenden Obstgarten, in welcher Periode es keine Früchte gibt, und schreiben Sie diese Daten auf. Wenn Sie ziemlich genau wissen, wann ihre Bäume Früchte tragen, können Sie eventuell einige frühe oder späte Sorten hinzufügen.

Baumgärten sind gut zu pflegen, und oft ist es kein Problem, einen Baum umzusägen und durch einen jungen zu ersetzen – auch wenn das nicht für Alleen und einzelstehende Zierbäume gilt.

Der Standort

Für die Produktion von gut gereiften Früchten wie Pfirsich, Aprikose und anderen wärmeliebenden Gewächsen sind Mauern notwendig.

Die Lage der Mauer darf variieren von Südost bis Südwest in der prallen Sonne. Nicht nur die Kraft des kälteren Nordwindes wird dadurch gebrochen; die Mauer nimmt tagsüber Sonnenwärme auf, die nachts wieder abgegeben wird. Die Bäume haben dann nicht mehr unter Frühjahrsnachtfrost zu leiden, und im Herbst haben die Früchte mehr Gelegenheit zu reifen.

Pfirsiche, Aprikosen, Nektarinen, Feigen, Maulbeeren und so weiter gedeihen besser an einer Mauer. Die flach angebundenen Zweige und Äste (während des Wachstums der jungen Pflanze wöchentlich kontrollieren und anbinden) bekommen alle gleich viel Sonne und werden nicht von anderen Zweigen überschattet.

Apfelblüte des 'Bramley Seedling'

Die Formgebung

Die Form eines Gartens kann verschiedenartig betont werden. Das Beschneiden der Obstbäume in der Form eines Spaliers verleiht dem Garten einen strafferen Charakter. Anfang dieses Jahrhunderts war dies die übliche Schnittmethode, die nach dem Zweiten Weltkrieg total verschwunden ist. Nur einige Schnurbäume sind aus jener Periode erhalten geblieben. Gerade für kleine Gärten eignet sich diese Schnittmethode. An jedem Weg oder als Trennung zwischen zwei Gartenabschnitten können so Äpfel und Birnen gezogen werden, ohne daß sie viel Platz einnehmen.

Durch Form, Blüte und Früchte sind die Bäume das ganze Jahr über ein schöner Anblick.

Am besten wählen Sie Obstbäume, die auf eine schwach wachsende Unterlage gepfropft wurden. Dabei wachsen die Wurzeln nicht zu weit vom Stamm, so daß Düngung um den Stamm auch direkten Einfluß auf die Fruchtbildung hat. Wegen des kleinen Wurzelwerkes sind diese Bäume zu stützen.

Die Veredelungsstelle darf bei der Pflanzung nicht unter die Erde kommen. Der Boden soll gut dräniert sein. Wegen des Ungeziefers, aber auch, um Trockendünger in der Erde untergraben zu können, dürfen Bäume nicht in einem Rasen stehen, sondern lieber am Rande oder in einem Beet. Hohes Gras um den Stamm herum ist immer schlecht: Machen Sie um den Stamm einen Kreis mit einem Durchmesser von mindestens 80 cm und halten Sie diesen gras- und unkrautfrei. So ein Kreis kann mit niedrigen Stauden, wie Frauenmantel, oder mit Zwiebelgewächsen wie der Narzisse bepflanzt werden.

Es ist ein großer Temperaturunterschied, ob Sie den Bretterzaun, vor dem Spalierobst oder Tomaten stehen, dunkel oder hell anstreichen. Streichen Sie den Bretterzaun weiß! Die Reflexion des Sonnenlichts ist dann so groß, daß die Temperatur vor dem Zaun etwa 3° C höher sein wird. Eine Steinmauer soll dunkel sein: Die Wärme, die tagsüber aufgenommen wird, wird in der Nacht wieder abgegeben. Die Gefahr, daß den Pflanzen durch Nachtfrost Schaden zugefügt wird, ist dadurch viel geringer.

Formen bei Äpfeln und Birnen

Beim Kaufen von Obstbäumen denken wir zuerst an den Fruchtertrag. Natürlich ist das wichtig, aber die Form des Baumes ist ebenfalls zu bedenken. Im einen Garten kann man unter den Bäumen sitzen, im anderen gibt es keinen Platz für hohe Bäume. Im Ziergarten ist die Form des Baumes genauso wichtig wie der Fruchtertrag. Sie können aus verschiedenen Baumformen wählen:

Schnurbäume können ausgezeichnet als Gartenzaun dienen. Die Birne eignet sich am besten für diese Form. Stellen Sie neben jeden Baum eine Bambusstange und verstärken Sie den „Zaun" mit horizontal verlaufenden Drähten. Über die Wirkung werden Sie nur staunen.

Hochstamm

Das ist ein Baum, bei dem in 2 m Höhe die Äste anfangen. Für mittelgroße Gärten, worin Sie doch einen Baum pflanzen möchten, können Sie sich für so einen Hochstammobstbaum entscheiden. Das Obst kann man nur auf einer Leiter pflücken. Unter dem Baum kann eine Terrasse angelegt werden.

Halbstamm

Die Seitenäste treiben ab einer Höhe von 75 cm. Diese Baumform ist die am meisten verkaufte bei Obstbäumen. Bei diesen Bäumen ist es noch möglich, das Gras darunter zu mähen. Stellen Sie neben den Baum einen Pfahl, der ihn in den ersten Jahren stützen kann.

Strauchform

Die Äste verzweigen sich schon am Boden. Setzen Sie den Strauch zwischen der anderen Bepflanzung ein oder pflanzen Sie Erdbeeren darunter. Am besten säen Sie kein Gras, weil beim Mähen Probleme entstehen könnten. Als Stütze brauchen Sie keinen Pfahl, ein Bambusstock reicht.

Schnurbaum

Das sind Bäume, bei denen die Äpfel oder Birnen nur am Hauptast wachsen. Sie beanspruchen nur wenig Platz und können sogar in einem Topf gezogen werden. Die Schnurbäume wachsen langsam auf der Unterlage, auf die sie gepfropft wurden. Wegen der geringen Wurzelmenge ist permanent ein (schmaler) Pfahl als Stütze notwendig.

Zierapfel – Malus

Alle Apfelbäume sind zierlich, besonders wenn sie im Frühjahr ihre großen rosaroten und weißen Blüten tragen. Zieräpfel haben zusätzlich auch noch zierliche Früchte, die man – im Gegensatz zur irrtümlichen Annahme – auch essen kann. Sie sind roh nicht alle gleich geschmackvoll, aber als Marmelade schmecken sie vorzüglich. Die Frucht des *Malus* 'John Downie' eignet sich für Marmelade am besten.

Der 'Bramley Seedling'-Apfel. Bei Schnurbäumen hängen die Äpfel am Hauptstamm.

S. 169
Ein fruchttragender Schnurbaum

DER NUTZGARTEN

Zierapfelsortiment

Sorte	Höhe	Kronenform	Fruchtfarbe
Malus 'John Downie'	8 m	Hochstamm	orange
Malus 'Golden Hornet'	6 m	Hochstamm	gelb
Malus 'Butterball'	4 m	rund	goldgelb
Malus 'Lizet'	klein	kompakt	rot
Malus 'Red Jade'	4 m	hängend	rot
Malus 'Red Sentinel'			tiefrot
Malus 'Wintergold'		rund	gelb
Malus 'Royalty'			dunkelrot
Malus 'Georgeous'	5 m	hängend	rot

Schnurbäume können in einem Winkel von 45° gepflanzt werden. Setzen Sie sie oberhalb der Stäbe ein und sorgen Sie für eine ausreichende Stütze.

Schnurbäume

Gemüse

Kartoffel – *Solanum tuberosum*

Die Kartoffel wird meistens zu den Feldfrüchten gerechnet. Die frühesten Sorten empfehlen sich aber auch für den Gemüsegarten, weil Sie dann früher neue Kartoffeln auf den Tisch stellen können. Wechselwirtschaft ist hier genau anzuwenden.

Kaufen Sie jährlich neue, auf Krankheiten kontrollierte Saatkartoffeln. Je nach der Größe setzen Sie die Pflanzen im Durchschnitt 45 cm auseinander ein. Auch der Reihenabstand ist 45 cm. Lassen Sie die Knollen in einem Kasten vorkeimen und pflanzen Sie Mitte April aus. Häufeln Sie bei spätem Nachtfrost an, so daß die oberirdischen Teile nicht erfrieren können.

Krause Endivie

Einige Sorten

Sehr früh:	'Frühkartoffel'
	'Gloria'
Früh:	'Doré'
	'Lekkerlander'
Mittelfrüh:	'Eigenheimer'
Mittelspät:	'Bintje'
	'Surprise'
Spät:	'Bintje'
	'Irene'

Endivie – *Cichorium endivia*

Säen Sie Endivie nicht vor Mitte Mai im Freiland aus, wenn die Nachttemperatur generell nicht unter 10° C sinkt. Herbstendivie soll in der letzten Woche des Juni oder in der ersten Woche des Juli gesät werden. Sind die Pflanzen zu vollem Wachstum gekommen, binden Sie sie zusammen. Nehmen Sie dafür Ringgummi aus Fahrradschlauch. Machen Sie das, wenn die Pflanzen trocken sind, um Fäulnis vorzubeugen. Binden Sie sie nicht zu fest. Bleichen ist auch möglich, indem Sie ein großes Kohlblatt auf die Pflanzen legen. Damit man schon früh Endivie essen kann, ist es leichter, wöchentlich einige Pflanzen beim Züchter zu kaufen.

Geschossene Endivien tragen herrliche blaue Blumen: Wegwarte und Endivie gehören zur selben Gattung.

Artischocke – *Cynara scolymus*

Die Artischocke ist eine Staude für den Gemüsegarten, aber ausschließlich in wärmeren, trockenen Gegenden. In unseren Breiten wird die Pflanze bald erfrieren und beim Abdecken im Winter faulen. Entfernen Sie die Pflanzen im Herbst aus dem Boden und bewahren Sie sie an einem kühlen Ort im Haus auf. Geben Sie viel Dünger ins Pflanzloch, wenn sie wieder ausgepflanzt werden. Wenn Sie die Arbeit nicht scheuen, so ist die Artischocke eine zierliche Pflanze für viele Jahre. Sie können die Pflanze

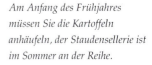

Am Anfang des Frühjahrs müssen Sie die Kartoffeln anhäufeln, der Staudensellerie ist im Sommer an der Reihe.

Spargel

verjüngen, indem Sie sie teilen. Die unteren Blätter bleiben stehen, um Fäulnis zu vermeiden.

Spargel – *Asparagus officinalis*

Spargel braucht Sandboden. Für Anfänger ist er keine geeignete Kultur. Zum Pflanzen soll tief umgegraben werden, mindestens 60 cm, und es muß durch die ganze Schicht Kuhdünger verstreut werden. Eine gute Entwässerung ist ebenfalls notwendig: Legen Sie darum ein gesondertes erhöhtes Beet an. Pflanzen Sie nur im April. Die Wurzelstöcke sollen tief eingesetzt werden. Erst nach zwei Jahren gibt es die erste Ernte – etwa Mitte April. Nach Johanni darf nicht mehr gestochen werden. Stechen Sie die Schößlinge, die mit ihrem Kopf die Erde gerade aufheben, vorsichtig aus, um den Wurzelstock und die daneben wachsenden Schößlinge nicht zu beschädigen. Grünspargel wird nicht angehäufelt und mit ca. 15-20 cm Länge gebrochen.

Aubergine – *Solanum melongena*

Dies ist ein tropisches Gewächs für die wärmste Stelle im Gemüsegarten, auch wenn Sie Auberginen besser im Gewächshaus ziehen sollten. Im Frühjahr kann man sie als Pflanzen kaufen. Sie sind einjährig, und es gibt verschiedene Sorten mit weißen, gelben, violetten und schwarzen Früchten. Für den besten Ertrag ist nur die Aubergine mit langen violetten Früchten interessant. Pflanzen Sie sie nicht zu früh draußen, vorzugsweise nach dem 1. Juni. Die Eierpflanze, wie die Aubergine auch genannt wird, verlangt gute Gartenerde. Sand- und Lehmboden eignen sich weniger.

Spargel im Herbst. Durch die grüne Farbe im Sommer, die schwarzen Beeren im Spätsommer und die unübertroffene Herbstfarbe hat diese Pflanze einen großen ästhetischen Wert. Der Asparagus officinalis *wurde früher oft als Zierpflanze gezüchtet. Das Schnittgrün ist in Blumensträußen sehr schön.*

Die Blüte der Artischocke

Traubengurken – *Cucumis sativus*

Draußen ziehen Sie die Gurke horizontal, so daß die Pflanze über den Boden kriecht; im Gewächshaus soll sie vertikal, sich um eine Schnur windend, kultiviert werden. Traubengurken sollten eingemacht werden. Dieses Einmachen ist unbequem, wenn nur wenige Pflanzen vorhanden sind, weil nur einige Früchte zur gleichen Zeit ernteeif werden (etwa eine Woche nach dem Fruchtansatz). Haben Sie nur eine Pflanze, lassen Sie die Früchte reifen. Pflücken Sie sie, wenn sie groß und gelb sind. Als Dekoration in der Obstschale kann man sie viele

Monate halten. Berücksichtigen Sie, daß die Pflanze, wenn sie am Boden wächst, etwa zwei Quadratmeter Bodenfläche braucht. Bewässern Sie viel, das gleiche gilt für den Kürbis, Flaschenkürbis und große Gurken.

Bohnen – *Phaseolus vulgaris*

Eine alte Redensart lautet: „Eine Bohne darf den Mai nicht sehen". Bohnen sind ab Mitte Mai bis spätestens Mitte Juni zu pflanzen. Wenn die Buschbohnen am Anfang abends mit umgekehrten Blumentöpfen abgedeckt werden, dürfen sie etwas früher gepflanzt werden. Bohnen „legt" man, drei zusammen, in ein Pflanzloch – mit Abständen von 30 cm bei einem Reihenabstand von 50 cm. Bohnen sollen gedüngt werden, dürfen aber nur wenig Stickstoff bekommen.

Stangensalat- und Stangenschnittbohnen

Diese Bohnen sollen an Stangen geleitet werden. Nehmen Sie dazu Stangen von mindestens 2,50 m Länge. Die Stangen können in Reihen mit einem Abstand von 50 cm aufrecht in den Boden gestellt werden, man kann aber auch drei oder vier oben

Rote Stangenbohne

zusammenbinden, verstärkt mit horizontalen Stangen. Legen Sie 10 cm vor jeder Stange je sechs Samen 3 cm tief in den Boden. Einige weitere pflanzen Sie als Reserve in einen Blumentopf.

Feuerbohne – *Phaseolus multiflorus*

Die Feuerbohne hat zierliche schwarze, rote oder

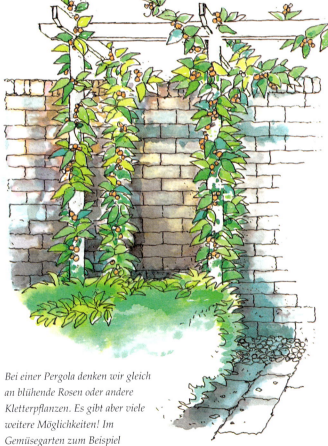

Bei einer Pergola denken wir gleich an blühende Rosen oder andere Kletterpflanzen. Es gibt aber viele weitere Möglichkeiten! Im Gemüsegarten zum Beispiel können daran Bohnen wachsen.

Die Stangen, die die Bohnen tragen sollen, müssen sehr gut befestigt sein, damit sie das Gewicht der wachsenden Pflanze aushalten.

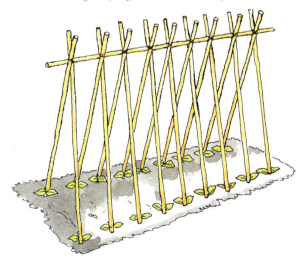

DER NUTZGARTEN

Saubohne

bunte Blüten. Feuerbohnen sind gut als Sommerwindschutz zu gebrauchen, und die Ernte ist auch in einem kühlen, regnerischen Sommer gut.

Saubohne – *Vicia faba*
Saubohnen können im Januar/Februar in Saatkästchen vorgesät und sobald der Boden nach der letzten Frostperiode aufgetaut ist, ausgepflanzt werden. Saubohnen können auch gleich draußen gelegt werden – von Mitte März an bis Mitte Mai. Pflanzen Sie sie 15 cm auseinander in einer Tiefe von 5 cm. Der Reihenabstand soll groß sein. Der Zwischenraum kann für andere (niedrige) Gewächse genutzt werden. Sobald der erste Fruchtansatz zu sehen ist, entfernt man die Spitzen. Dies ist die beste Bekämpfung der schwarzen Bohnenlaus, die fast immer in großer Anzahl erscheint.

Brennessel – *Urtica dioica*
Diese Pflanze kann eine nette Ergänzung des Menüs sein. Eine Kulturanleitung erübrigt sich hier: Brennesseln wachsen spontan auf stickstoffreichem Boden. Pflücken Sie die Spitzen der großen Brennessel, wenn sie 15 cm hoch sind. Die Zubereitung ist ähnlich wie beim Spinat.

Zucchini
Ein Gewächs für eine warme, sonnige Stelle draußen. Pflanzen Sie Zucchini lieber nicht in ein Gewächshaus – die Früchte werden da bald zu faulen anfangen. Die Pflanze kriecht nicht wie die Gurkenarten. Geben Sie ihr viel Platz (einen Quadratmeter). Ab 1. Juni können die Pflanzen draußen ausgepflanzt werden. Sie brauchen nur ein oder zwei Pflanzen; kaufen Sie sie, selber säen lohnt sich kaum.

Erbse – *Pisum sativum*
Die Erbse kann ab Mitte Februar draußen gesät werden. Erbsen können schon ein wenig Frost ertragen. Säen Sie die Erbsen in einer Reihe 10 cm auseinander, immer drei zusammen, mit einem Abstand von 3 cm. Hüten Sie sich vor Tauben: Lassen Sie keine Erbsen oberirdisch liegen! Die Vögel werden auch die Samen in der Erde bald finden! Verwenden Sie zum Schutz Gartenbauvlies.

Knoblauch – *Allium sativum*
Lösen Sie die Knoblauchzehen mit einem Teil des Wurzelbodens. Diese Zehen können im April einzeln in einem Abstand von 15 cm ausgepflanzt werden. Sobald die Blüte und die Blattstengel vergilbt sind, können die Zwiebeln geerntet werden. Heben Sie einige an einem kühlen, trockenen Ort zum Stecken fürs nächste Jahr auf.

Bei Zucchini kann man nicht nur die Frucht, sondern auch die Blüten essen.

Schotenerbse

wie sie gezogen wurde: Wenn die Frucht auf einer Seite einen weißen Streifen hat, so hat sie während des Wachstums am Boden gelegen. An einem Draht gezogen, sind die Früchte rundherum grün. Damit am Boden wachsende Gurken nicht zu faulen anfangen, empfiehlt es sich während des Wachstums eine Glasscheibe oder eine Strohschicht unter die Frucht zu legen. Gurken brauchen viel Wärme: Pflanzen Sie erst im Juni. Geben Sie viel Stalldünger.

Kohlsorten – *Brassica oleracea*

Alle Kohlsorten können in ein Saatbeet gesät und dann später ausgepflanzt werden. Anfänger (und auch viele Fortgeschrittene) kaufen ihre Pflanzen besser beim Gärtner. Heutzutage werden die Pflanzen oft mit Erdtöpfen geliefert, Mißerfolge gibt es dadurch beim Umpflanzen nicht mehr. Tränken Sie die Preßtöpfe vor dem Auspflanzen in Wasser. Bei Kohlsorten wird man manchmal mit Kohlhernie konfrontiert, einer Wurzelkrankheit, die durch einen Pilz verursacht wird. Durch Wechselwirtschaft können Sie dieser Krankheit vorbeugen. Entfernen Sie angegriffene Pflanzen total. Bringen Sie Kohlstrünke nach der Ernte nie auf einen Komposthaufen, dessen Kompost wieder für den Gemüsegarten verwendet werden soll!

Blumenkohl

Wie Rosen verlangt der Blumenkohl Licht und Luft. Im Freiland können frühe Sorten schon Mitte März, späte bis Mitte April gesät werden. Säen Sie dünn. Pflanzen Sie 50 cm auseinander. Zwischen den Reihen können frühe Gemüsearten wie Kopfsalat und Radieschen gezogen werden. Sobald die Blume sich im Kohl zu bilden anfängt, sollen die oberen Blätter nach innen gebogen werden; knicken Sie dabei den Hauptnerv. Der Kohl bleibt weiß und wird nicht vermodern.

Salatgurke – *Cucumis sativus*

Die Salatgurke eignet sich mehr fürs Gewächshaus. Sie braucht viel Wasser und hohe Luftfeuchtigkeit. Versuchen Sie auch mal die auf Ölkürbis *(Cucurbita ficifolia)* gepfropfte Gurke. Am Boden nimmt die Pflanze viel Platz ein. Es empfiehlt sich daher, die Gurke an einem vertikal hängenden Draht wachsen zu lassen. An der Gurke kann man gleich erkennen,

Spitzkohl

Diese Aufstellung bietet mit Hilfe von Maschendraht eine gute Stütze für Schoten- und Zuckererbsen.

DER NUTZGARTEN

Auch Rosen- und Rotkohl wirken im Schnee wie Zierkohl. Der Gemüsegarten muß nicht unbedingt schlecht aussehen im Winter. Verteilen Sie die überwinternden Gewächse so im Garten, daß es immer etwas Schönes zu sehen gibt – auch Schnittmangold, Grünkohl und Lauch sind attraktiv.

Grünkohl

Genauso wie Rosenkohl ist Grünkohl winterfest. Die Pflanze wächst auf jeder Bodenart und verlangt weniger Dünger als die anderen Kohlsorten. Es gibt niedrige, mittelhohe und hohe Sorten. Säen Sie den Grünkohl im Frühjahr, das Auspflanzen kann bis zum September erfolgen, aber der zuletzt ausgepflanzte Kohl wird weniger groß.

Brokkoli

Für Brokkoli gelten andere Regeln als für den Blumenkohl, der vor allem nicht „schießen" darf; diese Erscheinung ist bei Brokkoli sogar erwünscht. Ein lockere Blüte entsteht, indem man bei der ersten Ernte den Blumenstengel tief abschneidet. Nach einiger Zeit können die dadurch entstandenen Seitenschößlinge geerntet werden, wenn sie 15 cm lang sind. Säen Sie im April/Mai im Freiland und pflanzen Sie nach vier bis sechs Wochen in einem Abstand von 50 cm aus. Die Ernte ist im Juli/August.

Chinakohl – *Brassica rapa ssp. pekinensis*

Das ist kein pflegeleichtes Gewächs, wohl aber die schönste Kohlsorte fürs Auge. Säen Sie erst Ende Juli oder Anfang August, damit der Kohl nicht schießt. Pflanzen Sie 40 cm auseinander. Diese Kohlsorte kann als einzige direkt am Standort ausgesät und später stark ausgedünnt werden. Denken Sie an die Düngung.

Rotkohl, Weißkohl und Spitzkohl

Die sogenannten „Kopfkohlsorten" wachsen am besten auf humosen Lehmböden, richtig umgegraben und gut gedüngt. Kaufen Sie vorzugsweise junge Pflanzen. Für frühen Kohl soll schon vor dem Winter im kalten Kasten gesät werden. Pflanzen Sie mindestens 60 cm auseinander und kontrollieren Sie regelmäßig auf Raupen. Das junge Pflanzgut kann in kurzer Zeit von der Kohlraupe vernichtet werden. Lassen Sie reifen Kohl nicht zu lange stehen. Er springt dann oft auf. Das können Sie verhindern, indem Sie einen Teil der Wurzeln durchstechen, wodurch das Wachstum gebremst wird. Besonders Rotkohl kann lange an einem kühlen, luftigen, dunklen Ort aufbewahrt werden. Hängen Sie ihn am Strunk auf oder legen Sie ihn auf einen Lattenrost.

Wirsingkohl

Verzweifeln Sie nicht, wenn Sie mit Rot- und Weißkohl nicht erfolgreich waren, denn der Wirsingkohl stellt geringere Anforderungen. Er verträgt mehr Frost, kann in einem kleinen Garten

Weißkohl

Rotkohl

gezüchtet werden und braucht nicht unbedingt Lehmboden. Frühe Sorten können schon im April, die späten im Mai/Juni gesät werden. Der Abstand soll 50 cm sein.

Rosenkohl

Rosenkohl soll im April/Mai auf ein Saatbeet gesät werden. Das Auspflanzen kann bis Ende Juli erfolgen. Nehmen Sie für den kleinen Gemüsegarten eine niedrige oder halbhohe Sorte. Auch im vollen Winde empfiehlt sich eine niedrige Sorte. Rosenkohl ist frostbeständig und verleiht dem Gemüsegarten im Winter Akzente.

Steckrübe – *Brassica napus ssp. rapifera*

Säen Sie die Steckrübe Anfang Juni. Wenn andere Arten schon geerntet wurden, kann die Steckrübe wieder gesät werden. Säen ist möglich in einem Saatbeet oder am Standort. Der Abstand untereinander soll später 40 cm betragen. Bewässern Sie stark beim Säen und Auspflanzen. Ernten Sie das Gemüse vor dem Frost und lagern Sie es an einem kühlen Ort.

Kohlrabi

Kohlrabi haben einen verdickten Stengel, die „Knolle" wächst oberirdisch. Frühe und späte Zucht

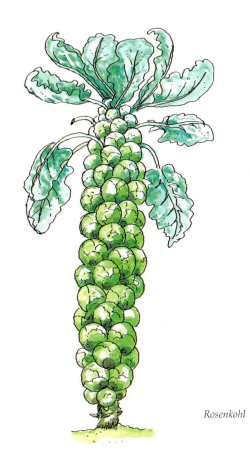

Rosenkohl

Lassen Sie kein Gras um den Gemüsegarten wachsen. Die Schnecken können dort tagsüber einen feuchten Unterschlupf finden und besuchen dann abends zu Dutzenden die jungen Pflanzen im Gemüsegarten.

sind möglich. Säen Sie nur wenig, dafür aber öfter. Das Gemüse will frisch gegessen werden und hält sich nicht auf dem Felde.

Frühe Sorten sind ab Mitte Mai bis Mitte Juli zu säen. Roher Kohlrabi, geschält und in Scheiben geschnitten, mit einer Prise Salz oder Meerrettichsoße schmeckt herrlich zwischendurch, wenn man beim Abnehmen ist.

Linsen – *Lens culinaris*

Dieses Gewächs braucht einen trockenen Sandboden und wird ab Mitte April bis Mitte Mai gesät. Bevor die Samen aus den Hülsen fallen, kann man die ganze Pflanze umgekehrt zum Trocknen aufhängen.

Weiße Rübchen – *Brassica rapa ssp. rapa*

Sie säen die Rübchen im März. Sie sollen rechtzeitig ausgedünnt werden, um die Knollenbildung nicht zu stören. Sie können Ende Mai, Anfang Juni ernten. Dieses Gewächs eignet sich nicht für trockenen Sandboden.

Petersilie – *Petroselinum crispum*

Petersilie wird in Reihen gesät und soll rechtzeitig ausgedünnt werden. Die Saatzeit ist vom April bis zum August. Diese zweijährige Pflanze kann einen leichten Frost ertragen, auch im Winter kann man abschneiden. Halten Sie den Boden feucht.

Zuckererbsen – *Pisum sativum*

Zuckererbsen werden in Reihen gesät. Sie verlangen die gleiche Behandlung wie Erbsen. Die Pflanzen werden 1 m hoch und sollen also gestützt werden. Nehmen Sie dazu Reisig oder Maschendraht mit großen Maschen. Der Abstand zwischen den Reihen soll mindestens 1 m sein, so daß genügend Licht zwischen die Reihen fällt.

Portulak – *Portulaca oleracea*

Dieses wärmeliebende Gewächs darf draußen nicht vor Mitte Mai gesät werden; säen Sie nicht tief. Säen Sie oft, damit Sie mehrere Male Portulak essen können und weil die Saat durch eine falsche Kultur oder Wetterverhältnisse leicht mißlingen kann.

Winterportulak – *Montia perfoliata*

Diese Pflanze ist etwas anderes als *Portulaca oleracea*. Wärme braucht dieses Gewächs nicht. Manche Leute betrachten es als einen hübschen, immergrünen Bodendecker, andere als eins der schlimmsten Unkräuter im Garten. Säen Sie im Juli und ernten Sie im Herbst und im Frühjahr. Entfernen Sie die Pflanzen im April, bevor sich der Samen über den ganzen Garten verbreitet. Winterportulak wird auch Kubaspinat genannt.

Lauch – *Allium porrum*

Winterlauch soll vor Mitte April auf einem getrennten Saatbeet gesät werden. Bequemer ist es, die Pflanzen im Juni zu kaufen. Pflanzen Sie in Abständen von 25 cm aus. Machen Sie mit einem Setzholz ein Loch in die Erde und füllen Sie nur bei den Wurzeln auf; lassen Sie beim Stengel ein wenig Raum, so wächst die Pflanze in der Breite. Sie können Lauch auspflanzen, wenn die Stengel so dick wie ein Bleistift sind. Lauch ist gut frostbeständig.

Stielmus – *Brassica rapa*

Dies ist das erste eßbare Blattgemüse aus dem Gemüsegarten. Säen Sie schon ab Ende Februar mit Zwischenräumen bis Mitte April, auf gut gedüngtem Boden. Säen Sie im September noch einmal für eine späte Ernte. Schneiden Sie Blatt und Stengel in Bodennähe ab und behandeln Sie das Gemüse wie Spinat.

Lauch

Rhabarber – *Rheum rhaponticum*

Diese Staude braucht nicht viele Zuchthinweise. Die Pflanze wächst auf jeder Bodenart in der Sonne oder im Halbschatten, wobei Halbschatten zu bevorzugen ist. Ernten Sie Rhabarber nicht mehr nach Mitte Juni. Im frühen Frühjahr kann Rhabarber ausgegraben werden, um die Stengel in einem verdunkelten Raum schneller „ziehen" zu lassen. Das gleiche geschieht im Treibkasten der besonders im vorigen Jahrhundert in Mode war.

Radieschen – *Raphanus sativus* **Var.** *sativus*

Radieschen gibt es in verschiedenen Formen und Farben: rot, rot-weiß und weiß, und von rund bis kegelförmig. Sie können schnell geerntet werden. Säen Sie sie darum zwischen Reihen Karotten, Salat oder Zuckererbsen ab Ende März breitstreuend oder in Reihen und dünnen Sie rechtzeitig aus. Nachsaat alle vierzehn Tage ein wenig, damit Sie oft Radieschen essen können. Radieschen lieben es kühl. Es hat keinen Zweck, im Sommer zu säen – es sei denn spezielle Sommersorten.

Rettich – *Raphanus sativus* **Var.** *niger*

Der Winterrettich wird ab Ende Juni bis Mitte Juli gesät, direkt am Standort. Dünnen Sie stark aus! Der Abstand untereinander soll 15 bis 20 cm betragen.

Die Stengel des Rhabarbers soll man nur bis zum längsten Tag (21.6.) ernten. Dadurch bekommt die Pflanze die Gelegenheit, sich für die Produktion des nächsten Jahres zu erholen.

Der Sommerrettich wird vom März bis zum Juni gesät. Ernten Sie, bevor der Blumenstengel erscheint, etwa sechs Wochen nach dem Einsäen.

Salatsorten – *Lactuca sativa*

Nicht umsonst ist der Salat im Winter wie auch im Sommer beliebt. Es gibt kaum ein Gemüse, mit dem Sie dermaßen variieren können.

Römischer Salat – *Lactuca sativa* Var. *longifolia*

Dieser Salat mit breiten Blättern bildet einen länglichen lockeren Kopf. Die heutigen Sorten brauchen nicht mehr zusammengebunden zu werden. Der Pflanzabstand beträgt 40 cm. Das Einsäen ist genauso leicht wie beim normalen Salat: in einem Saatbeet oder direkt an der gewünschten Stelle.

Kopfsalat – *Lactuca sativa* Var. *capitata*

Im Haus kann schon im Februar in Töpfen gesät werden: Ende März können die jungen Pflanzen ausgepflanzt werden. Säen Sie öfter weniger. Setzen

Die Rhabarberblüten sind sehr schön und rechtfertigen einen Platz im Ziergarten.

werden. Im Winter wächst der Feldsalat sogar noch unter dem Schnee. Säen ist in Reihen oder weitstreuend möglich. Die Pflänzchen treiben schon früh Samen und eignen sich dann nicht mehr für die Ernte.

Rote Rübe – *Beta vulgaris* Var. *vulgaris*

Dies ist eine einfache Kultur für den Anfänger. Es kann gesät werden, aber heute kann man auch vorgezogene Pflänzchen kaufen.

Sommerrüben können ab Mitte April gesät werden; die Rüben für den Winter kommen von der ersten Hälfte des Mai an in den Boden. Dünnen Sie die Rüben in der Reihe rechtzeitig aus, um der verdickten Wurzel genügend Raum zur Entwicklung zu geben.

Auswahl aus den Sorten:
'Ägyptische Plattrunde' für frühe Zucht
'Rote Kugel' für späte Zucht

Sellerie/Schnittsellerie – *Apium graveolens*

Sellerie wird als Gewürz und als Salat verwendet. Knollensellerie kann schon ab März gesät werden. Gepflanzt wird nach den „Eisheiligen". Ende Oktober beginnt die Knollenernte. Kühl und frostfrei gelagert halten sie sich den ganzen Winter über.

Staudensellerie
Kaufen Sie vorzugsweise Pflanzen und setzen Sie sie Mitte Mai in Abständen von 30 cm in der Reihe. Mitte August müssen die Stengel bleichen. Mit der Erde zwischen den Reihen werden die Pflanzen angehäufelt. Das ist eine Arbeit für zwei Personen: der eine hält die Pflanze zusammen, der andere beerdet die Pflanze. Eine andere Lösung wäre die

Sie die Pflanzen mindestens 20 cm auseinander. Bei warmem Wetter schießt der Salat bald. Bei manchen Sorten, wie „Lollo Rosso", sind die Kerzen mit gelben Blumen auch sehr hübsch.

Pflücksalat – *Lactuca sativa* Var. *crispa*

Dies ist die höchste Salatsorte. Setzen Sie die Pflanzen 40 cm auseinander ein. Wie der Name schon besagt, werden die Blätter einzeln gepflückt. Säen ist möglich im April/Mai, aber im kalten Kasten geht es auch schon früher. Das gilt auch für alle anderen Salatsorten.

Schnittsalat – *Lactuca sativa* Var. *crispa*

Schnittsalat säen Sie Anfang April an einer warmen Stelle in Reihen, damit Sie bequemer schneiden können. Ernten Sie, wenn die Blätter wenige Zentimeter hoch sind. Schneiden Sie sie nicht zu tief ab: Das Herz der Pflanze soll für einen zweiten Schnitt sorgen.

Feldsalat/Rapunzel – *Valerianella locusta*

Damit man Anfang des Frühjahrs ernten kann, soll Ende September oder Anfang Oktober gesät

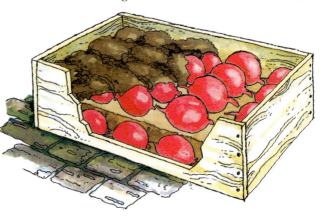

Rote Rüben können im Winter in einer Kiste mit trockenem Sand eingelagert werden.

DER NUTZGARTEN

Staudensellerie

Verwendung von Bleichtöpfen. Die Bleichzeit liegt zwischen vierzehn Tagen und drei Wochen. Je später Sie anfangen, um so länger dauert das Bleichverfahren.

Schalotte – *Allium cepa* Var. *ascalonicum*

Die Schalotte eignet sich für jede Bodenart. Sie ist ein zierliches Gewächs, das auch einen schönen Rand um ein Gemüsebeet bilden kann. Pflanzen Sie 15 cm auseinander. Durch starken Wurzelwuchs ist es möglich, daß die Zwiebeln hochgedrückt werden. Drücken Sie nach dem Pflanzen die Erde fest an. Wenn das Laub gelb wird, können die vermehrten Schalotten ausgegraben und zum Trocknen gelagert werden. Lösen Sie die einzelnen Zwiebeln aus dem Knäuel und bewahren Sie sie an einem kühlen, luftigen Ort auf. Das verhindert Schimmelbildung.

Schnittmangold – *Beta vulgaris* Var. *cicla*

Mangold ist eine einfache Kultur. Das Blatt kann schon in einer Höhe von 5 cm geschnitten werden, aber geschossene Blätter eignen sich auch noch, wenn der Hauptnerv entfernt wird. Säen Sie Anfang des Frühjahres oder im August für eine späte Ernte. Sogar nach dem ersten Nachtfrost kann noch geerntet werden. Bleichen wie bei Staudensellerie ist auch möglich.

Spinat – *Spinacia oleracea*

Die Saatzeit liegt zwischen Mitte Februar und Mitte April. Säen Sie in Reihen. Spinat ist ein frühes Gemüse und kann darum zum Beispiel zwischen Erbsen und Saubohnen gesät werden. Säen Sie nicht nach Mitte Mai: Der Spinat wird dann bald schießen. Sommerspinat für die Aussaat im August kann deshalb auch besser an einer Stelle im Schatten gesät werden, in feuchter Erde. Spinat braucht einen nährstoffreichen, feuchten Boden. Zu starke Düngung ergibt wieder ein zu üppiges Wachstum. Die früheste Frühjahrszucht ergibt die besten Resultate.

Neuseeländischer Spinat – *Tetragonia tetragonioides*

Dieses ziemlich unbekannte Gemüse läßt sich leicht ziehen und ähnelt dem normalen Spinat überhaupt nicht. Die Pflanzen werden groß und vor allem breit. Die fetten Blätter werden einzeln gepflückt. Das ist zu jeder Zeit möglich, wenn genügend Blattmasse vorhanden ist. Säen Sie vorzugsweise in Töpfen und pflanzen Sie später in Abständen von 40 cm aus.

Zuckermais – *Zea saccharata*

Zuckermais wird Mitte Mai gesät; drei Körner zusammen, 50 cm auseinander bei einem Reihenab-

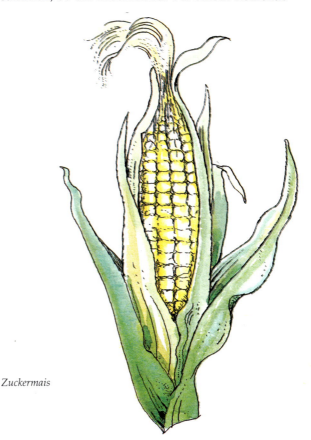
Zuckermais

Tomaten müssen angebunden werden. Diese sind unzureichend „entgeizt" (ausgebrochen).

stand von 50 cm. Im kalten Kasten kann schon früher gesät und Mitte Mai ausgepflanzt werden. Ernten Sie den Mais Ende August, bevor die Körner zu hart sind. Ohne aufzumachen kann man feststellen, ob der Kolben reif ist: Die herausragenden Narben sollen schwarz, die Deckblätter noch grün sein.

Tomate – *Lycopersicon esculentum*

Die Tomate kann Anfang des Frühjahrs im Kasten gesät werden, aber besser kaufen Sie sie als Pflanze. Ende Mai können sie draußen ausgepflanzt werden. Stellen Sie Stangen auf, an denen Sie die Pflanzen aufbinden können. Es gibt spezielle spiralförmige „Tomatenstangen" mit einer Länge von zwei Metern, woran die Tomatenstengel geleitet werden können.

Setzen Sie die Pflanzen mindestens 60 cm auseinander an einer sonnigen, warmen, geschützten Stelle ein. Ziehen Sie die Tomate mit vorzugsweise nur einem kräftigen Trieb. Alle Seitenschößlinge, die in den Blattachseln entstehen, müssen regelmäßig entfernt werden. Wenn das unterlassen wird, verwildert die Pflanze, was den Ertrag beeinträchtigt.

Später im Jahr und auch in einem kalten Sommer werden die Tomaten oft nicht reif. Die unreifen grünen Tomaten kann man bei mehreren Gerichten gut verarbeiten, aber man soll nicht zu viele verwenden. Besser sollte man sie an einem warmen Ort nachreifen lassen.

Gartenkresse – *Lepidium sativum*

Gartenkresse kann schon in der ersten Märzhälfte gesät werden. Das Gewächs ist sehr schnell reif und kann darum wöchentlich geerntet werden. Säen Sie immer nur wenig. Kresse verlangt viel Feuchtigkeit. Mißlingen ist fast ausgeschlossen, darum können Kinder es auch probieren.

Zwiebel – *Allium cepa*

Diese Kultur für den Lehm- und Sandboden wird im März gesät. Überlegen Sie sich vorher, wie groß eine Zwiebel werden kann. Säen Sie also nicht zu dicht aufeinander. Es wird sich zeigen, daß später ausgedünnt werden muß. Im September können die ausgewachsenen Zwiebeln ausgegraben und auf dem Boden getrocknet werden. Beschädigen Sie beim Ausgraben die Zwiebeln nicht, denn dann können sie nicht so lange aufbewahrt werden.

Tomaten, die nicht mehr reifen können, können für den Küchengebrauch auch grün verwendet werden. Bedenken Sie aber, daß Sie nicht zu viele grüne Tomaten zugleich verarbeiten, weil diese giftig sind.

Fenchel – *Foeniculum vulgare*

Fenchel ähnelt, was die Blüte angeht, dem Dill sehr stark und wächst auf jedem feuchten Boden. Der Gemüsefenchel hat einen verdickten Stengel, der genau über der Erde eine große, weiße Knolle

Foeniculum vulgare, *Fenchel*

bildet. Fenchel kauft man am besten als Pflanze, weil das Saatgut viel Zeit braucht. Ernten Sie, bevor die Blütenknospen erscheinen. Durch den Blütentrieb wird die Knolle innen sehr hart.

Möhren/Karotten – *Daucus carota*

Sie können ab Mitte März säen, aber das Keimen dauert lange. Säen Sie alle drei Wochen ein bißchen, damit Sie den ganzen Sommer Karotten essen können. Auch bei der Karotte ist Wechselwirtschaft wichtig, um Befall durch die Möhrenfliege zu verhindern. Bei Mischkultur mit Zwiebeln wird der Befall durch Möhrenfliege und Zwiebelfliege vermindert. Im Gegensatz zu den Sommerkarotten oder Möhren soll die Winterkarotte im Mai dünner gesät werden. Winterkarotten, die kühl und trocken in einem kleinen Kasten mit Sand aufbewahrt werden, können bis ins Frühjahr gegessen werden.

Meerkohl – *Crambe maritima*

Verwechseln Sie dieses Gewächs nicht mit der Crambe für den Ziergarten. Der Meerkohl, der keine Verwandtschaft mit den anderen Kohlsorten hat, ist eine perennierende Pflanze mit Wurzelstock. Vermehrung erfolgt durch Säen oder Teilen. Erst nach drei Jahren kann geerntet werden. Geben Sie den Pflanzen einen luftigen, sandigen, gut gelockerten Boden. Stellen Sie im Frühjahr spezielle Bleichtöpfe (oder umgekehrte Blumentöpfe) über das Gewächs. Die blassen, dünnen Stengel können geerntet werden, wenn sie etwa 25 cm hoch sind. Ein Meerkohl-Beet gibt bald sieben Jahre lang eine Ernte.

Sauerampfer – *Rumex rugosus*

Diese Staude kann im Gemüsegarten sehr schön als Randbepflanzung dienen. Kaufen Sie sie als Pflanze. Sauerampfer verlangt nur wenig Pflege; allerdings müssen die Blütenstengel abgeschnitten werden, sobald sie erscheinen. Sauerampfer kann als Gemüse gegessen werden, schmeckt aber auch als Gewürz im Spinat.

DER NUTZGARTEN

Der Erdbeertopf kann mit normalen oder öftertragenden Erdbeeren bepflanzt werden. Letztere produzieren lange Ausläufer. Pflanzen Sie in einen erhöht aufgestellten Topf Fragaria *'Ostara'.*

Obst

Erdbeere

Erdbeeren können in Reihen gepflanzt werden in Abständen von 25 cm, wobei die Reihen 60 cm auseinander liegen. Pfropfen Sie die Wurzeln nicht in ein enges Loch, sondern breiten Sie sie ganz weit auseinander in lockerer Erde aus. Drücken Sie die Erde fest an.

Erdbeeren können Sie als „Frigo-Pflanzen" (= gekühlte Setzlinge aus dem Vorsommer) im März/April pflanzen, aber die letzte Woche im Juli oder die erste Woche im August (mit neuen Ablegern) ist besser. Im nächsten Jahr werden die Pflanzen gleich eine gute Ernte geben. Vergessen Sie regelmäßige Wassergaben nicht, wenn Sie im Sommer pflanzen. Pflanzen Sie nicht zu tief: das Herz der Pflanze muß sichtbar bleiben. In feuchten Sommern werden die Früchte durch aufgespritzte Erde schmutzig. Die Pflanze kann auch leicht zu faulen anfangen. Bedecken Sie darum den Boden zwischen den Pflanzen mit Stroh oder Schilf. Das Stroh kann, nachdem die Pflanzen Früchte getragen haben, in der Erde vergraben werden. Weil die Früchte keinen Kontakt mehr zum wärmeren Boden haben, wird die Ernte bei Anwendung von Stroh etwas später stattfinden. Die Gefahr des Schadens durch Nachtfrost ist dann auch größer.

Öfter tragende Sorten: 'Ostara'
'Rapella'
'Selva'

Einmal tragende Sorten in Reihenfolge der Reife:
'Karola'
'Primella'
'Gorella'
'Tenira'
'Bogota'

Diese Auswahl ist nicht vollständig, Sie müssen selbst nach Geschmacksproben entscheiden. Öfter tragende Rassen treiben lange Ausläufer und werden deshalb von Gartencentern oft als „Klettererdbeere" verkauft. Interessant ist auch Dr. Bauer's Erdbeerwiese „Spadeka".

Aprikose – *Prunus armeniaca*

Wie der Pfirsich ist die Aprikose ein geeigneter Spalierbaum für Gärten in der Stadt: Aber auch da darf sie nur vor einer warmen Südmauer stehen. Der Baum ist ausreichend winterhart, blüht aber schon im März – ein Grund, warum die Ernte ziemlich häufig mißlingt. Schutz der Blüten vor Nachtfrost ist notwendig. Auch die Blüte des Pfirsichbaumes ist herrlich. Allein schon deshalb lohnt es sich, den Baum zu pflanzen! An der Blattform kann man gleich den Unterschied zwischen Aprikose und Pfirsich erkennen: Die Aprikose hat ein rundliches Blatt, der Pfirsich ein eher lanzettförmiges. Ernten Sie Aprikosen nicht zu früh. Richtig schmackhaft sind sie nur in Marmelade und Kompott oder getrocknet.

Mandel – *Prunus dulcis*

Die Mandel mit ihrem pfirsichähnlichen Blatt ist es wert, als Zierbaum gepflanzt zu werden. Anfang des Frühjahrs sind die Äste des kleinen Baumes schon voller Blüten. Geben Sie ihm eine geschützte und warme Stelle im Garten, um Frostschaden zu vermeiden. Kalkhaltiger, trockener Boden hat den Vorzug. In unserem Klima gelingt es nur in einem warmen Sommer (September), reife Früchte zu bekommen.

Seite 185:
Die Heidelbeere ist auf saurem Boden auch ein guter Bodendecker mit einer fabelhaften Herbstfarbe.

Ananas – *Ananas comosus*

Im Sommer gedeiht diese Pflanze gut im Gewächshaus; im Winter soll sie im warmen Zimmer stehen. Diese Pflanze verlangt eine nicht zu niedrige Luftfeuchtigkeit.

Kaufen Sie im Gemüseladen eine Ananasfrucht mit frischgrünem Büschel. Schneiden Sie dieses Grün ab. Lassen Sie möglichst wenig Fruchtfleisch dran und topfen Sie diesen „Steckling" ein. Halten Sie die Luftfeuchtigkeit hoch, indem Sie eine Plastiktüte darüber stülpen, und pflanzen Sie den Steckling in einen größeren Topf mit humoser Erde, sobald er genügend Wurzeln getrieben hat. Die Pflanze kann ziemlich groß werden. Nach drei bis vier Jahren erscheint bei entsprechender Pflege eine neue Frucht.

TIP

Ein Beet mit knallroten Äpfeln

Manche Apfelbäume tragen Äpfel mit einer knallroten Farbe. Nicht nur die Blüten haben Dekorationswert, sondern auch die Früchte:
'Sternapfel'
'Summerred'
'Elise'
'Red Elstar'
'Elshof'
'Regal Prince'
Pflanzen Sie die Bäume in die pralle Sonne. Die Früchte werden dann noch mehr Farbe bekommen. Eine Kombination mit einer spätblühenden Clematis, die am Baum wächst, kann den Dekorationswert nur noch erhöhen.

Apfel – *Malus domestica*

Eigentlich sollte jeder Garten einen Apfelbaum besitzen. Durch die unterschiedlichen Wuchsformen kann man die Bäume in sehr großen, aber auch in sehr kleinen Gärten setzen. Der Ertrag kann von Jahr zu Jahr anders sein. Alle Apfelsorten können wir hier nicht aufzählen. Die Sorten der folgenden Liste werden momentan von Erwerbsbauern am meisten gepflanzt.

Frühsorten: 'Benoni'
 'Discovery'
 'James Grieve'
 'Summerred'
 'Vista Bella'
Herbstsorten: 'Alkmene'
 'Delcorf'
 'Elan'
Lagersorten: 'Cox's Orange Pippin'
 'Elstar'
 'Gala'
 'Gloster'
 'Golden Delicious'
 'Jonagold'
 'Karmijn de Sonnaville'
 'Lombarts Calville'
 'Schöner von Boskoop'

Bei sehr spezialisierten Züchtern kann man heutzutage wieder viele alte Sorten kaufen. Es lohnt sich, gerade diese Äpfel, die es im Geschäft nicht mehr gibt, im eigenen Garten zu ziehen. Alte Sorten sind oft stark an die Umgebung gebunden; um herauszufinden, welche Äpfel sich für Ihre Gegend eignen und welche Ihren Geschmackswünschen entsprechen, wenden Sie sich am besten an einen Züchter in Ihrer Nähe. Auch süße Äpfel sind kaum in Läden erhältlich. Vielleicht ein Grund für Sie, einen süßen Apfel in Ihren Garten zu pflanzen?

Lavendel, Lavandula, *ein holzartiges Gewächs, eignet sich gut für das Anlegen von niedrigen Hecken in einem Kräutergarten. Berücksichtigen Sie, daß verschiedene Sorten in unterschiedlichen Höhen erhältlich sind.*

TIP

Tee aus eigenem Garten
Bei Tee denken wir an Ceylon, aber nicht an den eigenen Garten. Die *Camellia sinensis („Schwarzer Tee")*, wächst nur in wärmeren Gegenden. Trotzdem gibt es einige Pflanzen, deren Blätter wir als Tee verwenden könnten.

Apfeltee
Gießen Sie heißes Wasser über Apfelschalen oder geriebenen Apfel (auch Zierapfel eignet sich) und lassen Sie eine Viertelstunde ziehen.

Lavendeltee
Nehmen Sie ein paar Gramm Lavendelblüten für einen halben Liter kochendes Wasser, lassen Sie fünf Minuten ziehen.

Lindenblütentee
Wenige getrocknete Blüten reichen für eine Tasse Tee. Gießen Sie kochendes Wasser über die Blätter und lassen Sie zehn Minuten ziehen.

Pfefferminztee
Alle Minzsorten und die Zitronenmelisse eignen sich dazu. Geben Sie ein frisches Blättchen in eine Tasse frisch gekochten schwarzen Tee. Wenn Sie Besuch erwarten, stellen Sie eine Untertasse mit frischen Blättern auf den Tisch, die Sie anbieten können. Auch getrocknete Blätter können angeboten werden.

Hagebuttentee
Die getrockneten Hagebutten müssen einige Zeit einweichen und dann zwanzig Minuten gekocht werden. Der Tee kann auch kalt serviert werden.

Holundertee
Trocknen Sie die Blüten des gemeinen Holunders. Ein Teelöffel reicht für eine Tasse Tee. Der Tee braucht nicht lange zu ziehen. Auch aus reifen Beeren kann man Tee kochen: mit kaltem Wasser ansetzen und aufkochen. Passen Sie auf: die grünen Beeren sind giftig.

Brombeeren und andere Beeren aus eigenem Garten schmecken am besten.

Avocado – *Persea americana*
Das ist keine Pflanze für den Garten oder das kalte Gewächshaus. Wir erwähnen sie, weil Kinder sie schön aus dem Kern ziehen können. Obwohl die Pflanze sehr hoch wird, ist der Dekorationswert gering und sie wird wahrscheinlich nie neue Früchte tragen. (In der freien Natur wächst der Baum über 15 m hoch!)

Stecken Sie drei Streichhölzer auf drei Seiten in den Kern, so daß er in ein Glas gehängt werden kann. Füllen Sie das Glas mit Wasser auf – bis genau unter den Kern –, und bald werden dann die Wurzeln erscheinen. Wenn es genügend sind, kann man den Kern eintopfen.

Beeren
Ein Beerenstrauch sollte eigentlich in jedem Garten stehen. Die Beeren kann man nicht nur sehr gut essen, auch viele Vögel werden dadurch angezogen, was immer wieder ein hübscher Anblick ist – auch wenn Sie Ihre Beeren dann extra schützen müssen. Die verschiedenen Beerenarten werden im folgenden beschrieben:

Amerikanische Blaubeere – *Vaccinium corymbosum*
Pflanzen Sie Blaubeeren nur in sauren Boden mit

einem pH-Wert von etwa 4,5. Die Pflanze verlangt weiter feuchten Boden mit einem hohen Humusgehalt. Geben Sie den Sträuchern mehr Platz als normalen Beerensträuchern und dünnen Sie aus.

Die heimische Heidelbeere, Vaccinium myrtillis ist ein attraktiver Strauch; nur auf saurem Boden wird der Fruchtertrag hoch sein.

Die grüne Stachelbeere

Sorten:
Früh: 'Bluejay'
'Bleuetta'
'Collins'
'Earlyblue'
'Patriot'
'Spartan'
Mittel: 'Berkeley'
'Bluecrop'
'Nelson'
Spät: 'Coville'
'Dixi'
Sehr spät: 'Elliot'

Kiwi – *Actinidia chinensis* und *A. arguta*

Das ist eine zweihäusige Frucht, das heißt, daß man ein männliches und ein weibliches Exemplar braucht. Die Schlingpflanze muß gestützt werden und wächst dann bis zu 6 m hoch und kann auch sehr breit werden. Sie verlangt eine warme Stelle in der prallen Sonne.

Im Sommer müssen Sie viel bewässern. Die Pflanze ist winterfest, die jungen Pflanzen sollten ein wenig geschützt werden. Merken Sie sich beim Pflanzen gut, welche die männliche und welche die weibliche Pflanze ist. Falls dann eine von beiden stirbt, brauchen Sie nicht zwei neue zu kaufen.

Stachelbeere – *Ribes uva-crispa*

Bei kommerzieller Aufzucht werden die Stachelbeeren an Drähten in einer langen Hecke gezogen. Früher wurden die gelben Früchte für die Industrie am meisten gezüchtet; heute sind die roten für sofortigen Verzehr wichtiger. Im Frühjahr sind die Stachelbeeren empfindlich gegen Nachtfrost. Manchmal werden sie vom Amerikanischen Stachelbeerenmehltau befallen. Nicht nur das Blatt, sondern auch die Früchte werden dadurch angegriffen.

Stachelbeeren kann man durch Stecklinge vermehren. Sie werden manchmal als Hochstämmchen auf eine Unterlage gepfropft oder okuliert. Als Unterlage werden *Ribes odoratum, R. aureum* und *R. divaricatum* verwendet.

Sorten	Reife	Fruchtfarbe
'Achilles'	spät	rot
'Golda'	mittelfrüh	gelb
'Invicta'	mittelfrüh	grün
'May Duke'	früh	hellrot
'Winham's Industry' (Syn. 'Rote Triumphbeere')	mittelfrüh	violettrot
'Whitesmith' (Syn. 'Weiße Triumphbeere')	mittel	blaßgrün

Die Japanische Weinbeere hat ziemlich klebrige Früchte. Sie sind nicht alle zur gleichen Zeit reif.

Loganbeere, Boysenbeere – *Rubus loganobaccus*
Die Loganbeere hat die Wuchsart einer Brombeere. Die sauren Früchte sehen der Brombeere ähnlich, haben aber eine länglichere Form und eine rote Farbe. Sie sind im August reif und eignen sich besonders fürs Einmachen. Es gibt auch eine Sorte ohne Stacheln. Das Wachstum und der Schnitt sind wie bei der Brombeere. Die Loganbeere ist nicht sehr winterfest. Setzen Sie die Pflanze also an eine geschützte Stelle.

Japanische Weinbeere – *Rubus phoeniculasius*
Die Japanische Weinbeere hat Trauben mit roten Früchten, die der Brombeere ähnlich sehen, die aber kleiner sind. Sie sind nicht alle zur gleichen Zeit reif. Die Pflanze sieht attraktiv aus, auch wenn das Laub schon gefallen ist: Die Stengel mit ihren vielen Stacheln sind herrlich rotbraun. Wuchs und Schnitt sind wie bei der Brombeere.

Rote Johannisbeere – *Ribes rubrum*
Johannisbeeren können als freiwachsende Sträucher, aber auch als eine Art von Hecke gepflanzt werden. Sträucher müssen 1,50 m auseinander gepflanzt werden. Als Hecke sieht man sie nicht oft, aber für einen kleinen Garten ist diese Pflanzart ideal: ein großer Ertrag auf einer sehr kleinen Oberfläche. Gerade für kurze Abtrennungen von nur einigen Metern kann die Johannisbeere eingesetzt werden. Stellen Sie dazu einige dicke Pfähle mit einer Höhe von 1,75 m an die Enden der künftigen Hecke und spannen Sie horizontal dazwischen starken Eisendraht in einem Abstand von 50 cm übereinander. Setzen Sie unter dem Draht die Beerensträucher mit 40 cm Zwischenraum ein. Lassen Sie nur jeweils einen Zweig hochwachsen. Die anderen Zweige können gleich beim Pflanzen abgeschnitten werden. Diesen einen Zweig lassen wir weiterwachsen, während die anderen jährlich bis auf zwei Augen (Knospen) zurückgeschnitten werden. Diese Zuchtart verlangt große zusätzliche Aufmerksamkeit, wird aber mit einem hohen Ertrag belohnt. Pflanzen Sie verschiedene Sorten, damit die Erntezeit gestaffelt wird.

Sorten
Früh: 'Jonkheer van Tets'
'Jennifer'
Mittel: 'Fay's Prolific'
'Rolan'
'Stanza'

Die Frucht der Brombeere

Spät: 'Augustus'
'Rode Rebel'
'Rondom'
'Rosetta'
'Rotet'
'Rovada'

Weiße Johannisbeere – *Ribes rubrum*

Die Weiße Johannisbeere wird in Anzuchtbetrieben wenig gezüchtet. Rote Beeren sehen nun mal attraktiver aus.
Der Geschmack der weißen Beere ist wie der der roten. Den Vögeln fallen die Beeren weniger auf. Allein schon deshalb könnte die Weiße Johannisbeere von Kleingärtnern, die ihre Beeren selber essen wollen, bevorzugt werden.

Sorten
Früh: 'Zitavia'
'Werdavia'
Mittel: 'Albatros'
'Witte Parel'
Spät: 'Primus'
'Blanca'

Schwarze Johannisbeere – *Ribes nigrum*

Die Schwarze Johannisbeere kann in der Küche verwendet werden, der Frischverzehr ist gesund, aber Geschmackssache. Die Sträucher verlangen die gleiche Behandlung wie die Rote und die Weiße Johannisbeere. Sie werden größer. Pflanzen Sie die Sträucher in einem Abstand von 1,50 m zueinander. Stellen Sie sie immer hinter die anderen Beerensträucher. Die Zweige und Blätter verbreiten einen starken Duft. Sogar die kahlen Zweige haben im Winter diesen auffallenden Duft.

Sorten
Früh: 'Ben Lomond'
'Ben Nevis'
'Black Down'
'Wellington'
Mittelfrüh: 'Titania'
'Tsema'
Mittelspät: 'Phoenix'
Spät: 'Baldwin'
'Dr. Bauer's Ometa'

Brombeere, ohne Stacheln – *Rubus laciniatus*

Besonders im Ziergarten ist die Brombeere ohne Stacheln vor der Brombeere mit Stacheln zu bevorzugen. Brombeeren stellen keine hohen Anforderungen an den Boden. Er sollte nicht zu trocken, aber durchlässig sein. Stützen kann man mit horizontal gespannten Drähten, 2 m hoch.
Der Pflanzabstand beträgt 1,50 m. Schneiden Sie jährlich im Herbst und im Frühjahr jene Zweige ab, die Früchte getragen haben, und binden Sie während des Wachstums die jungen Schößlinge an. Diese tragen im zweiten Jahr wieder Früchte.

Bei Kälte verfärbt sich diese grüne Blattfarbe zum Roten hin. Einige Brombeersorten sind immergrün.

Die immergrüne Brombeere

Sorten
Früh: 'Bedford Giant'
'Himalaya'
'Hull Thornless'
Mittel: 'Nessy (Loch Ness)'
Spät: 'Chester Thornless'
'Oregon Thornless'

Sorten
'Malling Promise'
'Spica'
'Schönemann'
'Meeker'
'Fallgold' (gelbfruchtig)
'Framita' (stachellos)

Himbeere – *Rubus idaeus*

Allein schon am Blatt kann man die Himbeere leicht von der Brombeere unterscheiden: Auf der Unterseite ist es frisch grün und weiß. Die Brombeere wuchert oberirdisch und die Himbeere unterirdisch. Es gibt auch schwarze und gelbe Himbeeren.
Pflanzen Sie die Himbeeren in straffen Reihen 50 cm auseinander. Spannen Sie horizontal einige Drähte, den oberen 1,50 m über dem Boden, woran die jungen Schößlinge im Sommer befestigt werden. Die alten können nach der Ernte abgeschnitten werden. Die Himbeere bildet unterirdische Ausläufer. Stechen Sie solche, die zu weit vom Draht entfernt wachsen, ab. Gutes Beschneiden verhindert Verwilderung – der Fruchtertrag nimmt ab, wenn sie zu dicht stehen. Himbeeren stellen keine hohen Anforderungen an den Boden, aber sie dürfen nicht zu naß stehen.

Eine Biene bestäubt die Himbeere.

Die wilde Haselnuß, Corylus avellana, *wird oft in Form einer Waldanlage gepflanzt. Die Zuchtsorten wurden gepfropft. Die Früchte sind dadurch größer und der Fruchtansatz reichlicher.*

Außer der beschriebenen Sommerhimbeere gibt es auch noch die Herbsthimbeere, die nicht kommerziell gezüchtet wird.

Die Herbsthimbeere trägt ihre Früchte auf einjährigem Holz und verlangt also einen anderen Schnitt: Schneiden Sie im Herbst ab und warten Sie bis zum Frühjahr, bis die neuen Schößlinge wieder treiben. Verwechseln Sie diese Himbeere also nicht mit der Sommerhimbeere!

Sorten
'Baron de Wavre'
'Scepter'
'Lloyd George'
'Heritage'
'Zefa Herbsternte'

Haselnuß – *Corylus avellana*

Im dritten Jahr nach dem Pflanzen können Sie die ersten Haselnüsse erwarten, sowohl von *Corylus avellana* wie auch von *C. maxima*, die auch als Zierstrauch verwendet wird. Die Haselnuß weist wie der Apfel, die Birne und die Pflaume ertragsfreie Jahre auf. Von Natur aus wächst die Haselnuß wie ein Strauch. Es kann aber auch ein Stamm in Baumform gezogen werden. Erwerbsanbauer verwenden nur die Baumform, um das maschinelle Sammeln der Nüsse zu erleichtern. Die ersten Nüsse, die fallen, sind meistens leer.

Sorten
Frühreif:	'Gustav's Zeller'
	'Impératrice Eugénie'
	'Lange Spanische'
	'Pearson's Prolifie'
Spät:	'Gunslebert'

Quitte – *Cydonia oblonga*

Es ist kein Apfel und keine Birne – die eine Frucht sieht einem Apfel ähnlicher und die andere der Birne, aber goldgelb sind sie immer. Der Baum verlangt einen geschützten Platz. Der üppige Wuchs macht das Beschneiden schwer; beschneiden Sie den Baum von klein auf, wobei die Form betont werden soll. Er erreicht eine Höhe bis zu 5 m. Das junge austreibende Laub ist flaumig. Die großen Blüten haben auch einen hohen ästhetischen Wert. Die großen Früchte schmücken den Baum erneut, zuletzt gefolgt durch die herrlichen Herbsttöne der Blätter. Quitten kann man nicht so essen, aber für den Küchengebrauch gibt es viele Möglichkeiten. Einige Sorten sind in Kultur, u.a. 'Bereczki' mit großen Früchten, birnenförmig, und die 'Riesenquitte von Leskovac', mit sehr großen Früchten, apfelförmig. Behandeln Sie den Baum wie einen Mandelbaum. Auch die Blütezeit ist gleich, was die Gefahr des Nachtfrosts vergrößert. Die Ernte ist schon früh: Juli/August.

Corylus avellana, die Haselnuß, wächst auch gut im Schatten. Der Strauch kann ausgezeichnet als „Unterholz" im Waldeckchen dienen.

Maulbeere – *Morus alba* und *M. nigra*

Die weiße Maulbeere wird als Nahrung für die Seidenraupe angebaut. Die schwarze Maulbeere wird mehr wegen der Früchte gezüchtet. In der Nähe von alten Landsitzen sieht man diesen Baum oft als Spalierbaum an Mauern. Er kann sehr alt

Mespilus germanica, *Mispel*

werden und ist nicht frostempfindlich: Dieser Obstbaum kann auch gut als freistehender Baum gepflanzt werden. Die Maulbeere wächst auf jeder Bodenart. Die brombeerähnlichen Früchte mit einem süßlichen Geschmack haben eine dunkelviolett-rote Farbe und sind im Juli reif. Die Früchte der weißen Maulbeere sind kleiner und süßer. Die Blüten beider Bäume haben keinen Dekorationswert.

Mispel – *Mespilus germanica*

Die Mispel ist eine Art von Zierapfel und wächst bis 5 m hoch. Das schöne an diesem Baum sind die rein weißen Blüten, das große filzige Blatt und die bräunlichen Früchte. Zum Essen eignen sich diese Früchte weniger.

Birne – *Pyrus communis*

Birnen haben eine ziemlich in die Höhe gehende Wuchsart und eignen sich dadurch für einen kleinen Garten mehr als Äpfel oder Pflaumen. Manche Birnenarten sind selbstbestäubend, aber sogar für diese Birnen ist es besser, wenn auch andere Sorten sich in der Nähe befinden. Wenn die Birnbäume Ihrer Nachbarn zu weit weg sind, pflanzen Sie selber verschiedene Sorten. Weil Birnen in bestimmten Jahren eine kurze, effektive Bestäubungsperiode haben, ist dadurch noch nicht garantiert, daß die gemischte Anpflanzung jedes Jahr erfolgreich ist.

Neben Bestäubungsproblemen haben die Birnen wie die Pflaumen Jahre ohne Früchte. Birnen werden auf Unterlagen der wilden Birne und für Zwergbäume auf Quitte gepfropft.

Sowohl der Apfel wie auch die Birne lassen sich sehr gut stutzen: Die Birnen hängen hier nur am Hauptstamm.

Einige Sorten
Tafelbirne,
Sommersorte: 'Clapps Liebling'
'Frühe aus Trévoux'
Herbstsorte: 'Hardy-Birne'
'Gute Luise'
'Triumph aus Vienne'
Lagerbirne: 'Alexander Lucas'
'Köstliche aus Charneu'
'Concorde'
'Conférance'
'Doyenné du Conice'
Kochbirne: 'Gieser Wildeman'
'Saint Rémy'

Pfirsich – *Prunus persica*

Der Pfirsich eignet sich in unserem Klima nicht immer für Freilandzucht, aber auch schon wegen der Blüten ist dieser Baum der Mühe wert. Ideal sind Lagen im Weinklima. Pflanzen Sie ihn an ein Lattengerüst auf der Südseite des Hauses, so daß die Äste horizontal geleitet werden können. Binden Sie nicht zu straff an: Wenn die Äste dicker werden, besteht die Gefahr, daß die Schnur einwächst. Strenge Winter halten die Bäume durch, obwohl die Äste oft ein wenig erfrieren. Nachtfrost während

Die Pflaume 'Königin Victoria'

Wenn die Äste der Pflaume zu viele Früchte tragen, sollte man die Früchte ausdünnen. Dadurch verkleinert sich die Gefahr, daß der Ast bricht. Die übriggebliebenen Früchte werden größer.

der Blüte könnte zur Folge haben, daß der Baum im Sommer keine Früchte tragen wird. Versuchen Sie die Pflanze mit einem Bettuch abzudecken. Wenn Sie die Blüten mit Wasser nebeln, könnte das gerade noch die Rettung des kommenden Fruchtertrags sein.

Sollten Sie im glücklichen Besitz eines kalten Gewächshauses sein, dann können Sie in der Längsrichtung des Gewächshauses horizontal Drähte spannen, an denen die Pfirsichäste wachsen können. Besprengen Sie die Pflanze regelmäßig mit Wasser, um Befall durch die Spinnmilbe zu verhindern. Regelmäßiges Stutzen im Sommer ist notwendig, sonst wird das Gewächshaus bald zugewachsen sein.

Pflaume – *Prunus domestica*

Zu *Prunus domestica* gehören die europäischen Sorten mit großen Früchten. Beispiele dazu gibt es in der nachfolgenden Sortenliste. Auch die Zwetschge gehört dazu. Pflaumen, die im Gewächshaus gezüchtet werden, sind japanische Sorten. Die *P. cerasifera*, die vor allem als Zierstrauch verwendet wird, trägt die sogenannten „Kirschpflaumen".
Mirabellen und Kriechenpflaumen gehören zu den Unterarten *syriaca* und *insititia*. Manche Sorten haben Jahre mit einem großen Ertrag, abgewechselt mit Jahren, in denen fast keine Pflaume am Baum wächst. Sobald die Früchte leicht eingedrückt werden können, sind sie ausgereift und können gepflückt werden. Sie sollten sie nicht lange aufbewahren.

Sorten	Fruchtfarbe	Reife	Besonderes
'Belle de Louvain'	rot/blau	2. Hälfte Aug.	groß
'Bleue de Belgique'	dunkelblau	August/Sept.	eirund
'The Czar'	violettblau	1. Hälfte Aug.	klein, oval
'Monsieur Hatif'	violett	Mitte August	oval
'Opal'	violett/rot	Juli/August	klein
'Graf Alth aus Reneklode'	rot/violett	August/Sept.	groß, rund
'Königin Victoria'	rot	2. Hälfte Aug.	groß

Pflaumen können von der Pilzkrankheit „Bleiglanz" befallen werden, wobei die Blätter eine graue oder silbrige Farbe bekommen. Dadurch kann der ganze Baum absterben.

Hagebutte – *Rosa species*

Rosen werden meistens im Ziergarten eingesetzt, wobei die Hagebutten weniger wichtig sind. Einige Rosensorten produzieren gute Hagebutten, aus denen man Marmelade und Kompott machen kann. Besonders die *Rosa pomifera* und die *Rosa rubiginosa* sind attraktive Rosen fürs Auge, die sich auch für kleine Gärten eignen. Die *Rosa rugosa*, die oft als Hecke gepflanzt wird, produziert die größten Hagebutten.

Sorten (Rose)	Höhe	Blütenfarbe	Hagebuttenfarbe
Rosa rugosa	1-1,50 m	verschieden	rot
Rosa pomifera	1,50-2 m	rosarot	rot
Rosa canina	3 m	rosarot-rot	orange
Rosa rubiginosa	1-1,50 m	rot	orange

Von der *Rosa rubiginosa* gibt es einige Sorten in den Farben Weiß, Rosa, Rot und Violett. Die Blüte findet vom Mai bis zum August statt. Zur Abwechslung könnten Sie einige Exemplare ins Blumenbeet pflanzen. Damit die Sträucher schön bleiben, müssen sie jährlich bis zum Boden abgeschnitten werden.

Marone – *Castanea sativa*

Das ist ein großer Baum für relativ kalkarme und trockene Böden. In kühlen, nassen Sommern ist der Fruchtertrag ziemlich schlecht, aber in einem (großen) Privatgarten hängt im Juni der Baum voller gelbgrüner männlicher Kätzchen, was allein schon der Mühe des Pflanzens wert ist. Der Baum ist nicht selbstbestäubend, man benötigt zwei Pflanzen.
Die Chinesische Marone, *C. molissima*, eignet sich für den kleineren Garten. Der Strauch wird 3 m hoch und ist selbstbestäubend.

Feige – *Ficus carica*

Die Feige ist mit dem Gummibaum verwandt, der in den sechziger Jahren stark in Mode war. Die Feige kann als Strauch wachsen, kann aber an einer Südmauer auch an Drähten geleitet werden. Düngen Sie die jungen Pflanzen nicht zu stark: Sie wachsen dann zu schnell und bilden schlaffe Zweige. Bei zu schnellem Wachstum kann ein Teil der Wurzeln abgestochen werden, um die Entwicklung zu bremsen. Nur an einer warmen Stelle in einem warmen Sommer dürfen Sie einige Früchte erwarten.

Die Frucht wird bei uns wahrscheinlich nicht reifen, aber das ist kein Grund, die Feige (Ficus carica) nicht zu pflanzen. Der Baum an sich ist schön genug.

Walnuß – *Juglans regia*

Pflanzen Sie Nußbäume nur im Herbst. Sie lassen sich nur schwer umpflanzen. Verwenden Sie darum viel Mühe auf das Pflanzen, so daß Sie nicht gezwungen sind, den Baum später umzupflanzen. Kaufen Sie einen nicht zu großen Baum, damit die Chance, daß er anwurzelt, sich vergrößert. Walnußbäume werden groß (25 m) und eignen sich deshalb nicht für kleinere Gärten. Darin pflanze man besser Haselnüsse. Die Walnuß wurde früher nicht nur wegen der Früchte angepflanzt, sondern auch für die Holzproduktion. Das Holz wurde vor allem in Möbeltischlereien und für die Produktion von Gewehrkolben verwendet.

Männliche und weibliche Blüten am selben Baum blühen nicht gleichzeitig, ein Grund, warum Selbstbestäubung kaum stattfindet. Sie brauchen also mehrere Bäume. Schauen Sie in Ihrer Umgebung nach (die Entfernung darf ziemlich groß sein), ob es andere Walnußbäume gibt, die Ihren Baum mit Hilfe des Windes bestäuben können. Durch späten Nachtfrost erfrieren junge Triebe und Blüten sehr schnell.

Winterharte Sorten
'Broadview'
'Buccaneer'

Mit dem eigenen Kräutergarten und aufgehobenen alten Fläschchen und Gläsern können Sie selber schöne Geschenke machen.

Schreiben Sie immer die Kräutersorte und die Jahreszahl aufs Etikett.

Der Kräutergarten

In allen Kulturen werden Kräuter verwendet, um das Essen schmackhafter und attraktiver zu gestalten. Lesen Sie über Gebrauch und Konservierung der einzelnen Arten in Kochbüchern nach! In diesem Buch wird eher die Kultur im Garten behandelt.

Kräuter sehen im Garten oft nicht attraktiv aus. Ein getrennter Kräutergarten ist nur schön, wenn eigene kleine Hecken ihn gliedern, die dem Ganzen eine bestimmte Form verleihen. Kräuter haben oft nur unscheinbare Blüten und stehen nicht schön aufrecht.

Wenn man sie anbindet, sehen sie schon besser aus. Eigentlich sind die meisten Kräuter so unscheinbar, daß sie kein Recht auf einen getrennten Garten haben sollten. Pflanzen Sie sie lieber zwischen andere Pflanzen anderswo im Garten (zum Beispiel im Gemüsegarten oder im Blumengarten). Einige können gut im Staudenbeet eingesetzt werden. Beim Bestimmen der richtigen Stelle im Garten ist es wichtig, daß man die Kräuter gut pflücken kann, auch nach Regen. Man braucht immer nur kleine Mengen.

Wenn Sie doch einen getrennten Kräutergarten anlegen wollen, planen Sie auch genug Pfade darin ein.

Alle Kräutersorten verlangen einen sonnigen Standort, abgesehen von wenigen Ausnahmen vertragen sie die pralle Sonne sehr gut.

TIP

Gründüngung

Humusarmer Boden kann angereichert werden, indem man in unbepflanzten Beeten Pflanzen zur Düngung sät. Roggen kann im Herbst gesät und im Frühjahr untergegraben werden. Die untergegrabenen Pflanzen reichern den Boden an: Der Humus wird ergänzt und die nachher zu pflanzenden Kulturgewächse profitieren vom frei werdenden Stickstoff. Die meisten Pflanzen zur Gründüngung können, wenn die Äcker im Gemüsegarten wieder leer sind, im August/September gesät werden.

Gute Gründüngerpflanzen sind:
Lupine
Phacaelia
Roter Klee
Wicke

DER NUTZGARTEN

Sitzbank mit einer Kamillensorte, auf der Sie in beschränktem Maße gehen dürfen oder, wie hier, sitzen.

Buxus (im Hintergrund) läßt sich in jeder beliebigen Form schneiden.

Wenden Sie im Kräutergarten keine Pflanzenschutzmittel an! Sehr oft werden die Kräuter roh gegessen, sie können also meistens nicht gut gewaschen werden. Zum Glück haben die meisten Kräuter nur wenig Probleme mit fressenden und saugenden Insekten.

Anis – *Pimpinella anisum*

Anis ist eine einjährige Pflanze, 50 cm hoch, die im Frühjahr gesät wird. Erst nach einem Monat gehen die Pflanzen auf. Im Gegensatz zu den meisten Kräutern kann dieser Doldenblütler sich sehen lassen. Im August/September ist die Ernte.

Boretsch – *Borago officinalis*

Diese einjährige Pflanze sät sich selber jährlich aus. Sie brauchen also nur einmal zu säen. Die hellblauen, sternförmigen Blüten passen auch gut in das Staudenbeet. Die Pflanze wächst bis an die 90 cm hoch und sollte gestützt werden. Ernten Sie die Kronblätter der Blüten, wenn diese am schönsten sind.

Fast nie wird *B. pygmaea* gepflanzt. Diese Steingartenpflanze sieht mit ihren schmalen liegenden Stengeln viel zarter aus. Es ist eine Staude, die in der Küche die gleiche Anwendung findet wie *Borago officinalis*.

Schnittlauch – *Allium schoenoprasum*

Schnittlauch kann gesät, aber Anfang des Frühjahrs und im Herbst auch geteilt werden. Schnitt-

Die Form des Kräutergartens macht den Garten sehr attraktiv. Die Kräuter selbst sind nützlich, wenn auch meistens nicht besonders schön. Die immergrünen Hecken sind aus Buxus.

DER NUTZGARTEN

Allium schoenoprasum

lauch verlangt einen nährstoffreichen Boden. Jährlich müssen Sie die Pflanze aus der Erde entfernen und Komposterde untergraben. Die violetten Blüten sind eine zusätzliche Attraktion. Die Pflanze kann gut im Ziergarten eingesetzt werden.

Bohnenkraut, einjährig – *Satureja hortensis*
Wenige Pflanzen genügen. Es lohnt sich, jährlich neu einzusäen. Auch in trockenem Boden gedeiht die Pflanze gut. Um zu keimen, braucht sie natürlich feuchte Erde.

Winterbohnenkraut – *Satureja montana*
Diese strauchähnliche Staude wird 40 cm hoch. Trotz der Tatsache, daß sie bald verholzt, sind die Stengel so schlaff, daß sie leicht umknicken. Es ist eine Pflanze für den armen Boden und eine gute Bienenpflanze.

Brennessel – *Urtica dioica* und *Urtica urens*
Es gibt die große und kleine Brennessel. Die große ist eine Staude, die durch ihre Wurzelstöcke weiterwuchert; die kleine ist einjährig und erscheint oft als Unkraut in Gemüsegärten. Die große Brennessel kann in einem großen Garten einen Platz bekommen. Sorgen Sie dafür, daß die Pflanzen zweimal im Jahr abgemäht werden, so daß sie keine Samen bilden können. Brennesseln wachsen gern auf stickstoffreichen Böden. Schneiden Sie die Vegetationspunkte im Frühjahr ab, aber ziehen Sie Handschuhe dabei an. Kurz gekocht, verursachen sie keinen Juckreiz mehr. Man kann sie gut essen – zusammen mit Sauerampferblättern, die ebenfalls kurz gekocht werden. Die Anzucht der einjährigen kleinen Brennessel lohnt sich nicht.

Beifuß – *Artemisia vulgaris*
Das an Böschungen und Wegrändern wild wachsende Unkraut wird auch oft im Kräutergarten eingesetzt. Die Pflanze sieht nicht sehr schön aus mit ihrem graugrünen, kleinen Blatt und unscheinbaren Blüten. Unabhängig von der Bodenart wächst sie bis 2 m hoch. Siehe auch Estragon.

Zitronenmelisse – *Melissa officinalis*
Melisse läßt sich sehr leicht kultivieren, vermehren kann man durch Stecklinge, Säen und Teilen. Die Pflanze soll nicht in zu trockener Erde stehen, dann wird das Blatt gelblich. Auch eine zu feuchte und schattenreiche Stelle schadet dem Geschmack.

Dill – *Anethum graveolens*
Dill ist eine einjährige Pflanze, die aber nach einem milden Winter schon mal perenniert. Die Samen behalten lange Zeit ihre Keimkraft. Für einen kleinen Kräutergarten sind die Pflanzen zu hoch: 1,20 m. Die gelben Dolden stehen herrlich zwischen hochwachsenden Rosen. Dill und Fenchel sehen

Ein Baumstamm mit Kräutern. Viele Kräuter können gut in Töpfen gezogen werden. Mit diesen Töpfen kann man ein schönes Arrangement zusammenstellen.

Anethum graveolens, *Dill*

sich täuschend ähnlich; man unterscheidet sie am Duft.

Estragon – *Artemisia dracunculus*

Estragon ist eine hohe, häßliche Staude, die ein großes Wurzelwerk entwickeln kann. Eine Pflanze genügt zur Versorgung eines durchschnittlich großen Haushaltes. Sie eignet sich für den armen, trockenen Boden.

Engelwurz – *Angelica archangelica*

Dieses Gewächs, das dem Bärenklau ähnelt, ist zweijährig und wird maximal etwa 2 m hoch. Die Pflanze sät sich selber leicht aus. Nach einem Jahr stirbt die Pflanze. Kaufen Sie also jedes Jahr immer wieder eine Pflanze, so daß Sie durchgehend die herrlichen großen Dolden genießen können.

Ysop – *Hyssopus officinalis*

Ysop gehört zu den Lippenblütlern. Meistens sind das gute Bienenpflanzen. Das gilt allerdings nicht für diese Pflanze. Sie macht mit ihren verholzten Stengeln den Eindruck eines Strauchs und wird 60 bis 80 cm hoch. Die violett-blauen Blüten können sich sehen lassen. Ysop ist ein vollständig winterfester Halbstrauch, der gesät und durch Stecklinge vermehrt werden kann.

Kümmel – *Carum carvi*

Dieses zweijährige Gewächs sollte gesät werden. Die dem Wiesenkerbel gleichende Pflanze wird 80 cm hoch.

Es ist nicht notwendig, dafür extra Samen im Geschäft zu kaufen. Sie können einige Kümmelsamen aus dem Gewürzständer zum Säen benutzen. Ölhaltige Samen behalten in der Regel lange Zeit ihre Keimkraft.

Kerbel – *Anthriscus cerefolium*

Mehr noch als dem Kümmel sieht Kerbel dem Wiesenkerbel ähnlich. Junge Pflanzen kann man kaum von Petersilie unterscheiden. Obenan erscheinen die Dolden dieser 60 cm hohen Pflanze. Schneiden Sie die Pflanze rechtzeitig zurück, weil sie sonst sterben würde. Säen Sie im frühen Herbst noch einmal, damit Sie den ganzen Winter über frisches Grün haben.

Knoblauch – *Allium sativum*

Diese mehrjährige Zwiebelsorte wird etwa 50 cm hoch und darf nicht in zu trockener Erde stehen. Die „Zehen" können im Herbst und im April gepflanzt werden. Nachdem das Blatt verdorrt ist, können Sie ernten.

Angelica, *Engelwurz*

Waldmeister – *Galium odoratum*
Waldmeister ist eine schöne Pflanze für den Rand des Kräutergartens. Sie steht am liebsten im Halbschatten, aber wenn die Erde etwas feuchter ist, ist ein Platz an der Sonne auch gut. Die kleinen Blätterkränze sind im Frühjahr wunderbar hellgrün, im April erscheinen die weißen zarten Blüten.

Majoran – *Origanum majorana*
Majoran ist halb-winterfest; an geschützten Stellen kann die Pflanze perennieren. Sie wird 40 cm hoch und blüht vom Juli bis zum September. Die Pflanze hat ein starkes Aroma.

Meerrettich – *Armoracia rusticana*
Meerrettich wuchert am meisten von allen Kräutern. Setzen Sie ihn in einen Kübel aus Beton oder einen Mörteleimer. Die Pflanze hat ein attraktives Blatt. Die Blüte erreicht eine Höhe von 1,25 m.

Minze
Krauseminze (*Mentha crispa*) und Pfefferminze (*Mentha piperita*) sind Wucherpflanzen. Jedes Loch in einem Kasten oder Kübel werden sie ausnutzen, um zu entwischen. Es sind gute Bienenpflanzen, und auch die Blüte ist schön. Setzen Sie sie in der

Kreuzkümmel – *Cuminum cyminum*
Dieser Kümmel ist einjährig und hat rötliche Doldenblüten. Die Samen mit ihrem scharfen Geschmack sollten Ende August geerntet werden.

Koriander – *Coriandrum sativum*
Auch dieses Kraut ist ein Doldenblütler und einjährig, es erreicht eine Höhe von 40 cm.

Lorbeer – *Laurus nobilis*
Verwechseln Sie diese Pflanze nicht mit der oft angepflanzten Lorbeerkirsche (*Prunus laurocerasus*). Lorbeer gehört zu den Kübelpflanzen und soll kühl und frostfrei überwintern. Das Blatt ist schön dunkelgrün, die Blüten dagegen sehr unscheinbar. Kontrollieren Sie die Pflanze regelmäßig auf Napfschildlaus und Wollaus.

Liebstöckel – *Levisticum officinalis*
Diese Staude, besser bekannt unter dem Namen Maggipflanze, wird maximal 2,50 m hoch. An der richtigen Stelle – mehr im Hintergrund – sieht sie schön aus. Auch in der Breite verlangt diese Pflanze Platz.

Laurus nobilis *gehört in den Kräutergarten, soll aber im Winter an einem kühlen, frostfreien Ort aufbewahrt werden.*

Thymus vulgaris, *echter Thymian*

Nähe der Terrasse in einem Kasten ein: ein Blatt im Tee schmeckt gut. Beide sind Stauden.

Wiesenknopf/Pimpinelle – *Sanguisorba officinalis*
Dies ist eine schöne Staude mit einer Höhe von 40 cm, die vom Juni bis zum August blüht. Im Herbst bekommt das Blatt eine rötliche Farbe.

Rosmarin – *Rosmarinus officinalis*
Dieser Halbstrauch gehört zu der Familie der Lippenblütler (immer viereckige Stengel und Blüten mit einer großen Oberlippe). Pflanzen Sie ihn den Sommer über in trockene Erde – wegen der Frostempfindlichkeit.

Salbei – *Salvia officinalis*
Salbei hat wunderschöne Blüten. Im Frühjahr sollten Sie die Pflanze zurückschneiden. Wie die Pfefferminze, können die Blätter im Tee verwendet werden (ein Blatt reicht). Diese *Salvia* ist auch eine Bienenpflanze.

Gartenkresse – *Lepidium sativum*
Lassen Sie die Kinder die Gartenkresse säen! Schon nach zwei Tagen geht sie auf, und es kann nur wenig schiefgehen. Die Pflanze braucht aber eine ausreichende Durchfeuchtung. Nach sehr kurzer Zeit kann sie schon geerntet werden. Säen Sie jede Woche ein bißchen.

Thymian – *Thymus vulgaris*
Verwechseln Sie diese Pflanze nicht mit dem Thymian als Bodendecker. Sie bildet einen Halbstrauch, ein wenig holzartig, 30 cm hoch. Geben Sie der Pflanze eine Stelle, an der sie gegen den Ostwind geschützt ist. Sie ist einigermaßen frostempfindlich. Eine trockene Stelle in der Sonne, auf kalkigem Boden, ist am besten.

Ampfer – *Rumex rugosus*
Der Kulturampfer gedeiht besser im Garten als die wilde Sorte. Die Pflanze kann gut als Abtrennung neben Pfaden oder zwischen verschiedenen Kräutersorten dienen. Die Blütenstengel werden hoch und fallen auseinander. Entfernen Sie sie rechtzeitig. Ampfer kann als Gemüse und als Würzkraut gebraucht werden. Wenn Sie die Pflanze als Gemüse ziehen wollen, dann brauchen Sie mindestens zwanzig Exemplare.

7 Der kleine, pflegeleichte Garten

Es ist natürlich herrlich, einen geräumigen Garten um das Haus zu besitzen, aber das hat nicht jeder. Andererseits gibt es auch viele, die das nicht wollen – weil ihnen zum Beispiel die Zeit fehlt, den Garten zu pflegen. Außerdem wollen viele Leute gerne in der Stadt wohnen, wo das Angebot an Häusern mit Garten nicht sehr groß ist.

Besitzer eines Gartens in der Stadt braucht das nicht davon abzuhalten, trotzdem eine hübsche, originelle Oase zu schaffen, auch wenn sie nicht groß ist. In diesem Kapitel können Sie die Anlage eines Gartens in der Stadt genau verfolgen. Sie können sehen, wie in einer Periode von fast drei Jahren aus einem kahlen Grundstück ein richtiger Garten entsteht, in dem man sich angenehm aufhalten kann, und das ohne viel Zeitaufwand für den Besitzer.

Der Garten im März 1990 (unten und oben)

Die Anlage eines Gartens in der Stadt in der Praxis

Für den gezeigten Garten in der Stadt, bei dem es wie bei fast allen ähnlichen Gärten viele Beschränkungen gab, wurde nach langen Überlegungen eine Lösung gefunden. Dieser Garten in der Stadt hat eine Länge von 16 m und eine Breite von nur 5 m. Insgesamt ist der Garten also 80 Quadratmeter groß.

Der Auftraggeber

Der Gartenbesitzer hat sich vorher überlegt, wie er den Garten nutzen will und welche anderen Umstände eine Rolle spielen. Zuerst fängt er selber zu planen an, aber dann kommt er zur Schlußfolgerung, sich besser von einem Sachverständigen beraten zu lassen. Er weiß, was er will, weiß aber nicht, wie er seine Wünsche und Anforderungen erfüllen kann.

Der Gartenarchitekt

Der Gartenarchitekt hört gut auf die Wünsche und Anforderungen der Bewohner – wie diese den Garten erleben wollen und welche spezifischen Umstände auftreten. Über das Budget und die Kosten wird in erster Instanz nicht gesprochen. Es ist aber schon klar, wer die Anlage ausführt und wer den Garten pflegen wird.

Der Garten ein halbes Jahr später, im August 1990

Externe Faktoren

Der Gartenbesitzer und der Gartenarchitekt – wenn man selber seinen Garten entwirft, ist das dieselbe Person – müssen auf externe Faktoren Rücksicht nehmen. Wir leben in einer bestimmten Kultur und einer bestimmten Zeit. Anpassung des Gartens an diese beiden Aspekte ist meistens nicht im Auftrag für einen Entwurf enthalten, beeinflußt ihn aber doch. Kann er alte Materialien bei einem neuen Haus oder gerade neue Materialien bei einem alten Haus anwenden? Was ist da noch erlaubt und was nicht? Die Epoche eines bestimmten Hauses oder eines bestimmten Viertels spielt im Entwurf eine wichtige Rolle – unabhängig von den Möglichkeiten, die Bodenart, Sonnenstand usw. bieten. Sowohl der Auftraggeber wie auch der Gartenarchitekt müssen sich an diese externen Faktoren anpassen.

Die Wünsche des Besitzers

Die Oberfläche des Gartens ist bekannt: 16 x 5 m. Zuerst macht der Hausbesitzer eine Wunschliste:
- ein Spielplatz für die Kinder mit einer Schaukel, wo auch der Wigwam, den die Oma zum Geburtstag schenkte, stehen kann
- ein Gartenteich
- eine Bank
- ein Kaninchenstall
- Sichtschutz vor den Nachbarn
- ein Rosentor
- viele Stauden
- einige Rosen
- viele blühende Pflanzen
- Obst
- Kletterpflanzen
- eine runde Terrasse am Haus
- Steinplatten in der Größe 40 x 60 cm, die der Besitzer noch hat, sollen vorzugsweise wieder eingebaut werden
- bestehende Bäume sollen bleiben
- immergrüne Sträucher hinten im Garten, um einen öffentlichen Weg zu tarnen.

Der Gartenarchitekt, der mit dieser Wunschliste konfrontiert wird, hat den Vorteil, daß er als Fremder objektiv dem Garten gegenübersteht. Durch seine Objektivität kann er die bestehenden Elemente richtig einschätzen: Was ist wertvoll und soll an derselben Stelle stehenbleiben, welche Pflanzen können oder müssen versetzt werden. Einen bestehenden Rasen braucht er nicht zu berücksichtigen. Den kann man ja leicht umgraben.

DER KLEINE, PFLEGELEICHTE GARTEN

Der Garten im Februar 1991

Der Garten im April 1991

Beim Entwurf werden zuerst die großen Linien gezogen. In diesem Fall ist bekannt, daß eine runde Terrasse am Haus angelegt wird. Dann ist es logisch, diese runde Form wo möglich sich wiederholen zu lassen. Dafür gibt es folgende Möglichkeiten: einen runden Gartenteich, ein rundes Rosentor, kugelförmig geschnittene Pflanzen, eventuell noch mehr runde oder halbrunde Terrassen, vielleicht sogar eine halbrunde Gartenbank? Vielleicht lassen sich sogar runde Steinplatten für die Pflasterung verwenden?

Die Lage des Gartens und die Situation um den Garten herum spielen natürlich auch eine Rolle: ein Nachbar mit einem häßlichen Garten, der immer draußen sitzt, und ein anderer Nachbar, der nur einen Rasen hat und nie im Garten sitzt, die vielen Katzen in der Nachbarschaft. Was an erster Stelle berücksichtigt werden soll, ist die Bodenbeschaffenheit, die in diesem Fall sehr schlecht ist: schwerer, nicht leicht zu bearbeitender Lehmboden, ein hoher Grundwasserstand und dazu noch viel Schatten durch das Haus. Es gibt einen Höhenunterschied von 40 cm, denn der bestehende Garten verläuft nach hinten leicht abschüssig. Eine Pergola ist in die Liste des Besitzers nicht aufgenommen, aber der Gartenarchitekt führt an, daß eine Pergola sich ausgezeichnet als Sichtschutz von oben gegen den Nachbarn gebrauchen ließe. Das Problem des Verkehrslärms könnte man in diesem Garten vielleicht mit einem Springbrunnen lösen. Es sollte klar sein, daß beim ersten Besuch des Gartenarchitekten die Pflanzen noch keine wichtige Rolle spielen.

Hausaufgaben für den Auftraggeber

Der Gartenbesitzer soll zuerst mit den Nachbarn überlegen, denn wenn neue Hecken in einen Garten

Zwei Zeichnungen des Gartenarchitekten für die Bepflanzung und die Einteilung des Gartens. Auf der rechten Zeichnung hat er, was die Bepflanzung angeht, nur die Bäume an ihrer Stelle gezeichnet, auf der linken Zeichnung sind auch schon allerhand Stauden und Zwiebeln angegeben. Die festen Elemente wie Terrassen und Gartenteich sind auf beiden Zeichnungen angezeigt. Auf den hellgrünen Flächen auf der linken Zeichnung sind Stauden markiert, die, als die Zeichnung gemacht wurde, noch nicht ausgewählt waren. Dieser Garten bekam keinen Rasen; das hatte der Besitzer schon in einem frühen Stadium beschlossen.

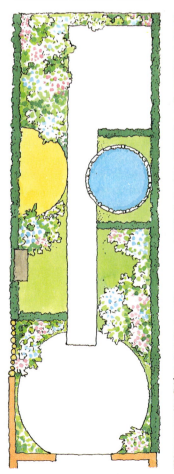

mit einer Breite von nur 5 Metern gepflanzt werden sollen, wird er beträchtlich kleiner – wenn sie alle auf dem eigenen Grundstück stehen sollen, einen halben Meter vom Garten der Nachbarn entfernt. Man sollte mit den Nachbarn abmachen, die Hecken auf der Grundstückstrennung einzusetzen. Vielleicht können sogar die Kosten geteilt werden. In unserem Fall hat man sich mit dem einen Nachbarn auf eine blattabwerfende Hecke geeinigt, mit dem anderen auf eine immergrüne. Der eine Nachbar wollte sich an den Kosten nicht beteiligen, wollte aber über die Höhe der Hecke entscheiden; der andere bezahlte auch mit, und zusammen hat man sich auf die Höhe geeinigt.

Die Phase der Formgebung

Einen Garten von 16 x 5 m kann man auf zwei Weisen betrachten: Man kann versuchen, den Garten visuell kürzer und breiter zu machen oder – gerade umgekehrt – die Längenwirkung zu verstärken. In diesem Fall entschloß sich der Besitzer, den Garten visuell zu verlängern. Es ist immer schön, in einem Garten herumlaufen zu können. Dafür gab es in diesem Garten überhaupt keine Möglichkeiten. In einem solchen Fall soll die weitere Einteilung mit der übrigen Bepflanzung dem einen Pfad eine gewisse Spannung verleihen; Abwechslung entsteht durch unterschiedliche Bepflanzung, aber auch dadurch, daß der Pfad unter etwas hindurch verläuft und irgendwohin führt – etwa in eine zum Teil verborgene Ecke. Durch diese Einteilung wird die Neugierde geweckt. Ein Pfad soll immer breit genug für zwei Leute sein. Dazu ist eine Breite von mindestens einem Meter erforderlich. Ein tiefer gelegener Pfad macht immer einen schmaleren Eindruck als er in Wirklichkeit ist: Wenn die Bepflanzung auf beiden Seiten in die Höhe wächst, verschmälert sich der ganze Weg visuell. Die Tiefenwirkung verstärkt sich dadurch, so daß der Garten einen größeren Eindruck macht – was ja auch die Absicht war.

Linien im Entwurf

Nach der Inventarisierung dessen, was einen Platz im Garten bekommen soll, sind Besitzer und Gartenarchitekt soweit, daß eine Zeichnung angefertigt werden kann. Die Linien sollen eine gute Komposition bilden, und der Plan soll einen ausgewogenen Eindruck machen. Eine Linie ist nie ohne bestimmte Absicht da. Es steckt immer etwas dahinter: eine bestimmte Konsequenz in Formen, die sich im ganzen Garten wiederfinden läßt. Das sind vorzugsweise Formen, die es auch am Haus gibt, zum Beispiel viereckige Fenster, eine bogenförmige Tür, die Dachform, ausragende Teile in einer bestimmten Form…

Ein Garten besteht ja nie für sich, sondern soll eine Verbindung zwischen Haus und Umgebung sein. In diesem Fall ist der Wunsch einer runden Terrasse am Haus der Ausgangspunkt. Bei diesem Haus bietet die Hinterfront kaum einen Halt, aber vom Wohnzimmer aus geht der Blick auf den Garten. Der Hauptpfad durch den Garten soll vorzugsweise zum Wohnzimmerfenster hin angelegt werden. So entsteht ein Zusammenhang zwischen Haus und Garten.

Der Garten im Juni 1990 (unten und oben)

Dreidimensionales Denken

Für viele Menschen ist es schwer, sich eine flache Ebene im Raum vorzustellen. Eine Hecke bekommt eine bestimmte Höhe. Die Höhe, aber auch die

Dieses Übersichtsfoto des Gartens wurde im Mai 1990 gemacht.

Breite der Baumkrone erzeugt nach einigen Jahren große Tiefenwirkung. Wenn Sie die Fotos vergleichen, so können Sie feststellen, wie im bewachsenen Garten die Tiefenwirkung zunimmt. Gerade die Blicke unten hindurch bewirken das. Pergolen sorgen ebenfalls dafür. Diese Tiefenwirkung kann noch gut verstärkt werden durch eine sogenannte „falsche Perspektive": einen Pfad, der am Ende ein wenig schmaler als am Anfang ist; genau soviel, daß man die Verschmälerung mit dem Auge nicht bewußt wahrnehmen kann. Diese Wirkung kann nur mit Kies oder kleinen Steinen erreicht werden, weil man sonst die Verschmälerung an den Fugen der Klinker erkennen kann.

Symmetrie und Ausgewogenheit

Indem man bestimmte Elemente öfters einsetzt, entsteht ein ausgewogener Garten. Ein Garten mit vielen Pflanzensorten, wie dieser, bekommt seine Ausgewogenheit durch die viereckigen Töpfe, die symmetrisch auf die Terrasse gestellt sind. Sogar die normalerweise häßlichen Seile der Schaukel bilden hier einen wichtigen Teil, der die Ruhe betont. Von der Bank in der Mitte des Gartens aus hat man direkt gegenüber einen Gartenteich, und die Entfernung nach links und nach rechts ist etwa gleich. Der Boden soll flach sein. Das ist schöner fürs Auge, aber in diesem Fall auch praktischer, weil sonst der Gartenteich am Hang läge. Ausgewogenheit heißt auch, daß der Garten, besonders ein kleiner, eine Einheit bildet. Hier geht der Pfad in die große runde Terrasse über. Auf der Basiszeichnung kann man deutlich sehen, wie wenig Linien sie enthält. Die Bepflanzung bestimmt dann, wie ausgewogen der Garten bleiben wird. Das hängt hauptsächlich mit den Formen und Farben der Pflanzen zusammen. In diesem Garten störte die große Zahl von Pflanzensorten nicht die Ausgewogenheit des Entwurfs.

Welche Materialien soll man wählen?

Ein Gartenarchitekt beschränkt sich nicht nur auf die Wiederverwendung von alten vorhandenen Materialien, sondern berücksichtigt auch die besonderen handwerklichen Qualitäten des Auftraggebers. Für jemanden, der gut schweißen kann, liegt eine Pergola aus Metall auf der Hand; für jemanden, der ein tüchtiger Zimmermann ist, wählt man lieber eine aus Holz. Die wichtigsten Einsparungen für den Gartenbesitzer sind die Stundenlöhne. Damit bekommt der Garten nicht nur eine Prägung durch den Gartenarchitekten, sondern auch durch den Gartenbesitzer und einen persönlichen Charakter. Es wurde beschlossen, ein vorgefertigtes Wasserbecken zu kaufen, weil es auf einer Seite in den Pfad übergeht: Steinplatten kann man besser auf einen festen Rand mauern. Die Platten können auch mit Betonleim festgeklebt werden.

An der Pergola blüht schon das immergrüne Japanische Geißblatt, Lonicera japonica 'Halliana'. Im Hintergrund steht die Schweizer Weide.

DER KLEINE, PFLEGELEICHTE GARTEN

Das Rosentor wurde hier als Nische gebraucht, in die vorübergehend ein schöner Topf gestellt wird, bis der Besitzer eine Gartenstatue gefunden hat, die gut zum Garten paßt.

Es stellte sich heraus, daß dieser Gartenbesitzer ein so großer Hobbygärtner war, daß auch zarte Pflanzen in den Entwurf aufgenommen werden konnten; ebenso Pflanzen, die besondere Anforderungen stellen: *Epimedium*, die sauren Boden verlangt, Rosen, die angehäufelt werden müssen, *Saxifraga fortunei*, die zugedeckt werden soll, *Lewisia*, die stark frostempfindlich ist, und *Cotula squalida*, die dermaßen wuchert, daß sie gebändigt werden sollte. Natürlich soll im Plan berücksichtigt werden, daß neben einer langsam wachsenden Pflanze eine schnell wachsende Pflanze eingesetzt wird.

Wer legt den Garten an?

Ist der Gartenbesitzer ein Heimwerker, dann folgt die Frage, wie intensiv er sein Hobby betreibt. Ein großer Hobbygärtner ist eher bereit, große Entfernungen zurückzulegen, um eben eine bestimmte besondere Pflanze zu kaufen, als ein Gärtner, der es etwas ruhiger angehen läßt. Für den Bepflanzungsplan ist das ein großer Unterschied. Es hat ja keinen Zweck, Pflanzen in einem Gartenplan aufzunehmen, die man später in der Umgebung nicht kaufen kann. Bei der Pflege spielt nicht nur die vorhandene Zeit eine wichtige Rolle, sondern vielmehr die Regelmäßigkeit.

Das Budget

Die Frage, wieviel Geld jemand für einen Garten übrig hat, hängt genauso stark mit der Energie des Auftraggebers zusammen wie mit den Kosten der Materialien selber. Soll der Garten nicht zu teuer sein, wird man billigere Materialien verwenden. Wir legen dann einen Kiespfad statt einer teueren Klinkerpflasterung an. Dadurch ändert sich die Formgebung des Gartens nicht. Die Kosten der Pflanzen stellen nur einen kleinen Teil der Gesamtkosten dar: Da sollten Sie besser nicht sparen! Unser Gartenbesitzer hat die Ärmel hochgekrempelt und konnte mit dem nicht ausgegebenen Geld schon den halben Garten bezahlen. Inzwischen hat die Familie schon drei Jahre Spaß am Garten, für den nicht jedes Jahr wieder für teures Geld neue Pflanzen gekauft werden müssen.

Der Bepflanzungsplan

Zuerst stellt der Gartenarchitekt eine Frage, die scheinbar nichts mit den Pflanzen zu tun hat:
– Wieviel Zeit können Sie auf die Pflege verwenden?

Die übriggebliebene Ecke auf der Terrasse ist mit Lorbeer und Geranien ausgestattet. An der Mauer wächst Solanum jasminoides.

Erst in dieser Phase können wir beurteilen, ob eine bestimmte Pflanzensorte in diesen Garten paßt. Der Wunsch der Auftraggeber waren viele Stauden in den Farben Rosa, Blau und Weiß, und auch die anderen Pflanzen sollten vorzugsweise in diesen Farben gewählt werden. Die Bewohner wollten

Der Garten im Juli 1992

keine giftigen Pflanzen, und sie mußten auch nicht unbedingt wuchsfreudig sein. Vergleichen Sie die Fotos: Es zeigte sich, daß dank der guten Erdarbeiten und der guten Düngung die langsam wachsenden Kletterpflanzen trotzdem in einigen Monaten 3 m hoch gewachsen waren (Foto Seite 203). Durch intensive Suche wurden sehr verfeinerte Kombinationen möglich. Nicht das Einpflanzen, sondern das Bestellen und Abholen der Pflanzen kostete viel Zeit. Lassen Sie sich nicht entmutigen, wenn Sie die Zeit und die Möglichkeiten nicht haben: Auch mit Pflanzen aus der eigenen Umgebung kann man einen guten Gartenplan machen. Nur Kenner werden die kleinen Nuancen bemerken.

Die Wahl der Bepflanzung

Die bestehenden Bäume in diesem Garten hatten zum Glück einen geringen Umfang. Der größte Baum ist eine *Gleditsia triacanthos* 'Sunburst', ein Baum der dritten Größe. Weiter gab es noch einige kleinere Apfelbäume.

Die zu pflanzenden Hecken dürfen wegen der geringen Größe des Gartens nicht zu stark in die Breite wachsen. Thuja neigt zwar zu breitem Wuchs, aber dank der guten Pflege wird hier die Hecke bestimmt schmal bleiben, wenn sie zweimal jährlich geschnitten wird. Die laubabwerfende *Carpinus betulus* 'Fastigiata' ist die schmalste Hecke überhaupt. Die kurze quer gepflanzte Hecke hinter dem Gartenteich besteht ebenfalls aus dieser Pflanzenart.

Der Besitzer ist ein Liebhaber von vielen Sorten blühender Pflanzen in seinem Garten. Um das Ganze ausgewogen zu gestalten, sind den Pfad entlang zwei niedrige Hecken geplant: rechts vorne *Rosa* 'The Fairy' und links hinten als Gegenstück *Salix helvetica*, die graublättrige Schweizer Weide. Dem Wunsch, Obst einzufügen, wurde entsprochen, indem man an der Pergola eine Kiwi wachsen läßt. Die schon bestehenden Bäume hat man mit einem Stachelbeerhochstämmchen ergänzt, das in der Mitte der Blumen steht. Unter der Stachelbeere wachsen im Schatten einige Farne.

Der Auftraggeber hat schon an die Blüte im Sommer gedacht, aber es ist die Aufgabe des Gartenarchitekten, den Garten den ganzen Sommer über hübsch aussehen zu lassen, um so mehr, weil man von den Wohnzimmerfenstern aus einen direkten Blick auf den Garten hat. Es sollte auch ein gutes Verhältnis zwischen eingehenden und immergrünen Pflanzen entstehen. Einige immergrüne Pflanzen sind: *Helleborus, Hepatica, Asarum, Tiarella, Symphitum, Lamium maculatum, Iberis, Epimedium, Prunella, Bergenia*.

Die Ausführung der festen Elemente

In diesem schmalen Garten gab es einige Bäume, die stehen bleiben sollten. Es gab Probleme, weil der abschüssige Garten geebnet werden sollte. Der vordere Teil des Gartens wurde dadurch niedriger,

der hintere Teil höher. Sogar für einen kleinen Garten bedeutet das, daß mindestens ein Laster voller Erde bewegt werden muß. Das heißt, daß alle Bäume doch noch verpflanzt werden mußten: Die vorderen hätten sonst nicht tief genug gestanden, die hinteren zu tief.

Das Anlegen eines Gartenteichs ist kein so großes Problem – zum Wasserbecken gehört eine gute Gebrauchsanleitung. Viel mehr Arbeit machte die Verbesserung des schweren Lehmbodens, denn das

Der Garten im Juli 1992

bedeutet das Anfahren von Sand und Komposterde und Torfmull für die säureliebenden Gewächse.

Der Boden sollte tief umgegraben werden, und für die Entwässerung wurde ein Dränagerohr angebracht. Im Stadium der Erdarbeiten ist es wichtig, genau zu arbeiten: Ein Gartenteich, der nicht gerade liegt, und eine nichtebene Pflasterung sind immer sichtbar.

Pergola, Schaukel und Bank bekamen alle dieselbe dunkelgrüne Farbe. Die auffallenden Elemente hätten sonst den Garten verkleinert.

Das Einpflanzen

Im Vergleich zu den vorhergehenden Arbeiten ist das Einpflanzen leicht – es dauert höchstens einen Tag.

Zuerst wurden die bestehenden Pflanzen, die in einer Ecke eingemietet waren, wieder in den Garten gepflanzt. Dann waren die Hecken dran: immergrüne *Thuja plicata* 'Dura' auf der einen, *Carpinus betulus* 'Fastigiata' auf der anderen Seite. Mitte April war der Garten soweit fertig, daß die Stauden eingesetzt werden konnten. Eine eigene Zeichnung war für die Blumenzwiebeln angefertigt worden. Sie wurden im folgenden Herbst gelegt. Gerade in einem so kleinen Garten sind Zwiebeln sehr wichtig.

Die Nachsorge des Gartenarchitekten

Das Anfertigen der Zeichnung ist nicht die einzige Aufgabe des Gartenarchitekten. Er kontrolliert auch, ob die Pflanzen, die für eine bestimmte Stelle gedacht waren, richtig eingesetzt wurden. Kontrolle im Sommer ist notwendig, weil er sicher sein will, daß er selber keine Fehler in den Farbkombinationen gemacht hat: Wenn eine der beiden Pflanzen, die eine herrliche Kombination bilden sollten, eine Woche zu früh blüht, so ist die Kombination mißlungen.

Auch Züchter liefern ab und zu eine „ähnliche" Sorte, die dann doch eine andere Farbe als die beabsichtigte aufweist. Trotz aller guten Vorbereitungen ergab sich, daß auch in diesem Garten nicht alle Pflanzen wie beschrieben wuchsen. Das passiert einfach häufig. Trotz großer Kenntnisse gibt es immer wieder Überraschungen.

Die Pflege

Wie vorher beschrieben, verlangt ein Garten in der Stadt nicht viel, wohl aber eine regelmäßige Pflege. Dieser Garten benötigt höchstens zwei Pflegestunden wöchentlich, darin ist die Winterperiode ohne Arbeit nicht enthalten. Aber wenn Sie Spaß am

Nach etwa zweieinhalb Jahren ist der Garten ausgewachsen. Der Besitzer kann mit Recht stolz sein.

Garten haben und auf dem täglichen Rundgang ab und zu einen Grashalm entfernen, kann man das kaum als Arbeit betrachten.

Im ersten Jahr müssen die Kletterpflanzen wöchentlich angebunden werden, bis sie oben sind; dann brauchen nur noch die störenden ausragenden Zweige abgeschnitten zu werden. Der Teich verlangt natürlich Pflege – die Fische sollen täglich gefüttert werden –, genauso wie der Kaninchenstall auf der Terrasse.

Das Resultat

Ein Garten von 16 x 5 m, in dem man bequem zehn Besucher empfangen kann, in dem es permanente Sitzgelegenheit gibt, in dem die Kinder schaukeln und im Wigwam spielen können, in dem man täglich Küchenkräuter pflücken und jedes Jahr Marmelade aus Stachelbeeren machen kann (Foto Seite 209), mit Äpfeln zum Essen und Lagern, mit Rosen für die Vase; in dem Kaninchen, Fische und Frösche sich tummeln, in dem es Platz für eine Gartenstatue gibt... Das ist nicht nur ein Garten, sondern ein Zimmer im Freien, das alle Bedürfnisse der Bewohner befriedigt.

8 Bäume von A bis Z

In jeden Garten gehört zumindest ein Baum, wenn möglich aber mehrere! Bäume nehmen ziemlich viel Platz ein und bestimmen in hohem Maße, wie Ihr Garten weiter gestaltet wird. Jede Bodenart, jede Umgebung und jede Gartengröße haben typische Eigenschaften, die bei der Wahl der Bäume eine Rolle spielen.

In diesem Kapitel werden Eigenschaften der Bäume beschrieben, die Sie kennen müssen, bevor Sie einen Baum für Ihren Garten wählen. Wichtige Merkmale von Bäumen sind aufgelistet, so daß Sie schnell nachschlagen können, welcher Baum sich für Ihren Garten eignet.

Schnell wachsende Bäume
Acer negundo
Alnus glutinosa
Betula pendula
Fraxinus excelsior
Prunus padus
Robinia pseudoacacia
Salix

Bäume, die viel Licht durchlassen
Diese Eigenschaft kann im Zusammenhang mit der Unterbewachsung wichtig sein.
Ailanthus
Alnus glutinosa 'Laciniata'
Betula

Der Weißdorn, Crataegus, kann auch gut in Kugelform geschnitten werden. Er sieht auch im Winter sehr auffallend aus.

Gleditsia
Gymnocladus
Juglans
Robinia
Sorbus aucuparia

Bäume mit schönen Früchten
Crataegus
Malus
Sorbus
Prunus (einige Sorten)

Bäume mit einer besonderen Rinde
Acer campestre
Corylus colurna
Liquidambar styraciflua
Phellodendron amurense

BÄUME VON A BIS Z

Die rote Trauerbuche Fagus sylvatica *'Purpurea Pendula' wird als freistehender Baum nach 100 Jahren höher als in den meisten Büchern beschrieben. Dieser majestätische Baum kann nur in sehr große Gärten gepflanzt werden.*

Bäume mit einer farbigen Rinde

Betula costata	weiß
Betula ermani	gelbweiß
Betula nigra	lachsrot (an jungen Bäumen)
Prunus serrulata	dunkelrot
Prunus maackii	goldbraun

Salix alba *'Tristis'*

Bäume mit auffallenden Blüten

Aesculus hippocastanum
Catalpa
Corylus colurna
Crataegus
Fraxinus ornus
Magnolia kobus
Malus
Pauwlonia tomentosa
Prunus
Robinia pseudoacacia

Bäume für den kleinen Garten in der Stadt

Beim Pflanzen eines Baumes ist es notwendig, mindestens zwanzig Jahre vorauszudenken. Pflanzen Sie ihn so, daß auch die Nachwelt ihn noch genießen kann, genauso wie Sie jetzt noch Ihre Freude haben an dem, was unsere Ahnen gepflanzt haben. Wenn ein zu hoch wachsender Baum in einem zu kleinen Garten steht, muß er irgendwann umgesägt werden. Denken Sie gut nach über Bäume, die einige Jahre brauchen, um richtig schön zu werden, und treffen Sie dann eine bewußte Wahl. Folgende Bäume eignen sich für kleine Gärten:

Crataegus laevigata	6 m	runde Krone
Fraxinus excelsior 'Obelisk'	10 m	Hochstamm
Fraxinus ornus	7 m	runde Krone
Koelreuteria paniculata	4-6 m	runde Krone
Laburnum	5 m	unten schmal, oben breit
Magnolia kobus	7 m	runde bis breite Krone
Malus	3-5 m	rundliche Krone
Prunus cerasifera	5-6 m	runde Krone
Prunus subhirtella 'Autumnalis'	5-6 m	runde Krone
Pyrus salicifolia 'Pendula'	6-8 m	runde Trauerform
Robinia pseudoacacia 'Umbraculifera'	4-6 m	runde Krone
Sophora japonica 'Pendula'	4 m	breite Trauerform
Sorbus aucuparia 'Fastigiata'	6 m	Hochstamm (trockener Boden)

Wertschätzung von Bäumen

Bei Bäumen denkt man meistens nicht ans Geld, außer beim Ankauf. Doch stellt ein Baum, besonders ein ausgewachsenes Exemplar, einen bestimmten Wert dar. Im Jahre 1970 wurde z. B. von A. Raad eine Methode entwickelt, den Wert eines Baumes

Nicht nur aus der Nähe sind Bäume ein schöner Anblick, auch ihre Silhouetten verleihen der Landschaft einen besonderen Charme.

zu ermitteln – etwa bei Schadensersatzanträgen im Zusammenhang mit einem zu behebenden oder nicht zu behebenden Baumschaden.
Wie kann man den Wert feststellen? Faktoren, die eine Rolle spielen, sind:
- *die Fläche des Stammquerschnitts in einer Höhe von 1,30 m*: ein Einheitspreis pro cm^2 wird festgestellt;
- *der Standort*: es dürfte klar sein, daß ein Baum in einem großen Wald einen anderen Wert darstellt als ein einzelner Baum auf einem Dorfplatz oder in der Stadtmitte;
- *der Zustand des Baumes*: ein schon kranker oder sterbender Baum ist natürlich weniger wert als ein gesundes Exemplar;
- *die Pflanzweise*: ein einzeln wachsender Baum stellt einen größeren Wert dar als Bäume in einer Reihe die Straße entlang oder in einer kleineren oder größeren Baumgruppe.

Bei der Schadensfeststellung soll man vom beschädigten Prozentsatz des Stammumfangs in einer Höhe von 1,30 m ausgehen. Wir sehen uns die Beschädigung an der Oberfläche, aber auch die tiefer gelegene an. Nebenher wird die Beschädigung der Krone und Wurzeln in Augenschein genommen. Der Schaden kann jetzt festgestellt werden: der Wertverlust in Prozent wird vom Wert des Baumes abgezogen.

Schnell wachsender Windschutz

Verwenden Sie zweijähriges Pflanzgut, düngen Sie gut und sorgen Sie für einen unkrautfreien Boden. Geeignete Bäume, die einen Garten schnell umgeben, sind:
Alnus glutinosa, Schwarzerle
Alnus cordata, Italienische Erle
Alnus incana, Weiß- oder Grauerle
Diese Bäume vertragen viel Wind und einen hohen Grundwasserstand.
Salix 'Barbo', Korbweide, und *Salix* 'Belders' vertragen brackiges Grundwasser und eignen sich für Küstengebiete. Doch besteht die Gefahr, daß die Bäume vom Bakterien-Zweigsterben (*Erwinia salicis*) befallen werden.
Populus nigra 'Italica' wächst sehr schnell und weist in höherem Alter Astbruch auf; durch regelmäßige Pflege kann man das verhindern.
Cupressocyparus leylandii 'Haggerston Grey' und *Cupressocyparus leylandii* 'Leighton Green' sind empfindlich gegen Salzwinde an der Küste und Frost. Sie sind Flachwurzler (deshalb werden sie schnell umgeweht) und immergrün.

Ein Windschutz, der sehr hoch und dicht ist, kann wie ein hohes Gebäude Turbulenzen verursachen.

Pflanzen für eine orientalische Atmosphäre

Bei einem chinesischen oder japanischen Garten denken wir zuerst an große Kiesflächen, Bambuszäune, einzelne Steinplatten, Naturstein, Moospfade und natürlich anmutende Wasserkünste. Eine geeignete Pflanzenwahl ist aber genauso wichtig. Geeignet sind:

Azalea und Zwergrhododendron
Buxus microphylla
Acer palmatum, verschiedene Sorten
Ilex crenata
Astilbe
Hemerocallis
Hosta
Mahonia, die *M. bealei* ist am geeignetsten
Juniperus horizontalis
Arctostaphylos uva-ursi
Thymus serpyllum
Cornus florida
Amelanchier lamarckii
Cryptomeria japonica
Tsuga heterophylla
Enkianthus campanulatus
Syringa vulgaris
Spiraea japonica
Weigela pururea Syn. Weigelia
Polygonatum
Liriope muscari
Ligularia und andere eindeutige Laubpflanzen wie *Astilboides* und *Darmera*
Pieris japonica
Cercidiphyllum japonicum
Equisetum hyemale
Iris

Aucuba japonica wird leider meistens nur buntblättrig angeboten. Versuchen Sie eine grünblättrige zu bekommen. Dazu passend sind moosartig anmutende Pflanzen, wie *Sagina*, Farne, darunter auch immergrüne, und natürlich Bambus und Ziergräser. Als Bäume empfehlen sich neben den größeren Arten verschiedene *Prunus*- (Zierkirsche) und *Malus*- (Zierapfel) Sorten.

In einem kleinen Garten, in dem es keinen Platz für viele Obstbäume gibt, könnte eine Kirsche, Morelle, Pflaume, ein Kirsch- oder Sternapfel die Zierkirschen und Zieräpfel ersetzen.

Bäume von A bis Z

Acer – Ahorn

Der Ahorn umfaßt Bäume und Sträucher in allen Größen. Die wichtigste Eigenschaft ist, daß sie auf fast allen Bodenarten wachsen. Die Japanischen Ahorne, die bei den Sträuchern erwähnt werden, vertragen keinen kalkreichen Boden.

Acer campestre – Feldahorn
Höhe: 8-10 m, anspruchslos

Roter Ahorn

Acer negundo – Eschenahorn
Höhe: 10-15 m
Die Krone läßt Licht durch, wodurch eine dichte Unterbewachsung möglich ist.

Acer platanoides – Spitzahorn
Höhe: 20-25 m
Dieser Baum mit teilweise rotbraunen Blättern hat nur geringe Bodenansprüche, auch wenn Sie ihn nicht an einer zu nassen Stelle einsetzen dürfen.

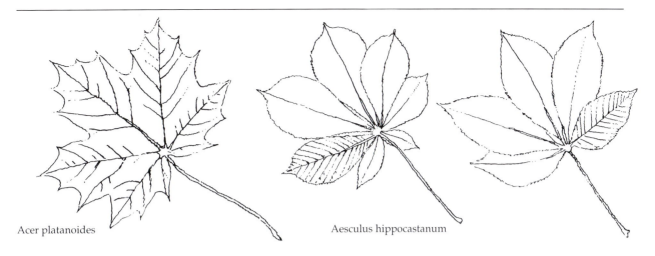

Acer platanoides

Aesculus hippocastanum

Acer pseudoplatanus – **Bergahorn**
Alle Eigenschaften wie *Acer platanoides*

Aesculus hippocastanum – **Roßkastanie**
Höhe: 20 m
Dieser Baum eignet sich nur für große Gärten, ist aber total anspruchslos. Der Baum erlaubt kaum Unterbewachsung. Die seltene *A. pavia* wird 6-8 m hoch und kann in kleineren Gärten gesetzt werden.

Alnus cordata – **Erle**
Höhe: 14 m
Dieser Baum steht gern feucht. Die Form ist

Alnus glutinosa

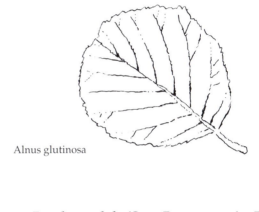

Betula pendula (Syn. *B. verrucosa*) – **Birke**
Höhe: 15 m
Die Birke ist ein ziemlich schmal wachsender Baum, der soviel Licht durchläßt, daß Unterbewachsung möglich ist, wenn diese gewässert wird. Sie eignet sich für armen, trockenen Boden. Gesäte Birken unterscheiden sich sehr in der Form. Die *B. pendula* 'Youngii' ist viel niedriger (6-8 m). Eine straffere Form und eine strahlend weiße Rinde hat die *B. costata*. Die 15 m hohe *B. jaquemontii* bekommt in höherem Alter eine breitere Krone.

Kastanienfrüchte am Baum. Die schweren Früchte fallen im September. Pflanzen Sie also keine Kastanien neben eine Terrasse.

unregelmäßig. *Alnus incana* verlangt einen etwas trockeneren Boden als *A. cordata*. Eine schönere Form hat *A. incana* 'Laciniata'.

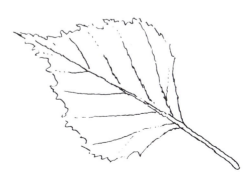

Betula pendula

Carpinus betulus – Weißbuche, Hainbuche
Höhe: 15 m
Die Weißbuche wächst am besten auf trockenem, lehmartigem Boden. Sie eignet sich nur für große Gärten. Als Hecke kann man sie in jedem Garten setzen. Das Laub bleibt im Winter lange hängen. *C. betulus* 'Fastigiata' ist nur schmal in der Jugendzeit, wächst aber in höherem Alter zu einem sehr breiten Baum aus.

Castanea sativa – Eßkastanie
Höhe: 20 m
Das ist ein sehr anspruchsloser Baum, der große

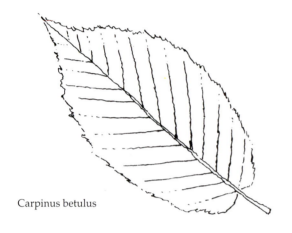

Carpinus betulus

Castanea sativa

Trockenheit ertragen kann. Er eignet sich für große Gärten, ist aber empfindlich gegen Meereswind. In Südeuropa kommt die Krankheit Kastanienkrebs (*Endothia*) oft vor; möglicherweise wird sie sich weiter ausbreiten. Zur Fruchtbildung sind zwei Bäume nötig.

Catalpa bignonioides – Trompetenbaum
Höhe: bis 15 m
Auffallend sind die großen hellgrünen Blätter. Der Baum blüht im Juni/Juli mit großen weißlichen Blüten. Er ist im Jugendstadium frostempfindlich und hat eine breite Krone.

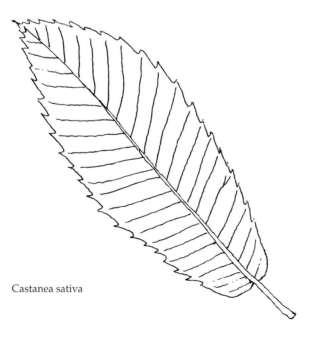

Castanea sativa

Catalpa *mit Fruchthülsen*

Catalpa bignonioides

Cercidiphyllum japonicum – Katsurabaum
Höhe: 10 m
Dieser kleine bis mittelhohe Baum wird meistens als Strauch angeboten, wächst dann aber zu einem mehrstämmigen Baum aus. Die kleinen runden Blätter erfrieren bei einem späten Nachtfrost bisweilen. Der Baum hat eine schöne Herbstfarbe.

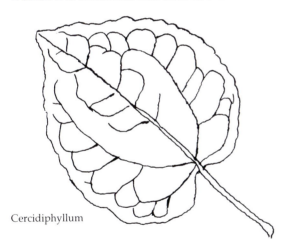
Cercidiphyllum

Corylus colurna – Baumhasel
Höhe: bis 15 m
Dieser Baum eignet sich für trockneren Boden. Er hat eine regelmäßig gebildete Krone, und die Rinde fühlt sich auffallend sanft an. Die Baumhasel produziert eßbare Haselnüsse mit einer sehr harten Schale.

Crataegus – Weißdorn
Höhe: 4-9 m
Weißdorn eignet sich für verschiedene Zwecke – sowohl in Form von Hecken wie auch freistehend. Störend sind manchmal die Raupen, die im Sommer die Bäume total kahlfressen können.

C. laevigata – gefüllter Weißdorn (fälschlich Rotdorn)
Höhe: 3-6 m
Die bekanntesten Sorten sind der doppelte rosa-rote 'Paul's Scarlet' und der doppelte weiße 'Plena'. Der Befall durch Raupen der Gespinstmotte kann störend sein, aber der Baum stirbt dadurch nicht.

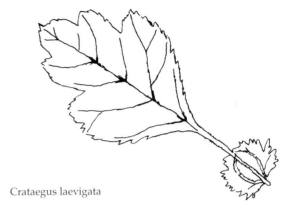
Crataegus laevigata

C. monogyna – Weißdorn
Das ist der üblichste einheimische Weißdorn. Die Sorte 'Stricta' wird bis 8 m hoch. Es ist eine schmal wachsende Sorte, die empfindlich gegen Wind ist.

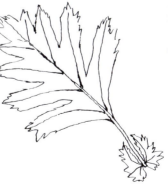

Der Weißdorn, Crataegus monogyna, ist ein geeigneter Straßenbaum, man kann ihn aber auch als Hecke pflanzen. Die Beeren sind bei den Vögeln sehr beliebt.

Crataegus monogyna

C. phaenopyrum (Syn. C. x prunifolia)

Dieser kleine Baum wird maximal 6 m hoch und hat ein glänzendes dunkelgrünes Blatt. Auffallend sind die dunkelroten Früchte, die noch am Baum hängen, wenn das Laub schon gefallen ist. Der Baum bildet eine breite, flache Krone.

Davidia involucrata – Taubenbaum
Höhe: 8-10 m

Dieser mittelhohe Baum hat ein großes Blatt. Die „Tauben" hängen im Mai/Juni am Baum.

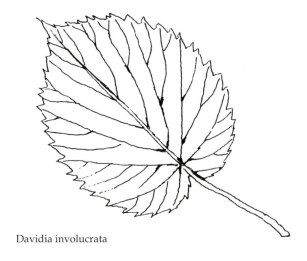

Davidia involucrata

Fagus sylvatica – Rotbuche
Höhe: bis 30 m

Dieser große Waldbaum eignet sich für große Gärten. Alleen auf Landgütern werden oft von Buchen flankiert. Der Baum läßt wenig Licht durch: Unterbewachsung gibt es dadurch nicht. Die Buchecker ist eßbar. Die Buche wächst langsam. Hier folgen einige Rassen:

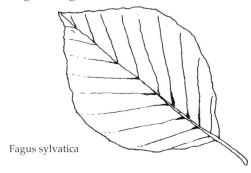

Fagus sylvatica

F. s. 'Asplenifolia' – Farnblättrige Buche
Höhe: bis 15 m

Eine kleine Buche mit tief eingeschnittenem Blatt.

F. s. 'Dawyck' (Syn. 'Fastigiata')
Eine große säulenförmige Buche.

Keimende Buchecker

F. s. 'Pendula'
Höhe: bis 25 m

Der Baum wächst stark in die Breite und hat herunterhängende Äste. Geben Sie ihm genug Platz!

F. s. 'Purpurea'
Dieser Baum weist dieselben Merkmale wie die grüne Buche auf, die Blätter sind aber braun. Weil es Sämlinge sind, gibt es Unterschiede in der Blattfarbe der Pflanzen. Wählen Sie also in einem Zuchtbetrieb im Sommer einen Baum aus, den Sie dann im Herbst kaufen können.

Fagus sylvatica 'pendula'

F. s. 'Purpurea Pendula'
Dieser Baum ist etwas kleiner mit rotem Blatt und trauernd. Er eignet sich auch für den kleineren Garten.

BÄUME VON A BIS Z

Fraxinus – Esche
Höhe: 20-25 m

F. excelsior, die gemeine Esche, ist ein starker Baum, der keine Anforderungen an Boden, Sonnenstand, Wind usw. stellt. Einige auffallende Sorten sind erhältlich.

Werfen Sie Buchenblätter nie weg. Das Blatt löst sich nur langsam auf, ist aber sehr geeignet unter säureliebenden Gewächsen wie Rhododendren, Heide und Heidelbeeren. Außerdem verhindert das Blatt auf dem Boden das Wachsen von Unkraut.

F. e. 'Jaspidea'
Dieser Baum hat ein gelbes Blatt, wie die 'Aurea', aber diese wächst langsamer.

Fraxinus excelsior

Fraxinus excelsior *'Aurea' wächst viel langsamer als F. excelsior 'Jaspidea'. Im September verfärbt sich der Baum gelb. Die edle Silbertanne (Blaufichte) links ist schon 125 Jahre alt.*

F. e. 'Diversifolia'
Diese Esche hat nicht das gefiederte Blatt.

F. ornus – Blumenesche
Höhe: bis 8 m, sehr schöne Blütenrispen.

F. o. 'Obelisk'
Hochwachsend, auch für kleinere Gärten geeignet.

Ginkgo biloba – **Ginkgo, Fächerblattbaum**
Höhe: 15-20 m
Ginkgo hat die Neigung, mehrstämmig zu wachsen. Schneiden Sie regelmäßig die doppelten Spitzen aus dem Baum, damit Sie später ein schönes einstämmiges Exemplar bekommen. Es gibt einen Unterschied im Äußeren zwischen männlichen und weiblichen Exemplaren: die weiblichen wachsen mehr in die Breite. *G. b.* 'Fastigiata' ist säulenförmig; 'Pendula' hat herunterhängende Äste.

Dieser Baum steht zwischen Nadel- und Laubgehölzen.

Ginkgo biloba

Gleditsia – **Falscher Christdorn/Lederhülsenbaum**
Höhe: 20 m
Dieser Baum hat eine offene Struktur und ein fein gefiedertes Blatt. Er kann sehr alt werden. Die Sorte 'Inermis' ist dornlos, 'Rubilace' bleibt kleiner, genauso wie 'Sunburst'.

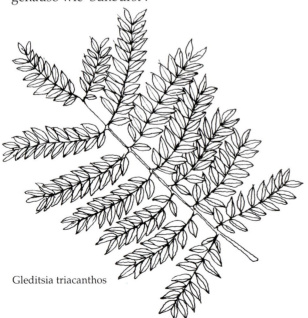

Gleditsia triacanthos

Gymnocladus – **Geweihbaum**
Höhe: 10-15 m
G. dioicus macht durch sein Blatt den Eindruck einer Esche. Pflanzen Sie ihn in nicht zu trockene Erde.

Juglans – **Nußbaum**
Höhe: 20 m
Wie Sie schon bei den Obstgewächsen lesen konnten, gibt es zwei Sorten, von denen *J. nigra* weniger frostempfindlich ist. Der Nußbaum eignet sich nur für große Gärten. Er wurde früher oft vor der Küche eingesetzt, um Fliegen fernzuhalten.

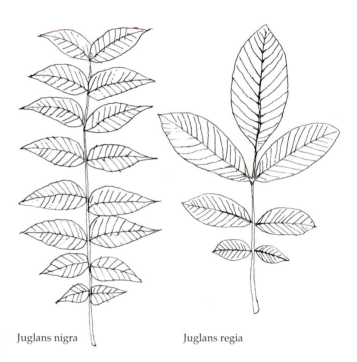

Juglans nigra   Juglans regia

Koelreuteria – **Blasenbaum**
Höhe: 5 m
K. paniculata ist ein idealer Stadtbaum – sehr anspruchslos. Anfangs frostempfindlich.

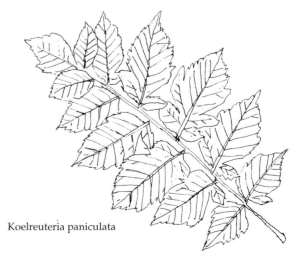

Koelreuteria paniculata

BÄUME VON A BIS Z 221

Laburnum – Goldregen
Höhe: 5 m
Goldregen wird als Strauch, aber auch als Hochstammbaum angeboten. Siehe weiter bei den Sträuchern und beim Kapitel „Giftpflanzen".

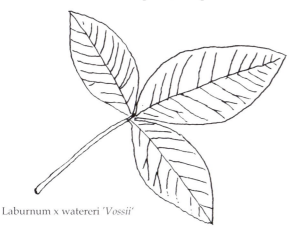

Laburnum x watereri 'Vossii'

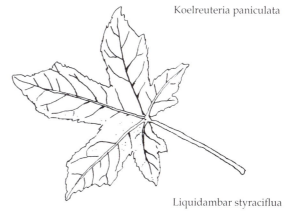

Koelreuteria paniculata

Liquidambar styraciflua

Liquidambar – Amberbaum
Höhe: 15 m
Für jeden Standort geeignet. Das Blatt ähnelt in der Form dem Efeu; die Herbstfärbung ist einmalig.

Liriodendron – Tulpenbaum
Höhe: 20-25 m
Der Tulpenbaum ist ein hoher, breiter Baum, der nur in großen Parkanlagen oder sehr großen Gärten völlig zur Geltung kommt. Blatt und grüne Blüten sind tulpenförmig, daher der Name *L. tulipifera*. Die Sorte 'Fastigiata' wächst schmaler und eignet sich für mittelgroße Gärten. *L. t.* 'Aureomarginatum' hat gelbgrüne Blattränder.

Liriodendron tulipiferum

Blatt und Blütenknospe des echten Tulpenbaumes (Liriodendron tulipifera). Die Magnolie wird sehr oft Tulpenbaum genannt, heißt aber offiziell Magnolie. Den Unterschied kann man deutlich erkennen: das Blatt von L. tulipifera ähnelt der Tulpen-Blüte.

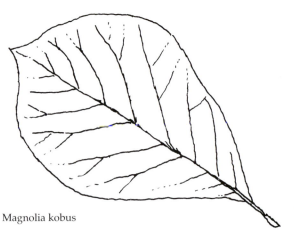

Magnolia kobus

Magnolia – **Magnolie**
Höhe: 6-8 m

Außer auf kalkreichem Boden wächst die Baum-Magnolie, *M. kobus*, auf allen Bodenarten. Sie ist völlig winterhart. Die Blüten leiden im Frühjahr stark unter Wind und spätem Nachtfrost. Die rein weißen Blüten erscheinen im April/Mai, noch vor dem Blatt. Dieser Baum eignet sich für kleine Gärten. Siehe auch unter Sträuchern.

Magnolia *'Kewensis'*

Malus – **Zierapfel**
Höhe: 3-5 m

Der Zierapfel hat eine üppige Blüte im Frühjahr und wunderschöne Früchte im Herbst. Die meisten Exemplare haben breite, dichte Kronen. Kaufen Sie ihn als Hochstamm; die Stammhöhe beträgt 2,20 m. Zieräpfel – aus den Früchten kann man Marmelade machen – passen in alle kleineren Gärten.

Malus baccata –*'Mandshurica'*

Morus – **Maulbeerbaum**
Höhe: 5-8 m

Der weiße Maulbeerbaum, *M. alba,* ist ein kleiner Baum mit weißen, roten oder dunkelviolettfarbenen Früchten. Den schwarzen, *M. nigra,* können Sie als Hochstamm oder als kleinen Baum kaufen. Er wird oft als Spalierstrauch verwendet. Die Früchte sind dann rot bis schwarz. Pflanzen Sie die Maulbeere in nicht zu feuchten Boden und geben Sie ihr einen geschützten Platz.

Nothofagus – **Scheinbuche**
Höhe: 5-8 m

Die Scheinbuche hat bizarre Äste mit weißen Lentizellen. Die kleinen Blätter verfärben sich im Herbst gelb; der Baum hat keine auffallende Blüte. Er ist

BÄUME VON A BIS Z

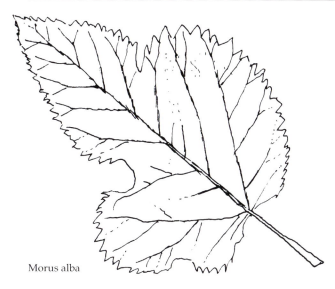

Morus alba

geeignet für große Blumenkästen, Dachterrassen und kleine Gärten in der Stadt.

Parrotia persica – Parrotie
Höhe: 6 m
Dieser Baum wird immer als Strauch geliefert. Man kann selber den Strauch zum Baum ziehen, indem man einen Hauptstamm übrigbehält und allmählich eine Krone zu schaffen versucht. Die *Parrotia* ist ein geeigneter Baum für den Halbschatten und hat eine unübertroffene Herbstfarbe.

Paulownia – Blauglockenbaum
Höhe: mehr als 10 m
Dieser Baum ist beliebt wegen seiner hellviolettfarbenen trompetenförmigen Blüten. Das große Blatt (bis 40 cm) verhält sich schlecht zu den umliegenden Pflanzen, auch bedingt durch die Tatsache, daß die hellgrüne Farbe stark ins Auge fällt. Besonders junge Bäume frieren stark ein. Bei älteren Bäumen erfrieren vor allem die Blütenknospen. Ein geschützter Standort ist darum erwünscht.

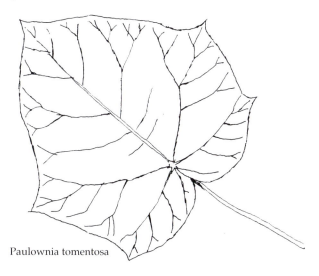

Paulownia tomentosa

Platanus – Platane
Höhe: 20-30 m
Die Platane eignet sich nur für große Parkanlagen. Wenn der Baum etwas älter ist, fallen Teile der Rinde herunter. Der Stamm sieht aus wie ein Puzzle, dem einige Teile fehlen. An diesen Stellen hat die Rinde eine hellere Farbe.

Populus – Pappel
Höhe: 20-30 m
Dieser Baum darf nicht zu oft in Gärten eingesetzt werden. Die Pappel wächst sehr schnell, was in einem neuen Garten vielleicht attraktiv wirkt, bedenken Sie aber, daß Sie den Baum später absägen müssen – und das könnte Ihren Garten zerstören. Obwohl der Baum bald hundert Jahre alt werden kann, brechen nach fünfzehn Jahren die großen Äste bei starkem Wind. Die Wurzeln drücken außerdem die Pflasterung hoch. Grundsätzlich eignet sich die Pappel also nicht für Gärten. Eine Ausnahme könnten wir für *P. simonii* 'Fastigiata' machen, die Chinesische Balsampappel, die maximal 15 m hoch wird. Obwohl der Name einen anderen Eindruck macht, wächst dieser Baum doch in die Breite.

Pappel

Prunus
Bekannt sind die Japanischen Zierkirschen mit großen rosaroten Blüten. Viele Menschen lassen sich einigermaßen durch die auffallenden Blüten blenden, wodurch sie die ausgesprochen häßliche Form des Baumes übersehen. Wenn wir diesen Umstand in unsere Überlegungen einbeziehen, gibt es andere Zierkirschen, von denen einige europäischer Herkunft sind, die sich für den normalen Garten besser eignen.

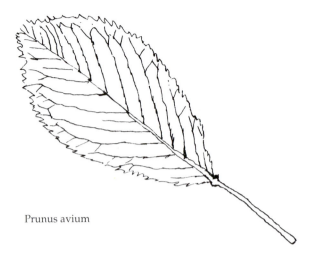

Prunus avium

P. avium – Wildkirsche, Vogelkirsche
Höhe: 10-15 m
Die Wildkirsche eignet sich für viele Zwecke. Sie kann als Straßenbaum dienen, ist schön in einer landschaftlichen Bepflanzung, eignet sich aber auch für den größeren Garten in der Stadt. Sie hat weiße Blüten, genauso wie die Rasse 'Plena', die volle Blüten hat.

P. cerasifera
Höhe: 4-7 m
Diese Art wird nur wenig angeboten, doch gibt es auch vier rotblättrige Sorten: *P. c.* 'Atropurpurea' (Syn. *P. pissardii*) mit weißen Blüten, *P. c.* 'Hollywood' (Syn. 'Trailblazer') hat rosarote Blüten und produziert außerdem große eßbare rote Pflaumen. *P. c.* 'Nigra' hat ein ziemlich großes Blatt und rosa Blüten. Am kleinsten bleibt *P. c.* 'Woodii'.

P. padus – Gemeine Traubenkirsche
Höhe: 8-12 m
Dieser Baum verträgt den Schatten gut und kann in diversen Bepflanzungen verwendet werden, sowohl landschaftlich wie auch in (kleinen) Gärten.

P. serotina – Spätblühende Traubenkirsche
Höhe: bis 25 m
Dieser große Baum oder Strauch hat ein hochglänzendes Blatt. Da er in europäischen Wäldern stark verbreitet ist und die einheimischen Pflanzen überwuchert, sollte er nicht gepflanzt werden.

P. serrulata – Japanische Blütenkirsche
Höhe: 6-8 m
Jeder kennt sie: die großen Blütentrauben im Frühjahr, die eine kurze, aber auffallende Blüte bilden. *P. s.* 'Amanogawa' ist ein sehr schmal wachsender Baum bis 6 m Höhe. Ebenfalls rosarote Blüten hat *P. s.* 'Kiku-shidare-sakura', eine Trauerform. Als Straßenbaum sehen wir oft *P. s.* 'Kanzan', einen breiten Baum mit gefüllten rosaroten Blüten und braunrot treibenden Knospen. Volle weiße Blüten hat *P. s.* 'Shirofugen', ein breiter großer Baum.

Prunus serrulata 'Kanzan'

Prunus 'Kursar F$_2$'

P. subhirtella – Frühjahrskirsche
Höhe: 5 m
Als Strauch und als Baum werden verschiedene Sorten dieser Art gezüchtet. *P. s.* 'Autumnalis' blüht

mit kleinen weißen Blüten vom November bis zum April, abhängig von den Witterungsumständen. *P. s.* 'Rosea' blüht in derselben Periode, hat aber hellrosarote Blüten. Der kleine Baum blüht den ganzen April.

P. triloba – Mandelbäumchen
Höhe: bis 1,50 m
Eigentlich ist es eher ein Strauch, aber gepfropft in einer Höhe von einem Meter eignet sich dieser Baum für Blumentöpfe und sehr kleine Gärten. Wichtig: schneiden Sie gleich nach der Blüte alle Zweige bis kurz über die Pfropfstelle ab. Sonst verliert der Baum seine Form, produziert weniger Blüten und die Monilia-Zweigdürre breitet sich aus. Für alle Zierkirschen gilt, daß Wildtriebe aus der Unterlage entfernt werden müssen.

Pterocarya – Flügelnuß
Höhe: 15 m
Diese großen breiten Bäume eignen sich für Parkanlagen. Nur die Sorte *P. fraxinifolia* wird oft angepflanzt. Der Name macht schon klar, daß das Blatt jenem der Esche sehr ähnlich sieht.

Pyrus – Zierbirne
Höhe: 6-8 m
P. salicifolia mit schmalem graugrünem Blatt ist ein idealer Baum mit schöner Form, aber weniger attraktiven Blüten für kleinere Gärten. *P. s.* 'Pendula' ist die Trauerform der *P. salicifolia*.

Prunus serrulata – *Hochstämme*

Pterocarya fraxinifolia

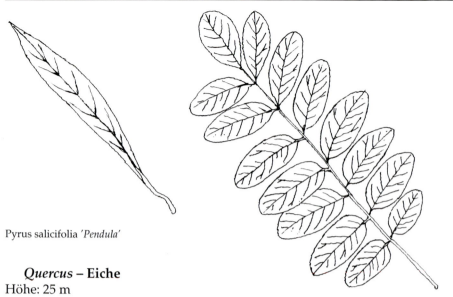

Pyrus salicifolia *'Pendula'*

Quercus – Eiche
Höhe: 25 m

Eichen sind große Bäume für Parkanlagen und Alleen. Sie wachsen langsam. Es gibt nur wenige Gärten, in denen Eichen eingesetzt werden können. Eine Ausnahme bildet *Q. robur* 'Fastigiata', die schmal bleibt, aber auch bis 20 m hoch wird.

Eicheln an der Sommereiche

Robinia – Robinie, Scheinakazie
Höhe: 20 m

Obwohl es große Bäume sind, können Scheinakazien oft in kleine Gärten gepflanzt werden. Die Krone ist locker und offen; Unterbewachsung ist dadurch möglich. Auf reichem Boden wächst der Baum so schnell, daß die Äste schlaff bleiben und abbrechen können. Pflanzen Sie darum nur auf ärmeren Bodenarten und düngen Sie nicht. Die Sorte 'Umbraculifera' hat eine schöne Kugelform. Astbruch ist auch bei diesem Baum ein Problem: Beschneiden Sie die Krone regelmäßig!

Robinia pseudoacacia

Salix – Weide
Höhe: 20 m (bei baumartigen)

Diese schnell wachsenden Bäume passen kaum in den Durchschnittsgarten. In gekappter Form (alle drei Jahre kappen) kann die gemeine Weide schon in mittelgroße Gärten gepflanzt werden. Oft gepflanzt wird die *S. matsudana* 'Tortuosa'. Die korkenzieherförmigen Zweige sind sehr auffallend. Dieser Baum braucht viel Platz. *Salix alba* 'Tristis', die Trauerweide, nimmt ebenfalls viel Platz ein; eine kleine Trauerweide ist die *S. capraea* 'Pendula' für kleine und sehr kleine Gärten. Dieser Baum bildet oberhalb der Veredlungsstelle nur herabhängende Zweige, die gelegentlich gelichtet werden müssen.

Weidenkätzchen im frühen Frühjahr

Seite 227: Amerikanische Roteiche

Salix alba *'Tristis'*

Sophora – Schnurbaum

Höhe: 10-15 m

Der Schnurbaum verlangt trockenen Boden. Er ähnelt einigermaßen der Akazie und eignet sich noch für kleinere Gärten. Die einzige Kultursorte, *S. japonica*, ist frostempfindlich, besonders in der Jugendphase. Die herrliche Trauerform *S. j.* 'Pendula' kann auch in kleinen Gärten angepflanzt werden.

Sophora japonica

Sorbus – Eberesche, Vogelbeere

Höhe: 4-12 m

Die Eberesche mag trockenen Boden. Alle Sorten haben große weiße Blütentrauben und orangefarbene oder rote Beeren. Vor der Haustür soll sie nicht stehen: Die Beeren, die man an den Schuhen mit hineinschleppt, verursachen Flecken auf dem Teppichboden.

Die häufigste Art ist *S. aucuparia*. Eine besonders schöne Art ist *S. intermedia*, die Schwedische Mehlbeere.

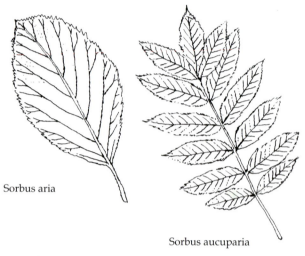

Sorbus aria

Sorbus aucuparia

Tilia – Linde

Höhe: 20 m

Diese starken Bäume können sehr alt werden. Durch die besondere Fähigkeit, sich erholen zu können, werden Linden manchmal mehr als 1000 Jahre alt. Sie eignen sich als Alleebaum und als Stadtbaum. Man sollte sie aber nicht neben eine Terrasse oder auf einen Parkplatz pflanzen wegen der klebrigen Ausscheidung der Lindenblattlaus. Auf dieser süßlichen Ausscheidung entsteht wieder der Rußtaupilz, wodurch das Blatt und die darunter stehenden Pflanzen schwarz werden. Linden stellen nur wenige Anforderungen an den Boden.

Angebotene Arten und Sorten:

Tilia americana	Amerikanische Linde
T. cordata	Kleinblättrige oder Winterlinde
T. x euchlora	Krimlinde
T. tomentosa 'Petiolaris'	Hängende Silberlinde – wenig empfindlich gegen Laus
T. platyphyllos	Großblättrige oder Sommerlinde
T. tomentosa	Silberlinde
T. x vulgaris	Holländische Linde

Ulmus – Ulme

Höhe: 20 m

Befall durch die Ulmenkrankheit ist der Grund dafür, daß davon abzuraten ist, diesen Baum in

Sorbus aucuparia

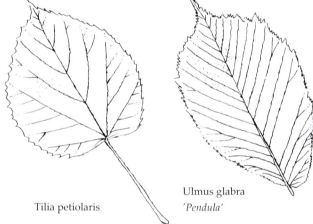

Tilia petiolaris

Ulmus glabra
'Pendula'

Wasser legt. Lagern Sie nie Ulmenholz mit Rinde. Ulmen in der Umgebung können sonst leicht vom Ulmensplintkäfer befallen werden.

Zelkova
Höhe: 10-12 m
Dieser mittelgroße Baum mit einer flachen kugelförmigen Krone ist stark und geeignet für alle fruchtbaren, durchlässigen Bodenarten. Er verträgt keinen Wind. Er ist mit der Ulme verwandt und wie die Ulme empfindlich gegen die Ulmenkrankheit.

großem Maßstab anzupflanzen. Auch für Gärten, in denen ein einziger Baum bestimmend ist, sollten Sie besser einen anderen Baum wählen. Statt der Trauerulme *Ulmus glabra* 'Pendula' kann man jetzt die Trauerbirke, *Betula pendula* 'Youngii', empfehlen. Sorten der letzten zwanzig Jahre sind 'Dodoens', 'Plantijn', 'Lobel' und 'Clusius'. Sie sind weniger empfindlich gegen die Ulmenkrankheit, aber nicht ganz immun. Die Ulmenkrankheit wird durch einen Pilz verursacht, der durch den Ulmensplintkäfer übertragen wird. Die beste Bekämpfung besteht darin, daß man vom gehauenen Holz sofort die Rinde entfernt oder es ins

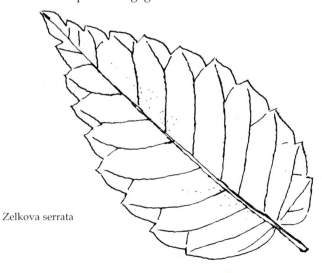

Zelkova serrata

9 Sträucher von A bis Z

Sträucher sollten in jedem Garten einen Platz bekommen. Für jede Bodenart oder Stelle gibt es einen geeigneten Strauch. Sie haben eine große Auswahl nach Blüte, Größe, der schönen Farbe oder Form der Zweige oder dem Schmuckwert der Beeren.

Viburnum opulus *hat fertile und sterile Blüten. V. o. 'Roseum', der gefüllte Schneeball, hat nur sterile Blüten (Abbildung links unten).*

Viele Sträucher eignen sich als Unterpflanzung unter Bäumen, andere bilden einen schönen Hintergrund für ein Staudenbeet.

Sträucher mit aromatischem Blatt

Sträucher mit einem angenehmen Blattduft sind wunderschön in einem Garten, besonders für visuell Behinderte. Manchmal fällt der Duft schon auf, wenn man nur an den Sträuchern vorbeigeht, in anderen Fällen sollten Sie das Blatt berühren oder zwischen den Fingern reiben.

Artemisia abrotanum
Caryopteris
Gaultheria
Lavandula
Perovskia
Ribes sanguineum
Rosmarinus
Santolina
Skimmia

Sträucher mit den schönsten Herbstfarben

Acer (die meisten Sorten)
Aesculus parviflora
Amelanchier
Berberis (die meisten Sorten)
Callicarpa (die Früchte)
Cornus (die meisten Sorten)
Corylopsis
Cotinus
Enkianthus
Euonymus
Fothergilla
Hamamelis
Rhus
Rosa (botanische Sorten)
Stephanandra
Viburnum (die meisten Sorten)

Prunus spinosa *(stark vergrößert)*

Wenn ein Garten in der Nähe des Meeres liegt oder wenn es durch andere Umstände ziemlich viel Wind gibt, verliert diese Gruppe von Sträuchern schnell das Laub. Ist der Garten gegen den Wind geschützt, so können Sie die verschiedenen Farben länger genießen.

Sträucher für den tiefen Schatten
Arctostaphylos
Buxus
Cornus canadensis
Eleagnus ebbingei
Euonymus fortunei
Hedera helix 'Arborea'
Hypericum calycinum
Ilex aquifolium
Ligustrum
Lonicera nitida
Lonicera pileata
Mahonia aquifolium
Prunus lusitanica
Ribes alpinum
Rubus odoratus
Skimmia
Symphoricarpos
Viburnum davidii
Vinca-Sorten

Die meisten dieser Sträucher gedeihen auch gut in der prallen Sonne. Im allgemeinen gilt, daß Schattenpflanzen zwar in der Sonne (nicht in der prallen Mittagssonne) stehen können, daß aber umgekehrt ausgesprochene Sonnenanbeter den Schatten nicht ertragen können. Das gilt auch für Stauden, aber nicht für Farne.

Rotblättrige Sträucher
Farbenvariation im Garten ist wichtig. Pflanzen Sie also einen oder einige rotblättrige Sträucher. Seien Sie wie bei buntblättrigen nicht zu großzügig in der Anwendung dieser Gruppe von Sträuchern. Ein rot- oder buntblättriger Strauch eignet sich auch sehr dazu, das Ende eines Pfades anzudeuten oder zu betonen. Hier einige Sorten:
Acer palmatum 'Atropurpureum'
Acer palmatum 'Dissectum Atropurpureum'
Berberis thunbergii 'Atropurpurea'
Corylus maxima 'Purpurea'
Cotinus coggygria 'Royal Purple'
Euonymus europaeus 'Atropurpureum'
Prunus spinosa 'Purpurea'
Sambucus nigra 'Purpurea'
Weigela florida 'Purpurea'

Der Holunder verträgt viel Wind: In der Natur wächst er auch in nächster Meeresnähe; sogar dem salzigen Meereswind widersteht er gut. Verwenden Sie den Holunder als schnell wachsenden Windschutz um einen großen, neu anzulegenden Garten herum.

Sträucher, die viel Wind vertragen

Geeignet für eine windige Stelle landeinwärts, aber auch für Balkone und am Meer:

Colutea
Cotoneaster
Cytisus
Eleagnus
Euonymus
Fuchsia magellanica
Hippophae
Hydrangea
Lavatera olbia
Lonicera pileata
Prunus spinosa
Rhamnus
Rosa (botanische Sorten)
Sambucus
Spiraea
Tamarix
Viburnum
Yucca

Die Kunst, einen vernünftigen Bepflanzungsplan für eine bestimmte (in diesem Fall windige) Stelle zu erstellen, besteht aus dem Auswählen der richtigen Pflanzen. Die Gefahr von Krankheiten und Schädlingsbefall wird durch eine richtige Wahl sehr eingeschränkt. Die Pflanzen aus obenstehender Liste gedeihen an einer geschützten Stelle noch besser. Sie werden sich aber gut im Winde behaupten können – an Stellen, wo andere Pflanzen versagen.

Blühende Sträucher für jeden Monat des Jahres

	Höhe	Blütenfarbe
Januar		
Hamamelis	3 m	gelb + rot
Jasminum	1,50 m	gelb (als Strauch)
Lonicera standishii	2 m	
Viburnum x bodnantense	2,50 m	rosa
Viburnum farreri	3 m	rosa
Viburnum tinus	3 m	rosa
Februar		
Cornus mas	4 m	gelb
Daphne mezereum	2 m	violett
Mahonia japonica	2 m	gelb
Ulex europaeus	2 m	gelb
März		
Corylopsis	1,50 m	gelb
Forsythia	2,50 m	gelb
Magnolia stellata	3 m	weiß
Mahonia	1,50 m	gelb
April		
Amelanchier	3,50 m	weiß
Berberis-Sorten	1-3 m	verschieden
Choenomeles	2 m	rot, orange-gelb
Cytisus	2 m	gelb
Kerria	2,50 m	gelb
Magnolia soulangeana	4 m	rosarot/weiß
Pieris	2 m	rosarot
Prunus-Sorten		
Ribes	2,50 m	weiß, rot, rosarot
Spiraea x arguta	2,50 m	weiß

Die Blüten von Prunus x serrulata *'Kanzan', der Japanischen Blütenkirsche, sind nicht lange schön, aber die kurze Blüte ist sehr üppig.*

Mai		
Cornus florida	4 m	weiß und rot
Cotoneaster	3 m	weiß
Enkianthus	3,50 m	rosarot
Halesia	6 m	weiß
Kolkwitzia	2 m	rosarot
Ledum	1 m	weiß und rosa
Lonicera	bis 3 m	versch. Farben
Paeonia	1,50 m	versch. Farben
Potentilla	1 m	versch. Farben
Pyracantha	2 m	weiß
Syringa vulgaris	3 m	versch. Farben

Juni		
Abelia	1 m	rosarot
Buddleja globosa	2 m	gelb
Colutea	2 m	gelb
Cornus kousa	4 m	weiß
Deutzia	2,50 m	weiß
Genista	1 m	gelb
Kalmia	1 m	rosarot
Philadelphus	1-3 m	weiß
Rhododendron	0,50-4 m	versch. Farben
Rubus	1-3 m	versch. Farben
Spiraea	0,50-2,50 m	versch. Farben
Syringa reflexa	1-3 m	versch. Farben
Viburnum	1-3 m	versch. Farben
Weigela	1-2 m	versch. Farben

Juli		
Buddleja davidii	2 m	versch. Farben
Fuchsia	1 m	rot, rosarot

Der Faulbaum, Rhamnus frangula, *ist ein einheimischer Strauch, der in jedes Vogelwäldchen gehört. Er verträgt Schatten.*

Prunus padus

STRÄUCHER VON A BIS Z

Hydrangea	1-2 m	versch. Farben
Hypericum	1 m	gelb
Yucca	1 m	weiß

August
Buddleja	2 m	versch. Farben
Caryopteris	1,50 m	blau
Ceanothus	2 m	rosarot/blau
Hibiscus	2,50 m	versch. Farben
Hydrangea	2 m	versch. Farben
Lavandula	1 m	blau
Perovskia	1 m	blau

September
Aralia	4 m	weiß
Campsis radicans		rot
Hebe-Sorten		versch. Farben

Die Pflanzen des August blühen auch in diesem Monat noch.

Oktober
Fuchsia magellanica	1,50 m	rot

November
Prunus subhirtella 'Autumnalis'	3 m	rosa
Viburnum fragrans	3 m	rosa

Dezember
Prunus subhirtella 'Autumnalis'	3 m	rosa

Wunderschöne Knospen haben:
Hedera helix 'Arborea'
Skimmia
Siehe weiter unter Januar.

Acer palmatum

Braunblättrige Sträucher

Manchmal ist es notwendig, einem Beet einen besonderen Akzent zu geben. Vor allem da, wo quer zum Beet ein Pfad endet, braucht man einen bestimmten „Endpunkt".
Dieser Punkt kann eine Bank, eine Vase, ein Stuhl, ein Kaninchenstall oder ein Kunstwerk sein. Es ist einfacher, diesen Punkt mit einem braunblättrigen Strauch zu akzentuieren. Einige Beispiele:
Acer palmatum 'Atropurpurea'
Berberis thunbergii 'Atropurpurea'
Corylus maxima 'Purpurea'

Alle Sträucher, die den Sortennamen 'Purpurea' oder 'Atropurpurea' tragen, sind braunblättrig (oder rotblättrig, wie man es betrachtet). Bei Stauden kann sich dieser Name auch wohl mal auf die Blumenfarbe beziehen.
Denken Sie daran, daß braunblättrige Pflanzen gerne in der Sonne stehen: Die Blattfarbe wird an einer sonnigen Stelle besser ausgebildet. Diese Pflanzen brauchen auch mehr Licht, weil sie über weniger Blattgrün verfügen, womit Sonnenlicht in Baustoffe umgesetzt wird. Für buntblättrige Pflanzen gilt dasselbe.

Acer japonicum *'Aureum'*

Sträucher von A bis Z

Akazie
Diese Pflanzengattung umfaßt tropische und subtropische Bäume und Sträucher. Bei uns kann man sie nur im Gewächshaus züchten. Mit „Akazie" wird oft auch die *Robinia* bezeichnet.

Acanthopanax (jetzt: Eleutherococcus)
Höhe: maximal 3 m
Blüte: Juni, Juli
E. sieboldianus ist der einzige Strauch dieser Gattung, der bei uns angepflanzt wird. Das handförmige Blatt sieht ähnlich aus wie das der Kastanie. Dieser Strauch blüht mit kleinen, grün-gelben Blüten. Der ganze Strauch hat scharfe Dornen und eignet sich dadurch gut für eine undurchdringliche Hecke.

Acer – Ahorn
Viele Exemplare dieser Gattung können bei uns gepflanzt werden. *A. palmatum* ist der bekannteste und eignet sich besonders für den Japanischen Garten. Der Strauch ist leicht frostempfindlich.

	Blatt	Höhe
A. palmatum	grün	3-5 m
A. palmatum 'Atropurpureum'	rot	3-4 m
A. p. 'Dissectum'	grün, gefiedert	2 m
A. p. 'Diss. Atropurpureum'	rot	1-1,5 m
A. p. 'Dissectum Nigrum'	dunkelpurpurrot	1-1,50 m
A. p. 'Dissectum Ornatum'	purpurrot	1-1,50 m

Die niedrigen Sorten eignen sich besonders für kleine sonnige Gärten. Sie wachsen sehr langsam.

Amelanchier lamarckii

Aesculus parviflora – Strauchkastanie
Höhe: maximal 4 m
Der gemeine *Aesculus*, die weiße Roßkastanie, ist allgemein bekannt. *A. parviflora* eignet sich mehr für den kleineren Garten. Sie wächst strauchförmig. Die maximale Höhe beträgt 4 m, meistens bleibt der Strauch aber kleiner. Die Blüte ist wie jene der gemeinen Kastanie, findet aber später im Sommer statt mit einer zarteren Blüte.

Amelanchier – Felsenbirne
Höhe: 4 m
Blüte: April, Mai
Dieser Strauch hat eine offene Struktur. *A. lamarckii* wird am meisten angeboten. Anfang des Frühjahres ist das Blatt bronzefarben, der Strauch hat eine weiße Blüte und eine schöne Herbstfarbe. Durch Säen kann er vermehrt werden.

Amelanchier lamarckii. *Die Blüten erscheinen fast gleichzeitig mit dem treibenden Blatt. (Links: junge Früchte)*

STRÄUCHER VON A BIS Z

Andromeda – Lavendelheide
Höhe: 10 cm
Zu dieser Gattung wurde früher auch *Pieris* gerechnet. *A. polyfolia* (Syn. *A. rosmarinifolia*) sieht heideartig aus, mit sehr schmalen Blättern und rosaroten Blüten. Der kriechende Strauch verlangt sauren Boden.

Aralia – Aralie
Der üblichste Strauch dieser Gattung ist die *A. elata*, ein 5 m hoch wachsender Strauch mit großen Blättern. Die ganze Pflanze hat Dornen. Große creme-weiße Blütendolden befinden sich oben in der Pflanze. Die Gattung *Aralia* umfaßt auch Zimmerpflanzen und Stauden.

Arbutus – Erdbeerbaum
Der Erdbeerbaum eignet sich nur für sehr geschützte Stellen. In Südeuropa wird der *Arbutus unedo* ein großer Baum; bei uns nur ein großer Strauch. Er eignet sich am meisten als Kübelpflanze in einem Topf. Auffallend sind die weißen Blüten und die roten Blattstengel. Die Früchte sehen wie Erdbeeren aus.

Arctostaphylos – Bärentraube
Dieser kriechende Strauch mit weißen Blüten, die wie Glockenheide aussehen, blüht im Mai.
Die runden, roten Beeren sind attraktiv. Der Strauch ist wintergrün und verlangt sauren Boden.

Aronia – Apfelbeere
Höhe: bis 1,50 m
Diese hübschen niedrigen Sträucher blühen rosarot oder weiß. Danach folgen schwarze Früchte. Es sind anspruchslose Sträucher.

Aronia

Die Aucuba japonica *'Rozannie' hat ein grünes Blatt ohne gelbe* Tupfen. Dadurch macht die rote Beere einen schöneren Eindruck.

Aucuba
Höhe: bis 3 m
Die *Aucuba* ist nur bedingt winterfest an einer sehr gut geschützten Stelle. Sie soll nicht an einem Platz mit Morgensonne stehen. Meistens werden Pflanzen mit einem gelb getüpfelten Blatt angeboten. Versuchen Sie aber ein grünblättriges Exemplar zu bekommen. Das paßt besser zu der übrigen Bepflanzung des Gartens.
Die Blüte ist unauffällig, die Schönheit stellen Blatt und Beeren dar. Diese Beeren bleiben sehr lange am Strauch hängen. Die *Aucuba* ist der beste immergrüne Strauch für einen Garten in der Stadt, besonders wenn Sie für sauren, humosen Boden sorgen. Sie ist für unser Klima nur bedingt geeignet.
Grünblättrige (nicht getüpfelte) Sorten sind:
Aucuba japonica 'Borealis'
A. j. 'Longifolia
A. j. 'Dentala'
A. j. 'Rozannie'
A. j. 'Hillieri'

Azalea
Siehe: *Rhododendron*

Seite 237: Arbutus unedo

Berberis species

Berberis – Sauerdorn

Das Geschlecht *Berberis* umfaßt mehr als 200 Arten und Sorten. Ein Teil davon ist immergrün. Am meisten sehen wir *B. thunbergii*, die grüne Heckenberberis. Rotes Blatt hat *B. thunbergii* 'Atropurpurea'. Alle *Berberis*-Sorten haben Dornen, die durch ihr Gift zu Hautentzündungen führen. Ziehen Sie beim Beschneiden feste Handschuhe an.

Immergrüne *Berberis*
B. darwinii
B. x frikartii
B. candidula
B. gagnepainii
B. julianae
B. linearifolia
B. x stenophylla
B. verruculosa

Laubabwerfende *Berberis*
B. aggregata
B. koreana
B. x ottawensis
B. thunbergii
B. wilsoniae

Buddleja – Schmetterlingstrauch, Sommerflieder

Dies ist ein beliebter Strauch, weil er viele Schmetterlinge anzieht. Weniger bekannt ist die Frostempfindlichkeit: Häufeln Sie im Herbst die Sträucher an, um Erfrieren bis in den Boden zu verhindern. Sie sollten anders als die anderen Sträucher beschnitten werden. Schneiden Sie im Frühjahr alle Zweige bis auf einen halben Meter über der Erde ab. Die Schmetterlingssträucher kann man leicht durch Stecklinge vermehren. Die Blüten erscheinen im August und blühen bis spät in den Herbst weiter. Einige Arten und Sorten:

Buddleja globosa	gelb, kugelförmig
B. x weyeriana 'Sungold'	orange
B. davidii 'Ile de France'	dunkelviolett
B. d. 'White Profusion'	weiß
B. d. 'Royal Red'	violett-rot
B. d. 'Empire Blue'	hellblau
B. d. 'Pink Delight'	rosarot

Buxus – Buchsbaum

Buxus ist der immergrüne Strauch, der oft für Hecken und Formschnitt gepflanzt wird. Weniger bekannt ist es, daß er ohne Schnitt bis zu 5 m hoch wachsen kann. Außerdem gibt es verschiedene Sorten, die sich in Blattgröße, Blattform, Blattfarbe und der Art des Wachsens unterscheiden. Berücksichtigen Sie, daß eine Partie, die ein Jahr später gekauft wird, manchmal schlecht zu der bestehenden Hecke paßt. Kaufen Sie Buxus darum vorzugsweise bei einem Gärtner, der die Pflanzen selber züchtet und von denselben Mutterpflanzen vermehrt. Selber vermehren durch Stecklinge ist auch einfach; es dauert aber ein Jahr, bevor Wurzeln an den Stecklingen erscheinen. Pflanzen Sie die Stecklinge an eine schattenreiche Stelle dicht zusammen und bewässern Sie hin und wieder.

Callicarpa – Schönfrucht

Höhe: 3 m
Dieser schlicht aussehende Strauch wächst in die Höhe. Zierlich sind die violetten Beeren, die lange am Strauch hängen bleiben. Die Zweige mit Beeren können getrocknet werden. Die beste Sorte ist *C. bodinieri* 'Profusion' (selbstbestäubend).

Ein abgeschnittener Zweig mit Beere der Callicarpa bodinieri *bleibt in getrocknetem Zustand wunderschön. Stellen Sie die Zweige nahe ans Fenster, so daß Sie den ganzen Winter die herrlichen Beeren genießen können.*

Buxus eignet sich auch gut als Dekoration in einem Blumentopf.

Calycanthus – Gewürzstrauch
Höhe: bis 2,50 m
Dieser langsam wachsende Strauch hat dunkelrote Blüten. *C. floridus* ist am bekanntesten, aber die Sorte 'Purpureus' hat ein schöneres Blatt und blüht üppiger.

Camellia
Obwohl es heute mehr winterfeste Sorten im Geschäft zu kaufen gibt, kann man immer noch nicht empfehlen, die Camellia draußen einzusetzen. Sie verträgt absolut keine Morgensonne nach einem Nachtfrost. Pflanzen Sie vorzugsweise in sauren Boden in einem (nicht-beheizten) Gewächshaus. Die Sträucher sind immergrün mit einem herrlichen, lederartig glänzenden Blatt.

Caragana – Erbsenstrauch
Höhe: 3 m
Ein in die Höhe wachsender Strauch mit feinem, hellgrünem Blatt ist *C. arborescens*. Die gelben Blüten blühen als kleine Trauben zwischen dem Laub. Die Pflanze kann sowohl in der Sonne wie auch im Halbschatten stehen. Als Trauerform werden die Sträucher auf eine Unterlage gepfropft. Dieser Strauch sieht nicht nur während der Blüte, sondern den ganzen Sommer über attraktiv aus.

Caryopteris – Bartblume
Dieser Strauch blüht auf einjährigem Holz. Nach Einfrieren im Winter darf bis auf den Boden abgeschnitten werden. Die hellblauen Blüten erscheinen im August/September. Die üblichste Art ist *C. x clandonensis*, dessen Sorten 'Heavenly Blue' und 'Kew Blue' üppiger blühen. Die Art *C. incana* hat ein graufilziges Blatt und paßt damit gut in den grauen Garten, aber auch in den Schmetterlingsgarten.

Ceanothus – Säckelblume
Die Säckelblume ähnelt der *Caryopteris* ein wenig, auch was die Blütezeit betrifft. Diese Pflanze ist immergrün und verträgt nur wenig Frost. Sie gedeiht in Kübeln, aber auch an einer geschützten warmen Mauer auf der Westseite. Am meisten angeboten wird *C.* Hybr. 'Gloire de Versailles'. Noch weniger starke Sorten gibt es in den Farben Hellblau und Rosa.

Choenomeles – Japanische Quitte
Die Japanische Quitte hat apfelblütenartige Blüten in Rosarot, Orange und Rot und apfelähnliche Früchte in den Farben Gelb, Gelbgrün und Grün.

Chaenomeles japonica

Vielzahl der Sorten nach Höhe:
kleiner als 75 cm
    C. japonica 'Sargentii'   orange
    C. speciosa 'Simonii'   blutrot
    C. superba 'Crimson and Gold'   dunkelrot
    C. superba 'Stanford Red'   rosa-rot
75-100 cm
    C. superba 'Nicoline'   scharlachrot
1,25 m
    C. superba 'Fire Dance'   dunkelrot
1,5 m
    C. speciosa 'Rosa plena'   rosarot
    C. superba 'Clementine'   orangerot
    C. superba 'Coral Sea'   lachsrosa
2 m
    C. speciosa 'Spitfire'   karminrot
    C. speciosa 'Umbilicata'   hellrosa
    C. superba 'Bright Hedge'   orangefarben
    C. superba 'Ernst Finken'   rot

Clethra – Scheineller

Dieser auffallende Strauch für den Heidegarten verlangt sauren Boden und blüht im August/September mit weißen Blüten. *C. alnifolia* wird 2 m hoch und hat eine schöne gelbe Herbstfarbe.

Colutea – Blasenstrauch

Am bekanntesten ist *C. arborescens*, ein in die Höhe wachsender Strauch mit sehr feinem hellgrünem Blatt. Die Blüten dieses 4 m hohen Strauches (Mai/Juni) sind gelb.

Cornus – Hartriegel

Viele Gartensträucher dieser Gattung wählen wir wegen der Blüten, der Blattfarbe oder der Strauchform, der Zweigfarbe oder der Herbstfarbe. Zu den Bodendeckern gehört *C. canadensis* mit weißen Blüten und roten Beeren. *C. alba* hat rötliche Zweige; schöner ist *C. alba* 'Sibirica' mit knallroten Zweigen. Dieser Strauch wächst auch weniger unordentlich und wird 3 m hoch. *C. alba* 'Elegantissima' hat ein weißbuntes Blatt; 'Gouclaultii' hat ein gelbes Blatt. Auffallend gelbe Zweige hat *C. stolonifera* 'Flaviramea', der ebensowenig wie *C. sanguinea* zu den hübschesten Gartensträuchern gehört. Zweige, die den Boden berühren, bilden sofort wieder Wurzeln. Das Ergebnis nach einigen Jahren ist ein großes Durcheinander. Hohe Sträucher mit großen weißen Blüten sind *C. florida* und *C. kousa*.
Die Blüten sehen jenen der Clematis sehr ähnlich. Am bekanntesten ist der früh im Jahr gelb blühende *C. mas*. Der Strauch wird groß und ist erst im Alter eine Zierde im Garten.

Corylopsis – Scheinhasel

Ein feiner, sehr früh und gelb blühender Strauch, der langsam wächst, ist *C. pauciflora*, die maximal

Cornus alba

Kerria japonica

Cotinus coggygria

1,50 m hoch wird. Etwas höher wird die langsam wachsende *C. spicata*. Sie vertragen Sonne und Halbschatten.

Corylus – Haselnuß

Die gemeine Haselnuß, *C. avellana*, gibt es für den Ziergarten auch mit gelbem Blatt – *C. a.* 'Aurea' – und mit rotem Blatt – *C. a.* 'Fuscorubra'. Im Winter sieht die *C. a.* 'Contorta' mit ihren korkenzieherförmigen Zweigen sehr schön aus. Nicht schön ist das immer krank aussehende Blatt an diesem Strauch. Versuchen Sie darum, ihr einen Standort zu geben, an dem sie im Winter auffällt und im Sommer nicht. Die beste Haselnuß mit rotgefärbtem Blatt ist *C. maxima* 'Purpurea', ein Strauch, der 4 m hoch wächst. Die Baumhasel, *C. colurna*, ist eine Baumform, die auch Früchte trägt. Haselnüsse wachsen in der Sonne und im Schatten.

Cotinus – Perückenstrauch

Höhe: bis 4 m

Cotynus coggygria ist grünblättrig und viel schöner als die öfter angebotene *C. c.* 'Red Beauty', 'Royal Purple' und 'Rubrifolius'. Riesig große zarte Blütendolden machen den Perückenstrauch zu einem beliebten Strauch. Es ist schade, daß die Zweige nach dem Winter oft weit zurückgefroren sind. Schneiden Sie sie ab.

Cotoneaster – Zwergmispel

In den sechziger und siebziger Jahren war dies der bevorzugte Gartenstrauch. Später nahm das Interesse wegen Befalls durch den Feuerbrand ab, was zu Exportbeschränkungen führte. Am üblichsten sind die Bodendecker *C. dammeri* und *C. d.* 'Skogholm' und 'Coral Beauty'. An Mauern, besonders unter Fenstern, kann *C. horizontalis* eingesetzt werden. Alle Arten haben weiße Blüten und rote Beeren.

Laubabwerfend
C. bullatus	2,50 m
C. horizontalis	1 m
C. moupinensis	2,50 m
C. dielsianus	2 m
C. divaricatus	2 m
C. wardii	1,25 m
C. franchetti	1,75 m
C. zabelii	2,50 m

Immergrün
C. dammeri	15 cm
C. microphyllus	50 cm
C. salicifolius	1 m

Cotoneaster dammeri 'Coral Beauty'

Die höchsten Arten sind *C. racemiflorus* var. *soongoricus*, *C. salicifolius* var. *floccosus* und *C.-Watereri*-Hybriden 'Cornubia'.

Immergrüne Cotoneaster sind an ungeschützten Stellen frostempfindlich.

Cytisus scoparius, *der wilde Ginster*

Crataegus – Hagedorn, Weißdorn
Den Weißdorn gibt es als großen Strauch oder kleinen Baum. Als Strauch eignet er sich nur für große Gärten. Auf dem Lande bildet der Weißdorn eine schöne Hecke. Feuerbrand kann den ganzen Strauch angreifen, und auch Raupenplagen gibt es oft. Siehe auch: „Bäume von A bis Z"

Cydonia
Siehe: *Chaenomeles*

Cytisus – Ginster
Wer kennt nicht den gelben Ginster, der in der Natur und am Straßenrand wächst? Weniger bekannt ist seine Frostempfindlichkeit. Im Durchschnitt alle sieben Jahre friert der Ginster bei uns bis auf den Boden ab. Meistens wächst er dann einfach wieder weiter. Verjüngen Sie selber den Ginster auch durch Beschneiden. Eine üppigere Blüte ist die Folge. Geben Sie dem Ginster eine trockene, sonnige Stelle, an der er bleiben kann. Der Strauch läßt sich schwer umpflanzen. Im Zuchtbetrieb wird er denn auch ausschließlich als Containerpflanze verkauft. Sich eine Pflanze aus der Natur zu besorgen hat keinen Zweck, denn die lange Pfahlwurzel wird dann zu sehr beschädigt; die Pflanze wird diese Aktion nicht überstehen. Aus dem wilden Ginster machte man früher Besen, daher der Name Besenginster. Den Elfenbeinginster, *Cytisus* x *praecox*, gibt es in mehreren Farbtönen: gelb mit weiß, weiß, dunkelgelb, goldgelb, hellgelb und rosa bis rosarot.

Daphne – Seidelbast
Sehr früh, manchmal schon im März blüht der Seidelbast.

Nach den hell- und dunkelvioletten Blüten erscheinen die giftigen roten Beeren. Die Sorte 'Alba' mit weißen Blüten hat gelbe Beeren. Der Strauch hat ziemlich fleischige Zweige, und wächst sehr in die Höhe (Höhe mehr als 1 m). Mehr horizontal wächst der Rosmarinseidelbast, *D. cneorum*, ein Strauch für den Steingarten, der im April blüht. Vermehren kann man durch Ableger.

Daphne mezereum

Davidia – Taubenbaum
Der Taubenbaum wird oft als Strauch gezogen, kann aber zu einem mittelgroßen Baum auswachsen. Auffallend sind die weißen Deckblätter an den Blüten, die wie Taschentücher an den Zweigen hängen.

Decaisnea – Blauschote
Höhe: 3 m
In Kultur ist nur eine Art: *D. fargesii*. Die stahlblauen Samenhülsen hängen wie Gurken am Strauch. Vermehrung findet durch Säen statt.

Seite 243: Samenhülsen von Cytisus scoparius

STRÄUCHER VON A BIS Z 243

Davidia involucrata *var.* vilmoriniana

Deutzia – Deutzie

D. gracilis wird 75 cm hoch und hat rein weiße Blüten im Mai/Juni. Eine rosa Variation ist *D.* x *rosea*. Mittelhoch wird *D.* x *kalmiiflora*. Diese blüht im Mai mit weißen Blüten, die an der Außenseite karminrosa sind. Ein altertümlicher Strauch ist *D. scabra*; sie wird 3 m hoch und blüht weiß oder hellrosa und gefüllt. Die Deutzie wächst auf jeder Bodenart, am liebsten in der prallen Sonne.

Diervilla

Dieser niedrige Strauch blüht im Juli/August auf einjährigem Holz. Sie können ihn also ruhig bis zum Boden abschneiden. Er verlangt trockenen Boden, Sonne oder Halbschatten.

Eleagnus – Ölweide

Besonders die immergrünen Sorten sind wertvoll für den Garten – auch als Hecke. Eleagnusarten vertragen viel Wind. *E.* x *ebbingei* ist der beste Immergrüne an der Küste. Landeinwärts müssen Sie den Strauch an geschützter Stelle einpflanzen. Wintersonne auf erfrorene Pflanzen kann zu Schäden führen. *E. pungens*, dessen Sorte 'Maculata' am meisten angeboten wird, hat ein buntes Blatt. Laubabwerfend ist *E. angustifolia*, der wie *E.* x *ebbingei* silbergrau an der Unterseite der Blätter ist. Ein ganz silberfarbenes Blatt hat *E. commutata*.

Eleutherococcus siehe Acanthopanax (S. 235)

Enkianthus – Prachtglocke

Höhe: 3 m
Dieser Strauch gehört zur Heidefamilie, braucht also sauren Boden. Bekannt ist der *E. campanulatus* mit seinen in Trauben herunterhängenden rosafarbenen Blüten. Schützen Sie den unteren Teil gegen die pralle Sonne.

Euonymus – Pfaffenhütchen

Diese Gattung umfaßt sehr unterschiedliche Sträucher. Der schönste ist *E. alatus*, der das ganze Jahr über immer wieder andere attraktive Seiten hat. Im Winter sind die Korkleisten auf den Zweigen auffallend. Der Strauch wächst bis 2 m in einer runden, geschlossenen Form. Die Sorte 'Compactus' bleibt niedriger. Im Freiland wächst *E. europaeus*, ein hoher Strauch, der sich für das Vogelwäldchen eignet. Es kann passieren, daß Raupen der Gespinstmotte den Strauch total kahlfressen. Schöner als der Europäische Kardinalshut ist der Japanische *E. sachalinensis* mit großen, auffallenden roten Früchten. Dieser Strauch wird 4 m hoch. Wie auch bei anderen Mitgliedern dieser Gattung ist die Herbstfarbe dieses Strauches unübertroffen. Ein niedriger immergrüner Bodendecker ist *E. fortunei*.

Exochorda – Prachtspiere, Perlstrauch

E. giraldii und *E. racemosa* wachsen bis 4 m hoch und haben auffallend weiße Blüten. Für kleine Gärten

Euonymus europaeus

STRÄUCHER VON A BIS Z   245

Euonymus europaeus, *Früchte mit Samen*

empfiehlt sich die Rasse 'The Bride'. Dieser kompakte Strauch wird 1 m hoch. Er eignet sich für alle Bodenarten in der prallen Sonne.

Forsythia – Forsythie
Pflanzen Sie diesen Strauch hinter andere Pflanzen. Er blüht sehr früh. Forsythien kann man gut zum Schnitt verwenden. Treibfähig sind die Zweige erst nach einer Frostperiode. Ab und zu kann es sein, daß die Pflanze nach einem Winter ohne Frost nicht blüht. Am üppigsten blüht *F. intermedia* 'Lynwood'. Schlaffe, biegsame Zweige hat *F. suspensa*.

Fothergilla – Federbuschstrauch
Es ist schade, daß die Fothergilla einer der am wenigsten angepflanzten Gartensträucher ist. Wie die Forsythie blüht sie sehr früh (cremefarben – Bild Seite 246). Weil sie langsam wächst, ist sie sehr teuer. *F. gardenii* bleibt niedrig: bis 1 m. *F. major* wächst bis 2 m. *Fothergilla* ist mit der bekannten Hamamelis verwandt und hat ein ähnliches Blatt mit einer schönen Herbstfärbung.

Fuchsia – Fuchsie
Die Strauchfuchsie mit kleinen roten herunterhängenden Blüten ist ein idealer Strauch für den Garten in der Stadt. An geschützten Stellen frieren die Zweige meistens nicht bis zum Boden ab. Dann wächst die Pflanze im Frühjahr einfach wieder aus. Die *Fuchsia magellanica* stammt von Feuerland, wo das Klima bestimmt extremer ist als bei uns.

Gaultheria – Scheinbeere
Es gibt zwei Kulturarten: *G. procumbens* als

Exochorda racemosa *'The Bride'*

Fothergilla major

Bodendecker und *G. shallon* als niedrigen Strauch. Beide verlangen Halbschatten und sauren Boden und sind immergrün.

Genista – Ginster

Dieser Ginster bleibt viel kleiner als der *Cytisus*. Die niedrigsten Sorten eignen sich für den Steingarten und können über kleine Mauern hängen. Die Blüten sind gelb. Dieser Strauch eignet sich für armen Boden in der prallen Sonne.

Arten:
G. sagittalis	15 cm
G. tinctoria 'Plena'	30 cm
G. germanica	50 cm
G. lydia	50 cm
G. hispanica	50 cm
G. pilosa	50 cm
G. tinctoria 'Royal Gold'	70 cm
G. tinctoria	80 cm
G. anglica	80 cm

Gleditsia – Lederhülsenbaum

Manchmal „Christusdorn" genannt, ist die *Gleditsia* eigentlich ein Baum, wird aber auch als Strauch gezogen. Der gelbblühende Strauch hat scharfe Dornen und ein sehr schön gefiedertes Blatt. Nur eine Sorte wird angeboten: *G. triacanthos*, deren Sorte 'Sunburst' ein gelbes Blatt bildet.

Hamamelis – Zaubernuß

Die Hamamelis, die in den Farben Rot oder Gelb im Januar/Februar blüht, wird oft in zu kleinen Gärten angepflanzt. Der Strauch wächst bis 4 m hoch und wird genauso breit. Beschneiden ist nicht notwendig: Durch den Schnitt ginge die schöne Form verloren. Geben Sie ihr also genug Platz und wenn möglich eine sonnige Stelle. Halbschatten genügt aber, auch wenn die Zaubernuß dann weniger blüht.

Es gibt einige Arten und Sorten in Kultur. Alle wachsen mehr oder weniger gleich. Besuchen Sie einen botanischen Garten im Februar, um die schönste Sorte festzustellen.

Hebe – Strauchveronica

Hebe ist ein niedriger, frostempfindlicher Strauch aus Neuseeland. Nur an einer geschützten Stelle kann er draußen überwintern. Betrachten Sie die Hebe lieber als eine Kübelpflanze. Sie erfreut im August/September durch auffallende Blüten.

Hamamelis 'Westerstede'

Hibiscus – Eibisch, Malvenstrauch

Beim Hibiskus denken wir meistens an Zimmerpflanzen. Aus Kleinasien stammt *H. syriacus*, ein 2 m hoher, kräftiger Strauch. Wenn die Pflanzen etwas älter sind, sind sie winterhart. Sie blühen noch im Herbst.

Hibiskus gibt es in vielen Farben:
H. 'Blue Bird' blau
H. 'Caeruleus' blau
H. 'Rubis' dunkelrosa
H. 'Hamabo' rot
H. 'Meehanii' weiß
H. 'Totus Albus' weiß

Hippophae – Sanddorn
Höhe: maximal 3 m
Der Sanddorn ist der ideale Strauch für Küstengegenden: Er verträgt den vollen Wind. Der Strauch wächst auf jeder Bodenart und übersteht auch große Trockenheit. Er bezaubert durch das schmale graue Blatt und die knallroten Beeren der weiblichen Sträucher. Setzen Sie ihn nur an exponierten Stellen ein, wo andere Sträucher versagen. In Kultur ist *H. rhamnoides*. Man benötigt männliche und weibliche Pflanzen.

Hydrangea – Hortensie
In Kultur sind drei Arten, die sich deutlich voneinander unterscheiden: *H. paniculata* (in spitzer Form blühend), *H. macrophylla* (kugelförmig oder flach blühend), und *H. anomala* (Kletterer). Der kugelförmig wachsende Strauch ist typisch für den Bauerngarten. Die Hortensie verträgt Schatten, ist

Hibiskus

also auch für Gärten in der Stadt ideal. *Hydrangea paniculata* blüht immer weiß. Die Zweige sind ziemlich zerbrechlich. Die kugelförmigen Blüten der *H. macrophylla* sehen wir am meisten. Die Blüten sind dunkelrosa, hellrosa, weiß oder blau. Richtig blau werden diese Hortensien erst auf einigermaßen saurem Boden. Fügen Sie im Frühjahr und im Herbst dem Gießwasser ein wenig Ammoniakalaun

Hippophae rhamnoides

Hydrangea macrophylla *(nach Alaunfärbung)*

(Drogerie) zu. Die größten Blüten hat *H. arborescens*, deren weißblühende Sorte 'Annabelle' am meisten vorkommt. *H. macrophylla* eignet sich durch die gleichmäßige Strauchform gut für ein symmetrisches Arrangement, zum Beispiel auf beiden Seiten eines Tores oder einer Treppe. Geben Sie Hortensien eine nicht zu trockene Stelle. Wenn im Frühjahr die großen Endknospen entfernt werden, wird die Pflanze gleichmäßig über den ganzen Strauch verteilt blühen.

Hypericum – Johanniskraut
Höhe: 75 cm bis 1 m

Diese gelbblühenden Sträucher blühen alle auf einjährigem Holz und können also im Winter oder am Anfang des Frühjahres bis auf den Boden zurückgeschnitten werden. *H. calycinum* ist immergrün und ein guter Bodendecker unter hochwachsenden Sträuchern. Pflanzen Sie den Strauch an eine sonnige Stelle; im übrigen ist er anspruchslos.

Ilex – Stechpalme

Nur wenige von den 400 Stechpalmensorten sind bei uns in Kultur. Manche sind immergrün, andere im Winter kahl. Der bekannteste Strauch aus dieser Gattung ist *I. aquifolium*, die scharfe Stechpalme. Man braucht männliche und weibliche Pflanzen, damit der Strauch Beeren bekommt. *I. aquifolium* 'Pyramidalis' ist selbstbestäubend. Gegenüber der wilden scharfen Stechpalme hat jene Sorte den Vorteil, daß das Blatt weniger Stacheln hat. Es gibt einige Sorten mit einem goldbunten und silberbunten Blatt. Weniger bekannt ist die Chinesische Stechpalme, ein 2 m hoch wachsender, dem Buxus

Die Hortensie wird erst richtig blau, wenn der Boden sauer und aluminium- oder eisenhaltig ist.

ähnlicher Strauch mit runden Blättern. *I. crenata* 'Convexa' hat ein kugelförmiges dunkelgrünes Blatt, *I. c.* 'Golden Gem' ein goldfarbenes. Eine laubabwerfende Stechpalme ist der 3 m hoch wachsende *I. verticillata*, der als Beerenstrauch absolut unübertroffen ist. Es kann schon mal passieren, daß die Vögel alle Beeren in einem Tag fressen. Für die Beeren brauchen Sie ein männliches und ein weibliches Exemplar. Pflanzen Sie die männliche Pflanze außer Sichtweite, denn sie bekommt keine Beeren. Beschneiden Sie die Stechpalme (außer *I. verticillata*) in der Jugendphase: Für eine vollere Blüte müssen Sie die Zweigenden abschneiden.

Kerria – Kerrie

Die Kerrie hat ein hellgrünes Blatt und grüne Zweige (Bild Seite 240) und blüht im Mai/Juni mit butterblumenartigen gelben Blüten. Sie kann nach dem Winter durch die erfrorenen Zweige ziemlich schäbig aussehen. Schneiden Sie vorzugsweise alle zweijährigen Zweige aus dem Strauch heraus, nach dem Winter eventuell alles bis auf den Boden. Die Blüte wird dadurch nicht beeinflußt. Oft angeboten wird *K. japonica* 'Pleniflora', die dunkelgelbe, volle Blüten hat. Noch schöner dunkelgelb blüht die gemeine Art, *K. japonica*, mit nur wenigen Blüten. Ein buntes Blatt und nur wenige Blüten hat *K. j.* 'Aureovariegata'.

Kolkwitzia – Kolkwitzie

Höhe: 2 m

Dieser im Privatgarten immer noch zu wenig bekannte Strauch blüht creme-rosa an ausragenden Zweigen – kurz nach den bekannten im Frühjahr blühenden Sträuchern. Eine Art ist in Kultur: *K. amabilis*.

Laburnocytisus

Das ist eine gepfropfte Hybride. Die Pflanze ist zwischen Ginster und Goldregen angesiedelt, wie der zusammengesetzte Name schon klarmacht. Eigentlich handelt es sich hier um eine botanische Rarität, die für den Garten keinen großen Wert hat.

Laburnum – Goldregen

Der Goldregen ist eher ein Baum als ein Strauch und eignet sich nur für größere Gärten. Der wilde Goldregen, *L. anagyroides* hat kurze Blütentrauben. *L. x watereri* 'Vossii' ist gepfropft und blüht mit gelben Trauben mit einer Länge von bestimmt 50 cm. Dieser Strauch ist viel teurer als der gemeine, aber auch viel schöner. Setzen Sie den Goldregen nicht auf zu nassem Boden ein und beschneiden Sie nie,

Lespedeza

um ihn klein zu halten; Sie dürfen nur ausdünnen. Er ist giftig, vor allem die Samen!

Laurus – Lorbeer

Verwechseln Sie diese Pflanze nicht mit der Lorbeerkirsche (*Prunus laurocerasus*). Siehe weiter unter „Kübelpflanzen".

Lespedeza – Buschklee

Dieser spät blühende Strauch bekommt eigentlich zu wenig Aufmerksamkeit. *L. thunbergii* blüht im September/Oktober purpurrosa und wird nur 1 m hoch, so daß sie sich für kleine Gärten eignet. *L. bicolor* wird 1,50 m hoch. Sie kann jährlich im Frühjahr bis auf den Boden abgeschnitten werden. Diese Sträucher blühen auf einjährigem Holz.

Leycesteria

Höhe: 1,50 m

Dieses Strauchgewächs ähnelt dem Strauchgeißblatt ein wenig. Der Strauch hat große Scheinähren mit roten Deckblättern, zwischen denen weiße Blüten hängen. Geben Sie ihm eine warme geschützte Stelle, um Einfrieren zu verhindern. Die einzige Sorte, die sich für unser Klima eignet, ist *L. formosa*.

Leycesteria formosa

Ligustrum – Liguster

Denken Sie beim Liguster nicht nur an geschorene Hecken! Eine schöne weiße Blüte entsteht nur bei freiwachsenden Sträuchern. Manche Sorten haben ein goldbuntes, andere ein silberbuntes oder gelbes Blatt. Sie sind immergrün.

L. amurense
Dieser Liguster hat ein grünes Blatt und schwarze Beeren.

L. delavayanum
Ein Liguster mit Blüten in behaarten Büscheln.

L. japonicum
L. Japonicum wächst kompakt und ist frostempfindlich.

L. lucidum
Der hohe Strauch trägt braun-grüne Blüten.

L. obtusifolium var. *regelianum*
Dieser Strauch trägt große schwarze Beeren und ist der beste einzeln wachsende Liguster.

L. ovalifolium
Das ist die beste Heckenpflanze dieser Gattung, die schön wintergrün bleibt.

L. quihoui
L. quihoui hat hellgraue Zweige.

L. vulgare
Das ist der wilde Liguster, der nur in geringem Maße wintergrün ist. Als Hecke ist er weniger frostempfindlich als *L. ovalifolium*.

L. x vicaryi
Dieser Liguster hat ein herrliches gelbes Blatt.

Lonicera – Geißblatt

Kletterndes Geißblatt finden Sie unter „Kletterpflanzen"; hier meinen wir das Strauchgeißblatt. Da können wir wieder zwischen immergrünem und laubabwerfendem Geißblatt unterscheiden.

Immergrüne Geißblattsorten

L. nitida	125 cm	kleine Blätter, geeignet als Hecke
L. pileata	60 cm	geeignet für niedrige Hecken und Flächen

Laubabwerfende Geißblattsorten

L. fragrantissima		blüht im Winter
L. korolkowii	2,50 m	graugrünes Blatt, weiß, rote Beere
L. ledebourii		sehr breit wachsend, Beere purpurfarben
L. maackii	3 m	weiße Blüte, rote Beere
L. tatarica	3 m	rosa Blüte, rote Beere
L. xylosteum	3 m	gelbliche Blüte, rote Beere

Alle diese Geißblattsorten treiben schon früh im Jahr. Darum fallen sie Anfang des Frühjahres stark auf, wenn die anderen Sträucher noch kein Blatt haben.

Lonicera

Magnolia soulangeana

Magnolia – Magnolie

Die Magnolie wird zu Unrecht als Tulpenbaum bezeichnet. Dieser Name bezieht sich auf *Liriodendron tulipifera*. Magnolien gibt es in vielen Sorten: als kleinen und großen Strauch, Kletterstrauch und als Baum.

M. stellata – Sternmagnolie
Höhe: bis 2 m
Der Strauch hat sternförmige weiße Blüten und wächst kugelförmig. Es ist einer der schönsten Sträucher für den kleinen Garten.

M. kobus – Baummagnolie
Höhe: 6 m
Dieser kleine Baum trägt weiße Blüten, die vor dem Blatt erscheinen.

M. x *soulangiana* – Gemeine Magnolie
Die gemeine Magnolie hat große rosa-weiße Blüten und kann sehr breit auswachsen, so daß sie sich für einen kleinen Garten nicht eignet. Blüte und Blatt erscheinen fast zur gleichen Zeit.

M. liliiflora 'Nigra'
Dieser große Strauch hat dunkelrosa Blüten. Zuerst erscheint das Blatt, dann die Blüten.

M. grandiflora
M. grandiflora hat sehr große weiße Blüten und ist nicht ganz winterfest. Setzen Sie sie darum nur an einer warmen Mauer ein. Das große lederartige Blatt bleibt im Winter am Strauch hängen.

M. sieboldii
Dieser große Strauch blüht als letzte Magnolie im Juni/Juli.

Mahoberberis
Kreuzung zwischen *Mahonia* und *Berberis*. Dieser immergrüne Strauch ist für den Liebhaber eine botanische Rarität, blüht aber nur wenig.

Mahonia – Mahonie
Diese Immergrüne kann auf verschiedene Weisen im Garten verwendet werden. Sie ist anspruchslos, wächst mäßig schnell und hat gelbe Blüten am Anfang des Frühjahres.

M. aquifolium
Höhe: bis 1,50 m
Das ist die üblichste, aber nicht die beste Mahonie.

Die Blätter bleiben im Spätwinter nicht ganz grün; es entstehen gelbe Ränder am Blatt.

M. wagneri 'Pinnacle'
Dieser Strauch ist dem vorigen fast gleich, behält seine grüne Farbe aber besser und ist zarter.

M. bealei
Höhe: bis 2 m
Dieser verzweigte Strauch blüht sehr früh und hat ein großes, herunterhängendes grünes Blatt.

M. japonica
Der Strauch ähnelt dem vorigen, hat aber einen Hauptstamm mit einer Länge von 2,50 m. Die Blätter haben eine Länge von gut 30 cm.

M. repens
Dies ist ein Bodendecker mit einem Blatt, das mit einer blaugrünlichen Wachsschicht überzogen ist; die Pflanze bildet Ausläufer. Mahonien kann man gut pflanzen, um Flächen aufzufüllen, aber auch als Heckenpflanze. Sie sollten möglichst an Stellen stehen, die man vom Haus her gut sehen kann.

Malus – Zierapfel
Der Zierapfel kann als Strauchform geliefert werden, als Halbstamm und als Hochstamm – wie bei Obstbäumen. Er eignet sich für große Gärten und am Rande von Waldanlagen. So schafft man ein blühendes Ende des Waldes, das auch für die Vögel angenehm ist. Setzen Sie einmal einen Zierapfel am Grabenrand ein. Dort wirkt er wie ein Sämling des wilden Apfelbaumes, der da durch Zufall gelandet ist.
Es gibt eine nahezu endlose Liste mit verschiedenen Sorten. Man kann Kombinationen herstellen aus roten, weißen oder rosa Blüten mit rotem oder grünem Blatt, mit roten, gelben oder orangefarbenen Äpfeln in verschiedenen Formen, variierend von rund bis länglich.
Es gibt Baumformen, die mehr in die Höhe wachsen oder mehr in die Breite. Für jeden Wunsch gibt es einen Zierapfel.

Myrica – Gagel
Der Europäische Sumpfgagel wächst auf saurem, nassem Boden. Dieser bis 1,50 m hoch werdende Strauch darf sogar im Wasser stehen. Es ist ein aromatisches Gehölz mit männlichen und weiblichen Pflanzen.
Gagel blüht im April/Mai mit bräunlichen Blüten – ein bißchen mysteriös, wenn die Sonne im frühen Frühling darauf scheint. Der Amerikanische Gagel wächst bis 2 m hoch und verlangt einen trockeneren Standort. Beide Sträucher ähneln der Weide.

Neillia – Traubenspiräe
Die Traubenspiräe ähnelt der Spiräe. Die mittelhohen Sträucher vertragen Halbschatten. Es gibt Sorten mit rosa, roten und weißen Blüten.

Nothofagus – Scheinbuche
Siehe: „Bäume von A bis Z"

Paeonia – Strauchpäonie
Höhe: 1,50 m
Kein Strauch hat so große Blüten wie die Baumpäonie. Der Strauch sieht aus wie die Pfingstrose. An einer geschützten Stelle werden Päonien am höchsten. Gegen späten Nachtfrost sind sie empfindlich.
Die Strauchpäonie blüht im April/Mai in den hellsten Farben, die es gibt: Violett, Gelb, Rosa, Rot und Weiß.

Das treibende Blatt der Pieris *'Forest Flame' ist dekorativ, aber – passen Sie auf! – auch äußerst frostempfindlich. Der Strauch ist immergrün und wächst sehr üppig.*

Parrotia – Parrotie
Dieses Mitglied der Hamamelisfamilie garantiert eine schöne Herbstfarbe. Ein hoher Strauch oder ein kleiner Baum ist die P. persica. Die kleinen rötlichen Blüten erscheinen zwischen Januar und März. Junge Pflanzen haben noch keine Blüte und sind leicht frostempfindlich.

Pernettya – Torfmyrte
Der niedrige Strauch mit großen rosafarbenen, roten und weißen Beeren ist ein Mitglied der Heidefamilie und braucht also sauren Boden. Ein männliches Exemplar (das keine Beeren trägt) braucht man immer dazu. Pflanzen Sie in feuchten Boden im Halbschatten und geben Sie guten Winterschutz.

Philadelphus – Falscher Jasmin, Pfeifenstrauch
Dieser bekannte duftende Strauch darf in keinem Garten fehlen. Er wächst auf jeder Bodenart:

P. coronarius	Gemeiner Jasmin, bis 5 m
P. c. 'Aureus'	gelbgrünes Blatt
P. 'Belle Etoile'	bis 2 m
P.-Lemoinei-Hybriden	bis 1,80 m, mit zierlich herausragenden Zweigen
P. 'Manteau d'Hermine'	1 m, volle Blüten
P. Virginalis-Hybriden	2 m, rein weiß, halbvoll

Pieris japonica 'Forest Flame' trägt junge rote Ausläufer und weiße Blütentrauben am selben Strauch.

Pieris – Lavendelheide
Höhe: bis 1,50 m
Diese immergrünen Sträucher haben rosafarbene oder weiße Blütentrauben. Am bekanntesten ist die P. japonica, die glänzende lederartige Blätter hat. Sie verlangen sauren Boden im Halbschatten. Morgensonne im Winter schadet. Eine Sorte mit knallroten Ausläufern ist die P. japonica 'Forest Flame'. Schützen Sie diese Pflanze vor spätem Nachtfrost.

Poncirus – Bitterorange
Dieser dem Zitronenbaum ähnliche Strauch bekommt eine goldgelbe Herbstfarbe. Im Winter fallen die grünen Zweige mit ihren großen Dornen besonders auf.
P. trifoliata produziert kleine, gelbe, nicht eßbare Zitronen. Trotz seines tropischen Äußern kann der Strauch den Frost gut vertragen. Er kann auch in einem Topf gezogen werden.

Potentilla – Fingerkraut
Diese Gattung umfaßt Stauden und Sträucher. Das Fingerkraut, P. fruticosa, wächst bis 1 m hoch. Meistens sind sie gelb, aber auch weiß und rosarot.

Prunus laurocerasus

Sie eignen sich für Flächenbepflanzung und für Hecken. Schneiden Sie jährlich die älteren Zweige aus dem Strauch, um die schöne Form zu erhalten.

P. 'Abbotswood'	weiß	breit wachsend	70 cm
P. 'Arbuscula'	gelb	Bodendecker	30 cm
P. 'Fruticosa'	gelb	hoch wachsend	1 m
P. 'Klondike'	goldgelb	hoch wachsend	1 m
P. 'Moonlight'	zitronengelb		1,20 m
P. 'Primrose Beauty'	cremegelb	hängend	60 cm
P. 'Tangerine'	orange		40 cm

Prunus laurocerasus – Kirschlorbeer

Die Lorbeerkirsche ist immergrün mit lederartigem Blatt und kann sowohl als Hecke wie auch für Flächenbepflanzung verwendet werden. Die Sträucher haben weiße Blütentrauben. Lorbeerkirschen wachsen schnell auf jeder Bodenart und vertragen Sonne und Schatten. Kurz: es ist die anspruchsloseste immergrüne Blattpflanze des Gartens. Es gibt hoch und sehr breit wachsende, großblättrige (geeignet als Lärmschutz) und schmalblättrige, hohe und niedrige Sorten.

P. l. 'Caucasica'	3 m, schmal hoch wachsend, sehr winterfest
P. l. 'Rotundifolia'	4 m, breit hoch wachsend, nicht in den vollen Wind pflanzen, leicht frostempfindlich
P. l. 'Van Nes'	1,75 m, breit, dunkelgrün
P. l. 'Mischeana'	1 m, sehr breit wachsend
P. l. 'Otto Luyken'	1 m, kompakt, auffallende Blüte
P. l. 'Reynvaanii'	1,75 m, gewelltes Blatt, hoch

Eine andere immergrüne Art ist *P. lusitanica*, ein öde aussehender Strauch mit einer Höhe von 2 m. Auffallend sind die dunkelgrünen lederartigen Blätter mit roten Blattstengeln. Laubabwerfende einheimische Sträucher sind *P. padus* und *P. spinosa*, die Traubenkirsche und der Schlehdorn. Beide werden 4 m hoch und blühen weiß. Beim Schlehdorn erscheinen die Blüten schon, bevor der dornige Strauch seine Blätter getrieben hat. Beide dürfen in einem Vogelwäldchen nicht fehlen. Siehe weiter unter „Bäume von A bis Z".

Pyracantha – Feuerdorn

Der Feuerdorn wird sehr oft an einer Mauer gesetzt. An geschützten Stellen ist er aber auch ein wunderschöner freistehender Strauch. Dieser Schutz ist notwendig, damit er nicht bei strengem Frost abfriert.

Die Vögel berühren die Beeren erst, wenn alle andere Nahrung weg ist. Dann stürzen die Amseln sich massenhaft auf die Sträucher.

Prunus padus

Rhamnus – Faulbaum, Kreuzdorn

Einheimische europäische Pflanzen sind *R. frangula* und *R. cathartica*. Es sind struppig wachsende

Beerensträucher, die als Unterbewachsung in Waldanlagen oder im Vogelwäldchen eingesetzt werden können.

Rhus – Essigbaum, Sumach

Ein großer, offener Strauch ist *R. typhina* mit stark behaarten Zweigen und einer herrlichen Herbstfarbe. *R. typhina* 'Laciniata' wächst langsamer und hat ein tief eingeschnittenes, zartes Blatt. Wenn das Laub gefallen ist, befinden sich die roten Fruchtkolben weiblicher Pflanzen noch an jedem Zweigende.
Die ziemlich offenen Sträucher kann man mit einer immergrünen Unterbepflanzung versehen. Entfernen Sie regelmäßig die aus dem Boden wachsenden Ausläufer.

Ribes

Die zierliche Alpenjohannisbeere *R. alpinum* mit ihren gelb-grünlichen Blüten verträgt Schatten. *R. aureum*, die Goldjohannisbeere, wächst recht steif und wird sehr hoch.
Beliebt ist die Blutjohannisbeere *R. sanguineum* mit folgenden Sorten:
'King Edward VII'   rot
'Splendens'   rot
'Tydemans White'   weiß

Prunus x serrulata 'Amanogawa' wächst schmal in die Höhe. Dadurch eignet sich dieser hohe Strauch trotzdem für kleine Gärten.

Rubus – Zierbrombeere

R. odoratus ist ein 2,50 m hoher Strauch mit rosaroten Blütentrauben. Der Strauch hat viele unterirdische Ausläufer, darum kann man ihn leicht teilen. Schneiden Sie im Winter die zweijährigen Zweige

Rhamnus cathartica, der Kreuzdorn

Rhamnus frangula, *Faulbaum*

ab. Im Winter fällt *R. biflorus* stark auf mit seinen grauweißen Zweigen. Er wird 3 bis 4 m hoch und eignet sich als Unterbepflanzung unter hohen Bäumen.

Salix – Weide

Die Gattung der Weiden umfaßt einige Hunderte von Sorten, darunter viele, die niedrig bleiben. Sie eignen sich für feuchte Stellen im Garten. Die Staubblätter der männlichen Weidenkätzchen sind sehr zierlich. Häufig sehen wir *S. matsudana* 'Tortuosa'. Die Zierde dieses Strauches, der schnell ein Baum wird, sind die sich windenden Zweige. Einige andere Weiden:

S. aurita	2 m	(Öhrchenweide)
S. bockii	1-2 m	
S. cinerea	2-3 m	(Aschweide)
S. hastata	1 m	
S. irrorata	2-3 m	
S. repens	bis 2 m	(Kriechweide)

Siehe: „Bäume von A bis Z".

Sambucus – Holunder

Holunder ist in Europa heimisch. Die Büsche wachsen zu großen Sträuchern aus. Holunder wächst auf jeder Bodenart in der Sonne und im Schatten; er sät sich auch leicht aus.

S. canadensis 'Aurea'	4 m, goldgelbes Blatt, schwarze Beere
S. nigra	5-7 m, schwarze Beere
S. nigra 'Pygmy'	50 cm, für den Steingarten
S. nigra 'Laciniata'	5 m, fein gefiedertes Blatt
S. racemosa	5 m, rote Beeren

Es gibt viele Sorten von *S. nigra* mit verschiedenen Blattformen und Blattfarben. *S. n.* 'Hamburg' wird speziell wegen der größeren Beeren gezüchtet, aus denen man Marmelade machen kann.

Skimmia – Skimmie

Höhe: bis 1 m

Diese immergrünen Sträucher haben lederartige, starke ovale Blätter. Sie verlangen sauren Boden im Halbschatten. Die Blütenknospen bilden sich schon im Herbst. Die weißblühenden Sträucher haben eine hellere Blattfarbe als die rotblühenden.

Sorbaria – Fiederspiere

Höhe: bis 3 m

Die Blütenbüschel dieses Strauches sehen aus wie der Geißbart und die Astilbe. Es gibt fünf Kultursorten, die sich aber alle ähnlich sind. Sie bilden unterirdische Ausläufer.

Sambucus nigra

Die Pflanzen lassen sich leicht teilen. Pflanzen Sie diese Sträucher hinten in die Hecke: Die Büschel oben im Strauch fallen schon von weitem auf. Sie wachsen auf jeder Bodenart in der Sonne oder im Halbschatten.

Spiraea douglasii

Spiraea – **Spierstrauch**

Diese Gattung hat viele Arten. Sie wachsen auf jeder Bodenart in der Sonne oder im Halbschatten. Im tieferen Schatten gedeihen sie zwar, blühen aber weniger.

Die spät blühenden Sorten dürfen im Winter bis auf den Boden abgeschnitten werden. Sie blühen auf einjährigem Holz. Die früh blühenden Sorten dürfen im Winter nur ausgedünnt werden. Einige Arten sind:

S. arcuata	cremeweiß	1,75 m	April/Mai
S. x arguta	weiß	2 m	April/Mai
S. x cinerea	weiß	1,50 m	Mai
S. prunifolia	weiß	1,75 m	Mai
S. x vanhouttei	weiß	1,80 m	Mai
S. albiflora	weiß	50 cm	Juni
S. bullata	dunkelrosa	40 cm	Juni
S.-Bumalda-Hybriden	rosa	50-100 cm	Juni
S.-Billardii-Hybriden	rosa	2 m	Juli
S. douglasii	rosa	1,75 m	August
S. japonica	dunkelrosa	1,50 m	August

Stephanandra – **Kranzspiere**

Diese oft als Bodendecker gepflanzten Sträucher haben ein lindengrünes Blatt.

S. incisa bleibt niedrig. Leider wird meistens *S. i.* 'Crispa' mit gekräuseltem und kränklich aussehendem Blatt angeboten. Versuchen Sie die normale Sorte zu bekommen.

S. tanakae ist etwas höher. Beide blühen weiß.

Symphoricarpos – **Schneebeere**

Dieser Strauch bildet eine ideale Unterbewachsung unter Bäumen. In einer Höhe von 1 m kann er flach geschoren werden, wodurch eine große dichte Fläche entsteht.

In der prallen Sonne wird es mehr weiße oder rosafarbene Beeren geben, die noch lange Zeit am Strauch hängen bleiben. Regelmäßiger Schnitt der zwei- und dreijährigen Zweige ist notwendig, damit die Schneebeere schön bleibt. Die Zweige sind dann noch so dünn, daß man sie mit einer einfachen Schere abschneiden kann.

Syringa – **Flieder**

Höhe: bis 4 m

Flieder braucht viel Platz; man kann ihn schwer klein halten. Er wächst auf jeder Bodenart in der prallen Sonne und blüht im Mai. Es gibt viele

Symphoricarpos albus

Tamarix – Tamariske
Die Tamariske wird in Prospekten immer blühend dargestellt. Die häßliche Form dieses Strauches wird so vertuscht. Auch ein guter Schnitt nützt da nicht viel. Nur während der Blüte, wenn sie violett-rosa gefärbt ist, sieht der Strauch gut aus.
Die Tamariske verlangt einen trockenen Boden und viel Sonne.

Ulex – Stechginster
Dieser Strauch ähnelt dem Ginster, sowohl was das Äußere betrifft wie auch in der Blüte. Alle Zweige des Strauches haben große Dornen. Er ist frostempfindlicher als der Ginster. Der Stechginster verlangt einen sonnigen Standort.

Viburnum – Schneeball
Diese Gattung umfaßt immergrüne und laubabwerfende Sträucher, sowohl früh wie auch spät blühend.
Am bekanntesten ist der einfache Schneeball mit weißen Blütendolden und hellroten Beeren. Der Strauch sieht dem *V. opulus* 'Roseum' (Syn. *V. o.* 'Sterile') täuschend ähnlich. Der Schneeball ist ein altertümlicher Strauch mit kugelförmigen Blüten.

botanische Arten, die man bei sehr spezialisierten Züchtern bekommen kann.
Folgende Sorten der *Syringa vulgaris* haben große Blüten:

Sorten der *Syringa vulgaris* mit einfachen Blüten
S. v. 'Andenken an Ludwig Spath'	violett
S. v. 'G. J. Baardse'	lila-blau
S. v. 'Cavour'	blau
S. v. 'Decaisne'	dunkelblau
S. v. 'Ester Staley'	hellblau
S. v. 'Flora'	weiß
S. v. 'Leon Gambetta'	lila
S. v. 'Lucie Baltet'	rosa
S. v. 'Primrose'	cremefarben

Sorten der *Syringa vulgaris* mit doppelten Blüten
S. v. 'Charles Joly'	violett
S. v. 'Mme Lemoine'	weiß
S. v. 'Belle de Nancy'	blau
S. v. 'Paul Thirion'	rosa-rot
S. v. 'President Loubet'	weinrot

Syringa vulgaris. *Die Blütenknospen erscheinen zugleich mit dem Blatt.*

Immergrüne Viburnumarten
V. x *burkwoodii*	1,75 m	März/April
V. davidii	50 cm	Mai/Juni
V. rhytidophyllum	3,50 m	Mai/Juni

Laubabwerfende Viburnumarten

V. x bodnantense 'Dawn'	3 m	Februar/März
V. x carlcephalum	2 m	April/Mai
V. carlesii	2 m	April/Mai
V. farreri	3,50 m	Februar/März
V. lantana	4 m	Mai/Juni
V. plicatum	3 m	Mai/Juni

Viburnum opulus. *Im reifen Stadium sind die Beeren sanft und hellrot. Vögel sind darauf versessen, fressen aber zuerst die Beeren anderer Sträucher.*

Ulex europaeus, *der Stechginster, sieht dem Ginster sehr ähnlich. Das Beschneiden ist nicht gerade* einfach, *denn die Pflanze hat viele Dornen.*

Weigela – Weigelie

Höhe: 2,50 m

Weigela ist ein angenehmer Strauch, auch wenn leider die Blüten erst erscheinen, wenn er schon alle Blätter trägt: Sie fallen dann zu wenig auf.

Eine üppige Blüte hat *W. florida*, deren Sorte 'Purpurea' mit ihrem dunkelroten Blatt wunderschön mit hellrosafarbenen Blüten blüht. Diese Weigelie wird etwa 1 m hoch.

Die höheren Hybriden mit einer Höhe von 2,50 m sind:

W. 'Ballet'	rosa
W. 'Bristol Ruby'	karminrot
W. 'Candida'	weiß
W. 'Eva supreme'	hellrot
W. 'Rosabella'	rosa mit hellerem Rand

10 Koniferen von A bis Z

Bei Koniferen muß noch voraussehender entschieden werden als bei anderen Pflanzen. Es wurde in den vorigen Abschnitten schon gesagt: Vor allem bei den Koniferen kann man sich manchmal nur schwer vorstellen, daß eine hübsche kleine Pflanze zu einem Riesen auswachsen kann, der Ihren ganzen Garten dominiert.

Aber wenn man sich die Mühe macht, sich in die wichtigsten Eigenschaften der diversen Koniferen zu vertiefen, können sie eine herrliche Ergänzung im Garten darstellen: Sie setzen oft den richtigen Akzent, vor dem blühende Pflanzen noch besser zur Geltung kommen.

Ein charakteristischer Zweig der Pinus

Die Namen und ihre Bedeutung

Besonders bei den Namen von Koniferen gibt es viele wissenschaftliche Termini. Wenn man deren Bedeutung kennt, kann man die Namen besser behalten: *Taxus baccata* 'Fastigiata Aureomarginata' bedeutet in einfachem Deutsch: die beerentragende Eibe, säulenartig und mit einem goldfarbenen Rand. Der Name *Juniperus pisifera* 'Filifera Aurea' heißt: erbsentragender Wacholder mit fadenförmigen goldfarbenen Zweigen.

Man sollte folgende Bedeutungen kennen, um die Koniferen schnell charakterisieren zu können:

alba	weiß
argentea	silberfarben
atrovirens	dunkelgrün
aurea	goldfarben
baccatus	mit Beeren
communis	gemein
compacta	kompakt
fastigiata	säulenartig
filifera	fadenförmig
glauca	blau
globosa	kugelförmig
grandis	riesig
heterophylla	mit unterschiedlichem Blattwerk
hibernica	aus Irland stammend
koreana	aus Korea
lutea	gelb
marginata	umrandet
nanus	zwergwüchsig
obtusa	stumpf
pendula	hängend, trauernd
pisifer	erbsenartig
plicatus	gefaltet
plumosus	federförmig
procumbens	flach liegend
repandens	ausgeschweift
sabina	besenförmig
squamata	schuppig
variegata	bunt
verticillatus	quirlständig

KONIFEREN VON A BIS Z

Die richtige Stelle für eine Konifere

Koniferen, die viel Wind vertragen
Larix kaempferi
Picea pungens 'Glauca'
Picea sitchensis
Pinus mugo
Pinus nigra

Koniferen, die Schatten vertragen
Abies alba
Chamaecyparys obtusa 'Nana Gracilis'
Juniperus communis
Juniperus chinensis 'Pfitzeriana'
Sciadopitys verticillata
Taxus baccata
Taxus media 'Hicksii'
Thuja occidentalis
Thujopsis dolabrata
Tsuga canadensis
Tsuga heterophylla

Im Winter kahle (nadelabwerfende) Koniferen
Larix decidua
Larix kaempferi
Metasequoia glyptostroboides

Ein gutes Verhältnis zwischen immergrünen Koniferen, blühenden Pflanzen und graublättrigen Pflanzen: Auch in Zeiten, in denen nur wenig Sorten blühen, kann dieser Gartenabschnitt sich sehen lassen.

Pseudolarix amabilis
Taxodium distichum

Sehr schnell wachsende Koniferen
Abies nordmanniana
Cedrus atlantica
Cupressocyparus leylandii
Juniperus virginiana
Picea
Pseudotsuga menziesii
Thuja plicata
Tsuga heterophylla

Die jungen Schößlinge von Kiefern schmücken im Frühjahr den Baum wie „Kerzen".

Koniferen für sehr trockenen Boden
Abies concolor
Abies homolepis
Juniperus communis
Picea omorika
Pinus mugo
Pinus nigra
Pseudotsuga menziesii

Koniferen für Hecken
Cupressocyparus leylandii
Juniperus communis
Taxus baccata
Thuja occidentalis
Thuja plicata
Tsuga canadensis
Pflanzen Sie 25 bis 30 Pflanzen pro zehn Meter.

Koniferen für das Vogelwäldchen
Diese Koniferen bieten sowohl Vogelfutter wie auch Nistmöglichkeiten.
Juniperus
Larix
Picea
Taxus

Pinus sylvestris. *Dies ist ein junger Baum, der sich spontan ausgesät hat.*

Koniferen für eine Böschung

	Höhe	Breite
Juniperus communis 'Hornibrookii'	50 cm	200 cm
Juniperus communis 'Repanda'	30 cm	150 cm
Juniperus horizontalis	40 cm	200 cm
Picea abies 'Repens'	50 cm	150 cm
Taxus baccata 'Repandens'	60 cm	250 cm

Koniferen für den Steingarten

	Höhe	Wuchsart	Farbe
Abies balsamea ‚Nana'	80 cm	Kugel	grün
Cedrus libani 'Sargentii'	125 cm	Strauch	blaugrün
Chamaecyparis l. 'Ellwoodii'	250 cm	Säule	blaugrün
Chamaecyparis l. 'Minima Glauca'	100 cm	Kugel	blaugrün
Ch. obtusa 'Nana Gracilis'	200 cm	unregelmäßig	hellgrün
Ch. obtusa 'Pygmaea'	150 cm	Kugel	blaugrün
Ch. pis. 'Filifera Aurea'	100 cm	Kugel	goldgelb
Cryptomeria jap. 'Vilmoriana'	80 cm	Kugel	hellgrün
Juniperus communis 'Repanda'	30 cm	kriechend	grün
Juniperus virginiana 'Grey Owl'	150 cm	Strauch	graublau
Picea glauca 'Conica'	150 cm	Kegel	hellgrün
Pinus mugo 'Mughus'	200 cm	Strauch	grün
Thuja occidentalis 'Rheingold'	150 cm	Kegel	gelb
Thuja occ. 'Globosa'	175 cm	Kugel	grün

Koniferen von A bis Z

Eine eigene Klasse

Zwei Pflanzen lassen sich schwer in das botanische System einordnen. Bequemlichkeitshalber werden sie in jedem Gartenbuch zu den Koniferen gerechnet. Es geht um *Ginkgo biloba*, den Ginkgobaum, und *Ephedra*, eine niedrige, binsenartige Pflanze, die wie *Equisetum* aussieht, aber mehr verholzte Teile hat. In Floren finden Sie diese Pflanzen immer in einer Klasse für sich zwischen den Farnen und den Koniferen.

Koniferen von A bis Z

Abies – Tanne

Diese Gattung, die hohe Bäume produziert, ist, was den Boden anbelangt, sehr anspruchslos. Die Pflanzen leiden sehr stark unter lange anhaltenden trockenen Ostwinden. *Abies* ist die Tanne, *Picea* die Fichte, die fälschlich oft auch „Tanne" genannt wird. *Abies* hat stumpfe Nadeln, die am Ende eine Kerbung aufweisen; *Picea* besitzt scharfe Nadeln. Der Tannenzweig wird glatt, wenn die Nadeln abfallen, der Fichtenzweig rauh. Tannen haben aufrecht stehende Zapfen, Fichtenzapfen hängen nach unten.

A. alba
A. alba ist eine gemeine Tanne bis 20 m mit einem geraden Stamm. *A. a.* 'Pendula' wächst mit einem geraden Stamm bis 15 m hoch. Die Zweige hängen herunter. *A. a.* 'Pyramidalis' hat schräg nach oben stehende Zweige und wächst nicht höher als 10 m.

A. balsamea – Balsam-Silbertanne
Die Nadeln haben zwei deutliche weiße Streifen. *A. b.* 'Nana' ist eine kugelförmige Zwergform.

A. grandis – Riesen-Tanne
Dieser pyramidal wachsende Baum wird 20 m hoch.

A. homolepsis
Der Baum wächst zylinderförmig bis 25 m. Die Zweige liegen regelmäßig und horizontal.

A. koreana
Diese Konifere ist beliebt wegen der violett-purpurfarbenen Zapfen, die vertikal auf den Zweigen stehen. Sie wird bis 15 m hoch.

A. nordmanniana
Die glänzenden, dunkelgrünen Nadeln haben an der Unterseite zwei weiße Streifen. Sie wird 20 m hoch.

Cedrus atlantica *'Glauca'*

A. procera
Von dieser edlen Tanne sieht man die Sorte 'Glauca' am meisten. Die maximale Höhe beträgt 25 m.

Araucaria – Araucarie

A. araucana eignet sich nur für geschützte Standorte. Der junge Baum ist sehr frostempfindlich. Geben Sie diesem Baum viel Platz. Er wächst bis 15 m hoch und sieht düster und dunkelgrün aus. Die Zweige bilden gleichmäßige Kränze.

Cedrus – Zeder

C. atlantica, die Atlas-Zeder, wird bis 30 m hoch. In einem strengen Winter erfrieren manchmal die Nadeln, die Bäume treiben aber im Frühjahr wieder aus. *C. a.* 'Glauca' hat blaugraue Nadeln.
C. a. 'Pendula' und 'Aurea' sind etwas niedriger.
C. deodara ist ein breiter pyramidenförmiger Baum, bis 20 m. Die Nadeln sind weicher als jene der Atlas-Zeder und die Zweige hängen stärker herunter. Die Frostempfindlichkeit läßt sich mit der der *A. atlantica* vergleichen. Es gibt viele Sorten: goldfarbene, Zwergformen, hochstämmige, kriechende und trauernde.

Chamaecyparis – Scheinzypresse

C. lawsonia ist ein Baum, der bis 25 m hoch wächst. Er hat grüne bis blaugrüne Schuppen.

C. l. 'Alumii'
Eine bis 10 m hohe Konifere. Sie wird zu Unrecht oft als Heckenkonifere verkauft und hat eine blaugrüne Farbe.

C. l. 'Columnaris'
Diese säulenförmig wachsende Konifere hat eine blaugrüne Farbe und ist schmaler als *C. l.* 'Alumii' Auch sie ist keine gute Heckenkonifere. Diese Sorten lassen sich schlecht beschneiden, und nach einigen Jahren ist die Gefahr groß, daß sie unten kahl werden. Gebrauchen Sie für Hecken besser die Thuja.

C. l. 'Erecta Viridis'
Eine frischgrüne Konifere. Sie wird maximal 10 m hoch und hat eine pyramidenartige Form mit aufrecht wachsenden Zweigen.

C. l. 'Lane'
Diese goldgelbe Konifere hat eine hochgehende schlanke Wuchsart.

Pinus mugo

C. l. 'Minima Glauca'
Die blaugrüne, kugelförmige Zwergkonifere wird maximal 1,50 m hoch.

C. l. 'Silver Queen'
Die 'Silver Queen' wächst langsam und wird maximal 10 m hoch.
Sie ist gelb-weiß marmoriert.

C. l. 'Stewartii'
'Stewartii' ist goldgelb bis gelbgrün und wächst pyramidenförmig bis 8 m hoch.

C. l. 'Triomph van Boskoop'
Diese silbrige Konifere wird maximal 15 m hoch.

C. l. 'Wisselii'
Eine schlanke Konifere mit blaugrünen Nadeln.

C. l. 'Spek'
'Spek' ist graublau und hat eine kegelförmige Wuchsart, wobei sie 10 m hoch wird.

Chamaecyparys nootkatensis
Dieser 30 m hohe Baum wächst pyramidenförmig und hat herunterhängende Zweige.

C. n. 'Pendula'
Die 'Pendula' wird bis 10 m hoch. Die horizontal nach außen wachsenden Äste haben herunterhängende Zweige.

Chamaecyparis obtusa
Diese Art umfaßt nur niedrigere Sträucher.

C. o. 'Filicoides'
Diese langsam wachsende Pflanze wird maximal 1,50 m hoch und ist glänzend dunkelgrün.

C. o. 'Nana Gracilis'
Die bekannteste Zwergkonifere erreicht eine Höhe von 2 m. Die Zweigenden haben eine Muschelform. Junge Exemplare werden oft als Bonsai angeboten – entsprechend überteuert.

Chamaecyparys pisifera
Das sind mittelhohe Koniferen, die sowohl Schuppen wie auch Nadeln tragen.

C. p. 'Filifera Aurea'
Diese Konifere kann bis 1 m kugelförmig zurechtgeschnitten werden. Frei wachsend kann sie bis 4 m hoch werden.

Sie sehen drei Exemplare der Picea glauca 'Conica', die beim Treiben im Frühjahr frischgrün sind.

C. p. 'Plumosa'
'Plumosa' hat eine Pyramidenform bis 10 m Höhe mit horizontal wachsenden Zweigen. Die Zweige enden in einem Büschel.
Die Konifere ist grün, aber im Winter eher bronzefarben. Die Sorte 'Plumosa Aurea' hat eine goldgelbe Farbe.

C. p. 'Squarrosa'
'Squarrosa' wächst bis 10 m, ist dicht und breit und hat eine blaugrüne Farbe.

X Cupressocyparys
Durch Kreuzung zwischen zwei Pflanzengattungen (*Cupressus* und *Chamaecyparis*) entstand *C. leylandii*. Zusammen mit *Metaseqoia* ist sie die am schnellsten wachsende Konifere. Sie ist frostempfindlich, kann aber als Hecke gepflanzt werden. Die Konifere kann Seewinde gut vertragen.

Cryptomeria – Sicheltanne
C. japonica ist ein großer Baum bis 25 m. Die Rinde ist rotbraun. Die dunkelgrünen Nadeln wachsen auf allen Seiten des Zweiges. Die Sicheltanne ist als gestutzter Baum sehr schön. Die Sorte 'Compacta' wird weniger hoch. 'Cristata' wird wegen der Bänderung gezüchtet.

C. j. 'Globosa Nana'
Diese Konifere wächst kegelförmig bis 1,50 m mit blaugrünen Nadeln.

C. j. 'Jindai-Sugi'
'Jindai-Sugi' wächst dicht mit vielen Verwachsungen und wird maximal 2,50 m hoch. Die 'Bandai-Sugi' sieht ihr ähnlich, bleibt aber niedriger.

Juniperus – Wacholder
Diese Gattung umfaßt sowohl sehr schmale hochwachsende wie auch breitwachsende Arten. Es sind alles anspruchslose Pflanzen, die gut auf trockenem Boden gedeihen.

Juniperus chinensis – Chinesischer Wacholder
Den einfachen Chinesischen Wacholder gibt es kaum als Kulturpflanze. Er umfaßt viele Sorten, darunter:
J. ch. 'Blaauw', 100 cm, graublau, strauchförmig
J. ch. 'Hetzii', 200 cm, blaugrün, breitwachsend
J. ch. 'Keteleerii', bis 10 m, blaugrau, säulenförmig
J. ch. 'Pfitzeriana', breit und hoch, hellgrün

J. ch. 'Pfitzeriana Aurea', beim Treiben goldgelb, in allen Teilen kleiner als die 'Pfitzeriana'

J. ch. 'Plumosa Aurea', bis 2 m, mit einer bizarren Form

Juniperus communis – Gemeiner Wacholder

Der gemeine Wacholder weist eine säulenförmige Wuchsform bis 5 m auf. Die Konifere fühlt sich stachelig an. Eignet sich auch für Küstengegenden.

J. c. 'Hybernica' ist dichter als die Sorte mit blaugrünen Nadeln, ist säulenförmig und wird maximal 4 m hoch.

J. c. 'Hornibrookii' wird 50 cm hoch und wächst bis 2 m breit. Er hat weiß gestreifte grüne Nadeln.

J. c. 'Repanda' hat die gleichen Merkmale wie 'Hornibrookii', ist aber kleiner und weniger stachelig.

Juniperus horizontalis 'Glauca'

Diese Konifere wächst langsam. Sie wird bis 3 m lang und 30 cm hoch. Die Konifere eignet sich als Bodendecker und für den Steingarten.

Juniperus sabina

J. sabina hat eine unregelmäßige Form mit mehreren stark hochwachsenden Zweigen. Er wird bis 3 m hoch. Die Sorte 'Tamariscifolia' mit blaugrünen Nadeln bleibt niedriger, wächst dafür aber breiter.

Juniperus squamata 'Meyeri'

Diese Konifere sieht beim Kauf als junge Pflanze schön aus. Später wird sie dürr und bräunlich, weil die alten Nadeln nicht abfallen.

Juniperus virginiana

Die „rote Zeder" aus Nordamerika wächst gerne auf kalkreichem Boden und ist eine der besten hohen Koniferen. Sie erreicht eine Höhe bis 20 m. Die Sorte 'Grey Owl' wächst nur bis 3 m hoch und hat eine graublaue Farbe. 'Glauca' wächst mehr säulenförmig bis 5 m.

J. v. 'Skyrocket' wächst am schmalsten. Leider müssen die Zweige ziemlich oft zusammengebunden werden – vor allem nach Schneedruck, um die schmale Säulenform zu erhalten; die Pflanze ist blaugrau.

Larix – Lärche

Alle bisher genannten Koniferen können am besten im September/Oktober umgepflanzt werden. Die Lärche ist da eine Ausnahme, denn ihre Pflanzzeit ist im März/April. Sie ist nadelabwerfend.

Larix decidua – Europäische Lärche

Diese Lärche wird nur noch selten in Gärten gesetzt, obwohl sie sehr schöne Herbstfarben aufweist.

Larix kaempferi – Japanische Lärche

Die Japanische Lärche hat bläuliche Nadeln. Sie wird maximal 30 m hoch und wächst breiter als die Europäische Lärche.

Calocedrus – Flußzeder

C. decurrens wächst stark säulenförmig. Obwohl er bis 20 m hoch werden kann, läßt er sich wegen seiner Form auch in mittelgroßen Gärten gebrauchen. Er ist dunkelgrün.

Metasequoia – Urweltmammutbaum, Chinesisches Rotholz

Der Baum ist nadelabwerfend. *M. glyptostroboides* wächst sehr schnell bis 30 m. Er wurde in Mittelchina 1945 entdeckt.

Obwohl es nicht einmal 50 Jahre her ist, seitdem Europa den Baum importierte, kann man schon Riesenexemplare in verschiedenen botanischen Gärten sehen. Er wächst auf jedem Boden.

Picea – Fichte

Fichten wachsen vorzugsweise auf trockenem Boden. Kiefern und Fichten werden oft verwechselt. Trotzdem ist der Unterschied sehr groß: Kiefern haben lange bis sehr lange Nadeln in kleinen Bündeln, zwei, drei oder fünf zusammen. Fichten haben kurze Nadeln, die einzeln angewachsen sind.

P. abies 'Inversa' – Trauerfichte

Ihre Höhe beträgt maximal 15 m. Die Zweige hängen am Stamm herunter und verteilen sich über den Boden.

Eine Trauertanne bildet mit Steinen ein schönes Ganzes.

Im Vordergrund rechts steht eine Picea glauca 'Conica'. Der große Baum im Hintergrund ist eine Cedrus atlantica 'Glauca'.

P. a. 'Nidiformis'
'Nidiformis' erreicht eine Höhe von 1 m und weist eine schöne Zwergform auf.

P. a. 'Procumbens'
Ihre maximale Höhe beträgt 1 m.

P. a. 'Repens'
'Repens' ist niedrig und breit und hat Zweige, die auf dem Boden liegen.

Picea glauca 'Conica'
Dies ist eine der schönsten niedrigen, kegelförmigen Koniferen, die im Frühjahr herrlich hellgrün treibt. Sie kann in einem Topf, alleinstehend und im Steingarten verwendet werden. In einem großen Garten wird sie leicht übersehen.

Picea omorika – Serbische Fichte
Der Baum wächst schnell und wird maximal 30 m hoch.

Picea pungens
Diese Art hat sehr scharfe Nadeln. Aus dem Samen entstehen grüne, blaugrüne und blaugraue Nachkommen. Je blauer die Farbe, um so teurer die Pflanze. Die schönste blaue Fichte ist die veredelte *P. p.* 'Koster', regelmäßig wachsend bis 20 m. Eine Zwergform ist *P. p.* 'Glauca procumbens'. Eine Trauerform ist *P. p.* 'Glauca Pendula'.

Picea sitchensis – Sitkafichte
Die Sitkafichte verlangt einen feuchteren Standort und verträgt dann auch Seewinde. Der hohe Baum – er wird maximal 50 m hoch – hat sehr scharfe kurze Nadeln, oben grün, unten blauweiß.

Pinus – Kiefer, Föhre
Kiefern sind, was den Boden anbelangt, sehr anspruchslos. Sie wachsen sogar noch auf den ärmsten Sandböden. Es gibt viele Arten.

P. wallichiana – Tränenkiefer
Dieser hohe Baum wächst pyramidal aus. Er hat lange, weiß gestreifte blaugrüne Nadeln, die schlaff herunterhängen.

P. mugo – Bergkiefer, Latsche
Die Bergkiefer wächst bis 10 m hoch und hat dunkelgrüne Nadeln. Für Hecken, die nicht gestutzt

KONIFEREN VON A BIS Z

Einige Pinus*-Sorten werden in Gärten wenig gebraucht. Besonders in England, in Wales und Schottland wird* Pinus radiata *oft als Waldbaum angepflanzt.*

werden müssen, eignen sich *P. mugo* var. *mughus* (2 bis 3 m) und *P. mugo* var. *pumilio* (bis 1,5 m hoch und 3 m breit). Sie vertragen Seewinde.

P. nigra var. *austriaca* – Österreichische Schwarzkiefer
Dieser hohe, breite, dunkelgrüne Baum ist sehr kräftig. Es ist die beste hohe Kiefer für Gärten.

P. parviflora 'Glauca' – Blaue Mädchenkiefer
Diese mittelgroße Kiefer hat unregelmäßig nach außen wachsende Zweige. Sie eignet sich als alleinstehender Baum.

P. sylvestris
P. sylvestris ist als Kulturbaum ein großer Holzlieferant und eignet sich weniger für Gärten. *P. s.* 'Globosa' hat eine runde Form und wird maximal 1 m hoch. *P. s.* 'Pumila', ebenfalls rund, wird bis 2 m hoch.

Pseudolarix – Goldlärche
Ein besonderer nadelabwerfender Baum ist *P. amabilis* mit einer breiten pyramidalen Form. Die Nadeln sind hellgrün.

Pseudotsuga – Douglasie
Dieser Baum wird sehr häufig in der Forstwirtschaft gepflanzt. An seinem natürlichen Standort in Kanada wird er bis 60 m hoch. Der Baum wächst sehr schnell, und zwar breit pyramidal.

Sequoiadendron – Mammutbaum
Der Baum wächst in Kalifornien höher als 100 m. Er eignet sich nur für sehr große Gärten oder Anlagen. In seiner Jugend ist er frostempfindlich. Es fällt auf, daß größere Bäume oft vom Blitz getroffen werden. Die Rinde fühlt sich sehr weich an.

Taxodium – Sumpfzypresse
Dieser große, nadelabwerfende Baum gedeiht gut in einem sehr feuchten Boden. Um den Baum herum ragen große Knollen aus dem Boden. Das sind Atemwurzeln. Die Sumpfzypresse hat eine schöne Herbstfarbe.

Taxus – Eibe
Taxus ist eine der wenigen einheimischen Koniferen in Europa. Sie verträgt kalkhaltigen Boden, vorausgesetzt, daß er humusreich ist.
Taxus baccata ist eine der besten Heckenkoniferen. Sie weist ein langsames Wachstum auf und ist deshalb teuer. Stark säulenförmig wachsend ist *T. b.* 'Fastigiata'.
Ein breiter Strauch mit gelben Nadeln ist *T. b.* 'Semperaurea'. Nur 60 cm hoch wird *T. b.* 'Repandens' mit mehr oder weniger horizontal wachsenden Zweigen. Als Hecke wird oft *T. media* 'Hicksii'

Ein Durchblick mit Taxus baccata *am Ende der Sichtlinie*

gepflanzt. Die vertikal wachsenden Zweige werden sich unter einer Schneelast nach außen hin biegen. Wählen Sie darum für eine Hecke immer *T. baccata*.

Thuja – Lebensbaum
Chamaecyparis wird oft zu Unrecht für Hecken empfohlen. Die Thuja läßt sich besser beschneiden. Diese Hecke hat nicht die Neigung, unten kahl zu werden. Der Lebensbaum verträgt Wind und einen feuchten Boden.

T. occidentalis – Westlicher Lebensbaum
Als freistehender Baum kann er bis 20 m hoch werden. Die Art wird oft als Hecke gepflanzt; schade, denn die *Thuja plicata* bleibt im Winter viel schöner grün. Viele Sorten sind in Kultur, von denen die *T. o.* 'Globosa' durch ihre Kugelform auffällt. Breit kegelförmig wächst *T. o.* 'Rheingold'. Die gelbe Farbe macht oft einen schönen Eindruck in einem Steingarten. Hoch wird *T. o.* 'Spiralis' mit auffallend gedrehten Zweigen und einer schönen grünen Farbe.

T. Plicata – Riesen-Lebensbaum
Dies ist die beste und am schnellsten wachsende Heckenkonifere, die Sommer und Winter glänzend dunkelgrün bleibt. Die Sorten *T. p.* 'Atrovirens' und *T. p.* 'Dura' haben ihre Stärke bewiesen.

Tsuga – Hemlockstanne
Sie wird fast nie als Hecke verwendet, obwohl *T. canadensis* dafür geeignet ist. Sie kann ziemlich hoch werden und verträgt wie *T. heterophylla* den Schatten. Diese ist in ihrer Jugend frostempfindlich. Eine trauernde Zwergform ist *T. canadensis* 'Pendula'.

Thuja occidentalis *'Ericoides'*

Pseudolarix amabilis

11 Stauden von A bis Z

Nur wenige Stauden sind das ganze Jahr über schön. Meistens haben sie eine kurze Blüteperiode. Wenn man verschiedene Sorten kombiniert, so entsteht eine Rabatte oder ein Beet mit einer lange erfreuenden Blumenfülle.

Es ist zunächst ein großes Puzzlespiel, die richtige Pflanze an die richtige Stelle zu bekommen. Wählen Sie nie Pflanzen nur, weil Sie sie schön finden, sondern prüfen Sie sorgfältig, ob Sonnenstand, Bodenart usw. den Anforderungen der Pflanze entsprechen. Auch im Garten ist Abwechslung wichtig. Berücksichtigen Sie bei Ihren Erwägungen deshalb, daß Stauden ausgezeichnet mit anderen Pflanzen kombiniert werden können, etwa mit Zwiebeln, Koniferen und Rosen.

Ranunculus ficaria. *Das wilde Scharbockskraut wird vom einen als Unkraut betrachtet und vom anderen als eine schöne Pflanze.*

Es gibt auch Sorten mit gelben oder bunten Blättern und mit weißen Blüten.

Iris *'Edith Wolford'*

Vielfalt im Garten

In diesem Kapitel finden Sie Angaben über die Anforderungen der Pflanzen bezüglich des Bodens, des Wasserstandes und der Lichtverhältnisse. Oft werden nur Stauden in Rabatten eingesetzt. Natürlich können auch andere Pflanzen wie Koniferen, Rosen und Blumenzwiebeln zwischen den Stauden stehen. Zwiebeln sind durchaus notwendig, um im Frühjahr eine Verlängerung der Blüte zu erreichen – nur wenige Stauden blühen im Februar und März. Stauden gehen im Herbst ein und erscheinen wieder im Frühjahr. Die Oberfläche sieht dadurch in den Wintermonaten kahl aus. Verhindern Sie das, indem Sie sie erst im Frühjahr abschneiden, und setzen Sie auch ausreichend wintergrüne Stauden ein. In einem kleinen Garten können auch sehr gut Erdbeeren und Sauerampfer zwischen die blühenden Pflanzen gepflanzt werden. Wenn Sie Schwierigkeiten haben, die richtige Wahl für die Staffelung der Blüte zu treffen, pflanzen Sie Einjährige dazwischen, so daß die Rabatte den ganzen Sommer blüht. Schreiben Sie während des Sommers auf, in welcher Periode es zu wenig Blüten gibt, und ergänzen Sie entsprechend.

Karde mit Zitronenfalter

Die Pflanzzeit

Die Pflanzzeit von Stauden ist im Frühjahr. Das gilt für Pflanzen, die in offener Erde gezogen wurden. Heute werden die meisten Pflanzen in Töpfen geliefert. Diese können jetzt den ganzen Sommer über gepflanzt werden. Sie brauchen aber mehr Aufmerksamkeit.

Einige Stauden sollten besser nicht im späten Herbst gepflanzt werden, weil sie dann nicht genügend Zeit haben um anzuwurzeln und womöglich verfaulen oder erfrieren. Eine allgemeine Regel ist, daß Bäume und Sträucher im Herbst und Stauden Anfang des Frühjahrs gepflanzt werden.

Wenn die Pflanzen gerade aus dem Boden gewachsen sind, läßt es sich in der Gärtnerei schwer beurteilen, wie hoch die Pflanze einmal wird. Es ist also notwendig, daß Sie vorher eine Liste mit den gewünschten Pflanzen anfertigen. Manche Fehlkäufe können vermieden werden, wenn man gut plant.

Anfang des Frühjahres sehen Stauden nicht attraktiv aus: Man ist dann geneigt, nur spektakulär blühende Pflanzen im Gartencenter auszuwählen. Bedenken Sie aber, daß auch in den folgenden Jahren die Pflanzen nur kurz blühen und daß eine größere Staffelung der Blüte notwendig sein wird.

Stark wuchernde Stauden

Manche Stauden produzieren unterirdische Ausläufer, mit denen sie schnell zu großen Pflanzen auswachsen und die weniger schnell wachsenden verdrängen. Für Bodendecker ist das ein Vorteil, aber in einer Rabatte ist es manchmal ärgerlich. Es folgt eine Liste mit Pflanzen, bei denen Sie regelmäßig Teile abstechen müssen, damit kein Mißverhältnis in der Rabatte entsteht:

Alstroemeria (frostempfindlich!)
Covallaria majalis
Doronicum pardalianches
Helianthus (ausdauernde)
Macleaya
Matteucia struthiopteris (Farn)
Petasites
Pulmonaria
Viola odorata und *Viola sororia*

Duftende Stauden

Wenn der Garten regelmäßig von Blinden oder Sehbehinderten benutzt wird, so empfiehlt es sich, stark duftende Pflanzen einzusetzen. Sie können auch

Nepeta
Polygonatum
Salvia nemorosa
Saponaria
Thymus

Stauden, die einen salzigen Seewind vertragen
Armeria maritima
Convolvulus soldanella
Crambe maritima
Eryngium maritimum
Glaucium flavum
Santolina

Stauden, die sich stark aussäen
Aquilegia
Campanula lactiflora
Heracleum
Lupinus
Lychnis chalcedonica
Myosotis
Papaver nudicaule
Thalictrum aquilegifolium
Verbena bonariensis

Eryngium giganteum ist eine Staude, die sich auch für den Heidegarten eignet.

Pflanzen mit einem sehr weichen Blatt, wie *Stachys olympicus*, oder stark duftende Blumen aus folgender Liste pflanzen:
Arabis caucasica
Galium odoratum
Convallaria majalis
Dictamnus albus
Doronicum
Lavandula
Monarda
Paeonia
Primula
Salvia superba
Smilacina
Viola odorata

Stauden, die bei Kaninchen nicht beliebt sind
Anchusa
Echium vulgare
Eryngium maritimum
Helleborus foetidus
Iris germanica

Lysimachia vulgaris, der Gilbweiderich, wird fast nie in Gärten eingesetzt. Zu Unrecht wird die Pflanze nur in Gärten für einheimische oder wilde Pflanzen gewählt.

Stauden, die vor Frost geschützt werden müssen
Acanthus
Alstroemeria
Eremurus
Incarvillea

Kniphofia
Thalictrum dipterocarpum
Yucca

Astilben

Schnittblumen in der Rabatte

Bei Stauden denkt man auch oft an Schnittblumen. Die Rabatte kann durchaus einen eigenen Schnittblumengarten ersetzen. Was ist schöner, als in den Garten zu gehen, um Blumen für die Vase abzuschneiden? Gute Schnittblumen liefern:

gelb blühend	*Achillea*
	Buphtalmum
	Coreopsis
	Doronicum
	Helenium
	Helianthus
	Heliopsis
	Solidago
	Telekia
	Trollius
orange blühend	*Alstroemeria*
	Kniphofia
	Papaver
	Physalis (die Früchte)
rot blühend	*Astilbe* (auch rosa und weiß)
	Geum (auch orange und gelb)
	Heuchera
	Paeonia (auch rosa und weiß)
	Penstemon
blau-violett blühend	*Aconitum*
	Campanula
	Centaurea
	Delphinium (auch rosa und weiß)
	Erigeron (auch rosa)
	Thalictrum (auch weiß)
weiß blühend	*Achillea* (auch gelb)
	Anemone sylvestris
	Anaphalis
	Aruncus
	Astilbe (auch rot und rosa)
	Leucanthemum Maximum-Hybriden
	Gypsophila (auch rosa)
	Dictamnus (auch rosa)
	Phlox (in allen Tönen)
	Smilacina
rosa blühend	*Anemone hybrida* (auch rot und weiß)
	Aster (auch blau, violett und weiß)
	Dendranthema zawadskii
	Dianthus

274 STAUDEN VON A BIS Z

Im Frühjahr blühender Lathyrus cyaneus

Lythrum salicaria *blüht lange und zieht Schmetterlinge an: ein „Muß" bei jedem Wasserbecken. Die Pflanze kann naß und trocken stehen.*

rosa blühend *Paeonia* (auch rot und weiß)
Lavatera (auch weiß)
Sidalcea
Lathyrus latifolius (auch weiß)

Von vielen der genannten Gattungen gibt es Arten und Sorten in anderen Farben, zum Beispiel Dunkelrosa und Hellrosa. *Delphinium* z.B. gibt es rosa, weiß, blau und violett, in dunkleren und helleren Schattierungen.

Stauden, die Schmetterlinge anziehen

Pflanzen, die Schmetterlinge sehr anziehen – Schmetterlingspflanzen –, setzen Sie am besten an warme, geschützte Stellen, wo sie die meisten Schmetterlinge locken. Wir müssen da einen Unterschied zwischen den Wirtspflanzen für die Raupen und den Nektarpflanzen für die Schmetterlinge selber machen. Raupen befinden sich selten auf Gartenpflanzen und verursachen im Ziergarten deshalb auch keinen Schaden. Nur die Raupen des Kohlweißlings leben auf den Kohlsorten im Gemüsegarten.

In den meisten Gärten gibt es keinen Platz für Wirtspflanzen. Befassen Sie sich also nur mit den Nektarpflanzen für die Schmetterlinge. Die meisten Schmetterlinge werden Sie auf der Aster, der Nachtviole, der Flammenblume und den Sedumsorten finden.

STAUDEN VON A BIS Z

Schmetterlingslocker:

Lateinischer Name	Dt. Name	Höhe (cm)	Farbe	Blütezeit
Achillea millefolium	Schafgarbe	30-60	rosa/weiß	Juni/Juli
Ajuga reptans	Kriechender Günsel	25	blau	Mai/Juni
Alyssum saxatile	Steinkraut	10-30	gelb	April/Mai
Aster amellus	Bergaster	30-60	rosa/violett	Juli-Sept.
Aster novi-belgii	Herbstaster	100-120	verschieden	Sept–Nov.
Aubrieta deltoidea	Blaukissen	5-10	blau	April/Mai
Buphthalmum salicifolium	Rindsauge	50	gelb	Juni-Sept.
Centaurea spec.	Wiesenflockenblume	verschieden	verschieden	Juli-Sept.
Centranthus ruber	Spornblume	180	rot	Mai-Juli
Dianthus deltoides	Heidenelke	25-30	purpurrot	Juni-Sept.
Echinacea purpurea	Purpurne Rudbeckie	60-100	purpur	Aug.-Okt.
Echinops spec.	Kugeldistel	80-100	blau	Juli-Sept.
Erigeron spec.	Berufskraut, Feinstrahlaster	50-80	violett	Juni/Juli
Euphorbia	Wolfsmilch	10-40	gelb/grün	Mai-Juli
Galium odoratum	Waldmeister	10-30	weiß	Mai/Juni
Hesperis matronalis	Nachtviole	60-90	lila/weiß	Juni-Sept.
Humulus lupulus	Hopfen	400	weiß/grün	Juli-Sept.
Liatris spicata	Prachtscharte	50-100	purpurrot	Aug./Sept.
Ligularia clivorum	Greiskraut	100-150	verschieden	Juli-Sept.
Lychnis flos-cuculi	Kuckucksnelke	60-80	rosa	Mai-Juli
Lythrum salicaria	Blutweiderich	100-150	purpur	Juli-Sept.
Nepeta	Katzenminze	30-60	blau/violett	Juni/Aug.
Phlox	Flammenblume	60	rosa	verschieden
Polemonium coeruleum	Jakobsleiter	80-100	blau	verschieden
Primula	Schlüsselblume	10-100	verschieden	verschieden
Prunella	Braunelle	15-25	verschieden	verschieden
Ranunculus	Hahnenfuß	30-90	gelb	Mai-Juli
Saponaria ocymoides	Seifenkraut	25-50	rosa/rot	Juni-Sept.
Scabiosa causasica	Scabios	50-80	blau/violett	Juni-Sept.
Sedum spectabile	Fetthenne	50	rosa	Sept.
Sedum telephium	Herbstfetthenne	30-50	rosa	Aug./Sept.
Senecio jacobaea	Jakobskraut	30-90	gelb	Juli-Okt.
Taraxacum officinale	Löwenzahn	5-30	gelb	April/Mai
Thymus	Thymian	5-30	lila	Mai-Sept.
Valeriana officinalis	Baldrian	60-90	rot	Juni-Sept.
Verbena bonariensis	Verbene	150	blau/violett	Juli-Okt.
Viola	Veilchen	10-25	gelb/blau/weiß	März-Mai

Weitere Informationen über dieses Thema sind in jeder guten Staudengärtnerei zu erhalten.

Raupen werden meistens als schädlich betrachtet. Leider gibt es keine Schmetterlinge ohne Raupen...

Die Hosta ist herrlich als alleinstehende Pflanze im Schatten. Bedenken Sie aber, daß die Pflanze erst spät im Frühjahr Blätter treibt: den ganzen Winter über ist die Stelle kahl.

Stauden mit auffallendem Blatt

Astilboides
Bergenia
Hosta
Macleaya
Petasites
Rheum
Rodgersia

Diese Pflanzen kommen nicht nur gut in der Rabatte zur Geltung, sondern sind auch geeignet als alleinstehende Pflanzen zwischen Bodendeckern. Neben dem schönen Blatt haben sie alle auch dekorative Blüten.

Eine rote Blumenrabatte im Garten von Beth Chatto

Stauden, die sich für den Heidegarten eignen

Um einen Heidegarten natürlich aussehen zu lassen, können einige Stauden eingesetzt werden, die einigermaßen den wilden Pflanzen auf der Heide ähneln. Großblütige Pflanzen eignen sich meist nicht. Hier einige Pflanzen für einen Heidegarten in der prallen Sonne:

Aster alpinus
Eryngium alpinum
Hypericum calycinum
Geranium, kleinblütige Sorten
Helianthemum
Iberis sempervirens
Lavandula
Limonium latifolium
Nepeta
Potentilla nepalensis
Prunella webbiana
Santolina
Saxifraga cotyledon
Sedum, verschiedene Sorten
Thymus, verschiedene Sorten
Veronica incana und *V. spicata*

Die meisten Farne und Ziergräser bieten eine schöne Abwechslung im Heidegarten. Weil eine frühe Blüte bei diesen Pflanzen fast fehlt, sind einige botanische Zwiebeln zur Auflockerung empfehlenswert.

Färberpflanzen

Vielfalt in Gärten entsteht, wenn man vor der Bepflanzung schon eine bestimmte Wahl trifft. Einer entscheidet sich für einheimische Pflanzen oder einen Japanischen Garten, ein anderer will nur Heilpflanzen oder nur altertümliche Pflanzen. Man kann sich natürlich auch ausschließlich für Heide oder verschiedenartige Farne im Schattengarten entscheiden. Man kann den Garten auch vollständig mit Rosensorten aus dem vorigen Jahrhundert anlegen. Schwerer ist es bei Küchenkräutern: die Pflanzen sehen oft nicht schön aus, wobei die meist kleinen Blüten erst spät erscheinen. Das gleiche gilt für Färberpflanzen, mit denen man Stoffe oder Wolle selber färben kann. Eine komplette Gartenanlage mit nur Färberpflanzen ergibt keinen attraktiven Garten oder Gartenabschnitt. Eine Auswahl aus folgender Liste kann man aber in jedem Garten unterbringen, wenn die Pflanzen zerstreut eingesetzt werden.

Seite 277: Anjuga reptans. *Günsel gibt es bei uns auch in der freien Natur.*

Färberpflanzen:

Deutscher Name	Botanischer Name	Färbende Teile	Höhe (cm)	Blütenfarbe	Habitus
Ahorn	Acer	Blatt	200-4000	gelb/grün	Baum
Aster	Aster	Blüten	50-120	blau	Staude
Bärentraube	Arctostaphylos uva-ursi	Blatt	20-90	rosa	Strauch
Berberitze	Berberis vulgaris	Wurzel	100-300	weiß	Strauch
Blutjohannisbeere	Ribes sanguineum	Blüten	100-150	rosa/rot	Strauch
Brombeere	Rubus species	junge Zweige	200-500	weiß/rosa	Busch
Brennessel	Urtica dioica	Spitzen	150-200	grün	Staude
Echter Kreuzdorn	Rhamnus cathartica	Rinde	200-300	gelb	Strauch
Efeu	Hedera helix	Beere	100-400	weiß	Kletterpflanze
Erle	Alnus glutinosa	Rinde	200-500	grün	Baum
Essigbaum	Rhus	Blatt/Büschel	100-200	rot	Baum
Färberginster	Genista tinctoria	Blumen	40-60	gelb	Strauch
Faulbaum	Rhamnus frangula	Blatt/Rinde	100-300	weiß	Strauch
Fingerhut	Digitalis purpurea	ganze Pflanze	80-150	purpur	zweijährig
Frauenmantel	Alchemilla mollis	ganze Pflanze	20-50	grün/gelb	Staude
Ginster	Cytisus scoparius	Blüte	100-120	gelb	Busch
Goldrute	Solidago canadensis	ganze Pflanze	80-150	gelb	Staude
Gundermann	Glechoma hederacea	ganze Pflanze	5-25	violett	Staude
Hartriegel	Cornus sanguinea	Wurzel	200-280	weiß	Strauch
Holunder	Sambucus nigra	Blatt/Beere	100-600	weiß	Strauch
Hopfen	Humulus lupulus	Blütenzapfen	400-500	grün	Kletterpflanze
Königs-Farn	Osmunda regalis	ganze Pflanze	60-200	x	Staude
Lärche	Larix	Nadel	200-2000	violett/gelb	Baum
Liguster	Ligustrum vulgare	Zweig/Blatt/Beere	200-300	weiß	Strauch
Mädesüß	Filipendula ulmaria	Blüten	50-120	perlweiß	Staude
Mahonie	Mahonia aquifolium	Wurzel/Beere	100-200	gelb	Strauch
Marone	Castanea sativa	Fruchthülle	-3000	weiß	Baum
Rainfarn	Tanacetum vulgaris	ganze Pflanze	40-120	gelb	Staude
Rittersporn	Delphinium	Blüten	100-150	blau	Staude
Roßkastanie	Aesculus hippocastanum	Blatt	-3000	weiß	Baum
Samtblume	Tagetes	Blüten	20-80	gelb/braun	einjährig
Schafgarbe	Achillea millefolium	ganze Pflanze	35-45	weiß/rosa	Staude
Sommereiche	Quercus robur	Blatt/Eicheln	200-3000	grün	Baum
Sonnenhut	Echinacea purpurea	Blüten	60-80	rötlich	Staude
Sumpfschachtelhalm	Equisetum palustre	ganze Pflanze	30-50	x	Staude
Thymian, wilder	Thymus serpyllum	ganze Pflanze	-	violett	Staude
Traubenkirsche	Prunus padus	Rinde	100-150	weiß	Strauch
Zwiebel, gemeine	Allium cepa	Hülle	60-120	violett/gelb	einjährig kultiviert
Waldrebe	Clematis vitalba	Blatt	100-150	weiß	Kletterpflanze
Walnuß	Juglans regia	Blatt	200-1000	grün	Baum
Wegerich, schmal	Plantago lanceolata	ganze Pflanze	40-45	gelb	Staude
Weide	Salix	Blatt	300-1000	grün	Baum

Acaena microphylla
'Kupferteppich'

Stauden von A bis Z

Acaena – Stachelnüßchen

Dies ist ein guter Bodendecker aus Neuseeland. Die Blüte fällt kaum auf, aber die Früchte erzeugen eine rotbraune Glut auf der Pflanze. Sie wächst schnell und soll ab und zu abgeschnitten werden; setzen Sie also keine langsam wachsenden niedrigen Stauden in ihrer Nähe ein.

Die Sorte *A. buchananii* hat ein seegrünes Blatt, die Sorte *A. m.* 'Kupferteppich' mit rotbraunem Blatt wird am meisten angeboten. Die Pflanze läßt sich leicht durch Abstechen vermehren.

Acanthus – Bärenklau

Diese gute Schnittblume für Sonne und Halbschatten stammt aus dem Mittelmeerraum; geben Sie ihr also einen warmen Standort. *A. mollis* wird 1 m hoch und produziert feste Blüten. Die Pflanze wächst im August. Auch das Blatt ist dekorativ.

Achillea – Schafgarbe

Die meisten Achilleen verlangen die pralle Sonne und einen trockenen Standort. Weiße Blütendolden haben die gemeine Schafgarbe (*A. millefolium*) und die Sumpfgarbe (*A. ptarmica*). Gute gelbblühende Hybriden sind 'Altgold', 'Coronation Gold', 'Moonshine', 'Neugold' und 'Schwefelblüte'. Diese sind alle etwa 60 cm hoch und so stark, daß sie ohne Anbinden aufrecht stehen bleiben. Es sind gute Schnittblumen, und die Blütendolden wirken in Trockenblumensträußen sehr schön.

Aconitum – Eisenhut

Die blauviolette Blüte ist so geformt, daß nur Hummeln den Nektar erreichen können: ein gutes Beispiel für die Zusammenarbeit zwischen einer Pflanze und einer Tierart. Im Gegensatz zum Rittersporn steht diese Pflanze gerne im Schatten. Von den mehr als 60 Arten und Sorten sind *A. henryi* und *A. napellus* die wichtigsten. Beide haben ein schönes dunkelgrünes, eingeschnittenes Blatt und blühen im Juli und August.

Adonis – Adonisröschen

Die altertümlichen *A. amurensis* und *A. vernalis* blühen im März/April. Die gelben Blüten ähneln jenen der Päonie. Die Pflanzen werden 20 bis 40 cm hoch. Das Laub ist fein gefiedert. Sie verlangen einen trockenen, sonnigen Standort.

Sommerblutströpfchen Adonis destivalis

Aegopodium podogaria 'Variegata' – Buntes Geißblatt, Giersch

Diese Schattenpflanze wuchert sehr stark. Das einfache Unkraut Giersch läßt sich nur schwer vertilgen. Die beste Methode, diese Pflanze loszuwerden, ist es, wenn man mit der Stoßhacke immer alle Blätter entfernt oder pflückt, wodurch die Pflanze sich erschöpft. Sie eignet sich nur für Blumenkästen.

Ajuga – Günsel

Dieser dichte Bodendecker kann mit grünem, rotem und buntem Blatt geliefert werden. Auf trockenem Boden ist die Pflanze sehr empfindlich gegen Mehltau. Pflanzen Sie sie darum in den Schatten oder Halbschatten auf jeder Bodenart, aber an feuchter Stelle. *A. reptans* blüht blau und wird bis 15 cm hoch. Von dieser in unseren Gegenden in der Natur vorkommenden Pflanze werden verschiedene Sorten in Violett, Weiß und Rosa gezüchtet. Ein schönes grünes Blatt und große blaue Blüten hat *A. genevensis*. Die kriechende Art hat oberirdische Ausläufer, die leicht entfernt und wieder ausgepflanzt werden können.

Alchemilla – Frauenmantel

Als Gartenpflanze kommt die Alchemilla bestimmt in Betracht. Diese Pflanze blüht grünlichgelb und wird etwa 30 cm hoch. Durch Form und Blüte eignet sie sich wie die Katzenminze ausgezeichnet für das Gestalten von Rändern an Blumenrabatten oder Wegen.

Sie verlangt nicht allzu trockenen Boden in der Sonne oder im Halbschatten. Durch Teilung oder Säen können Sie die Pflanze vermehren.

Alstroemeria – Inkalilie

Die nicht ganz winterfesten Inkalilien, die zwischen 60 und 100 cm hoch werden, gehören zu den am längsten haltbaren Schnittblumen. *A. aurantiaca* blüht orangefarben und ist nach einigen Jahren ziemlich winterfest. Diese Pflanze verlangt einen porösen, humosen und nicht zu feuchten Boden an einem sonnigen Standort. Sie können sie vermehren, indem Sie den fleischigen Wurzelstock im Frühjahr teilen. Decken Sie im Winter den Boden mit Stroh ab.

Althaea – Stockrose, Eibisch

A. officinalis ist in allen Teilen eine Heilpflanze. Sie wird 150 cm hoch und blüht im August/September. Die hellrosa-violetten Blüten sind im Vergleich zur

Alchemilla mollis, *Frauenmantel*

Althaea rosea

Pflanze klein. Die bekannte Stockrose – *A. rosea* – ist eigentlich zweijährig, manchmal allerdings auch mehrjährig. Die Pflanzen werden 2 bis 3 m hoch, und es gibt sie in vielen Farben, sowohl einfach- wie auch doppelblütig. Oft werden sie in gemischten Farben geliefert. Entfernen Sie von den Pflanzen mit unerwünschten Farben rechtzeitig die Blüten, so daß sie sich nicht aussäen können. Die Pflanze verlangt einen sonnigen Standort auf nicht zu feuchtem Boden.

Anaphalis – Perlpfötchen

A. triplinervis aus dem Himalajagebirge kann Trockenheit gut vertragen und wird je nach Bodenart 20 bis 40 cm hoch. An einem sonnigen Standort blüht die *Anaphalis* im Juli/August. Die kleinen weißen Blüten befinden sich noch lange auf der Pflanze. Sie hat außerdem ein auffallend graues Blatt.

Anchusa – Ochsenzunge

Die Italienische Ochsenzunge ist eine stark behaarte rauhblättrige Pflanze, 1 m hoch, mit ähnlichen Blüten wie der Boretsch. Je nach Rasse sind die Blüten himmelblau bis dunkelblau. Auf trockenerem Boden überwintern diese Pflanzen besser; sie verlangen pralle Sonne. Durch Teilung kann man sie vermehren. Die Blütezeit ist Juni/Juli.

Anemone

Anemonen mit Knolle und Wurzelstock sind im Frühjahr blühende Pflanzen; die hier erwähnten Stauden blühen im Herbst. Obwohl sie aus ganz Süd- und Ostasien stammen, werden sie Japanische Anemonen genannt. Aus Kreuzungen einiger Sorten sind Hybriden entstanden, die sich ausgezeichnet für unsere Gärten eignen.

Sorte	*Höhe*	*Farbe*	*Blütezeit*
'Albadura'	80 cm	weiß-rosa	Juli/August
'Honorine Jobert'	120 cm	weiß	lange Blüte
'Königin Charlotte'	100 cm	purpurrosa	Sept./Okt.
'Praecox'	80 cm	rosa	lange Blüte
'Robustissima'	100 cm	hellrosa	Juni-Sept.
'September Charm'	80 cm	rosa	Aug./Sept.
'Whirlwind'	90 cm	weiß	Sept./Okt.

Antennaria – Katzenpfötchen

Diese graufilzige Pflanze ist ein niedriger Bodendecker (5-20 cm) für einen sonnigen Standort.

Aquilegia *(Akelei) paßt gut in einen wilden Garten,* aber auch in eine sehr kultivierte Rabatte.

A. dioica ist zweihäusig: die männlichen Blüten sind weißlich. Die rosa Farbe der weiblichen Pflanzen kombiniert sich oft schlecht mit anderen Pflanzen. Auf das Polster kann man vorsichtig treten.

Aquilegia – Akelei

Von der Akelei gibt es 120 Arten, Sorten und Hybriden. Meistens wird Akelei gemischt geliefert, was man in einer Rabatte mit einer Farbe nicht gebrauchen kann. Verlangen Sie also Sorten in einer bestimmten Farbe. Eine echte Pflanze für den Hofgarten ist die *A. vulgaris*, in Westeuropa einheimisch und seit langem in Kultur.

Arabis – Gänsekresse

Diese frühblühende Steingartenpflanze für eine sonnige Stelle gedeiht auf jeder Bodenart. Sie wird 10 bis 30 cm hoch und eignet sich gut für die Bepflanzung eines langen Randes.

Aruncus – Geißbart

Die Pflanze verlangt eine feuchte, schattige Lage. In der Blütezeit im Juni erreichen die schönen, großen lockeren Büschel eine Höhe von 1,50 m. Als alleinstehende Pflanzen gedeihen sie sehr gut und verdienen durch ihre Schönheit einen eigenen Standort. Geißbart kann sehr alt werden.

Asarum – Haselwurz

Die nierenförmigen Blätter ähneln dem menschlichen Ohr. Mit ihren glänzend dunkelgrünen Blättern ist dies eine schöne Pflanze für den tiefsten Schatten. Gerade da wird diese Pflanze nicht von Konkurrenten überwuchert.

Durch das langsame Wachstum ist die Pflanze in der Regel ziemlich teuer. Sie ist schön wintergrün, wird nur 15 cm hoch und verlangt einen feuchten Boden.

Asparagus – Zierspargel

Zierspargel ist als Schnittgrün im Blumengeschäft bekannt. Diese altertümliche Gartenpflanze, deren Laub sehr dekorativ ist, hat eine herrliche grüne Farbe, später einen gelbe Herbstton. Sie paßt ausgezeichnet in eine Staudenrabatte, kann aber auch in Gruppen zwischen Bodendeckern gepflanzt werden. Die roten Beeren bilden noch eine zusätzliche Attraktion.

Asperula
Siehe: *Galium*

Asphodeline – Junkerlilie

Diese auf trockenen Böden vollkommen winterfeste Pflanze stammt aus dem Mittelmeerraum und gehört der Lilienfamilie an. Die gelben Blüten blühen an einer langen Ähre. Die gelben Blüten der *A. lutea* erscheinen im Mai/Juni.
Gleich nach der Reifung kann gesät werden. Nach

Aruncus sylvester

Aubrieta

drei Jahren haben Sie dann blühende Pflanzen. Teilung kann im Frühjahr erfolgen.

Aspidistra – Schusterpalme
Siehe: „Kübelpflanzen von A bis Z"

Aster
Astern werden wegen ihrer langen und üppigen Blüte im Spätsommer gelobt. Die Auswahl in Farben und Höhe ist gewaltig. Denken Sie beim Kauf aber gut nach, denn viele Astern müssen angebunden werden. Der Schnittblumenfreund nimmt das gerne auf sich.

Bis auf einige Ausnahmen gibt es bei Astern oft Befall durch Mehltau, was die Schönheit stark beeinträchtigt.

A. alpinus blüht schon im Juni. Wie alle Astern liebt diese 25 cm hohe Pflanze die pralle Sonne. Von den Astern, die im Herbst blühen, bleiben *A. amellus* und *A. dumosus* am niedrigsten: zwischen 30 und 60 cm. Diese Pflanzen müssen auch nicht gestützt werden. Die hohen Astern passen gut in den Hintergrund einer Rabatte im Garten eines Bauernhofes.

Sehr schön ist *A. cordifolius* 'Silver Spray'. Sie ist weiß mit kleinen Blüten und eignet sich dadurch zur Auffüllung aller leeren Stellen in einer Rabatte. In einer Rabatte mit höheren Stauden ist *A. laterifolius* 'Horizontalis' für den gleichen Zweck geeignet. Befall durch Mehltau tritt bei beiden kaum auf.

Astilbe – Prachtspiere
Für eine feuchte Ecke im Schatten eignen sich verschiedene Astilben. Sie haben lockere Büschel in den Farben Rot, Weiß und Rosa. Bei zu großer Trockenheit fängt das Blatt sich zu kräuseln an und geht schnell ein.

Die Höhe variiert zwischen 50 und 80 cm. Die Blütezeit ist im Juli/August. Die Zwergform *A. crispa* 'Perkeo' ist krausblättrig und wird nur 20 cm hoch. Die niedrige *A. simplicifolia* blüht etwas früher, die violette Zwergform *A. sinensis* 'Pumila' etwas später. Diese Pflanze eignet sich vorzüglich als Bodendecker. Die anderen Sorten passen in den Waldabschnitt oder an den Rand des Wasserbeckens.

Astilboides
Trotz der Namensähnlichkeit gleicht diese Pflanze der Astilbe nicht. Das große runde Blatt der *A. tabularis* ist sehr dekorativ. Ein feuchter humoser

Astilbe

Sorten	Blütenfarbe	Höhe
'Abendglut'	dunkelrot/halbvoll	25 cm
'Bressingham White'	fast weiß	30 cm
'Glockenturm'	rosa	30 cm
'Morgenröte'	dunkel violettrot	40 cm
'Perfect'	lila	60 cm
'Rotblum'	rosa	30 cm
'Silberlicht'	weiß, später hell-rosa	40 cm
'Sunningdale'	karminfarben lila	45 cm

Boden ist erforderlich. Die üppig blühenden Büschel erreichen eine Höhe von 1,50 m, vorausgesetzt, daß die Pflanze den richtigen Standort hat. Am Wasserbecken im Schatten sieht sie, kombiniert mit Etagenprimeln, herrlich aus.

Astrantia – Sterndolde
A. major und *A. maxima* sind richtige Wiesenblumen, geeignet für feuchte Böschungen mit Gestrüpp, für Blumenwiesen oder die Rabatte. Sie sind anspruchslos, blühen im Juli/August und werden 60 cm hoch. Sie verlangen sauren Boden.

Aubrieta – Blaukissen
Die polsterbildende Pflanze blüht schon Anfang des Frühjahres. Sie eignet sich an Rändern, als Bodendecker, zwischen Steinen und an Mauern. Sie blüht violett und blau. Blaukissen verlangt einen sonnigen, nicht zu trockenen Standort.

Bergenia – Bergenie
Diese großblättrige immergrüne Pflanze, die schon im April blüht, eignet sich gut für Randbepflanzung. Viele kleine Blüten stehen zusammen in einer Traube auf einem langen Stengel. Das große Blatt ist schön in Kombination mit Farnen, Gräsern und anderen kleinblättrigen Pflanzen. Sie können sie auch in Gruppen am Wasserbecken einsetzen. Weil sie immergrün ist, steht die Bergenie auch gut am Wasserbeckenrand.

Borago – Boretsch
Dieses einjährige Küchenkraut kann auch gut in einer Staudenrabatte gesetzt werden, es sät sich selber wieder leicht aus. Es läßt sich nicht nur als Küchenkraut verwenden (die lockeren blauen Blüten machen auf einem Salat einen festlichen Eindruck), sondern es ist auch eine gute Bienenpflanze. Die Pflanze kann sich stark aussäen, läßt sich aber auch leicht jäten.

Brunnera – Kaukasusvergißmeinnicht
Ziemlich tiefen Schatten verträgt *B. macrophylla*. Die Pflanze hat große, runde, dekorative Blätter. Die blauen Blüten sind klein und erscheinen schon im April.

Campanula

Bergenia

Caltha – Dotterblume
Siehe: „Wasserpflanzen von A bis Z"

Campanula – Glockenblume
Es gibt hohe Arten für die Rabatte und niedrige, die sich mehr für den Steingarten eignen. Alle sind Sonnenanbeter.
Die *C. carpatica* bildet Kissen von 30 cm Höhe mit großen blauen Glocken im Juli/ August. Niedrig, kriechend und mit sternförmigen Glöckchen blüht die *C. garganica*.
Einen Monat früher blüht die *C. glomerata*, eine gute Schnittblume. Sie wächst am besten auf Lehmboden. Mehr als 1 m hoch wird die *C. lactiflora*, mit kleinen rosafarbenen Blüten im Juli. Diese Pflanze verträgt auch einen leichten Schatten.
Die *C. latifolia* ist genauso hoch wie die *C. lactiflora*. Es gibt einige Arten, die etwas niedriger bleiben und dadurch besser aufrecht stehen. Den Halbschatten verträgt auch die *C. persicifolia*, mit zarten lila Blüten. *C. poscharskyana* und *C. portenschlagiana* blühen blau-violett.
C. poscharskyana soll gleich nach der Blüte im Juni/Juli zurückgeschnitten werden, wonach noch eine zweite Blüte folgt. Alle Glockenblumen sind dankbare Pflanzen, die in keinem Garten fehlen dürfen.

Cardamine – Wiesenschaumkraut
In freier Natur wächst das Wiesenschaumkraut in feuchten Wiesen und an Grabenrändern. In Kultur ist *C. pratensis* 'Plena', die vom März bis zum Juni blüht.
Die rosafarbenen Blüten sind voll und fallen schon von weitem auf.
Die immergrüne *C. trifolia* liebt eine feuchte Stelle im Schatten und blüht im Mai/Juni. Beide Pflanzen werden 30 cm hoch.

Centaurea – Flockenblume
Die Flockenblume gibt es als einjährige Pflanze, aber auch als Staude. Der gemeinen Kornblume gleicht die *C. macrocephala*, die 1 m hoch wird, mit großen kugelförmigen gelben Blüten am wenigsten. Sie ist als Schnittblume und auch zum Trocknen sehr geeignet. Am häufigsten ist die *C. montana*, eine altertümliche Bauernpflanze mit großen hellblauen Blüten.
Wenn Sie die Pflanze nach der Blüte zurückschneiden, blüht sie noch einmal. Die rosafarbene *C. dealbata* hat kleinere Blüten und wird 60 cm hoch. Alle Korn- und Flockenblumen mögen die pralle Sonne.

Versuchen Sie einmal einen langen Rand aus einer Pflanzensorte zu gestalten. Links die Campanula portenschlagiana. *Die blauvioletten Blüten passen farblich gut zu den rosafarbenen Rosen.*

Centranthus – Spornblume

Centranthus schreibt sich auch oft mit K. Das blaugrüne Blatt und die rosarote Blütenfarbe lassen sich schwer in die Rabatte einfügen. Die Pflanze gedeiht gut auf alten Mauern und auch an steinigen Stellen im Garten. Am besten kommt sie zur Geltung in Kombination mit graublättrigen Pflanzen, was besonders für *C. ruber* 'Albus' gilt, der weiße Blüten hat.

Cerastium – Hornkraut

Zwei Arten sind in Kultur, von denen *C. bibersteinii* die größeren Blüten hat. Kompakter wächst *C. tomentosum*. Das hat ein graufilziges Blatt und blüht im Mai. In der grau-weißen Rabatte sind beide Arten unverzichtbar. Außerdem eignen sie sich sehr für Steingärten und als Ränderpflanze.

Ceratostigma

Diese niedrige Pflanze hat enzianblaue Blüten. Das sich rot verfärbende Blatt vermittelt schon früh im Sommer das Gefühl, daß der Herbst im Kommen ist. Die 30 cm hohe Pflanze blüht im August.

Chamaemelum – Römische Kamille

Diese Sonnenanbeterin ist in Westeuropa heimisch. Sie blüht wie eine Margerite. Die äußeren Blütenblätter sind weiß, die inneren gelb.

Cheiranthus – Goldlack

Dieses zweijährige Gewächs hat orangefarbene oder gelbe Blüten.

Chelone – Miesmäulchen

Diese im Herbst blühende Pflanze, 60 cm hoch, braucht nicht gestützt zu werden. Am liebsten hat sie einen sonnigen Standort, ist aber auch mit Halbschatten zufrieden. Die gute Schnittblume gedeiht auch in einem ärmeren Boden. *C. obliqua* blüht mit rosaroten Blüten noch im September.

Chrysanthemum – Chrysantheme als Staude, Margerite

Außer in Blau gibt es diese Pflanze in allen Farben. Das *C. rubellum* (neuerdings: *Dendranthema zawadskii*) ist ein mittelhohes Gewächs für die pralle Sonne. Gänse sind verrückt danach. Es blüht im September/Oktober mit etwas kleineren Blüten als die Chrysantheme im Blumengeschäft. Diese altertümliche Pflanze muß angebunden werden und eignet sich für alle Bodenarten. Bekannter ist das *C. maximum* (jetzt: *Leucanthemum* – Maximum-Hybride), die Margerite. Es gibt viele Sorten in verschiedenen Höhen. Alle Blumen sind weiß mit einem gelben Herz und erscheinen im Mai/Juni. Sie sind dankbare Schnittblumen, die in jeder Bodenart in der prallen Sonne gut gedeihen.

Chrysoplenium – Milzkraut

Diese üppige, kleine, grüngelbe Pflanze verlangt einen feuchten Standort im Schatten. Sie wächst über Steine und läßt sich herrlich mit Primeln,

Chrysanthemum (Leucanthemum)

STAUDEN VON A BIS Z

Die Clematis aus der „viticella"-Gruppe blüht zur gleichen Zeit wie die ersten Herbstastern.

Farnen und Sumpfdotterblumen kombinieren. In Westeuropa ist sie geschützt; man kann sie nur in spezialisierten Gärtnereien erhalten.

Cichorium
Siehe: „Ein- und zweijährige Pflanzen von A bis Z"

Clematis – Waldrebe
Bei Clematis denkt man meistens an Kletterpflanzen. Die Clematis wird darum auch wenig als Staude gebraucht. *C. x bonstedtii* 'Crepuscule' blüht hellblau vom Juli bis zum Herbst, steht ziemlich gerade und wird 1 m hoch. Violett ist die 50 cm hohe *C. douglasii*. An einer nicht zu feuchten Stelle blüht sie im Mai/Juni.
Die schönste violette ist aber die *C. integrifolia*, die vom Juni bis zum September blüht. Obwohl nur 60 cm hoch, sollte sie gestützt werden. Pflanzen Sie Clematis tief (auch die Kletterer)! Dadurch ist die Gefahr geringer, daß sie der Welkekrankheit erliegt.

Codonopsis – Glockenwinde
Von den 30 Kulturarten werden die zarte *C. clematidea* und die *C. rotundifolia* am meisten ge-

züchtet. Die glockenförmigen Blüten haben keine auffallenden Farben, verleihen der Formvielfalt der Natur aber eine zusätzliche Dimension. Mit ihren sehr schlaffen Stengeln werden sie 50 cm hoch. Lassen Sie sie an einer Zwergkonifere wachsen und pflanzen Sie sie in die Nähe eines Weges oder einer Terrasse, weil die zarten Pflanzen aus der Ferne wenig Wirkung zeigen.

Convallaria – Maiglöckchen
Diese einheimische, niedrige, immergrüne Pflanze kann große Flächen im Halbschatten bedecken. Vermehrung ist einfach: durch Teilung der Pflanze im Sommer. Die weißen Blüten erscheinen im Mai.

Coreopsis – Mädchenauge
Die 70 cm hohe *C. verticillata* blüht vom Juli bis zum September mit margeritenähnlichen Blüten zwischen hellgrünen zarten Blättern. Mädchenauge ist eine Pflanze für einen sonnigen Standort. Durch das zarte Laub und die Beständigkeit gegen Trockenheit ist sie eine der wenigen Stauden, die sich auch ausgezeichnet für große Blumenkästen eignen. Die gleiche Höhe hat die *C. grandiflora*: eine ausgezeichnete Schnittblume, die es in vielen Sorten gibt.

Convallaria majalis. Durch unterirdische Ausläufer können große Flächen schnell mit Maiglöckchen bedeckt werden.

Coreopsis verticillata hat zartes Laub, zwischen dem die Blüten herrlich in Erscheinung treten. Der deutsche Name ist Mädchenauge.

Cornus – Hartriegel

Im Juni blüht der *C. canadensis*, der einen humosen Boden verlangt. Die Wurzelstöcke kriechen nur durch eine dicke Humusschicht oder Moorerde. Der Boden soll immer etwas feucht sein. Die strauchähnliche Pflanze wird 20 cm hoch und blüht mit sternförmigen weißen Blüten. Der Blüte im Mai folgen knallrote Früchte. Der weniger gezüchtete *C. suecica* verlangt einen feuchteren Boden.

Corydalis – Lerchensporn

C. lutea wird 60 cm hoch und sät sich auf manchen Bodenarten stark aus. Die lichtgelbe Blüte ist im Schatten am schönsten. Sie blüht vom Mai bis zum September. *C. ochroleuca* ist in allen Teilen zarter und paßt mit ihren cremeweißen Blüten in jede Rabatte. Siehe für die anderen Sorten: „Zwiebel- und Knollengewächse von A bis Z".

Corydalis lutea kann sich sehr schnell aussäen. Es ist eine pflegeleichte, lange blühende Staude.

Cotula – Fiederpolster

Äußerlich wirkt dieses aus Neuseeland stammende Pflanzengeschlecht wie eine Mischung aus Farn und Moos. Die kriechenden Pflanzen wachsen schnell. Auf das Polster, das sich nach einem Jahr entwickelt hat, kann man gut treten. Die cremefarbenen Blüten sind nicht besonders auffallend. Von den 70 Sorten wird die *C. squalida* am meisten gebraucht.

Crambe – Meerkohl

C. cordifolia gleicht dem Gipskraut, ist aber 250 cm hoch. Die Pflanze paßt ausgezeichnet hinten in die Rabatte oder als alleinstehende Pflanze in den Rasen. Die schönste Wirkung hat sie aber hinter einem Gartenteich: die Widerspiegelung macht die Pflanze noch imposanter. Die kleinen weißen Blüten passen in jeden nicht zu kleinen Garten. Die Pflanze verlangt einen Boden, der im Winter nicht zu feucht ist.

Cymbalaria – Zimbelkraut

C. muralis blüht vom Mai bis zum November mit kleinen weißlich-violetten Blümchen. Die kleinen fettigen Blätter können große Trockenheit gut vertragen.
Zimbelkraut blüht im Halbschatten an Mauern und steinigen Stellen. Es sät sich selber ziemlich leicht aus, wodurch es in einem verfeinerten Steingarten bald zu einer Plage werden kann. Es bildet Ausläufer von einigen Metern Länge, wird aber nicht hoch.

Darmera – Schildblatt

Die noch immer unter dem Namen *Peltiphyllum* verkaufte *D. peltata* blüht im April rosa auf kahlen Stengeln von 80 cm Höhe, die einfach aus dem Boden kommen. Erst später erscheinen die großen runden Blätter, die sich im Herbst rötlich verfärben. Frostschaden kann es im Frühjahr geben, aber sonst ist die Pflanze ziemlich frostbeständig. Sie bildet eine gute Kombination mit schmalblättrigen Arten wie Iris, Gräsern usw. und verlangt einen nicht zu trockenen Standort in der Sonne oder im Halbschatten.

Delphinium – Rittersporn

Diese hohe Pflanze (1,50 m) verlangt pralle Sonne. Die kerzenähnlichen großen Blüten haben lebhafte Farben, variierend von Rosa bis hin zu Blau und Violett. Man kann sie gut mit allen Stauden mit großen Blüten kombinieren, und auch mit Rosen und Lilien. Die Pflanze ist eine gute Schnittblume. Wenn sie gleich nach der Blüte (Juni/Juli) zurückgeschnitten wird, blüht sie später im Jahr noch einmal.

Sorten	Farbe	Höhe
'Aristolat'	rosa/schwarzes Auge	150 cm
'Azurriese'	azurblau	170 cm
'Black Knight'	dunkel violettblau	150 cm
'Blue Bird'	enzianblau/weißes Auge	150 cm
'Blauwal'	blau/braunes Auge	200 cm
'Berghimmel'	hellblau/weißes Auge	180 cm
'Capri'	hellblau/weißes Auge	80 cm
'Galahad'	weiß/große Trauben	150 cm
'Guinevere'	malvenfarben	150 cm
'King Arthur'	violett/weißes Auge	150 cm
'Kleine Nachtmusik'	dunkelviolett	80 cm
'Piccolo'	azurblau	80 cm
'Summer Skies'	hellblau/weißes Herz	150 cm
'Waldenburg'	tief dunkelblau/schwarzes Auge	150 cm
'Zauberflöte'	blau-rosa/weißes Auge	180 cm

Dianthus – Nelke
Von den vielen Nelkenarten ist *D. deltoides* die beste Pflanze für Ränder. Sie blüht im Frühjahr mit kleinen Blüten auf 15 cm hohen Stengeln. Die Sorte 'Albus' ist weiß, 'Splendens' ist karminrot und 'Brillant' leuchtend dunkelrot.

Das Tränende Herz, Dicentra spectabilis, *wird 80 cm hoch. Es wird zu den altertümlichen Gartenpflanzen gerechnet, wurde aber erst 1847 von China aus eingeführt.*

Dicentra – Tränendes Herz
Diese altertümliche Pflanze befindet sich am liebsten im Halbschatten. Die höhere *D. spectabilis* blüht rotweiß. Die in allen Teilen zartere *D. formosa* ist fast rosa. Wie *D. formosa* ist *D. eximia* 'Alba' etwa 30 cm hoch. Diese Pflanze ist auch nach der Blüte im Juni noch schön durch das graugrüne Laub; für die grauweiße Rabatte ist sie ideal geeignet.

Dictamnus – Diptam
Sie können die Pflanze tatsächlich Feuer speien lassen: Bringen Sie an einem windstillen Abend ein brennendes Streichholz in die Nähe. Eine große Flamme wird (durch das ätherische Öl) bis über die Blütentraube steigen, wobei ein Duft wie von Kräutern entsteht. Die Blüte hat darunter nicht zu leiden. Diese Pflanze blüht im Juni/Juli mit großen Blütentrauben. Sie verlangt pralle Sonne und trockenen Boden. Die Blüten sind fast rosa. *D. albus* 'Albiflorus' blüht weiß.

Dodecatheon – Götterblume
Humusreich, nahrhaft und feucht soll der Boden für

Delphinium *in einer Gärtnerei. Herrliche Kombinationen mit einer großen Farbenvielfalt sind möglich.*

D. meadia sein. Diese Pflanze ist nahe mit der Primel und dem Zyklamen verwandt. Stengel von 60 cm Höhe wachsen aus einer Rosette. Die Blütenfarbe ist Rosa. Nach der Blüte im Juni/Juli geht sie ein.

Doronicum – Gemswurz
Drei Arten sind wichtig für den Garten. Am frühesten blüht *D. orientale* (April/Mai). Die später blühenden *D. pardalianches* und *D. plantagineum* werden größer (80 cm). Alle sind margeritenähnlich und haben eine gelbe Blüte. Sie verlangen Sonne bis Halbschatten auf nicht zu trockenem Boden.

Draba – Hungerblümchen, Felsenblümchen
Eine schöne Wucherpflanze für den Steingarten ist die *D. sibirica*. Sie blüht schon Anfang des Frühjahres (gelb). Sie sät sich selber aus, vermehrt sich aber durch den Wurzelstock. Geben Sie kalkreichen Boden und pralle Sonne.

Dryas – Silberwurz
D. octopetala liebt pralle Sonne und durchlässigen, ziemlich trockenen Boden. So schenkt Ihnen diese strauchähnliche Pflanze einen immergrünen Teppich mit – nach der kurzen Blüte im Juni – einem Meer an silberfarbenen Fruchtständen.

Duchesnea – Indische Erdbeere
Diese Pflanze sieht der Walderdbeere ähnlich, hat aber gelbe Blüten. Die kleinen Erdbeeren sehen appetitlich aus, sind aber absolut geschmacklos. Die Pflanze ist ein guter Bodendecker im Halbschatten und wächst schnell.

Echinacea – Roter Sonnenhut
Die *E. purpurea* wird noch häufig unter dem Namen *Rudbeckia* gehandelt. Diese Sonnenanbeterin blüht vom Juli bis zum September und wird 80 cm groß. Die Blüte ist rosa mit einem orangebraunen Herz. Sie ist eine gute Schnittblume.

Echinops – Kugeldistel
Aus Osteuropa stammt *E. ritro*. Je nach Bodenart wird die Pflanze maximal 1 m groß. Die blauen Blütenkugeln lassen sich gut trocknen. Diese anspruchslose Pflanze kommt in der prallen Sonne am besten zur Geltung. Sie blüht vom Juli bis zum September. Die kugelförmigen Blütenstände sind auch in Blumensträußen sehr schön.

Epimedium – Elfenblume, Sockenblume
Schatten, Humus und Feuchtigkeit sind wichtig für das *Epimedium*. Die Blätter dieser exotisch anmutenden Pflanze ähneln denen des Cercidiphyllum-Baumes am meisten. Beide eignen sich denn auch für eine „orientalische" Gartenanlage.
Die verschiedenen Sorten sehen sich sehr ähnlich und blühen im April/Mai. Die Blätter bleiben im Winter grün.

Echinacea purpurea *(Sonnenhut) hieß früher Rudbeckia. Diese Pflanze gehört zu den guten Schnittblumen.*

Erica, Glockenheide *(stark vergrößert)*

Es ist ein guter Bodendecker, der aber nicht überall gleich gut gedeiht, auch wenn man sich an die „Gebrauchsanleitung" gehalten hat.

Erica – Glockenheide

Im Gegensatz zum Heidekraut kann die Glockenheide etwas mehr Feuchtigkeit vertragen. Saurer Boden (Torfstreu zufügen) ist notwendig. Lehmboden ist nicht geeignet, auch weil Heidepflanzen nicht zu einer Landschaft mit Lehmboden passen. Diese Pflanze kann auch in Pflanzenkästen gesetzt werden.

Die verschiedenen Glockenheide-Sorten haben eine bessere Blütenstaffelung als das Heidekraut. Auch in der nicht-blühenden Phase sind die Pflanzen schöner fürs Auge. Denken Sie daran, daß die Monate August und September mit der *Calluna* schon voller Blüten sind. *Erica* soll gleich nach der Blüte beschnitten werden.

Erigeron – Berufskraut, Feinstrahlaster

Die Gattung *Erigeron* umfaßt bestimmt 150 Sorten. Die äußeren Blüten, die wie Strahlen aussehen, sind zarter als jene der Aster, aber sonst gibt es kaum Unterschiede. Wie bei der Aster gibt es viele Farbenkreuzungen.

Vorteil gegenüber der Aster ist, daß auf dem Blatt kein Schimmelbefall vorkommt. Die Wachstumsverhältnisse sind gleich.

Erodium – Reiherschnabel

Diese Pflanze ähnelt dem Geranium, verlangt aber trockeneren Boden. Das am meisten vorkommende *E. manescavii* sät sich stark aus und ist dadurch eine ausgezeichnete Pflanze für den wilden Garten.

Eryngium – Edeldistel

E. planum ist als Kulturpflanze am sinnvollsten. Sie eignet sich für sehr trockenen Boden, wird 80 cm groß und paßt darum sehr gut in eine Staudenrabatte. Auch in Kombination mit Ziergräsern im Heidegarten ist die Pflanze sehr schön.

Eupatorium – Wasserdost

Von den 600 Sorten soll hier nur das *E. purpureum* erwähnt werden: eine starke, 2 m große Rabattenpflanze, die man sowohl in einem wild anmutenden Garten wie auch in einer ordentlichen Rabatte gut unterbringt. Die violetten Dolden fallen im August/September stark auf. Obwohl zuviel Feuchtigkeit für die Pflanze schlecht ist, wirkt sie im Hintergrund eines Gartenteiches sehr schön.

Eryngium, *die Edeldistel, eignet sich für den Steingarten, zwischen Ziergräsern und graublättrigen Pflanzen.*

Euphorbia – Wolfsmilch
Diese Pflanze hat wie die Blüte des Frauenmantels eine gelbgrüne Farbe. Es gibt hohe und niedrige Sorten, die alle die charakteristische Färbung aufweisen. Die *E. polychroma* ist am bekanntesten und paßt gut zu den anderen im Frühjahr blühenden Gewächsen wie der Frühjahrssonnenblume. Sie verträgt ein wenig Schatten und wird 40 cm groß.

Charakteristisch für die Euphorbia *ist die gelb/grüne Blume. Auf deutsch heißt sie Wolfsmilch.*

Filipendula – Mädesüß
Eine herrliche Kombination mit dem *Eupatorium* bildet die *F. rubra* 'Venusta magnifica', eine hohe Staude mit lockeren Büscheln, karminrot. Bis 1 m Höhe wachsen die *F. palmata* mit rosafarbenen und die *F. ulmaria* mit weißen Büscheln. Die *F. ulmaria* 'Plena' hat volle Büschel, die in einem Regenschauer oft ein wenig schief hängen.

Foeniculum – Fenchel
Der grünblättrige Fenchel ist ein Küchenkraut, das braunblättrige *F. vulgare* 'Purpureum' eignet sich mehr für die Rabatte.
Diese Pflanze kommt zwischen hohen hybriden Teerosen herrlich zur Geltung. Die Rosen mit ihren grellen Farben werden durch die locker wachsenden ockerfarbenen Dolden des Fenchels ausgeglichen. Alleinstehend zwischen dem braunen Blatt sind diese Dolden ebenfalls herrlich.

Fuchsia – Fuchsie
Obwohl sie nicht zu den Stauden gehört – die Pflanze ist ja holzig –, betrachtet man sie meistens als Dauerpflanze, weil sie im Winter bis zum Boden erfriert und im Frühjahr wieder erscheint. Explizit trifft das zu auf *F. magellanica,* einen Halbstrauch aus dem Süden Südamerikas. Die *F. magellanica* 'Riccartonii' wird am meisten kultiviert. Dieser Halbstrauch eignet sich für Sonne oder Halbschatten. In einem milden Winter oder gut geschützt wird die Pflanze kaum erfrieren und kann bis 2 m groß werden. Unabgedeckt wächst sie in einem Sommer bis etwa 1 m aus.

Galium – Waldmeister, Labkraut
Die Pflanze hat hellgrünes Laub, die kleinen Blütendolden befinden sich oben auf den sternförmigen Blätterkränzen. Die Blüten sind strahlend weiß. Labkraut ist eine geeignete Pflanze für Ränder, die meistens im Kräutergarten eingesetzt wird. Sie verlangt pralle Sonne bis Halbschatten. Wenn Sie einen Zweig der 30 cm großen Pflanze einen Tag in einem Weißwein ziehen lassen, so bekommt auch ein billiger Wein einen exklusiven Geschmack. Früher hieß die Pflanze *Asperula;* heute ist der offizielle Name *Galium odoratum.*

Gaultheria
Die *Gaultheria procumbens* wird meistens zu den Stauden gerechnet, während *G. shallon* bei den Sträuchern genannt wird. Siehe für beide unter „Sträucher von A bis Z".

Seite 293: Galium odoratum

Gentiana asclepiadea

Gentiana – Enzian

Diese Gattung umfaßt mehr als 800 Sorten, einige davon wachsen in unserem Land in der freien Natur. Nur wenige Arten sind in Kultur, wegen der besonderen Anforderungen der Pflanze an ihre Umgebung. Sie ist vor allem beliebt wegen ihrer tiefblauen Farbe.

Kulturpflanzen sind:

G. *acaulis*, 5-10 cm, blau
G. *asclepiadea*, 40-60 cm, hyazinthenblau
G. *clusii*, 5-10 cm, blau
G. *farreri*, 5-10 cm, Innenseite hellblau und weiß
G. *septemfida*, 10-30 cm, violett
G. *sinoornata*, 10-15 cm, blau
G. *pneumanthe*, 25 cm, blau
G. *lutea*, 100 cm, gelb

Bei *G. lutea* kann es einige Jahre dauern, bis die ersten Blüten erscheinen.

Geranium – Storchschnabel

Unendlich viele Möglichkeiten bietet diese Gattung für die Staudenrabatte. Die Farben Blau, Violett und Rosa in verschiedenen Höhen machen es dem Gartengestalter nicht schwer: Außer in der orangen und der gelben Rabatte können die Geranien unbeschränkt und in vielen Sorten kombiniert werden. Das *G. phaeum* ausgenommen, können alle Geranien in der prallen Sonne stehen, aber oft ist Halbschatten besser. Berücksichtigen Sie, daß die höheren Sorten auseinanderfallen können. Wenn Sie sie abschneiden, werden sie aufs neue zu wachsen und blühen anfangen. Für den Steingarten eignet sich *G. cinereum* 'Ballerina' mit lila Blüten am besten. Als Bepflanzung unter Bäumen kommt der Bodendecker *G. macorrhizum* in Betracht, der dem sich stark aussäenden *G. robertianum* gleicht.

Geum – Nelkenwurz

Eine altertümliche Staude ist das *G. rivale*. Die Schönheit bilden nicht unbedingt die Blüten, sondern die danach folgenden Fruchtstände. Diese orange blühende Pflanze ist ein richtiger Wucherer für den Schatten. An vielen Stellen werden die Sorten 'Album', weiß, und 'Leonard', kupferrot, besser harmonieren.

Glaucium – Hornmohn

Glaucium gehört zur Mohnfamilie. Er hat ein blaugrünes Blatt und sehr lange Samenhülsen. Er verträgt salzige Meeresluft. *Glaucium* ist keine sehr schöne Pflanze, aber an der Küste macht sich *G. flavum* manchmal gut.

Gunnera

Die Gunnera ist nicht ganz winterfest und eignet sich nur für große Gärten. Die rhabarberähnliche Blättermasse dieser Blattpflanze erreicht eine Höhe von 4 m. Die Blüten befinden sich als grüne Ähren unten an der Pflanze und fallen darum aus der Ferne nicht auf. Diese Pflanze kann gut an einem Wasserbecken eingesetzt werden. Befestigen Sie im

Das Geranium phaeum, *die dunkle Geranie, ist geeignet für* Verwilderung an einer schattigen Stelle.

STAUDEN VON A BIS Z 295

Geben Sie einer Gunnera viel Platz: denn sie wächst hoch und breit.

Die schönste Art ist *H. x superbus*, die strahlend gelbe Blüten mit einem Durchmesser von 20 cm auf einem dunklen Stiel hervorbringt. Auch die Erdbirne oder Topinambur, eine Futterpflanze, nach der Kaninchen verrückt sind, gehört zu dieser Gattung.

Helleborus – Christrose

Helleborus niger blüht weiß; der Name bezieht sich auf die schwarzen Wurzeln. Die Blütezeit ist vom Dezember bis zum Februar. Andere Arten sind *H. viridis* (grüne Blüte im März), *H. foetidus*, die Nieswurz (wintergrün, 60 cm hoch, grüngelb im März/April) und *H. orientalis* (dunkelviolette Blüten).

Hemerocallis – Taglilie

Die Taglilie gibt es in den Farben Rotbraun, Gelb und Orange. Diese altertümliche Gartenpflanze aus der Lilienfamilie blüht im Juli mit großen Blüten auf 1 m hohen Stielen. An den Ufern eines natürlich anmutenden Wasserbeckens oder als Rand einer Sträucherrabatte sind sie sehr schön. Alle Pflanzenteile sind eßbar.

Winter um die Pflanze Maschendraht, so daß die gefallenen Baumblätter nicht wegwehen. Die schon früh treibenden Blätter können noch leicht in einem späten Nachtfrost erfrieren (nachts abdecken!).

Gypsophila – Schleierkraut

Diese Gattung umfaßt sowohl Einjährige wie auch Stauden. Die Stauden haben kleinere Blüten – im Juli/August. *Gypsophilla* ist eine gute Schnittblume für einen sonnigen Standort und blüht weiß oder rosa. Wenn Sie alle leeren Stellen in einer Rabatte mit Schleierkraut auffüllen, kann aus einer ungeordneten Rabatte ein Ganzes mit ausgewogener Wirkung werden.

Helianthus – Sonnenblume

Die einjährige Sonnenblume gehört zu dieser Gattung. Es gibt auch Sonnenblumen als Stauden, deren Blüten viel kleiner sind. Wenig bekannt ist *H. salicifolius*, die weidenblättrige Sonnenblume. Nicht die Blüte, sondern das Blatt sorgt für eine auffallende Kontrastwirkung in der Rabatte. Die Pflanze wird 2 m groß.

Hemerocallus *'Delightsome'*

Hemerocallus *'Will Return'*

Hemerocallus *'Betty Woods'*

Hemerocallus *'Indonesia'*

Hesperis matronalis blüht zweimal, wenn sie nach der Blüte zurückgeschnitten wird.

Heracleum – Bärenklau, Herkulesstaude

Bärenklau ist eine allgemein vorkommende Pflanze auf Straßenböschungen. Die große Staude ist eine manchmal geschätzte Gartenpflanze. Siehe auch unter „giftigen Pflanzen". In großen, verwilderten Gärten können Sie diese bis 4 m hoch wachsende Pflanze setzen. Bedenken Sie aber, daß sie sich stark aussät. Um das zu verhindern können Sie die gerade verblühten Dolden entfernen.

Hesperis – Nachtviole

Hesperis matronalis wird auf deutsch Nachtviole genannt, wegen des Duftes, der abends am stärksten ist. Diese Pflanze stammt ursprünglich aus dem Bauerngarten. Die Blüten sind rosa. Wenn die 1 m hohe Pflanze gleich nach der Blüte zurückgeschnitten wird, erfolgt eine zweite Blüte. In Kultur sehen wir meistens die weiße H. m. 'Alba', aber es gibt auch niedrige Rassen mit doppelten Blüten.

Heuchera – Purpurglöckchen

Der Name „Plui de Feu" für diesen Sonnenanbeter für die rote Rabatte deutet schon an, daß sich an dem langen Stiel viele kleine Blüten befinden. Die Höhe beträgt 60 bis 80 cm und ist vom Bodenreichtum abhängig. Angegebene Höhen soll man nicht immer ganz wörtlich nehmen. Bedenken Sie, daß die Pflanzen auf armem Boden etwas niedriger und auf reichem Boden beträchtlich größer werden.

Hosta – Funkie

Die Funkie wurde früher unter dem Namen *Funkia* gehandelt. Diese Blattpflanze für tiefen Schatten eignet sich als Unterpflanzung, Randpflanze oder zur Einzelstellung. Es gibt einige Hunderte von Arten und Sorten. Sie haben ein seegrünes Blatt, weißes Blatt mit grünem Rand, goldbunte und silberbunte Blätter; es gibt hohe und sehr niedrige Arten.

Meistens sieht man die *Hosta sieboldiana* 'Elegans', eine Sorte mit blaugrünem Blatt und weißen Blüten. Die meisten Stauden sind nach zwei Jahren ausgewachsen; die 'Krossa Regal' erst nach sieben Jahren. Diese größte Hosta hat dann schon eine Breite von 1,50 m erreicht. Geben Sie den Pflanzen die Zeit sich gut zu entwickeln.

Graublättrige

Hosta sieboldiana	'Elegans'	70 cm
Hosta tokudama		35 cm
	'Big Daddy'	100 cm
	'Big Mama'	100 cm etwas schmaleres Blatt
	'Blue Angel'	100 cm
	'Blue Diamond'	30 cm
	'Blue Wedgewood'	30 cm
	'Halcyon'	40 cm
	'Krossa Regal'	150 cm gelb

Unterschiedliche Farbtöne

Hosta fortunei	'Gold Standard'	60 cm
Hosta plantaginea		60 cm
Hosta sieboldiana	'Frances Williams'	60 cm
Hosta tokudama	'Little Aurora'	15 cm grünblättrig
Hosta sieboldii	'Bianca'	60 cm
Hosta sieboldii	'Snowflakes'	40 cm

Iberis

Hosta lancifolia *var.* albomarginata *(Funkia). Erst nach fünf Jahren ist eine Hosta ausgewachsen. Nur die großblättrigen Sorten eignen sich als Solitärpflanze.*

Hypericum – Johanniskraut

Diese Pflanzengattung besteht aus strauchartigen Pflanzen, Stauden und Einjährigen, sowohl immergrün wie auch laubabwerfend. Alle blühen gelb. Obwohl das *H. calycinum* holzig ist, wird es oft zu den Stauden gerechnet. Die Höhe ist 30 cm, die Pflanze ist immergrün und eignet sich als Bodendecker in der Sonne. Von den großen gelben Blüten fallen besonders die Staubblätter auf.

Iberis – Schleifenblume

Das ist eine niedrige, immergrüne Pflanze mit weißen Blüten im Frühjahr. *I. sempervirens* verlangt einen sonnigen Standort, etwa im Steingarten.

Incarvillea – Freilandgloxinie

Am bekanntesten ist die *I. delavayi*. Die knollenförmigen, fleischigen Wurzeln sollte man am besten in nicht zu feuchte Erde pflanzen – wegen der Frostempfindlichkeit. Die Freilandgloxinie eignet sich auch gut als Kübelpflanze. Die großen rosa Blüten erscheinen schon im Juni. Im Schnitt werden die Pflanzen zwischen 30 und 50 cm hoch.

Iris – Schwertlilie

Hier kann man unterscheiden: die deutsche Iris, *Iris germanica*, die japanische Iris, *Iris ensata* und die asiatische Iris, *Iris sibirica*. Die im Frühjahr und im Sommer blühenden Gewächse finden Sie im Kapitel „Zwiebelgewächse"; die *Iris pseudacorus*, die Wasserschwertlilie, finden Sie unter den „Wasserpflanzen". Die *I. germanica* verlangt einen trockenen Standort.

Es gibt z. B. folgende Sorten:

Iris germanica		
	'Constant Wattez'	rosa
	'Blues Rhythm'	rein blau
	'Empress of India'	hellblau
	'Sable'	dunkelviolett
	'Nightfall'	blauviolett
	'Red Orchid'	rot
	'Wabash'	weiß-blau

Iris sibirica verträgt sowohl einen trockenen wie auch einen feuchten Standort; am Rande eines natürlichen Teiches steht sie hervorragend und bildet eine gute Kombination mit *Hemerocallus* und *Tradescantia*.
Einige Sorten:

Iris sibirica		
	'Berlin Bluebird'	klares Blau
	'Perry's Blue'	blau
	'Blue King'	dunkelblau

Iris sibirica *'Creme Chantilly'*

Iris *'Olympiad'*

Iris *'Designer Gown'*

Iris *'Navajo Jewel'*

Kirengeshoma – Japanische Wachsblume
K. palmata wird am meisten gezüchtet. Die Pflanze blüht recht spät mit cremegelben, herunterhängenden Blüten. Sogar für Leute, die Gelb im Garten nicht mögen, ist diese Pflanze empfehlenswert. Abdecken im Winter ist meistens nötig! Die bis 1 m hohe Pflanze gedeiht gut im Halbschatten.

Kniphofia – Fackellilie
Kniphofia blüht rot, gelb oder orange. In den ersten Wintern sollte sie nach dem Pflanzen gut abgedeckt werden. Danach ist sie ausreichend winterfest – auf nicht zu nassem Boden. An einem sonnigen Standort werden die meisten Sorten mehr als 1 m groß.

Lamiastrum – Goldnessel
Von diesem gelbblühenden Bodendecker wird meistens die bunte Form geliefert (*L. galeobdolon* 'Florentinum'). Die Pflanze produziert bald Ausläufer und wird unter günstigen Verhältnissen 50 cm hoch. Sie wuchert stark; pflanzen Sie Goldnesseln darum nur in den tiefen Schatten, damit sie keine Gelegenheit bekommt, zu massig zu werden.

Lathyrus – Platterbse, Wicke
Die kletternde Wicke ist allgemein bekannt. Weniger bekannt ist die Platterbse als Staude: *L. latifolius*. Nur in Rosa und Weiß ist diese bis 2 m kletternde Pflanze erhältlich. Auch hier gilt, daß die Blüte zunimmt, wenn die alten Blüten regelmäßig entfernt werden. Vermehrung durch Säen ist im Februar unter Glas möglich.

Lamium – Taubnessel
Eine düstere, aber dennoch wunderschöne Pflanze ist *L. orvala*, die einzige Rabattenpflanze aus dieser Gattung, die etwa 60 cm groß wird. Sie hat violette Blüten und wächst üppig im Schatten oder Halbschatten.
L. maculatum ist ein guter Bodendecker, der nie üppig, wohl aber lange blüht. Die Pflanze wächst nicht so schnell wie *Lamiastrum*, das früher unter dem Namen *Lamium galeobdolon* verkauft wurde und eine gelbe Blüte hat.

Lavandula – Lavendel
Der Lavendel ist eigentlich ein Halbstrauch, wird hier aber aus praktischen Gründen zu den Stauden eingeteilt. Von *L. angustifolia* werden verschiedene Sorten angeboten, die alle unterschiedliche Höhen haben. Das Blatt ist gräulich und die Blüten sind

Lamium maculatum, *die violette Taubnessel, gedeiht gut im Schatten, aber auch in einem feuchten Garten.*

blau-violett. Die Höhe der Pflanze beträgt maximal 50 cm.
Schneiden Sie jährlich im März zurück. Dadurch bleibt die Form kompakt und die Pflanze blüht üppig im Juli. Geben Sie dem Lavendel eine warme Stelle in der Sonne, an Beeträndern gedeiht er ausgezeichnet. Mit Rosen kombiniert ist Lavendel sehr schön. Er paßt auch gut in eine Rabatte mit graublättrigen Pflanzen.

Lavatera – Buschmalve

L. trimestris ist eine einjährige Pflanze, die bei Gartenfreunden sehr beliebt ist. Weniger bekannt sind *L. olbia* 'Rosea' und *L.* 'Barnsley', beide sind Stäucher. Sie werden bis 150 cm groß.
Die Blüte dauert von Ende Juni bis spät in den Herbst; die Pflanze blüht dermaßen üppig, daß man die Frostempfindlichkeit in Kauf nimmt. Setzen Sie sie darum nicht an einer zu feuchten Stelle ein und ziemlich sonnig. Manche Gärtner schneiden jährlich im Spätsommer Stecklinge ab, die sie kalt überwintern lassen. In einem Jahr wachsen die Stecklinge wieder zu vollen Pflanzen aus.

Liatris – Prachtscharte

Diese steife Pflanze wird oft als Schnittblume gezogen. Vom Reichtum der Bodenart abhängig, wird sie 60 bis 80 cm groß. An trockenen Stellen ist sie frostbeständig. Sie blüht meistens hellviolett, aber es gibt auch weiße Sorten. Bemerkenswert ist es, daß die Blütenähre sich im Gegensatz zu anderen Pflanzen von oben nach unten entfaltet.

Lathyrus latifolius

Lavatera olbia 'Rosea' muß im Winter umwickelt werden. Die Belohnung für die Mühe ist eine üppige Blüte.

Ligularia przewalskii

Lupinus – Lupine

Die Lupine ist eine Gattung mit mindestens 200 Sorten. *L. arboreus* ist die Ausnahme zwischen den anderen Kräuterartigen. Diese Pflanze blüht gelb. Der holzige Stamm wird bis 3 m hoch. *L. polyphyllus* ist allgemein bekannt. Sie ist wahrscheinlich die dankbarste Gartenpflanze, sowohl was den Standort wie auch das Züchten betrifft. Es gibt sie in verschiedenen Farben. Sammeln Sie die Samen der schönsten Pflanze und vermehren Sie nur diese. Schneiden Sie bei Pflanzen, die keinen Samen spenden sollen, die Blüten gleich nach der Blüte ab, so daß sie im August noch mal blühen.

Lychnis – Lichtnelke

L. chalcedonica ist knallrot. Die 1 m große Pflanze sollte gestützt werden. Die orangerote *L. arkwrightii* wird nur 30 cm hoch und hat eine feinere Blüte. Die Blütenfarbe dieser Pflanze kommt durch das dunkelbraune Blatt noch besser zur Geltung. Eine häufiger erscheinende Pflanze ist *L. coronaria* (Syn. *Coronaria tomentosa*). Diese lange blühende Pflanze hat eine schwer zu kombinierende rosa Farbe. Das weiße Exemplar ist schöner. Diese Pflanze hat ein graues Blatt. Alle *Lychnis*-Arten verlangen pralle Sonne.

Ligularia – Greiskraut

Erst in unserem Jahrhundert wurden diese Pflanzen nach Europa eingeführt. Sie mögen Feuchtigkeit, werden sehr groß und gedeihen gut in der Nähe eines Wasserbeckens. Die Blütenfarbe ist Gelb oder Orange. *L. dentata* hat margeritenähnliche Blüten und ein rundes Blatt. *L. przewalskii* hat Blüten in großen Ähren; die Blätter sind tief eingeschnitten. Diese Pflanzen vertragen Sonne, aber bevorzugen Halbschatten.

Linaria – Leinkraut

Die gelbe *Linaria vulgaris* ist eine schöne einheimische Pflanze, die gut auf Sandböden wächst. Sie verlangt eine trockene Stelle in der Sonne. Sie ist nur bei wenigen Staudenzüchtern in Kultur.
Linaria cymbalaria, richtig *Cymbalaria muralis* genannt, wächst an Mauern und eignet sich für den Steingarten. Die Blüten sind klein, die Pflanze blüht aber unübertroffen lange. Die Sorte 'Globosa' hat größere Blüten, 'Alba' ist weiß. Von Natur aus ist die Farbe violett zum Rosa hin mit einem gelben „Mäulchen".

Linaria cymbalaria (Cymalaria muralis) *mag kalkreichen Boden.* An Ost-, West- und Nordmauern findet man sie häufig.

Lysimachia – Felberich

Es gibt verschiedene *Lysimachia*-Arten, die völlig unterschiedlich aussehen. Eine gelbblühende, kriechende Pflanze ist *L. nummularia* (Pfennigkraut), die schnell wächst und in kurzer Zeit ein ganzes Ufer überwuchern kann. Eine bekannte Bauernblume ist *L. punctata*. Sie blüht vom Juni bis zum August.

Diese Pflanze wird 1 m hoch. *L. clethroides* hat weiße Blütenstände, deren Spitze immer gekrümmt ist. Sie ist die beste Pflanze für die Rabatte, wird 70 cm groß und blüht im August/September.

Lythrum – Blutweiderich

Das wilde *L. salicaria* wird 1,50 m hoch und eignet sich deshalb nur für größere Gärten. Kleiner sind *L. salicaria* 'Robert' und 'Rosy Gem', karminrot beziehungsweise karminrosa. Sie blühen im Juli/August und mögen die pralle Sonne. Sie eignen sich besonders für natürliche Teiche mit feuchtem Boden.

Für eine Stelle am Wasserbecken eignet sich Lychnis.

Macleaya – Federmohn

Diese Pflanze mutet überhaupt nicht wie Mohn an, gehört aber zu dieser Familie. Es ist eine große Pflanze, die sich nicht für kleine Gärten eignet, aber im Hintergrund einer großen Rabatte sehr schön wirkt. Sie sollte gestützt werden. Die maximale Höhe beträgt 2,50 m. Sie blüht im Spätsommer in einer büschelähnlichen, lockeren gelbgrünen Blüte.

Lysimachia punctata

Links:
*Pfennigkraut (*Lysimachia nummularia*) ist eine gute Uferpflanze für feuchte Stellen. Die Pflanze wächst sehr schnell, geht aber im Winter wieder ein. Darum eignet sie sich nicht, um Wasserbeckenfolie den Blicken zu entziehen.*

Lythrum salicaria

Die Pflanze produziert große unterirdische Ausläufer. Sie kommt am besten zwischen anderen hohen Stauden wie Sonnenblumen, *Echinops* und *Eupatorium* zur Geltung.

Maianthemum – Schattenblume

Diese in Gärten nicht häufige Pflanze ist als Bewachsung unter Rhododendren oder in einer Waldecke sehr schön. Am Äußeren der Pflanze kann man schon erkennen, daß sie mit dem Salomonssiegel und dem Maiglöckchen verwandt ist. Es ist eine niedrige Pflanze mit nur zwei Blättern. Der wissenschaftliche Name *M. bifolium* besagt das bereits. Die Pflanze breitet sich in humoser Erde langsam mit dünnen Wurzelstöcken aus.

Malva – Käsepappel, Malve

Die am meisten gezüchtete *M. moschata* erinnert stark an die holzige *Lavatera* und die einjährige *Malope* und verlangt auch den gleichen Standort. Sie gedeiht aber auch noch gut auf ärmerem Sandboden.
Die Käsepappel ist meistens rosa, aber es gibt auch weiße Sorten.

Meconopsis – Scheinmohn, Blaumohn

Diese zarte, frostempfindliche Pfanze ist wie die *Salvia patens* begehrt wegen ihrer auffallenden klaren blauen Farbe. Die Blüte ist im Juni.
Die *M. betonicifolia* verlangt einen gut dränierten Boden, um überwintern zu können. Trotzdem soll der Boden auch ausreichend Feuchtigkeit festhalten. Wenn es gelingt, die Pflanze am Leben zu erhalten, wird sie 60 cm groß. Pflegeleicht ist *M. cambrica*; diese Pflanze ist viel zarter und wird 30 cm hoch. Sie sät sich selber wieder aus und kann zur Plage werden. Sie blüht gelb und orange.

Mertensia – Blauglöckchen

Die Vergißmeinnicht-ähnliche Pflanze ist richtig blau, gedeiht gut im Schatten und ist ausreichend winterfest. Verschiedene Arten sind in Kultur. Am bekanntesten ist wohl *M. virginica*. Die Pflanze geht früh im Jahr schon wieder ein, wodurch es den Anschein hat, als würde sie sterben. Im nächsten Frühjahr geht sie einfach wieder auf.

Monarda – Indianernessel

Die *Monarda* ist mit der Taubnessel verwandt, an die die Blüte auch stark erinnert. Die wichtigste Art ist *M. didyma*, die viele Kultursorten hat:

'Croftway Pink'	rosa
'Cambridge Scarlet'	scharlachrot
'Prairiebrand'	dunkelrot
'Alba'	weiß
'Adam'	karminrot
'Violacea'	dunkellila

Nepeta – Katzenminze

Zwei Arten lassen sich unterscheiden: die niedrige *N. racemosa* (bis 30 cm) und die höhere *N. faassenii* (mehr als 30 cm). Leider werden beide Arten oft verwechselt. Erstere eignet sich für Kantenbepflanzung in kleinen Gärten, letztere für große Gärten. Auch hängt die Wahl der Art davon ab, welche Pflanze dahinter eingesetzt wird. Beide

Für eine Waldecke in tiefem Schatten eignet sich die Schattenblume (Maianthemum bifolium) ausgezeichnet. Jeder Stengel hat nur zwei Blätter.

Seite 303: Meconopsis betonicifolia

Malva

Arten blühen blau – vom Juni bis in den Herbst. Die weniger bekannte *N. grandiflora* wird 70 cm groß. Durch die größeren Blüten eignet sich diese Pflanze für die Rabatte. Sie blüht violettblau.

Oenothera – Nachtkerze

Diese Gattung umfaßt einjährige, zweijährige und perennierende Arten. Die niedrigste der perennierenden Arten ist *O. missouriensis* mit einer Höhe von 20 cm. Die großen gelben Blüten stehen in keinem Verhältnis zur kleinen Pflanze. Wie die anderen Arten verlangt auch diese Pflanze einen sonnigen, trockenen Standort auf sandigem Boden. Die *O. fruticosa* hat rötliche Stengel und wird 60 cm groß. *O. tetragona* hat grüne Stengel mit größeren Blüten als *O. fruticosa*. Beide blühen gelb – von Mai bis September.

Omphalodes – Gedenkemein, Waldvergißmeinnicht

Die bekannteste Vertreterin ist die blau blühende *O. verna*. Die Blüte sieht dem gemeinen Vergißmeinnicht täuschend ähnlich. Die Pflanze verlangt feuchte Erde im Halbschatten oder Schatten und breitet sich in humoser Erde schnell aus. Ist der Boden zu trocken, so schrumpfen die Blätter bald zusammen.

Die Pflanze wird 15 cm hoch und ist ein guter Bodendecker. Sie hat eine frühe Blüte.

Opuntia – Feigenkaktee

Es ist nicht üblich, eine Kaktee bei den Stauden zu erwähnen. Diese Pflanze bildet eine Ausnahme, denn manche *Opuntien* vertragen Frost. Vorausgesetzt, daß sie an einer windgeschützten, trockenen Stelle in sandigem Boden eingesetzt werden, können diese Kakteen im Garten ausgezeichnet gedeihen.

Pachysandra – Ysander

P. terminalis ist ein weißblühender, immergrüner Bodendecker für eine schattige Stelle. Blütezeit ist April. Die Größe beträgt bis 20 cm. Eine dicke Schicht glänzender Blätter sorgt dafür, daß Unkraut keine Chance mehr bekommt. Die Pflanze gedeiht nicht auf jeder Bodenart oder in jeder Situation gleich gut. Probieren Sie zunächst nur wenige Pflanzen, bevor Sie eine große Fläche bepflanzen.

Paeonia – Pfingstrose

Von den vielen Arten nennen wir hier nur *P. officinalis*, die altertümliche doppelte Päonie mit großen Blüten, und *P. lactiflora*, eine zartere Blume auf

Oenothera – *die Nachtkerze*

Paeonia *Madame Alert Claude*

Paeonia *Kansas*

Paeonia *King of England*

Paeonia *Madame de Vatry*

eleganteren aufrechten Stielen. Als Schnittblume welkt erstere recht schnell. Sie blüht vierzehn Tage früher. *P. lactiflora* ist eine beispielhafte Schnittblume. Es gibt sehr viele Sorten. Sogar die Sortentypen unterscheiden sich stark voneinander: einzelblütige, halbgefüllte, gefüllte, wie Anemonen blühende, kronenartige, Japanische usw. Der interessierte Gartenfreund kann sich am besten im Spezialgeschäft informieren. Päonien verlangen nahrhaften, humosen, kalkarmen Boden. Man pflanzt Päonien in ein großes Pflanzloch, in das vorher mit Erde vermischter Stalldünger gegeben worden ist. Im Gegensatz zu anderen Stauden läßt man Päonien lange an derselben Stelle stehen. Die Blüte nimmt dadurch immer weiter zu. Jährlich soll aufs neue Mist aufgebracht werden. Wenn Sie umpflanzen wollen, tun Sie das im September/Oktober, so daß die Pflanze angewurzelt den Winter überstehen kann. Päonien verlangen Sonne oder Halbschatten. (Baumpäonien siehe unter „Sträucher von A bis Z".)

Papaver – Mohn
In der freien Natur gibt es verschiedene Arten – alles Einjährige. Die Gartenexemplare der Staude *Papaver* stammen von dem *P. orientale*. Die Blüten dieses orientalischen Mohns sind äußerst üppig und dadurch sehr beherrschend in der Rabatte. Es gibt die Pflanze in verschiedenen Farben: Rot, Orange, Weiß und Rosa. Beschneiden Sie die Pflanzen gleich nach der Blüte im Mai/Juni: Dann werden sie später im Jahr noch einmal blühen. Wegen der schweren Blüten ist es notwendig, sie anzubinden. Für alle Bodenarten gilt, daß Mohn in der prallen Sonne stehen soll.

Peltiphyllum
Siehe: *Darmera* (Seite 288)

Penstemon – Bartfaden
Das ist die erste Pflanze, an die wir bei der Anlage einer rotblühenden Rabatte denken sollten. Obwohl sie nicht ganz winterhart ist, verdient diese dem Fingerhut ähnliche Pflanze eine Stelle im Garten. Sie ist eine gute Schnittblume, je nach Sorte 40 bis 100 cm groß, verlangt pralle Sonne an einem warmen Standort und einen gut durchlässigen trockenen Boden.

Petasites – Pestwurz
Ein altes englisches Gartenbuch beschreibt diese Pflanze als richtiges Unkraut, das nicht wert sei, gepflanzt zu werden. Viele Gärtner sind auch heute

Papaver somniferum, der Schlafmohn

Penstemon

einer sonnigen Stelle in der Rabatte und blüht ab Juli. Auch die eingegangene Pflanze im Herbst wirkt noch attraktiv. Sie wird bis 80 cm hoch.

Phlox – Phlox
Hiervon gibt es Steingartenpflanzen, die herrliche Blütenpolster von Weiß bis Dunkelrot bilden, und den bis 1 m hohen Staudenphlox („Flammenblume"), P.-Paniculata-Hybriden, in einer enormen Farbenvielfalt von Weiß über Rot bis Violett. Alle Phloxe sind sehr anspruchslos.

Physalis – Lampionblume
Bei dieser Pflanze sind nicht nur die Blüten, sondern auch die Fruchthülsen attraktiv und geeignet für Trockenblumenfreunde. Im Garten verhält die Pflanze sich wie Unkraut. Der Wurzelstock läßt sich nicht stoppen. Die Höhe beträgt 80 cm, die Hüllblätter sind im Spätherbst knallorange. *P. alkekengi* ist am meisten in Kultur.

Physostegia – Gelenkblume
Die Gelenkblume gehört zu den besten und pflegeleichtesten Rabattenpflanzen und ist außerdem eine gute Schnittblume. Diese im Sommer blühende Staude braucht nicht angebunden zu werden. Die Blütenfarbe ist Rosa oder Weiß, die Höhe beträgt 60 bis 80 cm. Die Pflanze verlangt pralle Sonne.

noch dieser Meinung, aber aus einem anderen Grund: Das Laub wird schon im Frühsommer von Insekten angegriffen und geht schon im August ein. Für den gleichen Standort und die gleichen Umstände eignet sich *Darmera peltada* besser. Außerdem hat diese Pflanze auch noch eine attraktivere Herbstfarbe.

P. albus, das weiße Pestkraut, ist viel kleiner und eignet sich gut für den Garten. Die weißen Blüten erscheinen schon im März/April. Außerdem ist es eine attraktive Uferpflanze.

Phlomis – Brandkraut
Die cremefarbenen Blüten befinden sich als Kügelchen an den Stielen dieser Pflanze. Sie steht ideal an

Petasites hybridus (Pestwurz) ist im Frühjahr wunderschön, aber schon im August entstehen große Löcher im Blatt. Im September ist die Pflanze bereits eingegangen, es bleibt nur der nackte Boden übrig. Kombinieren Sie sie darum beispielsweise mit Arum italicum *(Aronstab).*

STAUDEN VON A BIS Z 307

Phytolacca – **Kermesbeere**

P. acinosa stammt ursprünglich aus Nordamerika, ist aber in vielen Teilen Europas verwildert. Aufrechtstehende rosa Blütentrauben blühen von Juli bis September. Im Herbst sind die Trauben voller giftiger Beeren. Die 1,50 cm große Pflanze gedeiht am besten in der Sonne oder im Halbschatten. Man kann sie durch Teilung und Samen vermehren.

Plantago – **Wegerich**

Wir kennen den schmalen, mittleren und breiten Wegerich, alles Unkräuter im Rasen und in der Böschung. Eine Sorte des breiten Wegerichs, *Plantago major* 'Rosularis', hat herrlich braunrotes Laub. Die Pflanze eignet sich sehr dazu, lässig zwischen Kies gepflanzt zu werden.

Polemonium – **Jakobsleiter**

P. coeruleum ist am bekanntesten. Es ist eine gute Rabatten- und Schnittblume, bis 60 cm groß. Sie wächst kräftig und braucht darum kaum gestützt zu werden. Sie blüht vom Juni bis zum August.

Polygonatum – **Salomonssiegel**

Außer beim Kranzsalomonssiegel gibt es zwischen allen Arten eine große Ähnlichkeit. Nur die Größe ist unterschiedlich. Wählen Sie die richtige Größe zu einer bestimmten Größe der Rabatte.

Phytolacca, *die giftige Kermesbeere, im unreifen Zustand*

P. commutatum	120 cm
P. hirtum	70-100 cm
P. multiflorum	60 cm
P. odoratum	40 cm
P. verticillatum	70 cm

Geben Sie den Pflanzen humosen, feuchten Boden und Halbschatten bis Schatten.

Plantago major, *der breitblättrige Wegerich, ist ein Unkraut, das gerne zwischen Steinen und Schutt wächst. Die Kulturpflanze mit rotem Laub*, P. major 'Rosularis', *liebt ähnliche Standorte.*

Die Beere des Salomonssiegels

Polygonum – Knöterich

Polygonum ist ein vielseitiges Pflanzengeschlecht, das vom niedrigsten Bodendecker bis zu Stauden mit einer Höhe von 4 m variiert. Nebenher umfaßt die Gattung hübsche einjährige Pflanzen, aber auch Ackerunkräuter. Die Blüten sind ährenförmig, und weißlich bis rosa. Siehe auch bei Kletterpflanzen unter *Fallopia*.

P. affine	bis 30 cm
P. amplexicaule	60-90 cm
P. bistorta	30-70 cm
P. compactum	40-60 cm
P. cuspidatum	
(= Reynoutria japonica)	200-300 cm
P. sachalinense	
(= Reynoutria sachalinensis)	300-400 cm
P. weyrichii	60-80 cm

Polygonum bistorta

Potentilla – Fingerkraut

Fingerkräuter gibt es als Sträucher, Stauden, Steingartenpflanzen und Unkräuter. Die Rabattenpflanzen sehen wie Erdbeerpflanzen aus, obwohl sie keine Früchte tragen. *P. atrosanguinea* wird 40 cm hoch und bekommt knallrote Blüten. *P. nepalensis* ist rosa, etwa gleich hoch wie *P. atrosanguinea*. Kleiner und gelbblühend ist *P. aurea*. Alle blühen im Mittsommer.

Die Potentilla anserina *(Gänsefingerkraut) wird meistens als Unkraut betrachtet. Die Pflanze wächst an kalkigen, steinigen Stellen, wo andere Pflanzen versagen.*

Primula – Schlüsselblume

Alle Schlüsselblumen verlangen Halbschatten und einen ziemlich feuchten Boden. Das ist eine Kombination, die nicht jeder Garten bieten kann. Im Sommer entziehen die Bäume dem Boden viel Feuchtigkeit. Die Primeln bekommen dann zu wenig Wasser. Eine schattige Stelle an der Nordseite des Hauses, wo keine Bäume stehen, ist darum am besten. Einige Beispiele aus dem riesigen Sortiment sind:

	Farbe	Blütezeit	Höhe
P. beesiana	purpurrot	Juni/Juli	50 cm
P. chionantha	weiß	Mai-Juli	40 cm
P. florindae	gelb	Juli-Sept.	90 cm
P. pulverulenta	violett	Mai/Juni	50 cm

Prunella – Braunelle

Diese niedrige rosafarbene Staude blüht im Juni/Juli. *P. webbiana* darf nicht mit dem Rasenunkraut verwechselt werden. Diese Kulturpflanze hat größere Blüten. Sie verlangt pralle Sonne und ziemlich trockenen Boden.

Primula *(stark vergrößert)*

Pulmonaria – Lungenkraut

Dies ist eine gute Bienenpflanze für die Blüte im Frühjahr. Außer den Sorten mit dem Namen 'Alba' blühen sie alle in einer blau-rosa gemischten Farbe. Alle haben ein getüpfeltes Blatt, außer *P. angustifolia* 'Blaues Meer' mit tiefblauen Blüten. An einem trockenen Standort tritt wie bei *Ajuga reptans* oft Befall durch Mehltau auf. Spritzen hat wenig Zweck: Der Standort ist falsch!

Pulsatilla – Küchenschelle

Früher wurde diese Pflanze in die Anemonengruppe eingeteilt. Die Blüte ist im April/Mai, später im Jahr erscheinen herrliche silbrige Fruchtstände. Die ziemlich großen Blüten sind blau.
P. vulgaris wird 25 cm hoch und eignet sich für Rabatte und Steingarten.

Raoulia

Diese silbergraue, kissenbildende Pflanze wächst flach am Boden. Sie verlangt eine geschützte Stelle in der Sonne und eignet sich vorzüglich dazu, eine große Fläche in einem schönen Steingarten zu bewachsen. Sie blüht im Juli mit sehr kleinen gelben Blüten.
Die einzige Kulturart, *R. australis*, stammt aus Neuseeland.

Rheum – Zierrhabarber

Als Solitärpflanze und an einem Wasserbecken kommt diese feuchtigkeitsliebende mannshohe Pflanze am besten zur Geltung. Die Blüten sind dunkelrot, größeren Dekorationswert haben die tief eingeschnittenen Blätter. Die Pflanze braucht Sonne oder Halbschatten.

Rodgersia – Schaublatt

Die handförmigen, zierlichen Blätter der *R. aesulifolia* sehen jenen der Roßkastanie täuschend ähnlich. Die Blüte ist im Juni/Juli. Die Pflanze wird 1 m groß. Feuchter Boden im Halbschatten ist am besten. Rodgersien kommen an der Schattenseite eines Gartenteiches herrlich zur Geltung.

Pulsatilla vulgaris, *Küchenschelle. Die Fruchtstände werden noch auswachsen und viele Monate in der Sonne weiterglänzen.*

Rheum palmatum

Sagina – Mastkraut
Diese flachwachsende, pflegeleichte Steinpflanze können Sie im Steingarten oder zwischen Natursteinplatten den Boden bedecken lassen. Sie hat kleine, sternförmige Blüten, die im Juni/Juli blühen.

Salvia – Salbei
Die feuerrote einjährige *Salvia splendens* ist am bekanntesten. *S. nemorosa* ist eine schöne Pflanze für die Rabatte. Die violettblaue 'Ostfriesland' und die rosafarbene 'Rose Queen' werden 50 cm groß und blühen von Juni bis August.

Sambucus ebulus – Zwergholunder
Wie man schon nach dem Namen vermuten kann, ist dieser Holunder nicht holzig, sondern wird zu den Stauden gerechnet. Die Pflanze kann durch Teilen oder Säen vermehrt werden. Sie eignet sich für jede Bodenart in Sonne oder Halbschatten, wuchert aber stark. Sie macht sich auch gut in landschaftlich angelegten Gärten. Die im Herbst eingehende Pflanze wird 2,50 m hoch. Äußerlich sieht sie dem gemeinen Holunder sehr ähnlich, der bei uns häufig in Gärten, Parks, aber auch in der freien Natur zu finden ist.

Saponaria – Seifenkraut
Diese Pflanze erinnert wegen der schlaffen, liegenden Stengel, was den Habitus anbelangt, an das Unkraut Sternmiere. Sie trägt rosa Blüten im Mai/Juni und verlangt Sonne. Sie eignet sich für den Steingarten, und man kann sie gut über Mauern wachsen lassen.

Sedum – Mauerpfeffer, Fetthenne
Diese Gattung umfaßt bestimmt 500 Arten und Sorten, die meisten sind aber nicht winterfest. Die niedrigste, gelbe Art, nur einige Zentimeter hoch, ist *Sedum acre*. Diese Pflanze bildet Polster. Das Polster ist ziemlich locker, wodurch Unkräuter leicht hindurchwachsen können. Beim Jäten zieht man daher oft den Mauerpfeffer mit aus. Eine andere gelbe Sorte ist *S. kamtschaticum* mit liegenden Stengeln, eine pflegeleichte, langsam wachsende Fetthenne. *S. spurium* ist ebenfalls eine niedrige Sorte mit rosa Blüten. Die meisten Sorten verlangen pralle Sonne, aber diese Sorte gedeiht auch im Halbschatten. Höhere Sorten sind *S. spectabile* und *S. telephium*. Beide ziehen Schmetterlinge an.

Saponaria officinalis *heißt Seifenkraut wegen des üblen, seifenartigen Geruchs. Die Pflanze blüht vor allem abends und zieht darum Nachtfalter an. Es gibt auch eine weiße und eine doppelte Kulturvarietät.*

Sedum acre, *der Mauerpfeffer*

Sedum kombiniert sich gut mit den Sempervivum-Sorten, die ebenfalls fettähnliches Laub haben, aber weniger blütenreich sind. Durch das dicke Blatt können die Pflanzen Dürre ertragen. Außer *S. spectabile* verlangen alle Sorten eine sonnige Stelle und durchlässigen Boden. Besonders im Winter ist ein trockener Standort wichtig.

Sidalcea – Präriemalve

Dies ist die ideale Pflanze für eine Rabatte: lange blühend, starke Stengel, die nicht angebunden werden müssen, auch nach der Blüte attraktiv, gute Schnittblume, pflegeleicht, in den Farben Hellrosa, Karminrot und Weiß, Höhe 50 bis 80 cm. Außerdem wächst sie auf jeder Bodenart. Sie gehört, wie auch die *Lavatera* und der *Hibiscus*, zur Familie der Malvenartigen. Die Pflanze läßt sich schön mit Blutweiderich, Phlox und Lavendel kombinieren.

'Brillant'   glänzend karminrot
'Rosy Gem'   karmin und lila
'Rose Beauty' dunkelrosa, frühblühend

Smilacina – Schattenblume

Diese Pflanze sieht dem Salomonssiegel täuschend ähnlich, aber die Blüten sind nicht gestreut, sondern stehen in einem Büschel am Stengelende. Es ist eine Pflanze für den tiefsten Schatten, obwohl sie auch ein wenig Sonne gerne verträgt. In Kombination mit Primeln ist sie sehr schön. *Smilacina* ist auch eine gute Schnittblume.

Solidago – Goldrute

Von dieser sehr stark wuchernden Pflanze werden die unteren Blätter oft durch Mehltau befallen – für die meisten Gärtner ist sie also nicht die erste Wahl. Die Goldrute ist eine altertümliche Bauerngartenpflanze mit gelben Büscheln, die 1 m hoch werden.

Es gibt einige niedrigere Sorten, die sich ziemlich gut für die Rabatte eignen. Sie können die Pflanze überall einsetzen, nur nicht im tiefen Schatten. Die Blütezeit ist im August/September.

Sedum reflexum, *Tripmadam*

Symphitum, *Beinwell*

Solidaster

Der Name *Solidaster* ist eine Zusammenfügung der Wörter Aster und Solidago. Wenn eine Kreuzung zwischen zwei Pflanzengattungen entsteht, so werden die Namen oft zusammengezogen. In der Natur geschieht das nie, weil die Gattungen aus verschiedenen Kontinenten stammen. Die *S. lutea* ist gelb und verlangt die gleichen Wuchsbedingungen wie Solidago und Aster. Diese Pflanze knickt leicht um und eignet sich deshalb weniger für den Garten. Doch ist sie eine gute Schnittblume.

Stachys – Ziest

Ziest eignet sich für Ränder und kann sowohl bei Rosen wie auch im Heidegarten gesetzt werden. Die karminrosa Blüten des *S. byzantina* werden 40 cm groß. Der Wollziest blüht nicht. Gestalten Sie einmal große Gruppen im Vordergrund einer grau-weißen Rabatte damit. Die dichtbehaarten Blätter fühlen sich sanft wie Eselsohren an und wollen unbedingt gestreichelt werden.

Symphitum – Beinwell

In Mitteleuropa wächst *S. officinale* in der freien Natur. Es ist eine pflegeleichte Gartenpflanze für feuchte Stellen in der Sonne oder im Halbschatten, mit weißen oder blauen Blüten. Die Pflanze wird 1 m groß. Himmelblau blüht der Bodendecker *S. azureum*. Diese Pflanze wächst schon früh im Frühjahr und verträgt tiefen Schatten. Ein anderer Bodendecker, der im Mittwinter blüht, ist *S. grandiflorum* mit cremeweißen Blüten.

Thalictrum – Raute

T. aquilegifolium hat Laub, das jenem der Akelei ähnlich sieht, und Blüten, die an das Schleierkraut erinnern. Die Rabattenpflanze, die auch als Schnittblume geeignet ist, wird 1,20 m hoch und blüht violett. Sie gedeiht an einem sonnigen Standort, verträgt aber auch tiefen Schatten. Die Blüte ist im Juni. Später, im Juli/August, blüht *T. dipterocarpum* mit kugelförmigen Blüten in großen Trauben. Von dieser Art gibt es auch eine weiße und doppelte Sorte. Die Höhe liegt zwischen 150 und 200 cm.

Thymus – Thymian

Pflanzen Sie Thymian nicht in zu feuchte Erde, wegen der Frostempfindlichkeit. Von den kriechenden Sorten ist der wollige Thymian mit grauwolligen Blättern der Favorit. *T. serpyllum* wächst ähnlich wie der kriechende Thymian. Goldfarbene Blätter hat *T. citriodorus* 'Aureus'. Diesen gibt es auch silberfarbig: *T. c.* 'Silver Queen'. Die Blütenfarbe aller Sorten ist gleich: lila-rosa.

Tiarella – Schaumblüte

Dies ist ein immergrüner, niedriger Bodendecker mit lindgrünem Laub im Frühjahr und einem schönen rötlichen Farbton im Herbst. Die cremegelben Blüten erscheinen im April. Diese schnell wachsende Pflanze bildet einen dichten Teppich. Sie verträgt Sonne, aber Halbschatten ist besser, und selbst tiefer Schatten geht noch.
Tiarella ist eine ideale Pflanze unter Sträuchern und im Waldgarten. *T. cordifolia* blüht kurz, aber kräftig; *T. wherryi* blüht viel länger, von Mai bis September, aber weniger auffallend. Hellrosa ist *T. c.* 'Rosalie'.

Tricyrtis hirta, die Krötenlilie, ist eine unscheinbare Pflanze, mit kleinen wachsartigen Blüten.

Seite 313:
Sedum cauticola mit dem kleinen Fuchs. Genauso wie Sedum spectabile *zieht diese Pflanze viele Schmetterlinge an.*

Veronica, *Ehrenpreis*

Tricyrtis – Krötenlilie
Zu der Familie der Lilien gehört *T. hirta*. Obwohl die Blütenfarbe nicht sehr lebhaft ist (bräunlich getüpfelt), ist die Pflanze wegen des glänzenden Blattes und der späten Blüte interessant. Setzen Sie diese besondere Staude mit wachsartigen Blüten an einer auffallenden Stelle ein. Sie verlangt sauren Boden, also müssen Sie Torfmull zufügen.

Trollius – Trollblume
Die Trollblume sieht dem Hahnenfuß ähnlich, hat aber kugelförmige Blüten in den Farben Gelb und Orange. Die Pflanze steht am liebsten an einem feuchten und sonnigen Standort. Es ist eine gute Schnittblume für die Rabatte und die Blumenwiese, die 50 cm groß wird. Die Pflanze blüht von April bis Juni in harten Farben. Die sanftgelbe 'Lemon Queen' ist am schönsten.

Verbascum – Königskerze
Die 2 m große *V. nigrum* ist eine zweijährige Pflanze. Schon eher zu den Stauden gehören die etwas niedrigere *V. blattaria*, gelb, *V. chaixii*, violett, und *V. phoeniceum*, violett. Alle blühen zwischen Juni und August. Geben Sie ihnen eine trockene Stelle auf armem Boden in der prallen Sonne.

Veratrum – Germer
Diese tropisch anmutende Pflanze stammt aus den Gebirgen Zentraleuropas. Man kann sie gleich an den wie Fächer gefalteten Blättern erkennen. Nach Jahren an einem festen Standort wird die Pflanze blühen. Sie wird 150 cm groß. Die Blütentraube des *V. album* wird 50 cm lang – mit einem grünlich-weißen Farbton. *Veratrum* ist eine gute Waldpflanze für den Halbschatten, paßt aber auch sehr gut in die Rabatte. Es ist eine ausgezeichnete Solitärpflanze, aber nur für geduldige Menschen. Sie bildet eine gute Kombination mit *Gentiana lutea*, bei der Sie sich auch gedulden müssen.

Veronica – Ehrenpreis
Früher wurden die unter den Sträuchern erwähnten neuseeländischen Heben auch zu dieser Gattung gerechnet. Der Ehrenpreis, der im Mai mit hellblauen Blüten im Rasen blüht, ist auch eine Veronika. Denken Sie an diese Blüten, und Sie werden alle Veroniken sofort erkennen, auch wenn diese Blüten in dichten Trauben oder Ähren wachsen. Der gemeine Ehrenpreis ist ein stark wuchernder Bodendecker mit eirunden Blättern für feuchten Boden in der prallen Sonne. Er eignet sich für Böschungen. Für den Steingarten eignet sich *V. repens*, eher kissenbildend, mit einer blauweißen Blüte im Mai/Juni, besser. *V. gentianoides* wird am meisten verkauft. Sie blüht sehr kurz im Mai, gerade in dem Augenblick, wo die meisten Leute die Gartencenter besuchen. Einen trockeneren Standort verlangt der aus Südeuropa stammende *V. spicata*, eine für die Rabatte geeignete Pflanze, 50 cm groß, die im Juli und August blüht. Einen Monat früher blüht *V. spicata*, ssp. *incana* mit dunkelblauen Blüten, gleichfalls für einen trockeneren Boden dankbar.

Vinca – Immergrün
Zusammen mit *Pachysandra* gehört das Immergrün zu den üblichsten Bodendeckern. Auch folgende Pflanzen sind immergrün: *Vinca minor* ist kleinblättrig, dunkelgrün, gedeiht im Schatten und blüht blau im Frühjahr. Es gibt verschiedene Sorten in den Farben Weiß und Purpur. Diese Sorten wachsen beträchtlich weniger üppig. Die weiße Sorte 'Gertrude Jekyll' blüht viel länger als die gemeine Art. Die silberbunte 'Argenteo-variegata' und die goldbunte 'Aureo-variegata' wachsen weniger gut in tiefem Schatten. Die großblättrige *Vinca major* wird viel weniger gepflanzt. Setzen Sie sie nur an geschützten Stellen ein. Die grünblättrige Pflanze ist am schönsten, aber schwer zu bekommen. Die gelb geäderte 'Reticulata' und die gelb umrandete 'Variegata' werden öfter angeboten. Vinca ist ein Kleinstrauch.

Viola – Veilchen als Staude

Zwei bodendeckende Veilchen sind *V. odorata* und *V. labradorica*. Sie haben kleine, aber duftende Blüten. *V. odorata* blüht im April/Mai. Die Schönheit der *V. labradorica* hängt mit den purpurbraunen Blättern zusammen, zwischen denen die violetten Blüten wunderschön zur Geltung kommen. Eine richtige Wucherpflanze ist die *V. sororia*, das Schmetterlingsveilchen. Es hat eine weißliche Blüte mit blauen Tupfen. Die *Cornuta*-Hybriden sehen dem zweijährigen Veilchen viel ähnlicher. Sie blühen im Mittsommer mit mittelgroßen Blüten. Es gibt sie in blau, violett, gelb und weiß. Im Gegensatz zu den erwähnten kleinblütigen Pflanzen verlangen sie pralle Sonne. Einige Beispiele wären:

Viola cornuta	'Boughton Blue'	blau
	'Gustav Wermig'	blau
	'Milkmaid'	cremeweiß mit Blau
	'Molly Sanderson'	schwarzviolett
	'Nelly Britton'	lila

Waldsteinia – Golderdbeere

Die *Waldsteinia* ist eine immergrüne, erdbeerähnliche Pflanze für eine schattige Stelle. Es gibt keine Früchte, wie das bei der Scheinerdbeere der Fall ist. Die Blüten sind gelb. Es gibt oft zwei

Viola odorata *duftet stark. Die Pflanze ist ein guter Bodendecker unter Bäumen.*

Die wilde Viola tricolor *(wildes Stiefmütterchen) wächst überall in der freien Natur und sät sich auch im Garten leicht aus.*

Kulturarten: die 15 cm große *W. ternata* und die etwas höhere *W. geoides*. Die Pflanzen blühen im April/Mai. Es sind gute Bodendecker, die man selbst leicht vermehren kann.

Yucca – Palmlilie

Die Palmlilie ist eine gute Solitärpflanze für einen trockenen, sonnigen Standort. Das Blatt bleibt im Winter grün. Die Blütenstände werden bis 1,50 m groß. Manchmal dauert es einige Jahre, bis die Pflanze zu blühen anfängt. In der Mitte eines runden hügelartig erhöhten Beetes für einjährige Pflanzen kommt die Palmlilie voll zur Geltung.

12 Kletterpflanzen von A bis Z

Kletterpflanzen gibt es überall – nicht nur in Gärten und an Häusern, sondern auch in der Landschaft, wo es manchmal den Anschein hat, als überwucherten sie ganze Böschungen und kleine Wäldchen. Es gibt sie in vielen Sorten, in etlichen Farben und Größen, mit unterschiedlichsten Blütenformen und Blütezeiten.

Kletterpflanzen haben eine spezifische Eigenschaft, die keine andere Pflanze in so starkem Maße besitzt: Wie kaum eine andere Bewachsung integrieren sie Haus und Garten. Eine Kletterpflanze, die vom Haus über eine Pergola in den Garten geführt wird, schafft eine natürliche Einheit zwischen Gebäude

H. helix soll Mauern angreifen.

Vor einem Bretterzaun, der visuell geschlossen sein soll, kann eine Akebia gesetzt werden.

und Garten. Der Autor führt auch gut anheftbare Stäucher auf.

Kletterpflanzen, die man an großen Bäumen klettern lassen kann
Actinidia arguta
Aristolochia macrophylla
Campsis radicans
Celastrus orbiculatus
Clematis montana
Hydrangea anomala ssp. petiolaris
Fallopia aubertii
Parthenocissus quinquefolia

Kletterpflanzen für mittelgroße Bäume
Akebia
Clematis macropetala
C. montana 'Rubens'
C. orientalis
C. tangutica
Lonicera

Selbsthaftende Kletterpflanzen
Campsis
Hedera
Hydrangea anomala ssp. petiolaris
H. integrifolia
Parthenocissus

Lonicera periclymenum

Sträucher an einer Mauer oder einem Bretterzaun, die angebunden werden müssen

Abelia	
Ceanothus	immergrün
Choenomeles	
Cotoneaster	einige immergrün
Escallonia	immergrün
Euonymus fortunei	immergrün
Jasminum nudiflorum	
Magnolia grandiflora	immergrün
Pyracantha	immergrün
Ribes laurifolium	immergrün

Kletterpflanzen für Töpfe und Kästen

Clematis, die niedrigbleibenden Sorten und Rassen
Hedera
Jasminum; *J. nudiflorum* ist weniger geeignet
Lathyrus latifolius
Lonicera
Passiflora
Solanum jasminoides

Efeu findet sich nicht nur in Gärten, sondern wächst auch massenhaft in der Landschaft. Viele alte Bäume sind damit überwuchert.

Geißblatt (Lonicera caprifolium) wächst von Natur aus an Waldrändern. Bei Kletterpflanzen denken wir immer an Mauern und Pergolen. Lassen Sie einen Kletterer auch einmal an einem alten Baum wachsen. Am natürlichen Standort kann man erkennen, daß die Pflanze den Schatten gut verträgt.

Kletterpflanzen von A bis Z

Actinidia – Strahlengriffel, Kiwi

A. arguta (kleine Kiwi) ist teilweise selbstbestäubend und wächst bis 8 m hoch; die grüngelbe Frucht ist 2,5 cm lang. Junge Pflanzen sollen im Winter geschützt werden. *A. chinensis* wird genauso groß wie *A. arguta*, blüht aber mit größeren, cremeweißen Blüten im Mai/Juni. Sie verlangt einen warmen Standort. Frostschaden tritt leicht auf; dann findet keine Bestäubung statt. Die eßbaren Kiwifrüchte werden 3 bis 5 cm groß. Die Pflanze ist nicht selbstbestäubend: Man braucht eine männliche und eine weibliche Pflanze, um Früchte zu bekommen. Die zierlichste Kiwi ist *A. kolomikta* mit dreifarbigem Blatt. Sie blüht im Juni mit kleinen, weißen Blüten.

Akebia – Akebie

Die immergrüne *A. quinata* wächst bis 8 m und verlangt Sonne oder Halbschatten. Es ist eine Pflanze, die sich an verschiedenen Stellen unterschiedlich entwickelt. Man kann nicht vorhersagen, ob die Pflanze gedeihen wird oder nicht. Manchmal wächst sie im ersten Jahr überhaupt nicht und holt den Rückstand im nächsten Jahr wieder auf. Weil es für unser Klima nur wenige geeignete immergrüne Kletterpflanzen gibt, läßt sich diese Pflanze empfehlen. Betrachten Sie sie als Blattpflanze: Die braunroten Blüten sind nicht spektakulär.

Ampelopsis – Scheinrebe, Wilder Wein

Siehe auch: *Parthenocissus*
A. brevipedunculata 'Elegans' ist eine ausgezeichnete kleine Kletterpflanze für den Patio und für kalte Gartenzimmer. Sie ist zu frostempfindlich, als daß sie draußen stehen könnte. Das weißgetüpfelte und gefleckte Laub ist attraktiv. Diese Kletterpflanze eignet sich auch für Hängekörbe.

Aristolochia – Pfeifenwinde

A. macrophylla (Syn. *A. durior*) ist eine großblättrige Blattpflanze, die eine größere Verbreitung verdienen würde. Ein langer Draht am Haus entlang, und die Pflanze schlängelt sich von selbst gut 10 m hoch. Die bräunliche Blüte hängt hinter dem Blatt. Die grüne Blattmasse gibt ein üppiges grünes Bild. Beschneiden braucht man kaum. Die seltene *A. tomemtosa* ist in allen Teilen kleiner.

Campsis – Trompetenblume

Diese selbsthaftende Kletterpflanze soll schon ein wenig gestützt werden. Nach etwa fünf Jahren erscheinen die ersten orangen Blüten. *C. radicans* ist einer der wenigen Kletterer für die Südseite des Hauses. Die Pflanze wächst bis 10 m hoch und 6 m breit. Die Sorte 'Flava' hat gelbe Blüten, wie auch 'Yellow Trumpet'. Rot sind 'Atropurpurea', 'Flamenco' und 'Florida'.

Celastrus – Baumwürger

Trotz des Namens können Sie *C. orbiculatus* getrost an größeren Bäumen hochführen. Junge Bäume können tatsächlich sterben, weil der Stamm abgeschnürt wird. Für die Fruchtbildung braucht man ein männliches und ein weibliches Exemplar. Die Frucht im Herbst verleiht dieser Pflanze einen großen Dekorationswert: Es sind gelbe Beerenhüllen, die aufbrechen. Darin befindet sich eine orangefarbene Frucht. Geschnittene Zweige halten sich getrocknet sehr gut und eignen sich für Trockenblumensträuße. Diese Kletterpflanze wächst zwischen 10 und 12 m hoch.

Clematis–Hybriden

Zu dieser Gruppe gehören Pflanzen, die zum Teil jährlich bis auf einen halben Meter über dem Boden abgeschnitten werden müssen, damit sie üppig blühen können. Nach dem Schnitt wachsen sie im Frühjahr wieder bis 3 bis 4 m aus.
Einige Sorten:

	Farbe	Blütezeit
'Gipsy Queen'	violett	Juli-Oktober
'Superba'	rotviolett	Juli/August
'Nelly Moser'	lila	Juni/Juli
'Ville de Lyon'	karminrot	Juni-September
'Lasurstern'	blauviolett	Juni/Juli
'The President'	dunkelblau	Juni/Juli
'Jackmanii'	dunkelviolett	August/September

Seite 319: Akebia quinata

Clematis Hybr. 'Jackmanii'

Wilde Clematisarten werden viel zu wenig gesetzt. Aus dieser Gruppe können Sie einige Arten ausprobieren, indem Sie sie an einem Laubbaum oder einer Konifere wachsen lassen. Einige nichtkletternde Sorten wurden bei den Stauden erwähnt. Alle Sorten blühen im Frühsommer. Der Schnitt beschränkt sich auf das Abschneiden der überhängenden Zweige.

	Farbe
Clematis alpina	hellblau
C. alpina 'Frances Rives'	lebhaftes Blau
Clematis macropetala	rosa
Clematis viticella	hellblau
C. v. 'Alba luxurians'	weiß
C. v. 'Abundance'	tief rosa
C. v. 'Etoile Violette'	tief violett
C. v. 'Minuet'	weißlich mit Rosa
C. v. 'Royal Velours'	dunkelviolett
C. v. 'Venosa Violacea'	purpur auf weißem Grund

Clematis (Hybride mit großen Blüten) 'Nelly Moser'

Clematis tangutica	gelb
Clematis orientalis	gelb, später blühend
Clematis paniculata	weiß

Clematissorten müssen gut geleitet werden, besonders im ersten Jahr. Für kleine Gärten eignen sie sich ausgezeichnet, weil sie wenig Platz auf dem Boden beanspruchen. Clematis ist in verschiedene Gruppen eingeteilt. Für jede Gruppe gilt eine eigene Schnittmethode.

Hybriden, die nicht zurückgeschnitten, sondern nur ausgedünnt werden müssen:

	Höhe	Farbe
Clematis montana 'Rubens'	bis 10 m	hellrosa
C. montana 'Freda'	bis 10 m	dunkelrosa
C. montana 'Elizabeth'	bis 10 m	rosa
C. montana 'Tetraroze'	bis 6 m	rosa
C. montana 'Alba'	bis 10 m	weiß
Clematis vitalba	bis 15 m	weiß

Cotoneaster horizontalis – Zwergmispel

Dieser Strauch kann als Bodendecker gepflanzt werden, aber auch als niedriger Kletterstrauch an Mauern. Charakteristisch sind die Zweige, die in Fischgrätenmuster wachsen. *Cotoneaster* trägt kleine weiße Blüten. Im Herbst, wenn das Laub abgeworfen ist, hängen noch rote Beeren am Strauch, die bei Vögeln sehr beliebt sind. Die Pflanze eignet sich sehr dazu, an einer Mauer unter einem Fenster eingesetzt zu werden. Schneiden Sie regelmäßig die herausragenden Zweige ab. Entfernen Sie immer ganze Zweige, weil die Zweigstümpfe, die sonst übrigbleiben, im Winter nicht schön aussehen. Das Fischgrätenmuster käme dann nicht mehr schön zur Geltung. Die Pflanze ist sehr empfindlich gegen Feuerbrand, was auch der Grund dafür ist, daß sie in einige Länder nicht eingeführt werden darf.
Siehe auch: *Pyracantha*

Euonymus – Pfaffenhütchen

Ein immergrüner Kletterstrauch ist *E. fortunei*. Die Pflanze hat dunkelgrünes, glänzendes Laub und blüht mit weißen Blüten im Frühjahr. Im Herbst erscheinen rote Beeren. Stutzen kann man ausgezeichnet mit der Heckenschere, wenn die Pflanze schön flach das Haus entlang geleitet worden ist. Ein zarteres Blatt hat *E. fortunei* 'Silver Queen'. Das Japanische Pfaffenhütchen, *E. japonica*, ist frostempfindlich. Verwenden Sie diese Pflanze nur im Patio und in geschützten Innenhöfen.

Vor einem offenen Bretterzaun können Spalierrosen mit großen Blüten in Kombination mit Clematis eingesetzt werden. Auch die biegsamen Zweige der Forsythia suspensa *können durch den Bretterzaun geleitet werden.*

Forsythia – Goldglöckchen

Bei der Forsythie denken wir gleich an den Strauch, der so früh im Frühjahr gelb blüht. *F. suspensa* sieht dem Strauch ähnlich, hat aber lange, dünne, schlaffe Zweige, die geleitet werden können. Diese Pflanze blüht etwas weniger üppig als der Gartenstrauch – mit grüngelben Blüten.

Fallopia (Syn. *Polygonum*) – Knöterich, Klettermaxe

F. aubertii ist bekannter unter dem Namen *Polygonum aubertii*. Diese Pflanze gilt als die am schnellsten wachsende Schlingpflanze. Sie kann gut mit *Clematis vitalba* verglichen werden. Das ist auch ein schneller Kletterer, der aber weniger „orientalisch" aussieht. Auch die kleinen weißen Blüten sehen ähnlich aus, und sogar die Blütezeit ist etwa gleich. Vor allem an einem feuchten Standort ist *Fallopia* frostempfindlich. Den größten Unterschied kann man im Winter feststellen: Die Clematis hat dann wunderschöne, silberfarbene Samenstände, und auch die Struktur der Pflanze kann sich sehen lassen. Der Knöterich sieht in dieser Periode knorrig und wie tot aus.

Hedera – Efeu

Hedera helix ist der kleinblättrige Efeu aus europäischen Wäldern. Er gedeiht sehr gut als Bodendecker im Schatten und als Kletterpflanze an der Ost-, West- oder Nordseite des Hauses. Er ist selbsthaftend. Dieser kleinblättrige Efeu ist am besten beständig gegen den Winter. Die Gefahr eines Frostschadens ist bei großblättrigen Pflanzen am größten, besonders an der Ostseite des Hauses. In den ersten Jahren wächst die Pflanze nicht schnell, aber das ändert sich bald. Vermehrung durch Stecklinge ist sehr leicht möglich. Wenn Sie einen Blütenzweig als Steckling gebrauchen, so wird er nicht klettern, sondern strauchförmig bleiben. Die wissenschaftliche Bezeichnung für diesen Strauch ist *Hedera helix* 'Arborescens'. Oft wird der Irische Efeu, *H. hibernica*, angepflanzt. Diese Pflanze ist großblättrig und stark, aber doch frostempfindlicher als die oben erwähnte Art. Sie zeichnet sich durch einen ausgesprochen schnellen Wuchs aus. Dunkle Stellen an der Nordseite des Hauses können Sie mit *H. colchica* beleben. Die Pflanze ist sowohl silberbunt wie auch goldbunt erhältlich. Sie haftet weniger agressiv als *H. helix* und *H. hibernica*.

Humulus – Hopfen

H. lupulus kann auch zu den Stauden gerechnet werden: Die Pflanze geht im Herbst ein und erscheint wieder im Frühjahr. Die noch weißen Hopfenschößlinge, die im Frühjahr aus dem Boden dringen, sind eßbar. Die weiblichen Pflanzen sind am schönsten. An ihnen erscheinen im August die herrlichen Hopfenblüten, die eine grüngelbe Farbe

Hedera helix

Ein geschlossener Bretterzaun verlangt selbsthaftende Kletterer, zum Beispiel Hedera helix *oder* Hydrangea anomala ssp. petiolaris.

haben. Schade, daß Sie beim Ankauf nicht sehen können, welche Pflanzen männlich und welche weiblich sind! Kaufen Sie drei Pflanzen, warten Sie ab und werfen Sie die männlichen Exemplare weg. Für die Bestäubung braucht man sie nicht. Geben Sie dem Hopfen viel Platz: Er wächst bis 5 m hoch. Vorzugsweise sollte die Pflanze an einem freistehenden Pfahl wachsen, so daß andere Pflanzen nicht überwuchert werden. Unterirdische Ausläufer, die bis einige Meter von der Pflanze entfernt auftreten können, müssen regelmäßig abgestochen werden.

Hydrangea – Kletterhortensie

Die Kletterhortensie ist eine der wenigen Kletterpflanzen, die gerne im tiefen Schatten stehen. Nicht nur die großen Blütendolden im August, sondern auch die hellen Blattknospen im Winter sind sehr attraktiv. Diese Kletterpflanzen sind selbsthaftend. Schneiden Sie die zu weit gewachsenen Blütenzweige regelmäßig zurück. Wenn Sie das unterlassen, so fällt die Pflanze irgenwann nach vorne. Sie sollte ein wenig gestützt werden. An Bäumen wächst diese Pflanze eigentlich nie. Trotzdem hält sie sich gut an einem alten Baum, weil sie den Schatten verträgt. Der Baum leidet nicht darunter. *H. anomala ssp. petioplaris* gibt es nur in einer Farbe: Creme. Die Blütendolden haben einen Durchmesser von 25 cm. Die ausgefallene *H. integrifolia* ist immergrün, will aber geschützt werden.

Jasminum – Echter Jasmin

Verwechseln Sie den Echten Jasmin nicht mit dem Pfeifenstrauch, *Phyladelphus coronarius*. Die Blüte des *J. nudiflorum* liegt zwischen November und April, je nach der Frostperiode. Pflanzen Sie ihn also an eine Stelle, an der Sie auch im Winter oft vorbeigehen. Die kleinen gelben Blüten fallen sehr auf. Vermehrung durch Stecklinge ist sehr leicht möglich. Die Pflanze braucht solide Stützen und soll regelmäßig angebunden werden. Die maximale Höhe beträgt 3 m. Diese Pflanze kann auch gut unter Fenstern angepflanzt werden, wie *Cotoneaster horizontalis*.

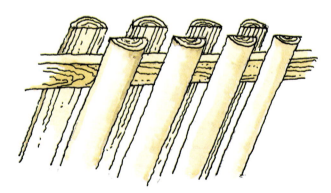

Ein niedriger Zaun eignet sich für Lathyrus latifolius *oder* Jasminum nudiflorum.

Starkes Beschneiden ist erlaubt. *J. beesianum* blüht im Mai/Juni mit rosafarbenen duftenden Blüten. Die Pflanze erreicht eine Höhe von 6 m und ist immergrün. An einer windgeschützten Stelle kann sie schon einen ziemlich starken Frost vertragen.

Lonicera

Kadsura

K. japonica ist eine seltene Kletterpflanze, sie schlängelt sich selbst hoch und ist immergrün. Sie blüht im Juni mit kleinen cremefarbenen Blüten und wächst bis 4 m hoch. Sie soll nur an geschützten Stellen eingesetzt werden, am besten nur an einer Südmauer. Wir erwähnen diese Pflanze für Liebhaber, weil es verhältnismäßig wenig immergrüne Kletterer gibt. Sie verlangt sauren Boden, mischen Sie der Erde also Torfmull bei.

Lathyrus – Platterbse

L. latifolius ist eine Staude. Die oberirdischen Teile gehen jährlich ein, der Wurzelstock treibt aber wieder aus. Sie blüht weiß oder rosa.

Lonicera – Geißblatt

Hier kann man das immergrüne und das laubabwerfende Geißblatt unterscheiden. Das gemeine Europäische *L. periclymenum* wächst von Natur aus an Waldrändern. Es braucht Halbschatten mit genügend Luftzug. In umschlossenen Gärten in der Stadt wird das Geißblatt deshalb auch schneller durch Läuse, besonders die Wollaus, befallen.

Immergrünes Geißblatt
Lonicera japonica	cremegelb
Lonicera henryi	braunrot

Laubabwerfendes Geißblatt
Lonicera periclymenum	
'Belgica'	gelb-rosa
L. p. 'Cream Cloud'	weiß
L. p. 'Serotina'	violett
Lonicera tellmaniana	orange
Lonicera heckrottii	orange-rosa
Lonicera brownii	
'Dropmore Scarlet'	orange (hängend)

Denken Sie bei Pflanzen, die oft unter fressendem Ungeziefer oder anderen Schädlingen zu leiden haben, immer an ihren natürlichen Standort.
Wenn man die natürlichen Umstände nicht nachahmen kann, probieren Sie es lieber mit einer anderen (Kletter-)Pflanze. Das ist besser als die angegriffenen Pflanzen immer wieder durch dieselbe Sorte zu ersetzen oder die Krankheit mit der chemischen Keule zu bekämpfen.

Magnolia

Die Magnolie ist eigentlich kein Kletterstrauch; *M. grandiflora* ist ein normaler Baum. Diese großblättrige immergrüne Magnolie kann bei uns an der Westseite an einer Mauer eingesetzt werden, gegen die kalten Ostwinde geschützt. Die jungen Zweige

Eine zierliche Flechtwand soll sichtbar bleiben: Kletterer mit einer offenen Struktur sind zum Beispiel die Clematissorten mit kleinen Blüten. Auch Parthenocissus *kann an so einer Wand seine eigenen Wege gehen.*

lassen sich sehr gut leiten. Obwohl es einige Jahre dauert, bis die ersten (großen) Blüten erscheinen, ist dieser Strauch es wert, gepflanzt zu werden, weil die Blüte wirklich spektakulär ist.

Passiflora – Passionsblume

Diese Pflanze eignet sich nur für Leute mit Ausdauer. Die Passionsblume erfriert in ihrer Jugend leicht, aber wenn sie einmal fünf Jahre alt ist, verträgt sie viel mehr Frost. *P. caerulea* wächst im ersten Jahr schon so schnell, daß Sie sie auch jedes Jahr neu kaufen können. Auch blüht die Pflanze schon im ersten Jahr sehr üppig. Erfrieren kann man verhindern, indem man in einen großen Bottich pflanzt, den man im Winter ins Haus stellt; im Herbst schneiden Sie die Pflanze am besten ab, im Frühjahr wächst sie bald wieder nach. Die eßbare Passionsfrucht (*P. edulis*) verträgt unser Klima nicht.

Pyracantha – Feuerdorn

Fast immer wird der Feuerdorn *P. coccinea* neben die Haustür gepflanzt, als würde sich diese Pflanze nur für diese Stelle eignen. Junge Zweige können sehr schön an Drähten entlang geleitet werden, wodurch der Feuerdorn eng am Haus wächst. Die Beerenmenge nimmt dadurch nur zu. Allgemein wird der rote Feuerdorn angepflanzt. Pflanzen Sie mal einen Feuerdorn mit gelben Beeren. Die Farbe ist weniger grell, wodurch die Vögel die Beeren länger in Ruhe lassen. Auch steht diese Farbe oft besser in Einklang mit dem restlichen Garten. Wie *Cotoneaster* ist der Feuerdorn eine „Wirtspflanze" für den Feuerbrand.

Parthenocissus – Jungfernrebe

Zwei Arten werden in Gärten gepflanzt. Für Mauern geeignet ist *P. tricuspidata*. Für Pergolen eignet sich *P. quinquefolia* besser. Diese Pflanze kann auch gut als Bodendecker verwendet werden. Die Sorte 'Virginia Creeper' weist schon darauf hin. *Parthenocissus* läßt sich nicht nur als Kletterpflanze, sondern auch als Hängepflanze verwenden. Beide selbsthaftenden Pflanzen mögen Sonne und Halbschatten. *P. quinquefolia* trägt im Herbst blaue Beeren, die blauen Trauben gleichen. Vögel sind versessen darauf. Beide Pflanzen haben kleine Blüten, die keinen Dekorationswert besitzen. Die Herbstfarben sind unübertroffen. Ihre maximale Höhe beträgt 15 m. Die Pflanze greift, im Gegensatz zum Efeu, alte Mauern nicht an. Einige Kletterpflanzen beschädigen Mauern, die mit weichem (kalkreichem) Mörtel gemauert wurden. Davor brauchen Sie bei Häusern aus den letzten Jahrzehnten keine Angst zu haben.

Eine robuste Pergola verlangt kräftige, hohe Kletterer, zum Beispiel Celastrus *oder* Wisteria.

Wenn man diese Lonicera periclymenum *'Belgica' zusammen mit* L. p. *'Serotina' pflanzt, entsteht einen Sommer lang eine schöne Blüte.*

Solanum – Nachtschatten

S. jasminoides ist weniger frostempfindlich als *S. jasminoides* 'Crispum', beide Pflanzen sollten aber ausschließlich an den geschütztesten Stellen eingesetzt werden. Die Blüte findet von Juli bis Oktober statt. *S. dulcamara* 'Variegata' ist eine bunte Variante. Diese kann mehr Frost vertragen, verlangt aber feuchten Boden.

Vitis – Traube

Für die warme Südseite des Hauses sind Weinreben attraktiv und nützlich. Sie wachsen manchmal bis 15 m lang. Stutzen Sie die holzigen Teile ausschließlich im Spätherbst und im Winter. Nach Februar ist das nicht mehr erlaubt: Die Schnittstellen fangen dann zu bluten an, was sich nicht stoppen läßt. Der Wein leidet dadurch, auch wenn er nicht ganz verblutet. Junge Pflanzen verlangen eine spezielle Behandlung. Lassen Sie die ersten Zweige wachsen, einen oder drei übereinander und schneiden Sie alle Seitentriebe ab. Zwei Knospen (Blätter) sollen an den Seitentrieben noch sitzenbleiben. Hier werden später die Trauben erscheinen. Den Hauptzweig lassen Sie so weit wachsen, wie es Platz gibt. Vorher sollten Sie schon Drähte befestigt haben, am besten horizontal. Zwischen den Drähten sollten mindestens 30 cm frei sein. Sie können auch Drähte über eine Terrasse spannen. Beim wöchentlichen Anbinden brauchen Sie dann eine Treppenleiter. Es gibt verschiedene Traubenarten und Traubensorten; *V. coignetiae* kann man nicht essen. Diese gute winterfeste Sorte hat großen Dekorationswert, vor allem durch die schöne Herbstfarbe.

Wisteria – Glyzinie, Blauregen

Es gibt zwei Arten, deren Unterschiede Sie beim Ankauf berücksichtigen müssen. *W. floribunda* schlängelt sich und folgt dabei der Sonne. Sie blüht erst nach zehn Jahren mit sehr langen Blütentrauben und eignet sich darum für Pergolen, in denen die Blüten frei im Raum hängen können. Das lange Warten auf die Blüte lohnt sich aber. *W. sinensis* schlängelt sich gegen die Sonnenrichtung und blüht nach drei Jahren. Diese Art hat kurze Blütentrauben, die schon vor dem Blättertreiben erscheinen. Sie eignet sich für Mauern und Pergolen. Von beiden Arten gibt es auch rosafarbene und weiße Sorten. Man darf sie nicht mit dem Goldregen verwechseln. Das ist ein Strauch oder kleiner Baum, der sich kaum leiten läßt.

13 Zwiebel- und Knollengewächse von A bis Z

Blühende Zwiebelgewächse werden als die Boten des Frühlings schlechthin betrachtet, in dem für die meisten Leute wieder eine schönere Zeit anbricht. Die ersten Krokusse verursachen einen Seufzer der Erleichterung: Die Temperaturen steigen und die Abende werden länger.

Blühende Zwiebeln sind farbenreich und fröhlich. Aber auch Kombinationen von nur weißen oder gelben Blumenzwiebeln sind denkbar. Und die Freude an Zwiebelblumen beschränkt sich zum Glück nicht auf das Frühjahr: Es gibt etliche Arten, die im Sommer und Herbst üppig blühen. Zwiebeln und Knollen werden in den Tabellen aus Vereinfachungsgründen als „Zwiebeln" bezeichnet.

Eine Kombination von Blumenzwiebeln und zweijährigen Pflanzen verlängert das Frühjahr: Veilchen, Goldlack und Vergißmeinnicht zwischen Tulpen und Hyazinthen.

Der berühmte Garten „De Keukenhof" in Lisse

Zwiebelgewächse, die im Sommer blühen

Zwiebeln, die im Frühjahr gepflanzt und im Herbst wieder ausgegraben werden müssen:
Anemone Hybr. 'St. Brigid'
Anemone Hybr. 'De Caen'
Begonia multiflora
B. tuberhybrida
Dahlia
Galtonia candicans
Gladiolus, großblumig
Lilium

Im Frühjahr blühende Zwiebeln für den weißen Garten

Die frühblühenden Zwiebeln sind meistens gelb oder blau; trotzdem gibt es auch für den „weißen Garten" viele Möglichkeiten. Die richtige Pflanzzeit dieser Zwiebeln ist in den Monaten Oktober/November.
Anemone blanda 'White Spendour'
Covallaria majalis
Crocus, großblumig, weiß
Frittillaria meleagris 'Alba'
Galanthus nivalis

Hyacinthoides hispanica 'Alba'
Muscari botryoides 'Alba'
Narcissus triandrus 'Thalia'
N. poeticus 'Actaea'
Ornithogalum-Sorten
Tulipa, niedrige weiße

Pflanzen Sie die Sorten in Farben zusammen, die nach Ihrer Meinung eine schöne Kombination bilden.

Blumenzwiebeln für sehr nassen Boden
Die meisten Zwiebeln faulen in zu feuchtem Boden; für folgende Sorten ist eine große Feuchtigkeit gerade erwünscht:
Camassia
Frittillaria meleagris
Leucojum aestivum

Im Herbst blühende Blumenzwiebeln
Kaufen Sie folgende Zwiebeln im August, damit Sie in den folgenden Monaten ihre Blüte genießen können:
Crocosmia
Lilium speciosum
Colchicum
Cyclamen
Crocus speciosus und andere
Sternbergia

Muscari botryoides *'Album'*

ZWIEBEL- UND KNOLLENGEWÄCHSE VON A BIS Z

Lilium tigrinum

Zwiebeln und Knollengewächse von A bis Z

Acidanthera – Abessinische Gladiole
Pflanzen Sie die Blumenzwiebeln Ende April bis Anfang Mai 10 cm tief. Wählen Sie einen warmen, sonnigen Standort. Die auffallenden weißen Blüten erreichen eine Höhe von 80 cm. Die wichtigste Art ist A. bicolor.

Acidanthera bicolor

Zwiebeln, die sich für den Rasen eignen
Zwiebelgewächse, die in kleinen Gruppen über den ganzen Rasen gestreut blühen, sind ein herrlicher Anblick. Dazu eignen sich:
Crocus
Galanthus
Eranthis
Ornithogalum umbellatum (blüht, wenn das Laub schon verschwunden ist)
Scilla sibirica

Agapanthus
Dieses Zwiebelgewächs eignet sich nur für die wärmsten Stellen im Garten oder für das kalte Gewächshaus. Besser aber pflanzen Sie es in Töpfe. Siehe: „Kübelpflanzen von A bis Z".

Allium – Lauch
Die Pflanze, die als letzte im Frühjahr blüht, ist die Zierzwiebel. Pflanzen Sie sie in die Sonne, auf kalkreichen oder pH-neutralen Boden und nicht zu

Scilla tubergeniana   Allium karataviense   Allium albopilosum

Allium sphaerocephalon

feucht. Die Zierzwiebeln brauchen Sie nicht auszugraben. Setzen Sie sie im Durchschnitt 20 cm tief.

Lat. name	Farbe	Blüte-zeit	Höhe (cm)
A. afluatunense	lila/rosa	Mai	75
A. albopilosum	lila	Mai	50
A. atro-purpureum	aubergine	Mai	70
A. caeruleum	himmelblau	Juni	50
A. cernuum	lila	Juli	30
A. christophii	silberviolett	Mai	30
A. giganteum	violett	Juli	120
A. karataviense	grün/weiß	Mai	20
A. moly	gelb	Juni/Juli	20
A. oreophyllum	violett	Juni/Juli	15
A. roseum	weiß	Juni	30
A. siculum	braun/grün	Juni	60-100
(jetzt: *Nectaroscordum siculum*)			
A. bulgaricum	creme	Juni	60-100
A. sphaero-cephalum	violett/rot	Juli	40
A. stipitatum	dunkelrosa	Juli	160
A. unifolium	sanft-rosa	Mai/Juni	40
A. ursinum	weiß	Mai/Juni	30
A. zebdanense	weiß	April	25

Die kugelförmigen Blüten kommen zwischen Stauden wunderschön zur Geltung. Weil *Allium* schon ziemlich früh im Jahr abstirbt, ist eine Kombination mit anderen Pflanzen notwendig.

Alstroemeria – Inkalilie

Alstroemeria ist eigentlich keine Blumenzwiebel, sondern hat einen sich verdickenden, fleischigen Wurzelstock. Siehe für *A. aurea* auch bei „Stauden von A bis Z". Stellen Sie die Pflanze an eine warme sonnige Stelle und decken Sie sie im Winter ab.

Alstroemeria aurea

Anemone blanda

Anemone

Anemone blanda blüht früh (März). Sie eignet sich als Unterbewachsung im Schatten. Weichen Sie die harten Knollen vor dem Pflanzen ein und setzen Sie sie tief (8 cm) ein. Meistens wird *Anemone blanda* gemischt geliefert. Versuchen Sie aber nach Farbe zu kaufen, weil es ziemlich große Abweichungen in Blütengröße und Blütenstand bei den verschiedenen

Anemone coronaria 'Hollandia'

Farben gibt. Die schönste ist *A. blanda* 'White Splendour', eine rein weiße Anemone mit großen Blüten. 'Charmer' ist rosa, und 'Blue Shades' hat verschiedene blaue Farbtöne. *A. coronaria*, eine gute Schnittblume, wurde schon ab 1650 von der Türkei aus über Europa verbreitet. Von Caen aus sind verschiedene Sorten eingeführt worden, die sogenannten De-Caen-Typen:

einzelblumig:	'The Bride'	weiß
	'Hollandia'	rot
	'Mr. Fokker'	violett/blau
	'Sylphide'	violett
doppelblumig:	'King of the Blues'	dunkelblau
	'Lord Derby'	violett/blau
	'Surprise'	rot
	'Queen of the Violets'	purpur

Anemone nemorosa ist das einheimische Buschwindröschen, das keine Knolle, sondern einen kleinen Wurzelstock hat. Es eignet sich für feuchten, humosen Boden im Schatten. Die Sorte 'Robensoniana' ist lavendelblau. Beide werden 10 bis 15 cm groß und blühen im April/Mai.

Arum dracunculus (Syn. *Dracunculus vulgaris*) – Drachenwurz

Dieser winterfeste Aronstab hat ein wunderschönes pfeilförmiges Blatt, in dem sich eine große dunkelrote Blüte mit schwarzem Schaft entfaltet. Die Pflanze eignet sich auch als Kübelpflanze oder Solitärpflanze.

Arum italicum – Italienischer Aronstab

Arum hat dicke fleischige Wurzelstöcke; die Pflanze ist teuer und wird daher immer als Einzelexemplar verkauft. Das Laub erscheint im Herbst. Die weiße Blüte ist nicht auffallend, aber nach dem Absterben des Laubes im Juli erscheinen Kolben mit orangefarbenen Beeren. *Arum* eignet sich gut für Verwilderung.

Begonia – Schiefblatt

Diese Gattung kennt jeder als Zimmerpflanze (u. a. die Blattbegonien) und als einjährige Pflanze, sowohl für drinnen wie für draußen. Knollenbegonien soll man am besten draußen pflanzen. Die Knollen können ab 1. Mai gesetzt werden. Wenn die Knollen drinnen vorgezogen wurden, so dürfen sie

Seite 331: Anemone 'De Caen'-Typus

ZWIEBEL- UND KNOLLENGEWÄCHSE VON A BIS Z

Hängebegonie

Camassia
Dieses Zwiebelgewächs steht am liebsten an einem feuchten oder nassen Standort. Am bekanntesten ist *C. cusickii*, die starke 70 cm hohe Stengel mit vielen hellblauen Blüten hat. Die Blumenzwiebeln sind groß. *C. scilloides* hat dunkelblaue Blüten und ist viel kleiner (35 cm). Die cremefarbene *C. leichtlinii* wird 80 cm groß und blüht im Juni. *C. l. 'Alba'* blüht in Weiß.

Canna – Indisches Blumenrohr
Siehe: „Kübelpflanzen von A bis Z"

Chionodoxa – Schneeglanz
Einige kleine Zwiebelgewächse sehen sich auf den ersten Blick ähnlich: *Chionodoxa*, *Pushkinia* und *Scilla*. Bei näherer Betrachtung ist keines so schön hellblau wie *Chionodoxa luciliae*. Die Pflanze blüht früh, schon im März, und eignet sich gut für Verwilderung.

Colchicum – Herbstzeitlose
Dieses Knollengewächs, das im September blüht, wird auch als Trockenblüher bezeichnet, weil es ohne Erde (zum Beispiel auf der Fensterbank) blühen kann. Die Pflanze wird nicht darunter leiden, wenn sie gleich nach der Blüte wieder in den Garten gepflanzt wird.
Es gibt verschiedene Arten in den Farben Weiß,

nicht vor dem letzten Nachtfrost ins Freie. Warten Sie mindestens bis Mitte Mai. Wir können verschiedene Gruppen unterscheiden: großblumige Hybriden, mittelgroße Hybriden, kleinblumige Hybriden und Hängebegonien. Im vorigen Jahrhundert liebte man grelle Farben. Knollenbegonien passen ausgezeichnet in ein rundes Viktorianisches Blumenbeet. Wählen Sie eine ausgewogene Farbenkombination und pflanzen Sie Rot, Rosa, Gelb, Weiß und Orange nicht durcheinander.

Brodiaea (Syn. *Triteleia*)
Dieses zarte Gewächs verlangt einen trockenen, warmen Standort. Die Blütentrauben mit blauen Blüten erscheinen im Juni. Setzen Sie sie darum nicht zwischen großen Stauden ein. Im Vordergrund der Rabatte kommt die 30 cm hohe Pflanze am besten zur Geltung.

Calla – Kalla
Die Kalla eignet sich eigentlich nur als Zimmerpflanze. Stellen Sie sie von Juni bis September draußen auf. Sie ist in den Farben Rosa, Gelb und Weiß erhältlich. Die weiße ist die natürliche Sorte und kommt am häufigsten vor.

Chinodoxa luciliae

Seite 333: Begonia *'Marmorata'*

Colchicum autumnale
'Waterlily'

Crocosmia – **Montbretia**
Dieses Knollengewächs kann im Winter im Boden bleiben, soll dann aber gut abgedeckt werden. Geben Sie ihm einen warmen Standort in der prallen Sonne.
Diese altertümliche Gartenpflanze blüht in den Monaten Juli und August mit kleinen gladiolenähnlichen Blüten, meistens in Orange.
Der wissenschaftliche Name lautet: *C. masoniorum*. Knallrot ist die Sorte 'Lucifer'. Die Höhe beträgt maximal 80 cm.

Crocosmia masoniorum

Rosa und Violett. Nur *Colchicum* 'Waterlily' ist doppelblumig (rosa/violett). Die Blüten werden 15 bis 20 cm groß; das Laub, das erst im Frühjahr erscheint und im Juni wieder eingeht, wird 60 cm hoch.
Verwechseln Sie *Colchicum* nicht mit dem Herbstkrokus (Siehe *Crocus*).

Covallaria – **Maiglöckchen**
Diese werden oft zugleich mit den Frühjahrszwiebeln als „Nasen" in Büscheln von 25 Stück verkauft. Siehe: „Stauden von A bis Z"

Corydalis – **Lerchensporn**
Zu den Mohngewächsen gehört die Gattung *Corydalis*. Einige Stauden und Einjährige finden wir auch bei dieser Gattung.
Für Schatten unter Bäumen eignen sich *Corydalis solida* (Lerchensporn) und *C. cava* (Hohler Lerchensporn). Sie sehen sich sehr ähnlich. Ersterer ist hellrosa und kleiner, letzterer trägt außer dunkleren auch weiße Blüten.

Crocosmia x crocosmiiflora

ZWIEBEL- UND KNOLLENGEWÄCHSE VON A BIS Z   335

Crocus – Krokus

Hier kann man Krokusse unterscheiden, die im Herbst beziehungsweise im Frühjahr blühen. Besonders die Herbstblüher stehen am liebsten an einer Stelle, die im Sommer warm und trocken ist. Der bekannteste im Herbst blühende Krokus ist der Safrankrokus, *Crocus sativus*. Dieser blüht in Lila mit dunklen Streifen. Er wird wegen seiner Staubblätter (Safran) gezüchtet. Ein sich gut aussäender Krokus ist *C. speciosus*. Pflanzen Sie die Knollen zwischen die im Frühjahr blühenden – die Stelle wird zweimal blühen! *C. speciosus* blüht im Oktober/November in einer silbrig lavendelblauen Farbe. Die bekanntesten Krokusse blühen im Frühjahr und sind großblumig. Jeder kennt die violetten, gelben und weißen Krokusse, manchmal mit gestreiften Blüten. Versuchen Sie einmal fließende Übergänge in der Farbe zu schaffen, zum Beispiel von Dunkel nah am Baum zu Hell weiter vom Stamm entfernt: Streuen Sie nach Farbe und mischen Sie auf der Farbgrenze einige Knollen. So entsteht ein gleichmäßiger Farbübergang. Es gibt noch eine große Anzahl von kleinblumigen im Frühjahr blühenden Krokussorten, von denen *Crocus chrysanthus* wohl der bekannteste ist. Die Blütezeit ist vierzehn Tage früher als die der großblumigen Sorten. Empfehlenswert sind:

Crocus *'Pickwick'*

'Blue Peter'	purpurblau mit gelber Kehle
'Buttercup'	goldgelb, Innenseite braun
'E. P. Bowles'	zitronengelb
'Spring Pear'	
'Zwanenburg Bronze'	bronzefarben, Innenseite gelb

So wunderschön können Krokusse sein. Die Menge und die Farbenzusammensetzung führen zu diesem eindrucksvollen Gesamtbild.

Crocus chrysanthus   Crocus *Spring Pearl*

Der Krokus, der sich am schnellsten im Garten verbreitet, ist *C. tommassinianus*, eine schlanke, sanft lavendelfarbige Blume. Zwei Sorten, die sich noch schneller fortpflanzen, sind 'Barr's Purple' (dunkel) und 'Ruby Giant'.

Cyclamen – Alpenveilchen (efeublättriges)

Dieses Knollengewächs würde man eher als Zimmerpflanze erwarten. Trotzdem sind verschie-

Cyclamen

dene Sorten ausreichend frostbeständig, so daß sie im Garten eingesetzt werden können. Die beste Sorte ist *C. hederifolium* (Syn. *neapolitanum*). Auf Lehmboden lassen sich frische Samen leicht am gewählten Standort säen. Nach einigen Jahren wachsen manchmal bis zu fünfzig Blüten aus einer Knolle. Die Blüte ist im August. Wie der Name schon besagt, hat diese Pflanze Blätter, die jenen des Efeus ähnlich sehen.

Vergewissern Sie sich beim Ankauf von Knollen (und auch bei Schneeglöckchen), daß das Pflanzgut in Gärtnereien gezüchtet wurde und nicht aus der freien Natur aus südlichen Ländern wie Griechenland und der Türkei stammt. Sie wollen Ihren Garten ja nicht auf Kosten der Natur schmücken!

Dekorative Dahlia *'Garden Wonder'*

Dahlia – Dahlie

Wie bei der Tulpe, Narzisse und Gladiole gibt es bei den Dahlien unendliche Variationen. Die Blütenfarbe ist meistens auf der Verpackung vermerkt; das gilt auch für die Höhe und die Gruppe. Die Höhe kann variieren zwischen 30 und 150 cm.

Dahlien sind in verschiedene Gruppen eingeteilt, und in jeder Gruppe gibt es wieder viele Farbvariationen. Lassen Sie sich nicht zu einer Partie von gemischten Dahlien überreden, sondern wählen Sie selbst schöne Farbkombinationen.

Pflanzen Sie Dahlien zur selben Zeit wie Kartoffeln, ab Mitte April. Im Oktober bis November können

Seite 337: Dahlia *'Duet'*

Anemonenblumige Dahlia 'Honey'

sie abgeschnitten und ausgegraben werden. Bewahren Sie sie an einem kühlen, aber unbedingt frostfreien Platz im Haus in einer Kiste mit trockenem Sand oder Torfmull auf. Bewässern Sie nicht!

Anemonenblumige Dahlien
Diese niedrigen, üppig blühenden Dahlien eignen sich besonders für Ränder und Blumenkästen.

Mignondahlie
Diese Dahlie ist einzelblumig und besonders für Pflanzflächen und Blumenkästen geeignet.

Halskrausendahlie
Siehe Mignondahlie

Kaktus- und Halbkaktusdahlie
Diese Gruppe eignet sich für die Schnittblumenecke. Die Blütenblätter sind gekräuselt und spitz.

Pompondahlie
Die Pompondahlie hat gedrungene Blätter und eignet sich als Schnittblume. Sie ist groß, sieht aber zart aus.

Wasserliliendahlie
Dies sind kleinblumige Sorten der dekorativen Art, mit einer maximalen Höhe von 1 m.

Dekorative Dahlie
Dies sind die besten und pflegeleichtesten großen Schnittblumen (maximal 1,20 m hoch).

Gelbe Kaktusdahlie

Weiße Kaktusdahlie

Dicentra spectabilis – Tränendes Herz
D. spectabilis wird oft verpackt geliefert, zugleich mit den Blumenzwiebeln.
Siehe: „Stauden von A bis Z".

Eranthis – Winterling
Diese Pflanze gehört zu den am frühesten blühenden. Eine feuchte Stelle im Halbschatten ist ausge-

zeichnet. Sie sollten die harten Zwiebeln vor dem Setzen einweichen und 15 cm tief einsetzen. Die Pflanze wächst auf jeder Bodenart, bevorzugt aber Lehm.

Eremurus – Steppenkerze, Lilienschweif

Pflanzen Sie *Eremurus* nicht zu tief: die „Nase" etwa 5 cm unter der Oberfläche. Wegen der Frostempfindlichkeit in den Anfangsjahren können Sie die Steppenkerze nur in trockeneren Boden an eine sonnige Stelle pflanzen. Die ersten Jahre müssen Sie sie im Winter mit altem Laub abdecken.

Die Blüten dieser „Kerze" wachsen bis 1,40 m hoch – in verschiedenen sanften Farben. Das Laub ist nicht attraktiv. Setzen Sie sie darum zwischen mittelhohen Stauden ein. Zum Beispiel zwischen *Geranium* oder Gipskraut – da sieht man das Laub nicht.

Erythronium – Hundszahn

Das getüpfelte Blatt des Hundzahns erinnert an das Blatt von wilden Orchideen. *Erythronium dens-canis* wird meistens gemischt geliefert in Farbvariationen zwischen Rosa und Lila.

Die Pflanze wächst am besten in humosem Boden im Halbschatten. Das Laub erscheint im März, die Blüten im April. Eine etwas größere Art ist *E. tuolumnense*, deren Sorte 'Pagoda' am meisten zu sehen ist. Die Blüten sind gelb.

Dicentra spectabilis

Frittillaria – Kaiserkrone

Eine stattliche, altertümliche Pflanze für Blumen-

Erythronium tuolumnense *'Pagoda' (Hundszahn) blüht im April. Auch das gefleckte Blatt ist attraktiv.*

beete ist *Frittillaria imperialis*, deren Sorten 'Rubra' (rot), 'Lutea' (gelb) und 'Aurora' (orangerot) am meisten gezüchtet werden. Pflanzen Sie die Kaiser-

Frittillaria meleagris

krone an einer warmen Stelle, mindestens 25 cm tief. Die Zwiebeln sollen angeblich Maulwürfe verjagen. Allein das hellgrüne Blatt ist vor der Blüte schon wunderschön, aber die in 1 m Höhe stehenden Blüten sind tatsächlich „kaiserlich". Gleich hoch, aber mehr etwas für die Spezialisten ist *F. persica* mit kleinen auberginefarbenen Glocken. Diese Pflanze mit graugrünem Blatt wird 80 cm groß und blüht auch im April. Weniger bekannt ist *F. assyriaca*.

Frittillaria assyriaca

Frittillaria imperialis *'Aurora'*

Frittillaria meleagris – Schachbrettblume
Anders als die vorige *Frittillaria* wächst diese Pflanze an feuchten bis nassen Standorten bis zu einer Höhe von 20 cm. Sie blüht bräunlich und weiß getüpfelt.

Galanthus – Schneeglöckchen
Schneeglöckchen sollen ziemlich tief an einer nicht zu sonnigen Stelle eingesetzt werden. Es gibt eine große Anzahl von Schneeglöckchenarten, die sich alle stark ähneln.
Am meisten kommen *Galanthus nivalis*, das „normale" Schneeglöckchen, und 'Flore Pleno', das doppelte Schneeglöckchen, vor.
G. n. 'Atkinsii' hat größere Blüten mit einem grünen Fleck. Die alte Sorte 'Lutescens' ist an der Spitze der inneren Blütendeckblätter gelblich.
Galanthus elwesii ist das großblumige Schneeglöckchen. Es blüht vierzehn Tage früher als das gemeine Schneeglöckchen.
Galanthus ikariae hat Blütenstengel von 20 bis 30 cm Höhe.

Galanthus nivalis

Galtonia – Riesenhyazinthe
Weiße Glockenblüten hängen an einem Stengel von 1 m Höhe. *Galtonia candicans* ist nicht winterfest. Pflanzen Sie sie vorzugsweise in große Blumentöpfe, die im Winter in einem kühlen dunklen Raum stehen können. Die Pflanze blüht im August. Im April kann sie in den Garten gepflanzt, im Oktober wieder ausgegraben werden.

Geranium tuberosum – Storchschnabel
Der Storchschnabel verlangt eine sonnige, warme Stelle. Das Blatt erinnert an einfache Gartengeranien, die wir als Stauden kennen. Von April bis Juni blüht die Pflanze rosa.

Geranium tuberosum

Gladanthera

Dies ist eine Kreuzung zwischen der Gladiole und *Acidanthera*. Die Blüten ähneln der Gladiole, der Duft der *Acidanthera*. Es ist eine botanische Rarität, die 1955 in Neuseeland entstand.

Gladiolus – **Gladiole**

Gladiolen haben zu große Blüten für einen verfeinerten Garten. Außerdem sind die Farben ziemlich grell. Die Pflanzen eignen sich eher für den Schnittblumengarten. Kaufen Sie vorzugsweise Einzelfarben, weil die grellen Töne nicht sehr gut harmonieren. Pflanzen Sie die Knollen im April/Mai in gut bearbeiteten und gedüngten Boden in einer Tiefe von 10 cm, mit Zwischenräumen von 15 cm. Die Blütezeit ist August. Die Blütenstengel werden maximal 1,50 m hoch; sie sollen darum gegen den Wind geschützt und gestützt werden. Ende September gräbt man die Knollen wieder aus. Bewahren Sie sie an einem trockenen Platz auf, um Pilzbefall zu verhindern.

Gladiolus nanus

Die Knollen können auch strenge Winter vertragen.

Galtonia candidans

Großblumige Gladiole 'President de Gaulle'

Zimmertemperatur. Der Blütenertrag nimmt jährlich ab, wenn Sie die Zwiebeln im Boden lassen. Graben Sie sie im Juli aus und lagern Sie sie warm. Schon um 1700 waren die Zwiebeln beliebt. Man bezahlte hohe Summen für einzelne Zwiebeln. Erst im vorigen Jahrhundert kamen Hyazinthen im Garten auf. Es gab etwa 2000 verschiedene Sorten, die aber zum größten Teil wieder verlorengegangen sind. Heute sind beliebt:

Name	Farbe	Blütezeit
'Prins Hendrik'	hellgelb	früh
'Maria Christina'	aprikosenfarben	
'Mulberry Rose'	rosa	
'Carnegie'	weiß	früh
'Delfts Blauw'	hellblau	früh
'Jan Bos'	rot	
'Lady Derby'	rosa	spät
'Ostara'	blau-violett	früh
'Pink Pearl'	rosa	
'L'Innocence'	weiß	
'Lord Balfour'	violett	spät
'Fürst Bismarck'	hellblau	sehr früh

Die Blüten sind kleiner als jene der gezüchteten Gladiolen und haben herrliche, zart violette, rosa und weiße Töne. Sie eignen sich darum auch für den Ziergarten, die Rabatte oder den Steingarten. Diese Gladiole ähnelt der wilden Art, die überall in Süd- und Osteuropa auf den Almen wächst: *G. communis*, eine 60 cm hohe Sorte mit violetten Blüten. Cremefarben mit violetten Flecken ist der aus Südafrika stammende *G. coneus*.

Gloriosa – Ruhmeskrone

Die Pflanze eignet sich nur für ein Gewächshaus. Sie wird bis 3 m hoch. Im Herbst soll sie abgeschnitten werden und kann dann an einem warmen Platz überwintern. Es ist ein pflegeleichtes Gewächs, vorausgesetzt daß die Temperatur immer hoch genug ist.

Hyacinthus – Hyazinthe

Die Hyazinthe ist ein für Beet- und Randbepflanzung geeignetes Zwiebelgewächs. Setzen Sie etwa 50 Zwiebeln pro Quadratmeter in 10 cm Tiefe ein. Lagern Sie vor dem Pflanzen die Zwiebeln bei

Auf den Feldern bei Lisse stehen die Hyazinthen in Vollblüte. Die Zwiebeln eignen sich am besten für Blumenkästen und zum Vorziehen im Haus.

Hyacinthoides (Syn. *Scilla*)

H. hispanica (*Scilla campanulata*) ist eine Zwiebel, die in großen Zahlen zwischen Bodendeckern wie Efeu

Seite 343: Gloriosa rothschildiana

Hyacinthoides hispanica

Incarvillea delavayi

und gelber Taubnessel angepflanzt werden kann. Sie blüht im Juni mit großen hellblauen, rosa oder weißen Blütentrauben 30 bis 40 cm hoch. Etwas kleiner und mit leicht gebogenem Stengel ist *H. nonscripta, das Hasenglöckchen*. Es sind pflegeleichte Zwiebeln, die auf jedem feuchten Boden gedeihen.

Ipheion (Syn. Triteleia)

Dies ist wieder ein kleines Zwiebelgewächs mit blauen Blüten – mit einer zarten, leicht silberblauen Farbe. *I. uniflorum* (an jedem Stiel eine Blüte), blüht nie sehr üppig, aber dafür lange: von März bis Juni. Sie wünscht einen sonnigen Platz. Die Pflanze eignet sich für Ränder.

Iris – Schwertlilie

Die Iris kann man unterteilen in im Frühjahr blühende (darunter sehr frühe) Pflanzen und Sommerblüher, die bekannten großen Schnittblumen.
Siehe: „Stauden von A bis Z"

Im Frühjahr blühende Iris

Im Februar blüht *Iris reticulata* mit blauen oder violetten Blüten. Sie wird nur 20 cm hoch, hat aber die Kraft, durch den Schnee hindurchzuwachsen. Setzen Sie sie nah am Fenster ein, so daß Sie sie vom Wohnzimmer aus genießen können.
Die Sorte 'Harmony' hat eine schöne klar-blaue Farbe.
I. danfordiae blüht mit gelben Blüten. Pflanzen Sie sie in Gruppen von mindestens zehn Stück zusammen, damit sie genügend auffallen. Diese niedrigen Iris eignen sich für den Steingarten, aber auch in Töpfen sind sie schön.

Sommerblühende Iris

Die sogenannten holländischen Iris werden oft als Blumenzwiebeln angeboten, sie sind eine Kreuzung verschiedener Irissorten. Es sind ausgezeichnete Schnittblumen, die man für die Schnittblumenecke empfehlen kann.
Für den Ziergarten eignen sich diese Blüten mit langen Stielen, die gestützt werden müssen, überhaupt nicht. Sie sind frostempfindlich und müssen Ende August ausgegraben werden. Trocken aufbewahren (bei 20 °C)!

Ismene – (Syn. Hymenocallis)

Siehe: „Kübelpflanzen von A bis Z"

Iris reticulata 'Harmony'

Ixia – Klebschwertel
Ixia hat schön gezeichnete Blüten, die im Juni/Juli blühen. Wenn sie gut abgedeckt werden, können sie im Herbst gepflanzt werden (10 cm tief).

Ixiolirion
Das ist ein unbekanntes und unterbewertetes Zwiebelgewächs. Am schlanken Stiel befinden sich enzianblaue, lilienartige Blüten. Die Pflanze blüht im Juni und verlangt eine sonnige, trockene Stelle. Die bekannteste Art ist *I. tataricum* (Syn. *I. palassii*), die 30 cm groß wird.

Leucojum – Märzenbecher, Knotenblume
Leucojum vernum wird oft mit dem Schneeglöckchen verwechselt. Der Märzenbecher hat ein breiteres Blatt mit größeren Blüten und blüht später. Geben Sie der Pflanze einen feuchten Standort. Später, im Mai, blüht *Leucojum aestivum* mit hängenden weißen Glockenblüten an etwas längeren Stielen. Wunderschön stehen sie am Grabenrand oder in einem feuchteren Naturgarten, worin die Blüten das lange Gras leicht überragen.
Die Sorte 'Graveteye Giant' hat noch größere Blüten als die gemeine Art.

Liatris – Prachtscharte
Meistens wird dieses Gewächs als Staude geliefert. Es ist eine gute Schnittblume für eine sonnige Stelle. Die üblichste Art ist *L. spicata*, die je nach Bodenart maximal 80 cm groß wird.

Lilium – Lilie
Lilien sind in der Regel nicht ganz winterfest.

Leucojum aestivum

Leucojum vernum

Daraus können Sie schließen, daß sie im Garten tief in gut durchlässigen Boden gepflanzt werden müssen. Im Winter sollen sie außerdem abgedeckt werden.

Lilium candidum, die Madonnenlilie, ist eine Ausnahme. Ihre Pflanzzeit ist nach der Blüte im August/September – nicht zu tief.

Liatris spicata

Das Laub, das vor dem Winter schon über dem Boden erscheint, soll gegen Frost geschützt werden. Wählen Sie große Zwiebeln und seien Sie nicht enttäuscht, wenn im ersten Jahr keine Blüte stattfindet. Graben Sie die Zwiebeln nicht aus: sie wollen nicht gestört werden.

L. martagon, der Türkenbund, ist eine der besten Lilienarten unter den Stauden. Er verträgt Umpflanzen nur schlecht. Betrachten Sie die anderen Lilien als Sommerzwiebeln, die im Frühjahr gepflanzt und im Herbst wieder ausgegraben werden müssen. Bewahren Sie die Zwiebeln im Winter an einem kühlen, aber frostfreien Platz auf. Bekannt sind auch *L. tigrinum*, die Tigerlilie, und *L. speciosum*, das mehrere Sorten umfaßt.

Montbretia
Siehe: *Crocosmia*, Seite 334

Muscari – Traubenhyazinthe
Das sind die pflegeleichtesten und billigsten Zwiebeln. Ein großer Nachteil ist, daß sie viel Laub produzieren. Pflanzen Sie sie darum vorzugsweise

Manche botanischen Liliensorten können maximal 2 m hoch werden.

Muscari armeniacum

zwischen Stauden, von denen sie im Mai schon überwachsen werden, so daß dieses Laub nicht mehr zu sehen ist.

Traubenhyazinthen blühen meistens blau. *M. armeniacum* 'Blue Spike' hat doppelte Blüten. *M. botryoides* hat kürzeres Laub. Die Blüten stehen in gefüllteren Trauben. *M. b.* 'Alba' ist weiß, 'Carneum' ist fleischfarben. *Muscari comosum* wächst bis 30 cm hoch im Mai/Juni.

Das Bild mit *M. latifolium* zeigt, wie das Laub nach der Blüte unter anderen Pflanzen verschwindet, die später als die Traubenhyazinthe zu wachsen anfangen.

Narcissus– Narzisse

Schon bei den alten Griechen und Römern war die Narzisse beliebt. Bei uns ist sie das am meisten angepflanzte Zwiebelgewächs. Was die Blütenform anbelangt, redet man über Trompeten- und doppelte Narzissen und über solche mit einer großen oder kleinen Krone. Von allen bekannten großen Narzissen sind viele Sorten in verschiedenen Farbkombinationen von Gelb, Weiß und Orange erhältlich.

In der „Classified List and International Register of

Muscari latifolium

Narcissus *'Ice Follies'*

Narcissus triandrus *'Thalia'*

Daffodil Names" gibt es mehr als 10 000 Sorten. Hier folgen einige Gruppen mit einigen Sorten als Beispiel:

Trompetennarzissen	'Golden Harvest'
Narzissen mit großer Krone	'Carlton'
	'Fortune'
	'Ice Follies'
Narzissen mit kleiner Krone	'Barrett Browning'
	'Birma'
Doppelte Narzissen	'Von Sion'
	'Texas'
Zyklamenblumige Narzissen	'February Gold'
	'Jack Snipe'
Jonquillen (Narzissen mit dem stärksten Duft, mäßig winterfest).	Narcissus jonquilla 'Sundia'
Traubennarzissen (nicht winterfest, für das Zimmer)	'Paperwhite'
Triandusnarzissen	'Thalia'
Dichternarzissen	'Actaea'

Dann gibt es noch einige botanische Arten. *N. bulbocodium* (auch *Corbularia*), die Reifrocknarzisse, ähnelt einer Narzisse am wenigsten. Zusammen mit *N. minor* blüht sie schon im März.

Nerine
Siehe: „Kübelpflanzen von A bis Z"

Ornithogalum – Milchstern
Die größte und schönste Pflanze ist *O. nutans*, mit taufrischen, grün-weißen Blüten, kerzenförmig am 30 cm langen Stengel. Die Pflanze kann in der Sonne und im Halbschatten stehen. *O. umbellatum*, Stern von Bethlehem, wächst gut im Schatten, trägt aber in der Sonne mehr Blüten. Diese Pflanze ist viel niedriger und hat sternförmige, schneeweiße Blüten. Beide eignen sich für Verwilderung. *O. thyrsoides* sieht man oft als Schnittblume; sie eignet sich weniger für den Garten. Die größten Blüten hat *O. arabicum*.

Oxalis – Sauerklee
Die in Rosa blühende *Oxalis adenophylla* kann an einer warmen sonnigen Stelle stehenbleiben. An weniger günstigen Standorten empfiehlt es sich, die

Seite 349: Narzisse 'Birma'

Ornithogalum thyrsoides

Stellen und fühlen sich auch im Steingarten und in Blumenkästen sehr wohl. Kurz: man muß sie haben. Die Blütezeit ist März/April. Pflanzen Sie sie in größeren Mengen. Die Zwiebeln sind sehr preiswert. *Puschkinia scilloides* var. *libanotica* 'Alba', auch 10 cm hoch, hat schmalere Blütenstengel.

Scilla (siehe auch *Hyacinthoides*)

Bei der *Scilla* wurde der Name schon so oft geändert, daß auch Fachleute abgehängt werden. Die

Scilla siberica

Knollen jedes Jahr von neuem auszugraben. Die Knollen kann man gleich an der „Behaarung" erkennen, wodurch Ober- und Unterseite nicht zu unterscheiden sind. Die üblichsten Arten sind: *O. adenophylla*, *O. deppei* und *O. triangularis* mit rotem Blatt.

Puschkinia

Diese sanftblauen, frühblühenden Zwiebelblumen eignen sich sehr für Verwilderung an trockeneren

Oxalis deppei

größeren *Scilla*-Sorten gehören heute zur Gattung *Hyacinthoides* („der Hyazinthe ähnlich"); die kleineren niedrigen Sorten heißen nach wie vor *Scilla*. Die bekannteste Verwilderungszwiebel ist die *Scilla sibirica*, die sich für den Rasen eignet. Setzen Sie sie in einem trockeneren Rasen etwas tiefer (8 cm). Mäßig feuchte, schattige Stellen sind allerdings besser. *S. mischtschenkoana* blüht am frühesten, hellblau bis weiß. Bei frostfreiem Wetter blüht diese Pflanze schon im Februar.

Frostempfindlich und teuer ist *S. peruviana*, die trotz ihres Namens aus Südeuropa und Nordafrika stammt. Ihre Blütezeit ist Juni. Setzen Sie die Zwie-

Oxalis adenophylla

beln an einer warmen geschützten Stelle und decken Sie sie im Winter gut ab.

Tulipa – Tulpe

Die ideale Pflanzzeit ist im Oktober oder November. Um Weihnachten herum können Sie bei offenem Boden auch noch pflanzen – etwa 10 cm voneinander entfernt. Haben Sie nicht die Absicht, die Tulpen im Sommer auszugraben und aufzubewahren, setzen Sie sie tiefer. Sie können sie auch mit Torfstreu oder den Zweigen des Weihnachtsbaumes abdecken.

Die großblumigen Tulpenhybriden kann man in einige Hauptgruppen mit unendlich vielen Sorten unterteilen. Jährlich ändert sich die Sortenliste. Neue kommen hinzu, alte verschwinden.

Sehen Sie sich vor dem Kauf die neuesten Gartenkataloge an. Sie können genau sehen, aus welchen Sorten Sie wählen können.

Die Hauptgruppen sind:

Einfache frühe Tulpen
Doppelte frühe Tulpen
Mendel-Tulpen
Triumph-Tulpen
Lilienblütige-Tulpen
Darwin-Hybrid-Tulpen
Einfache späte Tulpen
Gefüllte späte Tulpen
Mehrblumige Tulpen
Niedrige Gartentulpen
Papagei-Tulpen
Rembrandt-Tulpen

Regel ist, daß große Tulpen spät blühen, wenn die

Scilla siberica

▲ *Darwin-Hybride 'Apeldoorns Elite'*   ▼ *Lilienblütige-Tulpe 'Aladdin'*   ▲ Tulipa kaufmaniana *'Stresa'*   ▼ Tulipa urumiensis

Stauden schon einigermaßen gewachsen sind. Für die Staudenrabatte eignen sich also frühblühende und für gesonderte Blumenbeete die spätblühenden.

Wildtulpenarten:

Name	Farbe	Höhe (cm)	Blütezeit
T. acuminata	rot-gelb	50	April
T. humilis	tiefrosa	5	April
T. biflora	weiß-grün	15-25	April
T. sylvestris	rot	10	Mai
T. clusiana	weiß-rot	30	April/Mai
T. orphanidea	rot	15	April
T. linifolia	scharlach-rot	15	April/Mai
T. marjoletti	sanftgelb/rosa	50	Mai
T. polychroma	weiß mit gelbem Herz	8-10	April
T. praestans	rot	25	April
T. s. ssp. sylvestris	gelb	25	April
T. tarda	gelb mit weiß	10	April
T. turkestanica	weiß, gelbes Herz	25	März/April
T. urumiensis	gelb	10-15	April

Zephyranthus

Vallota
Siehe: „Kübelpflanzen von A bis Z"

Zephyranthes
Siehe: „Kübelpflanzen von A bis Z"

Vallota speciosa

14 Wasserpflanzen von A bis Z

Wer ein Wasserbecken oder einen Bach im Garten plant, muß bedenken, daß wasserreiche Gärten nicht gerade pflegeleicht sind. Der Hobbygärtner sollte viel Geduld und Spaß an der Arbeit haben. Dann wird er für seine Anstrengungen belohnt. Gibt es etwas Schöneres als im Sommer auf einer Terrasse in der nächsten Nähe eines Wasserbeckens oder Baches zu sitzen und alle die Tiere und Pflanzen zu beobachten?

Wer in aller Ruhe mit Freude auf sein Wasserbecken blickt, soll das mit einem kritischen Blick tun! Denn Wasserpflanzen – vor allem in kleinen Becken – dürfen nicht so wuchern, daß sie das Wasser und damit auch die Insekten und anderen Tiere, die sich ohne Zweifel einstellen, der Sicht entziehen.

Japanische Schwertlilie 'Walk in Beauty'

Berücksichtigen Sie auch in einem kleinen Garten die Spiegelung des Hauses im Wasser!

Pflanzen fürs tiefe Wasser

Aponogeton distachios	Wasserähre
Ceratophyllum demersum	Hornblatt
Elodea canadensis	Wasserpest
Nuphar lutea	Gelbe Teichrose
Nymphoides peltata	Seekanne
Potamogeton	Laichkraut
Ranunculus aquaticus	Wasserhahnenfuß

WASSERPFLANZEN VON A BIS Z

Eine Teichrose in der Knospe

Schwimmpflanzen, frei schwimmend

Diese Schwimmpflanzen wurzeln nicht in den Boden und ändern in einem offenen Becken oder einem Graben regelmäßig ihre Position.

Eichhornia crassipes	Wasserhyazinthe
Hydrocharis morsus-ranae	Froschbiß
Lemna	Wasserlinse
Pistia stratiotes	Wassersalat
Salvinia natans	Schwimmfarn
Stratiotes aloides	Wasseraloe
Trapa natans	Wassernuß

Sumpfpflanzen

Alisma plantago aquatica	Froschlöffel
Butomus umbellatus	Blumenbinse
Calla palustris	Sumpfkalla
Caltha palustris	Sumpfdotterblume
Eriophorum angustifolium	Wollgras
Euphorbia palustris	Sumpfwolfsmilch
Hippuris vulgaris	Tannenwedel
Iris ensata	Jap. Sumpfiris
Lysichiton americanum	Scheinkalla
Menyanthes trifoliata	Fieberklee
Mimulus luteus	Gauklerblume
Myosotis palustris	Sumpfvergiß-meinnicht
Veronica beccabunga	Bachbunge

Uferpflanzen

Mit den meisten der unten genannten Uferpflanzen kann man den Beckenrand aus Beton oder die Folie tarnen. Achten Sie aber darauf, daß manche Pflan-

Fieberklee, Bitterklee (Menyanthes trifoliata)

WASSERPFLANZEN VON A BIS Z

Seerosen gibt es in allen Farben. Wichtiger als die Farbe ist die Größe der Pflanze: wählen Sie eine Seerose, die der Größe des Wasserbeckens entspricht, so daß nicht die ganze Wasseroberfläche mit Blättern bedeckt ist.

Pflanzen für feuchten Boden

Diese Pflanzen müssen nicht unbedingt an einem Wasserbecken stehen. Andere feuchte bis sehr feuchte Stellen sind ebenfalls geeignet. Auch Schatten bzw. Sonne ist wichtig für ein gutes Wachstum:

Astilboides	Halbschatten
Brunnera macrophylla	Schatten
Cotula squalida	Sonne
Filipendula ulmaria	Sonne
Gunnera	Sonne
Hemerocallis	Sonne, Halbschatten
Hosta-Sorten	Halbschatten
Ligularia	Sonne
Lysimachia nummularia	Sonne
Lythrum salicaria	Sonne
Polygonum bistorta	Sonne
Primula	Halbschatten, Schatten
Thalictrum	Sonne, Halbschatten
Trollius	Sonne

zen scharfe Wurzeln oder andere Teile haben, die die Folie beschädigen können. Solche können Sie nur bei Betonbecken verwenden.

Acorus calamus	Kalmus
Butomus umbellatus	Blumenbinse
Iris pseudacorus	Sumpfschwertlilie
Mentha aquatica	Wasserminze
Phragmites australis	Schilf
Polygonum amphibium	Wasserknöterich
Pontederia cordata	Hechtkraut
Ranunculus lingua	Zungenhahnenfuß
Sagittaria sagittifolia	Pfeilkraut
Sparganium erectum	Igelkolben
Typha angustifolia	Kl. Rohrkolben
Typha latifolia	Gr. Rohrkolben

Froschlaich kann eines der attraktiven Elemente eines Wasserbeckens sein. Schon Anfang des Frühjahres legen die Frösche ihre Eier.

Sparganium

Lysimachia nummularia

Wasserpflanzen von A bis Z

Acorus – Kalmus

A. calamus ist eine einheimische Pflanze, die bis 1 m hoch wird und eine Wassertiefe von 10 bis 40 cm braucht. *A. c.* 'Variegata' hat ein gelbgestreiftes Blatt.

Alisma – Froschlöffel

A. plantago-aquatica sieht größer und saftiger aus als der gemeine Wegerich, den wir als Unkraut kennen. Die Blütentriebe werden maximal 1,50 m hoch – wie eine Pyramide mit horizontal wachsenden Seitenzweigen.
Die Pflanze eignet sich für große und kleine Wasserbecken mit einer Wassertiefe bis 40 cm.

Aponogeton – Wasserähre

A. distachios, die Wasserähre, kann unsere Winter überstehen, wenn das Becken so tief ist, daß der Wurzelstock nicht erfrieren kann. Die Pflanze hat drei Blüteperioden mit weißen Blüten. Auch die schwimmenden Blätter sind schön.

Butomus – Blumenbinse

B. umbellatus ist eine geschützte einheimische Pflanze für eine Wassertiefe bis 50 cm. Die rosafarbenen Blütendolden sind im Juli am schönsten. Geben Sie *B. umbellatus* eine sonnige Stelle (Bild Seite 365).

Calla – Sumpfkalla

Diese einheimische Pflanze wächst am liebsten im Halbschatten. Sie verlangt eine Wassertiefe bis 15 cm und trägt im Mai/Juni Blüten.

Aponogeton distachios

Sumpfdotterblume

Caltha – Sumpfdotterblume
Die auffallendste Uferpflanze mit gelben Blüten am Anfang des Frühjahres ist *C. palustris*. Passen Sie auf: Oft verkaufen Gärtnereien die Sumpfdotterblume mit dunkelgelben doppelten Blüten, *C. palustris 'Plena'*. Im Vergleich zur gemeinen Sorte ist das für die meisten Wasserbecken keine Verbesserung. Schön ist *C. p. 'Alba'* mit weißen Blüten.

Blutauge

Carex gracilis – Sumpfsegge
Diese zarte, grasähnliche Pflanze hat Blüten wie kleine Zigarren. Die Pflanze ist etwa 80 cm groß, in einer Wassertiefe bis 30 cm. *C. pseudocyperus* mit überhängenden Blütenständen bleibt niedriger.

Ceratophyllum – Hornblatt
Diese wuchernde Unterwasserpflanze hat sehr zarte Blätter, weist aber keine auffallenden Blüten auf, im Gegensatz zum Wasserhahnenfuß. Beide Pflanzen können leicht verwechselt werden.

Comarum (jetzt: *Potentilla palustris*) – Blutauge
Anders als man aufgrund des Namens vermuten würde, ist das keine auffällige Pflanze. Sie eignet sich für seichte Stellen. Zwischen den erdbeerähnlichen Blättern befinden sich die rotbraunen Blüten.

Eichhornia – Wasserhyazinthe
In tropischen Gegenden wächst diese Pflanze so üppig, daß die Binnenschiffahrt gestört werden kann. Bei uns ist es im Sommer meistens nicht warm genug, damit die Pflanze draußen blüht. Vorzugsweise soll sie in einer Wanne mit Wasser schwimmen oder in einem Becken im Gewächshaus. Sehr attraktiv sind die besonders schönen blauvioletten Blüten.

Elodea – Wasserpest
Der größte Sauerstoffspender im Wasser ist *E. canadensis*, eine Unterwasserpflanze. Diese Wasserpflanze hat der Mensch über die ganze Erde verbreitet. Sie wuchert stark und muß regelmäßig beschnitten werden.

Eriophorum – Wollgras
Im Frühjahr fallen sowohl *E. angustifolium* wie auch *E. latifolium* durch ihre flauschigen Kügelchen in Moorsümpfen auf. Sie verlangen nahrungsarme Umgebung und eignen sich dadurch nicht für die meisten Wasserbecken. Sie passen aber ausgezeichnet in Gärten mit einheimischen Pflanzen.

Euphorbia – Wolfsmilch
Sumpfwolfsmilch, *E. palustris*, blüht in Gelbgrün, wie alle anderen Wolfsmilcharten. Die Pflanze wird maximal 1 m hoch und eignet sich für eine sonnige Stelle mit einer Wassertiefe bis 20 cm.

Seite 359:
Potentilla palustris, das Blutauge (stark vergrößert)

mende Blätter. *H. morsus-ranae* hat weiße Blüten im Juli/August. Es ist eine frei schwimmende Pflanze.

Iris – Schwertlilie

Iris pseudacorus ist eine einheimische Pflanze. Geben Sie dieser gelben Schwertlilie eine Wassertiefe von nicht mehr als 40 cm. *Iris ensata*, die Japanische Sumpfschwertlilie, die blaue, weiße oder rosa Blüten trägt, ist mehr eine Sumpfpflanze und leicht frostempfindlich. Sie blüht im Juni/Juli. *Iris sibirica* blüht mit kleineren Blüten auf langen schmalen Stengeln in Weiß, Hellblau und Dunkelblau. *Iris sibirica* verlangt einen trockenen bis feuchten Standort.

Mädesüß *Hottonia* Hippurus vulgaris *(unten)*

Filipendula – Mädesüß
Das Mädesüß ist eine für das sehr feuchte Ufer geeignete Pflanze, bis zum Wasserspiegel. *F. ulmaria* hat cremeweiße Blüten und verlangt Sonne bis Halbschatten.

Glyceria – Schwaden
Glyceria ist ein wild wachsendes Gras, das maximal 70 cm hoch wird und meistens als buntblättrige *G. maxima 'Variegata'* eingesetzt wird. Verträgliche Wassertiefe bis 20 cm.

Hippuris – Tannenwedel
H. vulgaris verlangt eine Wassertiefe bis 30 cm, möglichst im Halbschatten. Es ist eine Wucherpflanze, deren gegliederte Stengel sehr attraktiv sind; die Blüte ist nicht so imposant.

Hottonia – Wasserfeder
Diese immergrüne einheimische Pflanze trägt rosafarbene Blüten und verlangt eine Wassertiefe zwischen 15 und 80 cm. Sie verträgt Schatten.

Hydrocharis – Froschbiß
Der Froschbiß hat attraktive kleine, runde, schwim-

Iris pseudacorus kann ausgezeichnet am Ufer im Wasser stehen.

Lysichiton – Scheinkalla
L. americanum hat elliptische Blätter und wird maximal 1 m hoch. Die Pflanze blüht mit etwas versteckten gelben Blüten im April/Mai. Setzen Sie sie am Ufer auf gleicher Höhe mit dem Wasserspiegel ein. Obwohl frostempfindlich, ist diese (teure) Pflanze es wert, in einem größeren Garten oder als sehr auffallendes Element in einem kleineren Garten ausprobiert zu werden. Weniger stark wachsend ist *L. camtschatcensis*, mit weißen Blüten.

Lotos
Siehe: *Nelumbo*, Seite 362

Mentha – Wasserminze
Mentha aquatica blüht wie die anderen Minzesorten aus dem Kräutergarten, wächst aber im Wasser bis 40 cm Tiefe. Die Pflanze hat kein aufregendes Aussehen, duftet aber angenehm, wenn sie berührt wird.

Menyanthes – Fieberklee
Diese Blattpflanze hat auffallende große Kleeblätter, ein wenig lederartig mit einer blaugrünen Farbe. Die weißrosa Blüten erscheinen im Mai/Juni. Die Wassertiefe beträgt maximal 30 cm, aber die Pflanze gedeiht am besten in 20 oder 25 cm tiefem Wasser.

Mimulus – Gauklerblume
Die Gauklerblume wächst von Natur aus in seichtem Wasser in fließenden Bächen, kann aber auch etwas trockener stehen. *M. guttatus* ist gelb mit braunen Tupfen. Gartenhybriden sind oft orange oder rotbraun.

Die Japanische Schwertlilie 'Time and Tide' ist ein Gewinn für jeden Garten.

Lysichiton camtschatcensis

Myosotis – Sumpfvergißmeinnicht
M. palustris blüht im Mai/Juni in Blau. Die Wassertiefe beträgt maximal 15 cm.

Nelumbo – Lotosblume
Der Name des Lotos hat den Klang des Geheimnisvollen – vielleicht, weil er schon von den Ägyptern gezogen wurde? Bedingt durch unser Klima kann Lotos hier höchstens in frostfreien Wasserbecken gezogen werden. Gartenfreunde ziehen ihn in Fässern, die im Sommer an die wärmste Stelle im Garten gestellt werden. Beim Absterben darf die Pflanze mehr oder weniger trockengesetzt werden, um drinnen an einem nicht zu kühlen Platz zu überwintern. Nicht zu früh ins Freie stellen! Die Blütenfarbe ist Rosa oder Weiß.

Nuphar – Mummel, Teichrose
Was die Blätter betrifft, erinnert diese Pflanze an die Seerose. Die gelben Blüten haben keine großen Kronblätter und bleiben gleichsam in der Knospe. Die Blüte ist im Mai. Die Pflanze eignet sich nur für die größten Wasserbecken, weil die Blätter sehr viel Platz auf der Wasseroberfläche beanspruchen. Bild Seite 355.

Nymphaea – Seerose
Wer an eine Wasserpflanze denkt, denkt zunächst an die Seerose. Bei der Wahl dieser Pflanze ist es wichtig, daß sie der Beckengröße entspricht: Seerosen gibt es nicht nur in allen Farben, sondern auch in allen Größen. Von vierzig Sorten ist nur eine beschränkte Anzahl winterfest: *N. alba*, die weiße Seerose, ist in Europa einheimisch. Die Wassertiefe soll zwischen 50 und 200 cm sein. *N. tetragona* ist immer noch handelsüblich unter dem Namen *N. pygmaea*. Die Wassertiefe liegt zwischen 5 und 15 cm. Diese Pflanze ist ideal für Schalen und Kästen.

Hybriden
Die Zahlen zeigen die durchschnittliche Wassertiefe an. Aus der Tiefe läßt sich ungefähr die Pflanzengröße schließen.

N. 'Atropurpurea' – dunkelkarmin, 40 cm
N. 'Attraction' – dunkelrot, 60 cm
N. 'Aurora' – rosa-orange, 30 cm
N. 'Cardinal' – innen dunkelrot, sonst heller, 70 cm
N. 'Charlea de Meurville' – innen weinrot, nach außen hin heller, 80 cm
N. 'Chrysantha' aprikosenfarben, 30 cm
N. 'Colonel A.J. Welch' – kanariengelb, spät, 80 cm
N. 'Colossea' – fleischfarbig bis weiß, 70 cm
N. 'Comanche' – gelblich, später dunkler, 50 cm
N. 'Conqueror' – dunkelrot, 60 cm

Die langen Stiele im Hintergrund gehören zum Fieberklee Menyanthus trifoliatus

N. 'Ellisiana' – feuerrot, später dunkler, 30 cm
N. 'Formosa' – rosa, in der Mitte karmin, 60 cm
N. 'Gladstonia' – klar-weiß, nur für die größten Wasserbecken, 150 cm
N. 'Gloriosa' – außen gestreift, innen rot, 70 cm

N. 'Helvola' – schwefelgelb
N. 'Hermine' – rein-weiß, tulpenförmig, 70 cm
N. 'James Bridon' – kirschrot, blüht gut, 60 cm
N. 'Laydekeri Lilacea' – lila-rosa, rote Tupfen, 30 cm
N. 'Mme Wilfron Gonnère' – rosa, gefüllt, 50 cm
N. 'Marliacea Carnea' – klar-rosa, 70 cm
N. 'Marliacea Rosea' – dunkelrosa, 90 cm
N. 'Maurice Laydeker' – rotorange, 30 cm
N. 'Moorei' – marmoriertes grünes Laub, 60 cm
N. 'Newton' – rosa, Blüten hoch, 60 cm
N. 'Richardsonii' – weiß, sehr üppig blühend, 80 cm
N. 'Rose Arey' – rosa, 60 cm

Nymphaea alba

Nymphoides – Seekanne
Die Seekanne hat kleine, schwimmende, seerosenartige Blätter. Es ist eine pflegeleichte, aber nicht auffallende Pflanze, die eine Wassertiefe zwischen 10 und 100 cm verlangt. Die gelben Blüten erscheinen zwischen Juni und August. Wählen Sie für kleine Wasserbecken lieber eine kleine Seerose als diese einheimische Pflanze.

Phragmites – Schilf
Das gemeine Schilf, *P. australis*, haben wir nicht gerne im Wasserbecken. Die Spitzen der unterirdischen Ausläufer können Kunststoffolie durchstoßen.

Pistia – Wassersalat
P. stratiotes verlangt eine warme, sonnige Stelle. Stellen Sie im Winter einige Pflanzen ins Haus. Sie werden im Frühjahr bald wieder wachsen. Die Pflanze schwimmt auf dem Wasser.

Seekanne ist ein schöner Name für diese Wucherpflanze, deren Blätter stark an die Seerose erinnern. Nach einigen Jahren kann das Wasserbecken total damit zugewachsen sein. Sie müssen die Pflanze also beschneiden.

WASSERPFLANZEN VON A BIS Z

Setzen Sie in Wasserbecken aus Kunststoffolie kein Schilf im Wasser ein und keinen Bambus genau neben dem Becken. Die spitzen Wurzelenden dieser Pflanzen können durch die Folie hindurchwachsen.

Polygonum amphibium – Wasserknöterich
Die Pflanze kann sowohl naß wie auch trocken stehen. Bemerkenswert ist es, daß die Pflanze in tieferem Wasser andere Blätter treibt als im Trocknen, was auch eine Eigenschaft des Wasserhahnenfußes ist. Es ist eine Wucherpflanze, die von Juli bis Oktober blüht.

Pontederia – Hechtkraut
Pontederia cordata mit ihren wunderschönen blauen Hyazinthen-ähnlichen Blüten darf in keinem Wasserbecken fehlen. Wenn sie nicht in der prallen Sonne eingesetzt wird und eine Wassertiefe von 20 bis 40 cm hat, kann sie von Juni bis Oktober durchblühen. In kalten Wintern muß mit Laub abgedeckt werden.

Potamogeton – Laichkraut
Verschiedene Arten sind in Europa heimisch. Schön sind vor allem die schwimmenden Blätter. Die Pflanze eignet sich für fließendes Wasser. Folgende Arten sind in Kultur; die Zahlen zeigen die Wassertiefe an:

P. crispus	60 cm
P. lucens	200 cm
P. natans	bis 100 cm
P. pectinatus	bis 150 cm

Ranunculus – Wasserhahnenfuß
R. aquaticus sieht *Ceratophyllum* sehr ähnlich, was die im Wasser befindlichen zarten Blätter anbelangt. Wenn der Wasserspiegel abgesenkt wird, so bildet die Pflanze hellgrüne runde Blätter. Die weißen Blüten auf dünnen Stengeln ragen gerade aus dem Wasser.
R. lingua, der Zungenhahnenfuß, wächst in seichtem Wasser bei einer Tiefe von 30 bis 40 cm. Die Blütenfarbe ist Gelb.

Pontederia cordata, Hechtkraut

Pfeilkraut

Sagittaria – Pfeilkraut
Diese einheimische Pflanze blüht mit weißen bis rosa Blüten. Die spießförmigen Blätter ragen herrlich aus dem Wasser empor, was der Grund für ihre

große Beliebtheit ist. Die Wassertiefe ist nicht so wichtig. Blüten erscheinen zwischen Juni und August.

Salvinia natans – Schwimmfarn
S. natans ähnelt der Wasserlinse, hat aber größere Blätter. Diese Pflanzen sollte man der Wasserlinse vorziehen, weil sich ein Zuviel leichter aus dem Wasser entfernen läßt.

Sparganium – Igelkolben
Die Schönheit dieser Pflanze bilden die stacheligen Früchte. Sie wuchert sehr stark. Die Pflanze sieht aus wie Schilf. Die erforderliche Wassertiefe beträgt 10 bis 50 cm (Bild Seite 356).

Stratiotes – Wasseraloe
Im Herbst sacken die Pflanzen auf den Boden, und im Frühjahr tauchen sie automatisch wieder auf. Sie verlangen klares, stillstehendes Wasser und ein tiefes Wasserbecken.

Trapa – Wassernuß
Diese Schwimmpflanze treibt ihre Wurzeln in den Boden und eignet sich für kleine Wasserbecken mit einer Tiefe von 15 bis 50 cm. Eine schöne Herbstfarbe hat *T. natans*. Sie verlangt eine sonnige Stelle.

Butomus umbellatus *ist eine geschützte Pflanze. Besorgen Sie sie nie aus der freien Natur. Kaufen Sie Wasserpflanzen immer im späten Frühjahr, ab Mitte Mai, denn dann ist der Vorrat am größten.*

Typha – Rohrkolben
Das sind die bekannten schilfartigen Pflanzen, die statt Büscheln große braune „Zigarren" tragen. Der Rohrkolben kommt viel in freier Natur vor. In den letzten Jahren hatte es den Anschein, daß die Pflanze vielerorts verschwunden wäre, aber zum Glück erscheint sie seit kurzem wieder hie und da in Gräben.
Man kann den Kleinen Rohrkolben, *T. angustifolia*, und den Großen, *T. latifolia*, unterscheiden. Setzen Sie in kleinen Wasserbecken immer den kleinen Rohrkolben ein, der nicht so groß wird, weniger zum Wuchern neigt und dadurch weniger gepflegt werden muß.

Veronica – Bachbunge
Veronica beccabunga ist Vergißmeinnicht-blau und hat fleischige Blätter. Diese Pflanze eignet sich für feuchte oder schattige Stellen, kann aber auch im Wasser stehen.

15 Ein- und zweijährige Pflanzen von A bis Z

Wie alle Pflanzen haben ein- und zweijährige Arten spezifische Eigenschaften: Mit Einjährigen können Sie leicht und wirksam leere Stellen im Garten auffüllen. In einem neu angelegten Garten sind sie eine ausgezeichnete vorübergehende Lösung, und im bestehenden Garten können sie die Blüteperiode verlängern und Lücken in der Rabatte füllen.

Einjährige entwickeln sich schnell: Sie können säen, auspflanzen, und schon nach kurzer Zeit blühen die Pflanzen. Nach der Samenreife, spätestens beim ersten Nachtfrost im Herbst sterben die Einjährigen wieder ab.

Für die Zweijährigen müssen Sie etwas mehr Geduld aufbringen. Die Saatzeit ist im Mittsommer. Im ersten Jahr treiben sie das Laub, meistens in der Form einer Rosette. Im zweiten Jahr fangen die Pflanzen schon früh zu wachsen an und blühen ab Mai. Nach der Blüte und der folgenden Samenbildung sterben sie ab. Viele ausdauernde Pflanzen werden oft nur einjährig kultiviert (Kulturannuelle), sie werden in diesem Kapitel mit aufgeführt.

Blumenwiese mit einjährigen Pflanzen.

Eine viktorianische Komposition mit Einjahrespflanzen in Wisley Gardens, London. Steinplatten können nicht nur für Pfade oder Terrassen verlegt werden, sondern können auch als Trennung zwischen Kräutern im Kräutergarten dienen oder – wie hier – die Form eines Beetes akzentuieren.

Einjährige Pflanzen an Mauern und Zäunen

Wenn Sie eine weniger schöne Mauer oder einen öden Bretterzaun bewachsen lassen wollen, so muß Ihre Wahl sich nicht auf die „richtigen" Kletterpflanzen beschränken. Auch manche Ein- und Zweijährige können hier von Nutzen sein:

Tropaeolum	Kapuzinerkresse
Cobaea	Glockenwinde
Convolvulus tricolor	Winde
Eccremocarpus scaber	Schönranke
Pharbitis purpurea	Prunkwinde
Lathyrus odoratus	Edelwicke
Thunbergia alata	Schwarzäugige Susanne

Einjahrespflanzen eignen sich auch als Randbewuchs.

Kinderwettbewerb

Mit manchen Einjährigen können Sie einen Wettbewerb für die Kinder veranstalten. Welches Kind zieht die größte oder längste Pflanze? Das erfordert vielleicht eine ziemlich langfristige Planung, aber es ist auch eine hübsche Idee für eine Kindergeburtstagsparty: Es kostet nicht viel Geld, und die ganze Nachbarschaft kann die schönen Blüten genießen. Geben Sie allen Kindern eine Samenpackung von:

Helianthus annuus	Sonnenblume: es geht um die größte Blüte
Cucurbita pepo	Kürbis: die größte oder längste Frucht
Humulus scandens	einjähriger Hopfen: die größte Pflanze
Kochia scoparia	Sommerzypresse: die am größten auswachsende Pflanze

Einjährig kultivierte Pflanzen, die Sie durch Stecklinge vermehren können

Argyranthemum frutescens (Syn. *Chrysanthemum fr.*)
Coleus
Felicia
Gazania
Heliotropium
Pelargonium

Gärtnern ohne Garten. Dieser „hängende" Garten befindet sich in Bath (England).

EIN- UND ZWEIJÄHRIGE PFLANZEN VON A BIS Z

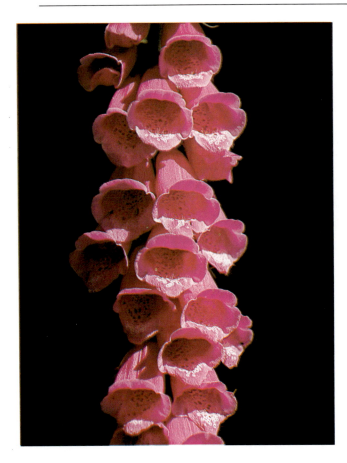

Digitalis, *der Fingerhut*

Einjährige für die Vase

Oft sind einem die Blumen, wenn sie gerade am schönsten blühen, zum Schneiden zu schade. Darum ist es vernünftig, wenn Sie schon bei der Anlage berücksichtigen, daß Sie Blumen aus eigenem Garten in die Vase stellen wollen. Wenn Sie die geeigneten einjährigen Schnittblumen so streuen, daß diese zwischen anderen Pflanzen stehen, die Sie nicht pflücken wollen, dann fällt es kaum auf, daß Sie bestimmte Blumen entfernen. Besonders in einem Sommer, der zu naß oder kalt ist, um draußen sitzen zu können, können Sie die Einjährigen zumindest im Haus genießen. Einjährige, die man gut pflücken kann, sind:

Arctotis	Bährenohr
Calendula	Ringelblume
Callistephus	Sommeraster
Centaurea	Kornblume
Chrysanthemum	einjährige Margeriten
Clarkia	Klarkie
Cosmos	Schmuckkörbchen
Delphinium	Rittersporn
Godetia	Seidenblume, Sommerazalee
Gypsophila	Schleierkraut
Helianthus	Sonnenblume
Lathyrus	Wicke
Scabiosa	Krätzkraut
Tagetes erecta	Samtblume

„Spontane" Ein- und Zweijährige

Unter „spontanen" Ein- und Zweijährigen verstehen wir Pflanzen, die im nächsten Jahr durch Selbstaussaat spontan wieder erscheinen. Mit folgenden Pflanzen ist die Erfolgsquote am höchsten:

Adonis aestivalis	Blutströpfchen
Bellis perennis	Maßliebchen
Borago officinalis	Boretsch
Calendula officinalis	Ringelblume
Centaurea cyanus	Kornblume
Digitalis purpurea	Fingerhut
Impatiens glandulifera	Großes Springkraut
Lobularia maritima	Duftsteinrich
Papaver	Mohn
Salvia viridis	Salbei
Verbascum	Königskerze
Viola	Stiefmütterchen

Cleome spinosa, *Spinnenpflanze*

Verbena, *Eisenkraut*

Einjährige für Blumenkasten und Balkon

Diese einjährig kultivierten Arten kann man als Pflanzen kaufen, die ab Mitte Mai bis zum November blühen.
In Kombination können Pflanzen mit dekorativem Blatt dazwischen gesetzt werden.

Ageratum	Leberbalsam
Begonia semperflorens	Gottesaugen
Calceolaria	Pantoffelblume
Cuphaea	Köcherblümchen
Fuchsia	Fuchsie
Heliotropium	Heliotrop
Impatiens	Fleißiges Lieschen
Lobelia	Lobelie
Lobularia	Duftsteinrich
Pelargonium	Pelargonie, Geranie
Petunia	Petunie
Salvia	Salvie (Salbei)
Tagetes	Samtblume
Verbena	Eisenkraut

Ein- und Zweijährige als Trockenblumen

Denken Sie beim Einsäen von Einjährigen auch an Trockenblumen. Ernten Sie die Blumen an einem warmen, trockenen Tag und hängen Sie sie umgekehrt an eine trockene dunkle Stelle.

Ammobium alatum	Papierknöpfchen
Gomphrena	Kugelamarant
Helichrysum	Strohblume
Helipterum	Sonnenflügel
Limonium	Widerstoß
Moluccella	Muschelblume

Helichrysum, *die Strohblume*

Selber säen

Bestimmte Eigenschaften der Pflanzen sind für denjenigen, der selber säen will, von grundlegender Bedeutung.
In der folgenden Übersicht bekommen Sie Antwort auf drei Fragen:
– Wieviel Samen enthält ein Gramm Saatgut?
– Wie lange dauert es, bis die Samen keimen?
– Wie lange läßt sich der Samen (trocken und kühl) aufbewahren?

Sorte	Anzahl Samen pro Gr.	Keimzeit in Tagen	Keimkraft in Jahren
Ageratum	7000	5	4
Antirrhinum	6000	20	3
Calendula	150	10	2
Callistephus	450	10	4
Cannabis	56	10-15	2-3
Centaurea	250	8-20	2-3
Chrysanthemum	ca. 500	5	2-3
Clarkia	3000	8-15	2
Cleome	4000	8-15	2
Cosmos	200	5	2-3
Dimorphoteca	860	15	2-3
Eschscholtzia	500	5	1
Gazania	230	8-10	2
Godetia	1500	15	2-3
Gypsophila elegans	2500	15-20	1-2
Helianthus annuus	25	14	3-4
Impatiens balsamina	100	15-20	2-3
Kochia	1000	15-20	2-3
Lathyrus	12-20	15-20	2-3
Limonium	400	15-20	1-2
Linum	280	7-15	3-4
Lobularia maritima	3000	5	3
Mesembryanthemum	4000	8-15	2-3
Nicotiana	6300	5-7	3
Nigella	400	8	2-3
Papaver rhoeas	9400	8-15	3-4
Petunia	9000	20	2-3
Phacaelia	500	20	2-3
Phlox drummomdii	500	20	2-3
Portulaca	10000	20	2-3
Ricinus	2-4	15	2
Salvia splendens	350	15	1
Sanvitalia	1600	12-20	2
Tagetes erecta	250	8-15	3-4
Tagetes tenuifolia	1200	8-15	3-4
Tithonia	100	8-14	3
Tropaeolum	9	15-20	3-4
Zinnia elegans	120	5-10	3-5

Ein- und zweijährige Pflanzen von A bis Z

Ageratum houstonianum – Leberbalsam
Diese niedrige Beetpflanze ist ein Halbstrauch und geeignet für Ränder. Sie blüht meistens in Blau, aber auch Rosa und Weiß gibt es. Die „Schnittwunder" wächst höher.

Adonis – Teufelsauge, Blutströpfchen
Das Teufelsauge *A. aestivalis* trägt rote Blüten zwischen zartem Laub und paßt gut zwischen Stauden in einer Rabatte.
Die Pflanze kann gleich an Ort und Stelle gesät werden.

Agrostemma – Kornrade
Diese Pflanze wächst in Kornfeldern. Sie eignet sich sehr für die einjährige Blumenwiese. Säen Sie gleich an der richtigen Stelle.

Alonsoa
Kleine rote Blüten mit klar-grünem Laub hat der Halbstrauch *A. meridionalis*. Man sät ihn im Frühbeet, er soll regelmäßig geköpft werden und wird am Ende 50 cm hoch.

Antirrhinum majus

EIN- UND ZWEIJÄHRIGE PFLANZEN VON A BIS Z

Begonia semperflorens *als Rand. Canna, Fuchsie und andere Pflanzen vervollständigen diese bunte Mischung.*

Amaranthus – Fuchsschwanz
Den einjährigen Fuchsschwanz gibt es in zwei Arten: *A. caudatus* mit roten, überhängenden Blütenwedeln und *A. paniculatus* mit sehr grellen Farben.

Ammobium alatum – Papierknöpfchen
Die Pflanze hat kleine weiße Blüten und eignet sich sehr als Trockenblume. Säen Sie sie in der Schnittblumenecke; als Beetpflanze eignet sie sich weniger. Sie wird 60 cm hoch.

Antirrhinum – Löwenmäulchen
Löwenmäulchen gibt es in verschiedenen Farben und Höhen. Säen Sie die Pflanze im Frühbeet oder für spätere Blüte gleich am Bestimmungsort.

Arctotis – Bärenohr
Arctotis trägt margeritenähnliche Blüten in allen bunten Farben. Die Höhe der Pflanze beträgt ausgewachsen etwa 60 cm. Säen Sie im Frühbeet. Danach können Sie sie in der Rabatte auspflanzen.

Begonia – Gottesauge
Am besten kaufen Sie Pflanzen, denn Säen gelingt nur bei hoher Temperatur (mehr als 20 °C). Die Pflanzen, die man im Mai kaufen kann, wurden im Februar gesät und stehen dann schon in voller Blüte. Sie haben die Wahl zwischen rotblättrigen Pflanzen mit rosafarbenen, roten oder weißen Blüten und grünblättrigen mit Blüten in denselben Farben.

Bellis – Gänseblümchen
Das Gänseblümchen ist zweijährig. Die Pflanzen kann man Anfang des Frühjahrs kaufen. Meistens sieht man die großblumige gefüllte Variante; die kleinblumigen „Pomponetten" sehen sehr lustig aus.

Borago – Boretsch
Diese Pflanze wird auch schon bei den Küchenkräutern genannt. Sie steht hübsch zwischen Blumen in der Rabatte und wird sich jährlich spontan wieder aussäen. Entfernen Sie nur die überflüssigen Pflanzen.

Brassica – Zierkohl
Zierkohle eignen sich für Blumenkästen oder Gartenbeete. Eventuell können sie einem kahlen Gemüsegarten im Winter damit ein anderes Ansehen verleihen. *B. oleracea* 'Plumosa' gibt es in

EIN- UND ZWEIJÄHRIGE PFLANZEN VON A BIS Z

Browallia

verschiedenen Farben. Die Pflanze ist frostbeständig.

Browallia – Himmelsauge
Die *Browallia* ist eine gedrungene Pflanze mit Glockenblüten. Bis vor kurzem wurde sie nur als Zimmerpflanze betrachtet, aber auch als Beetpflanze hat sie sich bewährt. Sie eignet sich für Ränder und Blumenkästen. Im warmen Gewächshaus kann man sie ab Februar säen.

Calceolaria – Pantoffelblume
Die goldgelben Blüten des Halbstrauches *C. integrifolia* sind kleiner als jene, die fürs Zimmer gedacht sind (C.-Hybriden). Er muß im Frühbeet gesät oder durch Stecklinge vermehrt werden; besser kaufen Sie ihn als Pflanze.
Die Pantoffelblume eignet sich für Blumenkästen (Kulturannuelle).

Calendula – Ringelblume
Diese altertümliche Gartenpflanze blüht in den Farben Gelb und Orange mit einzelnen oder gefüllten Blüten.
Säen Sie sie gleich am Bestimmungsort. Die Chance ist groß, daß die Pflanzen im nächsten Jahr wieder spontan an derselben Stelle erscheinen. Die Ringelblume ist ein guter Ameisenvertreiber.

Callistephus – Sommeraster
Diese altertümliche Beetpflanze bietet hohe Sorten als Schnittblumen und niedrige für Ränder und Beete. Sie sind mit gefüllten und einfachen Blüten in allen Farben erhältlich. Säen Sie die Sommeraster im März/April im kalten Beet oder Anfang Mai im Freien.

Campanula – Marienglockenblume
Zweijährig ist *C. medium* mit sehr großen Glockenblüten an 1 m hohen Stengeln. Die Blüten erscheinen in den Farben Rosa, Blau und Weiß. Säen Sie Anfang Juni für eine Blüte im nächsten Jahr. Im Winter leicht abdecken.

Celosia – Hahnenkamm
Der Hahnenkamm tritt mit reflektierenden, grellen Farben an einigermaßen unnatürlich aussehenden Pflanzen in Erscheinung. *C. argentea* 'Cristata' hat eine runde Form, *C. a.* 'Plumosa' ist federbuschförmig. Die Farben lassen sich nur schlecht mit anderen Pflanzen kombinieren.

Centaurea – Kornblume
Die einjährige Kornblume, *C. cyanus*, können Sie als gemischtes Saatgut kaufen, aber auch nach Farbe, mit einfachen oder gefüllten Blüten. Schöner als Schnittblume ist *C. moschata* (jetzt: *Amberboa mo-*

Centaurea cyanus

schata) in gemischten Farben mit einem seidenen Glanz. Die Blüten sind größer als die der erstgenannten Sorte.

Cheiranthus cheiri

Cheiranthus – Goldlack

Der Goldlack ist zweijährig und wird immer in orangefarbenen, violetten, gelben und bräunlichen Farbtönen geliefert. Säen Sie im Juni für die Frühjahrsblüte.

Chrysanthemum – Sommermargerite, Sommerchrysantheme

Gelb sind *C. segetum* und *C. multicaule (Coleostephus m.)*. Gelb, weiß und gefüllt ist *C. coronarium*; vielfarbig ist *C. carinatum*. Alle Arten kann man leicht am Bestimmungsort säen.

Einen herrlich gedrungenen Blütenstand haben *C. paludosum (Hymenostemma p.)* und *C. parthenium (Tanacetum p.)*; beide blühen mit weißen kleinen Blüten mit einem gelben Herzen.

Nicht gesät, sondern durch Stecklinge vermehrt wird die holzige *C. frutescens (Argyranthemum fr.)*. Kaufen Sie diese lieber als Pflanze im Frühjahr. Diese Strauchmargerite wird manchmal als Hochstamm gezogen. Sie kann an einem kühlen Platz überwintern.

Clarkia – Klarkie

C. unguiculata kann gleich am Bestimmungsort gesät werden. Der Samen wird immer gemischt geliefert; die dunkelroten, rosafarbenen, violetten und weißen Farben harmonieren sehr gut. In diesem Fall ist gemischtes Saatgut also kein Problem.

Cleome spinosa – Spinnenpflanze

Cleome spinosa eignet sich als Zwischenpflanzung für Rabatten, Beete und als Schnittblume. Die endgültige Höhe der Pflanze beträgt mehr als 1 m. Säen Sie im Frühbeet aus und pflanzen Sie die Pflanze an einen warmen, sonnigen Standort.

Chrysanthemum segetum

Cobaea – Glockenwinde
Dieser Kletterer blüht mit großen Glockenblüten. Die Pflanzen müssen im Frühbeet gesät und Mitte Mai ausgepflanzt werden. Die Farbe der Glocken ist Violett.
Geben Sie der Glockenwinde eine warme Stelle und tolerieren Sie, daß die Pflanze in einem kalten Sommer schlecht wächst.

Coleus – Buntnessel
Diese frostempfindliche ausdauernde Pflanze kann im Zimmer gesät und durch Stecklinge vermehrt werden.
Nicht die Blüten, sondern die Blattfarben verleihen ihr ihren Dekorationswert. Zwischen Einjahrespflanzen sieht sie schön aus. Säen Sie schon im Februar/März.

Convolvulus – Winde
Dieser einjährige Kletterer blüht in klaren Farben. Säen Sie die Pflanze gleich am Bestimmungsort ein, vorzugsweise an Maschendraht.

Coreopsis – Mädchenauge
Diese Pflanze ähnelt der Staude. Die einzelnen gelben Blüten der *C. bigelovii* können sofort am Bestimmungsort eingesät werden. Dünnen Sie rechtzeitig aus. *Coreopsis* ist auch eine gute Schnittblume.
C. tinctoria ist in rotbraunen und gelben Farben erhältlich. Je nach Sorte werden beide zwischen 25 und 100 cm hoch.

Cosmos – Cosmea, Schmuckkörbchen
Die Cosmea ist eine gute Schnittblume, die auch in die Staudenrabatte eingesetzt werden kann. Sie wird zwischen 100 und 150 cm hoch.

Cucurbita – Kürbis
Zierkürbisse gibt es in verschiedenen Farben und Formen: in Grün, Gelb, Orange mit Tupfen oder Streifen, glatt oder mit Warzen oder Pickeln; apfel-, birnen- oder bananenförmig.
Säen Sie im Haus und pflanzen Sie nach Mitte Mai im Freien aus. Geben Sie der Pflanze genug Platz! Sie kriecht über den Boden und braucht dadurch eine große Oberfläche.
Wenn der Komposthaufen nicht mit Gurken bepflanzt wird, so eignen sich Zierkürbisse auch dazu.

Cuphaea – Köcherblümchen
Für das Aussäen des Köcherblümchens ist ein warmes Gewächshaus nötig; kaufen Sie darum lieber Pflanzen. Sie bleiben niedrig und gedrungen und tragen kleine stabförmige rote Blüten. Die Pflanze eignet sich auch für den Steingarten.

Cynoglossum – Hundszunge
C. amabile, die blaue Blüten trägt, kann gleich draußen ausgesät werden.
Schneiden Sie im August, wenn die Pflanzen fast verblüht sind, zurück, um eine zweite Blüte anzuregen.

Dahlia
Die niedrigen Sorten säen Sie ab Februar im Gewächshaus.
Die Knollen, die während des Sommers an der Pflanze wachsen, können im Herbst ausgegraben und aufbewahrt werden.

Delphinium – Rittersporn
Der einjährige Rittersporn ist eine gute Schnitt- und Trockenblume. Die bis zu einer Höhe von 1 m wachsenden Pflanzen können auch gut in die Staudenrabatte eingesetzt werden, um deren Blüte zu verlängern.
Die Saatmischung besteht aus den Farben Rosa, Violett und Blau. Säen Sie Rittersporn gleich am Bestimmungsort ein.

Dianthus – Bartnelke
Die Bartnelke ist zweijährig. Säen Sie die Pflanze im Juni in einem Frühbeet und pflanzen Sie sie im Oktober an der gewünschten Stelle aus. Es gibt verschiedene Farbenmischungen: sowohl hoch wie auch niedrig in den Farben Rot, Violett und Weiß. Alle sind *D. barbatus*-Hybriden.

Dianthus barbatus

EIN- UND ZWEIJÄHRIGE PFLANZEN VON A BIS Z

Die altertümliche Bauernpflanze Dianthus barbatus (Bartnelke) mit ihren seidenartigen Blüten ist eine Zweijahrespflanze.

Eine Einjahrespflanze ist *D. chinensis* (Kaisernelke), meistens in der Farbe Rot. Diese niedrigen Pflanzen müssen unter Glas gesät werden. Sie eignen sich nicht für Anfänger.

Digitalis – Fingerhut
Fingerhut ist zweijährig, vermehrt sich leicht selbst oder sollte im Juni gesät werden. In humosem Boden wird die Pflanze gut gedeihen – sowohl in der Sonne wie auch im Schatten. Kaufen Sie eine Packung Gemischtsamen und entfernen Sie vor der Samenreife alle Blüten, deren Farben Sie nicht mögen.

Dimorphoteca – Kapkörbchen
Das Kapkörbchen blüht in Orange wie die Ringelblume. Es verlangt einen sonnigen, warmen Standort. Die Höhe ist 30 cm; säen Sie direkt an der gewünschten Stelle aus.

Dipsacus – Karde
Die Karde ist eine sich selbst aussäende zweijährige gute Schmetterlingspflanze. Sie kann gut getrocknet werden. Die Höhe beträgt bis 2 m (Bild Seite 377).

Delphinium

Digitalis

Eccremocarpus – Schönranke

Dieser einjährige Kletterer soll in einem warmen Gewächshaus gesät werden und ist u.a. aus diesem Grund keine geeignete Pflanze für den Anfänger. Setzen Sie sie an einer sonnigen, warmen Stelle ein. In einem kalten Sommer wird die Pflanze enttäuschen.
Die orangeroten Blüten ähneln jenen der Klettertrompete (*Campsis radicans*).

Echium – Natternkopf

Eine Ein- bis Zweijahrespflanze ist *E. plantagineum*, die im Juli/August blaue Blüten trägt. Diese Bienenweidepflanze läßt sich leicht an der gewünschten Stelle aussäen.

Eschscholzia – Goldmohn

Der wissenschaftliche Name des Goldmohns wird nur von wenigen richtig geschrieben. Diese Pflanze verwandelt die Wüsten in Kalifornien und Chile in blühende Felder.
Das Saatgut wird gemischt und nach Farbe (Orange) geliefert.
Auch Kinder können Goldmohn leicht aussäen: Es kann nicht schiefgehen.

Felicia – Kapaster

Kaufen Sie *F. amelloides* als Pflanze. Nachher können Sie diese dann selber leicht durch Stecklinge vermehren.

Fuchsia

Siehe: „Kübelpflanzen von A bis Z"

Eschscholzia californica

Gazania

Auch an dieser Pflanze erscheinen margeritenähnliche Blüten in allen natürlichen Farben. Geben Sie der *Gazania* eine trockene, warme, sonnige Stelle.

Felicia amelloides, *die Kapaster*

Seite 377: Dipsacus sylvestris

EIN- UND ZWEIJÄHRIGE PFLANZEN VON A BIS Z

Fuchsien gibt es in vielen Farben und Formen.

Die Blüten gehen bei ausreichendem Sonnenlicht auf und strahlen dann selbst wie kleine Sonnen über den wenig dekorativen Blättern.

Godetia – Sommerazalee
Diese Blumen verdienen mehr Anerkennung, als sie meist bekommen. Auf halbhohen Stengeln sitzen die zart gefärbten, seidenartigen Blüten. Gleich am endgültigen Platz aussäen.

Gomphrena – Kugelamarant
Gomphrena ist eine ausgezeichnete Trockenblume für die Schnittblumenecke. Als Beetpflanze fällt sie nicht genug auf.
Am besten säen Sie *Gomphrena* in einem Frühbeet, dann müssen Sie pikieren und später auspflanzen. Schneiden Sie die Blumen, wenn sie weit geöffnet sind.

Gypsophila – Schleierkraut
Schleierkraut ist eine ausgezeichnete „Verbindungs-Pflanze", die schön überall zwischendurchwachsen kann und als Ergänzung zu anderen Schnittblumen in einem Blumenstrauß dient. Die zarten weißen Blüten gleichen die grelleren Farben von anderen Pflanzen aus.
Säen Sie gleich an der gewünschten Stelle. Die auszudünnenden Pflanzen können anderswo ausgepflanzt werden.

Helianthus – Sonnenblume
Es gibt hohe und niedrige Sorten, gefüllte und einfache, und die Farben variieren zwischen Gelb und Rotbraun. Die größten Sonnenblumen erhalten Sie aus Samen, die als Vogelfutter gedacht waren.

Helichrysum – Strohblume
Die Strohblume ist die bekannteste Trockenblume. Die Pflanzen gibt es in allen Farben, hoch und niedrig. Ernten Sie die Blumen, wenn sie sich gerade öffnen. Bei zu später Ernte fallen die Blumen nach dem Trocknen auseinander (Abbildung Seite 379).

Heliotropium – Heliotrop
Heliotrop ist eine Schönheit, die Sie für viele Zwecke einsetzen können. Säen Sie früh im warmen Zimmer oder Gewächshaus oder kaufen Sie lieber

Helianthus annuus

Pflanzen. Sie können diese überwintern und durch Stecklinge vermehren. Ältere Pflanzen können auch als Hochstamm gezogen werden. Die violette Farbe ist fast fluoreszierend. In einem kühlen Sommer wachsen sie nicht so gut: Suchen Sie darum eine warme Stelle aus.

Helipterum – Sonnenflügel
H. manglesii ist eine Strohblumensorte mit rosafar-

Helichrysum

benen oder weißen Blüten. Sie kann gleich an der gewünschten Stelle in der Schnittblumenecke gesät werden, paßt aber auch gut zu anderen Einjährigen und Stauden. *H. roseum* hat größere Blüten.

Hesperis – Nachtviole

Zweijährig ist die rosafarbene oder weiße *H. matronalis*. Sie verlangt einen nahrhaften Boden. Säen Sie etwa Mitte Mai im Halbschatten. Die Pflanze erreicht im zweiten Jahr eine Höhe von 1 m. Wie das Geißblatt duftet die Pflanze abends stark, wodurch Nachtfalter angezogen werden.

Humulus japonicus – Japanischer Hopfen

Wenn eine häßliche Stelle im Garten schnell überwachsen werden soll, können Sie Hopfen im Frühbeet säen und im Mai auspflanzen. Auch wenn Sie gleich an der gewünschten Stelle aussäen, kann die Pflanze noch in demselben Sommer eine Höhe von 5 m erreichen.
Blüten und Früchte sind nicht auffallend; das Laub ist dekorativ.

Impatiens – Fleißiges Lieschen

Eine der bekanntesten Beetpflanzen ist das Fleißige Lieschen (*I. walleriana*). Es eignet sich auch für Blumenkästen – um so mehr, weil die Pflanze auch im Schatten gut wächst. Sie braucht viel Feuchtigkeit.
Es ist auffallend, daß die Pflanzen in hellrosa und weißen Farbtönen viel größer werden als jene in roten und violetten. Denken Sie daran, wenn Sie sie gemischt pflanzen.
Eine niedrige Balsamine ist *I. balsamina*, eine gedrungene Pflanze bis 30 cm mit gefüllten Blüten.
Die Riesenbalsamine, *I. glandulifera*, wird oft als Unkraut betrachtet. Sie sät sich in feuchten Böden stark aus, aber die überflüssigen jungen Pflanzen, die viel Platz beanspruchen, können auch leicht wieder entfernt werden.

Ipomoea – Prunkwinde

Die Winde ist ein Kletterer für geschützte, warme Standorte. Man kann Hauswände damit verschönern oder das Gewächshaus im Sommer ausgezeichnet damit auffüllen. Große blaue Blüten erscheinen zwischen Juli und September. Vorkultur im Frühbeet bewirkt eine frühere Blüte.

Kochia – Sommerzypresse

K. scoparia kann der Rabatte schöne Akzente verlei-

Lathyrus in der Schnittblumenecke. Geben Sie der Pflanze etwas, woran sie klettern kann.

hen. Die Pflanze wächst bis zu einer Höhe von 1 m und ähnelt einer Konifere. Nicht nur das hellgrüne Laub, sondern auch die herrliche rote Herbstfarbe ist sehr attraktiv.

Lagurus – Hasenschwanzgras

Die Einjahrespflanze ist eines der hübschesten Ziergräser. Säen Sie gleich an der gewünschten Stelle, im April.
Die Pflanze kann gut getrocknet werden. Sie erreicht eine Höhe von 30 cm. Andere Gräser: unter „Gräser, Farne und Bambus von A bis Z".

Lathyrus – Edelwicke

Lathyrus gibt es in allen Farben und in hohen und niedrigen Sorten. Die hohen müssen mit Maschendraht oder Reisig abgestützt werden. Niedrige Sorten eignen sich für die Staudenrabatte. Sie können Lathyrus auch nach Farbe selektiert gut für Ränder verwenden.
Kinder können die Wicke sehr gut säen: Sie geht immer auf. Den Samen sollten Sie am besten vorher einweichen.

Schützen Sie die Pflanzen, wenn sie noch jung sind, vor Tauben durch Reisig, Gartenbauvlies oder Spannschnüre.

Lavatera – Bechermalve

L. trimestris ist eine der auffallendsten Einjahrespflanzen. Die großen rosafarbenen Blüten sind immer schön. *Lavatera* kann maximal 1,50 m hoch werden. Es ist eine pflegeleichte Pflanze, die gleich an der gewünschten Stelle gesät werden kann. Sie hat eine lange Blüteperiode.

Lobelia – Männertreu

Die *Lobelia* ist eine der bekanntesten Beetpflanzen; trotzdem ist sie nicht leicht selber zu säen. Kaufen Sie lieber Pflanzen. Manche wachsen in Buschform und werden als „stehende" *Lobelia* verkauft; andere hängen eher herunter.
Lobelien blühen in Himmelblau, Violett oder Weiß. Sie eignen sich für Blumenkästen und können auch als Randpflanze eingesetzt werden.

Lobularia – Duftsteinrich

Diese Randpflanze läßt sich leicht säen. Säen Sie mehrmals, um die Blüte zu verlängern; wenn Sie vor der Samenbildung die Pflanze zurückschneiden, erfolgt eine zweite Blüte.

Lunaria – Silberling

Der zweijährige Judassilberling blüht früh in Violett und Weiß. Die Höhe beträgt etwa 80 cm. Die silbrigen Scheidewände der platten Früchte eignen sich für Trockenblumensträuße. Wenn die Pflanze einmal gesät worden ist, erscheint sie in späteren Jahren immer wieder.

Lunaria annua

Lupinus – Lupine
Die einjährige Lupine *L. hartwegii* ist in verschiedenen Farben gemischt. Gelb ist *L. luteus*, die auch als Gründüngung in der Landwirtschaft gesät wird. Die Staudenlupine (*L.-Polyphyllus*-Hybriden) kann ebenfalls leicht gesät werden.

Malope – Trichtermalve
Diese Angehörige der Malvenfamilie ist eine Garantie für Erfolg. Eine lange Blüte in rosafarbenen und weißen Tönungen weist *M. trifida* auf. Geben Sie der Pflanze genug Platz, denn sie wächst bis 1 m aus.

Matricaria – Mutterkraut
Diese kamillenartige Pflanze ähnelt *Tanacetum parthenium* und kann damit auch gut kombiniert werden. Die gedrungenen Pflanzen sind überfüllt mit gelben, kugelförmigen Blüten. Die Pflanze wird zwischen 25 und 40 cm hoch.

Matthiola – Levkoje
Die Levkojen sind Zweijahrespflanzen und nicht für Anfänger geeignet. Die Einjahrespflanze ist etwas pflegeleichter, soll aber auch im Frühbeet gesät werden, damit sie im Juli blüht. Kühl gestellte Keimlinge verfärben sich: die helleren bringen später gefüllte Blüten, die dunkelgrünen nur einfache.

▲ *Lobelia* eignet sich für Blumenkästen.

▼ Lupinus luteus

Einfach blühende Matthiola incana

Mesembryanthemum – Mittagsblume

Die Mittagsblume heißt jetzt *Doretheanthus*. Sie braucht viel Sonne. Die Blüten öffnen sich nur bei Sonnenschein. Geben Sie den Pflanzen eine trockene Stelle, damit sie nicht faulen. Die grellen Farben harmonieren in vielen Fällen nicht gerade gut mit den anderen Gartenpflanzen. Darum brauchen sie einen gesonderten Standort, eventuell auch im Steingarten.

Mesembryanthemum
(Doretheanthus bellidiformis)

Mirabilis – Wunderblume

Die alten Sorten der Wunderblume haben schwache Farben, aber Kinder finden sie wunderschön. Die Blüten öffnen sich erst am Nachmittag. *Mirabilis* müssen im Frühbeet gesät werden. Geben Sie der 1 m hohen Pflanze einen warmen, sonnigen Standort in feuchtem Boden.

Moluccella – Muschelblume

Die grünen Blüten dieser Pflanze lassen sich schwer umschreiben, passen aber in jede Rabatte. Die schöne Blüte kann man gut beim Blumenbinden verwenden: Wenn die Blütenstengel horizontal in den Strauß gesteckt werden, so werden sich innerhalb eines Tages die Enden aufrichten und einen sehr auffallenden Strauß bilden. Die maximale Höhe beträgt 1 m.

Myosotis – Vergißmeinnicht

Säen Sie diese Zweijahrespflanze gleich an der gewünschten, nicht zu sonnigen Stelle, etwa im Juni/Juli. Auf geeigneten feuchten Böden wird sie sich jährlich wieder aussäen. Es gibt niedrige und hohe Sorten. Wählen Sie für Verwilderung die niedrigen Sorten in Weiß, Blau und Rosa.

Nemesia – Nemesie

Die *Nemesia* blüht in allen bunten Farben. Die Pflanzen können gleich an der gewünschten Stelle gesät werden.
Ein Nachteil ist, daß sie oft zu früh im Sommer verblühen, besonders an einer trockenen Stelle. Sonne brauchen sie aber trotzdem.

Nicandra – Giftbeere

N. physalodes (siehe auch bei *Physalis* „Stauden von A bis Z") wird wegen der Früchte gesät, die getrocknet werden können. Es ist eine besondere, stark wuchernde Pflanze.

Nicandra physalodes *läßt sich leicht säen. Die Pflanze gehört zur Familie der Nachtschattengewächse. Die Früchte ähneln jenen der Lampionblume, sind anfangs lila, dann braun.*

Geranium ähnelt Pelargonium *überhaupt nicht. Das hier ist ein Gartengeranium.*

Nicotiana – Ziertabak

Diese frostempfindliche Einjahrespflanze können Sie gut selber säen oder als Pflanze kaufen. *N. x sanderae* 'Lime Green' läßt sich gut mit verschiedenen anderen Pflanzen kombinieren. Ziertabak blüht von Juli bis September.

Nigella – Jungfer im Grün, Schwarzkümmel

Die Jungfer im Grünen ist bei vielen Gärtnern beliebt, weil es so aussieht, als hätte diese Pflanze alle guten Eigenschaften in sich vereinigt: Sie können sie gleich an der gewünschten Stelle einsäen, Sie können selber bequem den Samen ernten, die Kinder können sie säen, die Farben lassen sich mit vielen anderen Pflanzen kombinieren. Außerdem ist sie eine gute Trockenblume; auch die Samenkapseln wirken herrlich in Trockenblumensträußen. *Nigella damascena* wird meistens als Mischung verkauft.
Bei der *Nigella* gibt es eine sehr große Auswahl:
Nigella damascena 'Albion', weiß, 60 cm
N. d. 'Mulberry Rose', 60 cm
N. d. 'Oxford Blue', 75 cm
Nigella hispanica, tief violettblau mit purpurfarbenem Herz, die größten Blüten
Nigella sativa, weiße oder blaßblaue Blüten
Die Samen sind stark aromatisch. Sie können sie in Duftkissen füllen.

Oenothera – Nachtkerze

Als Einjahrespflanze gezogen, blüht diese gelbe Blume im Spätsommer; als Zweijahrespflanze, im Juli gesät, kommt die Blüte früher im Jahr und sie wird größer. Die Höhe der *O. biennis* ist etwa 1 m.

Papaver – Mohn

Seien Sie beim Kaufen von Mohn vorsichtig, denn es gibt einjährige und zweijährige Arten. Siehe auch unter: „Stauden von A bis Z". Eine Zweijahrespflanze ist *P. nudicaule*. Säen Sie im Juli gleich an der gewünschten Stelle ein. Die Pflanze blüht im nächsten Jahr mit zarten Farben: Gelb, Weiß, Rosa und Rot. Eine Einjahrespflanze ist *P. rhoeas*, der echte Klatschmohn. Diese Pflanze ist in verschiedenen Sorten in hübschen Farben erhältlich; die ursprüngliche Farbe ist Rot.
Der richtige Opiumpapaver oder Schlafmohn ist *P. somniferum*. Die große Pflanze in Sanftrosa gedeiht zwischen Stauden in einer Rabatte sehr gut. Das gilt nicht nur für die einfachen, sondern auch für die gefüllten Blüten.

Wenn Sie Pelargonien überwintern lassen, bekommen Sie Sträucher, die bis zu 2 m groß werden können.

Einige Sorten der letzten Gruppe sind:
P. 'Black Paeony'	samtartig dunkelbraun-rot
P. 'Cream Paeony'	cremeweiß
P. 'Purple Paeony'	klares Violett
P. 'Red Paeony'	klares Rot, schwer zu kombinieren
P. 'Scarlet Paeony'	scharlach

Durch die Pfahlwurzel läßt sich Mohn nur schwer umpflanzen; säen Sie darum gleich an der gewünschten Stelle, aber nicht zu dicht.
Eine Samenpackung reicht, damit Sie einige Male mit Zwischenräumen von zwei Wochen säen können.

Pelargonium – Geranie

Pelargonium ist der wissenschaftliche Name für die Pflanze, die wir Geranie nennen. Mit dem wissenschaftlichen Namen *Geranium* werden Stauden bezeichnet. Siehe: „Stauden von A bis Z"
Meistens werden Geranien durch Stecklinge vermehrt. Das gibt die schönsten Blüten. Sie sind etwas teurer als gesäte, aber sie sind es wert. Nur Experten kennen den Unterschied zwischen Sämlingen und Stecklingen. Säen können Sie selber schon im Januar in der Wärme. Hemmstoffe sind notwendig, um eine gedrungene, schöne Pflanze zu ziehen. Für Blumenkästen im Windschatten eignen sich Hängegeranien. Sehr groß werden die sogenannten österreichischen Geranien mit ihren kleinen Blüten. Sie sehen beim Ankauf oft nicht sehr attraktiv aus, wachsen aber zu den allerschönsten Pflanzen heran.

Penstemon – Bartfaden, Fünffaden

Penstemon ist zwar eine der schönsten Einjahrespflanzen, aber nicht gerade die bequemste. Säen Sie schon im März in der Wärme. Die fingerhutartigen Blüten passen gut zu den Stauden in der Rabatte.

Perilla – Schwarznessel

Diese Pflanze wird ausschließlich wegen des besonderen Laubes gezüchtet. Vor allem *P. frutescens* 'Atropurpurea' mit dunklem, braunrotem Laub kann ein zu farbenfrohes Beet etwas ausgleichen.

Petunia – Petunie

Petunien gibt es in vielen Sorten. Sie eignen sich nicht nur für den Balkonkasten. Wählen Sie eine schöne Farbenkombination. Es gibt eine große Auswahl, u.a. Rosa, Weiß, Rot, Violett, Blau, mehr oder weniger samtartig und gestreift. Säen Sie im Haus, pikieren ins Frühbeet und kombinieren die zusammenpassenden Farben, wenn Sie an der gewünschten Stelle auspflanzen.

Phacaelia – Büschelblume, Bienenfreund

Die *Phacaelia* ist eine leicht zu säende Bienenpflanze. Sie kann noch bis Ende Juni gesät werden, damit sie auch im Spätsommer noch blüht – in Blau. Mit der Pflanze kann man ausgezeichnet leere Stellen im Garten auffüllen. Säen Sie *P. tanacetifolia* gleich an der gewünschten Stelle ein.

Phlox – Flammenblume

Phlox als Staude ist ziemlich groß; die Einjahrespflanze wird nur 25 cm hoch. Säen Sie im kalten Kasten und pflanzen Sie etwa Mitte Mai aus. Flammenblumen gibt es in allen grellen Farben.

Polygonum – Knöterich

Diese Gattung erwähnten wir schon bei den Kletterpflanzen und Stauden und bei den Unkräutern. *P. capitatum* sieht diesen Pflanzen nicht ähnlich. Es ist ein kleiner, ausdauernder Bodendecker mit kleinen rosafarbenen Blüten, der sich besonders für den Steingarten und als Randpflanze eignet und den man über den Rand eines Blumenkastens hängen lassen kann.

Polygonum capitatum ▲

Portulaca – Portulak

P. grandiflora wünscht einen ähnlichen Standort wie *Mesembryanthemum*: sonnig und trocken. Die Pflanzen haben grelle Farben, die sich schlecht kombinieren lassen.

Ricinus – Wunderbaum, Palma Christi

Die Pflanze hat große rötliche und grüne Blätter. *R. communis* wird etwa 2 m hoch. Siehe auch unter „Giftpflanzen".

Salvia – Salbei

Salvia umfaßt verschiedene Arten, die sich überhaupt nicht ähneln. Die wichtigsten sind:

Salvia sclarea – Muskatellersalbei

Diese Zweijahrespflanze hat großes, weichbehaartes Laub und Blütenstengel bis 1 m Höhe. Es erscheinen sanftrosa Blüten. Säen Sie im Mai und geben Sie den Pflanzen beim Auspflanzen viel Platz.

Salvia splendens – Prachtsalbei

Diese Einjahrespflanze ist der bekannte Salbei mit der feuerroten Farbe. Heute gibt es eher orange Töne, – schade, denn die richtige rote Farbe von früher war schöner.

Salvia sclarea

Salvia splendens *mit* Canna indica. *In der Mitte dieses Beetes aus dem 19. Jahrhundert steht* Phormium tenax *'Variegata'.*

Salvia patens – Blauer Salbei
Der ausdauernde Blaue Salbei wird meistens als Einjahrespflanze verwendet. Stellen Sie die Pflanze vor dem Winter ins Haus; mit geringen Wassergaben kann sie überwintern.
Die schönste Sorte mit einer unübertroffenen blauen Farbe ist *S. patens* 'Cambridge Blue'. Die Höhe beträgt 50 bis 60 cm.

Salvia viridis (in Katalogen noch: *S. horminum*)
Von diesem größeren Salbei sind die farbigen Deckblätter sehr dekorativ, vor allem für die Binderei. Diese Einjahrespflanze blüht in Rot, Rosa und Weiß.

Salvia farinacea
Diese Einjahrespflanze blüht mit dunkelblauen Blüten. Sie ist die beste Schnittblume unter allen Salbeisorten. Die Blütenknospen sind mehlig, so daß es eine geeignete Sorte für die grau-blaue Rabatte ist.

Sanvitalia – Husarenknopf
Die *Sanvitalia* ist eine Miniatur-Sonnenblume im Garten. Die kriechende Pflanze läßt sich ziemlich leicht an der gewünschten Stelle säen.

Senecio – Greiskraut
Senecio ist ein Halbstrauch, wird aber immer als Einjahrespflanze gezogen. Eine Blattpflanze mit grauem Laub ist *S. bicolor*. Durch die graue Farbe treten die Farben der anderen Beetpflanzen besser in Erscheinung. Manchmal überstehen sie einen milden Winter.

Statice (jetzt: *Limonium*)
S. sinuata und *S. suworowi* sind gute Trockenblumen. Letztere eignet sich auch für die Rabatte.

Tagetes – Samtblume, Studentenblume
Tagetes ist die am meisten angepflanzte Beetpflanze. Sie ist nützlich zur Bekämpfung der Bodenälchen, welche bei Gehölzen für die Bodenmüdigkeit mitverantwortlich sind. Um das zu verhindern,

Sanvitalia

Salvia viridis (S. hormium)

können alle paar Jahre Samtblumen z.B. zwischen die Rosen gepflanzt werden. Alle Samtblumen kann man leicht selber säen.

Tagetes patula ▲

Tagetes erecta
T. erecta ist die größte der Samtblumen. Es sind Pflanzen mit sehr großen Blüten, 1 m hoch. Heute sieht man viele Sorten mit gleich großen Blüten an niedrigen Pflanzen.

Tagetes patula – Kleine Samtblume
Diese kleine Samtblume hat gefüllte Blüten in den Farben Orange, Gelb und zweifarbig Braun-Gelb.

Tagetes tenuifolia
T. tenuifolia ist eine Samtblume, deren Sorten 'Lemon Gem' und 'Golden Gem' Sie unbedingt kennenlernen müssen. Es sind einfachblühende, hübsch aussehende Samtblumen.

Thunbergia – Schwarzäugige Susanne
Dieser Kletterer blüht in Orangegelb mit schwarzem

Tagetes ist ein guter Bekämpfer der Rosenermüdung. Die einzelne Rose im Beet ist 'La France', die erste Teehybride aus dem Jahre 1868.

Verbascum

wachsen, werden aber nicht größer als 40 cm. *V. bonariensis* ist eine große Pflanze (maximal 1,50 m) mit kleinen Blüten. Diese Art können Sie in der ganzen Rabatte einsetzen, so daß eine Einheit entsteht. Geben Sie ihr trockeneren Boden; im nächsten Jahr geht der gefallene Samen von selbst wieder auf.

Viola – Stiefmütterchen

Die großblumigen Veilchen *V.-Wittrockiana-Hybriden* sind zweijährig und müssen im Juli gesät werden. Veilchen säen ist nicht schwer, aber in der Mitte der Sommerferien denkt kein Mensch daran. Pflanzen Sie sie schon früh im Jahr aus, damit Sie lange Ihre Freude daran haben können. Die Veilchen können auch schon im Herbst ausgepflanzt und bei Frostwetter mit Tannenzweigen abgedeckt werden. Im Frühjahr bieten viele Geschäfte fertige Pflanzen an.

Zinnia – Zinnie

Säen Sie *Zinnia* nur im kalten Kasten. Bequemer ist es, die Pflanzen zu kaufen. Zinnien sind gute Schnittblumen, bei Regen faulen sehr schnell die Blüten.

Herz und wächst bis 1,50 m hoch. Die Pflanze eignet sich für Blumenkästen und kann sogar ins Wohnzimmer gestellt werden. Säen Sie sie im März in der Wärme.

Tropaeolum – Kapuzinerkresse

Die schönen runden Blätter, auf denen immer Wassertropfen liegenbleiben, machen diese Pflanze zu einer Besonderheit. Die einfache und gefüllte, niedrige und hohe Kapuzinerkresse sieht man oft in altertümlichen Gärten. Sie säen sich von selber wieder aus. Samen sind in gemischten Farben und nach Farbe sortiert erhältlich. Ganz anders sieht *T. peregrinum* aus. Das ist eine Kletterpflanze mit einem etwas wilden Wuchs.

Verbascum – Königskerze

Dies ist eine Zweijahrespflanze, die auf ärmerem Boden gedeiht. Der Boden darf trocken und kalkreich sein. Auch auf schlechtem Boden mit Schutt oder Kies fühlt sie sich wohl.

Verbena – Eisenkraut

V.-Hybriden und *V. canadensis* sind ideale Pflanzen für Blumenkästen und Ränder. Sie können kräftig

Verbena-Hybriden *als Bodendecker. In der Mitte steht* Plumbago *auf einem Stamm.*

16 Kübelpflanzen von A bis Z

Gärtnern in Töpfen und Blumenkästen erfreut sich, bedingt durch kleine Grundstücke, in den letzten Jahren einer großen Beliebtheit. In vielen Gärten werden die Töpfe und Kübel auf die Terrasse gestellt, und Balkons verwandeln sich in kleine „hängende Gärten".

Rosafarbene Brugmansia (Datura)

Pflanzen in Gefäßen bieten vor allem dem Gärtner, der über wenig Zeit verfügt, viele Möglichkeiten: Viele Pflanzen, die im Winter ins Haus genommen werden müssen, beleben in einem Kasten oder Kübel im Sommer den Garten, ohne daß der Gärtner alles umpflanzen oder ausgraben muß. Die Behälterauswahl ist fast endlos, und die Formen variieren von groß bis klein, von modern bis altertümlich.

Dabei gibt es Gefäße aus verschiedenen Materialien: Ton, Eisen, Aluminium, Holz, Marmor und Kunststoff. Sogar ein alter Mülleimer kann mit blühenden Kübelpflanzen gefüllt noch dekorativ aussehen.

Zwiebelgewächse für Topfkultur auf der Terrasse

Bestimmte Zwiebeln eignen sich im Sommer sehr für eine Stelle auf oder in der Nähe der Terrasse. In einem dunklen Raum können sie überwintern – in der Garage, dem Keller oder auf dem Boden zum Beispiel. In jedem Haus wird sich für diese Gruppe ein Platz finden. Geeignete Sorten sind:
Agapanthus – Schmucklilie
Cyrtanthus – Krummblume
Crinum – Hakenlilie
Eucomis – Schönschopf
Eucharis
Hippeastrum – Ritterstern
Hymenocallis
Nerine
Zephiranthes – Zephirblume

KÜBELPFLANZEN VON A BIS Z

Allerhand Behälter auf einer Terrasse oder am Pfad entlang können sowohl eine schöne Ergänzung für die Bepflanzung wie auch einen schönen Kontrast dazu bilden.

Woher kommen die Kübelpflanzen?

Die Pflanzen, die wir im Sommer ins Freie stellen, stammen alle aus Ländern mit einem milderen Klima als dem unseren. Unsere manchmal strengen Winter überleben sie im Freien nicht, daher eignen sie sich besonders für Töpfe und Kästen.

Mittelmeerraum:	*Olea*
	Nerium
	Phoenix
Südafrika (Kap):	*Pelargonium*
Plumbago	
	fast alle Zwiebelgewächse
Asien:	*Citrus*
	Camellia
Südamerika:	*Fuchsia*
	Datura
	Kaktussorten
Neuseeland:	*Phormium*
	Leptospermum
Australien:	*Callistemon*
	Eucalyptus

Kübelpflanzen von A bis Z

Agapanthus – **Schmucklilie**

Mit großen blauen Dolden mit trichterförmigen Blüten auf 1 m hohen Stielen ist *Agapanthus* eine der beliebtesten Kübelpflanzen. Die Blüte ist im August, aber auch die schmalen hellgrünen Blätter sehen im Sommer attraktiv aus.

Die Blüte wird gefördert, wenn die Pflanze in einem frostfreien Raum bei niedriger Temperatur überwintert. Dieser Raum kann dunkel sein. Alle paar Jahre soll die Pflanze umgetopft werden. Sehen Sie aber zu, daß die fleischigen Wurzeln dabei nicht beschädigt werden.

Agapanthus

Agave

Die Agave stammt ursprünglich aus Nordamerika, ist aber in allen tropischen und subtropischen Teilen der Welt eingebürgert. Manche Arten werden als Viehfutter gebraucht, andere werden wegen der Fasern für die Produktion von Tau (Sisal) benutzt. Die Agave läßt sich leicht ziehen, sie steht am liebsten an einer sonnigen Stelle. Die Pflanze überwintert am liebsten in einem hellen Raum, bei einer Temperatur über dem Gefrierpunkt. Frost verträgt sie nicht. Vermehren Sie sie einfach, indem Sie beim Umtopfen die jungen Pflanzen von der Mutterpflanze trennen und in einen eigenen Topf pflanzen.

Bougainvillea – Drillingsblume

Diese altertümliche Zimmerpflanze sehen wir heute fast nur noch als Kübelpflanze. In einem großen Topf kann sie bis 2 m hoch werden. Stellen Sie sie im Sommer in die Sonne und im Winter in einen frostfreien, kühlen Raum. Das Laub wird abgeworfen, aber im Frühjahr treibt die Pflanze wieder neu aus. Vermehren durch Stecklinge ist schwer. Die Bodentemperatur muß mindestens 25 °C betragen, wobei eine hohe Luftfeuchtigkeit erwünscht ist. Es sind nicht die kleinen weißen Blüten, wodurch die Pflanze so schön ist, sondern die farbigen Deckblätter. Sie leuchten in Violett, Rosa, Rot, Gelb und Weiß; meistens sieht man aber Violett.

Brugmansia (Jetzt wieder: *Datura*)

Von dieser Pflanze gibt es einige Arten und einige Sorten. Am bekanntesten ist *B. (bzw. D.) suaveolens*, in den Farben Weiß, Rosa und Gelb. Diese Pflanze hat große, hängende Blüten, die einen üblen Geruch verbreiten. Die Pflanze verträgt keinen Frost.
Die schon holzigen Pflanzen können im Herbst zurückgeschnitten und ins Haus genommen werden. Die Mindesttemperatur ist 5 °C. Düngen Sie *Datura* oft und bewässern Sie auch.

Töpfe können im Winter leicht ins Haus genommen werden. Irdene Gefäße sind nicht frostbeständig.

Wenn das Wasser im Topf gefriert, springt er!

Gelbe Datura (Brugmansia)

KÜBELPFLANZEN VON A BIS Z

Sowohl für große wie auch für kleine Töpfe und Behälter gilt, daß sie Löcher im Boden haben sollen, so daß das überflüssige Wasser wegströmen kann. Töpfe ohne Löcher brauchen einige Tonscherben als Drainage auf dem Boden.

Calla
Siehe: *Zantedeschia* (Seite 399)

Callistemon – Zylinderputzer
Diese Pflanze, die es in England als große Sträucher gibt („bottle brush"), hat eine auffallend rote Blüte. *Callistemon* kann bis 5 Grad Frost vertragen.

Camellia
Die Blätter der *Camellia* kann man für Tee verwenden: Diese Blätter stammen von *Camellia sinensis*. Mit dem Blütenbusch für den Garten meinen wir *Camellia japonica*. Züchter haben sich in den letzten Jahren stark damit beschäftigt, frostbeständigere Sorten zu züchten. Die ursprüngliche Sorte verträgt keinen Frost, die Kübelpflanzen können inzwischen schon ein wenig Frost abbekommen.
Die *Camellia* verlangt sauren Boden und darf nicht in der Sonne stehen. Es empfiehlt sich, die Pflanzen bei Frost ins Haus zu nehmen. Ziehen Sie die *Camellia* also nur in Kübeln und betrachten Sie sie nicht als Gartenpflanze.

Canna indica – Indisches Blumenrohr
Canna indica ist eine viktorianische Pflanze für Pflanzbeete. Sie blüht in Rot, Orange, Gelb oder zweifarbig. Die rote Pflanze wird am höchsten: 2 m. Auffälligere Blüten als bei *Canna* gibt es kaum. Die Blüte dauert von Juni bis in den Spätherbst. Niedrige neue Sorten werden auch als Zimmerpflanzen angeboten. Sorgen Sie für einen reichhaltigen humosen Boden.

Überwintern Sie die Wurzelstöcke in Torfmull, damit sie nicht vertrocknen, bei einer Temperatur von 10 °C.
Die Pflanzen sollen schon Anfang des Frühjahres warm gestellt werden, damit sie treiben können. Allerdings kommen sie erst im Juni ins Freie, wenn der Boden wieder warm genug ist. Sie müssen die Töpfe ausreichend lüften, damit die Pflanzen abgehärtet ins Freie kommen.
Namen wie 'Alphonse Bouvier', 'Baron de Richter', 'J.B. van der Schoot' und 'King Humbert' weisen darauf hin, daß diese Pflanze in ganz Europa beliebt war.
Bewässern Sie Pflanzen in Kübeln oder Töpfen oft! Diese halb-tropische Pflanze wünscht eine warme, sonnige Stelle.

Canna 'Lucifer'

Citrus – Orange, Zitrone usw.
Das ist von alters her die Kübelpflanze schlechthin. Ludwig der XIV. sperrte seinen Minister Fouquet aus Eifersucht ein, weil dieser einen schöneren Garten hatte. Alle Orangenbäume aus dem Garten des Ministers (Schloß Veaux-le-Comte) wurden anschließend nach Versailles gebracht. *Citrus* (alle Zitronen, Apfelsinen, Mandarinen und Pampelmu-

Seite 393: Canna indica, das Indische Blumenrohr

KÜBELPFLANZEN VON A BIS Z

Eine dunkelrote Canna

sen gehören dazu) kann im Winter in einem kühlen Raum stehen. Die Pflanzen wünschen eine Temperatur gerade über Null. Stellen Sie sie im Sommer an eine warme Stelle in der Sonne. Pampelmusen und Mandarinen sind leichter aus Samen zu ziehen als Orangen. Wenn Sie selbst säen, dauert es ohnehin viele Jahre bis sie fruchten.

Clivia – Riemenblatt
Die *Clivia* wurde früher als Zimmerpflanze gezogen, eignet sich aber als Kübelpflanze auch sehr gut. Stellen Sie sie im Sommer ins Freie in den Schatten und im Winter in ein kühles Zimmer. Die ideale Innentemperatur im Winter beträgt 18 °C. Durch diese Behandlung werden die Pflanzen zweimal – im Spätsommer und im frühen Frühjahr (Februar) – blühen. Clivien gibt es in Rot, Weiß, Rot mit Weiß und Orange.

Crinum – Hakenlilie
Dieses Zwiebelgewächs kann im kalten Gewächshaus überwintern. Die tropischen Sorten müssen warm überwintern.
Geeignet als Kübelpflanze ist *C. x powellii* mit amaryllisartigen Blüten.

Datura
Siehe Text bei *Brugmansia* Seite 391

Eucalyptus – Fieberbaum
In Australien wachsen mindestens 500 Eucalyptusarten. Alle sind sie endemisch (nur in einem begrenzten Gebiet vorkommend). Obwohl die Pflanzen im Ursprungsland Bäume sind, können wir sie als Sträucher in Kübeln ziehen, indem wir sie stutzen. Am bekanntesten ist *E. gunnii*, der auffallendes blaugraues Laub hat und maximal 10 Grad Frost vertragen kann. Fast alle anderen Sorten müssen frostfrei überwintern.

Eucharis
Die einzige Art der *Eucharis*, *E. grandiflora*, wünscht eine warme Stelle, aber nicht in der Sonne. Die Pflanze soll warm überwintern. Geben Sie ihr auch möglichst hohe Luftfeuchtigkeit.

Eucomis – Schopflilie
Nicht die gelbgrüne Farbe, sondern eher die Blütenform macht diese Pflanze attraktiv. Lassen Sie die großen Blumenzwiebeln in einem nicht zu kühlen Raum überwintern. Geben Sie ihr im Sommer eine warme Stelle im Halbschatten.

Eucomis bicolor

KÜBELPFLANZEN VON A BIS Z 395

Eucomis bicolor

am Stamm erscheinen. Diese Pflanze wird maximal 8 m hoch. Halten Sie die Fuchsien in einem frostfreien, kühlen Raum. Wer nicht über einen solchen Raum verfügt, sollte lieber *F. magellanica* kaufen: Diese Pflanze verträgt ein wenig Frost. Im Garten friert die Pflanze bis zum Boden ab, treibt aber wieder aus. Wenn sie in einer Frostperiode ins Haus genommen wird, wächst der Strauch bis 2 m hoch. Es ist die stärkste Fuchsie.

Gardenia

Diese Pflanze trägt wachsartige, weiße, duftende Blüten und verlangt wie die *Camellia* sauren Boden. Die Überwinterungstemperatur soll zwischen 5 und 20 °C liegen. Stellen Sie die Pflanze im Sommer an eine warme Stelle im Halbschatten.

Heliotropium – Heliotrop

Eine fast reflektierende violette Farbe haben die großen Blütendolden im ganzen Sommer. Heliotrop wird oft als Beetpflanze angeboten, kann aber gut überwintern. Die Stengel werden holzig, wonach sich die Pflanzen sogar zu einem Stamm ziehen lassen, bis 1 m groß. Sie müssen bei einer Temperatur zwischen 10 und 15 °C überwintern.

Ficus – Feige

Feigen *F. carica* können in Kübeln gezogen werden, dürfen aber auch an einer warmen Stelle im Garten überwintern. Sie vertragen bis 15 Grad Frost. Eine hübsche Kübelpflanze ist auch *F. pumila*, eine Kletterpflanze mit Haftwurzeln. Sie hat keine Blüte, aber die flachliegenden runden Blätter sind sehr zierlich. Diese Pflanze wird allgemein als tropisches Gewächs betrachtet, kann aber einen schwachen Frost vertragen. Am Anfang wächst sie langsam. Stellen Sie die Pflanze an eine warme Stelle im Halbschatten, bei starker Wintersonne können die Blätter sonst vertrocknen.
Die *Ficus*-Pflanzen, die wir als Zimmerpflanzen kennen, eignen sich nicht fürs Freie.

Fuchsia – Fuchsie

Die Fuchsie gibt es in Tausenden von Formen und Farben. In allen Ländern gibt es Vereine für Fuchsienfreunde, z.B. Deutsche Fuchsiengesellschaft in Giesen, die jährlich Ausstellungen veranstalten. Auf einige Fuchsien wollen wir aufmerksam machen: *F. procumbens* ist eine hübsche Hängepflanze mit runden Blättern. Schwer erhältlich ist die im Winter blühende Baumfuchsie *F. arborescens*, deren Blüten

Fuchsien sind sehr beliebt: Sie eignen sich für stehende Kästen, können aber auch gut hängen.

Hippeastrum 'Zenith'

Eine weiße Hymenocallis (Ismene)

Hibiscus – Chinesischer Roseneibisch

Hibiscus rosa-sinensis wird zu groß, als daß er in einem Topf auf der Fensterbank stehen könnte. Gärtner fügen darum der Erde Hemmstoffe zu, um das Längenwachstum einzuschränken.

Damit die Pflanzen als Kübelpflanze wieder gut wachsen, müssen sie zurückgeschnitten und die Wurzeln abgespült werden. Pflanzen Sie sie in neue Erde an einer warmen und vor allem feuchten Stelle. Beschneiden ist am Anfang des Frühjahres möglich. Die Überwinterungstemperatur ist mindestens 10 °C.

Hippeastrum – Amaryllis

Dieser Winterblüher kann auf einer Terrasse im Schatten ziemlich trocken „durchsommern". Nehmen Sie ihn im Oktober ins Haus und stellen Sie ihn in einen trockenen Raum, bis sich der erste Blütenstengel spontan meldet. Fangen Sie dann wieder mit Wassergaben an. Mitte Mai kann die Pflanze erneut ins Freie gestellt werden. Wer keinen „grünen Daumen" hat, kauft sich jedes Jahr von neuem im November/Dezember eine neue Zwiebel im Geschäft.

Ismene – (jetzt: *Hymenocallis*)

Dieses Zwiebelgewächs darf nicht zu kühl überwintern. Die Zwiebeln können aber im Topf im Boden bleiben.

Lantana – Wandelröschen

Die Überwinterungstemperatur für diese Pflanzen liegt zwischen 5 und 10 °C. Bei einem geringen Nachtfrost werden sie das Laub abwerfen, das aber bestimmt wieder treibt. Am bekanntesten ist *L. camara*, die rötliche oder gelbliche Blütendolden hat.

Hippeastrum 'Red Lion'

KÜBELPFLANZEN VON A BIS Z

Lantana camara *kann im Boden stehen, ist aber auch eine ausgezeichnete Kübelpflanze.*

Laurus – Lorbeer
Diesen kleinen Baum sehen wir oft in geschorenen Formen oder als Kugel auf einem Stamm. Die Pflanze verträgt leichten Nachtfrost, überwintert aber am liebsten bei einer Temperatur zwischen + 5 und 10 °C.

Leptospermum – Südseemyrte
Leptospermum kann nur wenig Frost vertragen. Achten Sie darauf, daß diese Pflanze nie ausdörrt. Stutzen kann man sie gleich nach der Blüte. Von dieser neuseeländischen Pflanze gibt es Sorten mit einfachen; halbgefüllten und gefüllten Blüten. *L. scoparium* 'Nanum' ist eine Zwergform.

Nerine
Diese Schnittblume blüht in Hellblau, Rosa oder Weiß. Die Pflanze verträgt keinen Frost. Die Zwiebeln können im Boden bleiben.

Nerium – Oleander
Schon die Griechen und Römer züchteten den Oleander.

Obwohl die Pflanze ein wenig Frost verträgt, ist eine Überwinterungstemperatur zwischen 10 und 16 °C am besten. Im Juni können Sie durch Stecklinge vermehren, die ein Jahr später schon blühen. Kontrollieren Sie die Unterseite der Blätter regelmäßig auf Napfschildlaus. Siehe auch unter giftigen Pflanzen.

Olea – Olive
Die Olive ist eine pflegeleichte Pflanze, die ein wenig Frost noch vertragen kann. Sie kann auch im warmen Zimmer überwintern.
Vermehren durch Stecklinge ist schwer; kaufen Sie lieber eine Pflanze. Am häufigsten erscheint *O. europaea*.

Passiflora – Passionsblume
Die Passionsblume ist eine der wenigen Pflanzen, die nicht nur als Zimmerpflanze, sondern auch als Gartenpflanze gehandelt wird.
Es gibt viele Sorten und Rassen. Am stärksten vertreten ist *P. caerulea* mit grünweißen Blütenblättern und violett-/ blauweißen Kränzen aus Staubblättern. Rein weiß ist 'Constance Elliott', die einzige frostbeständige Passionsblume. Auf dem Balkon kann man diesen sehr schnellen Kletterer gut in Töpfen ziehen.

Nerine sarniensis

Nerine bowdenii *blüht in einem herrlichen Persisch-Rosa.*

Poncirus – Bitterorange

Dieser kleine Strauch ähnelt einem Zitronenbaum. *Poncirus trifoliata* ist ausreichend frostbeständig, so daß die Pflanze in einem geschützten Garten überwintern kann. Als Baum auf einem Stamm gezüchtet, ist sie hübsch in einem Kübel.

Poncirus trifoliata, *Blüte und junge Blätter*

Phormium – Neuseeländischer Flachs

Diese altertümliche Gartenpflanze ist in den letzten Jahren wieder im Kommen. Sie hat lange, linienförmige Blätter, die aus dem Boden wachsen. Eine Blüte findet meistens nicht statt; das Laub ist dekorativ. Die Pflanze verträgt Frost, läßt sich aber besser in Kübeln züchten. Im Geschäft sind verschiedene Arten erhältlich. *P. tenax* mit dunklem blaugrünem Blatt kann bis zu 2 m groß werden. *P. cookianum* wird bei weitem nicht so hoch. Es gibt rotblättrige, goldbunte und silberbunte Rassen.

Pittosporum – Klebsame

Dieser immergrüne Strauch stammt ursprünglich aus Neuseeland. Einige Arten sind in Kultur; alle vertragen sie höchstens 10 Grad Frost. Pittosporum gehört zu den pflegeleichtesten Kübelpflanzen.

Plumbago – Beiwurz

Dieser Strauch mit langen schlaffen Zweigen verträgt Frost bis –2 °C, er soll aber vorzugsweise bei einer Temperatur zwischen 5 und 15 °C überwintern. Die Blütentrauben im Spätsommer sind wunderschön himmelblau oder weiß.

Punica – Granatapfel

Dieser altertümliche Strauch verträgt maximal 10 Grad Frost.
Die natürliche Pflanze trägt rote Blüten und produziert eßbare Früchte. Auch Sorten mit orangefarbenen und weißen Blüten sind in Kultur.

Rosmarinus – Rosmarin

Dieses beliebte Gewürzkraut erfriert meistens im Garten, verträgt aber doch einigen Frost. Als Kübelpflanze hat Rosmarin den Vorteil, daß Sie auf bequeme Weise im Winter Blätter pflücken können.

Solanum

Solanum gehört zu derselben Familie wie die Kartoffel, die Tomate und die Paprika. Als Kübelpflanze gibt es zwei gute kletternde Arten: *S. jasminoides* mit weißen Blüten und *S. crispum* mit blauen Blüten. Von letzterer Art hat die Sorte 'Glasnevin' größere und schönere Blüten. Diese Pflanze kann aber nur wenig Frost vertragen. *S. jasminoides* kann in einem Patiogarten meistens gut überwintern, soll aber in kühleren Gegenden auch als Kübelpflanze betrachtet werden.

Sparmannia – Zimmerlinde

Unsere Wohnzimmer sind für Überwinterung zu warm. Die beste Temperatur im Winter liegt zwischen 5 und 10 °C. Stellen Sie die Pflanze nach Mitte Mai an eine nicht zu windige Stelle.

Strelitzia – Paradiesvogelblume

Diese Pflanze gehört zur Bananenfamilie. *Strelitzia* hat eine hübsche Eigenschaft, wenn Sie in der Gärtnerei gleich eine große Pflanze kaufen: Sie können selbst die sonst im Geschäft sehr teuere Blume ernten. Die Voraussetzung ist, daß Sie eine wirklich große Pflanze kaufen, denn sonst müssen Sie wegen des langsamen Wachstums zu lange warten. Diese Pflanze kann kühl (mindestens 5 °C), aber auch im Wohnzimmer überwintern. Stellen Sie sie im Sommer in die Sonne.

Vallota (*Cyrtanthus*) – Krummblume

Dieses Zwiebelgewächs verträgt nur wenig Frost und soll kühl überwintern, am besten ohne Frost. Die Blüten erscheinen im August/September.

Viburnum – Schneeball

Viburnum tinus, eine immergrüne Pflanze mit schmalem, eiförmigem, glänzendem Blatt kann an einer geschützten Stelle im Winter im Freien stehen. Um die Schönheit des Laubes zu erhalten, empfiehlt es sich, sie bei strengem Frost ins Haus zu nehmen. Kälte fördert die Blüte; die Pflanze soll also nicht zu warm überwintern. *V. t.* 'Variegatum' hat buntes Laub; 'Purpureum' hat Laub, das in Rot ausläuft. Die Sorte blüht in Weiß; 'Eva Price' hat rosafarbene Blüten.

Weil Hängebehälter meistens keine Löcher im Boden haben, dürfen Sie die Pflanzen nicht zu viel gießen. Zu viel Wasser behindert die Wurzelatmung!

Zantedeschia aethiopica

Yucca – Palmlilie

Die Yucca kennen wir schon als Staude und Zimmerpflanze; als Kübelpflanze gibt es die Sorte *Y. aloifolia*, mit sehr schmalen Blättern, die scharfe Spitzen haben. Diese Pflanze verträgt bis –5 °C.

Zantedeschia – Kalla

Diese altertümliche Zimmerpflanze wünscht im Winter einen kühlen Ort (bis 15 °C), im Sommer kann sie an einer warmen Stelle im Schatten stehen. Seit der Ofen wärmer brennt und die Zentralheizung für eine sehr konstante Temperatur sorgt, hat diese Pflanze als Zimmerpflanze ausgedient und wir sollten sie besser zu den Kübelpflanzen rechnen. Im Winter steht sie gut auf dem ungeheizten Boden oder in einer frostfreien Garage. Die Kalla braucht viel Wasser.

Z. aethiopica gibt es in den Farben Weiß, Rosa und Gelb.

Zephyranthus – Zephirblume

Zephyranthus ist ein früher Sommerblüher. Dieses Zwiebelgewächs, das zu den amaryllisartigen gehört, soll kühl, aber frostfrei überwintern.

17 Gräser, Farne und Bambus von A bis Z

Besonders von dieser Pflanzengruppe hat man oft falsche Vorstellungen! Viele Leute setzen Gräser mit Unkraut gleich, Farne verbindet man mit düsteren Waldstellen, wo sonst überhaupt nichts mehr wachsen kann (oder nur mit Zimmerpflanzen), und Bambus assoziiert man mit großen, unübersichtlichen, dürren Wäldern.

Es ist schade, daß diese Meinung sich so hartnäckig hält, denn sowohl Gräser wie auch Farne und Bambus können eine herrliche Ergänzung für Ihren Garten darstellen. Gräser sind vielfältiger, als viele Menschen glauben, und ein Garten ohne Gras ist fast undenkbar. Farne bilden ein ruhiges Element zwischen verschiedenen Gruppen blühender Pflanzen, und Bambus kann in Ihrem Garten eine zierliche, manchmal etwas zarte, ein wenig mystische, exotische oder sogar tropische Atmosphäre erzeugen.

Gräser, Farne und Bambussorten von A bis Z

Achnatherum – Rauhgras
A. brachytricha ist eine Grassorte für die pralle Sonne, deren Höhe etwa 120 cm beträgt. Im Spätsommer hängen Tautropfen zierlich an den wedelförmigen Blütenähren.

Adiantum – Frauenhaarfarn
Viele Menschen kennen *Adiantum* als Zimmerpflanze. Einige Sorten eignen sich für den Garten. Ein klares Hellgrün zeigt *A. pedatum* mit einer Höhe von 25 cm. Höher wird *A. p.* 'Japonicum'. Während des Triebes ist die Pflanze rotblättrig.

Agropyron – Zierquecke
Eine herrliche blaue Farbe hat *A. pubiflorum*. Die Pflanze stammt aus Neuseeland und hat hellbraune Ähren, etwa 60 cm hoch.

Alopecurus – Fuchsschwanzgras
Diese Grassorte sieht man oft auf Straßenböschungen. Die Blütenähren lassen sich gut trocknen. In Kultur ist *A. pratensis* 'Aureovariegatus' mit schönem gelbbuntem Laub.

Arundinaria (Thamnocalamus spathaceus)
A. murieleae ist ein mittelhoher Bambus, der sich hervorragend für eine Hecke eignet.
Die Stengel haben in höherem Alter einen graublauen Hauch. Wie alle Bambussorten eignet sich die Pflanze für Sonne und Halbschatten (wird etwa 2,50 m hoch).

Asplenium – Streifenfarn
Meistens kennen wir den Streifenfarn als Zimmerpflanze, aber manche zarten Sorten gedeihen auch im Garten. Sie verlangen feuchten, humosen Boden im Schatten und müssen im Winter abgedeckt

Asplenium ruta-muraria

Die Blüte der Carex

werden. Besitzer einer alten Gartenmauer können *A. ruta-muraria*, die Mauerraute, ausprobieren.

Athyrium – Frauenfarn
Einer der üblichsten Gartenfarne ist *A. filix-femina*, der im Winter abstirbt. Die maximale Höhe der Pflanze beträgt 100 cm.
Es ist einer der anspruchslosesten Farne, der in jeder Bodenart wachsen kann – im Halbschatten oder Schatten.

Avena
Siehe: *Helictrotrichon,* Seite 404

Blechnum – Rippenfarn
Eine niedrige dunkelgrüne Pflanze ist *B. spicant*, bei uns heimisch. Es ist ein guter Bodendecker für die dunkelsten Stellen im Garten.
Die Gattung *Blechnum* hat sterile Blätter (ohne Sporen), die grün sind, und fertile Blätter, die durch die Sporen ganz braun sind. Dieser niedrigbleibende Farn ist wintergrün. *B. penna-marina* hat zarteres Laub und soll im Winter gegen zu strengen Frost abgedeckt werden.

Briza – Zittergras
B. media ist ein ausdauerndes Gras. Es eignet sich für die Trockenblumenecke. Wenn die Blütenähren berührt werden, zittern sie. *Briza* maxima hat größere Ähren und ist einjährig.

Bromus – Trespe
B. lanceolatus (oft noch: *B. macrostachys*) wird als Einjahrespflanze zum Trocknen gezogen. Diese behaarte Pflanze mit den gedrungenen Ähren wird 40 bis 50 cm groß.

Calamagrostis – Reitgras
C. acutiflora ist eines der schönsten Solitärgräser und ist sogar im Winter eine auffallende Erscheinung, weil die verblühten Ähren bis ins Frühjahr an der Pflanze bleiben. Sie wird etwa 160 cm hoch.

Carex – Segge
Seggen sind grasartige Pflanzen für nicht zu trockenen Boden in Sonne und Halbschatten. Die Höhe der meisten Sorten beträgt nicht mehr als 50 cm. Eine Ausnahme bildet hier *C. pendula*, welche 90 cm groß wird.
Schon im Mai bilden sich lange Blütenhalme, die zierlich herunterhängen. Die Pflanze sollte im Schatten stehen.

GRÄSER, FARNE UND BAMBUS VON A BIS Z

*Ceterach officinarum,
Schriftfarn*

Ceterach – Schriftfarn
C. officinarum wächst gerne an alten Mauern an beschatteten Stellen.

Cortaderia – Pampasgras
Meistens sieht man das Pampasgras (*Cortaderia selloana*) mit weißen Wedeln. Die Blütenstengel werden bis 3 m hoch. Bis 2 m hoch wächst das Pampasgras mit rosa Wedeln. Diese Pflanze ist noch frostempfindlicher als die weiße. Am besten kann man sie gegen Frost schützen, indem man sie an einer trockenen Stelle einsetzt. Im Winter bringen Sie Maschendraht um die Pflanze an und streuen Laub hinein.
Schneiden Sie das Pampasgras im Frühjahr bis 10 cm über dem Boden ab. *C. s.* 'Pumila' ist eine üppig blühende weiße Zwergform.

*Cyrtomium falcatum,
Sichelfarn*

Cyrtomium – Bogenfarn, Sichelfarn
Für einen kühlen Ort im Haus oder eine verhältnismäßig warme Stelle im Garten – auch als Kübelpflanze – eignen sich *C. falcatum* mit glänzendem dunkelgrünem Laub oder *C. fortunei* mit mattgrünem Laub.
Sie vertragen tiefen Schatten, brauchen aber genug Feuchtigkeit.

Cystopteris – Blasenfarn
Zwei Arten sind in Kultur: *C. bulbifera*, 50 cm groß mit hellgrünem Laub (Vermehrung durch kleine knollenartige Gebilde) und *C. fragilis*, der viel kleiner ist.

Deschampsia – Schmiele
Diese Gattung kann man gleich an den kleinen Schlingen in den Stengeln der Blütenwedel erkennen. *D. cespitosa* ist eine Pflanze für Sonne und Schatten. Besonders das dunkelgrüne Laub ist schön.

Dicksonia – Baumfarn
Die meisten Baumfarne sind tropische Gewächse. Eine Ausnahme bildet die neuseeländische *D. antarctica*, die noch ein wenig Frost verträgt. Die Pflanze eignet sich fürs kalte Gewächshaus. Der Baumfarn kann im Sommer auch als Kübelpflanze draußen stehen.
Diese Farne sind sehr kostspielig: Preise über DM 1000 sind ganz normal.

Dryopteris – Wurmfarn
Diese Gattung ähnelt dem Frauenfarn, ist aber teilweise immergrün. Einige Arten sind in Kultur. Wurmfarne sehen einigermaßen unordentlich aus und eignen sich für eine Ecke hinten im Garten. Die Pflanze verträgt den tiefsten Schatten.

Equisetum – Schachtelhalm
Diese Pflanze bildet wie die Farne Sporen, vermehrt sich aber vor allem durch unterirdische Ausläufer. *E. telmateia* hat hellgrünes Laub und wird 1 m hoch. Er eignet sich besonders für feuchte, schattige Stellen.

*Seite 403:
Die* Cortaderia selloana *(Syn.* Gynerium argenteum), *das Pampasgras, bekommt Wedel, die bis 3 m hoch auswachsen können. Die Sorte 'Pumila' ist niedriger.*

Equisetum *ähnelt stark dem* Tannenwedel (Hippurus). *Mehr Angaben über diese Pflanze gibt es bei den Wasserpflanzen.*

Erianthus (jetzt: *Saccharum*) – Seidengras
S. ravennae ist eine Grassorte, die ein großes Büschel mit überhängendem Laub bildet. Die Pflanze blüht nicht in kühleren Gegenden. Das Laub wächst spektakulär bis zu einer Höhe von 2 m aus.

Festuca – Schwingel
F. cinerea, von dem es viele Sorten gibt, hat eine blaugrüne Farbe. Die dichten Büsche werden maximal 25 cm hoch. Die Pflanze eignet sich für einen Rand, aber auch im Heide- oder Steingarten ist sie sehr schön. Sehr zartes, bronzegrünes Laub hat *F. filiformis* mit einer Höhe von 25 cm. *F. amathystina* ist etwas größer und hat zarte Blätter mit purpurgrünen Blütenhalmen. Pflanzen Sie sie in die pralle Sonne; die Blüte ist zwischen Mai und Juli. *F. gigantea*, der Riesenschwingel, hat frischgrünes überhängendes Laub und wächst bis zu 125 cm aus.

Glyceria – Schwaden
G. maxima 'Variegata' ist eine grasartige Pflanze für feuchte Standorte. Sie ist im Frühjahr und Herbst rosa und im Sommer weißgelb gestreift.

Gymnocarpium (*Thelipteris*) – Buchenfarn
Dieser kleine Farn hat zartes, sich überlappendes Laub. Er ist nicht immergrün und wird 25 cm groß.

Helictotrichon (Syn. *Avena*) – Zierhafer
H. sempervirens ist eine Grassorte, 80 cm groß, mit blaugrünem Laub. Die Pflanze eignet sich für Dünenvegetation oder trockenen Sandboden in der prallen Sonne.

Holcus – Honiggras
Attraktiv ist *H. mollis* 'Albovariegatus' mit weißbuntem Laub. Die 40 cm große Pflanze kann in der Sonne und im Halbschatten stehen.

Koeleria – Kammschmiele
K. glauca ist eine bekannte Sorte mit blaugrauem Laub und einer Höhe von 50 cm. Die Blüte ist im Juni/Juli. Die Pflanze eignet sich für trockeneren Boden.

Luzula – Hainsimse
Diese immergrüne grasartige Pflanze wird oft als Bodendecker im Schatten gepflanzt. Silberfarbenes Laub mit einer weißen Blüte hat *L. nivea*, die bis 70 cm groß wird. Auch *L. sylvatica* wächst ähnlich.

Matteucia – Straußfarn
M. struthiopteris hat hellgrünes Laub und wächst vasenförmig. Die Pflanze breitet sich unterirdisch stark aus.
Der Straußfarn verträgt feuchte Standorte. Im Winter bleiben die fertilen Blätter mit Sporen als braune Stöcke aufrecht stehen, die einfachen Laubblätter sterben ab.

Miscanthus – Chinaschilf
Dieses Ziergras stirbt jährlich ab, wächst aber wieder bis zu einer Höhe von 3 m nach. Von *M. sinensis* gibt es viele Sorten.
Die silbergrauen Blüten erscheinen im Spätsommer. Obwohl dieses Gras im Winter abstirbt, eignet es sich für Hecken.

Molinia – Pfeifengras
Das Pfeifengras wächst von Natur her auf Heidefeldern. Geben Sie der Pflanze armen, sandigen Boden. Sie verträgt sowohl nassen wie auch trockenen Boden. *M. caerulea* 'Variegata' hat cremegelbe Streifen auf dem Blatt und wächst bis 60 cm hoch. Viel größer wird *M. arundinacea*, deren Sorte 'Fontäne' gut als Solitärpflanze stehen kann und deren Sorte 'Transparant' wunderschön in der Blumenrabatte zur Geltung kommt.

Heide und Pennisetum

Onoclea – Perlfarn

Ein zarter Farn für feuchte Stellen ist *O. sensibilis* mit hellgrünem Laub. Er steht am liebsten im Halbschatten und windgeschützt an der Wasserkante; die Blätter verdorren schnell.
Dieser Farn ist nicht ganz winterfest: Abdecken mit Laub ist erforderlich.

Osmunda – Königsfarn

O. regalis kann bis 2 m hoch wachsen, meistens wird die Pflanze aber nicht größer als 1,20 m. Als Solitärpflanze ist es einer der besten Farne. Die Sorte 'Cristata' ist gewellt und krausblättrig. Niedriger bleibt *O. cinnamomea* genauso wie *O. claytoniana*. Setzen Sie die Pflanzen an einer humosen, feuchten Stelle im nicht zu tiefen Schatten ein.

Panicum – Rispenhirse

P. virgatum ist eine Staude, aber nicht ganz winterfest. Sie wird 1 m hoch, mit lockeren zarten Wedeln. Hängende, besenartige Wedel hat *P. violaceum*, eine Einjahrespflanze, 50 cm groß, die Mais ähnlich sieht.

Pellaea

P. rotundifolia ist ein eleganter Farn aus Neuseeland. Hier wird er nur als Zimmerpflanze gezüchtet, er kann aber doch ein wenig Frost vertragen.

Pennisetum – Lampenputzergras

Hier gibt es viele Arten, darunter auch Stauden. Bis zu 1 m Höhe wächst *P. alopecuroides* (Syn. *P. compressum*) mit weichen langen Ähren. Die längsten Ähren hat *P. villosum*, 50 cm groß. Sie bilden sich im August und bleiben lange an der Pflanze. Geben Sie ihr eine sonnige, ziemlich feuchte Stelle.

Phalaris – Kanariengras

P. canariensis ist nicht nur Vogelfutter für Singvögel, sondern kann auch gut für Trockenblumensträuße gebraucht werden. Die Samenkügelchen dieser Einjahrespflanze sind am attraktivsten. Sie eignet sich für die Schnittblumenecke und für eine einjährige Wiesenmischung. Eine perennierende Pflanze ist *P. arundinacea*, die mehr als 1 m groß wird. Gestreifte Blätter hat die Sorte 'Picta'. Die Ähren dieser Pflanze eignen sich für Blumensträuße.

Phyllitis – Hirschzunge

Einer der wenigen Farne, die kein gefiedertes Blatt haben, ist *P. scolopendrium*. Die hellgrünen Blätter stehen aufrecht und werden bis zu 30 cm lang. Die

Phyllitis scolopendrium,
Hirschzunge

Pflanze wächst vorzugsweise an feuchten Stellen. Sie eignet sich für den Steingarten mit kalkreichem Boden. Es gibt verschiedene Sorten mit krausigen, gewellten oder dichotomen Blättern.

Phyllostachys – Blattähre

Von diesem Bambus sind einige Arten erhältlich. Es sind hohe, schöne immergrüne Bambusarten mit dunkelgrünem Laub.
Eine hochwachsende Art mit grünen Stengeln ist *P. aureosulcata*. Die Stengel unten sind im Zickzack gebogen.
P. bambusoides mit glänzend grünen Blättern eignet sich nur für die größten Gärten. Die Sorte breitet sich stark aus und wird bis zu 7 m hoch. Am bekanntesten ist *P. nigra*, die schwarzgefleckte oder ganz schwarze hängende Stengel hat.

Pleioblastus

P. pygmaeus wuchert nicht und eignet sich als Bodendecker. Es ist ein Bambus für Sonne und Halbschatten mit einer Höhe von 40 cm.
P. viridistriatus hat goldgelb gestreiftes Laub. In der Sonne kommt die Blattfarbe am schönsten zur Geltung.

Polypodium – Tüpfelfarn, Engelsüß

P. vulgare ist ein kleiner immergrüner Farn, der kalkreichen Boden gut verträgt. Unter feuchten Umständen eignet sich die Pflanze für Bewachsung auf Dachziegeln. Dächer unter Bäumen mit einer nicht zu starken Neigung werden manchmal total überwuchert.
In feuchten Wäldern wächst die Pflanze auch gut an Bäumen. Sie ist immergrün.

Polystichum – Schildfarn

Das ist eine Farngattung mit immergrünen Arten, die meistens dunkelgrünes, glänzendes Laub haben. Die bekannteste Art ist *P. setiferum*, mit starkem, abstehendem Laub. Nach einigen Jahren bildet dieser Farn einen kleinen Stamm. Am meisten wird *P. setiferum* 'Herrenhausen' gezüchtet – mit einem Durchmesser von 1 m. Einheimisch ist *P. aculeatum*, 1 m hoch, für den tiefen Schatten.

Pseudosasa

Pseudosasa ist eine gute Solitärpflanze unter den Bambussorten. *P. japonica* (Syn. *Arundinaria japonica*) bekommt auffallende, zwiebelartige Verdickungen an den Stengeln. Die Blätter stehen horizontal zu den aufrechten Stengeln.

Pteridium – Adlerfarn

Bis zu einer Höhe von 1,50 m wächst *P. aquilinum*, mit großen alleinstehenden Blättern. Versuchen Sie nicht die Pflanze aus der Natur umzupflanzen. *Pteridium* wächst mit großen Ausläufern aus, die, wenn der Farn richtig angewurzelt ist, sich schwer entfernen lassen. Es ist ein richtiger Wucherer.

Sasa – Zwergbambus

S. palmata ist ein guter Bambus mit einer Höhe bis zu 2 m. Die Pflanze hat ein breiteres Blatt als alle anderen Sorten und breitet sich schnell aus; geben Sie ihr also genug Platz.

Semiarundinaria

Ein zartblättriger Bambus mit dunklen Zweigen ist *S. nitida*. Diese 3 m hohe hochwachsende Sorte hat schwarzpurpurfarbene Stengel. Sie verträgt Sonne und Halbschatten.

Stipa – Federgras

Graugrünes Laub und mannshohe Wedel hat *S. gigantea*. Die Wedel bleiben von Juni bis August an der Pflanze. Die Höhe beträgt 120 cm.

Thelipteris – Sumpffarn

T. palustris ist ein frischgrüner kleiner Farn für sumpfige Stellen. Die Pflanze verträgt auch Sonne. Sie erreicht eine Höhe von 25 cm.

18 Pflanzen für sauren Boden von A bis Z

Jeder Hobbygärtner weiß, daß jede Pflanze ihre eigenen Anforderungen an die Bodenart stellt. Eine Pflanze, die auf sandigem Boden sehr gut gedeiht, kann unter Umständen auf Lehm kümmern oder sogar absterben.

Auch der Säuregrad Ihres Gartenbodens bestimmt die Wahl der Pflanzen, die darin gedeihen sollen. Im Durchschnittsgarten liegen die Säuregrade zwischen 5 und 7,5 pH. 7pH entspricht dem Neutralpunkt, darüber ist der Boden alkalisch, darunter sauer. Über 8 pH und unter 4 pH gedeihen viele Pflanzen nur schlecht.

Auch großblumige Rhododendren gibt es in mehr Farben als sie die meisten Gartencenter anbieten.

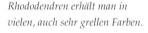

Rhododendren erhält man in vielen, auch sehr grellen Farben.

Säuregrad und Pflanzenwahl

Eigentlich ist nicht so sehr der Boden sauer, sondern sein Einfluß auf die Reaktion des Bodenwassers. Es kann sauer, neutral oder alkalisch (basisch) sein. Aus dem pH-Wert kann die chemische Reaktion des Bodens geschlossen werden. Die sauersten Böden haben einen pH-Wert, der unter 4 pH liegt, neutrale Böden haben einen pH-Wert um 7 pH, basische Böden haben einen pH-Wert über 7,5. Diese Werte sind festgeschrieben, denn Sie und Wettereinflüsse können die Bodenreaktion Ihres Gartens ändern – durch organische oder Kunstdüngergaben, durch Niederschlag und die darin enthaltenen Stoffe. Manche dieser Stoffe können die organischen Bodenbestandteile zersetzen.

Pflanzen brauchen, je nach Sorte, einen bestimmten Säuregrad. Sie müssen Ihre Pflanzenwahl deshalb auch auf den Säuregrad des Bodens in Ihrem Garten abstimmen. Beeren und Äpfel zum Beispiel gedeihen ausgezeichnet auf einem schwach sauren Boden, während Steinobst wie Aprikosen, Kirschen und Pflaumen einen mehr basischen Boden bevorzugen.

Die meisten Gartenpflanzen verlangen einen Boden mit einem pH-Wert von etwa 6 bis 7,5.

Viele Böden haben durch die Niederschläge die Neigung nach einiger Zeit sauer zu werden. Diesen Prozeß können Sie verhindern, indem Sie mit Kalk düngen.

Zu basische Böden werden saurer, indem Sie sauren Dünger, Sulphate und Superphosphat zugeben. Sandboden puffert schwach – geben Sie hier also nie zu große Mengen zu. Lehmboden demgegenüber braucht eine ordentliche Menge an Kalk oder Torf, um den Säuregrad zu ändern.

In einer geschützten Rabatte vor einer Südmauer können frostempfindliche Gewächse ausprobiert werden. Denken Sie aber daran, daß die meisten Pflanzen unter zu nassem Boden im Wimter sehr leiden. Dieser Steingarten befindet sich in Oxford, England.

Welchen Säuregrad hat Ihr Garten?

Sie können den pH-Wert Ihres Gartens professionell bestimmen lassen, aber es gibt auch einfache pH-Meter zur Selbstbestimmung. Oder schauen Sie sich an, welche Zeigerpflanzen „von selbst" in Ihrem Garten wachsen. Auf sauren Böden erscheinen gehäuft zum Beispiel unter anderem Segge, Kamille, Wegerich und Heidelbeeren. Auf neutralem Boden finden Sie Weißklee und wilden Senf.

Pflanzen für sauren Boden im Heide- und Koniferengarten

Die Pflanzen in diesem Abschnitt brauchen alle sauren Boden (mit einem pH-Wert von etwa 4,5). In

Ein kultivierter Heidegarten mit großen Flächen für jede Pflanzenart.

Heidegarten in Edinburgh

folgender Liste stehen Pflanzen, die sauren Boden vertragen und gut in einen Heide- und Koniferengarten passen:
Amelanchier lamarckii
Betula pendula
Cytisus scoparius
Genista anglica
Ilex-Sorten
Myrica gale
Ulex europaeus

Einige Stauden, die sich für den Heidegarten anbieten (nicht alle eignen sich allerdings für sauren Boden):
Antennaria
Armeria
Astilbe sinensis 'Pumila'
Cotula squalida
Gentiana
Primula
Pulsatilla
Sedum

Zwergkoniferen für die kleinsten Gärten:
Abies balsamea 'Nana'
Chamaecyparis obtusa 'Nana Gracilis'
Cryptomeria japonica 'Globosa Nana'
Juniperus squamata 'Blue Star'
Picea abies 'Gregoryana'
Picea abies 'Little Gem'
Picea abies 'Nidiformis'
Picea abies 'Repens'
Thuja orientalis 'Aurea Nana'

Pflanzen für sauren Boden von A bis Z

Acer
Besonders *Acer palmatum* an einem Ufer ist schön zusammen mit anderen Pflanzen im Heidegarten. Siehe: „Sträucher von A bis Z"

Andromeda – **Lavendelheide**
A. polifolia ist an sich vielleicht kein schöner Strauch, trägt aber große rosa Blüten. Setzen Sie sie darum zusammen mit Heidekraut oder Heidelbeere ein, um das Gesamtbild zu verbessern.
A. japonica, die bis 3 m hoch wird, heißt jetzt *Pieris japonica*.

Arbutus – **Erdbeerbaum**
Siehe: „Sträucher von A bis Z"

Arctostaphylos – **Bärentraube**
Zwei Arten ausgenommen, sind alle Bärentrauben frostempfindlich. Aus Kalifornien stammt *A. nevadensis*, ein kleiner immergrüner Strauch mit wirrem Wuchs, der im April mit weißen bis rosaroten Blüten blüht. Meistens sehen wir aber *A. uva-ursi* (*Arbutus uva-ursi*) aus Skandinavien. Die Bärentraube ist ein kriechender immergrüner Strauch und ein ausgezeichneter Bodendecker. Die Pflanze trägt rote Beeren.

Aucuba
Siehe: „Sträucher von A bis Z"

Azalea
Siehe: *Rhododendron*, Seite 414

Acer japonicum, den Japanischen Ahorn, gibt es mit roten und grünen Blättern.

Calluna – Heidekraut

Heidekraut eignet sich für Sand- und Moorboden mit einem hohen Säuregrad. Die Blüte ist im August/September; einige blühen weiter bis November. Für einen lange blühenden Heidegarten müssen Sie mit Glockenheide kombinieren und natürlich mit anderen blühenden Sträuchern. Vergessen Sie dabei nicht auch einige laubabwerfende Sträucher anzupflanzen: An ihnen läßt sich der Wechsel der Jahreszeiten gut erkennen. Nur mit Heide und Koniferen, wie wir es oft sehen, ist der Anblick des Gartens zu allen Jahreszeiten fast gleich. Das Frühjahr herbeisehnen gibt es dann nicht.

Einige geeignete Kulturvarietäten der *Calluna* haben wir im folgenden aufgelistet. Die Höhe ist in Zentimetern angegeben, die Blütezeit durch Monatszahlen.

Calluna

Kulturvarietät	Farbe	Höhe (cm)	Besonderheiten	Blüte (Monat)
'Alba Dumosa'	weiß	40	gespreizt	7-8
'Alba Erecta'	weiß	50	klares Grün	8-9
'Alba Plena'	weiß	40	gespreizt	8-10
'Alba Rigida'	weiß	15	niedrig gespreizt	8-9
'Alportii'	violett	70	hochwachsend	8-9
'Aurea'	violett-rosa	40	Laub goldgelb	7-9
'Barnett Anley'	violett	50	breit	8-9
'Beoley Gold'	weiß	40	reines Gelb	8-9
'Carmen'	violett-rot	45	breit und hochwachsend	8-9
'Cramond'	rosa	50	breit und hochwachsend	9-11
'Cuprea'	violett	45	bronzefarbig	8-9
'C. W. Nix'	rot	80	hochwachsend	8-9
'Dainty Bess'	rosa	10	blaugrau	8-10
'Darkness'	violett-rosa	40	hochwachsend	8-9
'Elegantissima'	weiß	55	graugrünes Laub	9-12
'Flore Pleno'	rosa	45	breit und hochwachsend	9-10
'Golden Carpet'	rosa	10	goldgelb	8-9
'Golden Feather'	violett	30	bronzegelb, breit	8-9
'Gold Haze'	weiß	50	klares Gelb	8-9
'Hammondii'	weiß	60	dunkel, hochwachsend	8-9
'H.E. Beale'	rosa	60	Schnittblume	8-11
'J.H. Hamilton'	dunkelrosa	25	niedrig spreizend	8-9
'Long White'	weiß	70	hochwachsend	9-10
'Peter Sparkes'	rosa	60	Schnittblume	9-11
'Ralph Pernell'	violett	60	hochwachsend	8-9
'Robert Chapman'	violett-rosa	40	breit und hochwachsend	8-9
'Silver Queen'	mauve	45	graues Laub	8-9
'Sister Anne'	lila	10	graugrünes Laub	8-9
'Sunset'	violett-rosa	30	bronzefarbenes Laub	8-9
'Tenuis'	rosa	30	breit	7-11
'Tib'	violett	40	hochwachsend	6-10
'Underwoodii'	violett	45	hochwachsend	10-11

Rhododendron *catawbiense* 'Grandiflora'

Camellia

Nur neue Sorten sind frostbeständig bis –18 °C. Diese sind teurer als die gemeine Sorte, die ausschließlich als Kübelpflanze geeignet ist. *Camellia sinensis* liefert die Blätter für unseren Schwarzen Tee; *C. japonica* und die Hybriden sind Zierpflanzen. Decken Sie im Winter den Boden ab. Lassen Sie die Wurzeln in einem Topf nicht erfrieren; nehmen Sie die Pflanzen sicherheitshalber lieber ins Haus.

Cornus – Hartriegel

Die bodendeckenden *Cornus*-Arten wie *C. suecica* und *C. canadensis* verlangen sauren Boden und eignen sich für den Heidegarten. Sie blühen in Weiß. Die Höhe der Pflanzen beträgt 15 cm.

Daboecia – Irische Heide

Das frostempfindliche Gewächs ist sehr beliebt, weil es viel größere Blüten als die gemeine Glockenheide bekommt. Der niedrige Strauch ist immergrün und trägt urnenförmige Blüten (Juni bis September). Es gibt nur eine Arte: *D. cantabrica*, von der folgende Kultursorten erhältlich sind:

'Alba'	weiß
'Atropurpurea'	violett bis rosa
'Bicolor'	violett, weiß, weiß mit violetten Streifen
'Cinderella'	hellrosa bis weiß
'Praegerae'	tiefrosa, wenig winterfest
'William Buchanan'	karmesin

Daphne – Seidelbast

Ein Zwergstrauch ist *D. cneorum*, der Rosmarinseidelbast. Die duftenden rosa Blüten erscheinen im April/Mai. Es gibt noch verschiedene Sorten: 'Alba' mit weißen Blüten, 'Eximia' mit größeren Blüten und 'Variegata' mit cremefarbenen Blatträndern. Siehe auch: „Sträucher von A bis Z"

Empetrum – Krähenbeere

Die Krähenbeere ist ein guter Bodendecker, der glänzend dunkelgrün aussieht. Die unansehnliche Blüte erscheint am Anfang des Frühjahrs. Später folgen die schwarzen Beeren.

Enkianthus – Prachtglocke

E. campanulatus ist ein hochwachsender Strauch, der maximal 5 m groß werden kann. Er blüht mit urnenförmigen, rosagestreiften Blüten im Mai. Eine andere attraktive Seite dieser Pflanze ist ihre schöne Herbstfarbe.

Erica – Glockenheide

Glockenheide hat auffallende hängende Blüten. Die Farben sind lebhafter als die des Heidekrauts. Heidekraut blüht vor allem im Herbst; Glockenheide weist eine größere Variation der Blütezeit auf. Eine der bekanntesten Glockenheiden ist *E. x darlyensis* in Rosa und Weiß, die in den ersten vier Monaten des Jahres blüht.

Diese Heide eignet sich am besten für Blumenkästen. Für geschützte Innenhöfe nimmt man *E. arborea*, Baumheide. Diese Pflanze blüht von März bis Mai. Sie kann 2 m hoch werden. Bei strengem Frost muß sie geschützt werden.
Eine große Auswahl bieten:

Erica carnea – Schneeheide

Sorte	Farbe	Höhe (cm)	Besonderheiten	Blütemonat
'Aurea'	violett bis rosa	20	gelbes Laub	2-4
'Cecilia M. Beale'	weiß	20		11-3
'Foxhollow Fairy'	rosa	20	Laub gelbgrün	1-3
'Heathwood'	violett bis rosa	25	Laub in klarem Grün	3-4
'James Backhouse'	violett bis rosa	25	Laub in klarem Grün	2-4
'King George'	violett bis rosa	15		12-3
'Loughrigg'	purpurrosa	20	bronzefarbenes Laub	2-4
'Myreton Ruby'	weinrot	25	breit und locker	3-4
'Praecox Rubra'	violett	20	gespreizt	12-3
'Rosy Gem'	rosa	20		2-4
'Ruby Glow'	violett bis rosa	20		11-4
'Snow Queen'	weiß	15		1-3
'Springwood Pink'	hellrosa	20	kriechend	1-3
'Springwood White'	weiß	20	kriechend	1-3
'Thomas Kingscote'	violett bis rosa	20		3-4
'Vivelli'	karmin	20	bronzefarbenes Laub	12-4
'Winter Beauty'	dunkel violett	15	kompakt	12-3

Erica cinerea – Grauheide

Sorte	Farbe	Höhe (cm)	Besonderheiten	Blütemonat
'Alba'	weiß	25	breit wachsend	7-8
'Alba Minor'	weiß	15	kompakt	7-10
'Atropurpurea'	dunkelviolett	20		8-9
'Atrorubens'	tiefrosa	25		7-10
'C.D. Easton'	klares Rot	30	dunkles Laub	6-9
'Cevennes'	rosa	25	hochwachsend	7-10
'Coccinea'	karmin	20	kriechend	6-9
'Domino'	weiß	25	braune Blütenblätter	7-9
'Eden Valley'	lila-weiß	15	Zwergform	7-9
'Golden Drop'	violett-rosa	15	bronzefarbenes Laub	7-8
'Golden Hue'	lila	35	gelbes Laub	7-8
'G. Osmond'	lila	30	hochwachsend	7-9
'Katinka'	dunkelviolett	30	hochwachsend	6-10
'Mrs Dill'	klares Rot	15		6-8
'Palls'	violett	35	breit und hoch	6-9
'Pink Ice'	sanftrosa	15	kompakt	6-9
'P.S. Patrick'	violett	30		8-9
'Pygmaea'	rosa-rot	15	kriechend	6-8
'Rosea'	klares Rosa	25	kompakt	7-8
'Velvet Night'	dunkelviolett	30		7-8

Rhododendron japonicum

Erica tetralix – Gemeine Glockenheide

Sorte	Farbe	Höhe (cm)	Besonderheiten	Blütemonat
'Alba'	weiß	25	graugrünes Laub	6-8
'Alba praecox'	weiß	25	graugrünes Laub	6-8
'Con. Underwood'	karmin	35	graugrünes Laub	7-9
'Daphne Underwood'	lachsrosa	20	wächst schlecht	6-8
'Helma'	rosa	30	hochwachsend	7-8
'Hookstane Pink'	lachsrosa	25	graugrünes Laub	6-10
'Ken Underwood'	karmin	25	graues Laub	6-10
'L.E. Underwood'	aprikosenfarbenen	25	senkrecht wachsend	6-10
'Pink Star'	mauve	15	niedrig und breit	6-9

Erica vagans

Sorte	Farbe	Höhe (cm)	Besonderheiten	Blütemonat
'Alba'	weiß	40	breit und hoch	7-9
'D. Hornibrook'	rot	35		7-10
'Grandiflora'	sanftrosa	60		8-10
'Holden Pink'	rosa	35	breit und hoch	8-10
'Lyonesse'	weiß	35	gelbe Staubbeutel	8-10
'Mrs. F.D. Maxwell'	rot	35	kompakt	7-10
'Nana'	cremeweiß	25	kompakt	8-10
'Pyrenees Pink'	lachsrosa	35	rote Staubbeutel	8-10
'St. Keverne'	lachsrosa	35	kompakt	8-10
'Valerie Proudley'	weiß	20	breit und hoch	8-10

PFLANZEN FÜR SAUREN BODEN VON A BIS Z

Wenn der Rhododendron sich im Wasser spiegelt, kann der Betrachter eine doppelte Blütenpracht genießen (Rhododendron catawbiense 'Grandiflora').

Gaulnettya
Gaulnettya ist eine Kreuzung zwischen den Gattungen *Gaultheria* und *Pernettya*.

Gaultheria
Es gibt zwei Kulturarten, die sich nicht ähneln: *G. shallon* und *G. procumbens*.
Erstere wächst bis 1 m hoch und hat schwarze Beeren. Letztere ist ein immergrüner Bodendecker mit roten Beeren.

Kalmia – Lorbeerrose
Dieser immergrüne Strauch für den Schatten trägt dunkelrosa Blüten.
K. angustifolia ist schmal und hochwachsend. Niedrig bleibt *K. polyfolia*.

Ledum – Porst
L. groenlandicum ist ein immergrüner Strauch mit weißen Blüten. Die Höhe der Pflanze beträgt 1 m. Die Sorte 'Compacta' hat einen gedrungeneren Wuchs. Selten sind *L. palustre* und *L. glandulosum*. Geben Sie dem Porst eine feuchte Stelle.

Leucothoe – Traubenheide
Dieser immergrüne Strauch blüht mit weißen Blüten. *L. walteri* hat überhängende Zweige. Das Laub ist im Winter bronzefarbig. Die Pflanze kann im Schatten eingesetzt werden. Die Blüte ist im Mai/Juni.

Pernettya – Torfmyrte
Siehe: „Sträucher von A bis Z"

Phyllodoce – Blauheide
Dieser besondere immergrüne Strauch sollte im Winter abgedeckt werden, um Frostschaden zu verhindern. *P. aleutica* blüht in Weiß, *P. breweri* in Violett bis Rosa.

Pieris – Andromedaheide, Lavendelheide
Siehe: „Sträucher von A bis Z" und Seite 409

Rhododendron
So viele verschiedene Rhododendren eignen sich für den Garten, daß sie unten in Listen, nach Farbe und anderen Eigenschaften sortiert, aufgezählt werden. Grundsätzlich ist der *Rhododendron* eine herrliche Pflanze, die im Mai/Juni eine spektakuläre Blüte hat, aber Sie müssen schon berücksichtigen, daß viele Pflanzen sehr groß werden können. Nicht nur die Höhe ist beträchtlich, sondern auch die Breite – und das hat Konsequenzen für den Platz, den sie brauchen. Eigentlich eignet sich der Rhododendron besonders für große Gärten.

In den Listen sehen Sie hinter dem Namen die endgültige Höhe; in der zweiten Gruppe sind Rhododendren aufgeführt, die weniger groß werden als jene der ersten Gruppe.

Großblumige, immergrün, größer als 2 m

Rosa blühend
'Albert Schweitzer'	2-4 m
'Ammerland'	2 m
'Anna Rose Whitney'	4 m
'Arthur Bedford'	4 m
'Cheer'	2 m
'Christmas Cheer'	2 m
'Concorde'	2-4 m
'Constanze'	2 m
'English Roseum'	4 m
'Furnival'S Daughter'	2-4 m
'Hazel'	2 m
'Helen Johnson'	2-4 m
'Karin Seliger'	2 m
'Kokardia'	2-4 m
'Lem'S Monarch'	2-4 m
'Melpomene'	2 m
'Memoire'	2 m
'Mrs Charles Pearson'	2-4 m
'Omega'	4 m
'Pink Pearl'	4 m
'Rocket'	4 m
'Sugar Pink'	2-4 m
'Trude Webster'	2-4 m
'Van'	4 m
'Van der Hoop'	4 m

Neu gepflanzte Rhododendren brauchen Schatten. Wenn die Pflanzen älter sind, ist volle Sonne weniger schädlich.

Violett und lila blühend	
'Black Spot'	2 m
'Bluebell'	4 m
'Blue Jay'	2-4 m
'Boursault'	4 m
'Carola'	4 m
'Catawbiense Grandiflorum'	4 m
'Dorothy Amateis'	4 m
'Eva'	2-4 m
'Fastuosum Plenum'	4 m
'Hildegard'	2-3 m
'Hoppy'	2 m
'Humboldt'	2-4 m
'Lee'S Best Purple'	2-4 m
'Leopold'	2-4 m
'Mrs P.D. Williams'	2 m
'Nathalie'	2-4 m
'Nicholas'	2-4 m
'Nigrescens'	2 m
'Polarnacht'	2-4 m
'Purple Splendour'	2 m
'Rasputin'	2 m
'Windsor Lad'	2 m

Rot blühend	
'Betsie Balcom'	2 m
'Brittania'	2-4 m
'Caractacus'	4 m
'Crossroads'	2 m
'Cynthia'	4 m
'Fascination'	2 m
'General Eisenhower'	2–4 m
'Giganteum'	4 m
'Handsworth Scarlet'	2 m
'Johnny Bender'	2-4 m
'Lee'S Scarlet'	2-4 m
'Nicoline'	2-4 m
'Nova Zembla'	4 m
'Old Port'	2-4 m
'Oratorium'	2 m
'Sammetglut'	2-4 m
'Taurus'	2-4 m
'Thunderstorm'	2-4 m
'Wilgens Ruby'	2-4 m

Weiß blühend

'Argosy'	4 m
'Aurora'	4 m
'Bismarck'	2 m
'Catawbiense Album'	4 m
'Euterpe'	2 m
'Helena'	2-4 m
'Hyperion'	2-4 m
'Mme. Masson'	2-4 m
'Mrs. Lindsay Smith'	4 m
'Multimaculatum'	2-4 m
'Rothenburg'	2 m
'Schneebukett'	2-4 m

Gelb blühend

'Bernstein'	2-4 m
'Diana'	2-4 m
'Fred Hamilton'	4 m
'Goldica'	2 m
'Silvia'	2 m
'Trompenburg'	2 m
'Virginia Richards'	2-4 m

Immergrün, niedriger als 2 m

Rot blühend

'Abendglut'	50 cm
'Abendrot'	50 cm
'Aksel Olsen'	50 cm
'Bad Eilsen'	1 m
'Bambola'	1,50 m
'Bengal'	1 m
'Better Half'	1 m
'Buketta'	1 m
'Burning Love'	1 m
'Cheyenne'	1 m
'China Boy'	1,50 m
'Dido'	1 m
'Elizabeth'	1 m
'Fascination'	1 m
'Fandango'	1 m
'Flora'S Boy'	1 m
'Friedrich Deuss'	1 m
'Frühlingstraum'	1 m
'Juwel'	1 m
'Little Ben'	50 cm
'Lucy Brand'	1 m
'Mannheim'	1 m
'Monica'	1 m
'Peekabo'	50 cm
'Red Bewlls'	1 m
'Royston Red'	1 m
'Scarlet Wonder'	1 m
'Thomsang'	1 m
'Titian Beauty'	1,50 m
'Venetian Chimes'	1,50 m

Dunkelrot blühend

'Antje'	2 m
'Arthur Osborne'	1 m
'Impi'	2 m
'Carmen'	50 cm
'Oporto'	1 m

Weiß blühend

'Blewburry'	2 m
'Edelweiß'	1 m
'Emanuela'	2 m
'Hultschin'	2 m
'Ken Janeck'	1 m
'Lamentosa'	2 m
'Olympic Lady'	2 m
'Partyglanz'	1 m
'Pook'	1 m
'Schlaraffia'	2 m
'Schneekrone'	2 m
'Silberwolke'	1 m
'Tibet'	1 m
'Yaku Angel'	50 cm

Gelb blühend

'Balinda'	2 m
'Breslau'	2 m
'Ehrengold'	1 m
'Goldbuckett'	2 m
'Graf Lennart'	1 m
'Haida Gold'	2 m
'Hotei'	2 m
'Lachsgold'	2 m
'Libelle'	2 m
'Marietta'	2 m
'Moonstone'	1 m
'Nippon'	1 m
'Primula'	2 m
'Volker'	1 m

Hellrosa blühend

'Andre'	2 m
'Apfelblüte'	2 m
'April Glow'	2 m
'Bajazzo'	1 m
'Bow Bells'	1 m
'Brigitte'	2 m
'Doc'	2 m
'Harmony'	2 m
'Hydon Ball'	2 m
'Kantilene'	2 m
'Lumina'	2 m

Japanische Azalee,
Rhododendron japonicum

'Mancando'	2 m	'Honingen'	2 m
'Oberschlesien'	2 m	'Hydon Dawn'	2 m
'Oudijk's Sensation'	2 m	'Idomeneo'	2 m
'Rijneveld'	2 m	'Julischka'	2 m
		'Karin'	2 m
Dunkelrosa blühend		'Kimberley'	2 m
'Anuschka'	2 m	'Largo'	1 m
'Diadem'	2 m	'May Glow'	2 m
'Don Giovanni'	2 m	'Monika'	2 m
'Kantate'	2 m	'Papageno'	2 m
'Linda'	2 m	'Pink Cherub'	2 m
		'Pink Pebble'	1 m
Rosa blühend		'Polaris'	1 m
'Bad Zwischenahn'	2 m	'Psyche'	2 m
'Bashful'	2 m	'Rendez Vous'	2 m
'Berliner Liebe'	2 m	'Rosa Perle'	2 m
'Claudine'	2 m	'Rose Point'	50 cm
'Daniela'	2 m	'Rosita'	2 m
'Dormouse'	2 m	'Santana'	2 m
'Evelyn'	2 m	'Silver Sixpence'	2 m
'Frühlingsanfang'	2 m	'Super Star'	2 m
'Georg Stipp'	2 m	'Winsome'	2 m
'Hallelujah'	2 m		
'Himalaya Stern'	2 m		

Rhododendron japonicum (Syn. Azalea mollis)

Lila bis rosa blühend
'Belona'	2 m
'Bleurettia'	2 m
'Caroline Allbrook'	2 m
'Kalinka'	2 m
'Roselyn'	2 m
'Tatjana'	2 m

Laubabwerfende Rhododendren

Meistens wird diese Gruppe noch Azalea genannt. Dazu gehören der großblumige *Rhododendron japonicum* (Syn. *Azalea mollis*) und die herrlichen Knaphill/Exbury-Azaleen.

Gelb blühend, manchmal mit Weiß
'Adriaan Koster'	4 m
'Buttercup'	4 m
'Chevalier de Realli'	2 m
'Comte de Gomer'	4 m
'Evening Glow'	4 m
'Golden Eagle'	2 m
'Golden Sunset'	4 m
'Graciosa'	2 m
'Klondyke'	2 m
'Persil'	3 m
'Sun Chariot'	2 m
'T.J. Seidel'	4 m

Weiß blühend
'Ballerina'	2 m
'Silver Slipper'	4 m

Rot blühend
'Fanal'	4 m
'Feuerwerk'	4 m
'Feuerball'	4 m
'Radiant'	4 m
'Willem Hardijzer'	4 m

Orange blühend
'Babeuff'	4 m
'Christopher Wren'	4 m
'Goldflamme'	4 m
'Mrs Norman Luff'	4 m
'Royal Command'	4 m
'Tunis'	4 m

Immergrüne Azaleen

Diese sind nicht sehr frostempfindlich, verlangen aber einen geschützten Standort im Halbschatten.

Weiß blühend
'Adonis'	50 cm
'Bernina'	2 m
'Everest'	1 m
'Gumpo White'	30 cm
'Helen Curtis'	50 cm
'Luzi'	1 m
'Marie'S Choice'	50 cm
'Noordtiana'	1 m
'Palestrina'	1 m
'Schneeglanz'	1,50 m
'Schneewittchen'	1 m
'White Lady'	50 cm

Rot blühend
'Aladdin'	1 m
'Brunella'	50 cm
'Florida'	50 cm
'Galathea'	1 m
'Hino-Crimson'	50 cm
'Mme van Hecke'	50 cm
'Moederkensdag'	50 cm
'Red Pimpernel'	50 cm
'Rubinstern'	1 m
'Vuyks Scarlet'	1 m

Rosa blühend
'Allotria'	50 cm
'Anne Frank'	1 m
'Chippewa'	50 cm
'Double Beauty'	1 m
'Favourite'	1 m
'Girards Rose'	50 cm
'Little Princess'	30 cm
'Mme Boussaer'	1 m
'Rosalind'	1 m
'Silvester'	50 cm
'Vida Brown'	30 cm

Verschiedene Rhododendren. Am Bild kann man gut erkennen, daß die Rhododendren, vor allem in verschiedenen Farbkombinationen, einen geräumigen Platz brauchen.

Orange blühend

'Addy Wery'	1 m
'Ageeth'	1 m
'Nordlicht'	50 cm
'Orange Beauty'	1 m
'Orange Favourite'	1 m
'Satchiko'	50 cm
'Signalglühen'	1 m

Violett bis lila blühend

'Amoena'	75 cm
'Arendsii'	1 m
'Beethoven'	1 m
'Fumiko'	30 cm
'Ledicanense'	50 cm
'Purple Splendour'	1 m
'Purple Triumph'	1 m
'Yuka'	50 cm

Skimmia

Von der Skimmia gibt es männliche und weibliche Pflanzen. Um Beeren zu bekommen, braucht man beide. Die Blütenknospen befinden sich während des ganzen Winters am Strauch. Das lederartige Blatt bleibt im Halbschatten oder Schatten schön dunkelgrün. *S. japonica* wächst bis 1 m hoch; *S. foremanii* (jetzt auch: *S. jap.*) bis 80 cm.

Ulex

Siehe: „Sträucher von A bis Z"

Vaccinium – Preiselbeere

V. vitis-idaea ist ein immergrüner Strauch mit lederartigen Blättern, der bis 30 cm groß wird. Rote Früchte erscheinen im Herbst. *Vaccinium myrtillus* ist die blaue Heidelbeere. *Vaccinium macrocarpon* (Syn. *Oxycoccus macrocarpos*) ist die aus Amerika stammende Waldbeere oder Cranberry. Es ist eine niedrige, bodendeckende Pflanze mit großen roten Früchten. Oft in Kultur ist die Amerikanische Blaubeere, *Vaccinium corymbosum*, die sich sehr gut für große Heidegärten eignet.

Viburnum – Schneeball

Besonders *V. tinus* ist ein geeigneter Strauch für den Heidegarten. Geben Sie dieser Pflanze einen geschützten Standort. Sie bekommt Anfang des Frühjahrs rosa-weiße Blüten. Wie das bei der *Skimmia* auch der Fall ist, befinden die Blütenknospen sich den ganzen Winter am Strauch. Sie sind fast genauso schön wie die Blüte selber.

Zenobia

Z. pulverulenta (Syn. *Andromeda pulverulenta*) ist ein unregelmäßig wachsender Strauch, der halbimmergrün ist. Die weißen Glockenblüten erscheinen im Mai/Juni. Die Blätter sind lederartig.

19 Gartenentwürfe

Weil die Gegebenheiten immer unterschiedlich sind, braucht jeder Garten seinen eigenen Bepflanzungsplan. Jeder Gartenentwurf kann mit verschiedenen Pflanzen ausgefüllt werden, ganz nach den Wünschen des Gartenbesitzers. Der eine möchte viele Stauden in einer bestimmten Farbkombination, der andere bevorzugt viele Einjahrespflanzen oder ein natürlicheres Aussehen der Bepflanzung. Hecken können straff geschoren werden oder wachsen eben frei und natürlich.

Welch ein Glück: Durch die verschiedenen Wünsche und die unterschiedlichen Gegebenheiten gleicht kein Garten völlig dem anderen. Man kann in jedem Garten wieder andere Elemente genießen. Die Entwürfe in diesem Abschnitt haben eins gemeinsam: Das Haus war für den Entwurf immer der Ausgangspunkt. Den größten Teil des Jahres sehen Sie den Garten ja von den Fenstern und Türen aus. Nichts oder niemand kann Sie übrigens dazu verpflichten, blind einem Entwurf zu folgen. Deshalb geht es bei den folgenden Anregungen auch darum, Sie auf neue, ganz eigene Ideen zu bringen.

Dieser Garten wurde für ein Haus entworfen, das im Jahre 1912 gebaut wurde.

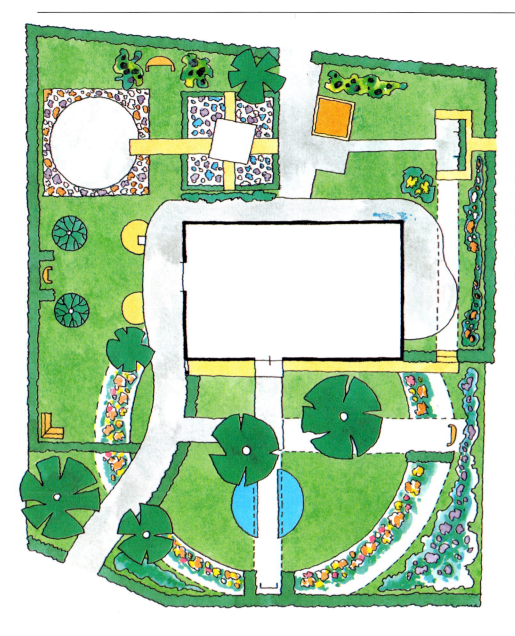

Wer in einem Bauernhof wohnt, verfügt meistens über ziemlich viel Platz. Dieser Garten, früher nur eine Bleiche, wurde ganz den Wünschen des neuen Besitzers angepaßt, während andererseits der Charakter des Gartens nach wie vor zur früheren Bestimmung des Hauses paßt.

Der Garten bei einer Villa vom Anfang des 20. Jahrhunderts

Merkmale

In dieser Periode hatten Gärten straffe geometrische Formen, oft mit vertieftem Erdgeschoß, farbenreichen Blüten und vielen Treppen. Die Sichtachsen sind ans Haus angeschlossen; vom Gartenzimmer und von einem der anderen Zimmer aus schauen die Bewohner bis ans Ende des Gartens.

Der Auftrag

Es sollte Platz für fußballspielende Kinder und für einen Hühnerstall mit Auslauf geben, einen altertümlichen Obstgarten mit Hochstammobstbäumen und eine Schnittblumenecke, und die Gemüsezucht durfte einen zentralen Platz haben. Kurz: die Besitzer wollten einen Gebrauchsgarten für die ganze Familie.

Der Entwurf

Im Entwurf wurden die Kinder berücksichtigt. Man bedachte aber auch, daß das Haus in Zukunft eine andere Bestimmung bekommen könnte. Das Haus bleibt vorläufig in der Mitte eines Rasens liegen; die Punktlinien bezeichnen nur die Sichtachsen. Die Kinder können jetzt schön spielen, aber dieser grüne Abschnitt läßt sich später problemlos in einen Blumengarten verwandeln. Auch der Hühnerstall bekam einen zentralen Platz. Gegenüber steht eine Gartenbank. Der Maschendraht des Hühnerstalls kann von Kletterpflanzen bewachsen werden. Eine Schnittblumenecke hinten im Garten wäre schade – sie darf ruhig gesehen werden. Hier stehen die

Blumen an der längsten Sichtachse entlang. Ans Ende kann wieder eine Gartenbank gestellt werden. Wer dort sitzt, hat einen herrlichen Blick. Die Obstbäume stehen hinter einer Hecke in einer Art von „Verstecktem Garten": ein herrlich ruhiger Platz, wo man unter den Bäumen schön lesen kann. Der große mittlere Abschnitt ist fürs Gemüse geplant worden. Die Gemüsepflanzen können nach Farbe und nach Form eingesetzt werden, aber die Hauptform kann auch mit Buxushecken gestaltet werden. Die Mitte kann mit einer großen Kugel, einer Sonnenuhr oder einer runden Gartenbank unter einem Sonnenschirm betont werden. Die Gartenbank darf schön groß sein, besonders wenn sie von einer hochwachsenden Taxushecke umgeben ist. Alle Pfade sind zwei Meter breit: Die meisten Leute gehen gern zu zweit nebeneinander durch den Garten. Wenn die Anlagekosten zu hoch sind, so kann die Pflasterung günstig in Kies ausgeführt werden.

Der schmale Streifen vor dem Hühnerstall ist mit Stauden aufgefüllt. Auch hier wurden wieder alle bunten Farben gemischt gebraucht. Am Ende der Diagonalen, die im mittleren Abschnitt entstehen, kann der Gartenbesitzer nach eigener Wahl eine Statue aufstellen. Das kann ein klassisches Stück sein oder aber ein moderneres. Blumenvasen aus der Zeit, als das Haus gebaut wurde, bilden eine gute Alternative. Vor den Hecken befindet sich noch ein kleiner freier Streifen, so daß sie problemlos beschnitten werden können.

Der Garten bei einem alten Bauernhof

Merkmale

Bauernhofgärten werden durch einfache Muster aus Kreisen und Vierecken charakterisiert. Sie haben viele Hecken und sind reich an Blüten in vielen Farben. Gemüse und Kräuter haben immer einen wichtigen Platz.
Bevor der Garten entworfen wird, müssen Sie sich entscheiden: Wollen Sie die umliegende Landschaft in den Gartenentwurf einbeziehen, oder wollen Sie die Landschaft, wenn sie weniger schön ist, gerade durch Hecken und Bäume aussperren. Bei diesem Garten wurde die letztere Möglichkeit gewählt.

Der Auftrag

Die Bewohner des Bauernhofs wollten einen Gebrauchsgarten mit Sitzmöglichkeiten, wobei die historischen Merkmale zu der früheren Funktion des Hauses passen sollten. Die Besitzerin arbeitet, also durfte er keine große Pflege beanspruchen. Darum wurde ein Garten mit vielen Heilkräutern und Stauden sowie einigen blühenden Sträuchern gewählt.

Gärten in der Stadt – besonders in den neuen Außenvierteln – werden meistens durch ihre straffen Formen charakterisiert, die auch noch überall in der Umgebung erscheinen. Die Einteilung des Gartens kann dieser Straffheit entgegenwirken oder sie gerade betonen, je nach den Wünschen der Bewohner. Es gibt natürlich auch sehr alte Häuser in der Stadt, und dann gilt wieder die Regel, daß der Garten dem Baustil des Hauses entsprechen soll. Das ist mit diesem Rokoko-Garten denn auch der Fall.

GARTENENTWÜRFE

Wem Gartenarbeit Spaß macht, für den ist es meistens kein Problem, einen ordentlichen Teil seiner Freizeit im Garten zu verbringen. Für den Besitzer dieses Gartens gab es keinerlei Beschränkungen im Bereich der Pflege – was man im endgültigen Entwurf auch deutlich erkennen kann.

Der Entwurf

Die unauffällige Haustür befindet sich an der Seite des Hauses. Um ihr eine zentrale Stellung zu geben, wurde ein kreisförmiges Beet im Vorgarten geplant, wobei die Tür der Mittelpunkt ist. Die bestehenden Bäume sind geblieben.

Das viereckige Gartenhaus (auf der Zeichnung Seite 421 in Braun) im Garten hinter dem Haus steht schräg. Diese Lage läßt sich in der Mitte des Renaissance-Beetes wiederfinden, das hier mit Heilkräutern aufgefüllt wurde.

Die große runde Terrasse in der Ecke ist von Schnittblumen umgeben. Es könnte hier noch ein Baum in die Mitte gepflanzt werden. Von einem zentralen Fenster in der Hinterfront aus ist ein schöner Durchblick auf die dahinterliegende Weide geplant. Sichtachsen laufen von der einen Gartenecke zur anderen. Das macht einen Spaziergang durch diesen mittelgroßen Garten so angenehm. Versuchen Sie in Ihrem eigenen Garten auch Sichtachsen zu gestalten: ans Ende sollten Sie immer eine Bank oder einen Blumentopf stellen.

Die Hecken in einem Bauernhofgarten dürfen nicht aus Taxus bestehen: Er ist giftig für Tiere. Eine Hecke mit Liguster, Buche oder Weißbuche ist eine bessere Wahl. Obstbäume sind für diesen Gartentyp charakteristisch, vorzugsweise Hochstammbäume. Das Gras unter den Bäumen muß nicht jede Woche gemäht werden. Zu einem Bauernhofgarten passen keine modernen Gartenmöbel aus Kunststoff, auch keine englischen Möbel aus Teakholz. Gartenmöbel aus Holz sollten angestrichen werden, am besten in der gleichen Farbe wie die Holzteile des Hauses. Die Pfade müssen nicht unbedingt mit kostspieligen Steinplatten angelegt werden: Kies auf einer Unterschicht genügt.

Die Linien in diesem Garten sind ganz nach den alten Auffassungen des Bauernhofgartens gestaltet worden: einfach, aus Kreisen und Vierecken bestehend. Wenn später mehr Zeit zur Pflege zur Verfügung steht, so können die Ecken der Vierecke immer noch mit Buxuskugeln aufgefüllt werden. Zu einem einfachen Entwurf gehört eine bunte Blumenmischung. Wer aber seinen Garten ruhiger gestalten will, der kann am Rande des großen Kreises nur eine einzelne Pflanzensorte einsetzen, zum Beispiel *Hosta* vor großen Stauden, oder *Aubrieta* vor niedrigeren Stauden.

Der Garten in der Stadt

Merkmale

Dieser Garten gehört zu einem Haus aus dem Jahre 1750, der Zeit des Rokoko, er enthält mehrere gleichwertige Achsen und Beete im Verhältnis 3:5. Eine geringe Asymmetrie ist erlaubt. Die Schnörkel, die zum Rokoko gehören, können in Mustern aus Buxus ausgeführt werden.

Der Auftrag

Der Garten von 10 x 10 m soll im Auftrag der Bewohner in erster Linie gebrauchsfreundlich sein und zum Haus passen.

Die Bewohner empfangen immer viele Gäste und möchten mit relativ vielen Leuten im Garten sitzen können. Die Pflege darf nicht zu aufwendig sein. Die häßlichen Gebäude im Hintergrund sollen unsichtbar gemacht werden. Wasser ist notwendig, um vom Verkehrslärm abzulenken: Der Garten liegt neben einer belebten Straße und einer Eisenbahnlinie.

Der Entwurf

Von den Fenstern des Hauses wurden drei Achsen gezogen, zwei davon führen zu einer Gartenbank. Die mittlere läuft zur Gartenmitte, wo sich eine Gartenlaube über einem vertieften Abschnitt befindet. In dessen Ecken stehen vier winkelförmige Bänke.

In der Hinterfront befindet sich ein Löwenkopf, aus dem Wasser in die Gartenmitte fließt. Fließendes Wasser ist in einem Garten in der Stadt sehr wichtig, um das Stimmengewirr der Menschen und den Verkehrslärm zu dämpfen. Fließendes Wasser wirkt auch beruhigend. Vier schmalwachsende Eichen (*Quercus robur* 'Fastigiata') wachsen hoch. Man wollte ja die häßlichen Hinterfronten den Blicken entziehen.

Die grünen Flächen bestehen aus *Taxus baccata*. Er kann in einer Höhe von etwa 60 cm flach geschoren werden. Die mittleren Flächen sind voller Blüten, weniger gut zum Stil passend, aber die Hausbesitzer wollten trotzdem ein farbenreiches Element im Garten. Die Pfade sind aus Kies, die Terrasse rechts vorne besteht aus Klinkern.

Wenn eine größere Gesellschaft in diesem kleinen Garten sitzt, so kann der Kiespfad um diese Terrasse als weiterer Sitzplatz genützt werden. Ringsum an allen Mauern wachsen Kletterpflanzen, die diesem jungen Garten ein grünes und blühendes Aussehen verleihen. An der Gartenlaube wurden immergrüne Geißblattpflanzen (*Lonicera japonica* 'Halliana') eingesetzt.

Auch im Winter soll ein Garten in der Stadt vom Haus aus attraktiv aussehen. Außerdem können Sie in einem derart abgeschlossenen Garten schon bald im Frühjahr sehr angenehm sitzen. Die Bäume tragen dann noch keine Blätter.

Gartenmöbel für einen Rokoko-Garten sollten vorzugsweise aus Gußeisen sein. Um auch im Winter einen attraktiven Garten zu haben, sollten einige Gartenmöbel stehenbleiben, und Gartenmöbel aus Gußeisen können alle Witterungsumstände gut vertragen, wenn sie gut gepflegt werden. Trotzdem sollten Sie vorsichtig sein: Gußeisen bricht sehr leicht.

Der Garten hinter einem freistehenden Haus

Merkmale

Wenn es sich um ein neues Haus handelt, kann mit neuen Materialien gearbeitet werden. Für diesen Garten wurde eine moderne Gestaltung mit viel Wasser, extrem breiten Pfaden und Sichtachsen und großen podestartigen Terrassen gewählt. Der Besitzer dieses Gartens wollte keine Blumenbeete.

Der Auftrag

Der Auftraggeber ist ein Gartenfreund und möchte ein großes Sortiment an Pflanzen, Wasserbecken und Pflasterung, um die Pflanzen gut erreichen zu können. Die Formen sollen zur Architektur des Hauses passen.

Der Entwurf

Um ein ruhiges Bild im Garten zu schaffen, wurden extrem breite Pfade gewählt – drei Meter breit. Der Pfad mündet in die Terrasse am Haus. Breite Pfade sehen schmaler aus, wenn sie vertieft angelegt werden. Diese wurden um 20 cm gesenkt. Auf der Kreuzung der Pfade befindet sich eine Pergola, die genauso hoch wie breit ist, also würfelförmig. Eine unbewachsene Pergola scheint immer zu hoch zu sein: Das richtige Verhältnis soll durch die Pflanzen entstehen. Symmetrie auf verschiedenen Seiten erzeugt ein ruhiges Bild, was hier auch notwendig ist, weil ein großes Sortiment an Pflanzen gewünscht wurde.

Der Rasen mit dem dreikantigen Wasserbecken wurde mit *Rosa* 'The Fairy' umsäumt, einer üppig blühenden, niedrigen, doppelblumigen rosa Rose. Die Hecken, die rechtwinklig zu den Wohnzimmerfenstern verlaufen, behindern den Blick auf den Garten nicht, schaffen aber eine große Tiefenwirkung im Garten.

In einem kleinen Garten hinter dem Haus gibt es genug Platz für den Gemüseanbau, und in der Ecke kann ein Komposthaufen angelegt werden. Zwei große Bäume wurden gepflanzt: *Liquidambar styraciflua* und *Gleditsia triacanthos* 'Sunburst'. Ersterer wurde wegen der herrlichen Herbstfarbe gewählt, letzterer wegen der wunderschön gefiederten gelben Blätter.

Bei einem einfachen Entwurf kann man später sehr leicht bestimmte Teile des Rasens umgraben und durch Bepflanzung ersetzen.

GARTENENTWÜRFE

Der Entwurf für diesen Garten ist auf die Grundsätze gegründet, die im Jugendstil galten. Wer für seinen Garten ein derartiges Thema wählt, kann die Formen mit allerhand Pflanzen auffüllen – nicht nur mit Stauden oder Ein- und Zweijahrespflanzen, sondern auch mit Kräutern und Gemüse.

Ein Viereck vom Anfang unseres Jahrhunderts

Merkmale
Um die Jahrhundertwende wurden Gärten oft symmetrisch angelegt: Kreise und Vierecke herrschten vor. Die Bepflanzung durfte blütenreich und gemischt in allen bunten Farben sein. Oft waren die Vierecke vertieft – die Böschungen eigneten sich gut für einen Blumenrand.

Der Auftrag
Dieser Garten paßt auch wieder zu der Zeit, als das Haus gebaut wurde, und hat fröhliche Blumen und eine Sitzgelegenheit im Schatten. Dabei wurde an eine Mauer für Mauerpflanzen gedacht.

Der Entwurf
Angelegt wurden Vierecke, 60 cm tief, umgeben von einer Mauer, an der Steinpflanzen wachsen können. Genau gegenüber den Treppen stehen Bäume, zu denen eine Bank gut paßt. Die Dreiecke sind durch hohe Hecken umsäumt, innerhalb derer eine einfache Bepflanzung aus Schneebeere (*Symphoricarpos*) angelegt wurde. Wer Beeren haben möchte, sollte die Sträucher ungeschoren lassen. Der Baum in der Mitte verlangt geradezu eine Bank! Obwohl die Anlage völlig symmetrisch ist, verläuft links auf der Zeichnung eine Hecke nach innen. Sie dient als Hintergrund für die Eckbank. Auf einer Bank in einem sonst völlig freien Raum will keiner sitzen. Dieses Gestaltungselement paßt in jeden Garten. Einer möchte lieber einen Blumenrand mit Stauden, ein anderer hat lieber einen Rand mit Einjahrespflanzen. Dieser Entwurf eignet sich auch für eine straffe Hecke ringsum, wodurch eine Art von Gartenzimmer entsteht. Der Baum in der Mitte kann fehlen. Aus den weißen Flächen können Wasserbecken gemacht werden, aber auch hohe Säulen für Kletterpflanzen. Sogar ein Gemüsegarten kann in diesen Grundplan einbezogen werden.

Ein langer, schmaler Garten bei einem freistehenden Haus

Merkmale

Lange Sichtachsen sind auf die Fenster und Türen des Hauses gerichtet. Der Garten hat gerade Linien, breite Pfade und ein einfaches Konzept. Es gibt relativ viel Bepflasterung und wenig Rasen. Blumenrabatten fehlen.

Der Auftrag

Die berufstätigen Besitzer wünschten sich einen pflegeleichten Garten mit viel Sichtschutz. Sie wollten ein Gartenhäuschen und ein Wasserbecken, viele Obstbäume und einen Gemüsegarten. Das Ergebnis ist ein ruhiger Garten in moderner Form.

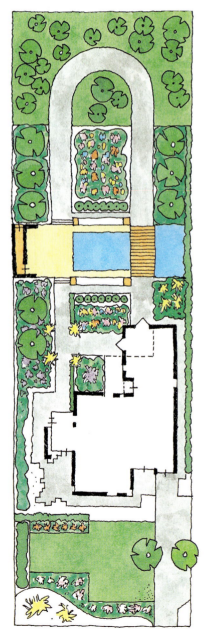

Auf den ersten Blick, wenn das Land noch brachliegt, scheint es schwer, einen so langen, schmalen Garten schön zu gestalten. Aus der Zeichnung geht aber hervor, daß auch ein Garten mit solchen zwingenden Maßen sehr phantasievoll angelegt werden kann.

Der Entwurf

Damit der Garten möglichst wenig gepflegt werden muß, wurde hinten im großen Garten Wald angepflanzt. Die Sichtachsen verlaufen bis in diesen Wald hinein. Es wäre schade, einen Gartenabschnitt voll zu pflanzen, so daß man später davon nichts mehr sehen kann. Es ist angenehm, am Wasserbecken sitzen zu können, und deshalb wurde das Gartenhäuschen am Wasserbecken geplant. Drehen Sie einen Gartenplan öfter; dadurch bekommen Sie ein Bild aus einer anderen Blickrichtung. Schauen Sie vom Gartenhäuschen über das Wasserbecken: Wenn ein Höhenunterschied angebracht werden kann, so ist das eine ausgezeichnete Gelegenheit, einen Wasserfall im Wasserbecken anzulegen. Auf beiden Seiten des Wasserbeckens wurden Säulen für Kletterpflanzen angebracht: Wenn man irgendwo zwischendurchblicken kann, so nimmt die Länge scheinbar zu. Meistens werden Terrassen am Haus angelegt.

Planen Sie die Terrasse wie hier neben dem Gartenhäuschen oder überhaupt mal an einer anderen Stelle im Garten. Das hat verschiedene Vorteile: Sie können Sonne oder Schatten wählen, und es ist auch schön, auf Ihr Haus zu schauen, statt mit dem Rücken zum Haus gewandt zu sitzen. Der Gemüsegarten liegt praktischerweise in der Nähe der Küche. Die Terrasse an der Vorderseite liegt hinter einer Hecke, aber so, daß Passanten von der Straße aus keinen Einblick haben. Wer darauf sitzt, kann dagegen Besucher sehen, sobald sie die Auffahrt betreten.

Auf der Straßenseite der Hecke stehen Stauden, damit das Haus fröhlich aussieht. An der Außenseite des Gartens stehen hohe Hecken und blühende Sträucher, abgewechselt mit immergrünen Sträuchern, die auch im Winter den Sichtschutz gewährleisten. Um die Pflege zu erleichtern, wurde viel Efeu als Bodendecker eingesetzt. Besonders unter Sträuchern im ziemlich tiefen Schatten gedeiht diese Pflanze so gut, daß fast kein Unkraut mehr hindurchwachsen kann.

Die Terrasse beim Gartenhäuschen wurde vertieft angelegt. Trotzdem kann man durch die Brücke über den Wasserfall den Garten mit einem Schubkarren überall erreichen. Denken Sie daran, daß der Garten auch für Rollstuhlfahrer zugänglich bleiben soll, auch wenn Sie Treppchen anlegen. Auch mit dem Schubkarren und dem Sprengwagen tut man sich so viel leichter.

20 Das Gartenornament

Gartenornamente sind in den letzten Jahren wieder ganz in Mode. Es gibt mittlerweile ein überwältigendes Angebot an Statuen, Bänken, Pergolen, Zäunen, Rosentoren und Gefäßen in allen denkbaren Größen, Farben und Materialien.

Eine Gartenvase aus Gußeisen paßt in eine Barock-Umgebung.

Nach dieser ersten Modewelle ist ein neuer Trend sichtbar: viele Gegenstände, die früher ausschließlich eine praktische Funktion hatten, werden jetzt als Ornament betrachtet. Das gilt zum Beispiel für Gestelle für Milchkannen und Trockenständer. Mit Ornamenten kann jeder Gartenbesitzer seiner eigenen Phantasie Lauf lassen. Die Auswahl an Gegenständen und Materialien ist in Gartencentern gewaltig, oft sind sie aber kostspielig. Darum lohnt sich in vielen Fällen das selbermachen. Mit altem Holz, das vorher gut angestrichen wird, Zink, Steinen oder Beton können Sie alles anfertigen, was Sie wollen.

Mit Hilfe der Bilder in diesem Abschnitt gewinnen Sie eine Vorstellung von dem, was alles möglich ist.

Diese Gartenbank aus Gußeisen stammt aus dem Rokoko. Auf der Detailaufnahme der Rückenlehne kann man sehen, wie schön die Bank konstruiert ist.

Eine Gartenvase aus dem Barock – am Fuß wächst Mauerlöwenmaul – kann gut auf eine Kreuzung von zwei Gartenpfaden gestellt werden.

geln. Ein solches für einen bestimmten Ort charakteristisches Ornament kann meistens nicht in Gärten an ganz anderen Orten übertragen werden. Im allgemeinen ist es für die Bewohner einer bestimmten Gegend und für Besucher viel schöner, etwas Spezifisches aus der eigenen Gegend vorzufinden.

Ort, Größe und Farbe

Wir können vor allem aus der Stelle, die man früher für einen bestimmten zierlichen Gegenstand wählte, etwas lernen. Stellen Sie ans Ende einer Sichtachse einen Blickfang: Dadurch ist man geneigt, zu dieser bestimmten Stelle zu gehen, auch wenn es sich um eine entlegene Ecke handelt. Ein Gegenstand an einer solchen Stelle oder einem entlegenen Gartenabschnitt hat zur Folge, daß der Garten optimal genutzt wird. Der Blickfang bestimmt die Blickrichtung, wodurch andere, vielleicht weniger schöne Stellen im Garten kaum auffallen. Das kann ein Stuhl sein, aber auch eine Statue, ein Kaninchenstall, eine Kinderschaukel oder ein großer Blumentopf. Das Ornament soll so groß sein, daß ein angemessenes Verhältnis zur Breite der Sichtachse besteht.

Charakteristisch für Perioden und Standorte

Von dem Augenblick an, als Ziergärten angelegt wurden, wurden Gebrauchsgegenstände, wie Gestelle zum Reinigen von Schuhen oder Zäune, so bearbeitet, daß sie nicht nur funktionell, sondern auch schön waren. So entstanden viele Zierschmiedearbeiten an Toren, Pergolen usw. Nur weil sie schön zu sehen waren, wurden Pavillons, Wasserbecken, Balustraden und Pagoden gebaut.

Oft werden Stilperioden nachgeahmt – das soll allerdings auf kritische Weise geschehen. Heute geschieht das nur in Gärten, die ganz in altem Stil rekonstruiert werden müssen. So versucht man zu verhindern, daß unterschiedliche Stilarten falsch kombiniert werden. Ein Gartenarchitekt wird zum Beispiel einen antiken Zaun aus dem 19. Jahrhundert nicht in den Garten eines Hauses aus dem 18. Jahrhunderts stellen. Aus demselben Grund sollten wir auch vorsichtig sein bei der Übertragung von Gegenständen aus anderen Kulturen. Die Venezianischen Gärten beispielsweise sind unter anderem attraktiv durch ihre Vogelkäfige mit Kanarienvö-

An einem einfachen Zaunpfahl aus dem 19. Jahrhundert wurden Ketten befestigt.

Ein „Spion" an der Mauer bietet einen schönen Blick vom Wohnzimmer aus auf den Garten.

Eisenwarenhandlung kann man mit wenig Phantasie einen eigenen Entwurf für einen Zaun, eine Pergola oder einen Pavillon für Kletterpflanzen machen. Außerdem ist das viel billiger als die fertigen Fabrikwaren des Gartencenters. Machen Sie selber einen Entwurf und gehen Sie damit zum Schmied, der die Konstruktion des herzustellenden Gegenstandes prüfen kann.

Altes Kinderspielzeug ist schon jahrelang ein beliebtes Sammelobjekt, aber merkwürdigerweise sieht man es selten im Garten.

Geben Sie ihm eine unauffällige Farbe, wenn es ein wenig zu groß sein sollte, und eine auffällige, eventuell sogar abstechende Farbe, wenn es ein wenig zu klein ist. Das Verhältnis kann auch verbessert werden, indem man hinter das Ornament ein Lattengestell oder eine Glasscheibe stellt.

Bepflanzung und Gegenstand

Berücksichtigen Sie beim Anbringen von Statuen und anderen Kunstgegenständen das Wachstum der Pflanzen: In einem neu angelegten Garten wirkt alles noch verhältnismäßig groß. Kaufen Sie deshalb in den ersten beiden Jahren nicht zu viele Kunstgegenstände. Wenn die Pflanzen ausgewachsen sind und für ein ruhiges Bild im Garten sorgen, werden die neuen Elemente in einer späteren Phase eine hübsche Ergänzung sein. Früher wurden für jeden einzelnen Garten Entwürfe für Gartenbänke, Balustraden, Gartentore und so weiter gemacht. Aus dem großen Angebot an Eisenmaterialien in der

Alt ist „in"

Bei Gartenfiguren denken wir oft an klassische Statuen. Wählen Sie bei einem neuen Haus aber eher eine moderne Statue eines modernen Künstlers. Oft glaubt man, daß Figuren oder andere Ornamente zu teuer sind, aber das braucht nicht immer der Fall zu sein – besonders nicht, wenn Sie noch unbekannte junge Künstler ausfindig machen.
Sie werden staunen, was andere Leute wegwerfen! Aus der Mode gekommene Gartenmöbel aus den fünfziger und sechziger Jahren wurden vor einigen Jahren als Sperrmüll behandelt, jetzt kann man sie auf Antikmärkten wieder für ordentliche Preise erwerben. Wer solche Dinge vor einigen Jahren selber aufgearbeitet hat, hat jetzt ein heißbegehrtes „Objekt" im Garten. Das gilt auch für die verfallenen und abgerissenen Gartenhäuschen, die man bis vor einigen Jahren umsonst mitnehmen konnte, die aber jetzt wieder in Mode sind und sogar wieder neu hergestellt werden.

DAS GARTENORNAMENT

Durch diese Pergola aus Metall kann man im Hintergrund die Veranda sehen. Das ist eine sehr deutliche „Sichtachse".

wintern müssen, ausschließlich frostbeständige Töpfe. Sorgen Sie immer dafür, daß überflüssiges Wasser aus dem Topf strömen kann, indem Sie eine Scherbe unten in den Topf legen und ihn etwas über den Boden stellen, indem Sie drei Kiessteine darunter legen. Wenn die Töpfe auf dem Boden stehen, graben Sie im Winter leere Konservenbüchsen ohne Deckel und Boden darunter ein. Kaufen Sie für den Garten Töpfe mit einem Durchmesser, der größer als 40 cm ist. Diese fallen bei Wind weniger schnell um, und man braucht weniger oft zu gießen. In einem Garten fallen zu kleine Töpfe kaum auf: Mit einem großen Topf erzielen Sie eine größere Wirkung als mit zehn kleinen. Ein Blumentopf im Schatten wird sich durch Algenwuchs bald grün verfärben. Reinigen Sie ihn lieber nicht: die grünen Töpfe passen besser zur Umgebung als die roten. Nach einigen Jahren erscheint eine kleine Moosschicht.

Sandstein

Sand- und Kalkstein sind weiche Steinsorten, die oft für Gartenstatuen verwendet werden. Die Frostbeständigkeit dieser Statuen ist sehr unterschiedlich, je nach Härte. Im Winter dürfen sie wohl im Freien stehen, vorausgesetzt daß sie trocken eingepackt werden (Schilfmatten, Kunststoffolie). Weiche Steinsorten werden schnell durch Moos bewachsen. Dieser Prozeß kann beschleunigt werden, indem man Buttermilch oder Joghurt über die Statue gießt.

Materialien und Kombinationen

Hier sollten Sie konsequent sein: Verwenden Sie nur wenige Materialien, zum Beispiel Beton und Metall oder Holz und Glas oder Plexiglas, oder eine Kombination aus Holz und Naturstein.

Holz kann der Heimwerker am leichtesten verarbeiten, es paßt aber manchmal schlecht zur modernen Architektur des Hauses. Eine Statue oder Vase aus Beton sieht nicht schön aus auf einem Lattenrost aus Holz. Wählen Sie dann lieber eine Unterlage aus Stein.

Materialien

Terrakotta

Blumentöpfe aus rotem, unglasiertem Ton werden schon sehr lange in Gärten verwendet. Dafür wählen wir meistens den Namen Terrakotta, einen Sammelbegriff für Keramikprodukte, meistens aus Mittelmeerländern. Die Stärke und Härte des Topfes und die Brenntemperatur bestimmen die Frostbeständigkeit. Eine Glasur macht den Topf unempfindlicher. Nehmen Sie für Pflanzen, die im Freien über-

Das Mauerlöwenmaul (Zimbelkraut – Cymbalaria muralis) paßt gut zu den alten Tonvasen und blüht den ganzen Sommer.

Seite 431: Ein spanischer Olivenölkrug. Setzen Sie vorzugsweise keine Pflanzen in Töpfen und Schalen ein, die sich dazu im ursprünglichen Gebrauch nicht eigneten.

DAS GARTENORNAMENT

Diese Wasservase aus Terrakotta stammt ursprüglich aus Ägypten. Die Vase ist sehr porös und muß im Winter ins Haus genommen werden.

Beton
Beton ist nicht erst heute ein Material für Gartenornamente: Bereits im vorigen Jahrhundert gab es künstliche Baumstämme aus Beton als Brückengeländer und sogar künstliche hohle Bäume mit einer Treppe im Stamm, auf der man hinaufgehen konnte. Nach der Moosbildung kann man diese Stämme nicht von richtigen Baumstämmen unterscheiden. Heute sieht man öfter Vogeltränken, Statuen und Mauerbecken aus Beton.

Schauen Sie sich für einen modernen Garten einmal den Prospekt eines Betonproduzenten an. Fertigelemente in verschiedenen Größen und Modellen sind erhältlich. Brauchen Sie zum Beispiel eine Wasserrinne, so stellt diese Fabrik vielleicht Rinnen für einen anderen Zweck her, die sich dazu eignen. Beton ist nicht schön, wenn er neu ist, aber nach einigen Jahren fangen verschiedene Flechtenarten zu wachsen an, sogar wenn dieses Material in der vollen Sonne steht. Gartenstatuen aus Beton sind meistens eher häßlich. Beim Gießen entstehen immer Luftblasen, wodurch Details oft schlecht herauskommen. In England wird eine Art von Kunststein hergestellt, der nicht gegossen, sondern von Hand in eine Form gepreßt wird. Bei Statuen aus diesem Material fallen die Konturen feiner aus. Auch sieht man in England oft Betonränder für Beete, man nennt sie „roped edge".

Holz
Gartenholz kann man in den letzten Jahren überall kaufen. Durch neue Imprägnierverfahren ist dieses Holz sehr lang haltbar. Von Lattenrosten im Garten soll allerdings abgeraten werden: Das Holz wird rutschig, vor allem im Schatten. Eingefräste Rillen verringern dieses Problem. Für Gartenbänke werden oft Hartholzarten verwendet: vor allem Teakholz, weil es leicht und elastisch ist. Das Fett im Holz macht die Bank wasserabstoßend, auch ohne Imprägnierung. Es entsteht ein grauer, silberartiger Glanz, der die Schönheit der Bank nur noch erhöht. Andere tropische Hartholzarten werden ebenfalls angeboten. Heute wird fast alles Hartholz als „Plantagenholz" verkauft. Eine Privatperson kann das nicht kontrollieren. Wenn Sie sicher sein wollen, kaufen Sie eine Bank aus „einfachem" europäischem Holz. Wenn sie gut gepflegt wird, hält sie ein Leben lang.

Rhabarbertöpfe aus Terrakotta sind nicht nur eine Zierde für den Garten, sondern haben auch noch einen großen praktischen Wert.

DAS GARTENORNAMENT

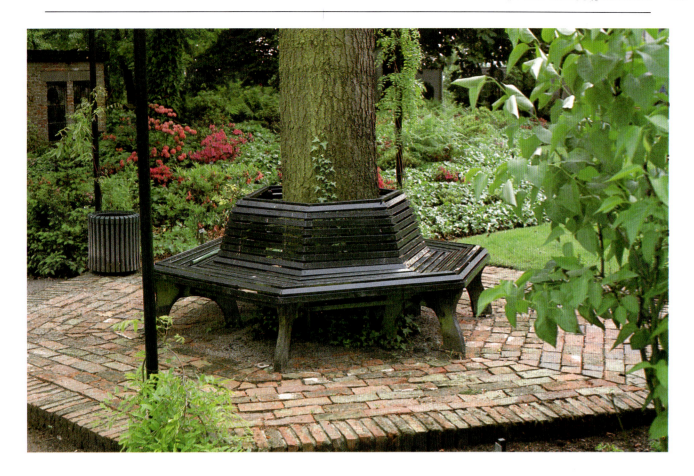

Orangeriebäume stehen oft in Holzkübeln oder Holzgefäßen. Die Kästen im Stil von Versailles zum Beispiel sind jetzt wieder überall erhältlich. Imprägnierte Gartenzäune aus europäischen Holzarten sehen erst schön aus, wenn sie angestrichen werden, vorzugsweise in den Farben des Hauses.

Gußeisen

Gußeisen wurde für Gartentore, Gartenbänke, Vasen, Säulen, Treppen und unzählige andere Elemente gebraucht. Bei Gußeisen rostet nur die obere Schicht. Gußeisen kann eine lange Zeit der Vernachlässigung vertragen: Denken Sie nur an die bekannten alten Stallfenster, die oft gar nicht angestrichen wurden. Die Pflege beschränkt sich auf einen Anstrich dann und wann. Heute kann man wieder verschiedene Gegenstände aus Gußeisen kaufen als Imitationen von antiken Vasen, Lebensbäumen über der Haustür, Gestellen zum Reinigen der Schuhe, Türklopfern, Beetzäunen usw.
Laternen aus Gußeisen gibt es wieder in allen Stilarten. Wählen Sie ein Modell, das zu Ihrem Haus paßt.

Eine Baumbank aus Holz soll vor Ort konstruiert werden und bleibt dann endgültig an ihrer Stelle.

Dieser Stiefelknecht aus Gußeisen hat die Form einer Schnecke.

Eine Lockgans, die einst für die Jagd gedacht war, ist eine Zierde im Wasserbecken. Die Schönheit von Rauhreif im Winter erhöht nur noch die Attraktivität.

Hocker aus Gußeisen lassen sich nur schwer bewegen. Lassen Sie sie also an einem festen Platz stehen.

Die Stühle im Empire-Stil sind aus Schmiedeeisen hergestellt, wobei ein zierliches Element aus Gußeisen hinzugefügt wurde.

wurde. Streichen Sie diesen Kasten in den Farben des Hauses und Sie erzielen auf eine billige, einfache Weise eine optimale Wirkung. Ein selber angefertigter Kasten aus Zink bietet den Pflanzen mehr Platz als gekaufte Kunststoffkästen. Sorgen Sie aber für eine gute Entwässerung bei diesen Kästen. Dazu schlagen Sie einfach mit einem Nagel kleine Löcher in den Boden.

Seien Sie vorsichtig mit Gestaltungselementen aus Gußeisen: Es ist äußerst zerbrechlich und kann nur schwer zusammengeschweißt werden.

Schmiedeeisen

Heutzutage bietet Schmiedeeisen eine Vielzahl an Möglichkeiten. Die Formen, die damit hergestellt werden können, sind meistens platt oder rund und können auf viele Weisen zusammengeschweißt werden. Im Gegensatz zum Gußeisen ist Schmiedeeisen weicher und rostet in Schichten. Um Durchrostung zu verhindern muß das Material galvanisiert oder regelmäßig gepflegt werden.

Zink

Zink ist ein preiswertes und biegsames Material: Dächer von Gartenschuppen oder Gartenlauben können sehr gut daraus hergestellt werden. Das ist eine schöne Abwechslung zu den Wellblech- und Asphaltdächern. Der Glanz von neuem Zink ist nach einigen Monaten schon verschwunden.
Auf eine Gartenmauer kann man leicht einen Blumenkasten stellen, der nach Maß angefertigt

Bronze

Bronze war im vorigen Jahrhundert beliebt für Kunstwerke im Garten, besonders in England. Im Gegensatz zu Kupfer dauert es lange, bis der Bronzeguß sich verfärbt hat. Bronze ist ein kostspieliges

Zäune aus Schmiedeeisen sollen immer gut angestrichen sein, um Durchrostung zu verhindern.

Ein Gartenhaus aus Holz in der Form eines türkischen Zeltes vom Anfang unseres Jahrhunderts.

Material, aber für eine zentrale auffallende Stelle im Garten darf der Preis schon mal etwas höher sein. Außerdem hält Bronze ein Leben lang. Im Winter können die Statuen einfach im Garten stehenbleiben.

Blei

Schon im klassischen Altertum wurde für Gartenornamente Blei verwendet. Statuen aus Marmor wurden in Blei nachgeahmt, weil dieses Material frostbeständig ist. Während des Barock wurden die Ornamente mit Salpetersäure behandelt, um sie weiß zu machen. Auf diese Weise ähnelten sie den Statuen und Vasen aus Marmor. Blei bekommt einen herrlichen silbergrauen Glanz und braucht nicht gepflegt zu werden.

Natürliche Ornamente

Beschnittene Pflanzen in Form von Hecken, Würfeln, Laubengängen, Kugeln usw. sind preiswerte und nach eigenen Ideen zu gestaltende „Skulpturen". Sie brauchen schon ein gewisses Vorstellungsvermögen: Das endgültige Ergebnis läßt noch viele Jahre auf sich warten.

Pflanzen, die sich für den Formschnitt besonders gut eignen, sind Buxus und Taxus, aber auch die immergrüne *Lonicera nitida* kann in (allerdings etwas unregelmäßigere) Formen gestaltet werden, während *Carpinus betulus* 'Fastigiata' in Form von hohen geraden Säulen geschnitten werden kann. Würfel, Kugeln, Säulen und Pyramiden sind leichte Formen für den Anfänger. Bären, Pfauen und andere Formen erfordern großes Fachwissen und vor allem auch vorherige Erfahrung mit einfacheren Formen. Nur wenige Gärtnereien sind darauf spezialisiert.

Einen Würfel zum Beispiel aus Buxus können Sie auch für einen einfachen Betonsockel benutzen, den Sie in den Buxus stellen, so daß dadurch ein breiter Sockel für eine Statue oder Sonnenuhr entsteht. Sie können auch wunderschöne Nischen in die Hecken schneiden, in denen eine Statue oder Bank stehen kann. Dadurch entsteht eine Harmonie zwischen dem Gegenstand und seiner Umgebung. Der Betrachter bekommt den Eindruck, daß der betreffende Gegenstand genau an diese Stelle gehört.

21 Praktische Gartentips

Wer einen Garten neu anlegt oder neu gestalten möchte, hat schon bei der Planung viel Freude: Er muß sich über die vielfältigen Möglichkeiten in Gartenbüchern und Zeitschriften orientieren, in denen alle Neuigkeiten beschrieben werden.

Trotzdem kann man nicht alles in Büchern und Zeitschriften nachschlagen, weil viele Aspekte des Gärtnerns erst in der Praxis auftauchen. Darum haben wir im folgenden praktische Tips von Hobbygärtnern in Hülle und Fülle für Sie gesammelt.

Unkraut und Beschlag

Beschlag auf Steinplatten und Pfaden
Algenbeschlag auf den Steinplatten Ihres Gartenpfades können Sie entfernen, indem Sie mit Wasser und Besen scheuern. Die Pfade sollen gut gepflegt und am besten jede Woche gescheuert werden. Eine neue und bessere Methode ist die Hochdruckspritze. Damit können Sie den Beschlag schnell entfernen.

Mit der Stoßhacke arbeiten und jäten
Für das Entfernen von Unkraut brauchen Sie eine scharfe Stoß-, Zieh- oder Schlaghacke. Die beste Zeit zum Schuffeln und Jäten ist der Morgen. Das Unkraut löst sich dann und kann den ganzen Tag verdorren, so daß es sich abends leicht entfernen läßt.

Unkraut
Regelmäßige Pflege ist die beste Methode, um Unkrautverbreitung zu verhindern. Die Stoßhacke können Sie da einsetzen, wo die Pflanzen und Blumen nicht eng zusammenstehen. An anderen Stellen kann man nur jäten. Mit guten Gartengeräten aus einer Eisenwarenhandlung oder einem Gartencenter können Sie alles entfernen.

Klettenlabkraut (*Galium aparine*)
Das ärgerliche und stark wuchernde Klettenlabkraut läßt sich am leichtesten mit einer einfachen Harke entfernen. Sogar wenn es zwischen anderen Pflanzen wächst. Erledigen Sie diese Arbeit, bevor diese Kletterpflanze zu hoch ist und sich der neue Samen gebildet hat!

Kultivator

Stoßhacke oder Schuffel

Harke oder Rechen

PRAKTISCHE GARTENTIPS 437

Pflanzen in Töpfen und Kästen

Das Einpflanzen in Blumenkästen

Kaufen Sie zum Bepflanzen und Umtopfen von Blumenkästen immer frische Topferde. Bei gebrauchter Erde besteht die Gefahr, daß sich schon Krankheiten darin befinden. An abgepackter Erde kann man leicht sehen, um welchen Typ es sich handelt und welche Herkunft sie hat. Nehmen Sie nie Erde direkt aus dem Garten: Sie hält nicht genügend Wasser fest, wodurch die Pflanzen in den Kästen leiden können.

Die Form von Containern

Setzen Sie Kübelpflanzen nie in Töpfen oder Vasen ein, die oben zu eng sind. Das Umtopfen einer ausgewachsenen Pflanze ist nicht mehr möglich, weil der Wurzelballen zu breit wird.

Größen von Töpfen und Kästen

Kaufen Sie statt vieler kleiner Blumentöpfe nur zwei große und stellen Sie diese symmetrisch auf. Das wirkt viel besser.

Säen, neue Bepflanzung und Kompost

Etikettieren

Gärtnerei-Etiketten aus Pappe sind durch Witterungseinflüsse nach einiger Zeit meistens unleserlich geworden. Damit Sie nicht vergessen, welche Pflanze Sie eingesetzt haben, können Sie Ihre eigenen wetterbeständigen Etiketten anfertigen. Schreiben Sie die Pflanzennamen mit Bleistift auf Etiketten aus Kunststoff.
Wenn Sie vorher das Etikett mit feinem Sandpapier etwas aufrauhen, bleibt es sehr lange leserlich.

Schutz vor Vögel und Katzen

Im Frühjahr, wenn gerade eingesät wurde, ist die Gefahr groß, daß Vögel und Katzen es auf Ihre Samen abgesehen haben. Um zu verhindern, daß die Samen schnell verschwinden, können Sie Maschendraht oder Gärtnervlies verwenden.
Auch Obst ist für Vögel ein beliebter Leckerbissen. Bäume, Sträucher und andere Pflanzen können Sie mit Maschendraht oder einem Netz schützen. Netze haben den Nachteil, daß sie manchmal so eng am Strauch liegen, daß die Vögel die Früchte doch noch erreichen können (siehe auch: „Kräuter, Obst und Gemüse" in diesem Abschnitt).
Eine Lösung für kleine Pflanzen ist ein Nylonstrumpf. Strumpfhosen sind sehr stark und doch weich genug, um die Pflanzen nicht zu beschädigen.

Kompost

Um die Belüftung in einem Komposthaufen zu fördern, sollten Sie am besten Stroh und Zweige auf den Boden legen. Darauf schlichten Sie in Schichten die verschiedenen Abfallsorten. Wenn die Schicht etwa 20 cm dick ist, streuen Sie ein wenig Kalk und eventuell etwas Gartenerde darauf.
Der Komposthaufen soll immer schön feucht sein. Dann fangen Sie wieder mit neuen Schichten an. Der Komposthaufen schrumpft durch Zersetzung. Um die Kompostierung zu beschleunigen, empfiehlt es sich, ihn umzusetzen. Die untere Schicht ist dann oben, die obere unten.
Mit einem Komposthaufen können Sie die „Biotonne" einsparen. Alle organischen Abfälle werden zu wertvoller Erde. Ein kleiner Komposthaufen oder Kompostcontainer paßt sicher, ein Stück vom Haus entfernt, in irgendeine schattige Ecke Ihres Gartens.

Bodenarten

Lehmboden bleibt lange naß und kalt. Sie können erst spät pflanzen und säen. Er ist oft kalkreich und enthält viele Nährstoffe.

Dieser Boden eignet sich unter anderem für Obstbäume und Kohl.

Sandboden ist in der Regel arm an Nährstoffen und organischem Stoff und dörrt darum bald aus. Bodenverbesserung erreichen Sie mit organischem Dünger und Torfmull oder Torfstreu. Weil Sandboden sich schnell erwärmt, können Sie schon früh mit Säen und Pflanzen anfangen.

Moorboden besteht aus Humus. Er hält also viel Wasser fest. Hochmoorböden sind sauer und kalk- und nährstoffarm. Niedermoorböden sind neutral und mineralstoffhaltig. Rhododendren, Azaleen und Heidepflanzen gedeihen sehr gut auf saurem Moorboden. Den Kalkgehalt können Sie erhöhen, indem Sie jährlich im Winter Kalk streuen.

Eine ideale Bodenart ist die Mischung von Sand und Lehm.

Nährstoffe

Kompost, Dünger, Humuserde und Torf sind wichtig für den Humusgehalt. Humus entsteht durch zersetzte Pflanzen und Tierreste und bildet den „Lagerplatz" für Nährstoffe und Feuchtigkeit. Manche Bodenarten enthalten von Natur aus viele Nährstoffe, aber manchmal muß doch noch gedüngt werden, organisch oder anorganisch. Die Anwendung von ausschließlich anorganischen Düngemitteln ist nicht richtig, weil dadurch der Humus-Gehalt schwindet und die Bodenorganismen und Bakterien kein „Futter" bekommen.

Umpflanzen

Wenn Sie beim Umpflanzen feststellen, daß die Pflanzenwurzeln sehr lang sind, schneiden Sie sie ruhig ein Stück ab.

Setzen Sie Pflanzenwurzeln nie Sonne und Wind aus. Sorgen Sie also beim Umpflanzen für ein feuchtes Tuch, womit Sie die Wurzeln abdecken, solange sie über der Erde sind. Tauchen Sie trockene Wurzeln kurz vor dem Einpflanzen in einen Eimer mit Wasser.

Blumenzwiebeln und Knollen

Blumenzwiebeln pflanzen

Wenn Sie Blumenzwiebeln gepflanzt haben, legen Sie am besten feinen Maschendraht darüber. Vögel und Katzen können sie dann nicht erreichen, und die Pflanzen wachsen einfach durch den Maschendraht hindurch. Wenn die Triebe über der Erde erscheinen, sollten Sie mit getrocknetem Dünger oder gemischtem Dünger mit wenig Stickstoff leicht düngen.

Die Pflanztiefe

Pflanzen Sie Blumenzwiebeln doppelt so tief wie der Durchmesser der Knolle oder Zwiebel ist. Eine Tulpenzwiebel mit einem Durchmesser von 5 cm kann also 10 cm tief gepflanzt werden. Befolgen Sie die Anweisungen auf der Verpackung.

Das Aufbewahren von Blumenzwiebeln

Nach dem Ausgraben werden die Zwiebeln und Knollen zuerst getrocknet und gereinigt. Dann hängen Sie sie an eine trockene und kühle Stelle, die natürlich frostfrei ist. Manche Blumenzwiebeln, wie Tulpen, Narzissen und Gladiolen, müssen an einer Stelle mit viel Wind, aber ohne Sonne getrocknet werden.

Umpflanzen von Blumenzwiebeln

Manche Blumenzwiebeln, die im Haus geblüht haben, können ins Freie gepflanzt werden (Hyazinthen, Krokusse und Narzissen). Tulpenzwiebeln haben allerdings nach der Blüte wenig Wert. Hyazinthen, die in Hyazinthengläsern gezogen wurden, haben oft keine Lebenschancen mehr.

Ein- und zweijährige Pflanzen

Einkauf von Einjahrespflanzen

Wenn Sie im Sommer einjährige Sommerblumen kaufen wollen, wählen Sie am besten nicht die Pflanzen mit den meisten Blüten, denn die leiden am meisten unter dem Übergang vom Gewächshaus zum Garten oder Balkon.

Einjahrespflanzen während der Blüte

Es ist ein herrlicher Anblick, wenn Ihre Pflanzen im Sommer üppig blühen. Blühende Pflanzen brauchen vor allem Phosphor und Kalk und wenig Stickstoff. Stickstoff fördert zwar den Blattwuchs, aber die Pflanzen werden dadurch auch empfindlicher.

Das Einsetzen der Einjahrespflanzen

Wenn Sie Einjahrespflanzen – auch Gemüse und Kräuter – setzen, müssen Sie zuerst dafür sorgen, daß Sie die Erdballen mit Wasser durchtränken. Die meisten Pflanzen sind trocken, wenn Sie sie kaufen. Stellen Sie die Pflanzen ins Wasser. Daß der Wurzelballen gesättigt ist, erkennen Sie daran, daß keine Luftblasen mehr hochsteigen. Sorgen Sie auch dafür, daß nach der Pflanzung ausreichend gegossen wird.

Zweijährige Pflanzen

Zweijahrespflanzen werden im Frühsommer des ersten Jahres gesät und blühen im zweiten. Stockrosen und Fingerhut zum Beispiel können Sie schon im Mai einsäen. Andere Sorten, wie Gänseblümchen, Goldlack und Vergißmeinnicht können im Juli gesät werden. Die beste Stelle für Zweijahrespflanzen ist ein sonniger Standort in feuchter Erde. Schneiden Sie die Pflanzen gleich nach der Blüte ab. Das verhindert zu starke Ausbreitung durch Samenbildung. Achten Sie darauf besonders bei Silberblatt, Königskerze, Fingerhut und Riesenbärenklau (Herkulesstaude).

Selber säen

Einjährige Pflanzen können Sie selber säen. Dabei gibt es zwei Methoden: die Pflanzen in kleinen Behältern oder Töpfen unter Glas säen und später im Freien einsetzen, oder sofort draußen säen. Wenn Sie die Methode unter Glas wählen, so haben Sie den Vorteil, daß die Pflanzen früher gesät

werden können und folglich auch früher blühen. Unter „warmem" Glas können Sie schon im Februar zu säen anfangen, im März unter „kaltem". Je früher Sie mit Säen anfangen, um so weiter haben sich die Pflanzen entwickelt, wenn sie ins Freie gepflanzt werden. Zum Keimen brauchen die Samen meistens kein Licht. Sobald die Keimlinge sichtbar sind, benötigen sie viel Licht.

Wenn Sie gleich im Freien säen, so können Sie am besten mit den stärkeren Sorten anfangen – zum Beispiel mit Sonnenblume, Ringelblume, Aster und Kapuzinerkresse. Sie können draußen im April/Mai zu säen anfangen.

Marmeladengläser als „Gewächshäuser"

Werfen Sie alte Marmeladengläser nie weg, sondern nutzen Sie sie als Glasglocke, unter der Sie junge Keimlinge schützen können.

Kletterpflanzen

Ein Standort für Kletterpflanzen

Kletterpflanzen können Sie vor einer kahlen Mauer, einer Pergola oder einem Bretterzaun einsetzen. Die üblichste Kletterpflanze ist der Efeu. Er ist ein starker, anspruchsloser grüner Kletterer, der schnell wächst und sich auch als Bodendecker eignet. Auch im Winter bleibt er grün. Auch Clematis kann gepflanzt werden. Sie wächst schnell und überwuchert alles. Pflanzen Sie *Clematis vitalba* nur an Stellen, wo es genug Platz gibt. Die Blüten dieser Clematis sind weiß. Kletterpflanzen besitzen Saugnäpfe, kleine Wurzeln, Stengel oder Blattstengel, mit denen sie klettern können, aber es gibt auch „Kletterpflanzen", die nicht klettern können. Diese müssen angebunden werden.

Kletterpflanzen können auch in Blumenkästen auf die Terrasse oder den Balkon gestellt werden – die einjährigen Kletterer in länglichen Blumenkästen, die Kletterrose und das Geißblatt in größeren Kästen.

Ein Rosentor als Nische

Ein Rosentor kann auch an eine Mauer gestellt werden. So entsteht ein schöner Platz für eine Blumenvase oder eine Gartenstatue (siehe Abbildung). Wenn keine Mauer vorhanden ist, kann die Rückseite mit Maschendraht bespannt werden, um die gleiche Wirkung zu erzielen.

Schlingpflanzen

Es gibt linksdrehende und rechtsdrehende Pflanzen. Beispiele für linksdrehende Pflanzen sind die Stangenbohne, die Schwarzäugige Susanne und die Prunkwinde. Rechtsdrehend sind das Geißblatt und der Hopfen. Siehe auch bei *Wisteria*, im Kapitel „Kletterpflanzen von A bis Z". Die meisten Kletterpflanzen werden zu nahe vor einer Mauer eingesetzt, aber das ist nicht immer eine geeignete Stelle. Der Boden beim Fundament ist schlecht und meistens trocken. Pflanzen Sie deshalb nicht zu sehr in die Nähe der Mauer und graben Sie ein geräumiges Pflanzloch, das mit guter Erde aufgefüllt wird, eventuell mit Topferde und/oder Kompost vermischt.

Der Steingarten

Die richtige Stelle

Steingartenpflanzen können am besten im Frühjahr eingesetzt werden. Die Gefahr, daß sie erfrieren, tritt dann nicht auf. Wenn Sie Rollsplitt zwischen die Pflanzen streuen, erreichen Sie nicht nur eine natürliche Wirkung, sondern haben auch andere Vorteile. Das Regenwasser strömt nicht weg, die Erde trocknet weniger schnell aus, Unkraut hat eine geringere Chance, und es gibt nicht so viele Schnecken. Einige Steingartenpflanzen wachsen ausgezeichnet im Schatten. Daß sie mittels Steinen an einer höher gelegenen Stelle eingesetzt werden, ist günstig für die Entwässerung, denn wenn die Pflanzen zu lange im Wasser stehen, können die Wurzeln faulen. Wenn die Steingartenpflanzen nicht an einer höher gelegenen Stelle stehen, so können Sie vielleicht eine Dränageschicht aus Schutt anlegen. Auch so kann das Wasser schnell wegfließen. Der Schutt verschwindet nach einiger Zeit im Boden. Bringen Sie also wenn nötig eine neue Schicht auf. Steingartenpflanzen haben lange Wurzeln, es ist daher manchmal schwer, sie unbeschädigt aus dem Boden zu entfernen. Darum ist es wichtig, daß Sie vorher die richtige Stelle für die Pflanze aussuchen.

Steingartenpflanzen haben meistens mehr Probleme mit zu viel Feuchtigkeit als mit Frost. Empfindliche Pflanzen können mit einer kleinen Glasscheibe geschützt werden. Weil zuviel Wasser schlecht für die Pflanzen ist, sollten Sie nach einer langen trockenen Periode jeden Tag ein wenig bewässern – statt einer einmaligen großen Wassergabe.

Stauden, Farne und Hecken

Die Blütezeit von Stauden

Sie können die Blütezeit von Stauden verlängern, indem Sie einige Blütenstengel um 30 cm zurückschneiden. Schneiden Sie die Stengel unregelmäßig über die Pflanzen verteilt ab. Die beschnittenen Stengel werden sich verzweigen, neue Blütenknospen bilden und später blühen als die unbeschnittenen Triebe.

Ergänzung zu den Stauden

Zwischen den Stauden können Sie auch einige Einjahrespflanzen einsetzen (im Juni), damit Sie keine häßlichen Lücken bekommen.

Das Pflanzen und Stützen von Stauden

Stauden hängen manchmal schlaff oder werden so hoch, daß sie extra abgestützt werden müssen. Die Stengel können an Stäben angebunden werden. Manchmal reicht auch Reisig, vor allem wenn die Wuchsart der Stauden buschig ist. Das Reisig soll neben der Pflanze in den Boden gesteckt werden. Einige Stauden hassen nahrhaften, humosen Boden. Am liebsten haben sie einen Boden mit Mauersand oder Rollsplitt. Bewässern Sie tüchtig. Besonders im Frühjahr ist das notwendig. Bevor Sie zu pflanzen oder säen anfangen, feuchten Sie die Erde an. Kurz nach dem Einpflanzen brauchen die Pflanzen viel Wasser!

Ein ordentlicher Zwischenraum zwischen den Pflanzen ist wichtig für die üppige Entwicklung. Für die großen Pflanzen reservieren Sie zwei oder drei Exemplare pro Quadratmeter, für die mittelgroßen drei bis sechs und für die kleinen Sorten sechs bis zehn Pflanzen.

Farnarten

Es gibt Farne, die nur 20 cm groß werden, es gibt aber auch solche, die mehr als 100 cm hoch wachsen.
Farne wachsen oft ausgezeichnet in ziemlich dunklen Gärten, aber es gibt auch Arten, die an sonnigen und trockenen Stellen besser gedeihen. In den meisten Fällen aber stehen Farne doch gerne an einem schattigen Standort. Siehe: „Gräser, Farne und Bambus"

Hecken beschneiden

Fast jeder hat die Neigung, Hecken an der Unterseite stärker zurückzuschneiden als oben. Eigentlich sollte das nicht sein: Wenn die Unterseite etwas breiter ist, bekommen die unteren Zweige auch mehr Sonnenlicht. (Siehe Skizzen Seite 442)

gut   *nicht optimal*   *falsch*

Rosen

Rosen

Rosen wachsen nicht nur im Garten, sondern auch auf dem Balkon. Nehmen Sie dazu einen großen Topf oder Kasten mit reichlich Topferde. In einem kleinen Topf oder Kasten wachsen und blühen sie nur schlecht. Verblühte Rosen müssen regelmäßig abgeschnitten werden. Großblumige und Zwergrosen haben so eine längere Blütezeit. Bei einmalig blühenden Rosen hat abschneiden natürlich keinen Zweck.

Das Beschneiden von Rosen

Die beste Periode zum Beschneiden ist März. Schneiden Sie nicht früher, denn dann besteht die Gefahr, daß sie erfrieren. Wenn Sie später schneiden, hat das zur Folge, daß die Sträucher später treiben. Nur einmal blühende Kletterrosen können am besten gleich nach der Blüte, im Juni/Juli, beschnitten werden. Kurz abschneiden ist gut für schlecht wachsende Rosen. Vergessen Sie auch nicht zu düngen.

Heide

Der geeignete Boden

Heide wächst am besten auf humosem, saurem Boden. Wenn Ihr Garten sich nicht für Heide eignet, so kostet es viel Mühe die richtige Bodenart zu schaffen. Dazu braucht man vor allem viel Gartentorf. Nehmen Sie schon verrottete Torferde, denn Torfmull zersetzt sich schneller und enthält weniger organische Stoffe. Der Torf soll, mit einer Schaufel Sand, mit der Muttererde vermischt werden. Ein Heidegarten auf Lehmboden gelingt ebenfalls schwer, denn Lehm ist kalkreich. Heide wächst nicht im Schatten, sondern am liebsten an Stellen, die den ganzen Tag von der Sonne beschienen werden. Die Pflanzen müssen ab und zu gedüngt werden. Wenn das Laub der Heidepflanzen sich gelb verfärbt, so bedeutet das, daß es zuviel Kalk im Boden gibt, wodurch die Pflanzen kein Eisen und Magnesium aufnehmen können.

PRAKTISCHE GARTENTIPS 443

Heide auf kalkreicheren Böden
Es gibt Sorten, die einen einigermaßen kalkreichen Boden vertragen. Das sind *Erica carnea* und *Erica darleyensis* – im Winter blühende Heidesorten. Am besten pflanzen Sie die Heidepflanzen im Herbst oder Frühjahr.

Heide pflanzen
Pflanzen Sie Heide nicht zu flach, denn wenn sie nicht tief genug steht, ist sie zu locker im Boden, verdorrt und kann nach einiger Zeit absterben.

Heide beschneiden
Heide soll jährlich beschnitten werden. Im Sommer oder Herbst blühende Heide wird im März geschoren. Im Winter und Herbst blühende Heide soll gleich nach der Blüte beschnitten werden. Sie müssen jeden Zweig einzeln behandeln und abschneiden.

Wasser im Garten

Algen
Algen im Wasser sind ein großes Problem. Sie bilden sich vor allem im nährstoffreichen oder zu warmen Wasser. Deshalb werden sie begünstigt durch zu hohen Fischbesatz (Fischkot), zu flaches Wasser (das sich zu schnell erwärmt), zu wenig andere Pflanzen (vor allem Unterwasserpflanzen) und Laub von Bäumen, das ins Wasser fällt und damit Nährstoffe liefert.

Ein Springbrunnen
Ein Springbrunnen im Wasserbecken ist nicht nur schön, sondern auch nützlich. Er bringt Sauerstoff ins Wasser. Für schwimmende Wasserpflanzen ist sich bewegendes Wasser ungünstig.

Biologisches Gleichgewicht
Das richtige biologische Gleichgewicht im Wasserbecken läßt sich nur schwer herstellen. Die wichtigsten Elemente sind Wasser, Beckentiefe und Pflanzentypen.
Lassen Sie das Becken langsam mit Wasser vollaufen. Setzen Sie die Ufer- und Wasserpflanzen ein, die Fische einige Zeit später.

Ein kleiner Garten und trotzdem ein Wasserbecken?
Heben Sie quer durch den Garten einen langen Graben aus. Darüber legen Sie einen Gitterrost. Dies erfüllt eine doppelte Funktion: Pfad und Wasser an derselben Stelle. Wasser mit einem Gitterrost können Sie auch im Gewächshaus anlegen. So nutzen Sie den Raum gut.

Ein Wasserbecken aus Kunststoffolie
Legen Sie vor der Anlage des Wasserbeckens aus Folie zuerst eine harte Unterlage aus Beton an, in der Mitte des Beckens. Legen Sie dann die Folie auf. Jetzt können Sie ein Kunstwerk oder eine Blumenvase in die Mitte des Beckens stellen, ohne daß eine Senkung entsteht. Ein schwerer Kasten, in den Sie Wasserpflanzen einsetzen, kann durch die feste Unterlage nicht umkippen oder sich senken.

Selber ein Wasserbecken anfertigen
Mit spezieller Wasserbeckenfolie können Sie selber ein Wasserbecken anfertigen. Die Folie (0,5-1 mm stark) hält bestimmt zehn Jahre. Aus Beton läßt sich ein weitaus langlebigeres Becken gießen.

PRAKTISCHE GARTENTIPS

Machen Sie ein Wasserbecken nie zu flach, denn im Sommer wird das Wasser dann zu heiß und im Winter gefriert es. Sehen Sie zu, daß es keine scharfen Spitzen im Boden gibt, wenn Sie mit der Folie arbeiten. Den Rand des Wasserbeckens können Sie mit Steinplatten oder Torf belegen.

Rasen

Die Pflege

Verfärbt sich der Rasen gelb? Die Ursache können Mückenlarven oder ein Befall durch Schimmelkrankheiten sein. Löwenzahn treibt lange Wurzeln und wird dann ein ärgerliches Unkraut. Am besten stechen Sie ihn aus, wenn Sie nicht Wert auf die Blüten im Rasen legen.

Ärger mit Fliegen?

Pflanzen Sie einen Nußbaum (*Juglans*) neben den Rasen. Sein Geruch vertreibt Fliegen.

Kräuter, Obst und Gemüse

Die Erdbeerenpflanze

Wenn die Erbeerenpflanze drei bis vier Jahre alt ist, verliert sie ihre Wachstumskraft und wird immer weniger und kleinere Früchte produzieren.
Sie dürfen nicht immer an derselben Stelle anpflanzen, denn dann werden die Pflanzen leichter von Krankheiten befallen. Setzen Sie Erdbeeren nicht zu tief und nicht zu hoch. Düngen Sie nur mäßig.

Kulturpflanze oder Unkraut?

Es ist für Anfänger manchmal schwer zu erkennen, ob es sich um Kultur-Pflanzen oder Unkraut handelt.
Nehmen Sie einen Blumentopf, und schlagen den Boden heraus. Dann drücken Sie ihn so tief in den Boden, daß nur ein kleiner Teil über der Erde ist. Jetzt pflanzen Sie Ihre Pflanze in den Topf. Was um

den Topf herumwächst ist Unkraut, das sich jetzt problemlos erkennen läßt.

Die blaue Traube

Die schnell wachsende blaue Traube ist eine ideale Kletterpflanze an einer Mauer oder Pergola. Wenn Sie wirklich Trauben ernten wollen, so müssen Sie nicht nur regelmäßig beschneiden, sondern im Sommer auch regelmäßig entgeizen (die jungen Schößlinge in der Blattachsel ausschneiden).

Vogelnetze

Kontrollieren Sie täglich, ob sich Vögel in Ihren Vogelnetzen verstrickt haben. Nehmen Sie vorzugsweise weiße, auffallende Netze, die von den Vögeln gut erkannt werden können.

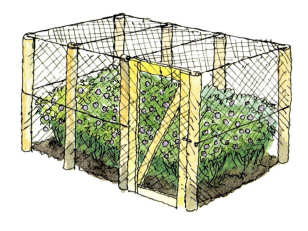

Kräuter säen

Der ideale Boden für Kräuter ist humoser Sandboden. Kräuter vertragen das Umpflanzen schlecht, also sät man sie gleich im Freien oder in Blumenkästen. Die beste Saatzeit ist von April bis Ende Mai. Wenn Sie trotzdem im Haus säen wollen, stellen Sie die kleinen Behälter an eine möglichst helle Stelle, wenn möglich auf die Fensterbank. Säen Sie nicht zu tief in lockerer Erde. Drücken Sie die Erde ein wenig fest und streuen Sie etwas Sand über die Samen.
Viele Kräuter wachsen am besten in der vollen Sonne, zum Beispiel Anis, Majoran, Rosmarin, Thymian und Lavendel.

Kartoffeln

Kartoffeln werden oft von Krankheiten befallen. Darum empfiehlt es sich, jedes Jahr von neuem neue Saatkartoffeln zu kaufen. Die Knollen sollen dunkel und kühl gelagert werden. Für frühe Ernten läßt man sie vor dem Legen hell und bei mäßiger Wärme vorkeimen. Kartoffeln brauchen viel Platz, der Pflanzenabstand sollte etwa 50 cm sein.
Wenn die Knollen über dem Boden wachsen, werden sie grün. Das können Sie verhindern, indem Sie die Pflanzen regelmäßig anhäufeln. Die grünen Stellen sind giftig.

Kartoffeln sind sehr empfindlich gegen Frost. Die Sprossen müssen also lange Zeit unter der Erde bleiben. Wenn sie trotzdem schon früh über der Erde erscheinen, häufeln Sie sie öfter an, um Erfrierung durch Spätfröste zu verhindern.

Gurken

In einem niedrigen Frühbeet können Sie sehr gut Gurken ziehen. Pferdedünger ist ideal für die Gurken. Wenn sich vier gut entwickelte Blätter gebildet haben, wird die Pflanze geköpft, so daß Seitentriebe entstehen. Im Sommer viel bewässern und viel belüften! Die am Boden kriechenden Gurken werden durch aufspritzende Erde bald schmutzig. Um das zu verhindern, können Sie schwarze Kunststoffolie auf den Boden legen. Er kann dadurch auch nicht so leicht austrocknen und Unkraut hat keine Chance. Für die Kultur im Frühbeet lohnt es sich, veredelte Pflanzen zu kaufen. Die Kürbisunterlage, auf die veredelt wurde, ist gegen das Eindringen der Welkepilze immun.

Der Gemüsegarten

Gemüsearten brauchen viel Sonne und Licht; legen Sie also keinen Gemüsegarten im Schatten an. Bedenken Sie vorher, wieviel auf einmal gesät werden soll und wann.

Natürliche Untersetzer

Wenn Sie an warmen Sommerabenden im Garten essen, kann der Tisch ganz stilgerecht gedeckt werden. Nehmen Sie ein Farnblatt oder Efeublätter als Untersetzer für Weingläser. Ihre Gäste werden überrascht sein, wenn Sie Blätter der *Astilboides tabularis* als Set unter die Teller legen. Sie können auch von Rhabarberblättern Gebrauch machen.

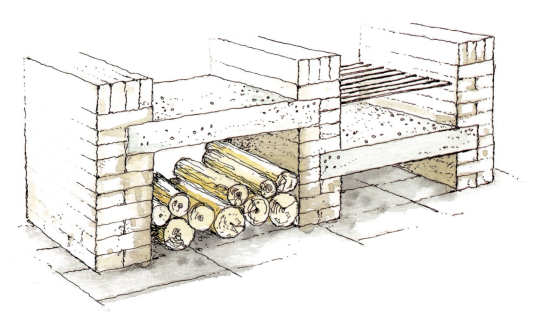

Der feste Grillplatz

Wenn Sie gerne im Garten grillen, ist ein fester Grillplatz sehr praktisch. Auf der Zeichnung sehen Sie, wie Sie selber sehr leicht so einen Grillplatz herstellen können. Das Holz oder die Holzkohle liegt trocken, und darüber ist noch Platz für Schüsseln. Der Grillplatz kann problemlos gereinigt werden: Die Asche wird ausgekehrt, und notfalls können Sie die ganze Konstruktion mit Wasser abspritzen. Ein Gitterrost kann fertig im Geschäft gekauft werden.

Selbst hergestelltes Spielzeug

Aus übriggebliebenen Holzresten können Sie Spielzeug für den Garten herstellen. Die hier abgebildete Wippschaukel eignet sich, weil sie so niedrig ist, für kleine Kinder – wenn der Boden darunter nicht hart ist. Für einen Sandkasten braucht man auch einen Holzdeckel. Wenn die Kinder zu alt für den Sandkasten geworden sind, können Sie den verstellbaren Kasten immer noch als Kompostsilo verwenden – oder, mit einer Glasscheibe abgedeckt, als kleines kaltes Gewächshaus.

22 Begriffe

Wer zu gärtnern anfängt, muß sich nicht nur an die Tatsache gewöhnen, daß es viele verschiedenartige Pflanzensorten gibt, die alle ihre spezielle Pflege und Standorte haben. Er sollte auch verstehen „lernen", worüber der Gärtner, der Gartenarchitekt und der Botaniker sich unterhalten. Ihre Sprache ist mit Namen und Begriffen gespickt, die dem Anfänger nicht immer auf Anhieb klar sind. Deshalb haben wir die üblichsten hier für Sie beschrieben.

Abhärten
Methode zur Gewöhnung von Pflanzen an weniger günstige Klimaverhältnisse

Allee
Weg mit Bäumen oder einer Hecke auf beiden Seiten

Arboretum
Sammlung lebender Bäume (meistens Laubbäume)

Aromatisch
Duft in allen Teilen der Pflanze (außer den Blüten)

Beetpflanze
Sammelbegriff für viele ein- oder zweijährige Pflanzen, die in Blumenbeeten eingesetzt werden können

Belvedere
Hügel, manchmal mit Gartenhaus, als Aussichtspunkt

Berceau
Laubengang, aus Heckenpflanzen, in Form einer Überdachung geschnitten

Bleiglanz
Pilzkrankheit, die Pflaumen und andere Laubgehölze befällt; die Krankheit wird von *Stereum purpureum* verursacht

Blumenbeet
Pflanzbeet für Blumenzwiebeln und Einjahrespflanzen

Blumenzwiebel
Ein verdickter Stengel mit dickfleischigen Schuppen zur Nährstoffspeicherung für die Blüte

Diese Zwiebel ist ein schönes Beispiel eines Zwiebelgewächses: Deutlich kann man die Schuppen erkennen.

Botanisch
(Bei Pflanzen:) reinrassig, nicht veredelt, Wildform

Brakteen
Hochblätter, die am Stielfuß der Blüte diese umgeben
Denken Sie an die „Blüte" des Aronstabs.
Auch der Weihnachtsstern hat unbedeutende Blüten, aber die knallroten, rosafarbenen oder weißen Brakteen machen die Pflanze sehr attraktiv.

Breitstreuend, breitwürfig
Beim Säen: das Streuen des Samens über die ganze Oberfläche; das Gegenteil ist Säen in Reihen

Containerpflanze
Eine Pflanze, die in einem Behälter gezogen wird, damit man sie das ganze Jahr über auspflanzen kann

Cottage-Stil
Stil für Villengärten, rückblickend auf den früheren Bauerngarten; meistens als Teil des Gartens nur auf ein Zimmer des Hauses gerichtet

Cultivar
Kulturvarietät oder Sorte; der betreffende Name wird immer groß geschrieben zwischen Gänsefüßchen; die Begriffe stammen aus einigen modernen Sprachen
(siehe auch: „Varietät")

Dorn
Spitze, umgewandelte Blätter oder Triebe (Blatt- und Sproßdornen); Akazien und Weißdorn haben Dornen (siehe auch: „Stachel")

Einjahrespflanze
Pflanze mit einem Lebenszyklus von einer Saison

Eingeschlechtig
Die Blüte hat entweder nur Staubblätter (= männliche Organe) oder nur Stempel (= weibliche Organe)

Einmieten, einschlagen
Vorübergehend die Wurzeln mit Erde bedecken, wenn nicht gleich gepflanzt werden kann (zum Beispiel bei einem Baum oder zur Überwinterung von Gemüsen)

Eisheilige
Tagesheilige im katholischen Kalender: St. Pancratius, St. Servatius und St. Bonifatius, 12., 13. und 14. Mai
In dieser Zeit gibt es nach einer warmen Periode oft noch Nachtfrost; frostempfindliche Pflanzen setzt man nach den Eisheiligen ein.

Endemisch, Endemit
Nur auf engumgrenzten Gebieten vorkommend

Erdtopf
Klumpen zusammengedrückter Topferde, in dem sich eine Aussparung für eine zu pikierende oder zu säende Pflanze befindet

Eremitage
Wohnung des Eremiten; Dekoration in Gärten aus dem 19. Jahrhundert, worin für besondere Anlässe ein Einsiedler gegen Bezahlung wohnte; Symbol für den Rückzug in die Natur

Erhöhtes Blumenbeet
In England entstanden „raised beds" am Anfang des 20. Jahrhunderts als erhöhte Rabatten, damit der Garten größer wirkte

Fertil
Fruchtbar; manche Farne, zum Beispiel *Blechnum*,

Verbänderung ist eine Naturerscheinung, die es bei vielen Pflanzen gibt. Bekannt ist die Bandweide Salix Sachalinensis *'Sekka', die eigens wegen dieses Auswuchses durch Stecklinge vermehrt wird. Bei Bandbildung am Blütenstengel des Fingerhuts erscheinen sonderbare Auswüchse in den Blüten.*

haben fertile und sterile Blätter (steril = unfruchtbar, keimfrei)
Das fertile Blatt hat Sporenhäufchen. Die inneren Blüten des *Viburnum opulus* sind fertil, die äußeren Blüten sind steril

Flora
Alle Pflanzensorten zusammen; das Reich der Pflanzen, Bewuchs eines Gebietes

Florafälschung
Das Aussäen von Pflanzen an natürlichen oder halbnatürlich gelegenen Stellen, zum Beispiel in Naturschutzgebieten und an Straßenböschungen, wo diese Pflanzen von Natur aus nicht vorkommen

Graspfad

Gartenarchitekt
Der Gartenarchitekt plant und entwirft Gärten, muß sie aber nicht immer auch anlegen

Gartenspiegel
Gartendekoration in Form eines kugelförmigen Spiegels

Gartenzimmer, Wintergarten
Anbau an das Haus (meistens ans Wohnzimmer), beheizt oder ungeheizt, als Übergang zwischen Haus und Garten, mit einer Sitzecke
Der Raum ist nicht spezifisch für Pflanzen gedacht, wird aber viel gebraucht, um die Pflanzen überwintern zu lassen. Im Gartenbau sagt man auch Treibhaus.

Gärtner
Jemand, der berufsmäßig Gärten anlegt und pflegt

Graspfad
Gras statt Pflasterung; eignet sich für Pfade, die im Winter wenig benutzt werden

Gründüngung
Der Anbau von Pflanzen mit dem Zweck, sie später als Düngung unterzugraben
Beispiele solcher Gewächse sind etwa Klee, Wicke, Phacaelia, Lupine. Die meisten dieser Pflanzen werden im Spätsommer gesät und Anfang des Frühjahres untergegraben.

Grand canal
Ein im Bezug auf das Haus symmetrisch angelegtes Wasserbecken, das eine Längs- oder Querachse bildet

Habitat
Der natürliche Lebensraum einer Pflanze

Habitus
Erscheinungsbild einer Pflanze; Merkmale, an denen man sie u.a. erkennen kann

Halbstamm
Ein Baum mit kurzem Stamm; die Äste fangen in einer Höhe zwischen 60 und 80 cm an

Herbarium
Sammlung getrockneter (meist gepreßter) Pflanzen

Getrocknete Pflanze in einem Herbarium aus dem Jahre 1884

Hochstamm
Ein Baum mit einem Hauptstamm, dessen Seitenäste in einer Höhe von 2,20 m anfangen

Humus
Zersetzte organische Substanz
Die Merkmale von Humus sind: schwammartig, geruchlos und dunkel. Die Eigenschaften: hält Feuchtigkeit fest und ist luftdurchlässig. Sonnenwärme kann darin besser vordringen als in anderen Böden.

Iridarium
Irisgarten mit geometrischer Formgebung

Jahreskultur, Ganzjahreskultur
Durch spezielle Kulturmethoden können einige Pflanzensorten das ganze Jahr über blühend geliefert werden

Kabinett
Ein kleiner Raum, umgeben von hohen Hecken

Kaskade
Stufenförmiger Wasserfall

Kleiderständer
Falsch abgesägter Ast; ein Stumpf ist übriggeblieben, an den man einen Mantel hängen könnte

Kleistogam
Blüten, die im Knospenstadium bleiben, in denen aber durch Selbstbestäubung trotzdem Samen gebildet wird

Die Knolle der Anemone blanda

Knolle
Massiv verdickte Wurzel oder Sproß: Speicherorgan für Nährstoffe (Kartoffel, Kohlrabi, Dahlie)

Kolonnade
Überdachte Galerie als Ende der Hauptachse des Gartens; Kolonnaden gibt es oft in Barockgärten

Konifere
(Wörtlich: kegeltragend) Alle Gewächse, die Zapfen tragen, also unsere Nadelgehölze

Krebs
Pilz- oder Bakterienbefall, der Wucherungen verursacht, besonders bei Obstbäumen. Auch durch Blutläuse können krebsartige Wundvernarbungen entstehen

Kübelpflanze
Eine Pflanze in einem Behälter, die unsere Winter im Freien nicht erträgt, aber auch nicht als Zimmerpflanze gezogen werden kann
Pflanzen wie *Clivia* und *Zantedeschia*, die früher im Wohnzimmer standen, werden jetzt, weil sich

Der eine betrachtet Gänseblümchen im Rasen als Unkraut. Der andere findet sie schön und läßt sie stehen.

unsere Lebensumstände geändert haben, zu den Kübelpflanzen gerechnet. Gartenpflanzen, die in Südengland im Freien stehen können, müssen bei uns in Kübeln im Haus überwintern.

Laubenbank
Sitzgelegenheit, überdacht mit einer Konstruktion, an der Kletterpflanzen wachsen

Leitast
Hauptast, bei Spalierobst und Trauben; an diesem Ast befinden sich die Seitenäste mit dem Fruchtholz

Lentizellen
Öffnungen in der Rinde holzartiger Gewächse; an der Form der Lentizellen kann man oft den Baum auch im unbelaubten Zustand erkennen

Lüften
Öffnen von Fenstern, meistens um die Temperatur und die Luftfeuchtigkeit in Gewächshäusern und Überwinterungsräumen zu senken

Mauergewächshaus, Pulthaus
Gewächshaus, das ans Haus gebaut wurde; siehe auch: „Orangerie", „Gartenzimmer", „Veranda" und „Wintergarten"

Mikroklima
Das Klima, der Zug, die Luftfeuchtigkeit und so weiter in der untersten Luftschicht direkt über dem Boden

Monokotyledone
Einkeimblättrige, krautartige Pflanze, z.B. aus der Familie der Gräser und Orchideen

Nacktblüher
Pflanze, die auf kahlem Holz blüht, bevor die Blätter erscheinen

Naturdünger
Organische Düngemittel wie Stalldünger, Kompost, Vogeldünger usw.

Ökologie
Die Wissenschaft, die sich mit dem Studium der Beziehungen zwischen der Pflanze und ihrer Umgebung beschäftigt

Pinetum: Sammlung von Nadelbäumen

Okulieren
Methode des Pfropfens: Ein Auge wird eingesetzt

Orangerie
Sammelname für verschiedene Zitrusbäume; später der Überwinterungsraum für diese Bäume: meist ein in Ostwest-Richtung liegendes Gebäude mit Hinterfront aus Stein und großen Fenstern auf der Südseite

Organischer Dünger
Düngemittel, die von lebenden Organismen stammen wie Stallmist, Guano, Ricinusschrot u.a.

Parasit
Organismus, der auf Kosten anderer Organismen lebt, ohne daß der Wirt gleich stirbt

Patentrecht für Züchter
Patentrecht für Pflanzen, geregelt im Pariser Abkommen (1961)

Patio
Innenhof oder Innengarten, von Mauern umgeben

Perennierende Pflanze
Mehrjähriges krautartiges Gewächs (= Staude)

Pergola
Laubengang aus Pfeilern und Säulen, meist von Kletterpflanzen umrankt
Pergolen können in jeder gewünschten Form leicht selber hergestellt werden, aber sie sind auch fertig erhältlich.

Pillensaat
Kleine Samen, die mit einem Mantel überzogen sind; dadurch werden sie rund und können mechanisch gesät werden

Pikieren
Das Umpflanzen von kleinen Sämlingen; meistens soll zweimal pikiert werden

Pinetum
Sammlung lebender Nadelbäume

Rabatte
Randbeet in unbestimmter Breite, meistens mit Stauden bepflanzt

Rambler
Gruppe starkwüchsiger Spalierrosen, entstanden aus Kreuzungen mit u.a. *Rosa wichuraiana* und *Rosa luciae*; Kreuzungen, mit denen man Ende des vorigen Jahrhunderts anfing

Rasse
Siehe: „Cultivar", Seite 448

Resistenz
Widerstandsfähigkeit. Resistente Sorten sind widerstandsfähig gegen bestimmte Krankheiten und Wetterunbilden wie Trockenheit

Rindenmulch, Rindensubstrat
Aufbereitete Rindenabfälle, die zur Bodenabdeckung oder als Torfersatz in Kulturerden verwendet werden

Rosarium
Sortimentsgarten für Rosen

Rosette
Kranz aus Blättern, am Fuß eines Stengels, vor allem bei Zweijahrespflanzen, aber auch bei einigen Stauden

Schlingpflanze
Gewächs, das sich an Stützen hochschlängelt

Pflanzreihen in einer Gärtnerei.

Schwarzbeinigkeit
Pilzkrankheit an Keimlingen, auch „Umfall-Krankheit" genannt

Schnurbaum, Cordon
Form eines Spalierbaums: Leitast mit kurzem Fruchtholz

Sodenbank
Eine Sitzgelegenheit aus Grassoden

Sortiment
Verschiedene Sorten

Spalier
Lattenrost, an dem man holzige Gewächse leiten kann

Stachel
Spitze, ablösbare Rindenauswüchse; Rosen und Brombeeren haben Stacheln;
siehe auch: „Dorn"

Staude
Krautige, ausdauernde Pflanze, deren Laub im Herbst abstirbt und im Frühjahr wieder erscheint

Steril
Unfruchtbar; siehe auch: „Fertil"

Stratifizieren
Das Aufbewahren von Samen in feuchtem Sand oder Torf für eine bestimmte Zeit bei niedriger Temperatur

Strauch
Holzartige Pflanze, die mit mehreren Zweigen aus dem Boden wächst und folglich gleich ziemlich breit wird

Symbiose
Dauerndes Zusammenleben zweier Organismen, zum Beispiel einer Pflanze und eines Pilzes, zum beiderseitigen Nutzen
Die Buche lebt in Symbiose mit einem Bodenpilz; ohne den Pilz würde sie weniger gut wachsen. Besorgen Sie daher für neu angepflanzte Buchen ein wenig Erde aus einem alten Buchenwald, in der sich der Pilz bestimmt befindet.

Synonym
Nicht offiziell festgestellter Name für ein bestimmtes Gewächs (Kürzel: Syn.)

Teilung
Das Trennen eines unterirdischen Stengelteils oder Wurzelwerkes bei krautartigen, aber auch bei holzartigen Gewächsen

Terrasse
Horizontal gelegenes Grundstück an einem Hang; auch: gepflasterte Fläche im Garten, auf der man sitzen kann

Topferde
Künstliches Substrat, bestehend z.B. aus Ton, Weiß- und Schwarztorf, dem Düngemittel beigefügt wurden, mit einem bestimmten pH-Wert

Topiary (engl.)
Formschnitt, meistens von Taxus und Buxus

Torf
Aufbereitete Hoch- oder Niedermoorerde (Weißtorf, Schwarztorf);
Verwendung aus Gründen des Umweltschutzes umstritten

Trellis (engl.)
Lattenrost für Kletterpflanzen

Trompe l'œil
Optische Täuschung durch Lattenroste: eine platte Fläche wirkt dreidimensional

Türkisches Zelt
Gartenhaus in orientalischem Stil

Unkraut
Pflanzen, die uns an einer bestimmten Stelle und in einem bestimmten Augenblick stören

Unterlage
Stamm mit Wurzeln, auf den gepfropft oder okuliert wird
Das klappt nur, wenn die Pflanzen eng verwandt sind; auf jeden Fall sollen sie zur selben Familie gehören. Zum Beispiel Ginster kann gut auf einen Goldregen gepfropft werden.

Urhebername
Der Urhebername ist der Name jener Person, die der Pflanze einen wissenschaftlichen Namen gegeben hat; zum Beispiel die Abkürzung L. hinter dem wissenschaftlichen Namen bedeutet, daß er durch Carl von Linné (1707-1778) vergeben wurde

Varietät
Im Gegensatz zur Kulturvarietät oder dem Cultivar ist das eine natürliche Unterteilung der Art; um den Unterschied zu Kulturvarietäten klar zu machen, werden Varietäten immer klein und ohne Anführungszeichen geschrieben (Kürzel: var.)

Vegetation
Die Bewachsung
Die Vegetation kann reich sein, während die Flora vor Ort arm ist (ein Rasen z.B. hat eine reiche Vegetation mit einer armen Flora). Umgekehrt gilt auch: Eine arme Vegetation kann eine reiche Flora bedeuten (wenig Bewachsung, aber viele Sorten).

Veranda
Eine Überdachung, ans Haus angebaut, mit mindestens einer offenen Seite; sie kann rings um das Haus führen, sich aber auch auf eine Seite beschränken

Verbänderung
Bandartige Verbreiterung eines Triebes

Vernalisation
Umstimmung zur Blütenbildung durch Temperatureinflüsse; Folge bei Gemüsegewächsen: das Schießen von Gewächsen, die in der Jugendphase in zu kaltem Boden standen (z.B. bei Salat und Endivien)

Vista
Sichtachse mit freiem Blick bis zu einer bestimmten Stelle

Volldünger
Ein Düngemittel mit einem bestimmten Verhältnis zwischen Stickstoff, Phosphor und Kali, dem Spurenelemente beigefügt wurden

Wasserschöße
Junge, gerade, meistens vertikal wachsende Äste, die nach einem starken Schnitt entstehen oder wenn der Baum plötzlich mehr Licht bekommt (besonders bei Obstbäumen, Zierkirschen, Zieräpfeln und Weißdorn)

Wechselwirtschaft
Ein System, bei dem eine Pflanzensorte nie zwei oder mehr Jahre hintereinander an derselben Stelle gezogen wird; es wird angewandt, um den Boden nicht zu erschöpfen

Türkisches Zelt

Winterfest
Pflanzen, die ohne Abdeckung den Winter in unserem Klima überstehen, sind winterfest

Wintergarten
Angebautes (oder halb ins Haus gebautes) Gewächshaus für Zierpflanzen mit Sitzmöglichkeit

Wurzelstock
Unterirdischer Stengelteil

Xylothek
Sammlung von Holzsorten

Zweigeschlechtlich
Eine Blüte, in der männliche (Staubbeutel) und weibliche (Stempel) Organe enthalten sind
Das Gegenteil wäre getrenntgeschlechtlich oder eingeschlechtlich als Zweihäusigkeit (Geschlechter getrennt auf verschiedenen Pflanzen) oder Einhäusigkeit (Geschlechter getrennt, aber auf einer Pflanze).

Zweihäusig
Eine Pflanze trägt nur männliche, eine andere nur weibliche Blüten; zur Fruchtbildung sind beide Pflanzen nötig, z.B. Sanddorn, Baumwürger, Weide, manche Kiwisorten

Zweijahrespflanzen
Entwickeln im Saatjahr nur Laub, meist als Rosette, blühen im Folgejahr und sterben nach der Samenreife ab

Register

DEUTSCH

A

Abessinische Gladiole	328
Abhärten	447
Ableger	110
Abmoosen	110
„Absenken"	63
Achsen	8
Ackerwinde	132
Adlerfarn	47, 406
Adonisröschen	279
Agave	129
Ägypter	8
Ahorn	74, 214, 235, 278
Akebie	318
Akelei	156, 282
Algen	53, 57, 443
Algenwuchs	28, 57
Allee	447
'Allotria'-Rosen	156
Alpenjohannisbeere	46, 255
Alpenveilchen	133, 336
Alpine Pflanzen	39, 135
Altes Kinderspielzeug	429
Amaryllis	396
Amberbaum	221
Ameisen	93
Amerikanische Blaubeere	187, 188
Amerikanische Rote Eiche	227
Ampfer	201
Ananas	186
Anemone, Caen-	133
Anemone, Japanische	281
Anemonen	33, 133
Anemonenblumige Dahlien	338
Anis	197, 445
Anlage des Gemüsegartens	160
Anorganische Düngemittel	88
Anpassung	18
Anpflanzen von Rosen	140
Anstriche, umweltfreundliche	28
Apfel	164, 186
Apfelbeere	236
Apfelblüte	134
Apfelrose (*Rosa rugosa*), Beschneiden	146
Apfeltee	187
Aprikose	125, 184
Aralie	236
Araucarie	263
Arboretum	447
Ärger mit Fliegen	444
Armaturen, wasserdichte	27
Aromatisch	447
Aronstab	122, 306
Art	13
Artischocke	171, 172
Aster	278, 283
Astschere	101
Asymmetrie	8
Aubergine	172
Aufbewahren von Blumenzwiebeln	438
Aufkronen	84
Ausdauernde Pflanzen	132
Ausdünnen	106
Aussaat durch Kinder	107
Austinrosen	147
Avocado	187
Avocadokern	110
Azalee	125
Azalee, Japanische	417
Azaleen, immergrün	418

B

Babylonier	8
Bachbunge	355, 365
Bahnschwellen	28
Bährenohr	368, 371
Balsam-Silbertanne	263
Balsamine	107
Bambus	26, 60, 73, 138, 214
Banane	165
Band, Einschnürungen	85
Bandweide	448
Bärenklau	94, 123, 124, 128, 279, 296
Bärentraube	236, 278, 409
Barock	8
Barock-Umgebung	427
Barockstil	15
Barockwasserbecken	58
Bartblume	239
Bartfaden	305, 384
Bartnelke	374, 375
Bauernblumen	38
Bauerngarten	10, 133
Bauernkrokus	70
Baumaterialien für Ornamente	430, 432, 433, 434
Baumbank aus Holz	433
Bäume	25, 74, 133
Bäume für Hecken	60
Bäume, Wert	213
Baumfarn	402
Baumhasel	217
Baummagnolie	251
Baumschere	101
Baumstamm mit Kräutern	198
Baumwürger	318, 455
Baumwurzeln und Bepflasterung	74
Bechermalve	380
Beckenumriß	49
Beeren	187
Beerensträucher	81
Beetpflanze	447
Beetrosen	62
Beetrosen, Beschneiden	146
Begriffe	447
Beifuß	198
Beinwell	312
Beiwurz	398
Beleuchtung	23
Belvedere	447
Benzinmotoren	96
Bepflanzung des Wasserbeckens	58
Bepflanzung für den Wasserbeckenrand	58
Berberis	63
Berberitze	278
Berceau	447
Bergahorn	215
Bergenie	284
Bergkiefer	267
Berufskraut	291
Beschneiden der Rosen	143
Beschneiden von alten Rosen	147
Beschneiden von Beetrosen	146
Beschneiden von bodendeckenden Rosen	146
Beschneiden von botanischen (Strauch)-Rosen	145
Beschneiden von Floribundarosen	144
Beschneiden von Polyantharosen	144
Beschneiden von *Rosa rugosa* (Apfelrose)	146
Beschneiden von Rosen auf eigener Wurzel	146
Beschneiden von Spalierrosen	146
Beschneiden von Teehybriden	144
Biblische Pflanzen für das warme Gewächshaus	133
Biedermeier-Rosenkranz	153
Bienenfreund	384
Bienenpflanzen	111
Bilsenkraut	124
Bindematerial	101
Biologische Bekämpfung von Raupen auf Kohlpflanzen	90
Biologisches Gleichgewicht	56, 58, 443
Biologisches Gleichgewicht im Wasserbecken	54
Birke	63, 74, 215

Birnbaum	164
Birne	164, 193, 194
Bittere Mandel	125
Bitterklee	355
Bitterorange	253, 398
Bittersüß	126
Blasenbaum	220
Blasenfarn	46, 402
Blasenstrauch	240
Blattähre	406
Blaue Mädchenkiefer	268
Blaue Traube	444
Blauer Salbei	386
Blauglockenbaum	223
Blauglöckchen	302
Blauheide	414
Blaukissen	284
Blaumohn	302
Blauregen	325
Blauschote	242
Bleiglanz	447
„Blenden"	81
Blühende Sträucher für jeden Monat	232
Blumenbeet	447
Blumenbinse	355, 357
Blumenesche	219
Blumenkästen bepflanzen	437
Blumenkohl	175
Blumenkübel	23
Blumenwiese	33, 104, 366
Blumenwiese, einjährige	33
Blumenzwiebel	66, 447
Blumenzwiebeln aufbewahren	438
Blumenzwiebeln für sehr nassen Boden	327
Blumenzwiebeln im Steingarten	69
Blumenzwiebeln in Töpfen	69
Blumenzwiebeln pflanzen	438
Blumenzwiebeln stecken	67
Blumenzwiebeln umpflanzen	438
Blumenzwiebeln vermehren	70
Blumenzwiebeln, im Herbst blühend	327
Blumenzwiebeln, Pflanztiefe	438
Blutauge	358
Bluten	81
Blutjohannisbeere	255, 278
Bluttröpfchen	368, 370
Blutweiderich	132, 301, 311
Boden, durchlässiger	30
Bodenarten	437
Bodendeckende Rosen, Beschneiden	146
Bodendeckergärten	10, 32, 34
Bogenfarn	402
Bohnen	173
Bohnenkraut, einjährig	198
Bonsai-Koniferen	78
Boretsch	107, 197, 284, 368, 371
Botanisch	447
Botanische Gärten	17
Bourbonrosen	150
Boysenbeere	189
Brakteen	447
Bramley Seedling	166, 168
Brandkraut	306
Braunblättrige Sträucher	234
Braunelle	308
Breitstreuende Saat	447
Breitwürfige Saat	162, 447
Brennessel	94, 128, 164, 174, 198, 278
Brokkoli	176
Brombeere	45, 164, 278
Brombeere, ohne Stacheln	190, 191
Brombeertee	187
Brunnera	58
Buche	74
Buche, Farnblättrige	218
Buchecker	218
Buchenfarn	404
Buchsbaum	133, 238
Bund deutscher Baumschulen	165
Buntes Geißblatt	280
Buntnessel	374
Büschelblume	384
Buschklee	249
Buschmalve	299
Buschwindröschen	30, 66
Buxus	435

C

Caen-Anemone	133
Canna	129, 371
Carbolineum	28
Carport	23
Chaos	95
Chinakohl	176
Chinaschilf	404
Chinesische Balsampappel	223
Chinesische Einflüsse	15
Chinesischer Roseneibisch	396
Chinesischer Wacholder	265
Chinesisches Rotholz	266
Christdorn, Falscher	220
Christrose	123, 295
Chrysantheme als Staude	286
„Classified List and International Register of Daffodil Names"	347
Clematis	119, 324, 440
Clematis, Düngung	120
Clematis-Hybriden	318
Clivia	130
Container	437
Containerpflanzen	43, 448
Cosmea	374
Cottage-Stil	10, 448
Cultivar	448

D

Dahlie	374
Dattelpalme	133
Dauerwiese	33
Deutzie	244
Dichternarzissen	348
Dill	133, 198
Diptam	289
Distel	94, 128
Doppelte Narzissen	348
Dorn	448
Dornensträucher	63
Dost	133
Douglasie	268
Drachenwurz	330
Dränage	21, 22
Drillingsblume	391
Duftsteinrich	368, 369, 380
Düngemittel, anorganische	88
Düngung	166, 87
Düngung von Blumenzwiebeln	68
Düngung, flüssige	88

E

Eberesche	74, 228
Echter Jasmin	322
Echter Kreuzdorn	278
Edeldistel	291, 292
Edelwicke	107, 366, 380
Efeu	44, 115, 123, 278, 317, 321, 440
Ehrenpreis	314
Eibe	126, 268
Eibisch	246, 280
Eiche	74, 226
Eichenfarn	47
Eichengalle	90
Ein- und zweijährige Pflanzen als Trockenblumen	369
Ein- und zweijährige Pflanzen	40
Ein- und zweijährige Pflanzen von A bis Z	370
Einbeere	125
Eingeschlechtig	448
Einheimische Pflanzen	32
Einjahrespflanze	448
Einjahrespflanzen einkaufen	439
Einjahrespflanzen einsetzen	439
Einjährig kultivierte Pflanzen, Stecklinge	367

Einjährige Blumenwiese	33	
Einjährige Pflanzen für Blumenkasten und Balkon	369	
Einjährige Pflanzen für die Vase	368	
Einjährige Kletterpflanzen	42	
Einjährige Pflanzen	41, 132	
Einjährige Ranker	366	
Einmieten, einschlagen	79, 448	
Einschnürendes Band	85	
Eis	57	
Eisenhut	122, 279	
Eisenkraut	369, 388	
Eisheilige	41, 448	
Eisschicht	57	
Elektromäher	96	
Elfenblume	290	
Endemisch	448	
Endemit	448	
Endivie	171	
Engelsüß	406	
Engelwurz	199, 200	
„Englische" Hecke	63	
Englischer Hängekorb	44	
Entwurf	20	
Enzian	294	
Erbse	174	
Erbsenstrauch	239	
Erdbeerbaum	236, 409	
Erdbeere	44, 164, 184	
Erdbeere, Indische	290	
Erdbeerpflanzen	444	
Erdbeertopf	184	
Erdbeerwiese 'Spadeka'	184	
Erdbirne	295	
Erde für Wasserbecken	53	
Erde, zu feucht	107	
Erdtopf	448	
Eremitage	448	
Erhöhtes Blumenbeet	448	
Erle	61, 74, 215, 278	
Esche	219	
Eschenahorn	214	
Eßkastanie	216	
Essigbaum	254, 278	
Estragon	199	
Etikettieren	437	
Europäische Lärche	266	

F

Fackellilie	298
Fahnenstange	23, 26
Fahrradständer	23
Falscher Christdorn	220
Falscher Jasmin	253
Färberginster	278
Färberpflanzen	276, 278
Farnblättrige Buche	218
Farne	46, 214, 441
Fastigiata	212
Faulbaum	233, 254, 278
Federbuschstrauch	245
Federgras	406
Federmohn	301
Feige	133, 161, 195, 395
Feigenkaktee	304
Feinstrahlaster	291
Felberich	300
Feldahorn	61, 214
Feldsalat	180
Felsenbirne	235
Felsenblümchen	290
Felsgarten mit Wasser	39
Fenchel	156, 182, 183, 292
Fertil	448
Fetthenne	310
Fettpflanzen für einen sonnigen Standort	137
Feuerbohne	173
Feuerbrand	12, 92, 324
Feuerdorn	115, 254, 324
Fichte	266
Fieberbaum	394
Fieberklee	355, 361-362
Fiederpolster	288
Fiederspiere	256
Findlinge	38
Fingerhut	123, 278, 368, 375
Fingerhut, Bandbildung	448
Fingerkraut	253, 308
Fische	48, 52, 53
Fischfutter	54, 57
Fixpunkte	23
Flachs	132
Flammenblume	384
Flechtwand	324
Fleischfressende Pflanzen	66, 134
Fleißiges Lieschen	369, 379
Flieder	45, 46, 257
Flockenblume	285
Flora	448
Floribundarosen, Beschneiden	144
Flügelnuß	225
Flußzeder	266
Folie	50
Form aus Maschendraht	86
Formschnitt	85, 435
Forsythie	44, 245
Föhre	267
Französische Revolution	8
Frauenfarn	47, 401
Frauenhaarfarn	47, 400
Frauenmantel	278, 280
Freilandgloxinie	297
Froschbiß	355, 360
Froschlaich	48, 356
Froschlöffel	355, 357
Frostempfindliche Pflanzen	131
Frostfreier Raum	129
Frostschaden an Stauden	38
Frösche	48
Fruchtwechsel	162
Frühjahrskirsche	224
Frühlingslichtblume	71
Fuchs, Kleiner	312
Fuchsie	130, 132, 245, 292, 369, 371, 378, 395
Fuchsschwanzgras	400
Fünffaden	384
Funkie	296

G

Gagel	252
Galläpfel	92
Gallen	90
Gallicarose	155
Gänseblümchen	371
Gänseblümchen im Rasen	451
Gänsedisteln	95
Gänsefingerkraut	308
Gänsefuß	128
Gänsekresse	282
Ganzjahreskultur	450
Gardenie	132
Gärten in der Stadt	422, 423
Garten von 10 x 10 m	424
Garten, klein	202
Garten, lange, schmale Form	426
Gärten, natürliche	32
Gartenarchitekt	449
Gartenbank	23
Gartenbank aus Gußeisen	427
Gartenbeleuchtung	27
Gartencenter	17
Gartenentwurf	15
Gartengeräte	96
Gartenhaus aus Holz	435
Gartenkresse	182, 201
Gartenornamente	427
Gartenschlauch	101
Gartenspiegel	449
Gartenteich	136
Gartentulpen, niedrige	351
Gartenvase aus dem Barock	428
Gartenzimmer	449
Gärtner	449
Gattung	13

Gauklerblume	355, 361	
Gedenkemein	304	
Gedrungene Pflanzen	136	
Geißbart	282	
Geißblatt	117, 250, 318, 323, 440	
Geißblatt, Buntes	280	
Geißblatt, Immergrünes	323	
Geißblatt, Laubabwerfendes	323	
Gelbe Teichrose	354	
Gelber Lerchensporn	46	
Gelenkblume	306	
Gemeine Glockenheide	413	
Gemeine Magnolie	251	
Gemeine Traubenkirsche	224	
Gemeiner Rippenfarn	47	
Gemeiner Seidelbast	123	
Gemeiner Wacholder	266	
Gemswurz	290	
Gemüse	133	
Gemüsegarten	160, 161, 445	
Gerader Dreiecksfarn	46	
Geranie	42, 369, 384	
Geranie, dunkle	294	
Germer	314	
Gerste	132	
Getrocknete Pflanzen	450	
Gewächshaus	27	
Geweihbaum	220	
Gewürzstrauch	239	
Giersch	34, 94, 280	
Gießkanne	101	
Giftbecher des Sokrates	123	
Giftbeere	382	
Giftige Pflanzen	121	
Gilbweiderich	33	
Ginkgo, Fächerblattbaum	123, 220	
Ginster	242, 246, 278	
Gipskraut	339	
Gladiole	341	
Gleichgewicht, biologisches	58	
Glockenblume	285	
Glockenheide	291, 412	
Glockenwinde	287, 366, 374	
Glyzinie	126, 325	
Golderdbeere	315	
Goldjohannisbeere	255	
Goldlack	46, 286, 326, 373	
Goldlärche	268	
Goldmohn	107, 376	
Goldnessel	298	
Goldregen	124, 221, 249	
Goldrute	278, 311	
Gottesauge	369, 371	
Götterblume	289	
Granatapfel	398	
Granatapfelbaum	133	
Grand canal	449	
Gras	25	
Gras, hohes	90	
Gräser, Farne und Bambus von A bis Z	400	
Gräserfamilie	128	
Graspfad	449	
Grauheide	412	
Grauschimmel	93	
Greiskraut	300, 386	
Griechen	8	
Grillplatz	446	
Großer Rohrkolben	356	
Großes Springkraut	368	
Gründüngung	196, 449	
Grüner Streifenfarn	46	
Grünkohl	176	
Gundermann	278	
Gunnera	58, 73	
Günsel	280	
Gurke, gepropfte	175	
Gurken	445	

H

Habitat	449	
Hacke	100	
Hagebutte	151, 195	
Hagebutten für Marmelade	146	
Hagebuttentee	187	
Hagedorn	242	
Hahnenkamm	372	
Hainbuche	216	
Hainsimse	404	
Hakenlilie	389, 394	
Halbschmarotzer	126	
Halbstamm	449	
Halskrausendahlie	338	
Handgeräte	98	
Hanf	164	
Hängebegonie	332	
Hängekorb	44	
Harke	99, 436	
Hartriegel	240, 278, 288, 411	
Haselnuß	46, 192, 241	
Haselwurz	282	
Hasenschwanzgras	380	
Hauhechel	132	
Hauptachse	8	
„Hängender" Garten	367	
Hechtkraut	356, 364	
Hecken	60, 441	
Hecken beschneiden	63, 441, 442	
Hecken, blühende	62	
Heckenschere	100	
Heide	405, 442	

Heide auf kalkreicheren Böden	443	
Heide beschneiden	443	
Heide pflanzen	443	
Heidegärten	10, 32, 35, 408	
Heidekraut	410	
Heidelbeere	184, 188	
Heideringelraupe	93	
Heliotrop	369, 378, 395	
Hemlockstanne	269	
Herbarium	449, 450	
Herbsthimbeere	192	
Herbstkrokus	71	
Herbstzeitlose	71, 123, 133, 332	
Herkulesstaude	123, 124, 296	
Herrenhausen	8, 61, 78	
Hibiskus	46, 247	
Himbeere	164, 191	
Himmelsauge	372	
Hirschzunge	46, 47, 405, 406	
Hirse	132	
Hirtentäschel	128	
Hochdruckspritze	101	
Hochstamm	450	
Hochstämmige Obstbäume	32	
Hochstammrosen	141, 152	
Hocker aus Gußeisen	434	
Hohes Gras	90	
Holunder	46, 232, 256, 278	
Holundertee	187	
Holzkübel	130	
Honiggras	404	
Hopfen	164, 278, 321, 440	
Hopfen, einjähriger	367	
Hornblatt	354, 358	
Hornkraut	286	
Hornmohn	294	
Hortensie	247, 248	
Höhenunterschiede	21	
Höhlen, künstliche	9	
Hühner	92	
Hühnerdung	88	
Humus	450	
Hundszahn	339	
Hundszunge	374	
Hungerblümchen	290	
Husarenknopf	386	
Hyazinthe	124, 326, 342	
Hyazinthe, Vermehrung	70	
Hymenocallis	396	

I

Igelkolben	356, 365	
Immergrün	314	
Indianernessel	302	
Indische Erdbeere	290	

REGISTER

Indisches Blumenrohr 332, 392
Inkalilie 280, 329
Irdene Gefäße 130, 391
Iridarium 450
Iris, im Frühjahr blühend 344
Irische Heide 411
Italienische Pappel 61
Italienischer Aronstab 330

J

Jahreskultur 450
Jakobsleiter 307
Japanische Azalee 417
Japanische Blütenkirsche 224
Japanische Einflüsse 15
Japanische Lärche 266
Japanische Quitte 239
Japanische Schwertlilie 354, 361
Japanische Sumpfiris 355
Japanische Wachsblume 298
Japanische Weinbeere 160, 189
Japanische Zierkirsche 74, 223
Japanischer Ahorn 409
Japanischer Garten 79
Japanischer Hopfen 379
Jasmin 46
Jasmin, Echter 322
Jasmin, Falscher 253
Johannisbeere 164
Johannisbeere, Rote 189
Johannisbeere, Schwarze 190
Johannisbeere, Weiße 190
Johanniskraut 248, 297
Jonquillen 348
Jungfer im Grün 107, 383
Jungfernrebe 324
Junkerlilie 282

K

Kabinett 450
Kaiserkrone 68, 339
Kakteen 390
Kaktus- und Halbkaktusdahlie 338
Kalk 46
Kalla 332, 399
Kalmus 356, 357
Kamelie 239
Kamille 33
Kamille, Römische 286
Kammschmiele 404
Kanariengras 405
Kaninchenstall 23
Kapaster 376
Kapkörbchen 375

Kapuzinerkresse 107, 366, 388
Karde 376
Karotten 183
Karpaten 135
Kartoffel 126, 171, 445
Käsepappel 302
Kaskade 450
Kastanie 74
Kastanienfrüchte 215
Katsurabaum 217
Katzenminze 302
Katzenpfötchen 281
Kaukasusvergißmeinnicht 284
Kerbel 199
Kermesbeere 125, 307
Kerrie 249
Keukenhof 326
Kiefer 267
Kies 27
Kinder 40
Kinderwettbewerb 367
Kirsche 125
Kirschlorbeer 254
Kiwi 160, 188, 208, 318, 455
Klarkie 368, 373
Klatschmohn 107
Klebsame 398
Klebschwertel 345
Klee 128, 449
„Kleiderständer" 80, 450
Kleine Samtblume 387
Kleiner Fuchs 312
Kleiner Rohrkolben 356
Kleinkinder und Wasserbecken 48
Kleistogam 450
Klettenlabkraut 436
Kletterhortensie 322
Klettermaxe 114, 321
Kletternde Kübelpflanzen 132
Kletterpflanzen 112, 440
Kletterpflanzen an großen Bäumen 316
Kletterpflanzen einpflanzen 114
Kletterpflanzen für mittelgroße Bäume 316
Kletterpflanzen für Töpfe und Kästen 317
Kletterpflanzen von A bis Z 318
Kletterpflanzen, Befestigung 114
Kletterpflanzen, die Mauern angreifen 113
Kletterpflanzen, selbsthaftend 118, 316
Kletterpflanzen, Standort 118
Kletterrosen 145
Klinker 21
Klöster 8
Knoblauch 133, 174, 199
Knolle 450

Knollenbegonien 332
Knollengewächse von A bis Z 328
Knotenblume 345
Knöterich 114, 308, 321, 364, 384
Kohl 128
Kohlhernie 175
Kohlrabi 177
Kokosmantel 22
Kolkwitzie 249
Kolonnade 450
Kompost 23, 87, 88, 437
Konifere, säulenförmige 135
Koniferen 60, 75, 450
Koniferen als Hecke 76
Koniferen für das Vogelwäldchen 262
Koniferen für den Steingarten 262
Koniferen für eine Böschung 262
Koniferen für Hecken 262
Koniferen für sehr trockenen Boden 262
Koniferen von A bis Z 260, 263
Koniferen, die Schatten vertragen 261
Koniferen, die viel Wind vertragen 261
Koniferen, im Winter kahle (nadelabwerfende) 261
Koniferen, sehr schnell wachsende 261
Koniferen, Pflanzen, Stutzen, Beschneiden 75
Kopfsalat 179
Koriander 132, 133, 200
Kornblume 33, 107, 128, 368, 373
Kornrade 370
Köcherblumen 369, 374
Königsfarn 47, 278, 405
Königskerze 314, 368, 388
Krähenbeere 35, 411
Krankheiten und Schädlinge 90
Krankheiten und Schädlinge bei Blumenzwiebeln 71
Krankheiten und Schädlinge im Wasserbecken 58
Kranzspiere 257
Krätzkraut 368
Kräuter 133
Kräuter säen 445
Kräutergarten 196
Krebs 450
Kreiselmäher 98
Kreuzdorn 254
Kreuzdorn, Echter 278
Kreuzkraut 128
Kreuzkümmel 133, 200
Kriechthymian 44
Krokus 67, 73, 133, 335
Krötenlilie 312, 314
Krummblume 389, 399
Kübelpflanzen 28, 129, 133, 451

Kübelpflanzen von A bis Z	390	
Kübelpflanzen, Auswahl	130	
Kübelpflanzen, kletternde	132	
Küchenschelle	309	
Kugelamarant	369, 378	
Kugeldistel	290	
Kultivator	100, 436	
Kümmel	199	
Kurative Mittel	92	
Kürbis	367, 374	

L

Labkraut	132, 292
Laichkraut	354, 364
Lambert	148
Lampenputzergras	405
Lampionblume	306
Landschaftsgärten	13
Landschaftsstil	9
Lärche	78, 278
Latsche	267
Laube	23
Laubenbank	451
Laubengänge	13
Laubharke	99
Laubrechen	99
Lauch	178, 328
Lavendel	45, 133, 159, 186, 299, 311, 445
Lavendelheide	236, 253, 409
Lavendeltee	187
Lebensbaum	269
Leberbalsam	369, 370
Lederhülsenbaum	220, 246
Leinkraut	300
Leitast	451
Lentizellen	451
Lerchensporn	288, 334
Levkoje	381
Libanonzeder	133
Lichtnelke	300
Liebstöckel	200
Liguster	45, 250, 278
Lilie	345
Lilienhähnchen	93
Lilienschweif	339
Linde	61, 228
Lindenblütentee	187
Linksdrehende Schlingpflanzen	440
Linné, Carl von	13
Linsen	133, 178
Lobelie	369
Lockgans	433
Loganbeere	189
Lollo Rosso	161, 180
Lorbeer	131, 200, 249, 397
Lorbeerbaum	133
Lorbeerkirsche	14, 45
Lorbeerrose	414
Lotus	50, 362
Louis Lens	150
Löwenmäulchen	371
Löwenzahn	73, 128
Ludwig XIV.	392
„Lüften"	451
Luftkissenmäher	97
Lungenkraut	309
Lupine	33, 300, 381, 449

M

Mädchenauge	287, 288, 374
Mädesüß	278, 292, 360
Madonnenlilie	346
Magnolie	222, 251
Mahonie	251, 278
Maiglöckchen	30, 66, 123, 125, 287, 302, 334
Maikäfer	92
Mais	107
Majoran	200, 445
Malve	302
Malvenstrauch	246
Mammutbaum	268
Mandel	184
Mandel (wilde)	133
Mandel, Bittere	125
Mandelbäumchen	225
Mandelröschen	107
Manna	132
Männertreu	380
Margerite	286
Margeriten, einjährig	368
Marienglockenblume	372
Marone	195, 278
Märzenbecher	345
Maßliebchen	368
Maßstabsgetreue Zeichnung	20
Mastkraut	310
Mauergewächshaus	451
Mauerlöwenmaul	430
Mauerpfeffer	310, 311
Mauerraute	46
Maulbeerbaum	133, 222
Maulbeere	192
Mäuse	72, 90
Meerkohl	183, 288
Meerrettich	200
Mehltau	139, 311
Melone	133
Messerwalzenmäher	97
Miesmäulchen	286
Mignondahlie	338
Mikroklima	68, 69, 451
Milchstern	124, 133, 348
Milzkraut	286
Minigarten	39
Minze	200
Mispel	193
Mist	88
Mistel	126
Mittagsblume	382
Mohn	33, 305, 368, 383
Monokotyledone	451
Montbretia	334
Moosrosen	150
Moosvegetation	84
Morastgarten	22, 32, 39
Moschusrosen	148
Möhren	183
Möhrenfliege	183
Mörtelbottiche	50
Mummel	362
Muschelblume	50, 51, 369, 382
Muskatellersalbei	385
Mutterkraut	381
Myrte	132-133

N

Nachtkerze	304, 383
Nachtpfauenauge	94
Nachtschatten	325
Nachtschattengewächse	124
Nachtviole	296, 379
Nacktblüher	451
Nadelfarn	47
Nährstoffe	438
Namensänderungen	14
Narzisse	133, 347, 348
Narzissenwiese	104
Natternkopf	376
Naturdünger	451
Natürliche Untersetzer	445
Naturstein	136
Natursteinplatten verlegen	103
Nelke	289
Nelkenwurz	294
Nemesie	382
Neuseeländischer Flachs	398
Neuseeländischer Spinat	181
Nomenklatur	13
Nußbaum	220
Nutzpflanzen	8

O

Obelisk	212
Obstbäume	74
Obstbäume, hochstämmige	32
Ochsenzunge	280
Ökologie	18, 451
Okulationsstelle	140, 141
Okulieren	452
Oleander	124, 397
Olive	133, 397
Ölkürbis	175
Ölweide	111, 244
Orange	392
Orangerie	9, 78, 129, 452
Orchideen	33
Organischer Dünger	452
Ornamente, natürliche	435
Österreichische Schwarzkiefer	268

P

Palma Christi	126, 132, 385
Palmlilie	315, 399
Pampasgras	402
Pantoffelblume	372
Papierknöpfchen	369, 371
Pappel	19, 223
Paradiesvogelblume	399
Parasiten	452
Parrotie	223, 252
Passionsblume	324, 397
Patentrecht für Züchter	452
Patio	452
Patiorosen	151
Pelargonie	42, 369, 384
Pendula	212
Perennierende Pflanzen	452
Pergola	21, 23, 118, 208, 324, 430, 452
Perlfarn	405
Perlpfötchen	281
Perlstrauch	244
Perückenstrauch	241
Pestwurz	305, 306
Petersilie	178
Petunie	369, 384
Pfade	24
Pfaffenhütchen	244, 320
Pfefferminz	133
Pfefferminztee	187
Pfeifenblume	122
Pfeifengras	404
Pfeifenstrauch	253
Pfeifenwinde	318
Pfeilkraut	356, 364
Pfennigkraut	33
Pfingstrose	304
Pfirsich	125, 164, 194
Pflanzen an einer Gartenmauer	46
Pflanzen aus der Bibel im Garten	132
Pflanzen für den Hängekorb	44
Pflanzen für den Steingarten	135
Pflanzen für die Voliere	128
Pflanzen für feuchten Boden	356
Pflanzen für sauren Boden im Heide- und Koniferengarten	408
Pflanzen für sauren Boden von A bis Z	409
Pflanzen fürs tiefe Wasser	354
Pflanzloch	75
Pflanztiefe von Blumenzwiebeln	438
Pflanzzeit für Wasserpflanzen	54
Pflanzzeit von Rosen	141
Pflasterung	17, 21
Pflaume	46, 125, 164, 194, 195
Pflückgarten, kommerzieller	16
Pflücksalat	180
Pfropfen	111
Pfropfstelle	141
pH-Wert	43, 408
Phlox	306, 311
Pikieren	452
Pillensaat	452
Pimpinelle	201
Pinetum	78, 452
Platane	223
Platten	21
Platterbse	298, 323
Plui de Feu	296
Polyantharosen	144, 150, 159
Polyantharosen, Beschneiden	144
Pompondahlie	338
Porst	414
Portulak	107, 178, 385
Posthornschnecken	53
Potentilla	44
Prachtglocke	244, 411
Prachtsalbei	386
Prachtscharte	299, 345
Prachtspiere	244, 283
Praktische Gartentips	436
Präriemalve	311
Präventive Mittel	92
Preiselbeere	419
Prunkwinde	366, 379, 440
Purpurglöckchen	296
Pyrenäen	135

Q

Quecke	34, 94
Quitte	192
Quitte, Japanische	239

R

Rabatte	36, 452
Radieschen	179
Rainfarn	278
Rambler	452
Rapunzel	180
Rasen	102
Rasen, blütenreicher	104
Rasenkantenschneider	100
Rasenmäher	96
Rasenmischung	103
Rasenpflege	444
Rasensoden	102
Rauhgras	400
Raupen auf Kohlpflanzen, biologische Bekämpfung	90
Raute	312
Reben	81
Rechen	99, 436
Rechtsdrehende Schlingpflanzen	440
Regenrohre	117
Regenwürmer	90
Reiher	57-58
Reiherschnabel	291
Reitgras	401
Remontant-Rosen	148
Remontieren	148
Renaissancegärten	8, 13, 160
Resistenz	452
Rettich	179
Rhabarber	42, 125, 179
Rhabarbertöpfe aus Terrakotta	432
Rhizom	66
Rhododendron	125, 128
Ribes	62
Riemenblatt	394
Riesen-Lebensbaum	269
Riesen-Tanne	263
Riesenbalsamine	94
Riesenhyazinthe	340
Rindenmulch, -substrat	452
Ringelblume	107, 368, 372
Rippenfarn	401
Rispenhirse	405
Rittersporn	132, 278, 288, 289, 368, 374
Ritterstern	389
Robinie	226
Rohrkolben	356, 365
Rosarium	452
Rosen	83, 133, 139, 147, 207, 442
Rosen an Südmauern	139
Rosen auf eigener Wurzel, Beschneiden	146
Rosen beschneiden	143, 442
Rosen im Schatten	142
Rosen mit Clematis kombiniert	157

Rosen mit dekorativem Blatt	151
Rosen pflanzen	140
Rosen, die an Bäumen klettern können	154
Rosen, einfach blühende	140
Rosen, gestreifte	152
Rosen, Hochstamm	141, 152
Rosen, Pflanzzeit	141
Rosen, verschiedene	147
Rosen, wilde	46, 139
Rosen, Wildwuchs	144
Rosen, winterharte	155
Rosen, Wurzelwildwuchs	81
Rosen-Krankheiten	158
Rosenbogen	31
Rosenfamilie	164
Rosengallwespe	158
Rosenkohl	177
Rosentor	207, 440
Rosenvereine	159
Rosenzüchter	155
Rosette	41, 452
Roßkastanie	215, 278
Rosmarin	131, 201, 398, 445
Rosmarinseidelbast	242
Rotblättrige Sräucher	231
Rotbuche	218
Rote Johannisbeere	189, 190
Rote Rüben	180
Rote Stangenbohne	173
Roter Ahorn	214
Roter Sonnenhut	290
Rotkohl	176-177
Römische Kamille	286
Römischer Salat	179
Rugosarosen	153
Ruhmeskrone	342

S

Saattiefe	105
Säckelblume	239
Säen	105, 106, 370
Sägewunden	80
Säkarren	103
Salamander	53
Salatgurke	175
Salatsorten	179
Salbei	201, 310, 368, 369, 385
Salomonssiegel	30, 42, 125, 302, 307, 308
Salvie	369
Samtblume	278, 368, 369, 386
Sanddorn	247, 455
Sandkasten	20, 26
Santolina	159
Saubohne	174
Sauerampfer	183
Sauerdorn	60, 238
Sauerklee	349
Sauerstoff im Wasserbecken	57
Sauerstofflieferanten im Wasserbecken	54
Säuregrad	408
Schachbrettblume	340
Schachtelhalm	95, 402
Schädlingsbekämpfungsmittel	92
Schafgarbe	278, 279
Schalotten	133, 181
Schattenblume	302, 311
Schattenpflanzen	29
Schaublatt	309
Schaufel	100
Schaukel	21
Schaumblüte	312
Scheinakazie	226
Scheinbeere	245
Scheinbuche	222, 252
Scheineller	240
Scheinhasel	240
Scheinkalla	355, 361
Scheinmohn	302
Scheinrebe	318
Scheinzypresse	76, 264
Schiefblatt	330
Schildblatt	288
Schildfarn	47, 406
Schilf	356, 363
Schlafmohn	305
Schlaghacke	436
Schlammschnecke	57
Schlehdorn	45, 63, 64
Schleierkraut	295, 312, 368, 378
Schleifenblume	297
Schlingpflanzen	440, 452
Schloß Malmaison	139
Schloß Veaux-le-Comte	392
Schlüsselblume	308
Schmetterlingslocker	275
Schmetterlingsstrauch	238
Schmiele	402
Schmuckkörbchen	107, 368, 374
Schmucklilie	389, 390
Schnecken	178
Schneeball	45, 46, 126, 258, 399, 419
Schneebeere	257
Schneeglanz	332
Schneeglöckchen	33, 68, 340
Schneeheide	412
Schneiden	80
Schneiden von Bäumen	84
Schneiden, richtige Zeit	81
Schnittblumen	23
Schnittkalender	86
Schnittlauch	197
Schnittmangold	181
Schnittsalat	180
Schnittsellerie	180
Schnurbaum	169, 170, 228, 453
Schopflilie	394
Schotenerbse	175
Schöllkraut	46
Schönfrucht	238
Schönranke	366, 376
Schönschopf	389
Schriftfarn	402
Schubkarren	101
Schuppen	23
Schutz vor Vögeln und Katzen	437
Schwach wachsende Unterlage	167
Schwaden	360, 404
Schwalbenwurz	126
Schwarzäugige Susanne	366, 387, 440
Schwarzbeinigkeit	453
Schwarze Johannisbeere	190
Schwarzer Nachtschatten	126
Schwarzer Senf	133
Schwarzkümmel	107, 383
Schwarznessel	384
Schwertlilie	297, 344, 360
Schwertlilie, Japanische	354, 361
Schwimmfarn	50, 355, 365
Schwimmpflanzen, frei schwimmend	355
Schwingel	404
Sedumsorten	137
Seekanne	354, 363
Seerose	53, 58, 356, 362
Segge	401
Seidelbast	123, 242, 411
Seidenblume	368
Seidengras	404
Seifenkraut	310
Selbsthaftende Kletterpflanzen	316
Sellerie	180
Sempervivumsorten	137
Senf, Schwarzer	133
Serbische Fichte	267
Sichelfarn	402
Sicheltanne	265
Sichtschutz	22
Silberling	380
Silberwurz	290
Sissinghurst	10
Sitkafichte	267
Skimmie	256
Skulpturen	23
Sockenblume	290
Soden legen oder säen	102
Solanin	124, 126
Solitärpflanze	315

REGISTER

Sommeraster	368, 372
Sommerazalee	368, 378
Sommerblühende Iris	344
Sommerchrysantheme	373
Sommerflieder	82, 238
Sommermargerite	373
Sommerreiche	278
Sommerzypresse	367, 379
Sonnenblume	128, 295, 367, 368, 378
Sonnenflügel	107, 369, 378
Sonnenhut	278, 290
Sortiment	453
Spalier	26, 115, 453
Spalier aus Holz	116
Spalier-Morelle	118
Spalieraprikosen	161
Spalierbäume	85
Spalierpfirsiche	161
Spalierrosen	119, 139, 152, 157, 321
Spalierrosen, Beschneiden	146
Spanischer Olivenkrug	430
Spargel	172
Spätblühende Sträucher	87
Spätblühende Traubenkirsche	224
Spaten	99
Spechte	84
Spiegeleffekt des Wassers	58
Spielzeug, selbst hergestellt	446
Spierstrauch	256
Spinat	181
Spinnenpflanze	368, 373
Spitzahorn	214
Spitzkohl	175-176
Spitzmäuse	72
Spornblume	286, 298
„Spontane" Ein- und Zweijährige	368
Springbrunnen	443
Springkraut	95
Springkraut, Großes	368
Stachel	453
Stachelbeere	164, 188
Stachelnüßchen	279
Stadtgarten	29
Stalldünger	88
Stangenbohne	440
Stangensalat- und Stangenschnittbohnen	173
Stauden	36, 441, 453
Stauden für den Heidegarten	276, 409
Stauden mit auffallendem Blatt	276
Stauden von A bis Z	270
Stauden, Blütezeit	441
Stauden, die getrocknet werden können	132
Stauden, die Schmetterlinge anziehen	274
Stauden, die Seewind vertragen	272
Stauden, die sich stark aussäen	272
Stauden, die vor Frost geschützt werden müssen	272
Stauden, duftende	271
Stauden, pflanzen und stützen	441
Stauden, stark wuchernde	271
Staudengarten	32, 36
Staudensellerie	180, 181
Stechapfel	121, 122
Stechginster	258, 259
Stechpalme	74, 248
Steckrübe	177
Steinbrechfamilie	164
Steingarten	32, 38, 39, 440
Steingarten im Pflanzentrog	39
Steingartenpflanzen und -sträucher	135
Steppenkerze	339
Steril	453
Stern von Bethlehem	71
Sterndolde	284
Sternmagnolie	251
Stiefelknecht aus Gußeisen	433
Stiefmütterchen	33, 368, 388
Stiefmütterchen, wildes	315
Stielmus	178
Stilarten	8
Stockrose	280
Storchschnabel	294, 340
Stoßhacke	436
Strahlengriffel	318
Stratifizieren	453
Sträucher	25, 133, 453
Sträucher die angebunden werden müssen	317
Sträucher für den tiefen Schatten	231
Sträucher für Mauern	112
Sträucher im Steingarten	136
Sträucher mit aromatischem Blatt	230
Sträucher mit den schönsten Herbstfarben	230
Sträucher mit goldenem und gelbem Blatt	104
Sträucher mit hängenden Zweigen	111
Sträucher von A bis Z	235
Sträucher, die Schmetterlinge anziehen	45
Sträucher, die viel Wind vertragen	232
Strauchkastanie	235
Strauchpäonie	252
Strauchveronica	246
Straußfarn	47, 404
Streifenfarn	46, 47, 400
Strohblume	369, 378
Studentenblume	386
Stufen	28
Stutzen und Beschneiden	46
Stutzen von Hecken	63
Stutzsäge	101
Südost- oder Südwestmauer	140
Südseemyrte	397
Sumach	254
Sumpfdotterblume	355, 358
Sumpffarn	406
Sumpfiris, Japanische	355
Sumpfkalla	355, 357
Sumpfpflanzen	355
Sumpfschachtelhalm	278
Sumpfschwertlilie	356
Sumpfsegge	358
Sumpfvergißmeinnicht	355, 362
Sumpfwolfsmilch	355
Sumpfzypresse	268
Symbiose	453
Symmetrie	8, 10
Synonym	454
Syrischer Hibiskus	44

T

Taglilie	295
Tamariske	133, 258
Tanne	263
Tannenwedel	355, 360
Taubenbaum	218, 242
Taubnessel	298
Taxus	36, 435
Taxuskäfer	92
Teehybriden	148, 159
Teehybriden, Beschneiden	144
Teichrose	355, 362
Teilung	110, 454
Terrasse	21, 23, 454
Teufelsauge	370
Thymian	201, 312, 445
Thymian, wilder	278
Thymian, wolliger	156
Tiefenwirkung	23, 135, 152
Tollkirsche	122
Tomate	124, 182
Topferde	43, 454
Topiary	454
Topinambur	295
Torf	454
Torfkultursubstrat	78
Torfmull und Torfstreu	43, 89
Torfmyrte	253, 414
Totes Holz	84, 86
Töpfe und Kästen, Größe	437
Töpfe und Kübel	130
Tränendes Herz	289, 338
Tränenkiefer	267
Traube, Blaue	444

Traube	133, 160, 325
Traubengurken	172
Traubenheide	414
Traubenhyazinthe	346
Traubenkirsche	278
Traubenkirsche, Gemeine	224
Traubennarzissen	348
Traubenspiräe	252
Trauerfichte	266
Trauerrosen	156
Trauertanne	266
Trauerweide	226
Trellis	454
Trennelemente	22
Trespe	401
Triandusnarzissen	348
Trichtermalve	381
Tripmadam	311
Trockenspinne	23, 26
Trollblume	314
Trompe l'œil	152, 454
Trompetenbaum	216
Trompetenblume	93, 318
Trompetennarzissen	348
Tulpe	326, 351
Tulpenbaum	221, 222
Tüpfelfarn	406
Türkisches Zelt	454

U

Überdachung	21
Überwintern	129, 130, 131
Uferpflanzen	355
Ulme	228
Ulmenkrankheit	12, 90, 228
Ulmensplintkäfer	229
Ultraviolettes Licht	136
Umbraculifera	212
Umpflanzen	438
Umweltfreundliche Anstriche	28
Unkraut	94, 436, 454
Unkräuter für Volierenvögel	128
Unterlage, schwach wachsend	167
Unterlage	111, 454
Urhebername	454
Urweltmammutbaum	74, 266

V

Varietät	14, 454
Vegetation	454
Vegetative Vermehrung	68
Veilchen	44, 128, 326
Veilchen als Staude	315
Veranda	454
Verbänderung	448, 454
Veredeln	111
Veredlungsstelle	167
Verein deutscher Rosenfreunde e.V.	159
Vergißmeinnicht	326, 382
Vermehren der Obstgehölze	165
Vermehrung der Hyazinthe	70
Vermehrung des Buxus	109
Vermehrung durch Stecklinge	109
Vermehrung, Methoden	108
Vermehrung, vegetative	68
Vernalisation	454
Versailles	392
Villandry, Frankreich	15
Villengärten	10
Vista	454
Vogelbeere	228
Vogelkirsche	224
Vogelknöterich	128
Vogelmiere	128
Vogelnetze	444
Volierenpflanzen	128
Volldünger	454

W

Wacholder	265, 266
Waldmeister	42, 200, 292
Waldpflanzen	30
Waldrebe	278, 287
Waldvergißmeinnicht	304
Walnuß	133, 196, 278
Wandelröschen	124, 396
Wasser im Felsgarten	39
Wasser im Garten	443
Wasser, trübes	54, 57
Wasserähre	354, 357
Wasseraloe	355, 365
Wasserbecken	23, 25, 48, 51, 53, 57, 443
Wasserbecken und kleine Kinder	56
Wasserbecken, Bepflanzung, Krankheiten, Schädlinge	58
Wasserbecken, biologisches Gleichgewicht	54
Wasserbecken, Erde	53
Wasserdichte Armaturen	27
Wasserdost	291
Wasserdurchlässigkeit	22
Wasserfeder	360
Wasserflöhe	53, 57
Wasserhahnenfuß	354, 364
Wasserhyazinthe	50, 355, 358
Wasserknöterich	356
Wasserliliendahlie	338
Wasserlinsen	59, 355
Wasserminze	356, 361
Wassernuß	355, 365
Wasserpest	354, 358
Wasserpflanzen von A bis Z	357
Wasserpflanzen, Pflanzzeit	54
Wassersalat	355, 363
Wasserschierling	122
Wasserschildkröten	48
Wasserschnecken	57
Wasserschosse	84, 454
Wasservase aus Terrakotta	432
Wechselwirtschaft	175, 454
Wegerich	278, 307
Wegerich, Großer	13, 128
Weide	61, 226, 256, 278, 455
Weigelie	258
Wein, Wilder	318
Weinraute	133
Weißbuche	60, 61, 63, 65, 216
Weißdorn	45, 63, 64, 74, 211, 217, 242
Weißdorn, gefüllter	217
Weiße Johannisbeere	190
Weiße Rübchen	178
Weiße Seerose	362
Weißkohl	176
Weizen	132
Wertschätzung von Bäumen	212, 213
Westlicher Lebensbaum	269
Wicke	298, 368, 449
Widerstoß	369
Wiesenkerbel	94
Wiesenknopf	201
Wiesenplatterbse	128
Wiesenschaumkraut	285
Wilde Rosen	139
Wilder Wein	318
Wildkirsche	74, 224
Wildwuchs	111
Wildwuchs bei Rosen	144
Winde	128, 366, 374
Windschutz	213
Winterbohnenkraut	198
Winterfest	455
Wintergarten	129, 449, 455
Winterling	70, 338
Winterportulak	178
Winterwasserpegel	22
Wirsingkohl	176
Wisley Gardens	366
Wolfsmilch	123, 292, 358
Wollaus	323
Wollgras	355, 358
Wühlmäuse	71, 72
Wundbedeckende Mittel	80
Wunderbaum	105, 126, 132, 385
Wunderblume	382
Wurmfarn	47, 402

Wurzeln von Pappelarten	75	Zierbirne	74, 225	Zweijährige Pflanzen	41, 439
Wurzelstock	455	Zierbrombeere	255	Zwergbambus	406
Wurzelunkräuter	34, 94, 95	Ziergewächse	8	Zwergholunder	310
Wurzelwildwuchs bei Rosen	81	Ziergräser	73, 214	Zwerghühner	92
Wüste	132	Zierhafer	404	Zwergkoniferen	46, 409
		Zierkohl	371	Zwergmispel	241, 320
X		Zierkürbis	160	Zwergrhododendron	214
Xylothek	455	Zierquecke	400	Zwergrosen	150
		Zierrhabarber	125, 309	Zwiebeln	133, 182, 447
		Zierspargel	282	Zwiebel, Gemeine	278
Y		Ziersträucher	44	Zwiebel- und Knollengewächse von A bis Z	328
Ysander	304	Ziertabak	383		
Ysop	199	Ziest	312	Zwiebelfliege	183
Yucca	73	Zimbelkraut	46, 288, 430	Zwiebelgewächse für Topfkultur	389
		Zimmerlinde	399	Zwiebelgewächse säen	70
		Zimtblume	133	Zwiebelgewächse, die im Sommer blühen	326
Z		Zinnie	388		
Zaubernuß	246	Zistrose	133	Zwiebelgewächse, die im Herbst blühen	71
Zäune aus Schmiedeeisen	434	Zitrone	392		
Zaunwinde	60	Zitronenmelisse	187, 198	Zwiebeln im Rasen	73, 328
Zeder	263	Zittergras	33, 401	Zwiebeln in Gruppen	67
Zeichnung, maßstabsgetreue	20, 21	Zucchini	174	Zwiebeln und Knollen	133
Zelkova	229	Zuckererbsen	178	Zwiebeln, die im Frühjahr blühen, für den weißen Garten	326
Zephirblume	389, 399	Zuckermais	181		
Zichorie	128	Zungenhahnenfuß	356	Zyklamenblumige Narzissen	348
Ziehhacke	436	Zweigeschlechtlich	455	Zylinderputzer	392
Zierapfel	222, 252	Zweihäusig	455	Zypresse	75
		Zweijahrespflanzen	455		

LATEINISCH

A

Abelia	87, 233, 317
Abelia chinensis	136
Abies	263
Abies alba	261, 263
Abies balsamea	262, 263, 409
Abies concolor	262
Abies grandis	263
Abies homolepis	262, 263
Abies koreana	263
Abies nordmanniana	261, 263
Abies procera	135, 263
Abutilon	131
Acaena	279
Acaena buchananii	41, 279
Acaena microphylla	279
Acanthus	73, 272, 279
Acanthus mollis	279
Acer	230, 235, 278, 409
Acer campestre	62, 211, 214
Acer japonicum	234, 409
Acer negundo	211, 214
Acer palmatum	46, 136, 214, 231, 234, 235, 409
Acer platanoides	214, 215
Acer pseudoplatanus	215
Achillea	132, 273, 279, 280
Achillea millefolium	275, 278, 279
Achillea ptarmica	279
Achnatherum	400
Achnatherum brachytricha	400
Acidanthera	328, 341
Acidanthera bicolor	328
Aconitum	279
Aconitum henryi	279
Aconitum napellus	122, 279
Acorus	357
Acorus calamus	356, 357
Actinidia	119, 318
Actinidia arguta	188, 316
Actinidia chinensis	188, 318
Actinidia kolomikta	318
Adiantum	400
Adiantum pedatum	47, 400
Adonis	279, 370
Adonis aestivalis	368
Adonis amurensis	279
Adonis vernalis	136, 279
Aegopodium podagaria	280
Aesculums hippocastanum	212, 215, 278
Aesculus pavia	215
Aesculus parviflora	230, 235
Agapanthus	131, 328, 389, 390
Agave	390
Ageratum	369, 370
Ageratum houstonianum	370
Agropyron	400
Agropyron pubiflorum	400
Agrostemma	370
Ailanthus	211
Ajuga	280
Ajuga genevensis	280
Ajuga reptans	52, 275, 280, 309
Akazie	235
Akebia	119, 316, 318
Akebia quinata	318
alba	260
Alchemilla	132, 280
Alchemilla mollis	24, 41, 44, 156, 278, 280
Alisma	357
Alisma plantago aquatica	355, 357
Allium	132, 133, 328
Allium afluatunense	329
Allium albopilosum	328, 329
Allium atropurpureum	329
Allium azureum	156
Allium bulgaricum	329
Allium caeruleum	329
Allium cepa	181, 182, 278
Allium cernuum	329
Allium christophii	329
Allium giganteum	329
Allium karataviense	131, 328, 329
Allium moly	329
Allium oreophyllum	329
Allium porrum	178
Allium roseum	329
Allium sativum	174, 199
Allium schoenoprasum	197, 198
Allium siculum	329
Allium sphaerocephalum	329
Allium stipitatum	329
Allium unifolium	329
Allium ursinum	329
Allium zebdanense	329
Alnus cordata	213, 215
Alnus glutinosa	62, 211, 213, 215, 278
Alnus incana	104, 213, 215
Alonsoa	370
Alonsoa meridionalis	370
Alopecurus	400
Alopecurus pratensis	400
Alstroemeria	271, 273, 280, 329
Alstroemeria aurantiaca	280
Alstroemeria aurea	329
Althaea	280
Althaea officinalis	280
Althaea rosea	281
Alyssum	39
Alyssum saxatile	275
Amaranthus	371
Amaranthus caudatus	371
Amaranthus paniculatus	371
Amaryllis	131
Amberboa moschata	372
Amelanchier	230, 232, 235
Amelanchier lamarckii	128, 214, 235, 409
Ammobium alatum	369, 371
Ampelopsis	318
Ampelopsis brevipedunculata	44, 318
Amygdaline	125
Ananas comosus	186
Anaphalis	132, 273, 281
Anaphalis triplinervis	281
Anchusa	272, 281
Andromeda	46, 136, 236, 409
Andromeda polifolia	409
Anemone	281, 330
Anemone blanda	66, 326, 330, 450
Anemone coronaria	133, 330
Anemone hybrida	273
Anemone nemorosa	66, 69, 330
Anemone sylvestris	273
Anethum graveolens	133, 198
Angelica	200
Angelica archangelica	199
Anjuga reptans	276
Antennaria	281, 409
Antennaria dioica	24, 282
Anthriscus cerefolium	199
Antirrhinum	370, 371
Antirrhinum majus	370
Apium graveolens	180
Aponogeton	357
Aponogeton distachios	354, 357
Aquilegia	272, 282
Aquilegia caerulea	136
Aquilegia vulgaris	282
Arabis	39, 282
Arabis caucasica	272
Aralia	46, 87, 234, 236
Araucaria	263
Araucaria araucana	263
Arbutus	236, 409
Arbutus unedo	236
Arctostaphylos	46, 231, 236, 409
Arctostaphylos nevadensis	409
Arctostaphylos uva-ursi (Arbutus uva-ursi)	136, 214, 278, 409
Arctotis	368, 371
argentea	260
Argyranthemum frutescens (Syn. Chrysanthemum)	367
Aristolochia	119, 318
Aristolochia macrophylla	122, 316, 318

Aristolochia tomemtosa	318	
Armeria	409	
Armeria maritima	24, 272	
Armoracia rusticana	200	
Artemisia abrotanum	230	
Artemisia dracunculus	199	
Artemisia vulgaris	198	
Arum dracunculus	330	
Arum italicum	122, 131, 306, 330	
Arum maculatum	122, 131	
Aruncus	273, 282	
Aruncus sylvester	73, 282	
Arundinaria	138, 400	
Arundinaria murieleae	400	
Asarum	208, 282	
Asarum europaeum	24, 29, 52	
Asparagus	282	
Asparagus densiflorus	44	
Asparagus officinalis	172	
Asperula	292	
Asperula siehe: *Galium*	282	
Asphodeline	283	
Asphodeline lutea	283	
Asplenium	400	
Asplenium adiantum nigrum	46	
Asplenium ruta-muraria	400, 401	
Asplenium trichomanes	47	
Aster	273, 278, 283, 312	
Aster alpinus	136, 276, 283	
Aster amellus	275, 283	
Aster cordifolius	283	
Aster dumosus	156, 283	
Aster laterifolius	283	
Aster novi-belgii	275	
Astilbe	214, 273, 283, 284	
Astilbe crispa	283	
Astilbe simplicifolia	283	
Astilbe sinensis	283, 409	
Astilboides	214, 276, 356, 284	
Astilboides tabularis	284, 445	
Astrantia	132, 284	
Astrantia major	284	
Astrantia maxima	284	
Athyrium	401	
Athyrium filix femina	47, 401	
Atropa bella-donna	122	
atrovirens	260	
Aubrieta	39, 282, 283, 284	
Aubrieta deltoidea	275	
Aucuba	236	
Aucuba japonica	60, 131, 214, 236	
aurea	260	
Autumnalis	212	
Avena	401	
Azalea	46, 214, 236, 414	
Azalea mollis	418	

B

baccatus	260
Begonia	330, 332, 371
Begonia multiflora	326
Begonia semperflorens	42, 369, 371
Begonia tuberhybrida	326
Bellis	371
Bellis perennis	368
Berberis	46, 60, 230, 232, 238
Berberis aggregata	238
Berberis candidula	238
Berberis darwinii	62, 238
Berberis gagnepainii	238
Berberis julianae	60, 238
Berberis koreana	238
Berberis linearifolia	238
Berberis species	238
Berberis thunbergii	231, 234, 238
Berberis verruculosa	238
Berberis, versch. Sorten	136
Berberis vulgaris	278
Berberis wilsoniae	238
Berberis x stenophylla	238
Berberis x frikartii	238
Berberis x ottawensis	238
Bergenia	24, 208, 276, 284, 285
Beta vulgaris var. *cicla*	181
Beta vulgaris var. *vulgaris*	180
Betula	21
Betula costata	212, 215
Betula ermani	212
Betula jaquemontii	215
Betula nigra	212
Betula pendula	125, 211, 215, 229, 409
Blechnum	401
Blechnum penna-marina	401
Blechnum spicant	47, 401
Borago	284, 371
Borago officinalis	107, 197, 368
Borago pygmaea	197
Bougainvillea	131, 391
Brassica	128, 371
Brassica napus ssp. *rapifera*	177
Brassica nigra	133
Brassica oleracea	175
Brassica oleracea	371
Brassica rapa	176, 178
Briza	401
Briza media	401
Brodiaea	332
Bromus	401
Bromus lanceolatus	401
Bromus macrostachys	401
Browallia	372
Brugmansia	389, 391
Brunnera	284

Brunnera macrophylla	284, 356
Buddleja	45, 46, 234, 238
Buddleja davidii	233, 238
Buddleja globosa	233, 238
Buddleja x weyeriana	238
Bulbocodium	71
Buphtalmum	273
Buphtalmum salicifolium	275
Butomus	357
Butomus umbellatus	355, 357, 365
Buxus	62, 133, 231, 238
Buxus microphylla	214
Buxus sempervirens	61, 85, 131

C

Calamagrostis	401
Calamagrostis acutiflora	401
Calceolaria	369, 372
Calceolaria integrifolia	372
Calendula	368, 370, 372
Calendula officinalis	107, 368
Calla	332, 357, 392
Calla palustris	355
Callicarpa	230
Callicarpa	238
Callicarpa bodinieri	238
Callistemon	390, 392
Callistephus	368, 370, 372
Calluna	46, 291, 410
Calocedrus	266
Calocedrus decurreus	266
Caltha	137, 358
Caltha palustris	358
Calycanthus	239
Calycanthus floridus	239
Calystegia sepium	60
Camassia	71, 327, 332
Camassia cusickii	332
Camassia leichtlinii	332
Camassia scilloides	332
Camellia	131, 239, 390, 392, 411
Camellia japonica	392, 411
Camellia sinensis	187, 392, 411
Campanula	39, 273, 372, 284, 285
Campanula carpatica	156, 285
Campanula cochleariifolia	136
Campanula garganica	44, 285
Campanula glomerata	285
Campanula lactiflora	156, 272, 285
Campanula latifolia	285
Campanula medium	372
Campanula persicifolia	285
Campanula portenschlagiana	52, 131, 156, 285, 286
Campanula poscharskyana	44, 285

Campsis	118, 316, 318	
Campsis radicans	93, 234, 316, 318, 376	
Canna	131, 332, 392, 394	
Canna indica	386, 392, 393	
Cannabis	370	
Capsella bursapastoris	128	
Caragana	239	
Caragana arborescens	111, 239	
Cardamine	285	
Cardamine pratensis	285	
Cardamine trifolia	52, 285	
Carex	401	
Carex gracilis	358	
Carex pendula	401	
Carpinus betulus	60-65, 112, 208, 209, 216, 435	
Carum carvi	199	
Caryopteris	234, 230, 239	
Caryopteris clandonensis	136, 239	
Caryopteris incana	239	
Castanea molissima	195	
Castanea sativa	195, 216, 278	
Catalpa	212, 216	
Catalpa bignonioides	216, 217	
Ceanothus	87, 119, 234, 239, 317	
Cedrus	263	
Cedrus atlantica	261, 263, 267	
Cedrus libani	133, 262	
Cedurs deodara	263	
Celastrus	87, 117, 318, 324	
Celastrus orbiculatus	316, 318	
Celosia	372	
Celosia argentea	372	
Centaurea	128, 273, 285, 368, 370, 372	
Centaurea cyanus	107, 368, 372	
Centaurea dealbata	285	
Centaurea macrocephala	285	
Centaurea montana	285	
Centaurea moschata	372	
Centaurea spec.	275	
Centranthus ruber	275	
Cerastium	24, 286	
Cerastium bibersteinii	286	
Cerastium tomentosum	286	
Ceratophyllum	358, 364	
Ceratophyllum demersum	354	
Ceratostigma	286	
Ceratostigma plumbaginoides	136	
Cercidiphyllum	217	
Cercidiphyllum japonicum	214, 217	
Cestrum	131	
Ceterach	402	
Ceterach officinarum	402	
Chamaecyparis	63, 76, 264, 265, 269	
Chamaecyparis lawsoniana	75, 78, 262, 264	
Chamaecyparys nootkatensis	264	
Chamaecyparis obtusa	78, 261, 262, 264, 409	
Chamaecyparys pisifera	262, 264, 265	
Chamaemelum	286	
Cheiranthus	286, 373	
Cheiranthus cheiri	46, 373	
Chelidonium majus	46	
Chelone	286	
Chelone obliqua	286	
Chenopodium	128	
Chionodoxa	332	
Chionodoxa luciliae	332	
Choenomeles	232, 239, 317	
Choenomeles japonica	240	
Chrysanthemum	286, 368, 370, 373	
Chrysanthemum (Leucanthemum)	286	
Chrysanthemum carinatum	373	
Chrysanthemum coronarium	373	
Chrysanthemum frutescens (Argyranthemum fr.)	373	
Chrysanthemum maximum	286	
Chrysanthemum multicaule (Coleostephus m.)	373	
Chrysanthemum paludosum (Hymenostemma p.)	373	
Chrysanthemum parthenium (Tanacetum p.)	373	
Chrysanthemum rubellum	286	
Chrysanthemum segetum	373	
Chrysoplenium	286	
Cichorium endivia	171	
Cichorium intibus	128, 134	
Cicuta virosa	122	
Cinnamonum	133	
Circium	128	
Cistus	133	
Citrus	390, 392	
Clarkia	368, 370, 373	
Clarkia unguiculata	107, 373	
Clematis	119, 157, 286, 317, 318, 320, 321	
Clematis alpina	119, 120, 320	
Clematis douglasii	286	
Clematis heracleifolia	120	
Clematis integrifolia	120, 287	
Clematis jouiana	120	
Clematis macropetala	119, 120, 316, 320	
Clematis montana	118, 119, 316, 320	
Clematis orientalis	316, 320	
Clematis paniculata	320	
Clematis recta	120	
Clematis tangutica	316, 320	
Clematis vitalba	30, 120, 278, 320, 321, 440	
Clematis viticella	287, 320	
Cleome	370	
Cleome spinosa	368, 373	
Clethra	46, 240	
Clethra alnifolia	240	
Clivia	394, 451	
Cobaea	366, 374	
Codonopsis	287	
Codonopsis clematidea	287	
Codonopsis rotundifolia	287	
Colchicum	71, 327, 332	
Colchicum autumnale	122, 123, 133, 334	
Coleus	367, 374	
Colutea	232, 233, 240	
Colutea arborescens	240	
Comarum	358	
communis	260	
compacta	260	
Continus coggygria	241	
Continus pauciflora	241	
Continus spicata	241	
Convallaria	125, 287	
Convallaria majalis	29, 66, 272, 287	
Convolvulus	128, 374	
Convolvulus soldanella	272	
Convolvulus tricolor	366	
Coreopsis	273, 287, 374	
Coreopsis bigelovii	374	
Coreopsis grandiflora	287	
Coreopsis tinctoria	374	
Coreopsis verticillata	288	
Coriandrum sativum	133, 200	
Cornus	230, 240, 287, 411	
Cornus alba	104, 240	
Cornus canadensis	46, 136, 231, 240, 287, 411	
Cornus florida	214, 233, 240	
Cornus kousa	233, 240	
Cornus mas	62, 232, 240	
Cornus sanguinea	240, 278	
Cornus stolonifera	128, 240	
Cornus suecica	287, 411	
Corokia cotoneaster	136	
Coronaria tomentosa	300	
Cortaderia	73, 402	
Cortaderia selloana	402, 404	
Corydalis	70, 288, 334	
Corydalis cava	334	
Corydalis lutea	46, 288	
Corydalis ochroleuca	288	
Corydalis solida	334	
Corylopsis	230, 232, 240	
Corylus	241	
Corylus avellana	104, 111, 192, 241	
Corylus colurna	211, 212, 217, 241	
Corylus maxima	192, 231, 234, 241	
Cosmos	368, 370, 374	
Cosmos bipinnatus	107	
Cotinus	230, 241	
Cotinus coggygria	231	
Cotoneaster	111, 232, 233, 241, 317	

Cotoneaster bullatus	241	*Cydonia oblonga*	192	*Dicksonia*	402
Cotoneaster dammeri	241	*Cymbalaria*	288	*Dicksonia antarctica*	402
Cotoneaster dielsianus	241	*Cymbalaria muralis*	46, 288, 300, 430	*Dictamnus*	124, 273, 289
Cotoneaster divaricatus	241	*Cynara scolymus*	171	*Dictamnus albus*	272
Cotoneaster franchetti	241	*Cynoglossum*	374	*Diervilla*	244
Cotoneaster horizontalis	241, 320	*Cynoglossum amabile*	374	*Digitalis*	368, 375, 376
Cotoneaster microphyllus	241	*Cyrtanthus*	389, 399	*Digitalis purpurea*	123, 278, 368
Cotoneaster moupinensis	241	*Cyrtomium*	402	*Dimorphoteca*	370, 375
Cotoneaster raceminflorus var. *soongoricus*		*Cyrtomium falcatum*	402	*Dipsacus*	132, 375
	241	*Cyrtomium fortunei*	402	*Dipsacus sylvestris*	376
Cotoneaster salicifolius	128, 241	*Cystopteris*	402	*Dodecatheon*	289
Cotoneaster wardii	241	*Cystopteris bulbifera*	402	*Dodecatheon meadia*	290
Cotoneaster Watereri-Hybriden	241	*Cystopteris fragilis*	402	*Doretheanthus bellidiformis*	382
Cotoneaster zabelii	241	*Cytisus*	232, 242, 246	*Doronicum*	272, 273, 290
Cotula	288	*Cytisus scoparius*	46, 242, 278, 409	*Doronicum orientale*	290
Cotula pyrethrifolia	52	*Cytisus x praecox*	242	*Doronicum pardalianches*	271, 290
Cotula squalida	52, 207, 288, 356, 409			*Doronicum plantagineum*	290
Cotynus coggygria	241	**D**		*Draba*	290
Covallaria	334			*Draba sibirica*	290
Covallaria majalis	123, 271, 326	*Daboecia*	46, 411	*Dracunculus vulgaris*	330
Crambe	288	*Daboecia cantabrica*	411	*Drosera*	134
Crambe cordifolia	288	*Dahlia*	326, 336, 338, 374	*Dryas*	290
Crambe maritima	183, 272	*Daphne*	46, 242, 411	*Dryas octopetala*	136, 290
Crataegus	45, 62, 211, 212, 217, 242	*Daphne cneorum*	242, 411	*Dryopteris*	402
Crataegus laevigata	212, 217	*Daphne mezereum*	123, 232, 242	*Dryopteris filix-mas*	47
Crataegus monogyna	217	*Daphne rupestris*	136	*Duchesnea*	290
Crataegus phaenopyrum		*Darmera*	214, 288		
(Syn. *C. x prunifolia*)	218	*Darmera peltada*	288, 306	**E**	
Crinum	131, 389, 394	*Datura*	389-391, 394		
Crocosmia	327, 334	*Datura stramonium*	42, 121, 122	*Eccremocarpus*	376
Crocosmia masoniorum	334	*Daucus carota*	183	*Eccremocarpus scaber*	366
Crocosmia x crocosmiiflora	334	*Davallia*	44	*Echinacea*	290
Crocus	326, 328, 335, 336	*Davidia*	242	*Echinacea purpurea*	275, 278, 290
Crocus chrysanthus	335, 336	*Davidia involucrata*	218, 244	*Echinops*	132, 275, 290, 302
Crocus sativus	133, 335	*Decaisnea*	242	*Echinops ritro*	290
Crocus speciosus	327, 335	*Decaisnea fargesii*	242	*Echium*	376
Crocus tommasinianus	67, 68, 336	*Delphinium*	273, 278, 288, 289, 290,	*Echium plantagineum*	376
Cryptomeria	265		368, 374, 375	*Echium vulgare*	272
Cryptomeria japonica	214, 262, 265, 409	*Delphinium ajacis*	132	*Eichhornia*	358
Cucumis melo	133	*Dendranthema zawadskii*	273, 286	*Eichhornia crassipes*	355
Cucumis sativus	172, 175	*Deschampsia*	402	*Eleagnus*	46, 232, 244
Cucurbita	374	*Deschampsia cespitosa*	402	*Eleagnus angustifolia*	62, 111, 128
Cucurbita ficifolia	175	*Deutzia*	233, 244	*Eleagnus ebbingei*	111, 231
Cucurbita pepo var. *longissima*	367	*Deutzia gracilis*	244	*Eleagnus pungens*	61, 128
cultivar	14	*Deutzia scabra*	244	*Elodea*	358
Cuminum cyminum	133, 200	*Deutzia x kalmiiflora*	244	*Elodea canadensis*	354, 358
Cuphaea	369, 374	*Deutzia x rosea*	244	*Empetrum*	46, 411
Cupressocyparis	265	*Dianthus*	273, 289, 374	*Endothia*	216
Cupressocyparus leylandii	60, 213, 261,	*Dianthus barbatus*	374, 375	*Enkianthus*	230, 233, 411
	262, 265	*Dianthus chinensis*	374	*Enkianthus campanulatus*	214, 411
Cupressus	131, 265	*Dianthus deltoides*	24, 275, 289	*Ephedra*	263
Cycas revoluta	130	*Dicentra*	289	*Epimedium*	207, 208, 290
Cyclamen	39, 70, 71, 327, 336	*Dicentra albus*	289	*Equisetum*	95, 263, 402, 404
Cyclamen hederifolium	136, 336	*Dicentra eximia*	289	*Equisetum hyemale*	214
Cyclamen persicum	133	*Dicentra formosa*	289	*Equisetum palustre*	278
Cydonia	242	*Dicentra spectabilis*	289, 338, 339	*Equisetum telmateia*	402

Eranthis	73, 328, 338	
Eranthis hyemalis	68, 69	
Eremurus	272, 339	
Erianthus (jetzt *Saccharum*)	404	
Erica	46, 412	
Erica arborea	412	
Erica carnea	46, 412, 444	
Erica cinerea	412	
Erica darleyensis	412, 444	
Erica tetralix	413	
Erica vagans	413	
Erigeron	273, 275, 291	
Eriophorum	358	
Eriophorum angustifolium	355, 358	
Eriophorum latifolium	358	
Erodium	291	
Erodium manescavii	291	
Erwinia salicis	213	
Eryngium	291, 292, 132	
Eryngium alpinum	276	
Eryngium giganteum	272	
Eryngium maritimum	272	
Eryngium planum	291	
Erythrina	131	
Erythronium	339	
Erythronium dens-canis	339	
Erythronium tuolumnense	339	
Escallonia	60, 62, 317	
Eschscholzia	33, 108, 370, 376	
Eschscholzia californica	107, 376	
Eucalyptus	390, 394	
Eucalyptus gunnii	394	
Eucharis	389, 394	
Eucharis grandiflora	394	
Eucomis	131, 389, 394	
Eucomis bicolor	394, 395	
Euonymus	46, 230, 232, 244, 320	
Euonymus alatus	62, 244	
Euonymus europaeus	231, 244, 245	
Euonymus fortunei	231, 244, 317, 320	
Euonymus japonica	104, 320	
Euonymus sachalinensis	244	
Eupatorium	291, 302	
Eupatorium purpureum	291	
Euphorbia	123, 275, 292, 358	
Euphorbia palustris	355, 358	
Euphorbia polychroma	292	
Exochorda	244	
Exochorda giraldii	244	
Exochorda racemosa	245	

F

Fagus sylvatica	62, 212, 218
Fallopia	119, 308, 321
Fallopia aubertii	316, 321
fastigiata	260
Felicia	44, 367, 376
Felicia amelloides	376
Festuca	404
Festuca amathystina	404
Festuca cinerea	404
Festuca filiformis	404
Ficus	395
Ficus carica	133, 195
Ficus pumila	395
filifera	260
Filipendula	292, 360
Filipendula palmata	292
Filipendula rubra	73, 292
Filipendula ulmaria	278, 292, 356, 360
Foeniculum	292
Foeniculum vulgare	156, 182, 183, 292
Forsythia	232, 245, 321
Forsythia intermedia	44, 245
Forsythia suspensa	118, 245, 321
Fothergilla	46, 230, 245
Fothergilla gardenii	245
Fothergilla major	245, 246
Fragaria vesca	29
Fragaria x ananassa	184
Fraxinus	219
Fraxinus excelsior	211, 212, 219
Fraxinus ornus	212, 219, 220
Fritillaria	33, 71, 73, 339
Frittillaria assyriaca	340
Frittillaria imperialis	339, 340
Frittillaria meleagris	326, 327, 340
Frittillaria persica	340
Fuchsia	44, 233, 245, 292, 369, 390, 395
Fuchsia arborescens	395
Fuchsia magellanica	62, 87, 232, 234, 245, 292, 395
Fuchsia procumbens	395

G

Galanthus	73, 328, 340
Galanthus elwesii	68, 340
Galanthus ikariae	340
Galanthus nivalis	68, 326, 340
Galium	292
Galium aparine	436
Galium odoratum	24, 200, 272, 275, 292, 293
Galium verum	132
Galtonia	131, 340
Galtonia candidans	326, 340, 341
Gardenia	395
Gaulnettya	414
Gaultheria	46, 230, 245, 292, 414
Gaultheria procumbens	136, 245, 292, 414
Gaultheria shallon	245, 292, 414
Gazania	367, 370, 376
Genista	233, 246
Genista anglica	246, 409
Genista germanica	246
Genista hispanica	246
Genista lydia	246
Genista pilosa	246
Genista sagittalis	246
Genista tinctoria	136, 246, 278
Gentiana	294, 409
Gentiana acaulis	294
Gentiana asclepiadea	294
Gentiana clusii	294
Gentiana farreri	294
Gentiana lutea	294, 314
Gentiana pneumanthe	294
Gentiana septemfida	294
Gentiana sinoornata	294
Geranium	276, 294, 339, 383
Geranium cinereum	294
Geranium endressii	156
Geranium macrorrhizum	294
Geranium phaeum	29, 294
Geranium robertianum	294
Geranium tuberosum	340, 341
Geum	273, 294
Geum rivale	294
Ginkgo biloba	123, 220, 263
Gladanthera	341
Gladiolus	326, 341
Gladiolus communis	342
Gladiolus coneus	342
Gladiolus nanus	341
glauca	260
Glaucium	294
Glaucium flavum	272, 294
Glechoma hederacea	29, 278
Gleditsia	211, 220, 246
Gleditsia triacanthos	104, 208, 220, 246, 424
globosa	260
Gloriosa	342
Gloriosa rothschildiana	342
Glyceria	360, 404
Glyceria maxima	360, 404
Godetia	368, 370, 378
Gomphrena	369, 378
grandis	260
Gunnera	36, 294, 295, 356
Gymnocarpium (*Thelypteris*)	404
Gymnocladus	211, 220
Gymnocladus dioicus	220
Gypsophila	132, 273, 295, 368, 378
Gypsophila elegans	370

H

Halesia	233
Hamamelis	230, 232, 246
Hatronalis matronalis	296
Hebe	131, 234, 246
Hedera	316, 317, 321
Hedera colchica	321
Hedera helix	44, 52, 117, 119, 123, 136, 231, 234, 278, 316, 321, 322
Hedera hibernica	321
Helenium	273
Helianthemum	136, 276
Helianthus	271, 273, 295, 368, 378
Helianthus annuus	128, 367, 370, 378
Helianthus salicifolius	295
Helianthus x superbus	295
Helichrysum	369, 378, 379
Helichrysum petiolare	44
Helictotrichon (Syn. Avena)	404
Helictotrichon sempervirens	404
Heliopsis	273
Heliotropium	131, 367, 369, 378, 395
Helipterum	369, 378
Helipterum manglesii	378
Helipterum roseum	107
Helleborus	208, 295
Helleborus foetidus	272, 295
Helleborus niger	123, 295
Helleborus orientalis	295
Helleborus virides	295
Hemerocallis	58, 73, 214, 295, 356
Hepatica	208
Heracleum	128, 272, 296
Heracleum mantegazzianum	123
Hesperis	296, 379
Hesperis matronalis	275, 296, 379
heterophylla	260
Heuchera	273, 296
hibernica	260
Hibiscus	87, 131, 234, 246, 247, 396
Hippeastrum	389, 396
Hippophae	232, 247
Hippophae rhamnoides	247
Hippuris	360
Hippuris vulgaris	355, 360
Holcus	404
Holcus mollis	404
Hordeum	132
Hortensia	46
Hosta	24, 41, 58, 131, 137, 214, 276, 296, 356
Hosta fortunei	296
Hosta lancifolia var. albomarginata	297
Hosta plantaginea	296
Hosta sieboldiana	296
Hosta sieboldii	296
Hosta tokudama	296
Hottonia	360
Humulus	321
Humulus japonicus	379
Humulus lupulus	275, 278, 321
Humulus scandens	367
Hyacinthoides (Syn. Scilla)	342
Hyacinthoides hispanica	327, 344
Hyacinthoides non-scripta	344
Hyacinthus	124, 342
Hyacinthus hispanica	342
Hydrangea	62, 118, 232, 234, 234, 247, 322
Hydrangea anomala	247, 316, 322
Hydrangea integrifolia	316, 322
Hydrangea macrophylla	247
Hydrangea paniculata	247
Hydrocharis	360
Hydrocharis morsus-ranae	355, 360
Hymenocallis	344, 389, 396
Hyocyamus niger	124
Hypericum	83, 87, 234, 248, 297
Hypericum androsaemum	62
Hypericum calycinum	231, 248, 276, 297
Hyssopus officinalis	199

I

Iberis	208, 296, 297
Iberis sempervirens	24, 276, 297
Ilex	248, 409
Ilex aquifolium	61, 85, 104, 231, 248
Ilex crenata	85, 214, 248
Ilex verticillata	248
Impatiens	42, 44, 369, 379
Impatiens balsamina	107, 370, 379
Impatiens glandulifera	95, 368, 379
Incarvillea	272, 297
Incarvillea delavayi	297, 344
Ipheion (Syn. Triteleia)	344
Ipheion uniflorum	344
Ipomoea	379
Iris	214, 297, 298, 344, 360
Iris bucharica	69
Iris danfordiae	69, 344
Iris ensata	297, 355, 360
Iris germanica	272, 297
Iris magnifica	69
Iris pseudacorus	297, 356, 361, 360, 361
Iris reticulata	69, 344, 345
Iris sibirica	297, 298, 360
Ismene	131, 344, 396
Ixia	345
Ixia palassii	345
Ixia tataricum	345

J

Jacobinia	131
Jasminum	232, 317, 322
Jasminum beesianum	119, 322
Jasminum nudiflorum	317, 322
Juglans	211, 220
Juglans nigra	220
Juglans regia	133, 196, 220, 278
Juniperus	262, 265
Juniperus chinensis	261, 265, 266
Juniperus communis	261, 262, 266
Juniperus horizontalis	214, 262
Juniperus horizontalis	266
Juniperus pisifera	260
Juniperus sabina	266
Juniperus squamata	266, 409
Juniperus virginiana	128, 261, 262, 266

K

Kadsura	323
Kadsura japonica	322
Kalmia	46, 233, 414
Kalmia angustifolia	414
Kalmia polyfolia	414
Kerria	232, 249
Kerria japonica	249
Kirengeshoma	298
Kirengeshoma palmata	298
Kniphofia	73, 273, 298
Kochia	370, 379
Kochia scoparia	367, 379
Koeleria	404
Koeleria glauca	404
Koelreuteria	220
Koelreuteria paniculata	212, 220, 221
Kolkwitzia	233, 249
Kolkwitzia amabilis	249
koreana	260

L

Laburnocytisus	249
Laburnum	212, 221, 249
Laburnum alpinum	111
Laburnum anagyroides	104, 124, 249
Laburnum x watereri	221, 249
Lactuca sativa	179, 180
Lagurus	380
Lamiastrum	298
Lamiastrum galeobdolon	29, 298
Lamium	298
Lamium galeobdolon	299
Lamium maculatum	208, 298
Lamium orvala	29, 298
Lantana	131, 396

Lantana camara	124, 396, 397	
Larix	262, 266, 278	
Larix decidua	261, 266	
Larix kaempferi	261, 266	
Lathyrus	298, 323, 368, 370, 380	
Lathyrus cyaneus	274	
Lathyrus latifolius	274, 298, 299, 317, 322, 323	
Lathyrus odoratus	107, 366	
Lathyrus pratensis	128	
Laurus	131, 249, 397	
Laurus nobilis	133, 200	
Lavandula	24, 45, 62, 131, 133, 156, 186, 230, 234, 272, 276, 298	
Lavandula angustifolia	298	
Lavatera	274, 299, 302, 380	
Lavatera olbia	232, 299	
Lavatera trimestris	299, 380	
Ledum	46, 233, 414	
Ledum glandulosum	414	
Ledum groenlandicum	414	
Ledum palustre	414	
Lemna	355	
Lens	133	
Lens culinaris	178	
Lepidium sativum	182, 201	
Leptospermum	390, 397	
Leptospermum scoparium	397	
Lespedeza	249	
Lespedeza bicolor	249	
Lespedeza thunbergii	93, 249	
Leucanthemum	273, 286	
Leucanthemum maximum	156	
Leucojum	71, 73, 345	
Leucojum aestivum	327, 345	
Leucojum autumnale	69	
Leucojum vernum	345, 346	
Leucothoe	414	
Levisticum officinale	200	
Lewisia	207	
Leycesteria	249	
Leycesteria formosa	249	
Liatris	299, 345	
Liatris spicata	275, 345, 346	
Ligularia	58, 73, 214, 300, 356	
Ligularia clivorum	275	
Ligularia dentata	300	
Ligularia przewalskii	300	
Ligustrum	45, 46, 231, 249	
Ligustrum amurense	250	
Ligustrum delavayanum	250	
Ligustrum japonicum	250	
Ligustrum lucidum	250	
Ligustrum obtusifolium var. *regelianum*	250	
Ligustrum ovalifolium	60, 104, 250	
Ligustrum quihoui	250	
Ligustrum vulgare	62, 250, 278	
Ligustrum x vicaryi	250	
Lilium	326, 345	
Lilium candidum	346	
Lilium martagon	346	
Lilium speciosum	327	
Lilium tigrinum	328	
Limonium	369, 370, 386	
Limonium latifolium	276	
Linaria	300	
Linaria cymbalaria	300	
Linaria vulgaris	300	
Linum	132, 370	
Liquidambar	221	
Liquidambar styraciflua	211, 221, 424	
Liquidambar tulipifera	221	
Liriodendron	221	
Liriodendron tulipifera	221, 222, 251	
Liriope muscari	214	
Lobelia	44, 369, 380, 381	
Lobelia erinus	42	
Lobularia	369, 380	
Lobularia maritima	368, 370	
Lonicera	119, 233, 250, 316, 317, 323	
Lonicera brownii	323	
Lonicera caprifolium	117, 318	
Lonicera fragrantissima	250	
Lonicera heckrottii	323	
Lonicera henryi	323	
Lonicera japonica	119, 206, 323, 424	
Lonicera korolkowii	250	
Lonicera ledebourii	250	
Lonicera maackii	250	
Lonicera nitida	60, 231, 250, 435	
Lonicera periclymenum	317, 323, 325	
Lonicera pileata	231, 232, 250	
Lonicera standishii	232	
Lonicera tatarica	250	
Lonicera tellmaniana	323	
Lonicera xylosteum	250	
Lunaria	380	
Lunaria annua	42, 380	
Lupinus	272, 300, 381	
Lupinus arboreus	300	
Lupinus hartwegii	381	
Lupinus luteus	381	
Lupinus polyphyllus	300, 381	
lutea	260	
Luzula	404	
Luzula nivea	404	
Luzula sylvatica	404	
Lychnis	300, 301	
Lychnis arkwrightii	300	
Lychnis chalcedonica	272, 300	
Lychnis coronaria	300	
Lychnis flos-cuculi	275	
Lycopersicon esculentum	124, 182	
Lysichiton	361	
Lysichiton americanum	355, 361	
Lysichiton camtschatcensis	361, 362	
Lysimachia	300	
Lysimachia clethroides	144, 301	
Lysimachia nummularia	44, 300, 301, 356, 357	
Lysimachia punctata	300, 301	
Lysimachia vulgaris	272	
Lythrum	301	
Lythrum salicaria	58, 274, 275, 301, 302, 356	

M

Macleaya	271, 276, 301
Magnolia	222, 251, 323
Magnolia grandiflora	87, 113, 119, 251, 317, 323
Magnolia kobus	212, 222, 251
Magnolia liliiflora	251
Magnolia sieboldii	251
Magnolia soulangeana	232, 251
Magnolia stellata	232, 251
Mahoberberis	251
Mahonia	214, 232, 251
Mahonia aquifolium	61, 231, 251, 278
Mahonia bealei	214, 252
Mahonia japonica	232, 252
Mahonia repens	252
Mahonia wagneri	252
Maianthemum	302
Maianthemum bifolium	302
Malope	302, 381
Malope trifida	381
Malus	168, 170, 211, 212, 214, 222, 252
Malus baccata	222
Malus domestica	186
Malva	302, 304
Malva moschata	302
marginata	260
Matricaria	381
Matteuccia	404
Matteucia struthiopteris	47, 271, 404
Matthiola	381
Matthiola incana	382
Meconopsis	302
Meconopsis betonicifolia	302, 303
Meconopsis cambrica	302
Melissa officinalis	198
Mentha	361
Mentha aquatica	356, 361
Mentha crispa	200
Mentha piperita	133, 200
Menyanthes	361

REGISTER

Menyanthes trifoliata	355, 355, 362
Mertensia	302
Mertensia virginica	136, 302
Mesembryanthemum	370, 382
Mespilus germanica	193
Metasequoia	265, 266
Metasequoia glyptostroboides	74, 261, 266
Mimulus	361
Mimulus guttatus	42, 361
Mimulus luteus	355
Mirabilis	382
Miscanthus	404
Miscanthus sinensis	404
Molinia	404
Molinia arundinacea	404
Molinia caerulea	404
Moluccella	369, 382
Monarda	272, 302
Monarda didyma	302
Montbretia	346
Montia perfoliata	178
Morus	222
Morus alba	111, 192, 222, 223
Morus nigra	133, 192, 222
Muscari	346
Muscari armeniacum	347
Muscari botryoides	327, 347
Muscari comosum	347
Muscari latifolium	347
Myosotis	42, 272, 362, 382
Myosotis palustris	355, 362
Myrica	252
Myrica gale	409
Myrthus communis	133

N

nanus	260
Narcissus	73, 347, 348
Narcissus bulbocodium	348
Narcissus jonquilla	133, 348
Narcissus minor	348
Narcissus poeticus	68, 327
Narcissus tazetta	132
Narcissus triandrus	327, 348
Nectaroscordum siculum	329
Neillia	252
Nelumbo	362
Nemesia	382
Nepeta	24, 272, 275, 276, 302
Nepeta faassenii	156, 302
Nepeta grandiflora	304
Nepeta racemosa	302
Nerine	389, 397
Nerine bowdenii	69, 398
Nerine sarniensis	397
Nerium	390, 397
Nerium oleander	124
Nicandra	382
Nicandra physalodes	382
Nicotiana	42, 370, 383
Nicotiana x sanderae	383
Nigella	370, 383
Nigella damascena	107, 383
Nigella hispanica	383
Nigella sativa	383
Nothofagus	222, 252
Nuphar	362
Nuphar lutea	354
Nymphaea	362, 363
Nymphaea alba	362, 363
Nymphaea pygmaea	362
Nymphaea tetragona	362
Nymphoides	363
Nymphoides peltata	354

O

obtusa	260
Oenothera	304, 383
Oenothera biennis	383
Oenothera fruticosa	304
Oenothera missouriensis	304
Oenothera tetragona	304
Olea	390, 397
Olea europaea	133, 397
Olearia haastii	136
Omphalodes	304
Omphalodes verna	304
Onoclea	405
Onoclea sensibilis	405
Onosis repens	132
Opuntia	304
Origanum	133
Origanum majorana	200
Ornithogalum	124, 327, 348
Ornithogalum arabicum	348
Ornithogalum nutans	348
Ornithogalum thyrsoides	348, 350
Ornithogalum umbellatum	71, 133, 328, 348
Osmunda	405
Osmunda cinnamomea	405
Osmunda claytoniana	405
Osmunda regalis	47, 278, 405
Ourisia	136
Oxalis	348
Oxalis adenophylla	351, 348, 350
Oxalis deppei	350
Oxalis triangularis	350
Oxycoccus macrocarpos	419

P

Pachysandra	304, 314
Pachysandra terminalis	24, 52, 304
Paeonia	233, 252, 272, 274, 304, 305
Paeonia lactiflora	304
Paeonia officinalis	304
Panicum	132, 405
Panicum violaceum	405
Panicum virgatum	405
Papaver	273, 305, 368, 383, 384
Papaver nudicaule	272, 383
Papaver orientale	305
Papaver rhoeas	107, 370, 383
Papaver somniferum	132, 133, 305, 383
Paris quadrifolia	125
Parrotia	253
Parrotia persica	223, 253
Parthenocissus	118, 316, 318, 324
Parthenocissus quinquefolia	316
Parthenocissus quinquefolia	324
Parthenocissus tricuspidata	324
Passiflora	131, 317, 324, 397
Passiflora caerulea	324, 397
Passiflora edulis	324
Paulownia	223
Paulownia tomentosa	212, 223
Pelargonium	131, 367, 369, 384, 390
Pellaea	405
Pellaea rotundifolia	405
Peltiphyllum	288, 305
pendula	260
Pennisetum	405
Pennisetum alopecuroides (Syn. *P. compressum*)	405
Pennisetum villosum	405
Penstemon	273, 305, 306, 384
Perilla	384
Perilla frutescens	384
Pernettya	253, 414
Pernettya mucronata	138
Perovskia	87, 230, 234
Persea americana	187
Petasites	271, 276, 305
Petasites albus	306
Petasites hybridus	306
Petroselinum crispum	178
Petunia	44, 369, 370, 384
Phacaelia	370, 384, 449, 107, 111
Phacaelia tanacetifolia	107, 384
Phalaris	405
Phalaris arundinacea	405
Phalaris canariensis	405
Pharbitis purpurea	366
Phaseolus multiflorus	173
Phaseolus vulgaris	173
Phellodendron amurense	211

Philadelphus	233, 253	
Philadelphus coronarius	104, 253	
Phlomis	306	
Phlox	273, 275, 306, 384	
Phlox drummomdii	370	
Phlox paniculata	306	
Phoenix	390	
Phoenix dactilifera	133	
Phormium	390, 398	
Phormium cookianum	398	
Phormium tenax	131, 386, 398	
Phragmites	363	
Phragmites australis	356, 363	
Phyladelphus coronarius	322	
Phyllitis	405	
Phyllitis scolopendrium	47, 405, 406	
Phyllodoce	414	
Phyllodoce breweri	414	
Phyllostachys	138, 406	
Phyllostachys aureosulcata	406	
Phyllostachys bambusoides	406	
Phyllostachys nigra	406	
Physalis	273, 306	
Physalis alkekengi	306	
Physostegia	306	
Phytolacca	307	
Phytolacca acinosa	307	
Phytolacca americana	125	
Picea	261, 263, 266	
Picea abies	262, 266, 267, 409	
Picea glauca	262, 265, 267	
Picea omorika	262, 267	
Picea pungens	261, 267	
Picea sitchensis	261, 267	
Pieris	232, 252, 253	
Pieris japonica	61, 62, 214, 253	
Pimpinella anisum	197	
Pinguicula	134	
Pinus	46, 267	
Pinus mugo	261, 262, 264, 267, 268	
Pinus nigra	261, 262, 268	
Pinus parviflora	268	
Pinus sylvestris	262, 268	
Pinus wallichiana	267	
pisifer	260	
Pistia	363	
Pistia stratiotes	51, 355, 363	
Pisum sativum	174, 178	
Pittosporum	131, 398	
Plantago	307	
Plantago lanceolata	278	
Plantago major	13, 128, 307	
Platanus	223	
Pleioblastus	406	
Pleioblastus pygmaeus	406	
Pleioblastus viridistriatus	406	
plicatus	260
Plumbago	131, 388, 390, 398
plumosus	260
Poaceae	128
Polemonium	307
Polemonium coeruleum	275, 307
Polygala	136
Polygonatum	125, 214, 272, 307
Polygonatum commutatum	307
Polygonatum hirtum	307
Polygonatum multiflorum	307
Polygonatum odoratum	124, 307
Polygonatum verticillatum	307
Polygonum	308, 364, 384
Polygonum affine	308
Polygonum amphibium	356
Polygonum amplexicaule	308
Polygonum aubertii	321
Polygonum aviculare	128
Polygonum bistorta	308, 356
Polygonum capitatum	42, 384, 385
Polygonum compactum	308
Polygonum cuspidatum	
(= *Reynoutria japonica*)	308
Polygonum sachalinense	
(= *Reynoutria sachalinensis*)	308
Polygonum weyrichii	308
Polypodium	406
Polypodium vulgare	47, 406
Polystichum	406
Polystichum aculeatum	47, 406
Polystichum setiferum	47, 406
Poncirus	253, 398
Poncirus trifoliata	131, 253, 398
Pontederia	364
Pontederia cordata	356, 364
Populus	223
Populus nigra	62, 213
Populus simonii	223
Portulaca	370, 385
Portulaca grandiflora	107, 385
Portulaca oleracea	178
Potamogeton	354, 364
Potentilla	83, 233, 253, 254, 308
Potentilla anserina	308
Potentilla atrosanguinea	308
Potentilla aurea	308
Potentilla fruticosa	62, 253
Potentilla nepalensis	156, 276, 308
Potentilla palustris	358
Primula	39, 137, 272, 275, 308, 309, 356, 409
Primula beesiana	308
Primula chionantha	308
Primula florindae	308
Primula pulverulenta	308
procumbens	260
Prunella	208, 275, 308
Prunella webbiana	276, 308
Prunus	118, 133, 211, 212, 214, 223, 224, 232
Prunus armeniaca	184
Prunus avium	224
Prunus laurocerasus	14, 45, 60, 62, 86, 128, 200, 254
Prunus cerasifera	194, 212, 224
Prunus domestica	194
Prunus dulcis	125, 184
Prunus lusitanica	231, 254
Prunus maackii	212
Prunus padus	211, 224, 233, 254, 278
Prunus persica	194
Prunus pissardii	224
Prunus serotina	224
Prunus serrulata	212, 224, 225, 232
Prunus spinosa	45, 63, 231, 232, 254
Prunus subhirtella	212, 224, 234
Prunus triloba	81, 225
Pseudolarix	268
Pseudolarix amabilis	261
Pseudosasa	406
Pseudosasa japonica	
(Syn. *Arundinaria japonica*)	406
Pseudotsuga	268
Pseudotsuga menziesii	261, 262
Pteridium	406
Pteridium aquilinum	47, 406
Pterocarya	225
Pterocarya fraxinifolia	225
Pulmonaria	24, 271, 309
Pulmonaria angustifolia	309
Pulsatilla	309, 409
Pulsatilla vulgaris	309
Punica	131, 398
Punica granatum	133
Puschkinia	332, 350
Puschkinia scilloides var. *libanotica*	350
Pyracantha	60, 119, 233, 254, 317, 324
Pyracantha coccinea	324
Pyrus	225
Pyrus communis	193
Pyrus salicifolia	212, 225, 226

Q

Quercus	226
Quercus robur	226, 278, 424

R

Ranunculus	275, 364
Ranunculus aquaticus	354, 364

Ranunculus ficaria	270	*Rosa pendulina*	151	*Sambucus racemosa*	256
Ranunculus lingua	356, 364	*Rosa phoenicea*	133	*Sanguisorba officinalis*	201
Raoulia	309	*Rosa pomifera*	151, 154, 195	*Santolina*	230, 272, 276
Raoulia australis	309	*Rosa rubiginosa*	195	*Sanvitalia*	370, 386
Raphanus sativus	179	*Rosa rubrifolia*	151	*Saponaria*	272, 310
repandens	260	*Rosa rugosa*	62, 146, 151, 153, 154, 195	*Saponaria ocymoides*	275
Rhamnus	232, 254	*Rosa setipoda*	151	*Saponaria officinalis*	310
Rhamnus cathartica	254, 255, 278	*Rosa species*	195	*Sasa*	406
Rhamnus frangula	233, 254, 278	*Rosa virginiana*	151	*Sasa palmata*	406
Rheum	276, 309	*Rosa willmottiae*	151	*Satureja hortensis*	198
Rheum palmatum	125, 310	*Rosaceae*	165	*Satureja montana*	198
Rheum rhaponticum	179	*Rosmarinus*	398, 230	*Saxifraga*	39, 136, 137
Rhododendron	62, 233, 407, 414, 415, 416, 417, 418, 419	*Rosmarinus officinalis*	201	*Saxifraga cotyledon*	276
		Rubus	45, 233, 255	*Saxifraga fortunei*	207
Rhododendron catawbiense	411, 414	*Rubus arcticus*	136	*Saxifraga umbrosa*	24
Rhododendron japonicum	413, 417, 418	*Rubus biflorus*	255	*Saxifragaceae*	164
Rhododendron obtusum	138	*Rubus idaeus*	191	*Scabiosa*	368
Rhus	46, 230, 255, 278	*Rubus laciniatus*	190	*Scabiosa causasica*	275
Rhus typhina	255	*Rubus loganobaccus*	189	*Sciadopitys verticillata*	261
Ribes	46, 232, 255	*Rubus odoratus*	231, 255	*Scilla*	73, 332
Ribes alpinum	104, 231, 255	*Rubus phoeniculasius*	161, 189	*Scilla* (siehe auch *Hyacinthoides*)	350
Ribes aureum	188, 255	*Rubus species*	278	*Scilla hispanica*	68
Ribes divaricatum	188	*Rudbeckia*	33, 290	*Scilla mischtschenkoana*	350
Ribes laurifolium	317	*Rumex rugosus*	183, 201	*Scilla peruviana*	351
Ribes nigrum	190	*Ruta*	124	*Scilla sibirica*	68, 70, 328, 350
Ribes odoratum	188	*Ruta graveolens*	133	*Scilla tubergeniana*	328
Ribes rubrum	189, 190			*Sedum*	39, 137, 276, 311, 409
Ribes sanguineum	255, 278, 230	**S**		*Sedum acre*	137, 310, 311
Ribes uva-crispa	188	sabina	260	*Sedum album*	137
Ricinus	370, 385	*Saccharum (Erianthus)*	402	*Sedum cauticola*	137, 312
Ricinus communis	105, 125, 132, 385	*Saccharum ravennae*	404	*Sedum cyaneum*	137
Robinia	211, 226	*Sagina*	214, 310	*Sedum ewersii*	137
Robinia pseudoacacia	104, 211, 212, 226	*Sagittaria*	364	*Sedum kamtschaticum*	137, 310
Rodgersia	58, 276, 309	*Sagittaria sagittifolia*	356	*Sedum lydium*	137
Rodgersia aesulifolia	309	*Salix*	62, 211, 213, 226, 256, 278	*Sedum reflexum*	137, 311
Rosa	142, 144, 145, 147, 148, 150, 151, 152, 153, 154, 155, 156, 159, 230, 232	*Salix alba*	212, 226, 228	*Sedum spathulifolium*	137
		Salix capraea	111, 226	*Sedum spectabile*	137, 275, 310, 312
Rosa alba	142	*Salix helvetica*	208	*Sedum spurium*	137, 310
Rosa canina	133, 195	*Salix matsudana*	226, 255	*Sedum telephium*	275, 310
Rosa centifolia var. *muscosa*	150	*Salix purpurea*	111	*Semiarundinaria*	406
Rosa damascena	133, 151	*Salix sachalinensis*	448	*Semiarundinaria nitida*	406
Rosa fargesii	151	*Salvia*	310, 369, 385	*Sempervivum*	39, 137, 311
Rosa farreri var. *persetosa*	151	*Salvia farinacea*	386	*Sempervivum arachnoideum*	137
Rosa filipes	142	*Salvia nemorosa*	156, 272, 310	*Sempervivum fauconetti*	137
Rosa foetida	133	*Salvia officinalis*	201	*Sempervivum funckii*	137
Rosa gallica	151, 152, 158	*Salvia patens*	302, 386	*Sempervivum tectorum*	137
Rosa gentiliana	154	*Salvia sclarea*	385	*Senecio*	128, 386
Rosa helenae	154	*Salvia splendens*	310, 370, 385, 386	*Senecio bicolor*	386
Rosa longicuspis	154	*Salvia superba*	272	*Senecio jacobaea*	275
Rosa moschata	148, 151	*Salvia viridis*	368, 386	*Sequoiadendron*	268
Rosa moyesii	151, 154	*Salvinia natans*	355, 365	*Sidalcea*	274, 311
Rosa multibracteata	151	*Sambucus*	232, 256	*Skimmia*	230, 231, 234, 256, 419
Rosa multiflora	154	*Sambucus canadensis*	104, 256	*Skimmia foremanii*	419
Rosa mundi	151	*Sambucus ebulus*	310	*Skimmia japonica*	62, 419
Rosa nitida	62, 146, 151	*Sambucus nigra*	62, 128, 136, 231, 256, 278	*Smilacina*	272, 273, 311
Rosa omeiensis var. *pteracantha*	151			*Solanaceae*	124

Solanum	325, 398
Solanum crispum	398
Solanum dulcamara	126, 325
Solanum jasminoides	207, 317, 325, 398
Solanum melongena	172
Solanum nigrum	126
Solanum tuberosum	126, 171
Solidago	132, 273, 311, 312
Solidago canadensis	278
Solidaster	312
Solidaster lutea	312
Sophora	228
Sophora japonica	212, 228
Sorbaria	256
Sorbus	211, 228
Sorbus aria	228
Sorbus aucuparia	211, 212, 228, 229
Sorbus intermedia	228
Sparganium	356, 365
Sparganium erectum	356
Sparmannia	399
Spinacia oleracea	181
Spiraea	46, 62, 232, 233, 257
Spiraea albiflora	257
Spiraea arcuata	257
Spiraea bullata	257
Spiraea bumalda	62, 83
Spiraea douglasii	257
Spiraea japonica	62, 214, 257
Spiraea prunifolia	257
Spiraea x arguta	232, 257
Spiraea x cinerea	257
Spiraea x vanhouttei	257
squamata	260
Stachys	156, 312
Stachys byzantina	312
Stachys olympicus	272
Statice	386
Statice sinuata	386
Statice suworowi	386
Stellaria media	128
Stephanandra	230, 257
Stephanandra incisa	257
Stephanandra tanakae	257
Stereum purpureum	447
Sternbergia	327
Sternbergia lutea	69
Stipa	406
Stipa gigantea	406
Stratiotes	365
Stratiotes aloides	355
Strelitzia	399
Symphitum	208, 312
Symphitum azureum	312
Symphitum grandiflorum	312
Symphitum officinale	312
Symphoricarpos	62, 231, 257, 425
Symphoricarpos albus	258
Syringa	45, 257
Syringa reflexa	233
Syringa vulgaris	214, 233, 258, 259

T

Tagetes	278, 369, 386
Tagetes erecta	368, 370, 387
Tagetes patula	387
Tagetes tenuifolia	42, 370, 387
Tamarix	133, 232, 258
Tanacetum parthenium	381
Tanacetum vulgaris	278
Taraxacum	128
Taraxacum officinalis	275
Taxodium	268
Taxodium distichum	261
Taxus	262, 268
Taxus baccata	60, 61, 77, 82, 85, 126, 260-262, 268, 269, 424
Taxus cuspidata	85
Taxus media	60, 76, 77, 126, 261, 268
Telekia	273
Tetragonia tetragonioides	181
Thalictrum	273, 312, 356
Thalictrum aquilegifolium	272, 312
Thalictrum dipterocarpum	273, 312
Thamnocalamus spathaceus	400
Thelipteris (Gymnocarpium)	404, 406
Thuja	60, 63, 269
Thuja occidentalis	76, 128, 261, 262, 269
Thuja orientalis	409
Thuja plicata	76, 85, 128, 209, 261, 262, 269
Thujopsis dolabrata	261
Thunbergia	387
Thunbergia alata	366
Thymus	272, 275, 276, 312
Thymus citriodorus	312
Thymus serpyllum	214, 278, 312
Thymus vulgaris	201
Tiarella	208, 312
Tiarella cordifolia	312
Tiarella wherryi	312
Tigridia	69
Tilia	28, 62
Tilia americana	228
Tilia cordata	228
Tilia petiolaris	229
Tilia platyphyllos	228
Tilia tomentosa	228
Tilia x euchlora	228
Tilia x vulgaris	228
Tithonia	370
Tolmiea	44
Tradescantia	297
Trapa	365
Trapa natans	355, 365
Tricyrtis	314
Tricyrtis hirta	312, 314
Trifolium	128
Triteleia	332, 344
Triticum	132
Trollius	137, 273, 314, 356
Tropaeolum	107, 366, 370, 388
Tropaeolum peregrinum	388
Tsuga	269
Tsuga canadensis	261, 262, 269
Tsuga heterophylla	214, 261, 269
Tulipa	327, 351
Tulipa acuminata	353
Tulipa biflora	353
Tulipa clusiana	353
Tulipa humilis	353
Tulipa kaufmaniana	352
Tulipa linifolia	353
Tulipa marjoletti	353
Tulipa orphanidea	353
Tulipa polychroma	353
Tulipa praestans	353
Tulipa sylvestris	353
Tulipa tarda	353
Tulipa turkestanica	353
Tulipa urumiensis	352, 353
Typha	365
Typha angustifolia	356, 365
Typha latifolia	356, 365

U

Ulex	258
Ulex europaeus	232, 259, 409
Ulmus	228
Ulmus glabra	229
Urtica dioica	128, 174, 198, 278
Urtica urens	198
Urticaceae	165

V

Vaccinium	46, 419
Vaccinium corymbosum	187, 419
Vaccinium macrocarpon	419
Vaccinium myrtillus	188, 419
Vaccinium vitis-idaea	419
Valeriana officinalis	275
Valerianella locusta	180
Vallota	131, 353, 399
Vallota speciosa	353
variegata	260
Veratrum	314

Veratrum album	314	
Verbascum	314, 368, 388	
Verbascum chaixii	314	
Verbascum nigrum	314	
Verbascum phoenicum	314	
Verbena	369, 388	
Verbena bonariensis	272, 275	
Veronica	314, 365	
Veronica beccabunga	355, 365	
Veronica gentianoides	314	
Veronica incana	276	
Veronica repens	314	
Veronica spicata	156, 276, 314	
verticillatus	260	
Viburnum	45, 230, 232, 233, 258, 399, 419	
Viburnum carlesii	259	
Viburnum davidii	231, 258	
Viburnum farreri	232, 259	
Viburnum fragrans	234	
Viburnum lantana	259	
Viburnum opulus	104, 126, 136, 230, 259, 448	
Viburnum plicatum	259	
Viburnum rhytidophyllum	258	
Viburnum tinus	61, 232, 399, 419	
Viburnum x bodnantense	232, 259	
Viburnum x burkwoodii	258	
Viburnum x carlcephalum	259	
Vicia faba	174	
Vicia sativa	132	
Vinca	231, 314	
Vinca major	156, 314	
Vinca minor	24, 156, 314	
Vincetoxicum	126	
Viola	128, 275, 314, 368, 388	
Viola cornuta	314	
Viola labradorica	314	
Viola odorata	136, 271, 272, 314	
Viola sororia	271, 314	
Viola tricolor	314	
Viscum album	126	
Vitis	119, 133, 325	
Vitis coignetiae	325	

W

Waldsteinia	314
Waldsteinia geoides	24, 25, 314
Waldsteinia ternata	52, 314
Weigela	104, 233, 259
Weigela florida	259
Weigela florida purpurea	231
Weigela purpurea	214
Wisteria	119, 324, 325, 440
Wisteria floribunda	128, 325
Wisteria sinensis	114, 128, 325

Y

Yucca	232, 234, 273, 314, 399
Yucca aloifolia	399
Yucca flaccida	131

Z

Zantedeschia	399, 451
Zantedeschia aethiopica	399
Zea mays	107
Zea mays conv. saccharata	181
Zelkova	229
Zelkova serrata	229
Zenobia	419
Zephiranthes	69, 389
Zephyranthus	131, 399
Zinnia	388
Zinnia elegans	370

Danksagung

Autor und Herausgeber sind folgenden Fotografen/Institutionen zu großem Dank verpflichtet:

BdFt–Arboretum Kalmthout: S. 75 oben, 214, 222 Mitte und unten, 224, 263, 269 unten

E.A. Barentsz, Oosterbeek: S. 17 unten, 35 unten, 75 unten, 172 unten, 234 oben, 300 oben, 306 unten, 309 unten, 319, 376 unten, Umschlag

dhr. Bax, Lunteren: S. 160 unten, 230 rechts oben und unten

G. van der Berg-Noordijke, Noordwijk: S. 15 unten, 51 oben, 69 oben, 105 unten, 118, 125 unten, 139 links oben, 148 oben, 160 rechts oben, 161 unten, 165 oben, 167, 176, 179, 180, 251, 295 oben, 342 unten, 382 unten, 395 oben, 448

Black & Decker Nederland BV, Etten-Leur: S. 87, 97, 98 unten, 101 unten

mevr. De Boer-Steffen, Rijswijk: S. 100 oben und Mitte, 101 oben, 407 unten

W.M.Th.J. de Brouwer, Den Haag: S. 45, 46 Mitte, 50 unten, 62 oben, 64 unten, 107 unten, 122 Mitte und unten, 162 rechts oben, 198 oben, 225, 229, 231, 235 links unten, 236 unten, 240 links unten, 244 unten, 249, 255 unten, 256 oben, 258 oben, 270 links oben, 279, 280 oben, 284 oben, 296 oben, 354 links oben, 357, 360 unten, 364 links unten, 369 oben, 372 oben, 376 links oben, 383, 385 oben, 386 unten, Umschlag

dhr. Buys, Apeldoorn: S. 15 links oben, 25 unten, 26 oben, 30, 31, 33, 40 unten, 44, 48 Mitte und unten, 53 unten, 56, 57 unten, 60 oben, 61 unten, 65, 66, 70, 71, 73, 74, 78, 80, 90 unten, 91, 92, 93, 94 oben und rechts unten, 95 unten, 106, 108 oben, 111, 115 oben, 117, 127, 134 unten, 139 unten, 158, 163 unten, 185, 216 unten, 218 oben, 222 oben, 226 unten, 232, 235 oben, 238 unten, 242 oben, 243, 245 oben, 248 oben, 250 unten, 255 oben, 256 unten, 257, 258 unten, 259 oben, 261 unten, 262, 270 unten, 272 Mitte, 274 unten, 275, 277, 282 oben, 284 unten, 285, 286, 288 oben, 289, 290 unten, 291, 292 unten, 294 unten, 299 oben, 301 oben und links unten, 302, 304, 306 unten, 307 oben, 308, 309 oben, 310 unten, 311 oben, 312 unten, 313, 315, 317 oben, 318, 346 rechts unten, 355, 356 unten, 359, 361 oben, 362 unten, 363 unten, 364 oben und rechts unten, 365, 372 unten, 381 unten, 451, Umschlag

M. Claessen, Peer Wijchmaal, Belgien: S. 40 links oben, 41, 42, 43, 46 unten, 47 unten, 49 oben, 57 oben, 58, 60 unten, 68 oben, 77, 187, 211 links oben, 213

D. Croockewit, Amsterdam: S. 52 links oben und unten, 54 oben

J. Dieker, Doetinchem: S. 19 oben, 51 unten, 140 rechts oben

Foto P.C. Driedijk, Bergen op Zoom: S. 47 oben, 94 links unten, 108 unten, 121 unten, 128, 178, 218 unten, 240 rechts unten, 260 unten, 296 unten, 312 oben, 323, 369 unten, 370, 373 unten, 374, 376 rechts oben, 379, 387 oben, 410, 418, 447

I. Elias, Chaam: S. 156 unten

A.H. Hekkelman, Bennekom: S. 149, 234 unten, 237, 244 oben, 246 unten, 398 rechts oben

W. van der Helm, Spijkenisse: S. 69 unten, 115 unten, 316 oben

O. van Heusden, Druten: S. 17 Mitte, 20 oben, 21 unten, 22, 72, 112 unten, 120, 233 unten, 247 unten, 287 unten, 288 unten, 298 unten, 300 Mitte, 307 unten, 310 oben, 356 oben und Mitte, 358 unten, 360 oben und Mitte, 405

F. Hoefnagels Natuurfotografie, Asten: S. 59 unten, 81, 82, 83, 84, 85, 102 oben und Mitte, 103, 104, 105 oben, 112 links oben, 114 unten, 121 oben, 123, 124 unten, 125 oben, 126, 132 links unten, 135, 136, 137, 138, 159, 162 links oben, 163 oben, 183, 184, 186, 189, 191 unten, 193, 196, 197, 198 unten, 199, 200, 201, 221, 226 oben, 228, 238 oben, 240 oben, 241 unten, 245 unten, 246 oben, 250 oben, 252, 253, 254 oben, 261 oben, 264, 265, 267, 268, 269 oben, 272 oben, 273, 274 oben, 276, 294 oben, 303, 311 unten, 326 unten, 337, 354 Mitte, 377, 382 oben, 385 unten, 400 unten, 402, 406, 407 links oben, 408, 409, 415, 419, 449

M. Hop, Groningen: S. 16, 37, 40 rechts oben, 241 oben, 287 oben, 299 unten

Internationaal Bloembollen Centrum, Hillegom: S. 326 oben, 327, 328, 329, 330, 331, 332, 333, 334, 335, 336, 338 links oben, 339 oben, 340, 341, 342 oben, 343, 344, 345, 346 oben und links unten, 347, 348, 349, 350, 351, 352, 353, 389 links oben, 390 Mitte, 392 Mitte, 393, 394 unten, 396, 397 unten, 398 links oben, 399 oben, 450 rechts oben, Umschlag

Intertool BV, Roden: S. 96, 98 oben, 99, 100 unten

dhr. Kalkhoven, Apeldoorn: S. 18, 19 unten, 20 unten, 29, 34, 48 oben, 50 oben, 53 oben, 63 oben, 113 unten, 124 oben, 130 links unten, 134 oben, 146, 157 oben, 164 unten, 166 unten, 172 Mitte, 188, 190, 191 oben, 192 oben, 212 oben, 215, 217, 219 oben, 223, 226 Mitte, 227, 233 oben, 254 unten, 259 unten, 271, 281, 358 oben, 363 oben, 368 oben, 380 unten, 381 oben, 384, 411, 414

DANKSAGUNG

R.E. Kresner, Zoetermeer: S. 164 oben, 169, 171, 174, 175, 177, 182 Mitte

KTM: S. 366 Mitte, 378 unten, 386 oben, 388 unten

C.M. Meuzelaar, Gorinchem: S. 32, 63 unten, 67, 235 rechts unten, 367 unten

F. Meijer, Landgraaf: S. 25 oben, 35 rechts oben, 38, 39, 266, 413

dhr. Moerheim, Ouderkerk a/d Amstel: S. 141, 142, 144 unten

K. Noordhuis, Leens: S. 8, 9, 10, 11, 12, 13, 14, 17 links oben, 21 oben, 23, 24, 26 unten, 27, 28, 36, 49 unten, 54 Mitte und unten, 61 oben, 68 unten, 112 Mitte, 114 oben, 116, 130 oben und rechts unten, 131, 140 links oben, 144 oben, 145 unten, 147, 148 unten, 151, 155, 156 oben, 157 unten, 160 links oben, 168, 170, 195, 212 unten, 216 oben, 219 unten, 230 links unten, 236 oben, 247 oben, 280 unten, 282 unten, 283, 290 oben, 292 oben, 293, 316 unten, 317 unten, 325, 339 unten, 362 oben, 368 unten, 375, 387 unten, 388 oben, 389 rechts oben, 391 unten, 394 links oben, 395 unten, 397 oben, 401, 404, 417, 420, 427, 428, 429, 430, 431, 432, 433, 434, 435, 436, 450 links oben

A. Nijdam-Dijkstra, Ravenswoud: S. 52 Mitte, 153, 248 unten, 297, 382 Mitte

B. Roorda-Fabels, Heemstede: S. 55, 102 unten

W. Stegeman, Ommen: S. 95 oben, Umschlag

S.W.T. Tolboom, Roden: S. 62 unten, 79, 107 oben, 143, 305 unten, 366 unten, 380 oben

H. Ufkes-Knip, Zutphen: S. 390 oben, 391 oben, 392 oben, 399 unten

J. Uiterwijk, Beetsterzwaag: S. 129, 132 rechts unten, 165 unten, 192 Mitte, 242 Mitte, 320 oben, 321

F. Verasdonck, Groningen: S. 202, 203, 204, 205, 206, 207, 208, 209, 210, 211 rechts oben, 239, 314, 366 oben, 455

G. Verswijver, Hoevenen, Belgien: S. 270 rechts oben, 295 Mitte und unten, 298 oben und Mitte, 301 rechts unten, 305 oben und Mitte, 354 unten, 361 unten

G. v.d. Weide, Bennekom: S. 88, 89, 90 oben, 113 oben, 119, 122 oben, 132, 133, 139 rechts oben, 140 unten, 145 oben, 161 oben, 166 oben, 173, 182 oben, 193 unten, 194, 260 oben, 320 unten, 338 Mitte und unten, 367 oben, 371, 378 oben, 400 oben, 403, 407 rechts oben, 452, 453